现代远程教育系列教材

管理会计

牛彦秀　编著

经 济 科 学 出 版 社

图书在版编目（CIP）数据

管理会计/牛彦秀编著．—北京：经济科学出版社，2012.8（2014.2 重印）

现代远程教育系列教材

ISBN 978-7-5141-2080-6

Ⅰ．①管… Ⅱ．①牛… Ⅲ．①管理会计—远程教育—教材 Ⅳ．①F234.3

中国版本图书馆 CIP 数据核字（2012）第 139617 号

责任编辑：范 莹
责任校对：杨 海
技术编辑：李 鹏

管理会计

牛彦秀 编著

经济科学出版社出版、发行 新华书店经销

社址：北京市海淀区阜成路甲 28 号 邮编：100142

经济理论分社电话：88191417 发行部电话：88191540

网址：www.esp.com.cn

北京欣舒印务有限公司印装

787×1092 16 开 35.5 印张 700000 字

2012 年 9 月第 1 版 2014 年 2 月第 2 次印刷

印数：6001-10000 册

ISBN 978-7-5141-2080-6 定价：48.00 元（含《操作与习题手册》）

现代远程教育系列教材
编 审 委 员 会

总 序

随着知识经济和信息化时代的到来，终身学习成为社会大趋势，网络教育作为现代远程教育的一种先进模式正在成为人们终身学习的首选形式。

网络教育具有开放性、交互性、共享性、协作性、自主性等特点，突破了时间和空间的限制，使高等学校的优秀教育资源冲破校园围墙的限制，被更多的学习者共享。现代远程教育的“学习环境”，提供了学生自主建构知识的空间，帮助人们随时随地学习，实现了学生个体与群体的融合，从而满足了人们在校园外接受高等教育的愿望。

经历了近十年的光阴，现代远程教育已经发展到67所远程教育试点院校，学生近百万人。各高校网络教育学院结合财经、管理学科专业适合网络教育的特点，近年来推出了远程教育高等学历课程体系，最大限度地满足学生个性化自主学习的需要和社会对财经、管理人才的需要。为了确保网络教育质量，本着“我们的产品是教育服务”的宗旨，各高等学校网络教育学院正在努力建立标准化的网络教育管理系统，为学生提供全面周到的服务，建设有中国特色的一流网络大学。

网络教育的不断发展对网络学习教材建设提出新的挑战。如何在尊重传统教育的系统性的同时，在教材的内容上更能满足人们继续学习的需要，增强教材的实用性和适用性；在教材的表现形式上更直观、更易理解、更便于自学，是我们正在努力解决的一个重大课题。为此，我们结合网络教学和课件的特点，组织具有丰富教学经验的老师编写了这套现代远程教育系列教材，尽力做到知识点明确，突出重点、要点。同时，在教材内容上也更强调实用性和适用性。意在使这套教材既适用于现代远程教育学习者使用，同时也适合财经管理在校修学的学生和在职人员学习。

教材的改革是教育理念转变的结果，而教育理念的转变是一个长期而艰巨的过程。它不仅需要教师的努力，更需要广大学生和读者的积极参与。我们热切地希望读者对这套教材提出自己的意见和建议，使这套教材不断得以完善。

这套丛书的编写得到了经济科学出版社的大力支持。他们对此套丛书从选题策划到整体设计都提出了中肯的、有建设性的意见，并为其能够及时出版与广大读者见面付出了大量的、艰辛的努力，在此表示衷心的感谢！

现代远程教育系列教材编委会

前　言

1987年美国哈佛大学的约翰逊（H. Thomas Johnson）和卡普兰（Robert S. Kaplan）教授合著《管理会计兴衰史——相关性遗失》一书，轰动会计界，由此揭开了管理会计变革的序幕。作业成本法、平衡计分卡的提出，推动了停滞不前的管理会计，与此同时，战略管理会计、EVA业绩评价、价值链管理等方法陆续出现，使得管理会计的相关性重新回归，由此导致21世纪的管理会计进入了一个崭新的时代。然而，由于管理会计是企业管理与会计的有机结合体，新方法的陆续诞生并没有消除管理会计一直存在的重大问题：管理会计的理论体系构建、课程内容交叉等，这些问题阻碍着管理会计的发展。

《管理会计》一书试图在上述问题上有所突破。力求从理论上与管理会计实践相结合，以管理会计产生发展阶段划分为逻辑起点，以管理会计属性界定为前提，以管理会计的职能为主线，将20世纪后期出现的管理会计新方法有机融入，构建了管理会计的理论体系，基本上解决了管理会计与成本会计、财务管理课程内容交叉的问题。本书以务实、求新、开拓和借鉴的思想为编写原则，系统地阐述了管理会计的基本理论和基本方法，主要特点如下。

1. 内容新颖。本书源于实践构建管理会计的理论体系并对实践具有指导性，将成本性态分析作为管理会计的基础内容，将保本、保利分析并入预测分析，突出管理会计的内部核算职能，去掉了与财务管理课程长期交叉的货币时间价值、长期投资决策和资金需要量预测等内容；与此同时，将管理会计近几年来的新发展内容：如作业成本法、全面预算管理、平衡计分卡、EVA等与管理会计的各项职能有机结合，使管理会计的各职能内容得以充实完善，使管理会计的学科特色更加明显、独立，内容体系更具有内在逻辑性，使实务工作者更易于找到管理会计的位置所在。

2. 形式新颖。为方便学生学习，本书每一章都设有：学习目标、关键词、灵活多样的小知识、相关链接、本章小结和复习思考题，这不仅有助于提高学生的学习兴趣，而且便于学生把握各章的重点内容。

3. 易于掌握。管理会计所涉及的方法具有一定的难度，本书力求内容深入浅出，先理论后操作，循序渐进；书中的例题重点、难点突出，阐述清晰，便于学生掌握。

4. 易于操作。为了帮助学生消化理解其基本思想，熟练掌握各种方法的应用技巧，本书配有《〈管理会计〉操作与习题手册》（以下简称《习题手册》），《习题手册》中以客观题、计算题、案例、模拟考试等灵活多样的形式为学生巩固所学知识提供了便利的途径。

《管理会计》由牛彦秀教授编著。笔者的研究生周磊、潘爽、杨禄艳、张冬、徐晋、周强、胡晓燕、贾丽桓、陈煜参与了小知识、相关链接等内容的搜集，以及文字校对工作，在此表示感谢！另外在编写过程中参考了大量的文献，对文献的作者表示感谢；同时感谢东北财经大学网络教育学院的林波主任、廖世成和倪鸿骄，感谢他们对本稿拖延的宽容；感谢会计学院副院长吴大军教授对作者的培养；最后感谢经济科学出版社编辑的出色工作。

本书基于作者长期教学经验以及不断学习、借鉴、研究而完成，旨在编写出的教材不仅理论体系完整合理，而且易于为实践所接受。但由于作者水平所限以及时间所限，文中难免有不妥及疏漏之处，恳请各位专家、同仁、读者不吝赐教。

编　者

2012 年 6 月

目/录

第一章　管理会计概述

学习目标

1. 了解中外管理会计的产生发展及其阶段划分，了解不同发展阶段的特征及工作重心；掌握管理会计产生发展的原因。

2. 明确管理会计的根本属性，掌握管理会计的概念、对象、特征、职能、目标、内容及任务。

3. 掌握管理会计与财务会计的相同点与不同点。

4. 了解管理会计与成本会计的关系。

5. 熟悉管理会计与财务管理的相同点于不同点。

6. 了解管理会计的机构设置以及管理会计师职业道德的基本思想。

关键名词

管理会计　管理会计本质　财务会计　财务管理

1.1　管理会计的产生与发展

1.1.1　管理会计的产生与发展阶段

管理会计作为会计的一个组成部分，是从传统会计系统中分化出来的，现已成为与财务会计并列而又相对独立的一个会计分支。管理会计从无到有、从小到大，已有一个多世纪的历史。

1. 管理会计的萌芽阶段

该阶段涉及的时间范围是19世纪初至20世纪初。管理会计萌芽于西方，最早可以追溯到19世纪初美国的纺织、铁路和钢铁制造企业等的实践。当时此类企业将多个单一生产过程联系起来，出现了层级式的组织体系。随着经营和交易活动的内部化，管理者开始关注降低成本和提高生产效率所带来的获利机会，主要关注每单位中间产品所消耗的内部控制资源，尤其是人工成本。在此类企业出现之前，由于各项经营活动独立，生产成品所需的所有中间产品都是由市场定价的，因此不需要评估其内部产出信息，而当管理者开始将所需工人集中到一个地方，用工资合同替代了原有的市场购买合同时，评估内部产出及效率成为管理者的需求，管理者需要知道工人的单位时间工作量、单位时间的人工成本等，但当时并没有自发的市场信息可供参考。由此导致早期的成本核算的出现，当时的成本核算只包括原材料和直接人工成本两项。虽然数据较粗，但这些信息能够使得管理者对同一时间、同一工序内工人们的产出进行比较、对一个或多个工人不同时期内的产出进行对比。通过对比，可以帮助管理者评估内部生产过程，以及鼓励工人们完成产量目标。

19 世纪中后期，由于多种生产线的出现，使得生产过程更加复杂，管理者很难获取有关专业工人工作效率的准确信息，再加之管理费用的数额逐渐增长，原有的直接成本核算信息不能满足管理者获利的需求，他们希望找到计算产品成本的新方法，这引发了实务界对此的研究。率先将管理费用纳入产品成本核算范畴的应该是美国金属制造企业的工程师和管理者，他们被公认为是真正产品成本核算方法的创立者，而他们当时开创的方法不是为了评估整个企业的绩效，而是为了评估过程效率，为了追踪各产品利润对企业总体利润的贡献情况，为了服务于产品定价的需要。

纵观管理会计的萌芽阶段，由于当时的生产力水平极低，该阶段经历了一个漫长的过程。分析该阶段我们会发现：管理会计与成本核算密切相关，管理会计以成本核算信息为基础，通过对其的再加工与利用，凭借直觉和经验进行分析管理，旨在提高生产经营过程的效率。此阶段缺乏系统科学的方法，其工作重心在于执行中的控制。

2. 管理会计的形成阶段

该阶段涉及的时间范围是 20 世纪初至 50 年代。如果说管理会计的原始雏形形成于 20 世纪 20 年代，则 20 世纪初的古典科学管理理论对其的形成产生了积极的作用。20 世纪初，随着科学技术的快速发展，企业为了追求规模经济，集团性质的公司已经出现，但在企业管理中，经验和直觉仍占统治地位，许多企业管理混乱，资源浪费严重，如何采用科学的方法进行管理成为当时研究的首要课题。被誉为“科学管理之父”的美国人泰勒针对当时的状况深入研究，于 1911 年出版了《科学管理原理》一书。该书关注过程管理，对于劳动量，主张推行劳动定额管理；对于人工，从时间、动作的合理配合角度，分析生产工人的实际操作，建议用秒表测定工人的标准操作时间，根据工作时间长短发放工资，实施差别计件工资制；对于生产过程，主张推行标准化管理，包括工具标准化、操作标准化、劳动动作标准化、劳动环境标准化等；另外主张计划职能和执行职能分开，认为工人只要按照计划执行就行了。泰勒的科学管理思想旨在提高生产效率和生产效果，在其影响下，人们致力于计划与控制的结合，由此导致实务中标准成本、差异分析、预算控制的相继出现，而通用汽车公司率先实施。

费雷德里克·W·泰勒

费雷德里克·泰勒（Frederick W. Taylor，1856－1915）是美国著名发明家和古典管理学家，科学管理的创始人，被尊称为“科学管理之父”。1856年出生于美国宾夕法尼亚州杰曼顿的一个富有的律师家庭。泰勒曾考上哈佛大学法律系，但由于他十分刻苦，视力和听力受到了损害，所以，最后不得不辍学。之后，他做过学徒，当过普通工人，后被提拔为机工班长、车间工长、厂总技师。并参加业余时间学习班，于1883年获得新泽西州斯蒂文斯理工学院的机械工程学学士学位；1884年升任米德维尔钢铁厂的总工程师；1890年担任一家机械制造投资公司的总经理；1893年开始从事管理咨询顾问工作；1903年开始每周都去哈佛大学讲课。

当泰勒当工人时就已经开始观察有关管理方面的问题了，从事管理咨询工作后，开始通过撰写文章和发表演讲来宣传他的科学管理制度，先后发表了《计件工资制》《工场管理》《科学管理原理》等著作，其中《科学管理原理》是其代表作，在西方管理思想史上具有划时代的意义，标志着资本主义国家由经验管理向科学管理的转变。

通用汽车公司建立于1912年，其组织形式由几个独立的综合性单位构成，每个单位制造并销售特定类型的汽车或部件。管理层为了有效控制成本，提高效率，应用了标准化等管理思想，将各部门年度运营计划与公司长期投资回报率及标准产量目标相协调，出现了利用标准成本、差异分析、预算控制形式的管理方式，这对于提高执行过程的效率有着十分显著的效果，并得到了其他公司的认可而风靡全球。

标准成本、差异分析、预算控制在通用汽车公司的应用，是实践中会计方法的新发展，人们开始对其进行总结。1922年美国会计学者奎因坦斯出版了《管理的会计：财务管理入门》一书，该书首次提出“管理会计”术语。同年麦金西发表了《预算管理》一书，并与1924年又出版了名为《管理的会计》一书，同年布里斯也发表过一本名叫《通过会计进行经营管理》的著作。这些书被西方誉为早期管理会计的代表作，也是管理会计原始雏形形成的主要标志。

管理会计的再发展一方面源于社会环境的显著变动，另一方面得益于现代科学管理理论的推动。第二次世界大战结束后，各国致力于经济的恢复。从市场状况来看，商品出现供过于求的状况，买方市场形成；从企业规模来看，资本进一步集中，具有垄断性质的集团公司形成，跨国公司出现，使得企业间的竞争进一步加剧；从收益状况来看，由于当时通货膨胀严重，经济危机不断发生，导致企业的利润率下降。在企业内外环境显著变动的情况下，企业要想在竞争中立于不败之地，获得利润，仅仅依靠泰勒提出的过程管理思想已不适应环境发展的需要，这迫使企业寻找加强内部管理的新方法。

与此同时，科学管理理论进一步发展，由古典科学管理发展为现代科学管理。现代科学管理有两大支柱：运筹学和行为科学。运筹学派于1939年由英国曼彻斯特大学教授布莱克特领导的运筹学小组创立，该学派早期涉足的领域是军事管理，之后转向企业经济管理。研究重心转移后的该学派认为以泰勒为代表的古典科学管理学派存在弊端，他们提出的过程管理方式已不能满足当时环境发展的需要，主张将现代数学及数理统计学原理引入企业管理，建立数量模型，进行定量反映，按照最优化的要求来组织、安排、控制企业的经济活动，自此数学方法引入会计。行为科学学派是在哈佛大学教授梅奥开创的人际关系学说的基础上发展起来的，该学派盛行于20世纪40年代，认为古典科学管理学派存在的显著弊端是：一味地倡导提高劳动强度会遭到工人的反抗。因此他们开始研究工人的行为、人的需要和人际关系，把行为科学的原理应用于企业管理，主张按照心理学和社会学的原理调整人际关系，以调动职工的生产积极性。另外主张逐级下放职权、明确职能部门及职工的权责范围，制定目标并进行考核。在现代科学管理理论的影响下，早期的管理会计技术方法得到进一步的发展，标准成本制度与全面预算体系越来越成熟，并与目标管理相结合，本量利分析方法已开始出现，另外管理会计吸收运筹学派的定量分析技术，建立了经营决策分析与投资决策分析的方法体系，与此同时，也吸收行为科学学派的管理思想，奉行人本化管理方式，出现了责任会计。众多新方法的不断出现以及原有方法的完善，从广度和深度上充实了管理会计的内容，导致具有预测、决策、控制、评价等职能的学科体系得以建立，管理会计的雏形真正形成。

1952年在伦敦举行的国际会计师联合会上正式通过了“管理会计”（management accounting）这个专门术语，标志着管理会计学科的诞生，自此会计被细分为财务会计和管理会计两大分支。

总结实践的经验和教训，人们认识到，企业的盛衰、成败、生存、发展，首先取决于企业采取的方针政策是否正确。现代管理科学认为，提高工作效率固然重要，但更重要的是要把经营决策放在首位。① 所谓“管理的重心在经营，经营的重心在决策。”正是对这一管理思想的恰当描述。受此影响，20世纪50年代建立的管理会计学科体系以预测决策为核心，以规划控制为辅，由经营预测、长短期决策、全面预算、成本控制、责任会计构成了完整的管理会计内容体系。

综观管理会计的形成阶段，实务中的管理会计实践，将规划与控制职能独立，受理论研究的影响，预测决策方法拓展了管理会计的内容体系并充实了原有的内容。总体来看，实务中管理会计的工作重心是规划与控制并重，学科体系建立后将预测决策

① 余绪缨，管理会计学（“九五”国家级重点教材），北京，中国人民大学出版社，1999：7－8.

提到首要地位，并以其为核心，标志着管理会计重心的转移。

3. 管理会计的发展阶段

该阶段涉及的时间范围是20世纪60~80年代中期。进入60年代，信息论、系统论、控制论渐渐流行，其研究成果逐渐受到人们的重视并引入企业管理，研究随之出现热潮。受其影响，管理会计不断吸收其方法，内容不断充实与完善，到了70年代，管理会计不胫而走，超越美国国境而风靡全球，其专门的方法和技术得到了世人的肯定，应用范围也由最初的制造业推广到所有类型的组织中，包括服务业及非营利组织在内。

与此同时，管理会计组织也在不断发展。1972年英国的成本会计师协会更名为成本和管理会计师协会，1986年再次更名为特许管理会计师协会（Chartered Institute of Management Accountants，CIMA）；美国成立了管理会计师协会（The Institute of Management Accountants，IMA），其前身是全国会计师协会。这两个组织是全球领先的管理会计专业组织，它们分别出版《管理会计》月刊和《管理会计研究》季刊，并在世界范围内发行，影响颇广。随着管理会计地位的不断提高，1972年美国和英国先后举办执业管理会计师考试（Chartered Management Accountant，CMA；Chartered Institute of Management Accountants，CIMA），之后每年都举行并得到世界范围内的认可，从而使管理会计具有了职业化色彩。

20世纪70年代末到80年代初，管理会计研究从实用角度偏向了理论研究。美国管理会计师协会下设的管理会计实务委员会自1980年以来陆续发布一系列管理会计公告，至1988年共发布了14个。与此同时，英国特许管理会计师协会发布《管理会计正式术语》，他们试图对管理会计的概念、目标、方法等进行规范，自此管理会计朝着规范化方向发展。

纵观管理会计的发展阶段，20世纪50年代建立的管理会计体系在不断完善，但新的方法没有出现，管理会计具有了专业化、职业化、规范化的性质，从而得到全方位的发展。

知识链接

美国的CMA考试

CMA考试是美国管理会计师协会创立的专业资格考试，在国际财务金融管理领域具有很强的权威性，目前被公认为是财会领域中全球认可的黄金认证。CMA考试每年举行四次，在2月、5月、8月、11月进行，除在美国境内各主要城市举办外，许多国家也同步办理此项考试，在中国由中国教育部考试中心组织进行考试。符合以下条件之一者均可报考：（1）拥有教育部认可的大学学历（包括教育部认可的大专学历）；（2）拥有与CMA同类的认证（比如

CPA、CIA、CFA 等）；（3）在 GRE 或 GMAT 考试中排名在 50 个百分点以上。CMA 教材共 4 本：Business Analysis（《商业分析》）；Management Accounting and Reporting（《管理会计与报告》）；Strategic Management（《战略管理》）；Business Application（《商业应用》）。要参加 CMA 考试，须先申请成为 IMA 普通会员，对于中国考生，可以通过 IMA 授权的中国培训机构的推荐申请入会。通过 4 门考试后，必须要符合 IMA 的规定的资格、操行及两年以上的工作经验方可申请注册成正式会员。

4. 管理会计的成熟阶段

该阶段涉及的时间范围是 20 世纪 80 年代中期至现在。80 年代中期以来，西方科学技术突飞猛进，计算机技术广泛应用于企业生产，出现了数控机床、计算机辅助设计与辅助生产、弹性制造系统和智能化机器人，企业的组织形式逐渐由顾客化生产模式取代传统的大批大量生产模式。新技术的不断引入，企业内外环境的显著变动，导致企业间的竞争呈现国际化态势，未来因素由于不确定性的加剧而变得更加难以准确预测。

生产力的飞速发展导致传统的管理会计方法与其不相适应，西方由此提出管理会计的相关性消失之呼声。相关性消失的主要原因：一是认为管理会计采用的数学模型严重脱离实际；二是产品成本计算的结果严重扭曲；三是业绩评价只有定量指标而缺乏定性指标。西方主张变革管理会计。

1988 年美国哈佛商学院教授卡普兰（S. Kapian）和芝加哥大学的青年学者库珀（R. Cooper）联合在《哈佛商业评论》上撰文，系统深入地从理论和应用角度对作业成本法进行了全面分析，他们被公认为是作业成本法的首创者或奠基人，作业成本法由此诞生。作业成本法针对产品成本核算扭曲现象而产生，其作业成本核算与作业管理思想逐渐为理论界与应用领域所接受，其先进的作业管理理念几乎充实到传统管理会计的各项内容。作业成本法拉开了管理会计变革的序幕，在此之后，新的方法不断涌现，出现了 EVA、平衡计分卡、环境管理会计、流程再造等。在管理会计变革的过程中，受战略管理思想的影响，战略管理会计、价值链会计也应运而生。应该说作业成本法具有划时代意义，它将管理会计的理论与实务推向一个新的高潮。而分析 80 年代中期后出现的这些新方法，无不与战略管理观念密切相关，这些方法都有助于企业保持竞争优势，促使其长期发展，因此新方法具有战略性之特征。

目前 20 世纪 80 年代中后期出现的管理会计各种新方法理论趋于成熟，已到了推广应用阶段，理论界试图将这些新方法与传统管理会计有机融合，虽然所构建的内容体系各异，但去异求同，原有的方法几乎保留，新的方法已充实到相关各项内容，只是体系结构上有所不同而已，应该说，一个崭新的管理会计内容趋于稳定。

纵观管理会计的成熟时期，管理会计新方法的出现不是对传统管理会计的全盘否定，而是对其的发展，新旧方法融合后的管理会计体系具有综合性之特点，该体系将战略性置于首位，关注预测决策，兼顾规划与控制。

5. 管理会计在中国的发展阶段

改革开放时期，中国的管理会计是在全盘引进西方的前提下建立的，但在此之前中国自发形成的类似管理会计的活动是存在的，不能抹杀。基于此，可以将中国的管理会计发展大致划分为以下五个阶段。

（1）自发应用阶段。该阶段涉及的时间范围是新中国成立后至20世纪70年代后期。自新中国成立以来，一直处于计划经济时期，国家统收统支，企业只关心产品生产，不注重销售，因此至改革开放前，没有管理会计一词，但实务中加强生产过程中的内部管理方法是存在的，并具有独到之处。中国自发应用类似管理会计的方法与技术可以追溯到20世纪50年代的班组经济核算，在60年代又出现了资金归口分级管理方式，之后与经济责任制配套，许多企业在70年代后实施厂币与厂内银行核算。这种方法虽然没有从理论上统一规范其称法，但对于企业明确责任，控制成本与支出却起到了良好的作用。

（2）介绍吸收阶段。该阶段涉及的时间范围是20世纪70年代末至80年代中期。1979年机械工业部组织翻译出版了第一部《管理会计》著作，标志着向西方学习管理会计的开始。1981年、1984年，李天民教授先后编写了面向不同层面教学的《管理会计基础》与《管理会计学》，分别由知识出版社和中央电视广播大学出版社出版；1983年受财政部教材编审委员会的委托，余绪缨教授编写了面向高等财经院校财务与会计专业的《管理会计》教材（专业选修课）。余绪缨、李天民两教授所著教材被广泛应用，成为开创中国管理会计学科领域的先驱者，之后，各种相关普及性读物不断出现。另外财政部、教育部积极宣传管理会计，先后在厦门大学、上海财经大学和大连理工大学等院校举办了全国性的管理会计师资格培训班和有关讲座，并聘请外国学者来华主讲管理会计。在理论研究推动下，实务工作者积极参与“洋为中用，吸收消化管理会计”的活动，有的单位成功地运用了一些管理会计的方法，解决了一些实际问题，另外在政府的推动下，国有企业积极探索变动成本法和责任会计的结合，从而形成了80年代初中期的管理会计研究热潮。

（3）停滞收缩阶段。该阶段涉及的时间范围是20世纪80年代后期至90年代初期。在此阶段中国管理会计的教科书一直停留在对传统管理会计内容的介绍上，多年没有什么变化，而管理会计与成本会计、财务管理内容交叉的问题越来越突出，另外，实务中，管理会计的应用成效并不显著，再加之受西方相关性遗失观点的影响，导致中国管理会计在此期间逐渐受到冷落，一些专科学校取消了管理会计课程，理论界出现了要不要管理会计的争议，管理会计的发展处于低潮期。尽管如此，理论界对西方研究成果的介绍并没有由此而停止，1986 年，陈仁栋翻译了弗兰霍尔茨所著的《人力资源会计》一书，自此揭开了中国研究人力资源会计的序幕。另外余绪缨教授率先探讨作业成本法的基本原理及对中国管理体系产生的影响。但总体来看，相关的研究并不多。

（4）发展创新阶段。该阶段从 20 世纪 90 年代中期开始至 90 年代末期。进入 90 年代中期，受西方管理会计研究热潮的影响，国内专家学者紧紧跟随国际潮流，大量介绍并不断引入国外最新的管理会计研究成果，这些新方法逐渐得到中国理论界的推崇，并重新掀起研究管理会计的热潮。中国管理会计“热”的出现，很大程度上得益于中国会计学会强有力的推动。1997 年《会计研究》杂志以“管理会计在中国企业中的应用与发展”为题组织了“安易杯”“金蝶杯”等形式的有奖征文活动；1999 年中国会计学会专门成立了“管理会计与应用专业委员会”，该委员会针对管理会计发展过程中出现的前沿和焦点问题首次举办了全国性的“管理会计与应用专题研讨会”，并由中国财政经济出版社出版了《管理会计与应用专题》和《人力资源会计专题》两本书；同年中国会计学会设置了四个有关“管理会计应用与发展的典型案例研究”课题，从而推动了国内管理会计案例研究。1997 年徐国君学者编著的《劳动者权益会计》一书出版，具有创新地构建了劳动者权益会计模式，该模式是对西方人力资源会计的完善与发展。与此同时战略管理会计、平衡计分卡、EVA 等也成为热点话题，展望 21 世纪的管理会计专著与文章纷纷涌现，由此使得停滞不前的管理会计重掀高潮。

（5）稳定成熟阶段。该阶段从 21 世纪初期至现在。进入 21 世纪，管理会计出现的各种新方法的内容、体系渐趋稳定，理论界基本达成共识，介绍性的文章逐渐减少，关于管理会计理论类的研究著作、文章不断出现，有许多有识之士不再满足于照搬照抄，而是从中国的实际出发，积极探索一条行之有效的中国式管理会计之路，标志着管理会计新领域的内容趋于成熟。与此同时，中国的实务界进入了吸收消化阶段，平衡计分卡、EVA、作业成本法等先进的管理理念日益深入人心，这些方法在应用领域得到推广应用，并取得了一定的成果。2003 年美国管理会计师协会（IMA）进入中国；2009 年 IMA 与中国优财公司正式启动中国区战略合作计划，标志着 CMA 培养全面登陆中国，管理会计正朝着职业化方向发展。应该说，目前中国的管理会计正处于上升势头，其地位日益巩固。

综观中国的管理会计发展，加强内部管理属于自发意识，管理会计自全盘引进，一直紧跟西方的步伐。总体来看，20 世纪介绍多，创新少；21 世纪后管理会计进入稳定发展阶段，研究的重心转向吸收消化应用时期。

1.1.2 管理会计产生并发展的原因

管理会计学科的诞生受到企业内外环境的影响，它是社会生产力进步的直接结果，也是管理理论推动的结果，另外企业自身的发展要求也促使其产生。

1. 社会生产力的不断进步导致管理会计产生并发展

会计不是从来就有的，作为会计分支之一的管理会计是社会生产力发展到一定阶段才出现的。

从西方来看，20 世纪初，生产属于典型的劳动密集型生产，企业的所有权与经营权分离，在这一时期，仅通过加强生产过程管理就可以使企业立于不败之地，但到了 50 年代后，随着战后经济的快速恢复以及企业间竞争程度的加剧，企业单纯依靠生产过程管理已不能处于优势地位，必须与生产前的预测决策相结合，只有决策方向正确，生产过程的管理才有效。而到了 80 年代中期，企业间的竞争趋于国际化态势，生产方式由劳动密集型逐渐向技术密集型转变，在这种情况下，如果企业仅仅局限于自身而不关注上下游和竞争对手的变化也可能导致其经营失利，因此有助于企业长期发展的各种新观念和新方法充实了传统管理会计的各项内容。综观管理会计的发展过程，我们可以得出这样的结论：生产力的不断进步，为管理会计的产生发展提供了适宜的土壤，而生产力的进步与管理会计目的的有机结合是导致管理会计形成发展的根本原因。

中国的管理会计发展历程也印证了这一结论的正确性。1978 年党的十一届三中全会作出了实行改革开放的重大决策，由此确立了中国的发展方向，而这一重大决策的提出与当时的经济状况密切相关。当时中国要摆脱贫穷和落后，改革开放是唯一的选择。中国的管理会计正是在这样的背景下全盘引入西方建立的。1992 年邓小平南方谈话，正式提出建立和发展社会主义市场经济，会计与此相适应，第一次进行了系统的改革，由此揭开了中国会计国际协调的序幕，管理会计与此同时重新掀起学习西方新方法的研究热潮。改革开放 30 年，中国经济突飞猛进，从 GDP 来看，中国已经赶上日本，在世界上排名第二。① 不断扩张的中国企业缩短了与西方的距离，管理会计的各种新理念广泛用于企业管理，由此导致了中国管理会计的平稳发展。

2. 加强内部管理的客观需求导致管理会计产生并发展

从西方来看，在管理会计术语第一次出现之前，企业就凭借着经验与直觉进行内部管理，在中国也十分相似，虽然没听说过管理会计术语，但管理会计的近似方法已经被采用。纵观中西方管理会计的发展过程，管理会计之所以能够从低潮转入高潮而

---

① 百度搜索引擎：改革开放 - 百度百科（http：//baike. baidu. com/view/48598. htm）。

不断发展，原因在于管理会计的目的明确，加强内部管理一直是企业生存与发展的法宝，由此使得该学科具有了较强的生命力。

3. 管理理论的不断发展促进管理会计的产生并发展

在管理会计的发展过程中，管理理论起到了推波助澜的作用，管理会计的每一次发展都与管理理论的不断完善有着密切的关系。管理会计原始雏形形成时期，古典科学管理理论是其产生的基础，而管理会计学科体系建立阶段与现代管理科学理论的提出有着直接的关系，20 世纪 80 年代后战略管理理论问世，该理论为管理会计新方法的不断涌现奠定了坚实的理论基础。在某种程度上，可以说，管理会计是伴随着管理理论的不断发展而发展的。

1.2 管理会计的基本理论

1.2.1 管理会计的本质

按照现代汉语词典的解释，所谓本质即实质，是指事物本身所固有的、决定事物性质、面貌和发展的根本属性。管理会计本质则是管理会计区别与其他的根本属性，它回答了管理会计是什么的问题。

1. 管理会计的根本属性

从字面意义理解，管理会计就是管理与会计的直接结合，但从本质上看，管理会计是利用会计信息系统为加强内部管理而服务。界定管理会计的根本属性可以从以下两方面进行解释。

（1）管理会计属于企业管理的一个组成部分。在管理会计的发展过程中，管理理论一直起着推波助澜的作用，原因在于，管理会计实质是企业管理的一个组成部分，当企业管理理论发展时，自然会对其相关组成部分产生影响，并促使其发展。所谓企业管理是指对企业的生产经营活动进行组织、计划、指挥、监督和调节等一系列职能的总称。此概念的内涵十分丰富，它涵盖了企业中的所有职能部门，作为会计部门组成部分的管理会计自然也成了企业管理的一个组成部分。

（2）管理会计是会计信息系统的一个子系统。1966 年，美国会计学会提出会计是一个信息系统，并以此来认识界定会计的本质，此观点得到了大部分学者的认可。如果将会计理解为信息系统，则作为会计分支之一的管理会计就是会计信息系统的一个子系统，它与财务会计的最显著区别是，提供内部报告而不是外部报告。

2. 管理会计的概念

1978 年，余绪缨教授提出“广义管理会计体系”新概念，认为管理会计由微观管理会计、宏观管理会计和国际管理会计三部分组成，本教材仅指微观管理会计。关于微观管理会计的概念众说纷纭。

有些观点侧重于管理的决策职能，基于该角度对管理会计进行界定。1966 年，美国会计学会提出：所谓管理会计，就是运用适当的技术和概念，对经济主体的实际经济数据和预计的经济数据进行处理，以帮助管理人员制定合理的经济目标，并为实现该目标而进行合理决策。

有些观点侧重于管理会计的空间范畴，基于该角度对管理会计进行界定。1981 年，美国管理会计实务委员会认为：管理会计是向管理当局提供用于企业内部计划、评价、控制，以及确保企业资源的合理使用和经管责任的履行所需财务信息的确认、计量、归集、分析、编报、解释和传递的过程，并指出管理会计同样适用于非营利的机关团体。此概念将管理会计的活动领域扩展到了事业单位。1982 年，英国成本与管理会计师协会认为除了外部审计以外的所有会计分支（包括簿记系统、资金筹措、编制财务计划与预算、实施财务控制、财务会计和成本会计等）均属于管理会计的范畴。应该说，此概念的空间范围最为宽泛。

有些观点侧重于信息系统，基于该角度对管理会计进行界定。1995 年，李天民教授认为管理会计是通过一系列专门方法，利用财务会计、统计及其他有关资料进行整理、计算、对比和分析，是企业内部各级管理人员能据以对各个责任单位和整个企业日常和未来的经济活动及其发出的信息进行规划、控制、评价与考核，并帮助企业管理当局作出最优决策的一整套信息系统。

本教材认为管理会计概念是对管理会计本质的全面描述，它应立足于管理会计的根本属性。作为企业管理的组成部分，管理会计应履行管理的职能；作为会计信息系统，管理会计应具有核算和报告的功能。管理会计是指采用科学的方法，通过核算、预测、决策、规划、控制、评价、报告等日常管理行为，服务于企业的内部管理，为管理当局的正确决策提供参考依据的一个会计分支。

1.2.2 管理会计的对象及特征

管理会计的对象规范管理会计的时空范围，管理会计的特征反映管理会计本身所具有的特点。

1. 管理会计的对象

管理会计的对象应包括总体对象和具体对象。从总体对象来看，管理会计的总体对象与财务会计的总体对象，乃至财务管理的总体对象具有一致性，都是企业的经营活动及其价值运动，但它们的具体对象不同。具体对象反映学科特色，是该学科区别于其他学科的重要标志。

企业的任何一项经济活动都可以通过资产、负债、所有者权益、收入、费用和利润六大会计要素予以反映，这六大会计要素涵盖了企业价值运动或资金运动的全部。为了避免管理会计与财务管理的学科内容交叉，管理会计与财务管理所涉及的相应会计要素应明确。深入分析会发现，管理会计是从量的角度涉及总体对象，反映的是一定时期的价值或资金的流量，一方面表现为对成本的历史反映；另一方面表现为对未来的筹划。而财务管理则是从质的角度涉及总体对象，反映的是资金实体的运动及其所体现的货币关系，它是对货币运动的直接管理行为，具体表现为货币的取得、运用、分配及规划等。基于此，可以将管理会计的具体对象界定为成本及未来动态的价值运动，涉及的内容有成本及未来的收入、费用和利润；将财务管理的具体对象界定为过去及未来静态的价值运动，涉及的内容有资产（不包括存货）、负债和所有者权益。由于财务管理是从分析、评价等角度涉及过去的资产、负债及所有者权益，从而与财务会计工作范畴相区别。另外之所以资产中扣除存货，是因为存货属于日常生产经营管理的范畴，它与管理会计的联系更为紧密，因此存货管理归属于管理会计。

2. 管理会计的特征

从管理会计的发展历程，我们不难看到管理会计的特征，其主要特征如下。

（1）以成本为基础。可以说成本是管理会计的基础，离开了成本，管理会计将成为无源之水，不能生存。加强企业内部管理，必须以成本为基点，从不同角度对成本进行分类，并采用科学的方法进行成本核算，从而利用这些信息资料为管理会计其他职能的作用发挥提供依据。

（2）侧重于日常经营管理。总体来看，管理会计的工作属于常规性的工作，日常围绕着预算及内部报告而展开，通过预算的编制及执行，促使企业各个环节有机结合，并协调发展；通过内部报告的编制，及时向上级反馈信息，从而加强企业的内部管理。

（3）规划与控制是关键。管理会计的职能具有多样化的特点，但深入分析，从管理会计产生至今，规划与控制是其重心。虽然从理论上看，预测与决策更加重要，它关乎企业的生存与发展，但从管理会计的具体工作环节来看，规划与控制是实实在在的。实际工作中，预测与决策为规划服务，通过编制预算，确立控制标准，通过差异分析，可以反馈经营信息，进而可以发现漏洞并为采取有力措施提供依据。

1.2.3　管理会计的职能及目标

管理会计的职能说明管理会计的功能及作用，管理会计的目标规范着管理会计的努力方向。

1. 管理会计的职能

很多学者从企业管理与管理会计之间的关系来界定管理会计的职能，认为作为现代企业管理重要内容的管理会计，其职能必然受到企业管理职能的约束，由于企业管理具有预测、决策、规划、控制和考核评价五项职能，由此推演出管理会计也具有这五项职能。深入分析这种界定侧重于管理会计的企业管理属性，忽视了管理会计的信息系统功能。事实上，界定管理会计的职能必须立足于管理会计的根本属性，管理会计所具有的企业管理属性及信息系统属性二者不能偏废，失去哪一个，管理会计的内容体系都不会完整。结合管理会计的两个根本属性，管理会计具有以下几项主要职能。

（1）核算内部成本。管理会计自产生之日起就与成本会计存在着天然的血缘关系，它以成本核算为基础，而内部成本核算不受现行财务会计准则的制约，服务于企业的内部管理，涉及的方法主要有变动成本法和作业成本法等。

（2）预测经济指标。管理会计的预测职能主要表现为对未来经济指标的预测，如销售量、销售收入、成本、利润等，这些指标的预测需要采用科学的方法，并与其他部门积极配合，只有这样，预测的结果才能接近实际。

（3）参与日常经营决策。决策关乎企业的生存与发展，但管理会计人员不是真正的决策者，管理会计通过核算与分析为企业高层的正确决策提供正确的信息，从而起到参谋的作用。日常经营决策主要是指生产决策和定价决策，管理会计人员可以参与其中，并为最终优选方案的确定提供信息。

（4）编制全面预算。计划与预算是两个不同的概念，预算是计划的一个组成部分，是对计划的定量说明。管理会计具有规划未来之功能，这种功能通过编制年度全面预算予以体现。全面预算需要将事先确定的目标指标进行层层分解并落实到各责任单位的预算中，它是各责任单位未来年度的努力方向，也是各责任单位执行过程中的主要控制标准。

（5）控制成本费用。管理会计的原始雏形源于标准成本、预算、差异分析，这些方法体现的是执行过程中的控制原理，该原理直到目前仍被采用，而随着社会的进步，新的控制方法也相继出现。控制是管理会计的一个重要职能，无论采用何种方法进行控制，一般的控制原理不会改变，这就是通过差异分析来寻找问题的根源，进而达到控制的目的。需要特别强调的是，控制是一个十分宽泛的概念，企业中几乎所有的活动都存在控制问题，但对于管理会计而言，主要控制的是成本费用，在收入一定的前提下，只要成本费用不超支，就可以实现利润目标，因此降低成本费用是管理会计的一个重要任务。

（6）评价责任单位业绩。业绩评价是通过建立综合评价指标体系对评价对象的业绩优劣做出评价的一种分析，包括企业的业绩评价和内部责任单位的业绩评价。管理会计侧重于内部管理，关注企业的内部各责任单位，因此进行的评价属于内部责任单位的业绩评价，采用的方法常常是西方的责任会计。

（7）编制内部报告。管理会计的信息系统功能主要表现为两项职能：一是进行内部成本核算；二是编制内部报告，这两项职能是管理会计不可缺少的两个必要职能。内部报告不同于外部报告，管理会计涉及的内部报告因工作环节的不同而存在不同种类的内部报告，其形式灵活多样，没有统一固定的格式。

2. 管理会计的目标

管理会计目标包括总体目标和具体目标。从总体目标来看，反映的是管理会计的终极目标，应与企业目标保持一致。因为管理会计属于企业管理的一个重要组成部分，理应服务于企业整体，而不能脱离企业目标而存在。企业价值最大化是近年来公认的企业目标，因此管理会计的终极目标是不断提升企业价值，实现企业价值最大化。

从管理会计的具体目标来看，应该体现其学科特色，对其界定不能脱离管理会计的本质和职能，应以管理会计本质为基点，以管理会计的职能为核心，明确管理会计的工作方向。基于此，管理会计的具体目标是合理规划与控制，为管理当局提供与决策相关的内部信息。

1.2.4 管理会计的内容及任务

管理会计的内容与管理会计的本质、职能相适应，管理会计的任务围绕着管理会计的内容和目标展开。

1. 管理会计的内容

一般界定管理会计的基本内容，人们常常将其与企业管理的主要职能和会计相结合，将其界定为决策会计和执行会计两方面，这种界定过于宽泛，过于笼统，可能会将一些不属于管理会计的内容统统纳入其范畴。事实上，管理会计仅仅是企业管理的一个组成部分，有其特定的范畴；就内容而言，应该涵盖管理会计的全部职能，突出重点并不意味着可以忽视其他；内部报告形式多种多样，不同的内容有着不同的形式，而帮助管理者决策正是基于这些报告所起的作用，编制内部报告是管理会计的重要职能。基于此，本教材认为，管理会计的内容包括管理基础与报告、内部成本核算与报告、规划与报告和控制与报告四方面内容。

（1）管理基础与报告。作为基础应该贯穿管理会计各项内容的始与终，它是研究管理会计其他各项内容的基础。而具有此特征的只能是成本性态分析。成本性态分析将企业所有的成本采用一定的方法区分为变动成本和固定成本两部分，从而为加强内部管理奠定基础。

(2) 内部成本核算与报告。外部成本服务于外部投资者，对其进行核算必须符合公认会计准则的要求，而内部成本服务于企业的内部管理，它可以与准则相结合，也可以不受准则的限制。如果仅从核算产品成本角度而言，主要涉及的内容有变动成本法和作业成本法。不同方法下编制的内部报告是不同的，变动成本法主要围绕着内部利润报告而编制，作业成本法则以作业为核心，围绕着作业成本和产品成本而编制。

(3) 规划与报告。规划职能联系着预测与决策职能，预测与决策的最终结果会纳入预算，因此全面预算是预测、决策、规划职能的具体体现，规划的具体内容包括经营预测、日常决策和全面预算，与其相连的内部报告形式不同。预测报告反映一定期间主要经济指标的预测结果，决策报告反映生产决策和定价决策的分析过程及结果，而规划报告则是对全面预算各项编制内容的详尽定量说明。

(4) 控制与报告。控制不是孤立进行的，它是一个过程，包括事前控制、事中控制和事后控制，其起点是战略分析与控制标准，终点是内部业绩评价，其间涉及的具体内容包括战略成本动因分析、标准成本控制、作业控制、全面质量控制、责任会计等内容，与此相适应的内部报告形式主要有成本差异分析报告、盈利分析报告、质量成本报告、责任报告等。

2. 管理会计的任务

管理会计的任务必须是实实在在的，它可以指导管理会计的实务工作，基于管理会计的目标和内容，管理会计的具体任务例如：(1) 合理划分成本，搞好管理会计的基础工作；(2) 进行内部成本核算，满足内部分析的需求；(3) 采用科学的方法预测主要经济指标，满足规划的需要；(4) 采用科学的方法进行生产决策和定价决策，满足日常决策分析和规划需求；(5) 编制科学合理的全面预算，满足控制的需要；(6) 采用多种方法全面控制，力求降低成本；(7) 合理确定业绩指标，正确进行内部业绩评价；(8) 与管理会计的各项职能相结合，编制有利于加强内部管理的各种内部报告。

1.3 管理会计与相关学科的关系

1.3.1 管理会计与财务会计、成本会计的关系

按照西方会计学的解释，管理会计是相对于财务会计而存在的一个会计分支，二

者之间既有联系，又有区别。

1. 管理会计与财务会计的相同之处

财务会计是指以公认会计准则为基础所形成的日常会计核算和期末对外报告的那部分内容。它主要服务于企业的外部信息使用者。与管理会计的共同之处主要表现在以下几方面。

（1）二者都是现代企业会计的一个分支。应该说，没有管理会计，就没有财务会计，因为在管理会计产生之前，统称为会计，因此也就无从谈起财务会计。而当管理会计这个术语被正式提出后，人们才将原有的会计核算与对外报告内容称为财务会计，而将当时新兴的用于加强内部管理的会计称为管理会计，也由此形成了现代企业会计由两大分支共同构成的主流观点。显然，管理会计与财务会计二者源于同一母体，二者都是现代企业会计系统的有机组成部分，它们相互依存、相互制约、相互补充。

（2）二者的最终目标相同。概括而言，管理会计和财务会计所处的工作环境相同，二者都是现代市场经济条件下的现代企业不可缺少的一个组成部分，它们都必须服从现代企业会计的总体要求，共同为实现企业和企业管理目标服务，因此，从最终目标来看，二者与企业目标保持一致，都为提升企业价值而服务。

（3）二者的核算基础资料相同。无论是财务会计还是管理会计都具有核算之功能，凡核算就需要原始资料，从这点来看，二者采用的原始资料相同，企业不需要为二者的核算而单独建立核算基础资料，它们具有一致性。

（4）二者的理论基础相同。当今社会可以说“受托责任”无处不在，只要存在委托代理关系，就存在“受托责任”。从“受托责任”角度来看，财务会计侧重于企业组织外部的“受托责任”，而管理会计则侧重于企业组织内部的“受托责任”，由此导致二者具有了相同的理论基础，“受托责任”是二者存在的合理依据。

2. 管理会计与财务会计的区别

（1）工作主体不同。管理会计的工作主体可以分为多个层次，它既可以以整个企业为主体，又可以将企业内部的局部区域或个别部门甚至某一管理事项（如亏损产品）甚至个人作为其工作的主体。事实上在多数情况下，管理会计主要以企业内部责任单位或管理事项为主体；财务会计与其不同，其工作主体单一，常常以整个企业为工作主体，所有从事的反映监督活动都满足单一主体对外报告的要求。

（2）服务对象不同。管理会计工作的侧重点在于针对企业经营管理遇到的特定问题进行分析研究，所提供的信息服务于企业内部的各级管理人员，侧重于对内服务，从这个意义上讲，人们常常将管理会计称为“内部会计”；财务会计与其不同，工作的侧重点在于根据日常的业务记录，登记账簿，定期编制有关的财务报表，向企业外界有经济利害关系的团体和个人报告企业的财务状况与经营成果，侧重于对外服务，正是基于此，人们常常将财务会计称为“外部会计”。

（3）职能特征不同。管理会计具有核算、预测、决策、规划、控制、评价、内部报告等职能，比较而言，对于内部管理来讲，预测决策与规划是第一位的，因此管理会计关注未来，属于“经营型会计”；财务会计与其不同，财务会计所具有的核算与监督职能都是针对实际已经发生的经济业务，它关注过去，属于“报账型会计”。

（4）制度约束不同。作为会计信息系统，管理会计常常从内部管理角度出发，信息的输入与输出没有统一的规定，核算具有灵活性，在很大程度上，不受会计准则的制约，如生产决策中仅考虑相关成本，与决策无关的固定性制造费用则不考虑；财务会计与其不同，信息的输入与输出都有明确的规定，提供的一切信息都必须符合公认会计准则的要求，核算的制约性强，灵活性非常小。

（5）信息特征不同。从信息的时效性看，管理会计可以提供涉及过去、现在和未来三个时态的信息，财务会计则不同，只能提供过去的信息；从信息的完整程度来看，管理会计由于其工作主体具有层次性，由此导致提供的信息一般是为了满足特定管理要求的有针对性的、部分的信息，财务会计则不同，其工作主体是整个企业，提供的是全面的、系统的、连续的、综合的信息；从信息的性质来看，管理会计考虑一些非计量因素，既提供定量的信息，也提供定性的信息，财务会计则不同，其信息全部是利用货币可计量的信息；从信息的精确度来看，管理会计由于关注未来，因此提供的信息对精确度的要求不高，允许存在误差，数据具有近似性；财务会计与其不同，其信息力求精确，数据必须平衡。

（6）报告期间不同。管理会计的内部报告编制期间具有灵活性，它不受会计期间的限制，因涉及的对象不同可能期间就不同，可以按年、季、月、周甚至天、小时等编制；财务会计与其不同，其外部报告必须严格按照规定的会计期间编制。

（7）报告承担的法律责任不同。管理会计常常为了特定的管理目的而进行分析并编制内部报告，所编制的内部报告有助于管理者的决策，但不承担法律责任；财务会计与其不同，编制的对外报告反映企业整体业绩，严格按照规定的程序和时间对外披露，因此外部报告需要承担法律责任。

（8）报告的格式不同。报告常常用表格形式反映。管理会计的内部报告服务于企业的内部管理需要，特定的目的下有着不同的报告格式，即使对同一个问题的分析，不同的企业也会出现不同的内部报告格式，如具体的预算编制格式，由此导致内部报告编制格式的灵活多样；财务会计与其不同，格式是统一规定的，必须按规定的格式对外披露，如资产负债表等。

1.3.2　管理会计与成本会计的关系

成本会计起源于产品实际成本的独立核算，它先于管理会计而产生，是工业革命的产物。它关注成本的汇集和分配，采用品种法、分批法和分步法等对产品成本进行事后计算，产生的当时属于账外核算，服务于产品的定价决策，之后为了满足对外报告的需要，转为账内核算，从而使成本会计具有了对内、对外服务的双重功能。当管理会计出现后，由于管理会计以成本会计为出发点，是对成本会计的发展和深化，因此西方主流观点将成本会计划归管理会计范畴，成本会计属于管理会计的一个重要组成部分。

然而，单纯成本会计涉及的产品成本核算内容而言，具有独立性。无论是理论研究还是实务应用中，这部分内容常常独立于管理会计能够单独存在，基于此，对于成本会计的定位有广义和狭义的解释。广义的解释与西方主流观点保持一致，认为成本会计是管理会计的一个组成部分，狭义的解释将成本会计与管理会计并列，认为现代企业会计由财务会计、管理会计、成本会计三大分支构成。

如果以狭义解释为基础，狭义成本会计只涉及对外报告中产品成本核算的内容，管理会计与成本会计的关系是：成本会计为管理会计提供事后产品成本核算的信息，管理会计则利用该信息为加强内部管理而服务。本教材正是基于狭义解释而展开的，不涉及服务于外部报告的实际产品成本核算内容。

1.3.3　管理会计与财务管理的关系

财务管理是指基于企业生产经营过程中客观存在的财务活动和财务关系而产生，它利用价值形式组织财务活动、处理财务关系，是一项综合性的管理工作。管理会计与财务管理有许多相似之处，但也有着显著的不同，二者不能混淆。

1. 管理会计与财务管理的相同之处

（1）总体目标相同。无论是管理会计还是财务管理，其总体目标与企业目标保持一致，都是不断提升企业价值，实现企业价值最大化。

（2）均属于企业管理的一个组成部分。按照现代管理之父法约尔的观点，企业管理包括人力资源管理、财务管理、会计管理、营销管理、生产管理五方面内容。管理会计属于会计管理的一个分支，因此管理会计与财务管理均属于企业管理的有机组成部分，二者从不同的角度为加强企业管理提供服务。

（3）具有相同的管理职能。由于管理会计与财务管理均为企业管理的一个组成部分，因此二者具有相同的管理职能，都具有核算、预测、决策、规划、控制、评价等职能。

（4）采用的分析方法相同。从总体来看，无论是管理会计还是财务管理，二者都可以采用定量分析与定性分析相结合的方法体系，分析中在定量计算的基础上，常常还可以考虑一些非计量因素，从而使分析结果更加趋于合理。

（5）工作主体相同。无论是管理会计还是财务管理，其工作主体都具有多层次性，既可以以整个企业为主体，也可以以内部责任单位和管理事项为主体，而后者常常出现。

2. 管理会计与财务管理的区别

（1）产生的动因不同。财务管理部门出现于19世纪末20世纪初，标志着财务管理学科的真正诞生。当时工业革命的成功促进了企业规模的不断扩大，股份公司迅速发展起来，并逐渐成为占主导地位的企业组织形式。股份公司的发展不仅引起了资本需求量的扩大，而且也使筹资的渠道和方式发生了重大变化，企业筹资活动得到进一步强化，如何筹集资本扩大经营，成为大多数企业关注的焦点。于是，财务管理开始从企业管理中分离出来，成为一种独立的、新兴的管理职业，财务管理部门由此建立，当时的主要职责是预计资金需要量和筹措公司所需资本，显然财务管理产生的动因源于融资；管理会计与其不同，如前所述，管理会计伴随着标准成本法而出现，动因在于加强内部管理。

（2）工作的内容不同。虽然财务管理与管理会计的工作主体相同，但二者从事的内容却截然不同。财务管理围绕着现金流侧重于筹资管理、投资管理和收益分配管理；而管理会计则围绕着内部管理进行内部核算、规划、控制与报告。

（3）核算职能的表现形式不同。也许有人会产生这样的疑问：财务管理不是信息系统，何来核算职能？事实上，单纯核算而言，财务管理也需要计算，如计算流动比率、资产报酬率等，但这种核算与管理会计不同，财务管理缺乏独立的核算方法，其核算工作不能独立，它体现在财务的预测、决策、规划、控制、评价活动过程中。管理会计与其不同，核算内容可以独立于其他职能而存在，如为内部管理服务的变动成本计算和作业成本计算等。

（4）具体目标不同。我们认为，财务管理与管理会计的目标由总体目标和具体目标构成，具体目标应反映学科的特色。目前关于财务管理的目标较为流行的观点是企业价值最大化，但这种界定阐述的是财务管理的总体目标而不具有学科本身的特色。就财务管理的具体目标而言，应围绕着现金流界定，那就是现金周转的良性循环。关于管理会计的具体目标众说纷纭，我们的观点是：合理规划，有效控制，及时提供有用的内部信息。

（5）具体对象不同。从表面上看，管理会计与财务管理的对象没什么两样，都是企业经营中的价值运动，即能够用货币表现的经济活动。但深入分析，这里揭示的只是二者的总体对象并没有说明具体对象。我们认为二者的具体对象也应与学科相关。管理会计的具体对象是成本及未来动态的价值运动，涉及的会计要素有收入、费用和利润，另外还包括具有计量属性的成本；财务管理的具体对象则是过去及未来静态的价值运动，涉及的会计要素有资产、负债和所有者权益，考虑到存货属于日常生产经营活动控制范畴，与管理会计的联系紧密，因此存货划归财务管理。

（6）任务不同。财务管理的日常工作围绕着现金流展开，主要任务是：及时筹集所需资金；有效运用资金；合理分配盈利；加速资金回笼；定期进行财务分析；合理规划现金的收与支等。管理会计的日常工作围绕着规划与控制展开，主要任务是：利用灵活多样的内部报告反馈信息；及时核算内部成本；搞好预测工作；正确地进行日常经营决策；编制全面预算；控制成本；建立合理的责任中心考评体系等。

1.4　管理会计的组织地位及职业道德

1.4.1　管理会计在财务组织机构中的地位

企业的组织包括生产部门和服务部门两大类。凡是直接从事产品或劳务生产和销售活动的部门称为生产部门；凡是从事支持生产部门活动的部门称为服务部门。会计机构隶属于服务部门。

实务中，会计部常常称为财务部，实际上包括财务和会计双重职能。从理论上讲，财务管理与会计应属于平行的两个部门，但实务中会计与财务合而为一设立，共同接受总会计师或 CFO（chief financial office，CFO）的领导。

CFO 即首席财务官或称财务总监，中国国有企业中的总会计师与 CFO 处于同等地位，都是对企业财务活动和会计活动进行管理和监控的高级管理人员。在不同的企业中，CFO 或总会计师的具体职责有可能不同，但基本职责相同，主要包括审核内部、外部报告；及时筹集资本；进行风险管理；合理纳税筹划；协调各方面的利益关系等。

如果一个企业是较大规模的企业集团，如拥有不同区域或不同国家的若干子公司，此类集团公司常常在子公司中下设财务经理，此时财务经理是子公司会计与财务活动的高层管理人员，而 CFO 或总会计师则是不同区域或国家的财务和会计工作的总负责人。

虽然理论上财务会计、管理会计、成本会计、财务管理有较明确的学科划分，但实务中，由于各学科内容之间相互依存、相互联系，另外企业的要求也不一样，由此导致财务部中的内部机构设置体现的学科特色并不明显，常常看不到明确的管理会计、财务管理、财务会计、成本会计专设内部机构。如图 1－1 所示的是 2001 年 IBM 中国公司财务部门的组织结构。

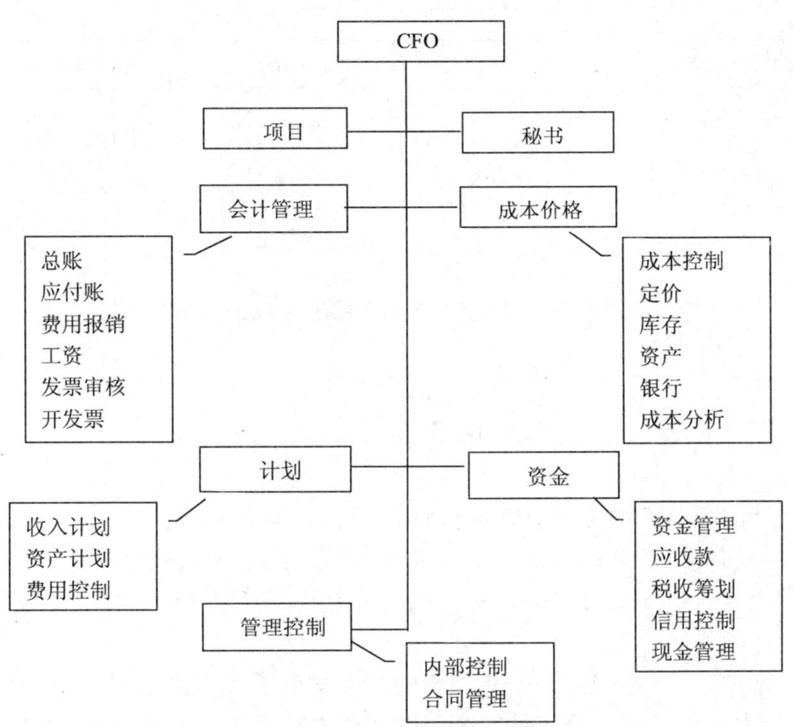

图 1－1　IBM 中国公司的财务部内部组织结构

资料来源：张先治、牛彦秀主编，财务学，东北财经大学出版社，2010：81.

从图 1－1 可以看到，IBM 公司中没有明确的管理会计部门，管理会计工作体现在计划和成本价格管理中。但有时有些公司也会设置与财务会计平行的管理会计部门，如大连苏尔寿泵及压缩机有限公司就有独立的管理会计内部机构，如图 1－2 所示。

从图 1－2 可以看出，该公司的财务会计、管理会计、成本会计和 IT 信息属于平行的内部机构，分管这四个小组的称为财务主管，但该公司没有专门的财务管理机构。图 1－1 与图 1－2 表明，实务中的财务机构设置非常灵活，没有固定的模式。

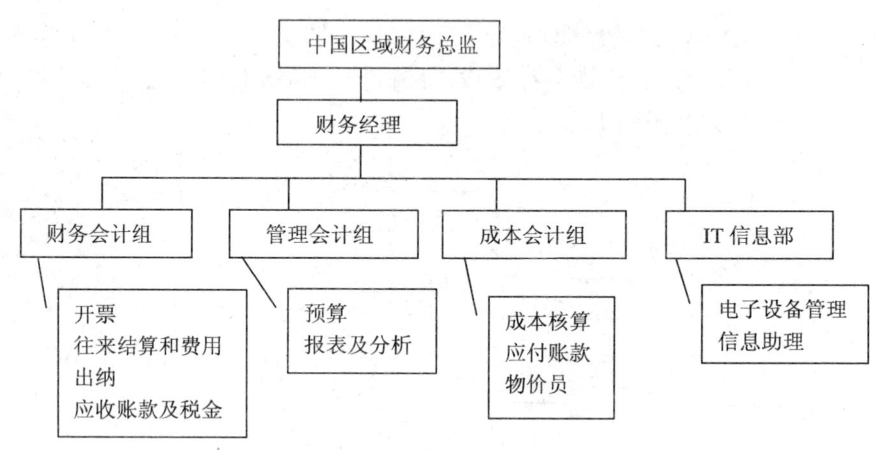

图 1-2 大连苏尔寿财务部的内部组织结构

1.4.2 管理会计的职业道德

管理会计的职业道德是针对管理会计师而言。美国和英国自 1972 年就出现了执业管理会计师的资格考试，该种考试已进入中国，在中国同类性质的考试一直没有，但每一个企业都有中国认可的会计师，他们常常从事管理会计工作，因此需要了解并遵守管理会计师的职业道德。

美国的管理会计师协会（IMA）于 1983 年发布了《管理会计师的职业道德行为规范》，从能力、保密性、公正性、客观性和道德冲突五方面对管理会计师的行为进行规范，另外针对可能出现的道德冲突提出了应采取的措施。

美国关于管理会计师职业道德的行为规范

管理会计师有义务对公众、职业组织、服务的企业及自身保持最高的道德行为要求。为实现这些义务，管理会计师协会制定如下管理会计师道德行为规范。遵守这些标准，是实现管理会计目标的重要保证。管理会计师不应违背这些原则，也不能宽恕组织中其他人违背原则的行为。管理会计师有责任在以下五方面遵守职业道德规范并同时督促他人。

▲能力

（1）通过持续地提高自身知识技能来保持适当水平的专业胜任能力。

（2）按照相关的法律，法规和技术规范来履行职责。

（3）通过恰当地分析相关和可靠的信息，提供完整和清晰的报告和推荐书。

▲保密性

(1) 除了法律要求以外，不能披露工作过程中所获取的秘密信息。

(2) 告知下属对工作中所获取的信息要有保密性，并且监督他们的活动以确保信息的秘密。

(3) 禁止亲自或通过第三方使用或可能使用工作中获得的秘密信息去获取不道德的或违法的利益。

▲公正性

(1) 避免事实上或表面上可能引起的利益冲突，并通知各方可能存在的各种潜在冲突。

(2) 禁止从事那些有可能会侵害他们正常地执行任务的各种活动。

(3) 拒绝接受那些影响或可能影响他们做出正确行动的礼物、恩惠以及不怀好意的款待。

(4) 禁止积极地或消极地阻挡企业合法的、符合道德的目标实现。

(5) 告知有利及不利的信息以及职业判断或意见。

(6) 禁止从事或支持各种有损管理会计职业的行为。

▲客观性

(1) 公正和客观地提供信息。

(2) 充分披露那些可合理预见的会影响报表使用人理解报告、评论和推荐书的相关信息。

▲道德冲突

在应用职业道德行为规范时，管理会计师可能会遇到如何确定不道德的行为或如何解决道德冲突的问题。当遇到关键性的道德问题时，管理会计师必须遵守权威机构制定的规则。如果这些规则不能解决问题，管理会计师可以考虑下列方法：

(1) 与直接上级讨论这些问题，前提是他没有卷入冲突，否则上报到更高的领导。可以接受的检查机构包括同级的审计委员会、董事会、行政管理委员会、信托委员会或股东大会。

(2) 与一位客观公正的建议人（如IMA道德建议委员会）秘密讨论，以获得对各种可能出现的情况的更好理解。

(3) 向自己的律师询问有关道德冲突的法律责任和义务。

(4) 如果经过各种尝试，道德冲突依旧存在，且道德冲突发生在很关键的事项，管理会计师只能提出辞职并给公司合适的领导提交一份详细的备忘录。除非法律规定，与无关的上级机关或未被组织雇用或联系的个人讨论上述道德冲突是不合适的。

从能力角度，要求管理会计师不仅要掌握专业的知识而且要掌握专业以外的相关知识，包括法律法规等，依据所掌握的知识，能够判断出所出现情况的正确与否；从保密性角度，要求管理会计师不能外露企业内部的一切信息，如告知企业外的管理人员；从公正性角度，要求管理会计师要正确对待日常的外部接触，公正地处理好内部纠纷。例如，在竞标选择过程中，如果有竞标的客户邀请企业的管理会计师外出，不管邀请者出于怎样的理由，管理会计师都不能前往；从客观性角度，要求信息要有依据，真实可靠，不能听信传言。

除了美国之外，英国也制定了与美国内容大致相同的职业道德行为规范，关于职业道德冲突二者的个别提法有些不同，美国管理会计师协会（IMA）规定：除非法律规定，与无关的上级机关或未被组织雇用或联系的个人讨论上述道德冲突是不合适的。而英国管理会计师协会（CIMA）与其要求不同：当问题仅靠内部力量无法解决时，允许会计师聘请独立的执业机构来解决问题。显然在道德冲突严重时，英国对管理会计师的选择更为宽松。

本章小结

1. 管理会计萌芽于西方，最早可以追溯到19世纪初，原始雏形形成于20世纪20年代。首次提出“管理会计”术语是在1922年，正式通过“管理会计”这个专门术语是在1952年。

2. 管理会计从其出现至目前，经历了四个发展阶段：萌芽阶段、形成阶段、发展阶段和成熟阶段。萌芽阶段凭借直觉和经验进行分析管理，其工作重心在于执行中的控制；形成阶段初规划与控制职能独立，工作重心是规划与控制并重，学科体系建立后将预测决策提到首要地位，并以其为核心；发展阶段管理会计原有体系不断完善，具有了专业化、职业化、规范化的性质；成熟阶段新旧方法融合后的管理会计体系具有综合性之特点，该体系将战略性置于首位，关注预测决策，兼顾规划与控制。

3. 中国的管理会计经历了自发应用、介绍吸收、停滞收缩、发展创新和稳定成熟五阶段。目前的研究重心转向吸收消化应用时期。

4. 管理会计之所以产生并发展其原因有三个：一是社会生产力的不断进步；二是加强内部管理的客观需求；三是管理理论的不断发展。

5. 从根本属性上看，一方面管理会计属于企业管理的一个组成部分；另一方面管理会计是会计信息系统的一个子系统。

6. 管理会计是指采用科学的方法，通过核算、预测、决策、规划、控制、评价、报告等日常管理行为，服务于企业的内部管理，为管理当局的正确决策提供参考依据的一个会计分支。

7. 管理会计的具体对象是成本及未来动态的价值运动，涉及的内容有成本及未来的收入、费用和利润。

8. 管理会计具有的主要特征是：（1）以成本为基础；（2）侧重于日常经营管理；（3）规划与控制是关键。

9. 管理会计具有的主要职能是：核算内部成本；预测经济指标；参与日常经营决策；编制全面预算；控制成本费用；评价责任单位业绩；编制内部报告。

10. 管理会计的总体目标与企业目标保持一致，具体目标是合理规划与控制，为管理当局提供与决策相关的内部信息。

11. 管理会计的内容包括管理基础与报告、内部成本核算与报告、规划与报告和控制与报告四个方面。与此相适应可以确定管理会计的任务。

12. 管理会计与财务会计的相同点是：二者都是现代企业会计的一个分支；二者的最终目标相同；二者的核算基础资料相同；二者的理论基础相同。管理会计与财务会计的区别是：工作主体不同；服务对象不同；职能特征不同；制度约束不同；信息特征不同；报告期间不同；报告承担的法律责任不同；报告的格式不同。

13. 如果成本会计仅涉及单纯的产品成本核算内容，管理会计与成本会计的关系是：成本会计为管理会计提供事后产品成本核算的信息，管理会计则利用该信息为加强内部管理而服务。

14. 管理会计与财务管理的相同点有：总体目标相同；均属于企业管理的一个组成部分；具有相同的管理职能；采用的分析方法相同；工作主体相同。管理会计与财务管理的区别是：产生的动因不同；工作的内容不同；核算职能的表现形式不同；具体目标不同；具体对象不同；任务不同。

15. 实务中的管理会计机构设置具有灵活性，没有固定的模式可循。

16. 美国的IMA发布《管理会计师的职业道德行为规范》，从能力、保密性、公正性、客观性和道德冲突五方面规范管理会计师的行为，并对道德冲突情况下所应采取的行动进行规范。

思　考　题

1. 从管理会计的产生发展来看，管理会计可以划分为几个阶段？各阶段的主要特点是什么？

2. 管理会计原始雏形形成在哪个国家？中国的管理会计是如何产生发展的？

3. 管理会计产生的原因是什么？为什么这些原因会促使管理会计产生和发展？

4. 什么是管理会计？管理会计的根本属性表现在哪些方面？

5. 管理会计与财务管理的具体对象有何不同？

6. 管理会计具有怎样的特征？内容有哪些？

7. 管理会计具有怎样的职能？实务中的主要任务是什么？目标是什么？

8. 从学科的角度看，管理会计与财务会计具有怎样的关系？

9. 从学科的角度看，管理会计与成本会计具有怎样的关系？

10. 从学科的角度看，管理会计与财务管理具有怎样的关系？

11. 你认为管理会计与财务会计能否融合并消失？

12. 甲公司的管理会计师知道软件部门已经将研究开发费用资本化，他知道如果不允许资本化，会导致软件部门内部报告出现亏损，并导致更多的裁员。该管理会计师有很多朋友在软件部工作。你认为案例涉及了管理会计职业道德的哪几条？如果你是这个管理会计师，你应该怎样做？

13. 请采用适当的方法（如询问、网上搜索等）进行调查，看看某一企业的财务部内部组织是如何设立的？管理会计的内容是从哪些内部组织体现的？

第二章　成本性态分析

学习目标

1. 了解管理会计中的成本概念与成本的分类标志，掌握管理会计与财务会计的最基本的成本分类标志。

2. 掌握成本性态、变动成本、固定成本的概念，了解混合成本的概念。

3. 掌握固定成本、变动成本的内容、特点及降低成本的途径。

4. 了解混合成本的种类及特点。

5. 掌握成本性态分析与成本性态分类的区别，熟悉成本性态分析各种方法的基本思想。

6. 掌握高低点法和一元回归直线法的计算公式，并能做到灵活应用。

7. 掌握相关范围的概念及对固定成本、变动成本习性的制约作用。

8. 掌握成本性态分析的基本假设及应用中应注意的问题。

9. 掌握贡献毛益的表现形式及相关的计算公式，掌握变动成本率的相关计算公式，并能做到灵活应用。

关键名词

成本　成本性态　固定成本　变动成本　成本性态分析　相关范围

2.1　成本概念及其种类

2.1.1　成本概念

不同的学科对成本概念有着不同的理解，管理会计服务于企业的内部管理，因此常常站在该角度对其进行界定。

所谓成本是指企业在生产经营过程中以货币表现的、为达到特定目的已经发生或可能发生的各种经济资源的耗费。此概念强调以下几点：（1）成本发生的目的性。

管理会计认为不同的目的有不同的成本概念。如为了核算当期损益就会有产品成本、期间成本之分；为了加强内部管理就会有固定成本和变动成本之分；为了落实责任就会有可控成本和不可控成本之分等。由此导致管理会计中的成本是一个多样化的成本，实质是系列成本概念的总称，进而导致成本核算的对象也具有多样性。如果站在特定目的的角度，管理会计涵盖了各种各样的成本。（2）成本发生的时态。由于管理会计中的成本多种多样，既涉及事后核算中发生的产品成本、责任成本等，也涉及事前预测决策规划中发生的标准成本、预算成本、决策成本等。由此导致管理会计中的成本可以横跨过去、现在、未来三个时态，可以将事前、事中、事后的成本核算全部纳入其范畴。(3）成本发生的可计量性。虽然成本概念具有多样性，但无论是何种情况下发生的何种目的的成本，都可以以货币形式进行计量。也就是说，管理会计以量化形式描述成本对象的资源耗费。

2.1.2 成本种类

管理会计的职能围绕着企业管理的职能展开，不同的职能活动其目的不同，因此就会出现不同的成本，进而形成不同种类的成本概念。这些成本按照一定的标志可以进行分类。管理会计中的主要成本概念及成本分类标志如下。

1. 生产成本与非生产成本

如果成本按其经济用途进行分类，可以分为生产成本和非生产成本两大类，也可以称为制造成本和非制造成本两大类。这里的经济用途也称经济职能，是指产品生产过程中所起的作用。从财务会计核算的角度看，可以将其视为成本项目。这种成本分类的目的一方面是为了明确成本与产品生产过程之间的关系及其发生的成本数量，从而为合理确定产品成本和期间成本奠定基础；另一方面是为了分析成本升降的原因并寻求成本降低的途径。这种分类是对外提供信息必可缺少的一种分类，是财务会计中采用的最基本的成本分类方法。虽然这种分类管理会计中也采用，但它不是管理会计的最基本的成本分类方法。

生产成本又称为制造成本，是指在生产过程中生产产品实体所发生的成本。包括：直接材料、直接人工和制造费用三个成本项目。直接材料是指直接构成产品实体的原材料成本；直接人工是指对原材料进行直接加工，使之变成产成品过程中所耗用的人工成本；制造费用是指生产过程中发生的不能归入上述两个成本项目，生产车间发生的其他各项成本支出。包括间接材料、间接人工、机器设备折旧费、设备保险费、不动产税金、机器维护修理费等。通常人们将生产成本中的直接材料与直接人工合称为主要成本；将直接人工与制造费用合称为加工成本。

非生产成本又称非制造成本，是指生产成本以外的、为制造产品提供服务的各类非生产部门所发生的成本。在西方包括推销成本和一般行政管理成本两个成本项目，二者常常合称为推销及行政管理成本，它相当于中国制造业中的销售费用和管理费用。推销成本是指在流通领域为推销产品而发生的各项成本，包括广告宣传费、送货运杂费、销售佣金、销售人员工资、销售部门的办公费等；一般行政管理成本是指企业行政部门为组织企业生产所发生的各项成本，包括办公费、差旅费、修理费等。

按照国际惯例，财务费用也属于非生产成本范畴，但从学科的角度看，财务费用的发生起因于筹资活动，因此与财务管理的联系更加紧密，导致西方的管理会计教材常常对其不考虑。事实上，财务费用作为非生产成本是实实在在存在的，无论是成本核算，还是成本规划或控制，都不能忽视财务费用，基于此，本教材在非生产成本中考虑财务费用。

2. 产品成本与期间成本

如果成本按其可盘性进行分类，可以分为产品成本与期间成本两大类。这里的可盘性是指一定期间发生的成本能否构成资产价值并能在期末进行盘点的性质。凡能够盘存的成本可以以存货形式在资产负债表中得以反映，并递延到下期；凡不可盘存的成本则以费用形式在利润表中反映，由当期的收入全额扣除，不能递延至下期。采用这种成本分类的目的是为了确定各期产品的销售成本及其损益以及库存产成品的存货成本。

产品成本是指期末能够盘存并计入存货，可以递延到下期的成本。期间成本则是其对立概念，是指期末不能盘存并计入存货，由当期收入全额扣除的成本。无论是财务会计，还是管理会计，都需要核算产品成本和期间成本，但二者的观点不同，计算的数额也不同。

3. 相关成本与无关成本

如果成本按其相关性进行分类，可以分为相关成本和无关成本两大类。这里的相关性是指成本的发生是否与决策有关。采用这种成本分类的目的是为了提高决策的正确性，有助于合理规划未来。

相关成本是指与特定决策方案有关的成本。无关成本则是其对立概念，是指与特定决策方案无关的成本。这种成本分类仅适用于管理会计，财务会计由于是对已发生业务的反映，属于事后核算，与事前的决策无关，因此这种成本分类不采用。

4. 可控成本与不可控成本

如果成本按其可控性进行分类，可以分为可控成本与不可控成本两大类。这里的可控性是指是否可以预计、计量、施加影响、可以考核的性质。采用这种成本分类的目的是为了落实责任，并正确核算责任成本。

可控成本是指可以预计、可以计量、可以施加影响和可以考核的那部分成本。不可控成本则是其对立概念，是指不可以预计、不可以计量、不可以施加影响和不可以考核的那部分成本。这种成本分类要求划分责任单位，因此仅在管理会计中采用，财务会计则由于按产品核算其成本，因此不适用。

5. 直接成本与间接成本

如果成本按其与特定对象之间的关系进行分类，可以分为直接成本和间接成本两大类。这里的特定对象是指成本核算对象，它取决于核算的目的，可能是产品，也可能是某责任单位，或者是质量或作业等。采用这种成本分类的目的是为了准确核算特定对象的成本，确保决策的正确性。

直接成本也称为可追溯成本，是指与某一特定对象直接联系的那部分成本。间接成本则是其对立概念，也称为不可追溯成本，是指与某一特定对象没有直接联系的那部分成本。前者可以直接计入特定核算对象，如直接材料等；后者则属于共同成本，需要采用一定的分配标准分配计入，如现行制度下的制造费用就属于典型的间接成本。无论是财务会计还是管理会计都可以按此标志进行分类。

6. 固定成本、变动成本与混合成本

如果成本按其性态进行分类，可以分为固定成本、变动成本和混合成本三大类。采用这种成本分类的目的是为了更好地实现管理会计的各项职能，它有助于内部核算、预测、决策、规划、控制、评价等各项工作的展开，是管理会计实现内部管理功能的最基本分类方法。

7. 其他种类的成本

不同的分类标志会出现不同的成本，但有些成本的分类标志并不明显但成本十分重要，这些成本也是从特定的目的出发而形成的，如责任成本、质量成本、标准成本等。责任成本是指责任单位所发生的成本。它是业绩考核的主要指标，对其进行核算的目的是为了正确地进行业绩评价；质量成本是指为保持或提供产品质量所发生的各种费用和因产品质量未达到规定水平所产生的各种损失的总称。对其进行核算的目的是为了提高产品质量，降低产品的质量损失成本；标准成本是指按照成本项目反映的、在已经达到的生产技术水平和有效经营管理条件下，应当发生的单位产品成本目标。对其进行核算的目的是为了明确产品和各成本项目的成本控制目标和控制重点，从而有效地控制生产过程中发生的各项成本。

2.2　成本性态

2.2.1　成本性态的内涵

成本性态也称为成本习性，是指成本总额与业务量之间的依存关系。这里的成本总额（用 y 表示）是指一定期间生产经营过程中发生的所有经营成本，包括直接材料、直接人工、制造费用、销售费用、管理费用和财务费用六个成本项目。业务量（用 x 表示）是指一定期间完成的生产量或销售量的总称。从业务量的计量单位来看，有多种表现形式。概况而言，有绝对量和相对量两类形式，绝对量又包括实物量、价值量和时间量三种形式。实物量是以自然物理量为单位反映的生产量和销售量，如吨、件、套等；价值量是以价值形式反映的生产量和销售量，如销售收入、成本等；时间量是以时间为单位反映的生产量和销售量，如人工小时、机器小时等。相对量是以相对数为单位反映的生产量和销售量，如生产能力利用百分比、销售百分比等。

2.2.2 成本性态分类

虽然管理会计中可以按多种标志对成本进行分类，但成本按其性态分类是其最基本的分类标志，它是从事管理会计各项活动中必不可少的一种分类。成本按其性态可以分为固定成本、变动成本和混合成本三大类。

1. 固定成本

（1）固定成本的内涵。固定成本是指在一定条件下，其总额不随业务量发生任何数额变化的那部分成本。通常可以作为固定成本内容的有：房屋设备租赁费、财产保险费、广告费、职工培训费、管理人员工资、按使用年限法计提的固定资产折旧费等。以制造业为例，制造费用中有不随产量变动的办公费、差旅费、折旧费、劳动保护费、管理人员工资和租赁费等；销售费用中有不受销量影响的销售人员工资、广告费和折旧费等；管理费用中有不受产量或销量影响的企业管理人员工资、折旧费、租赁费、保险费和土地使用税等；财务费用中有不受产量或销量影响的各期利息支出等。

（2）固定成本的特点。固定成本具有以下两个特点：一是固定成本总额（用 a 表示）的不变性。这一特点是其概念的再现。如果用横轴代表业务量，纵轴代表固定成本，在平面直角坐标图中反映的固定成本线是一条平行于 x 轴的直线，如图 2-1 所示。其成本性态模型为 $y = a$。二是单位固定成本（用 a/x 表示）的反比例变动性。基于总额特征，单位产品负担的固定成本必然随着业务量的变动成反比例变动，反映在平面直角坐标图上是一条反比例曲线，如图 2-2 所示，其单位成本性态模型为 $y = a/x$。

【例 2-1】假定星海公司只生产 A 产品，原来每月的最大生产能力为 100 台。由于市场销路很好，该企业决定从 2010 年起将产能提高到每月 150 台。这需要向 H 租赁公司租入两台设备才能满足生产需求。经过协商，每月需支付租赁公司租金 8 000

元，租期 1 年。2010 年预计上半年各月产量与租赁费资料如表 2－1 所示。

表 2－1　　2010 年上半年预计产量与租赁费

月份	产量（台）	租金（元）	单位产品租金（元/台）
1	100	8 000	80.00
2	110	8 000	72.72
3	120	8 000	66.67
4	130	8 000	61.54
5	140	8 000	57.14
6	150	8 000	53.33

要求：判断固定成本并用图描述租金的总成本线和单位成本线。

分析：根据所给资料，支付的租金不受产量变动的影响，属于固定成本。依据产量与租金及单位产品租金的相关数据，可以描绘出 2010 年上半年各月 A 产品产量与设备租金总额的总成本线以及单位产品负担租金的单位成本线，如图 2－1、图2－2 所示。

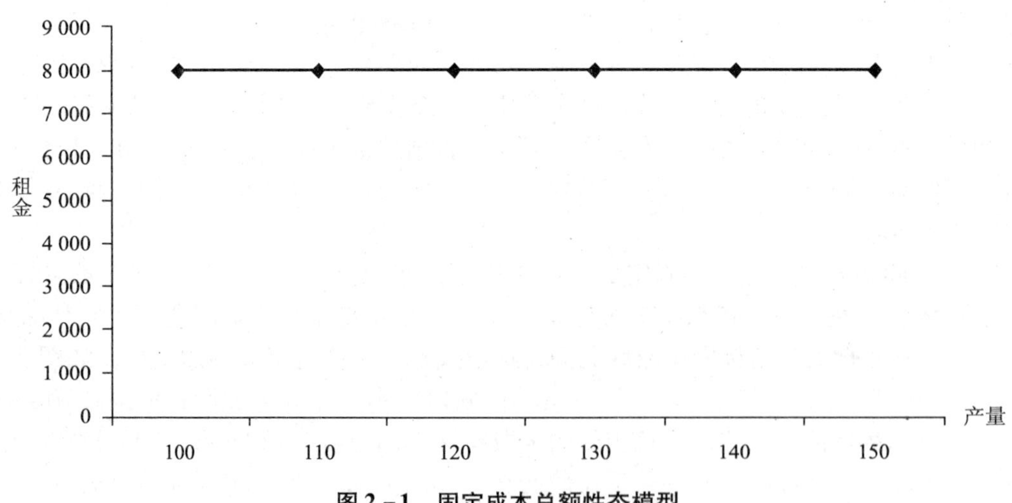

图 2－1　固定成本总额性态模型

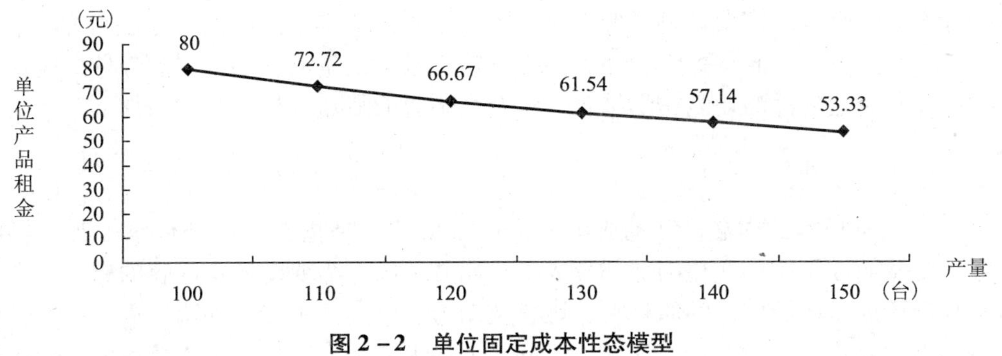

图 2-2 单位固定成本性态模型

从图 2-1 可以看出，租金总额不受 A 产品产量变动的影响，表现的是一条平行线，其成本性态分析模型为 y=80 000。从图 2-2 可以看出，单位产品租金随 A 产品产量的变动而反方向变动，表现的是一条反比例曲线，成本性态分析模型为y=80 000/x。

(3) 固定成本的分类。固定成本按其是否受管理层短期决策行为影响，可以进一步区分为约束性固定成本和酌量性固定成本两类。

约束性固定成本又称经营能力成本，是指不受管理层短期决策行为的影响，不可以增减其数额的那部分固定成本。此类成本无论管理层是否决策都将发生，反映的是形成并维持企业最起码的生产经营能力所需支付的成本，也是企业经营活动必须负担的最低成本，如计提的厂房与机器设备的折旧费、支付的保险费、财产税、管理人员工资等。

酌量性固定成本又称选择性固定成本，是指受管理层短期决策行为的影响，可以在不同时期增减其数额的那部分固定成本。此类成本的高低取决于管理层的决策行为，依据管理层的实际需要和财务负担能力而定，如一定期间预计支付的广告费、职工培训费、新产品开发费等。

对固定成本进一步分类的目的是为了寻求降低固定成本的正确途径。从约束性固定成本来看，由于此类固定成本是维持企业一定规模的生产能力所需成本，经营规模一旦形成，短期内不会轻易改变。因此实务中，对于此类固定成本，企业应在经营目标指导下，充分挖掘生产潜力，有效利用现有的生产经营能力，通过提高产品产量相对降低这部分成本的单位固定成本，进而达到提升企业利润的目的。如果没有战略收缩意图，企业绝不能试图降低约束性固定成本总额，否则会由于生产能力的削减而影响企业的盈利与长期发展。从酌量性固定成本来看，由于此类固定成本受管理层决策行为影响，在不影响企业长期战略目标实现的前提下，可以改变其总额。因此对于此类固定成本，降低成本的有效途径就是降低其总额支出，企业在编制预算时应认真决策、精打细算、厉行节约、避免浪费，在不影响生产经营的前提下，尽量减少酌量性固定成本支出总额。需要特别说明的是，酌量性固定成本不是越低越好，因为此类成本虽然与产量变动无直接关系，但会间接影响产量与销量的变动，因此降低此类成本时一定要与企业的战略规划密切结合，只有在不影响战略目标实现的条件下，才能降低其数额。

2. 变动成本

（1）变动成本的内涵。变动成本又称可变成本，是指在一定条件下，其总额随业务量变化而成正比例变化的那部分成本。通常可以作为变动成本内容的有：生产成本中与产量成正比例变化的原材料、燃料及动力、外部加工费、外购半成品；按工作量法计提的固定资产折旧费；计件工资形式下的生产工人工资；销售费用中的销售佣金、装运费、包装费等。管理费用中的与业务量成正比例变动的非生产成本中的各项目。以制造业为例，按照西方的观点，制造业中的直接材料、直接人工都属于变动成本，制造费用与各项非生产成本中都存在与业务量正比例变化的变动成本。

（2）变动成本的特点。变动成本具有以下两个特点：一是单位变动成本（用 b 表示）的不变性。单位变动成本是生产单位产品所发生的变动成本，它不随业务量的变动而改变，是一个常量。如果用横轴代表业务量，纵轴代表单位变动成本，单位变动成本是一条平行于横轴的直线，如图 2－3 所示，其成本性态分析模型为 $y = b$。二是变动成本总额（用 bx 表示）的正比例变动性。这一特点是其概念的再现。由于单位变动成本属于一个常量，变动成本总额必然与业务量的变化成正比例变动。该特点反映在平面直角坐标图中，变动成本线是一条以单位变动成本为斜率的直线，如图 2－4 所示，其成本性态分析模型为 $y = bx$。

【例 2－2】假定星海公司生产的 A 产品需要耗用甲、乙两种材料，甲材料的外购单价为 12 元，乙材料属于委托加工材料，每件需支付委托加工费 10 元。2010 年该公司上半年不同产量下的甲材料成本和单位材料成本资料如表 2－2 所示。

表 2－2　　2010 年上半年预计产量与甲材料耗用成本

月份	产量（台）	材料总成本（元）	单位材料成本（元/台）
1	100	1 200	12
2	110	1 320	12
3	120	1 440	12
4	130	1 560	12
5	140	1 680	12
6	150	1 800	12

要求：判断变动成本并用图描述甲材料的总成本线和单位成本线。

分析：根据所给资料，外购的甲材料其外购价不受业务量的变动而改变，成本总额则正比例变动，因此甲材料属于变动成本；委托加工的乙材料，委托加工费也不受产量变动的影响，因此也属于变动成本。

依据A产品产量与甲材料总成本及单位材料成本的相关数据，可以描绘出2010年上半年各月产量与甲材料的总成本线和单位成本线，如图2－3、图2－4所示。

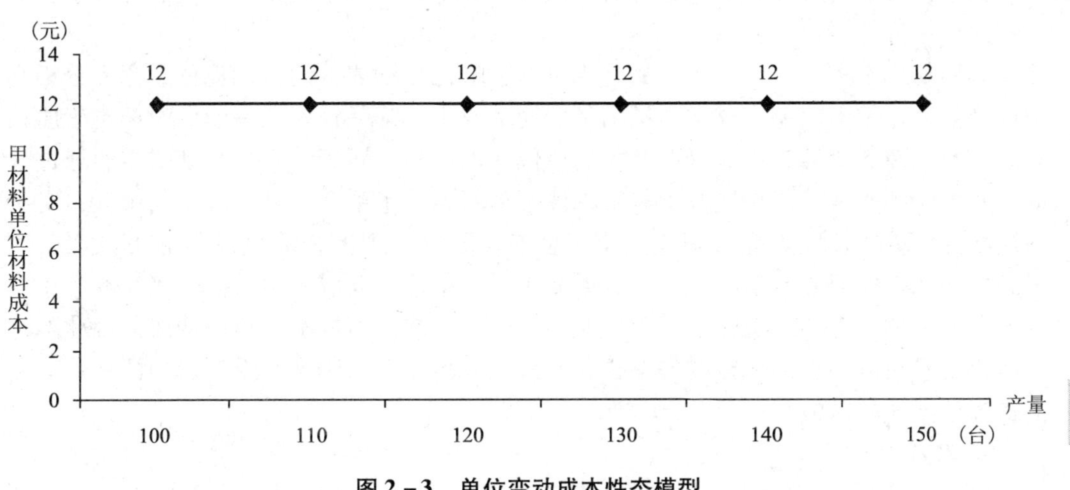

图2－3　单位变动成本性态模型

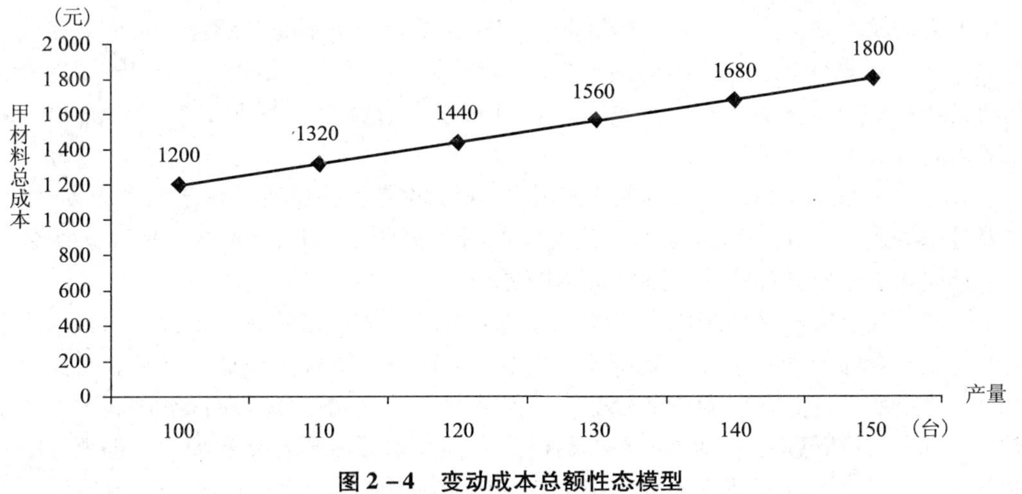

图2－4　变动成本总额性态模型

从图2－3可以看出，甲材料总成本与A产品产量正比例变动，表现的是一条直线，直线的斜率为12，其成本性态分析模型为 $y=12x$。从图2－4可以看出，甲材料单位成本不受产量变动的影响，表现的是一条平行于横轴的直线，成本性态分析模型为 $y=12$。

（3）变动成本的分类。变动成本按其产生的原因，可以进一步分为技术性变动成本和酌量性变动成本两类。技术性变动成本是指消耗量由技术因素决定的那部分变动成本，如生产一台汽车需要耗用一台引擎、一个底盘和若干个轮胎等。酌量性变动成本是指受管理层决策影响的那部分变动成本。如支付的销售人员佣金、计件工资制下的计件单价等。

对变动成本进一步分类的目的是为了寻求降低变动成本的正确途径。深入分析会发现，无论是技术性变动成本还是酌量性变动成本，都是针对成本的单位额产生原因而言，因此降低变动成本应降低产品的单位变动成本。对于技术性变动成本应通过改进产品设计、改进工艺流程等手段实现技术革新与技术革命，进而降低其单耗；对于酌量性变动成本管理层应密切关注市场动态，通过合理决策等手段降低单位变动成本。另外从单位变动成本的成本项目组成来看，单位变动成本由单位直接材料、单位直接人工、单位变动制造费用、单位变动非生产成本几个成本项目所构成，因此降低单位变动成本可以从提高材料的综合利用率、提高工时利用率、降低费用消耗、避免浪费等角度采取措施。

3. 混合成本

（1）混合成本的内涵。混合成本是指既随业务量变动但又不成正比例变动的那部分成本。此类成本的典型特征是成本总额中兼有固定成本和变动成本两类性质，成本介于变动成本和固定成本之间，既非完全固定不变，也不完全随业务量成正比例变动。成本性态分类中之所以出现混合成本，是因为采用了“是否变动”与“是否正比例变动”的双重分类标志，不论哪个标志在前，分类的结果都必然产生介于二者之间的混合成本。

（2）混合成本的种类。在实际工作中，有许多成本明细项目属于混合成本性质。如果对这些成本按其变动趋势进行分类，可以分为阶梯式混合成本、标准式混合成本、延期式混合成本和曲线式混合成本四种类型。

阶梯式混合成本又称半固定成本，它的特点是：在一定的业务量范围内其成本总额不随业务量的变动而改变，类似固定成本，当业务量增长突破这一业务量范围，成本就会跳跃变动，并在新的业务量范围内保持不变，直到业务量再次突破新的业务量范围，成本又跳跃到一个新的水平。阶梯式混合成本总体来看是变动的，但更近似于固定成本，其成本总额随业务量的增长呈现出阶梯状变动趋势，如图2－5所示。企业化验员与检验员等的基本工资、机器设备维修费等都属于阶梯式混合成本。

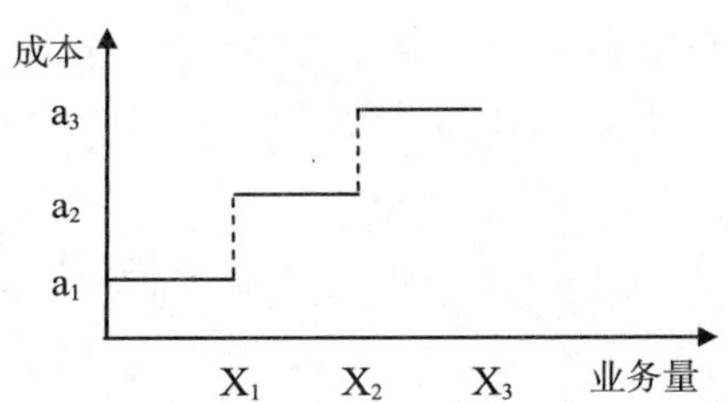

图 2-5 阶梯式混合成本趋势

标准式混合成本又称半变动成本，它的特点是：有一个固定基数，该基数与业务量的变化无关，类似于固定成本；在此基数之上，另一部分成本则随着业务量的变动而成正比例变动，相当于变动成本。标准式混合成本总体来看由明显的固定成本和变动成本两部分组合而成，其变动趋势如图 2-6 所示。企业的固定电话座机费；机器设备的维修保养费；西方的水、电、煤气费等都属于这类成本。

延期式混合成本也称低坡式混合成本，它的特点是：在一定的业务量范围内其总额保持固定不变，一旦突破这个业务量限度，成本就与业务量成正比例变动。总体来看，此类成本也是由固定成本与变动成本两部分组合而成，但固定成本以某一业务量为临界点，其变动趋势如图 2-7 所示。企业超定额工资制下的工资总额、工人加班加点下的工资总额等都属于此类混合成本。

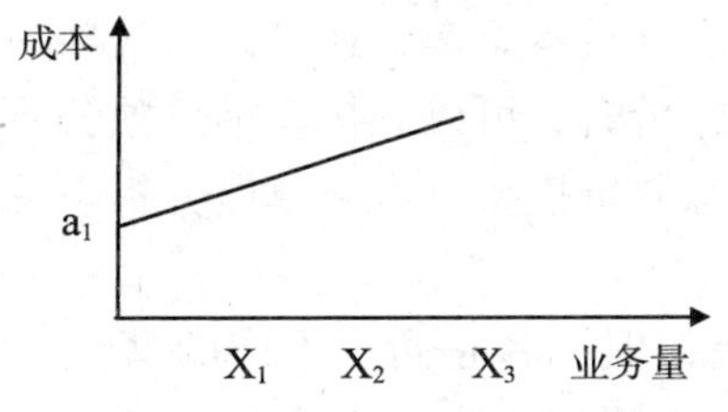

图 2-6 标准式混合成本趋势

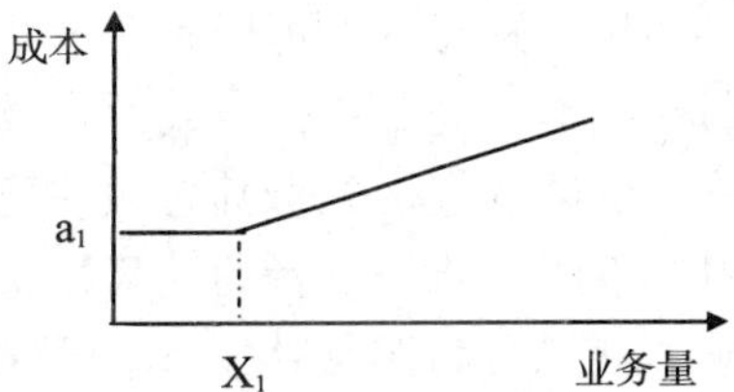

图 2-7 延期式混合成本趋势

曲线式混合成本的特点是：有一个初始量，一般不受业务量的影响而固定不变，类似于固定成本，在这个初始量的基础上，成本随业务量变动但不是线性关系而是曲线式变动关系。按照曲线的斜率不同，这类混合成本又分为递增型曲线式混合成本和递减型曲线式混合成本。

递增型曲线式混合成本的特点是：成本的斜率表现为递增趋势，成本的增长幅度大于业务量的增长幅度，在平面直角坐标图上表现为一条凹形曲线，如图 2-8 所示。企业支付的各种罚金、累进计件工资等都属于此类成本；递减型曲线式混合成本的特点是：成本的斜率表现为递减趋势，成本的增长幅度小于业务量的增长幅度，反映在

平面直角坐标图上是一条凸型曲线，如图 2－9 所示。企业热处理车间电炉设备发生的点火预热耗电成本就属于此类成本。

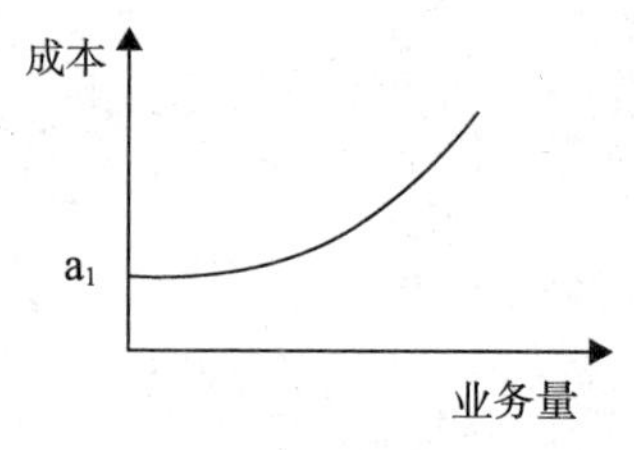

图 2－8 递增型曲线式混合成本趋势

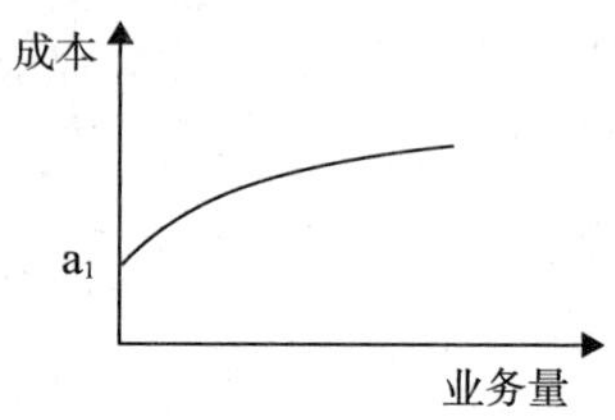

图 2－9 递减型曲线式混合成本趋势

2.3 成本性态分析的内涵及方法

2.3.1 成本性态分析的内涵

成本性态分析是指采用一定的方法，将全部成本或混合成本或某项成本区分为固定成本和变动成本两大类的分析过程。通过成本性态分析，建立的成本性态分析模型为 $y = a + bx$，这里的 y 可以是总成本，也可以是混合成本总额，还可以是某项混合成本或某项成本。进行总成本或混合成本总额性态分析时，可以先按单项单独分析再进行汇总，也可以直接分析其总额并建立总成本性态分析模型。如果单项分析与总额分析采用的方法一致，二者的计算结果相等。

成本性态分析与成本性态分类虽然一字之差，但二者是两个不同的概念。从结果来看，成本性态分类的结果是将全部成本区分为固定成本、变动成本和混合成本三大类；成本性态分析的结果则是将全部成本区分为固定成本和变动成本两大类。从分析过程来看，成本性态分析以成本性态分类为基础。从结果应用来看，成本性态分析的实用价值更高，因为企业内部管理中需要将全部成本包括混合成本在内区分为变动成本和固定成本两部分，这是企业进行内部管理中必不可少、必须做的一项基础工作。

成本性态模型实证研究的新发展

传统成本性态模型认为，当企业处于某一业务量水平时，无论将来业务量上升或下降，只要变动数额相等，成本的变动幅度是相同的。近几年来实证研究结果发现，成本习性规律比较适合用于描述营业成本与业务量相关的成本费用项目的变化情况，而对销售费用、管理费用、财务费用的适用性不强。2003 年安德森（Anderson）首次提出“成本费用粘性”概念，并在之后近十年时间内得到其他学者的论证支持。他们寻找了 20 年的 7 629 家美国上市公司的财务、成本数据，对这些公司的销售费用、一般费用和行政费用进行统计分析，研究发现：当销售收入增加 1% 时，成本费用平均增加 0.55%；当销售收入减少 1% 时，成本费用平均减少 0.35%，公司成本费用在增加和减少两个业务量变化方向上具有不对称性。

2.3.2 成本性态分析的方法

成本性态分析方法是将成本区分为变动成本和固定成本两大类的成本分解方法。常用的分解方法主要有：技术测定法、个别确认法、高低点法、散布图法和一元回归直线法等。

1. 方法总体说明

技术测定法和个别确认法属于定性分析方法；高低点法、散布图法和一元回归直线法属于定量分析方法。由前面的固定成本和变动成本的特点可以看出，固定成本总额 a 与单位变动成本 b 都不受业务量变动的影响，是一个常量，因此无论采用哪种方法进行成本性态分析，都需要首先确定出 a 和 b，然后列示出总成本或某项成本的成本性态分析模型。

定量分析方法也称为数学分解法或称历史资料分析法，进行成本性态分析时，需要掌握过去一定时期内若干期的成本 y 与业务量 x 的历史数据，在此基础上计算 a 和 b，并建立成本性态分析模型。而定性分析法中的模型建立与若干期的历史数据无关，此类方法只需根据费用的性质来直接判断和确认 a 和 b，并建立成本性态分析模型，这就是定性分析方法与定量分析方法的显著区别。

2. 技术测定法

技术测定法也称工程法，是指利用工程项目技术分析中所测定的物质消耗数据，直接分析并确认 a 和 b 并建立成本性态分析模型的一种定性分析方法。在产品投产前，工程项目的技术报告对产品的工艺过程以及相应的材料、燃料、动力、人工小时、机器小时等消耗标准有详尽的说明，这些数据较为准确，可以作为参照直接对各项目进行成本性态分析。如可以将技术报告中测定的热处理电炉预热的初始耗电成本划归固定成本，将预热后的后续热处理耗电成本划归变动成本等。

技术测定法以建设前期的技术资料为依据，因此此法只适用于投入产出关系比较稳定的新企业及其主要成本的测算，对于已发生较大技术变革或生产能力有重大变动的老企业不适用，另外对于发生的共同间接成本无法估算。

3. 个别确认法

个别确认法也称账户分析法或称直接分析法，是指按照会计记录中所列示的各项费用，逐一费用性质进行确认，直接判定 a 和 b 并建立成本性态分析模型的一种定性分析方法。这种方法需要事先了解各项费用的开支标准或合同协议中的支付规定，直接分析各费用项目与业务量之间的关系。如某企业签订的租赁合同中规定：无论是否使用所租设备，每月需支付租金 400 元，同时按照机器开动的时数收费，机器每开动 1 小时收费 1 元。由此可以确定合同中每月支付的租金 400 为固定成本，与机器开动小时相关的费用 1 元为单位变动成本，成本性态分析模型为 $y = 400 + 1x$。同理，将各项费用的固定成本、单位变动成本进行汇总，就可以得出该企业的总成本性态分析模型。

个别确认法对于间接费用可以参照一定的分配比例或事前约定的比例直接估算变动成本与固定成本，因此这种方法能够确认所有费用项目的成本性态。此法简单，容易掌握，因此应用广泛，但分析过程较粗，结果不够准确。此法适用于管理会计基础工作开展较好的企业采用。

4. 高低点法

高低点法也称两点法，是指从若干期间的成本与业务量历史数据中，选取高低两点坐标，据此推算 a 和 b 并建立成本性态分析模型的一种定量分析方法。采用此法的具体步骤如下。

（1）选择高低两点坐标。在掌握的一定期间成本与业务量的所有历史资料中，从中选出最高点业务量及其对应的成本（$x_{高}$，$y_{高}$），以及最低点业务量及其对应的成本（$x_{低}$，$y_{低}$），这两点就是计算中所需的高低点坐标。选择中需要注意的是，最高点坐标和最低点坐标应以业务量的高低作为选择的标准而不能以成本为标准。

（2）计算 b 和 a 值。根据成本性态，固定成本总额 a 和单位变动成本 b 无论是在最高点还是在最低点，这两个值都不受业务量变动的影响。如果将高低两点坐标代入成本性态分析模型 $y = a + bx$，就可以推算 b 和 a，相关的计算公式如下：

$$b = \frac{y_{高} - y_{低}}{x_{高} - x_{低}} \quad 或 = \frac{y_{低} - y_{高}}{x_{低} - x_{高}}$$

$$b = \frac{高点业务量成本 - 低点业务量成本}{高点业务量 - 低点业务量} = \frac{y_{高} - y_{低}}{x_{高} - x_{低}} \qquad 式 2-1$$

$$或 = \frac{低点业务量成本 - 高点业务量成本}{低点业务量 - 高点业务量} = \frac{y_{低} - y_{高}}{x_{低} - x_{高}}$$

$a = 高点业务量成本 - b \cdot 高点业务量 = y_{高} - b \cdot x_{高}$ 式2－2

或 $= 低点业务量成本 - b \cdot 低点业务量 = y_{低} - b \cdot x_{低}$

（3）建立成本性态分析模型。将上述计算的 b 和 a 值代入 $y = a + bx$，就是依据历史数据建立的一定期间的成本性态分析模型。

【例2－3】某企业根据2010年下半年甲产品产量与成本的各月历史数据进行成本性态分析。首先区分固定成本、变动成本和混合成本三项，经过分析能够确认为固定成本总额的共计800万元，确认为单位变动成本的共计15万元，混合成本还需继续分解。下半年甲产品产量与混合成本的历史资料如表2－3所示。

表2－3 **甲产品产量与混合成本**

月份	产量（台）	混合成本（万元）
7	5	140
8	4	120
9	6	170
10	7	190
11	9	230
12	8	235

要求：（1）采用高低点法建立混合成本的成本性态分析模型；（2）建立总成本的成本性态分析模型。

分析：依据所给资料首先选择高低两点，以产量的高低为标志进行选择，高点坐标为（9，230），低点坐标为（4，120）。如果以成本为标志进行选择，12月份的成本最高，但不能以该期的数据作为最高点的坐标，因为产量的变动决定了成本的变动，但这种关系反过来是不成立的。然后将高低点坐标代入式2－1和式2－2。

$$单位变动成本(b) = \frac{230 - 120}{9 - 4} = 22(万元)$$

$$或 = \frac{120 - 230}{4 - 9} = 22(万元)$$

固定成本总额（a）$= 230 - 22 \times 9 = 32$（万元）

或 $= 120 - 22 \times 4 = 32$（万元）

将 a 和 b 代入，就可以确定混合成本的成本性态分析模型：$y_{混} = 32 + 22x$。

结合题中所给固定成本与单位变动成本资料，就可以确定该企业的总成本性态分析模型：$y_{总}=(800+32)+(15+22)x=832+37x$。

高低点法简便易行，易于理解。但该法只选择了历史资料诸多数据中的两组数据作为计算依据，建立起来的成本性态模型有可能不具代表性，容易导致较大的计算误差。因此高低点法只适用于成本变动趋势比较稳定的企业采用。

5. 散布图法

散布图法也称布点图法，是指将若干期的成本与业务量的历史数据标注在坐标纸上，通过目测画一条尽可能接近所有坐标点的直线，据此推算 a 和 b 并建立成本性态分析模型的一种定量分析方法。采用此法的具体步骤是如下。

（1）标出坐标点。以横轴 x 代表业务量，以纵轴 y 代表成本，建立平面直角坐标图，将不同时期的成本与业务量的历史数据标注在坐标纸上，由此形成散布图2－10。

（2）确定成本变动趋势线。在散布图中，考虑到所有点坐标，目测一条直线，以反映成本的总体变动趋势，尽量使各坐标点到直线的距离之和最小。

（3）确定 a。散布图中的目测成本变动趋势线与纵轴 y 的交点就是固定成本 a。

（4）确定 b。在目测的成本变动趋势线上任取一点 p，找到其坐标值（x_p，y_p），将 p 点值代入成本性态分析模型，就可以推算出单位变动成本 $b=\frac{yp-a}{xp}$。

（5）建立成本性态分析模型。分别将 a 和 b 代入公式 $y=a+bx$，就可以得出成本性态分析模型。

【例 2－4】沿用例 2－3 资料。

要求：采用散布图法建立混合成本的成本性态分析模型。

分析：依据表 2－3 所给数据，将 6 个月份数据分别标在坐标纸上，形成散布图，并观察 6 个点，目测一条大体能反映各点变动趋势的直线，如图 2－10 所示。

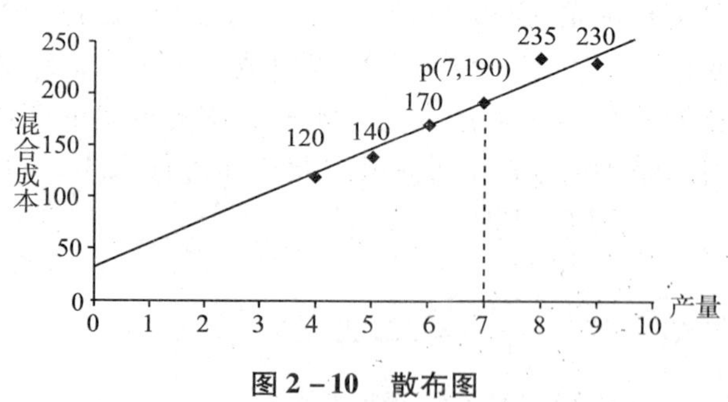

图 2－10　散布图

在图 2－10 中直线与纵轴的交点值为 30 万元，在直线上任取一点 p，测出它的坐标为（7，190），以此推算的单位变动成本：

$$b = \frac{190 - 30}{7} \approx 22.86(\text{万元})$$

因此，甲产品产量与混合成本之间的成本性态分析模型为：$y_{混} = 30 + 22.86x$。

散布图法能够考虑已知的全部历史成本数据，其直线可以反映成本的变动趋势。此法形象直观，易于理解，较高低点法更为科学，其计算结果也较其更为精确。但此法的缺点是直线凭目测确定，不同的人所得结论可能不同，结果因人而异。

6. 一元回归直线法

一元回归直线法也称最小平方法，是指依据若干期成本与业务量的历史数据，运用最小平方和原理，据此推算 a 和 b 并建立成本性态分析模型的一种定量分析方法。如上所述，散布图法虽然考虑了所有的点坐标值，但其结果因人而异，如何克服这一弊端？从数学的角度看，选择全部历史数据到直线距离的误差平方和最小的直线才是最精确的直线，这条直线在数理统计中被称为“回归直线”，此法由此而得名。采用此法的具体步骤如下。

（1）列表求值。为了确保计算结果的准确性，需要列表计算 $\sum x$、$\sum y$、$\sum xy$、$\sum x^2$、$\sum y^2$ 的值。

（2）计算相关系数。相关系数（用 r 表示）是反映业务量与成本二者之间是否存在线性关系的数学指标。计算公式如下：

$$r = \frac{n\sum xy - \sum x \sum y}{\sqrt{[n\sum x^2 - (\sum x)^2][n\sum y^2 - (\sum y)^2]}} \qquad \text{式 } 2-3$$

按照数理统计的要求，只有业务量 x 与成本 y 历史数据之间基本上保持线性关系时，研究回归直线才有意义，否则没有研究的价值，应终止以下各步骤的计算。因此利用一元回归直线法进行成本性态分析时，需要首先进行线性检验。数理统计结果表明，相关系数的取值范围一般在 0 与 ±1 之间，当 $r = -1$ 时，说明 x 与 y 之间完全负相关，二者会出现反方向变动关系；当 $r = 0$ 时，说明 x 与 y 之间零相关，即二者没有任何联系；当 $r = +1$ 时，说明 x 与 y 之间完全正相关，二者呈同方向变动关系，并可以用 $y = a + bx$ 直线描述。事实上，依据历史资料计算的相关系数，通常会接近于 +1，即 $r \to +1$，此时说明 x 与 y 基本正相关，可以采用一元回归直线法进行成本分解。

（3）计算 a 和 b。如果计算的相关系数 $r \to +1$，接下来就可以计算回归系数 a 和 b，这里的回归系数 a 和 b 有着特定的内涵，即固定成本总额和单位变动成本。计算公式如下：

$$b=\frac{n\sum xy-\sum x\sum y}{n\sum x^2-(\sum x)^2}$$ 式 2－4

$$a=\frac{\sum y-b\sum x}{n}$$ 式 2－5

(4) 建立成本性态分析模型。将 a 和 b 代入成本性态分析模型 y＝a＋bx 即可。

【例 2－5】沿用例 2－3 资料。

要求：采用一元回归直线法建立混合成本的成本性态分析模型。

分析：依据例 2－3 所给资料，首先对数据进行加工，如表 2－4 所示。

表 2－4　数据加工

月 份	产量（台）x	混合成本（万元）y	xy	x^2	y^2
7	5	140	700	25	19 600
8	4	120	480	16	14 400
9	6	170	1 020	36	28 900
10	7	190	1 330	49	36 100
11	9	230	2 070	81	52 900
12	8	235	1 880	64	55 225
合计	$\sum x=39$	$\sum y=1\ 085$	$\sum xy=7\ 480$	$\sum x^2=271$	$\sum y^2=207\ 125$

依据表 2－4 的数据计算相关系数：

$$r=\frac{6\times7\ 480-39\times1\ 085}{\sqrt{(6\times271-39^2)(6\times20\ 7125-1\ 085^2)}}\approx0.9779$$

r→＋1，说明 x 与 y 之间基本呈线性关系。

$$b=\frac{6\times7\ 480-39\times1\ 085}{6\times271-39^2}\approx24.43\text{（万元）}$$

$$a=\frac{1\ 085-24.43\times39}{6}\approx22.04\text{（万元）}$$

据此建立的混合成本性态分析模型为：$y_{混}=22.04+24.43x$。其中，混合成本中的固定成本为 22.04 万元，单位变动成本为 24.43 万元。

成本费用粘性及反粘性

所谓成本费用粘性是指成本随业务量的变化而变化时，边际变化率在不同的业务量变化方向上的不对称性。通常情况下，这种不对称性表现为增长比率高于降低比率，但在特别企业也存在增长比率低于降低比率的情况，这种情况被称为“反粘性”。

一元直线回归法利用了最小平方和原理，因此计算结果较前两种方法都准确，但计算比较麻烦，工作量较大。如果使用电子计算机计算，这种方法将会得到广泛应用。此法对历史数据有着严格的要求，因此适用范围受到限制。

2.4 相关范围及成本性态分析的基本假设

2.4.1 相关范围

前面在阐述固定成本和变动成本的定义时，总要加上“在一定的条件下”这个状语。这个条件指的就是“相关范围”。

1. 相关范围的内涵

所谓相关范围是指将不会改变固定成本和变动成本习性的有关期间和业务量的特定变动范围称为相关范围。也就是说，变动成本的正比例变动性以及固定成本总额的固定不变性受到业务量和期间的制约，只有在一定的业务量、一定的期间范围内，固定成本和变动成本才保持其自身的习性，一旦超出这一限制，其习性就会发生变化。因为无论从较长时期来看，还是从业务量的不断增长来看，实务中不存在绝对不变的固定成本，也不存在永远正比例变动的变动成本。

2. 固定成本与变动成本的相关范围

从固定成本来看，固定成本受到相关范围的制约。在前述的例 2－1 中我们已经明确，每月支付的租金 8 000 元属于固定成本，但它的固定不变受到业务量 150 台和租期 1 年的制约，其相关范围为业务量 100～150 台、租期 1 年。如果业务量或期间发生变化并突破此相关范围，租金就可能发生变动并改变其性质。假定星海公司 A 产品一直保持其产品畅销势头，下半年管理层决定将产量提高到 200 台，此时就必须再租入两台设备，假定租赁条款不变，租金就会增长到 16 000 元。在这种情况下，业务量的变动范围就是 150～200 台，由此形成租金 16 000 元业务量角度的新的相关范围。从业务量总体变动范围 100 ~ 200 台来看，租金变成了阶梯式混合成本，由此改变了其特性，如图 2 – 11 所示。

再从期间来看，如果 1 年的租期期满后，星海公司存在两种选择：一种是继续租赁；另一种是放弃租赁，这取决于 A 产品的市场销售状况。如果 A 产品处于畅销势头，该公司就会继续租入这两台设备，但租金有可能会随着市场状况而发生调整，可能高于 8 000 元，也可能低于 8 000 元。假定租金上涨，涨到 10 000 元，租期仍然保持 1 年不变，此时从两年租期来看，租金也呈现出阶梯式混合成本的特性，如图 2 – 12所示。

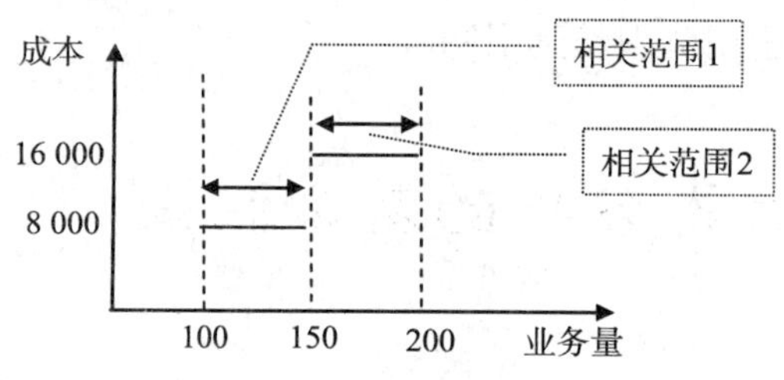

图 2 – 11　租金受业务量影响的相关范围作用

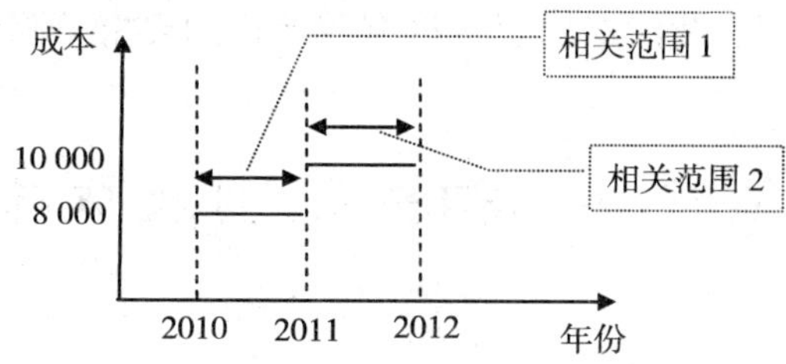

图2 – 12　固定成本受期间影响的相关范围作用

从变动成本来看，变动成本也受到相关范围的制约。在前述的例 2 – 2 中我们已经明确，外购的甲材料总成本属于变动成本，实际上甲材料的采购单价不会永远不变，第二年的采购单价由于种种原因有可能与第一年的采购价格就不同，或提高或降低。无论采购价格如何变动，变动成本总额线就会在原基础上平行上升或平行下降。如果这种变动频繁，且价格变化大，在这种情况下，突破相关范围考察，如突破期间范围进行观察，即观察一个较长时期内的变动成本总额线的走势，有可能就不会表现出正比例的特性，可能是曲线也可能呈不规则变动。

另外业务量也会作用于变动成本，业务量的变动常常影响到工人的劳动生产效率。在产品投产初期或投产批量较小时，由于工人的劳动熟练程度差，企业的劳动生产率可能较低，材料消耗和废品也较多。随着工人生产经验的积累和业务量的不断增长，这种局面会逐步改善，单位产品中所消耗的直接材料和人工成本逐渐下降，此时这些成本总额表现为一条凸形曲线。当业务量继续增加达到一定程度后，各项消耗及人工效率相对稳定在一定水平上，在一定范围内相关的单位成本不再随业务量变动，保持在一个稳定的水平，其成本总额就会表现为一条正比例直线，这才出现真正意义上的变动成本。但当业务量突破单位成本不变的相关范围继续增长时，则可能出现新的不经济因素，如轮班生产、加班加点、废品率上升等，从而使单位成本又逐渐上升，此时这些成本总额表现为一凹形曲线。从业务量对此类成本的总体作用来看，变动成本的正比例变动存在业务量相关范围的作用，如图 2－13 所示。

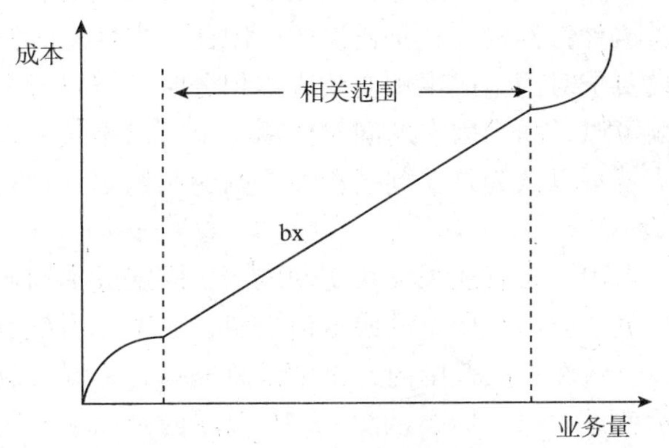

图 2－13　变动成本总额受业务量影响的相关范围作用

3. 正确辨别相关范围

上述实例中明确的业务量相关范围是：租金 8 000 元的业务量相关范围是 100～150 台，租金 16 000 元的业务量相关范围是 150～200 台，但从实务运作来看，如果 A 产品的市场状况由于偶发因素作用而导致其销售量直线下降，甚至低于 100 台之下，在这种情况下，相关范围的界定是否正确？有人对此有疑义。有人提出租金 8 000 元时的业务量相关范围是 0～150 台，租金 16 000 元时的业务量相关范围是 0～200 台。确实，在实务中，业务量低于 100 台时，租金仍会保持其原有水平不变，即使企业一台也不生产，租金也会照样发生，但成本性态分析描述的是成本发生变动的临界业务量状态，它向人们传递的信息是，固定成本在什么业务量水平下就变动了，业务量处于怎样的区间固定成本就会保持不变，至于实务中的业务量如何变动、是否会低于其临界业务量变动则与此无关。因此分析中，不能将实务操作与理论分析混为一谈，二者没有关联性，相关范围不能从实务的角度界定。

2.4.2　成本性态分析的基本假设

企业的成本（包括总成本和某项成本）经过成本性态分析，最终会将所有的成本划归变动成本和固定成本两大类，然而这种分析存在一定的假设，相关的假设如下。

1. 相关范围假设

从长期来看，从业务量的不断增长来看，所有的成本都在变动，没有永远正比例变动的变动成本，也没有永远固定不变的固定成本。管理会计中之所以能够将所有的成本划分为固定成本和变动成本两部分，正是由于相关范围的制约。如果抛开相关范围而单独解释成本，这种特性描述就是错误的。因此成本性态分析以相关范围假设为前提。相关范围假设要求对固定成本和变动成本划分时，需要考虑业务量和期间的双重影响，但这种影响可以是两个因素的同时作用，也可以是某一因素的单独作用。只有一个因素起作用，就可以认为是受到了相关范围的制约。

2. 一元线性假设

一元线性假设要求用一条直线来反映变动成本、固定成本和业务量三者之间的关系。该假设认为，相关范围内，所有的成本包括混合成本在内都表现出线性关系。由于相关范围的存在，导致在相关范围内，无论是总成本还是混合成本与业务量之间的关系用数学函数表示就是 $y = a + bx$，从图2－10反映的是以单位变动成本为斜率、以固定成本为截距的一条直线。可以这样讲，没有相关范围假设，就不存在总成本的一元线性假设。总成本的一元线性假设是相关范围假设作用的必然结果。

2.4.3 成本性态分析中应注意的问题

成本性态分析是每一个企业开展管理会计工作必须做的一项最基础的工作，可以这样讲，没有成本性态分析，就没有管理会计其他工作的展开。通过成本性态分析，明确揭示各项成本与业务量之间的关系，可以为今后开展内部核算，进行预测分析、经营决策分析、全面预算和成本控制，以及落实责任奠定基础。然而成本与业务量之间的关系不是一成不变的，因此在实务应用中，应注意以下两点。

1. 成本性态分析结果应调整

由于固定成本和变动成本的划分受相关范围的作用，导致成本性态分析结果具有暂时性之特点。同一个成本项目在不同时期可能表现出不同的习性，这就要求企业必须结合实际及时调整或定期调整，不能对每一项成本的习性做绝对的理解，不能将过去的分析结论视为永远不变。例如每年编制全面预算前，都应重新确认每一项成本的成本性态。

2. 成本性态分析模型不能照搬照抄

虽然是同一项成本，但在不同的企业可能表现出不同的习性，因此对于成本性态的分类及分析，每一个企业都不能照搬照抄，必须结合本身的实际情况，采用适宜的方法进行成本性态分析，并建立与企业实际相结合的成本性态分析模型。

知识链接

美国的成本管理调查

美国一家机构曾经做过一项关于企业成本管理实践情况的调查，共有257家美国制造公司和40家日本制造公司填写了他们的调查问卷。问卷中涉及的一个方面就是成本分类，他们要求各公司把其经营过程中产生的各项成本，按照变动成本、固定成本和混合成本进行归类，并对其结果进行统计。得出的结果表明，美国和日本的公司对各项成本的划分有很大差异。例如，对于物料搬运工人的工资成本，美国的制造企业把该项成本归类为变动成本的占45%，归为混合成本的占35%，而其余的20%则把它归为了固定成本。此外，相对于美国公司来说，日本公司更倾向于把员工工资看作一项固定成本。

2.5 贡献毛益

2.5.1 贡献毛益的概念及表现形式

如果说进行成本性态分析是管理会计的最基础工作，那么固定成本与变动成本概念就是管理会计的最基础概念，伴随着这两个概念的出现，还有一个非常重要的盈利性指标出现，这就是贡献毛益，此概念也是管理会计发挥其各项管理职能必不可少的一个基础概念。

1. 贡献毛益的概念

贡献毛益（contribution margin）有很多种译法，如边际贡献、边际收益、贡献边际和边际利润等。考虑到边际的概念反映的是增减一个单位额所产生的影响，而该词并不是这种内涵，因此为了与边际相关的概念进行区别，本教材选择贡献毛益作为对应的中文概念。

所谓贡献毛益是指产品的销售收入减去变动成本之后的差额。它反映产品未补偿固定成本前的盈利数额，该值越高，意味着企业所创造的营业利润越高。贡献毛益、固定成本和营业利润三者之间的关系可以用公式表示：营业利润 = 贡献毛益 - 固定成本。该公式表明，贡献毛益首先用于补偿企业的固定成本，只有当贡献毛益大于固定成本时才能为企业提供利润，否则企业就会出现亏损。

2. 贡献毛益的表现形式

贡献毛益有三种表现形式：贡献毛益总额（用 Tcm 表示）、单位贡献毛益（用

cm 表示）和贡献毛益率（用 cmR 表示）。单位贡献毛益是指产品的销售单价减去单位变动成本后的差额；贡献毛益率是指贡献毛益总额占销售收入的百分比。如果用 p 代表产品售价，依据其概念，相关的计算公式如下：

$$Tcm = 销售收入 - 变动成本 = px - bx \quad 式2-6$$

$$cm = 单价 - 单位变动成本 = p - b \quad 式2-7$$

$$cmR = \frac{贡献毛益总额}{销售收入} \times 100\% = \frac{Tcm}{px} \times 100\% \quad 式2-8$$

Tcm、cm 和 cmR 三个指标具有内在的联系，依据其联系可以相互推算，相关的计算公式如下：

$$Tcm = 销售量 \cdot (单价 - 单位变动成本) = x(p-b)$$

$$= 单位贡献毛益 \times 销售量 = cm \cdot x$$

$$= 销售收入 \times 贡献毛益率 = px \cdot cmR$$

$$cm = \frac{贡献毛益总额}{销售量} \times 100\% = \frac{Tcm}{x} \times 100\%$$

$$= 单价 \times 贡献毛益率 = p \cdot cmR$$

$$cmR = \frac{单位贡献毛益}{单价} \times 100\% = \frac{cm}{p} \times 100\%$$

依据贡献毛益、固定成本和营业利润三者之间的内在联系，可以推算出贡献毛益总额的计算公式，公式如下：

$$Tcm = 固定成本 + 营业利润 \quad 式2-9$$

2.5.2 贡献毛益率的相关指标

一提到贡献毛益率，一定会涉及另一个指标，与贡献毛益率密切相关的指标是变动成本率。变动成本率（用 bR 表示）是指变动成本占销售收入的百分比。也可以用单位变动成本占单价的百分比表示。计算公式为：

$$bR = \frac{变动成本}{销售收入} \times 100\% = \frac{bx}{px} \times 100\% \quad 式2-10$$

$$= \frac{单位变动成本}{单价} \times 100\% = \frac{b}{p} \times 100\% \quad 式2-11$$

如果将贡献毛益率与变动成本率两个指标联系起来考虑，用贡献毛益率加变动成本率，二者之和恰好等于 1，说明贡献边际率与变动成本率属于互补性质，变动成本率高的企业，则其贡献毛益率低，创利能力小；反之，变动成本率低的企业，则贡献毛益率高，创利能力大。由此可以推算出以下计算公式：

$$cmR = 1 - 变动成本率 = 1 - bR \quad 式2-12$$

$$bR = 1 - \text{贡献毛益率} = 1 - cmR \qquad \text{式 } 2-13$$

【例2-6】某企业只生产B产品，该产品的售价为100元，经过成本性态分析，建立的总成本性态分析模型为 $y = 20\ 000 + 40x$。目前该企业的销售量是1 000件，营业利润是40 000元。

要求：利用上述所列示的各种形式的计算公式计算贡献毛益总额、单位贡献毛益、贡献毛益率和变动成本率。

分析：依据所给资料及相关的计算公式进行计算。

$Tcm = 100\ 000 - 40\ 000 = 60\ 000$（元）

或 $= 1\ 000 \times (100 - 40) = 60\ 000$（元）

或 $= 60 \times 1\ 000 = 60\ 000$（元）

或 $= 100\ 000 \times 60\% = 60\ 000$（元）

或 $= 20\ 000 + 40\ 000 = 60\ 000$（元）

$cm = 100 - 40 = 60$（元）

或 $= \dfrac{60\ 000}{1\ 000} = 60$（元）

或 $= 100 \times 60\% = 60$（元）

$cmR = \dfrac{60\ 000}{100\ 000} \times 100\% = 60\%$

或 $= \dfrac{60}{100} \times 100\% = 60\%$

或 $= 1 - 40\% = 60\%$

$bR = \dfrac{40\ 000}{100\ 000} \times 100\% = 40\%$

或 $= \dfrac{40}{100} \times 100\% = 40\%$

或 $= 1 - 60\% = 40\%$

本章小结

1. 管理会计中的成本是指企业在生产经营过程中以货币表现的、为达到特定目的已经发生或可能发生的各种经济资源的耗费。此概念强调成本发生的目的性、时态性和可计量性。

2. 成本按其经济用途进行分类，可以分为生产成本和非生产成本两大类；成本按其可盘性进行分类，可以分为产品成本与期间成本两大类；成本按其相关性进行分类，可以分为相关成本和无关成本两大类；成本按其可控性进行分类，可以分为可控成本与不可控成本两大类；成本按其与特定对象之间的关系进行分类，可以分为直接成本和间接成本两大类；成本按其性态进行分类，可以分为固定成本、变动成本和混合成本三大类。

3. 成本按其经济用途分类是财务会计最基本的成本分类方法；成本按其性态分类是管理会计最基本的分类方法。

4. 成本性态是指成本总额与业务量之间的依存关系。其中成本包括直接材料、直接人工、制造费用、销售费用、管理费用和财务费用六个成本项目；业务量可以用实物量、价值量、时间量和相对量四种计量单位形式表示。

5. 固定成本是指在一定条件下，其总额不随业务量发生任何数额变化的那部分成本。它具有两个特点：固定成本总额的不变性和单位固定成本的反比例变动性。降低固定成本应在不影响生产经营的前提下尽量降低酌量性固定成本的支出总额；对于约束性固定成本应通过提高产品产量，相对降低其单位固定成本支出。

6. 变动成本是指在一定条件下，其总额随业务量变化而成正比例变动的那部分成本。它具有两个特点：单位变动成本的不变性和变动成本总额的正比例变动性。降低变动成本应降低产品的单位变动成本。

7. 混合成本是指既随业务量变动但又不成正比例变动的那部分成本。按其变动趋势进行分类，可以进一步分为阶梯式混合成本、标准式混合成本、低坡式混合成本和曲线式混合成本四种类型。

8. 成本性态分析是指采用一定的方法，将全部成本或混合成本或某项成本区分为固定成本和变动成本两大类的分析过程。成本性态分析模型为 $y = a + bx$。

9. 成本性态分析方法主要有：技术测定法、个别确认法、高低点法、散布图法和一元回归直线法等。其中前两种方法属于定性分析方法，后三种方法属于定量分析方法。从数学的角度讲，一元直线回归法的计算结果较其他方法准确。

10. 相关范围是指将不会改变固定成本和变动成本习性的有关期间和业务量的特定变动范围称为相关范围。固定成本和变动成本的成本性态受相关范围的作用。界定业务量相关范围不要和实务操作相混淆。

11. 成本性态分析的基本假设有两个：相关范围假设和一元线性假设。由此决定在实务应用中应注意以下两个问题：成本性态分析结果应调整；成本性态分析模型不能照搬照抄。

12. 贡献毛益和固定成本、变动成本一样，都是管理会计最基础的概念。其表现形式有贡献毛益总额、单位贡献毛益和贡献毛益率三种。与贡献毛益率密切相关的指标是变动成本率，二者具有互补性质。

思 考 题

1. 管理会计中的成本概念强调怎样的问题？经济学用C+V代表成本，管理会计中的成本与经济学的成本概念又怎样的不同？

2. 成本的分类标志有哪些？管理会计一定采用的分类标志有哪些？财务会计是否都采用这些分类标志？

3. 成本按每一标志分类的意义是什么？财务会计与管理会计最基本的成本分类标志一样吗？

4. 什么是成本性态？如何理解成本和业务量？

5. 固定成本和变动成本具有怎样的特征？试举出固定成本和变动成本的实例。

6. 为什么会出现混合成本？混合成本有哪些类型？举出相关的实例。

7. 成本性态分析与成本性态分类有何区别和联系？

8. 成本性态分析方法有哪些？各种方法的基本思想是什么？

9. 为什么一元回归直线法的计算结果较高低点法和散布图法的计算结果精确？

10. 什么是相关范围？如果说加速折旧法下的折旧额是固定成本，其相关范围应该是怎样的？

11. 成本性态分析的基本假设是什么？实务应用中应注意怎样的问题？

12. 如何计算贡献毛益总额、单位贡献毛益和贡献毛益率？

13. 贡献毛益率和变动成本率具有怎样的关系？

第三章　成本核算及损益确定

学习目标

1. 了解变动成本法的概念及基本假设，掌握变动成本法的特点。

2. 掌握变动成本法与完全成本法的区别，以及使用两种方法对产品成本、期间成本、税前利润的计算。

3. 掌握两法利润差额产生的根本原因、一般变化规律和特殊变化规律，并能掌握计算的简算公式，做到熟练应用。

4. 熟悉共享制的基本思想，掌握期末变动成本法下的利润转化计算公式。

5. 了解作业成本法产生的背景及动因，熟悉作业成本法下的相关概念。

6. 熟悉作业成本法下的产品成本核算程序及损益核算的两种类型，并做到灵活应用。

7. 掌握作业成本法与完全成本法的区别。

关键名词

变动成本法　完全成本法　两法利润差额　作业成本法　作业中心　成本动因　单位层作业　批量层作业　产品层作业　公司层作业　短期变动成本　长期变动成本　综合变动成本

3.1　变动成本法

3.1.1　变动成本法概述

变动成本法也称为直接成本法，它与加强企业内部管理相适应，所提供的信息不仅可以用于预测分析和经营决策分析，还可以用于规划与控制分析等，是每一个企业进行内部管理不可缺少的一种成本核算和损益确定方法。

1. 变动成本法的产生与发展

变动成本法起源于20世纪30年代的美国，据美国权威的《柯勒会计辞典》记载，第一篇专门论述直接成本计算的论文是由美国会计学家哈里斯（Jonathan N. Haris）撰写的，刊于1936年1月15 日的《全国会计师联合会公报》，这标志着变动成本法的诞生。文章追溯了1934年哈里斯在杜威—阿尔末化学公司设计“直接标准成本制造计划”中所发现的问题。当时该公司销售量上升、收益反而下降的现象引起了哈里斯的注意，矛盾从何而来？他发现问题的根源在于采用传统的成本核算方法。依据此资料，哈里斯对比新旧两种方法对营业利润的不同影响，揭示了直接成本法的优点，自此直接成本计算观念形成。

进入20世纪50年代，随着市场竞争的日益激烈，以及企业管理者对经营活动管理的逐渐加强，管理中对固定成本和变动成本信息的使用频率日益提高，对变动成本法的应用开始普遍，变动成本法得到欧美等西方国家认可并迅速传播。70年代末，变动成本法传入中国，80年代中期掀起热潮，中国的一些机械行业部分企业进行了试点运用。从目前来看，虽然编制的对外报表仍然采用传统的方法，但企业内部管理中变动成本法仍然在发挥作用，这两种方法没有相互取代，而是同时应用。

变动成本法最初称为“直接成本计算”，主要是因为当时的产品成本中只包括与业务量关系比较明显的直接材料和直接人工。后来人们逐渐发现，有些间接费用虽然不是直接成本但也随业务量的变动而正比例变动，直接成本与变动成本并非是完全对等的概念，在这种情况下，直接成本计算被改称为变动成本计算。但如果采用“变动成本计算”一词，容易使人产生误解，误将变动成本计算仅仅看成是一种与公认的、传统的产品成本计算方法相区别的一种单纯产品成本计算方法。事实上，变动成本法不仅可以核算产品成本，还可以计算损益。为了避免误解，人们将变动成本计算又改称为变动成本法。由于变动成本法的出现，人们将传统的成本计算方法和损益确定方法称为完全成本法。

2. 变动成本法的概念

关于变动成本法的概念，理论界没有统一定论。本教材认为变动成本法是指企业在计算产品成本时，只包括变动生产成本，将固定性制造费用作为期间成本处理，按贡献式程序确定损益的一种成本与利润的计算方法。采用这种方法，可以提供固定成本、变动成本、贡献毛益、税前利润等相关信息，利用这些信息，还可以用于利润预测与规划，经营决策与成本控制，以及用于业绩评价与业绩激励，有助于企业提高管理效率和管理水平。

3. 变动成本的基本假设

变动成本法以一些基本假设为前提，具体的假设如下。

（1）成本性态分析假设。变动成本法涉及固定成本和变动成本两个指标，这两个指标与成本性态分析密切相关。变动成本法以成本性态分析为前提，假设已经进行了成本性态分析，即将所有的成本，包括生产成本和非生产成本，区分为变动成本和固定成本两大类，如果出现混合成本采用一定的方法对其进行分解，故总成本＝固定成本＋变动成本。

（2）相关范围假设和一元线性假设。如前所述，成本性态分析本身也具有基本假设，相关范围假设和一元线性假设，既然变动成本法以成本性态分析为前提，当然这里涉及的固定成本和变动成本也受业务量和期间的制约，并假定总成本是一条直线。

（3）总成本范围假设。变动成本法会涉及利润概念，利润是一个十分宽泛的概念，这里的利润究竟是一个怎样的利润，取决于总成本涉及的范畴。管理会计中一直将总成本视为生产成本和非生产成本的总和，实质上在假定总成本的范畴，即假定除了这两类成本外，其他的成本都不涉及，如营业外支出、投资支出等不考虑，在这种情况下，与变动成本法利润计算结果最接近的概念就是营业利润，但是如果营业利润以外的支出完全不考虑，此时，营业利润可以直接等同于税前利润。也就是说，管理会计中的利润既可以用营业利润表示，也可以用税前利润表示。

4. 变动成本法的特点

变动成本法的问世向人们传递了一种新的管理思维和管理视觉，具有以下几个特点。

（1）产品成本、销售成本及存货成本中没有固定性制造费用。按照变动成本法的观点，产品成本中只包括与业务量正相关变动的生产性成本，即变动生产成本。与其观点相吻合，直接材料、直接人工和变动性制造费用构成了变动成本法下的产品成本，至于生产中发生的固定性制造费用则作为期间成本处理。销售成本、存货成本与产品成本的构成具有一致性，变动成本法下，无论是销售成本还是存货成本，无论是期初存货成本还是期末存货成本，都只涉及变动生产成本，固定生产成本，即固定性制造费用则计入了期间成本，由当期的收入全部扣除。

（2）盈利指标的计算与成本性态分析密切相关。贡献毛益和税前利润（或称营业利润）是变动成本法下涉及的两个重要的利润指标，计算这两个指标时均以成本性态分析为前提。在成本区分为固定成本和变动成本的基础上，既可以计算贡献毛益，也可以计算税前利润。贡献毛益是计算税前利润前的中间盈利指标，税前利润的计算公式如下：

税前利润＝销售收入－变动成本－固定成本　　式3－1

＝贡献毛益－固定成本　　式3－2

其中：变动成本＝变动生产成本＋变动非生产成本

$$变动生产成本=变动生产成本总额\times\frac{销售量}{生产量}$$

变动非生产成本＝变动销售费用＋变动管理费用＋变动财务费用

固定成本 = 固定生产成本 + 固定非生产成本

固定生产成本 = 固定性制造费用

固定非生产成本 = 固定销售费用 + 固定管理费用 + 固定财务费用

需要说明的是，当期发生的变动生产成本在会计期末需要在已销产品和存货之间进行分摊，上述公式中与销售收入相匹配的变动生产成本，实质是基于销售量计算的变动生产成本，因此可以通过销售量占生产量的比例进行分摊。

由于变动成本法下能够提供贡献毛益这一重要的盈利指标，因此有人将其税前利润计算形式称为贡献式损益确定程序。在实际工作中，计算贡献毛益和税前利润时，既可以以产品为对象反映，也可以以企业整体或内部单位表示。需要特别说明的是，如果计算中忽略财务费用，则按贡献式程序确定的利润就是息税前利润。

（3）期间费用包括固定性制造费用和非生产成本。从式 3－1 可以看出，变动成本法下，固定性制造费用和固定销售费用、固定管理费用、固定财务费用的性质相同，都属于期间成本，在计算出贡献毛益后，被全额扣除。另外变动非生产成本虽然是在计算贡献毛益之前被扣除，但它的发生与生产无关，并不能构成产品成本的内容，因此也属于期间成本。

【例 3－1】假定南海公司只生产甲产品，2010 年年初产品存货为零，1 月份生产该产品 1 000 件，销售 900 件，产品售价为 100 元。当月发生的成本项目及成本性态资料如表 3－1 所示。

表 3－1　　甲产品成本　　单位：元

成本项目	变动成本	固定成本	成本总额
直接材料	8 000	—	8 000
直接人工	3 000	—	3 000
制造费用	1 000	3 000	4 000
生产成本小计	12 000	3 000	15 000
销售费用	1 000	1 200	2 200
管理费用	800	1 900	2 700
财务费用	450	400	850
非生产成本小计	2 250	3 500	5 750
合计	14 250	6 500	20 750

要求：用变动成本法计算 1 月份的产品成本、期间成本、贡献毛益和税前利润。

分析：依据所给资料进行计算。

1 月份产品成本 = 8 000 + 3 000 + 1 000 = 12 000（元）

1 月份期间成本 = 3 000 + 2 250 + 3 500 = 8 750（元）

1 月份贡献毛益 = $100 \times 900 - 12\ 000 \times \frac{900}{1000} - 2\ 250 = 76\ 950$（元）

1 月份税前利润 = $100 \times 900 - (10\ 800 + 2\ 250) - 6\ 500 = 70\ 450$（元）

3.1.2　变动成本法与完全成本法的区别

变动成本法的对立概念是完全成本法，变动成本法与完全成本法都以成本区分为生产成本和非生产成本两类为前提，都属于日常成本核算和损益确定方法，但二者还有着显著的区别。

1. 本质不同

传统的产品成本核算方法形成于 19 世纪中后期，当时为了准确定价，人们按照业务量标志分配间接费用，由此形成了包括直接材料、直接人工、全部制造费用在内的产品成本，与此相适应的期间成本、利润计算方式随之形成，由此产生的信息可以满足对外提供报表的需要，这种核算方法一直沿用至今。当变动成本法被提出后，人们将传统采用的成本及损益核算方式称为完全成本法。

完全成本法与变动成本法具有本质区别，通常本质用概念来表示。所谓完全成本法是指企业在计算产品成本时，不仅包括变动生产成本，还包括固定性制造费用，按传统式程序确定损益的一种成本与利润的计算方法。采用这种方法，可以提供销售成本、非生产成本、销售毛利、税前利润等相关信息，利用这些信息，可以满足外部投资者等对企业的信息需求。

比较变动成本法与完全成本法的概念，从产品成本的角度不难看出，二者对固定性制造费用采用了不同的处理方式，这就是二者的本质区别。在变动成本法下，固定性制造费用被计入期间成本，而在完全成本法下，固定性制造费用被计入产品成本。如果没有这种区别，两种方法就会趋于一致。

2. 理论依据不同

变动成本法是管理会计推崇的一种用于加强内部管理的核算方法，而完全成本法则与财务会计密切相关，它是财务会计推崇的一种服务于企业外部的一种核算方法。无论是哪一种方法，都需要计算产品成本和期间成本，但二者的理论依据不同，不同的解释会导致不同的构成内容。

按照变动成本法的解释，产品成本只包括变动生产成本。其理论依据是，凡产品成本应该发生在生产经营过程中，它必须与产品产量密切相关，随产品产量的变动成正比例变动关系。显然在这种观点作用下，只有直接材料、直接人工、变动性制造费用才能构成产品成本的内容。固定性制造费用虽然发生在生产领域，但在相关范围内，它与产品产量的变动无关，因此不能计入产品成本。

按照变动成本法的解释，固定性制造费用应该计入期间成本。其理论依据是，凡期间成本应该与产品的生产无直接关系，它与特定的期间相关联，此类成本不能递延到下期，必须由当期的收入全额扣除。固定性制造费用虽然属于生产过程中发生的费用，但它只是定期地创造了可供企业利用的生产能力，这些生产能力一旦形成，不管其实际利用程度如何，在相关范围内，产品产量的变动对其不产生影响，相关的费用照样发生，因而固定性制造费用与期间的关系更为密切，在这一点上，它与销售费用、管理费用和财务费用具有同样的性质，都是一定期间维持企业经营的必要条件，因此固定性制造费用应该与非生产成本一样于发生的当期计入利润表，并由当期销售收入补偿。

按照完全成本法的解释，凡是与产品生产有关的消耗都应计入产品成本，其余的则计入期间成本。按照此观点，固定性制造费用应该计入产品成本。因为固定性制造费用发生在产品生产经营过程中，与产品的生产有关，它是为保持一定的经营条件而发生的，它形成了企业的生产经营能力，是生产中不可或缺的成本，在这一点上，同直接材料、直接人工、变动性制造费用的性质相同。一个企业要生产，离不开直接材料、直接人工、变动性制造费用的消耗，同样也离不开生产能力的消耗。生产中如果没有厂房、没有机器设备、没有有效的生产组织，产品就不能生产出来，因此为提供生产能力而发生的固定性制造费用同直接材料、直接人工、变动性制造费用的性质相同，都属于产品成本的组成部分，如果产品销售出去，就应该转化为销售成本而被补偿，否则就转入期末存货而递延到下期。销售费用、管理费用、财务费用因为与产品生产无直接关系，因此计入期间成本。

3. 产品成本及期间成本的构成不同

变动成本法和完全成本法都涉及产品成本和期间成本的计算，但由于二者的观点不同，因此产品成本和期间成本包含的内容不同。变动成本法下产品成本只包括变动生产成本，涉及直接材料、直接人工和变动性制造费用三个成本项目，固定生产成本和非生产成本全部被作为期间成本处理；完全成本法与其不同，产品成本包括全部生产成本，涉及直接材料、直接人工、变动性制造费用和固定性制造费用四个成本项目，将非生产成本作为期间成本处理。

通过比较，可以看出二者的共性之处，无论是变动成本法还是完全成本法，对于销售费用、管理费用、财务费用的处理是一样的，都将三项非生产成本作为了期间成本处理；而从产品成本的角度看，变动生产成本，包括直接材料、直接人工、变动性制造费用，都是产品成本的组成内容。

变动成本法和完全成本法都可以在计算产品成本的基础上计算其单位产品成本，计算的方法是一样的，都是用当期的产品成本除以当期的生产量求得，但由于二者包含的内容不同，因此计算的结果也不相等。

【例3-2】沿用例3-1的资料。

要求：(1) 计算完全成本法下的产品成本和期间成本；(2) 计算各项生产成本的单位成本；(3) 分别变动成本法和完全成本法计算其单位产品成本。

分析：依据题意进行计算。

(1) 完全成本法下：

1月份产品成本 = 8 000 + 3 000 + 1 000 + 3 000 = 15 000（元）

1月份期间成本 = 1 000 + 800 + 450 + 1 200 + 1 900 + 400 = 5 750（元）

(2) 各项生产成本的单位成本：

1月份单位材料成本 = 8 000 ÷ 1 000 = 8（元）

1月份单位人工成本 = 3 000 ÷ 1 000 = 3（元）

1月份单位变动性制造费用 = 1 000 ÷ 1 000 = 1（元）

1月份单位固定性制造费用 = 3 000 ÷ 1 000 = 3（元）

(3) 单位产品成本：

$$1\text{月份变动成本法下单位产品成本} = \frac{8\ 000 + 3\ 000 + 1\ 000}{1\ 000} = 12\text{（元）}$$

$$\text{或} = 8 + 3 + 1 = 12\text{（元）}$$

$$1\text{月份完全成本法下单位产品成本} = \frac{8\ 000 + 3\ 000 + 1\ 000 + 3\ 000}{1\ 000} = 15\text{（元）}$$

$$\text{或} = 8 + 3 + 1 + 3 = 15\text{（元）}$$

计算结果表明，完全成本法下的单位产品成本较变动成本法下的单位产品成本高3元，这3元的差额反映的是单位固定性制造费用，变动成本法下由于将固定性制造费用计入了期间成本，因此单位产品成本中会出现3元的差额。

4. 销售成本、存货成本水平不同

会计期末，从产成品的实物流向来看，有两个去向：一是销售出去；另一是没有卖出而结存。与实物流相对应，价值流会随着产品成本的分摊而表现为已销产品的销售成本和未销产品的期末存货成本。在变动成本法下，由于产品成本中只包括直接材料、直接人工和变动性制造费用三项，因而作为其转化形式的销售成本和期末存货成本也只包含这三项变动生产成本。完全成本法则与其不同，完全成本法下，由于直接材料、直接人工、变动性制造费用和固定性制造费用四项生产成本全部计入产品成本，因而分摊后的销售成本和期末存货成本中也含有这四个成本项目，不仅包括变动生产成本，还包括固定生产成本，因而完全成本法下的销售成本和期末存货成本会高于变动成本法下的销售成本和期末存货成本，二者的差额就是固定性制造费用。

当期初存货量为零时，假定存货计价采用先进先出法，无论是变动成本法还是完全成本法，其销售成本和期末存货成本的计算方式一样，销售成本可以用销售量×当期单位产品成本表示；期末存货成本可以用期末存货量×当期单位产品成本表示。由于变动成本法和完全成本法下的单位产品成本不同，因而二者计算的销售成本水平和期末存货成本水平也不同。

【例3－3】沿用例3－1的资料。

要求：分别变动成本法和完全成本法计算1月份的销售成本和期末存货成本。

分析：依据所给资料进行计算。

变动成本法下销售成本＝900×12＝10 800（元）

变动成本法下期末存货成本＝100×12＝1 200（元）

完全成本法下销售成本＝900×15＝13 500（元）

完全成本法下期末存货成本＝100×15＝1 500（元）

5. 报表中销售成本的计算方法不同

从理论上讲，销售成本的计算方法有两种：一种方法是直接算，即依据销售量直接计算销售成本，计算公式：销售成本＝销售量×当期单位产品成本；另一种方法是倒推，即依据存货成本和生产成本求出销售成本，计算公式：销售成本＝期初存货成本＋本期生产成本－期末存货成本。在利润表中，变动成本法和完全成本法计算销售成本采用的计算方法不同。

在变动成本法下，由于相关范围内，前后期的单位变动生产成本具有固定不变的特性，使得变动成本法下的期初单位存货成本、本期单位产品成本和期末单位存货成本保持一致，三者实质是变动成本法下的单位变动生产成本，而期初存货量＋本期生产量－期末存货量一定是本期销售量，因此从倒推形式，可以推导为直接形式，推导过程如下：

$$
\begin{aligned}
\text{销售成本} &= \text{期初存货成本} + \text{本期生产成本} - \text{期末存货成本}\\
&= \begin{matrix}\text{期初}\\\text{存货量}\end{matrix} \times \begin{matrix}\text{期初单位}\\\text{存货成本}\end{matrix} + \begin{matrix}\text{本期}\\\text{生产量}\end{matrix} \times \begin{matrix}\text{本期单位}\\\text{产品成本}\end{matrix} - \begin{matrix}\text{期末}\\\text{存货量}\end{matrix} \times \begin{matrix}\text{期末单位}\\\text{存货成本}\end{matrix}\\
&= \begin{matrix}\text{期初}\\\text{存货量}\end{matrix} \times \begin{matrix}\text{单位变动}\\\text{生产成本}\end{matrix} + \begin{matrix}\text{本期}\\\text{生产量}\end{matrix} \times \begin{matrix}\text{单位变动}\\\text{生产成本}\end{matrix} - \begin{matrix}\text{期末}\\\text{存货量}\end{matrix} \times \begin{matrix}\text{单位变动}\\\text{生产成本}\end{matrix}\\
&= \text{销售量} \times \text{单位变动生产成本}\\
&= \text{销售量} \times \text{单位产品成本}
\end{aligned}
$$

上述推导过程表明，直接与倒推形式的计算结果一定相等，因此变动成本法下的销售成本采用了最为简便的直接计算方法。

与变动成本法不同，完全成本法下，期初单位存货成本、本期单位产品成本以及期末单位存货成本中都含有单位固定性制造费用，虽然在相关范围内，前后期的固定成本总额会保持不变，但期初单位固定性制造费用与本期单位固定性制造费用是否相等，取决于前后期的产量是否相等。如果前后期产量相等，期初单位存货成本、本期单位产品成本以及期末单位存货成本就相等，从倒推形式，可以用直接推导形式。问题的关键在于，在实际工作中，前后期的产量常常不相等，在这种情况下，期初单位固定性制造费用与本期单位固定性制造费用就不会相等，倒推形式不可能推导出直接形式，这意味着采用两种方法计算的结果不相等。为了避免这种情况发生，完全成本法下的销售成本采用了较为复杂的倒推方法进行计算。

如果期初存货量为零，完全成本法下的本期单位产品成本与期末单位存货成本是相等的，在这种情况下，直接计算与倒推的结果一定相等，销售成本采用哪种方法计算都可以。以例3－1的资料为例进行说明，该例中的期初存货量为零，计算销售成本时既可以采用例3－3的方式直接计算，也可以采用倒推方式进行计算，即销售成本＝0＋1 000×15－100×15＝13 500（元）。可见，二者的计算结果相等。

6. 利润计算程序不同

如前所述，变动成本法下，在成本划分为变动成本和固定成本的基础上，采用贡献式损益确定程序计算税前利润。如果不用总额而用因素表示贡献式损益确定程序，相关的推导公式如下。

税前利润 ＝ 销售收入 － 变动成本 － 固定成本
＝ 销售量 × 销售单价 － 销售量 × 单位变动成本 － 固定成本
＝ 销售量 × 销售单价 － 销售量 × 单位变动生产成本 － 销售量 × 单位变动非生产成本 － 固定生产成本
－ 固定非生产成本　　式3－3

式3－3中，销售量×单位变动生产成本实际上就是变动成本法下的销售成本，它采用的是直接算法计算的。如果变动成本法下将销售收入减销售成本称为营业贡献毛益，则税前利润的计算公式可以简化，简化推导过程如下。

税前利润＝销售收入－变动生产成本－变动非生产成本－固定生产成本
－固定非生产成本
＝营业贡献毛益－（固定生产成本＋非生产成本）　　式3－4
＝营业贡献毛益－期间成本

式3－4表明，变动成本法下的期间成本不仅包括固定生产成本，而且还包括固定非生产成本和变动非生产成本。

完全成本法下，计算税前利润以成本区分为生产成本和非生产成本为前提，税前利润的计算公式如下。

税前利润＝销售收入－销售成本－非生产成本　　式3－5
＝销售毛利－非生产成本　　式3－6

其中：销售成本＝期初存货成本＋本期生产成本－期末存货成本

非生产成本 = 销售费用 + 管理费用 + 财务费用 − 期间成本

从式 3−5 和式 3−6 可以看出，完全成本法下的销售成本采用倒推方式计算，税前利润计算过程中，会出现一个非常重要的中间指标，即销售毛利。销售毛利与贡献毛益的计算形式不同，但性质相同，它们都反映企业的盈利能力，指标越高，说明企业的盈利能力越强，但贡献毛益只能用于内部分析，外部人员由于信息缺失而无法计算。由于完全成本法下的税前利润计算公式满足对外需求，一直被沿用，因此当变动成本法税前利润计算程序出现后，为区别起见，有人将其称为传统式损益确定程序。

7. 利润表格式不同

为了准确反映一定期间的盈利状况，常常需要编制利润表。由于变动成本法与完全成本法采用的利润计算程序不同，所以以此为基础编制的利润表格式也不同。我们将依据基本式 3−1 编制的利润表称为常规式利润表；将依据简化式 3−4 编制的利润表称为简化式利润表。

【例 3−4】沿用例 3−1 的资料及例 3−2 的计算结果。变动成本法下的单位产品成本为 12 元，完全成本法下的单位产品成本为 15 元。

要求：分别用变动成本法和完全成本法编制利润表。

分析：依据所给资料编制的利润表如表 3−2 所示。

表 3−2　利润表　　单位：元

贡献式利润表				传统式利润表	
常规式		简化式			
销售收入	90 000	销售收入	90 000	销售收入	90 000
减：变动生产成本	10 800	减：销售成本	10 800	减：销售成本	
变动销售费用	1 000	营业贡献毛益	79 200	期初存货成本	0
变动管理费用	800	减：固定性制造费用	3 000	加：本期生产成本	15 000
变动财务费用	450			可供销售的产品生产成本	15 000
变动成本小计	13 050	销售费用	2 200		
贡献毛益	76 950	管理费用	2 700	减：期末存货成本	1 500
减：固定性制造费用	3 000	财务费用	850	小计	13 500
		期间成本小计	8 750	销售毛利	76 500
固定销售费用	1 200			减：销售费用	2 200
固定管理费用	1 900			管理费用	2 700
固定财务费用	400			财务费用	850
固定成本小计	6 500			非生产成本（期间成本）小计	5 750
税前利润	70 450	税前利润	70 450	税前利润	70 750

比较常规式利润表和简化式利润表，变动非生产成本即使在贡献毛益前被扣除，但它的性质仍然属于期间成本。另外从计算来看，简化式计算程序较常规式计算程序要简单得多，但由于变动成本和固定成本的性质不同，导致二者在企业内部管理中所起的作用不同，因此常规式利润表较简化式利润表更具有实用性，计算与编制中常常采用常规式。比较简化式利润表和传统式利润表，完全成本法和变动成本法共同的期间成本是非生产成本。

8. 计算的利润有可能不同

变动成本法和完全成本法采用了不同的计算程序计算税前利润，其计算结果有的时候相等，有的时候不相等。从前述实例来看，完全成本法下的税前利润比变动成本法税前利润高了 300 元（70 750 - 70 450）。但这种结果不是永恒的，如果从一个较长时期来看，编制分期利润表，按两种方法计算的利润就有可能出现相等的现象，但相等与不相等只有可能性而没有必然性。

【例 3 - 5】沿用例 3 - 1 的资料，并补充 1 ~ 10 月份产销量、存货量的相关资料，如表 3 - 3 所示。假定 1 ~ 10 月份的售价一直保持每件 100 元不变，单位变动生产成本是 12 元，单位变动非生产成本是 2.5 元，固定性制造费用为 3 000 元，固定非生产成本是 3 500 元。

表 3 - 3　　产销量及存货量　　单位：件

项目	1月	2月	3月	4月	5月	6月	7月	8月	9月	10月
期初存货量	0	100	100	100	110	10	60	460	360	0
本期生产量	1 000	800	800	1 000	600	1 000	1 200	600	600	800
本期销售量	900	800	800	990	700	950	800	700	960	800
期末存货量	100	100	100	110	10	60	460	360	0	0

要求：（1）计算 1 ~ 10 月份各月的单位固定生产成本，以及分别两种方法下计算其单位产品成本；（2）分别两法编制 1 ~ 10 月份各月的利润表；（3）计算两法利润差异额。

分析：依据所给资料计算的各月单位固定生产成本以及分别变动成本法和完全成本法计算的单位产品成本如表 3 - 4 所示；分别两法编制的分期利润表及各期的利润差异额也见 3 - 4 表。

表 3－4　　**1～10 月份的分期成本、利润、利润差异**　　单位：元

项　目	1月	2月	3月	4月	5月	6月	7月	8月	9月	10月
固定成本和单位成本										
单位固定生产成本	3	3.75	3.75	3	5	3	2.5	5	5	3.75
变法单位产品成本	12	12	12	12	12	12	12	12	12	12
完法单位产品成本	15	15.75	15.75	15	17	15	14.5	17	17	15.75
传统式利润表										
销售收入	90 000	80 000	80 000	99 000	70 000	95 000	80 000	70 000	96 000	80 000
销售成本	13 500	12 525	12 600	14 925	11 680	14 270	11 630	10 750	16 320	12 600
期初存货成本	0	1 500	1 575	1 575	1 650	170	900	6 670	6 120	0
本期生产成本	15 000	12 600	12 600	15 000	10 200	15 000	17 400	10 200	10 200	12 600
期末存货成本	1 500	1 575	1 575	1 650	170	900	6 670	6 120	0	0
销售毛利	76 500	67 475	67 400	84 075	58 320	80 730	68 370	59 250	79 680	67 400
非生产成本	5 750	5 500	5 500	5 975	5 250	5 875	5 500	5 250	5 900	5 500
税前利润	70 750	61 975	61 900	78 100	53 070	74 855	62 870	54 000	73 780	61 900
贡献式利润表										
销售收入	90 000	80 000	8 000	99 000	70 000	95 000	80 000	70 000	96 000	80 000
变动成本	13 050	11 600	11 600	14 355	10 150	13 775	11 600	10 150	13 920	11 600
变动生产成本	10 800	9 600	9 600	11 880	8 400	11 400	9 600	8 400	11 520	9 600
变动非生产成本	2 250	2 000	2 000	2 475	1 750	2 375	2 000	1 750	2 400	2 000
贡献毛益	76 950	68 400	68 400	84 645	59 850	81 225	68 400	59 850	82 080	68 400
固定成本	6 500	6 500	6 500	6 500	6 500	6 500	6 500	6 500	6 500	6 500
固定性制造费用	3 000	3 000	3 000	3 000	3 000	3 000	3 000	3 000	3 000	3 000
固定非生产成本	3 500	3 500	3 500	3 500	3 500	3 500	3 500	3 500	3 500	3 500
税前利润	70 450	61 900	61 900	78 145	53 350	74 725	61 900	53 350	75 580	61 900
利润差异额	+300	+75	0	－45	－280	+130	+970	+650	－1800	0

表 3－4 的各期单位固定生产成本＝固定性制造费用÷本期生产量。

比较表 3－4 中的分期利润表可以看出，1～10 月份中只有 3 月份和 10 月份完全成本法和变动成本法计算的税前利润相等；1 月份、2 月份、6 月份、7 月份、8 月份完全成本法下的税前利润高于变动成本法下的税前利润；而 4 月份、5 月份、9 月份完全成本法下的税前利润则小于变动成本法下的税前利润。可见，按照完全成本法和变动成本法计算的各期税前利润有可能相等，也有可能不相等。

3.1.3 两法利润差额的变化规律

两法利润差额是指完全成本法下的税前利润与变动成本法下的税前利润的差额。即按传统式程序计算的税前利润与按贡献式程序计算的税前利润的差额。该计算顺序不能颠倒，否则就不能推出最终得出的简化公式。表 3－4 分期利润表的计算结果表明，在相同的数据下，如果用完全成本法下的税前利润减变动成本法下的税前利润，利润差异额会出现大于零、小于零和等于零三种情况。

1. 两法利润差额产生的根本原因

要寻找两法利润差额的变化规律，必须首先明确两法利润差额产生的根本原因，在此基础上就可以找到利润差额出现三种情况的变化规律。

从定性的角度看，依据简化贡献式程序进行计算，可以看到，变动成本法下影响税前利润的因素有五个：销售量、售价、变动生产成本、固定性制造费用、非生产成本，这五个因素也是影响完全成本法下税前利润的因素。

由于两法利润差额＝完全成本法下的利润－变动成本法下的利润。因此无论销售量和产品售价如何变动，分别两种方法计算的销售收入相等，因此销售量和产品售价的变动不会导致两法产生利润差额。另外分别两种方法计算中扣减的非生产成本也相同，因此非生产成本的变动也不会导致两法出现利润差异额。

如前所述，无论是变动成本法还是完全成本法，直接材料、直接人工、变动性制造费用都被计入了产品成本，在这一点上，二者具有一致性，即对变动生产成本二者采用了相同的处理方式，基于此，无论变动生产成本如何变动，两种方法扣除的值是相等的，因此变动生产成本的变动并不会导致两法产生利润差异额。

排除了销售量、售价、变动生产成本和非生产成本四因素，剩下的唯一因素就是固定性制造费用。看来固定性制造费用是导致两法出现利润差额的原因，但它不是根本原因。深入分析，其根本原因在于两种成本法计入当期利润表的固定生产成本的水平出现了差异，完全成本法下按照期初固定生产成本加本期固定生产成本减期末固定生产成本水平扣除，而变动成本法扣除的是当期发生的全部固定生产成本；这种差异具体又表现为完全成本法下期末存货吸收的固定生产成本与期初存货释放的固定生产成本之间出现了差异。因为在变动成本法下，计入当期利润表的是当期发生的全部固定生产成本；而在完全成本法下，计入当期利润表的固定生产成本的数额，不仅受到当期发生的全部固定生产成本水平的影响，而且还受到可能存在的期末存货和期初存货成本中所包含的固定生产成本水平的影响。

从定量的角度看，如果用传统式损益程序下的利润减去简化贡献式损益程序的下利润，也可以得出定性分析的结论。如果用△P 代表完全成本法与变动成本法下的利润差异额，$P_{完}$代表完全成本法下的税前利润，$P_{变}$代表变动成本法下的税前利润，推导过程如下：

$$\Delta P = P_{完} - P_{变}$$

$$= [\text{销售收入} - (\text{期初存货成本} + \text{本期生产成本} - \text{期末存货成本}) - \text{非生产成本}]$$

$$- [\text{销售收入} - \text{变动生产成本} - \text{固定性制造费用} - \text{非生产成本}]$$

$$= -\left(\begin{matrix}\text{期初存}\\\text{货成本}\end{matrix} + \begin{matrix}\text{本期生}\\\text{产成本}\end{matrix} - \begin{matrix}\text{期末存}\\\text{货成本}\end{matrix}\right) - \left(-\begin{matrix}\text{变动生}\\\text{产成本}\end{matrix} - \begin{matrix}\text{固定性}\\\text{制造费用}\end{matrix}\right)$$

$$= -\left(\begin{matrix}\text{变动生}\\\text{产成本}\end{matrix} + \begin{matrix}\text{期初固定}\\\text{生产成本}\end{matrix} + \begin{matrix}\text{本期固定}\\\text{生产成本}\end{matrix} - \begin{matrix}\text{期末固定}\\\text{生产成本}\end{matrix}\right) - \left(-\begin{matrix}\text{变动生}\\\text{产成本}\end{matrix} - \begin{matrix}\text{固定生}\\\text{产成本}\end{matrix}\right)$$

$$= -\left(\begin{matrix}\text{期初固定}\\\text{生产成本}\end{matrix} + \begin{matrix}\text{本期固定}\\\text{生产成本}\end{matrix} - \begin{matrix}\text{期末固定}\\\text{生产成本}\end{matrix}\right) + \begin{matrix}\text{固定生}\\\text{产成本}\end{matrix} \qquad \text{式 3-7}$$

$$= \begin{matrix}\text{完全成本法下期末存货}\\\text{吸收的固定生产成本}\end{matrix} - \begin{matrix}\text{完全成本法下期初存货}\\\text{释放的固定生产成本}\end{matrix}$$

即 $\Delta P = a_{末} - a_{初}$ 式 3-8

式 3-7 和式 3-8 从定量的角度反映了完全成本法与变动成本法出现利润差额的根本原因，印证了定性分析下的两个结论。由于式 3-8 是计算两法利润差额的又一种形式，因此人们常常将其称为计算两法利润差额的简算公式。该简算公式能够合理地解释为什么完全成本法下计算的税前利润会高于或低于或等于变动成本法下计算的税前利润。

以例 3-5 中两法税前利润差异的计算结果为例进行说明。1 月份完全成本法下的税前利润较变动成本法下的税前利润高了 300 元，是因为传统式损益计算程序中，期末存货吸收了固定生产成本 300 元（100×3）并递延到下期，而期初存货量为零，导致期初存货释放的固定生产成本为零，如果用 $a_{末} - a_{初}$，则差异额是 +300 元，这意味着完全成本法下的税前利润较变动成本法下的税前利润会高出 300 元，这一结果与依据分析程序计算的两法税前利润差异额结果吻合。同理，2 月份，之所以完全成本法下的税前利润较变动成本法下的税前利润高了 75 元，是因为传统式损益计算程序中，期末存货吸收了固定生产成本 375 元（100×3.75）并递延到下期，而期初存货成本中由上期转入，即期初释放出固定生产成本 300 元，如果用 $a_{末} - a_{初}$，则差异额恰好是 75 元（375-300），与表 3-4 中的计算结果吻合。这说明两法税前利润差额的计算有两种方法：一种是依据完全成本法和变动成本法的损益确定程序直接计算；另一种是依据简算公式进行计算。直接计算能够说明两种不同方法下的税前利润到底是多少，两法利润差额到底是多少，但不能解释出现差额的原因；而简算公式不仅能够说明两法产生利润差异的数额是多少，还能说明产生利润差额的原因，但不能指出不同方法下的税前利润值到底是多少。因此人们在解释两法出现利润差异原因时常常采用简算公式进行计算并分析，具体的计算公式如下。

$$\text{两法利润差额}(\Delta P)=\text{期末存货量}\times\text{完全成本法下期末单位固定生产成本}-\text{期初存货量}\times\text{完全成本法下期初单位固定生产成本}$$

式 3 – 9

【例 3 – 6】沿用例 3 – 5 的资料。

要求：采用两法利润差额简算公式计算 3 – 5 月份各月的利润差异额。

分析：依据所给数据进行计算。

$$3\text{ 月份利润差异额}(\Delta P)=100\times\frac{3\,000}{800}-100\times\frac{3\,000}{800}=100\times3.75-100\times3.75=0$$

$$4\text{ 月份利润差异额}(\Delta P)=110\times\frac{3\,000}{1\,000}-100\times\frac{3\,000}{800}=110\times3-100\times3.75=-45(\text{元})$$

$$5\text{ 月份利润差异额}(\Delta P)=10\times\frac{3\,000}{600}-110\times\frac{3\,000}{1\,000}=10\times5-110\times3=-280(\text{元})$$

有人将两法利润差额产生的根本原因说成是两法对固定生产成本的处理方法不同所致，认为由于完全成本法下将固定生产成本计入了产品成本，而变动成本法下将固定生产成本计入了期间成本，由此导致二者出现差异，这种说法是不准确的。因为从表 3 – 4 可以看出，变动成本法下，1 ~ 10 月份各期都将固定生产成本计入了期间成本，而在完全成本法下 1 ~ 10 月份各期都将固定生产成本计入了产品成本，但除了 3 月份和 10 月份，其他各月两法税前利润都有差额，这说明差额与对固定生产成本的处理方式无关。正确的说法是，固定生产成本是导致两法出现利润差额的唯一影响因素，但不是根本原因，因为在完全成本法和变动成本法下，两法扣除的固定生产成本水平出现了差异才是其真正原因。

2. 两法利润差额的一般变化规律

两法利润差额的一般变化规律分析完全成本法下的税前利润与变动成本法下的税前利润之差出现大于零、小于零、等于零三种情况的变化规律。两法利润差额的简算公式解释了完全成本法下的税前利润较之变动成本法下的税前利润变动的原因，同时依据该公式，还可以总结两法利润差额的一般变化规律。

（1）如果完全成本法下期末存货吸收的固定生产成本等于期初存货释放的固定生产成本，说明两种方法计算的税前利润差额一定为零，则两法税前利润一定相等。

（2）如果完全成本法下期末存货吸收的固定生产成本大于期初存货释放的固定生产成本，说明两种方法计算的税前利润差额一定大于零，则完全成本法下计算的税前利润一定大于变动成本法下计算的税前利润。

（3）如果完全成本法下期末存货吸收的固定生产成本小于期初存货释放的固定

生产成本，说明两种方法确定的税前利润差额一定小于零，则完全成本法下计算的税前利润一定小于变动成本法下计算的税前利润。

3. 两法利润差额的特殊变化规律

两法利润差额的特殊变化规律分析在特定情况下，完全成本法下的税前利润较之变动成本法下的税前利润的变动情况。依据两法利润差额的简算公式，在特定情况下，可以直接对其进行判断。

（1）如果期末存货量不为零，而期初存货量为零时，计算的两法利润差异额一定大于零，则完全成本法确定的税前利润一定大于变动成本法确定的税前利润。

（2）如果期末存货量为零，而期初存货量不为零时，计算的两法利润差异额一定小于零，则完全成本法确定的税前利润一定小于变动成本法确定的税前利润。

（3）如果期末存货量和期初存货量均为零，即产销绝对平衡时，计算的两法利润差异额一定为零，则两种成本法确定的税前利润一定相等。

（4）如果期末存货量和期初存货量均不为零且相等，即产销相对平衡，两种成本法确定的税前利润差额取决于前后期的单位固定生产成本是否相等。如果前后期的单位固定生产成本相等，则两法利润差异额一定为零，两种成本法确定的税前利润一定相等；否则，如果前后期的单位固定生产成本不相等，则两法利润差异额可能大于零，也可能小于零，完全成本法下的税前利润可能大于，也可能小于变动成本法下的税前利润。

（5）如果前后期的固定生产成本和产量均不变，即前后期的单位固定生产成本相等，此时两种成本法确定的税前利润差额取决于期初、期末存货量的变动状况。如果期初、期末存货量相等，则两法利润差异额一定为零，两种成本法确定的税前利润一定相等；否则，如果期初、期末存货不相等，则两法利润差异额可能大于零、也可能小于零，完全成本法下的税前利润可能大于、也可能小于变动成本法下的税前利润。

【例3－7】沿用例3－5的资料及1～10月份各月单位固定生产成本的计算结果。

要求：利用两法利润差额的简算公式直接判断1月份、2月份、3月份、9月份、10月份各期完全成本法下的税前利润较之变动成本法下的税前利润的变化情况。

分析：依据所给资料进行分析判断。

1月份，期初存货量为0而期末存货量不为0，两法利润差额 $\Delta P > 0$，则完全成本法下的税前利润一定大于变动成本法下的税前利润。

2月份，期初、期末存货量都是100，产销相对平衡，但期初单位固定生产成本是3元，而期末单位固定生产成本是3.75元，两法利润差额 $\Delta P > 0$，因此完全成本法下的税前利润一定大于变动成本法下的税前利润。

3月份，仍然是产销相对平衡，但期初、期末单位固定生产成本相等，两法利润

差额 ΔP =0，则完全成本法下的税前利润一定等于变动成本法下的税前利润。

9 月份，期初存货量不为 0 而期末存货量为 0，两法利润差额 ΔP <0，则完全成本法下的税前利润一定小于变动成本法下的税前利润。

10 月份，期初、期末存货量均是 0，实现了产销绝对平衡，则两法利润差额 ΔP =0，完全成本法下的税前利润一定等于变动成本法下的税前利润。

3.1.4 变动成本法在实务中的应用

变动成本法出现于完全成本法之后，它相对于完全成本法而存在，这两种方法虽然都属于日常核算方法，但二者所起的作用不同，实务中应该如何应用变动成本法，需要在对这两种方法本身做出正确评价的基础上，进行选择。

1. 完全成本法的优缺点

完全成本法的优点主要表现在以下几点。

（1）产品成本构成符合公认的成本概念要求。一直以来，公认的产品成本概念认为，生产过程中发生的所有耗费都应该计入产品成本。在此概念指导下，直接材料、直接人工和全部的制造费用都计入了产品成本，并据此编制对外报表，满足外部投资者的信息需求。完全成本法与此概念相适应，产品成本的构成符合此要求，因此在实务中一直发挥着重要的作用。

（2）能够刺激企业增产的积极性。在完全成本法下，单位固定生产成本会随着生产量的提高而下降，在产品售价一定的条件下，生产量越高，单位固定生产成本就越低，相应地，单位产品的利润就越大，由此会导致利润总额的上升，基于此规律，完全成本法下会促使企业增产。

【例 3 -8】沿用例 3 -5 的资料。

要求：列示 1 ~10 月份各月的生产量、单位变动生产成本、单位固定生产成本、完全成本法下的单位产品成本，并分析产量变动对单位产品成本的影响。

分析：依据所给资料进行整理，如表 3 -5 所示。

表 3 -5　　各期产量对单位产品成本的影响　　单位：元

项　目	1 月	2 月	3 月	4 月	5 月	6 月	7 月	8 月	9 月	10 月
生产量（件）	1 000	800	800	1 000	600	1 000	1 200	600	600	800
单位固定生产成本	3	3.75	3.75	3	5	3	2.5	5	5	3.75
单位变动生产成本	12	12	12	12	12	12	12	12	12	12
单位产品成本	15	15.75	15.75	15	17	15	14.5	17	17	15.75

从表 3 -5 的结果可以看出，当生产量由 1 月份的 1 000 件下降到 2 月份的 800 件和 5 月份的 600 件时，完全成本法下的单位产品成本由于生产量的下降而不断上涨：由 15 元提高到 15.75 元，直至 17 元，而当生产量由 5 月份的 600 件上升到 7 月份的 1 200 件时，由于生产量的大幅度上涨，完全成本法下的单位产品成本也在大幅度下降，由 17 元降到了 14.5 元。可见，在固定生产成本总额和单位变动生产成本不变的条件下，生产量对完全成本法下的单位产品成本影响非常大。

完全成本法也有一些缺点，主要缺点表现在以下几点。

（1）不能反映生产部门降低产品成本的实际业绩。从表 3 -5 可以看出，即使生产部门不采取任何降低生产成本的措施，由于生产量的提高都会降低当期的单位固定生产成本水平，从而降低单位产品成本的水平。如 5 ~7 月份，连续 3 个月生产量从 600 件上升至 1 000 件，直至 1 200 件，此时由于单位固定生产成本从 5 元，降到 3 元，直至 2.5 元，单位产品成本也由此而降低，从 17 元，降到 15 元，直至 14.5 元，两个月的单位产品成本降幅分别为 11.76%、3.33%。实际上，这种降低成本的业绩并不是生产部门真正努力的结果。

（2）税前利润的计算结果有时使人无法理解。众所周知，在产品售价、固定成本、单位变动生产成本不变的条件下，销售量越多，企业获得的利润就越多，销售量与利润存在着同方向变动关系。但在完全成本法下，如果比较前后期的利润，有时结果使人无法理解，因为有时会出现令人费解的怪现象：当销售量上升时，可能利润在下降；当销售量下降时，可能利润在上升；当销售量不变时，可能利润在变动。当影响利润的其他因素，如单价、成本等同时变动时，这种现象很难被发现，但如果假定其他因素不变，当产销量不稳定时就会出现这种怪现象。

以例 3 -5 的资料及计算结果为例进行分析，1 ~10 月份中，2 月份、3 月份、7 月份、10 月份的销售量相等，都是 800 件，但按传统式损益程序确定的完全成本法下的税前利润却有时不同，各月税前利润分别为：61 975 元、61 900 元、62 870 元、61 900 元，只有 3 月份与 10 月份的利润相等，其他两月不相等。当 2 月份销售量与 3 月份销售量保持不变时，税前利润却由 61 975 元下降为 61 900 元，当 3 月份销售量与 7 月份销售量保持不变时，税前利润却由 61 900 元上升到 62 870 元，这种结果使人无法理解。

【例 3 -9】假定某企业生产单一产品，产品售价为 75 元，单位变动生产成本是 8 元，每月发生固定性制造费用 4 000 元，固定非生产成本 500 元，没有变动非生产成本。1 ~4 月份产销量及存货量资料如表 3 -6 所示。据此编制的完全成本法下的分期利润表如表 3 -7 所示。

表 3-6　　产销量及存货量资料　　单位：件

项　目	1 月	2 月	3 月	4 月
期初存货量	0	20	5	145
本期生产量	100	80	200	125
本期销售量	80	95	60	60
期末存货量	20	5	145	210

表 3-7　　完全成本法分期利润　　单位：元

项　目	1 月	2 月	3 月	4 月
销售收入	6 000	7 125	4 500	4 500
销售成本				
期初存货成本	0	960	290	4 060
本期生产成本	4 800	4 640	5 600	5 000
期末存货成本	960	290	4 060	7 380
小计	3 840	5 310	1 830	1 680
销售毛利	2 160	1 815	2 670	2 820
固定非生产成本	500	500	500	500
税前利润	1 660	1 315	2 170	2 320

要求：分析完全成本法下销售量与税前利润的关系。

分析：依据所给资料可看出，各月的产品售价、单位变动生产成本、固定生产成本、固定非生产成本一直保持不变，当 2 月份销售量较 1 月份销售量上升时，由 80 件上升到 95 件，此时按传统式损益程序计算的税前利润却出现下降现象，税前利润由 1 660 元下降到了 1 315 元；而当 3 月份销售量较 2 月份销售量明显下降时，由 95 件下降到 60 件，税前利润却上升，由 1 315 元上升至 2 170 元；当 4 月份销售量与 3 月份销售量保持不变时，税前利润却继续上升，由 2 170 元上升至 2 320 元。各月销售量与税前利润的变动关系都令人费解。

深入分析，在完全成本法下，当产品售价、单位变动成本、固定成本在相关范围内一直保持不变时，只有当前后期的生产量相等时，期初、期末单位产品成本才相等，此时销售量的变动才会影响税前利润的变动方向与其同方向变动，否则完全成本法下决定税前利润高低的主要因素不是销售量而是生产量，进而会导致销售量与税前利润不挂钩的怪现象出现。

现代化生产条件对完全成本法与变动成本法的影响

在信息技术不断引入企业的经济环境下，完全成本法与变动成本法形成的条件已经发生了根本性的改变。在新的技术经济条件下，固定制造费用所占的比重增大，按变动成本计算法确定的变动生产成本则越来越小，以致无法反映现代化生产条件下产品生产耗费的基本成本。对于完全成本法而言，随着“适时生产系统”的采用，可使产成品实现“零存货”，这自然而然地消除了利润的实现与产品销售的实现之间的不相关性，从而消除了完全成本计算导致的利润实现与产品销售相互脱节的现象。

2. 变动成本法的优缺点

变动成本法能够克服完全成本法的弊端，但其自身也存在显著的不足。其优点主要表现在以下几点。

（1）能够反映生产部门降低产品成本的实际业绩。在变动成本法下，由于产品成本只包括直接材料、直接人工和变动制造费用三项，生产部门要降低成本必须从这三项着手，无论哪项成本的降低都能体现生产部门降低产品成本的真实业绩。以表3－5资料为例进行分析，该例中单位变动生产成本 12 元，由单位直接材料 8 元、单位直接人工 3 元、单位变动性制造费用 1 元构成。假定生产部门降低材料消耗导致单位直接材料降低 10%，则单位直接材料成本会降到 7.2 元，从而导致单位产品成本降低约为 6.67%。而在完全成本法下，即使料、工、变动费用三项都不变，只要生产量从 5 月份的 600 件涨到 6 月份的 1 000 件，单位产品成本就会随着单位固定生产成本的降低而降低，由 17 元降低到 15 元，降低率约为 11.76%。可见，在完全成本法下，常常会由于生产量的上升而夸大生产部门降低成本的实绩，但在变动成本法下，如果单位产品成本降低，则是生产部门采取措施降低成本的真实业绩。

（2）能够反映税前利润与销售量挂钩的变化规律。如前所述，在产品售价、固定成本、单位变动生产成本不变的条件下，销售量与利润应该存在同方向变动关系。即销售量越多，企业获得的利润就越多；销售量降低，税前利润降低；销售量不变，则所获利润一定相等；如果一定期间的销售量较其他最高，则其利润也最高。这种变化规律只有在变动成本法下才会得到充分的体现。

以例 3－5 的资料及计算结果为例进行分析，1～10 月份中，2 月份、3 月份、7 月份、10 月份的销售量相等，都是 800 件，在变动成本法下，各期的税前利润是相等的，都是61 900元。说明变动成本法下，只要前后期的销售量不变，当期的税前利润就会与上期保持一致。

【例3－10】沿用例3－9的资料。

要求：编制变动成本法下的分期利润表并分析销售量与税前利润的关系。

分析：依据所给资料编制的分期利润表如表3－8所示。

表3－8 变动成本法分期利润 单位：元

项　目	1月	2月	3月	4月
销售收入	6 000	7 125	4 500	4 500
变动生产成本	640	760	480	480
贡献毛益	5 360	6 365	4 020	4 020
固定成本				
固定性制造费用	4 000	4 000	4 000	4 000
固定非生产成本	500	500	500	500
税前利润	860	1 865	－480	－480

从表3－8的计算结果可以看出，在变动成本法下，税前利润与销售量完全挂钩。当2月份销售量较1月份销售量上升时，由80件上升到95件，此时按贡献式损益程序计算的税前利润上升，由860元上升到了1 865元；当3月份销售量较2月份销售量明显下降时，由95件下降到60件时，税前利润也由1 865元下降到－480元；当4月份销售量与3月份销售量保持不变时，两月的税前利润相等。比较变动成本法与完全成本法相关各期的计算结果可以看出，变动成本法下能够反映税前利润随销售量变动的变化规律，而完全成本法下则不具有此优势。

变动成本法下之所以税前利润与销售量能够直接挂钩，反映税前利润随销售量变动的客观规律，是因为变动成本法下采用了贡献式损益确定程序计算税前利润。当产品售价、单位变动成本、固定成本在相关范围内一直保持不变时，生产量与税前利润的计算无关，销售量是影响税前利润变动的唯一因素，而且呈同方向变动关系。因此在变动成本法下，绝不会出现完全成本法下使人无法解释的各期利润变化的怪现象。

（3）能够促使企业重视销售。由于变动成本法下能够揭示税前利润随销售量变动的正常规律，因此如果采用这种方法，会促使生产部门重视销售。在安排计划或决策时，能够将销售放到首位，以销定产，绝不会盲目生产，从而避免产品的积压。从计算的角度看，如果前后期的销售量相等，则无需计算，变动成本法下两期税前利润一定相等。

(4) 能够发挥管理会计的其他职能作用。管理会计除了成本核算职能外，还具有经营预测、经营决策、全面预算、成本控制、内部业绩评价等职能，这些职能的发挥，都与变动成本法下的信息密切相关。变动成本法能够提供变动生产成本、固定生产成本、变动成本、固定成本、贡献毛益等信息，利用这些信息可以进行保本与保利分析、进行生产决策、进行成本与盈利规划、进行成本控制与分析、进行内部考核及奖惩等，因此变动成本法对于加强内部管理具有积极的作用。

(5) 能够简化成本核算。对比完全成本法，由于变动成本法将固定性制造费用计入了期间成本，因此核算中略去了对固定间接成本的分摊问题，因此变动成本法较完全成本法的成本核算更加简化。

变动成本法的不足主要表现在以下几点：

(1) 产品成本构成不符合公认的成本概念要求。变动成本法自产生以来，一直与传统的成本概念存在冲突，产品成本中只包括变动生产成本而不包括固定生产成本，这与公认的成本概念不符。这一缺陷，使得变动成本法只具有对内服务功能而不具有对外提供信息的功能。

(2) 所提供的信息与长期投资决策和长期定价决策无关。变动成本法提供的固定成本、变动成本和贡献毛益等信息能够在许多方面发挥作用，但由于长期投资决策和长期产品定价都突破了相关范围，从长期发展的角度看，针对这两个问题决策，成本不需要区分变动成本和固定成本，因此变动成本法在长期投资决策和长期产品定价中不适用。

3. 变动成本法在实务中的应用方式

变动成本法较之完全成本法具有显著的优势，因此而风靡全球，但随着作业成本法的出现而面临挑战。

(1) 变动成本法在实务中应用方式的选择。自变动成本法产生以来，关于变动成本法的应用一直存在以下三种观点。第一种观点，主张采用“双轨制”。即在完全成本法的核算资料之外，另外设置一套变动成本法的账务核算系统，以分别满足不同的需要。第二种观点，主张采用“单轨制”。即以变动成本法完全取代完全成本法。第三种观点，主张采用“结合制”。即将变动成本法与完全成本法结合使用，日常核算建立在变动成本法的基础之上，期末对需要按完全成本反映的有关项目进行调整，以满足对外报告的需要。

本教材认为，单轨制观点不可取。原因如下：一是由于各国权威机构一直主张按照传统成本概念核算产品成本并编制对外报表，从这一点来看，完全成本法并不会被变动成本法所取代。而从目前来看，对此观点无人质疑。二是作业成本法的诞生使得变动成本法面临挑战。作业成本法目前被公认为是企业加强内部管理的最佳方法，有人甚至认为随着作业成本法的普遍采用，变动成本法将消失。原因在于，如果企业为了消除非增值作业而采用了适时生产系统，在这种情况下，期初存货量和期末存货量都将变为零，变动成本法与完全成本法计算的税前利润一定相等，在这种情况下，完全成本法也能反映税前利润与销售量挂钩的客观规律，变动成本法的显著优势将不存在，再加之完全成本法与传统成本概念保持一致，因此有人认为变动成本法将消失。事实上，即使期初存货量和期末存货量都等于零，由此导致完全成本法和变动成本法下的税前利润相等，但这两种方法的损益确定程序不同。不同的计算形式，提供的信息就不同，固定成本、变动成本和贡献毛益等信息永远是完全成本法无法提供的，因此变动成本法具有存在的价值，不会因为作业成本法的出现而消失。但从作业成本法的应用来看，强调的是与完全成本法的结合应用而不是变动成本法，因此基于此，变动成本法不会取代完全成本法。

从实务的运作来看，目前有些企业在采用完全成本法核算的同时采用了变动成本法，一个满足外部的信息需求，一个满足内部管理的需要，二者没有相互取代，在同时使用。也就是说，采用的是双轨制，但此时的双轨制与最初的说法有些不同，它并不涉及账务处理问题，只是在信息系统下，通过信息共享而实现各自的功能。另外考虑到作业成本法只能与日常的完全成本法结合应用，这意味着“结合制”不适用。基于上述两点，变动成本法在实务中的应用，应既像双轨制，又像结合制，但与二者又都存在不同，为区别起见将其称为“共享制”。共享制下，完全成本法和变动成本法在日常核算中可以同时应用，二者依据的原始资料相同，变动成本法可以依据既定的程序核算损益，但无须设置对应的账户，期末如果需要可以将变动成本法下的利润调整为完全成本法下的利润，以便进行对比分析。

（2）变动成本法应用中的计算结果转换。如果采用“共享制”，出于管理的需要常常需要将变动成本法下的税前利润转化为完全成本法下的税前利润。如全面预算中，常常采用变动成本法编制利润预算，最后需要将其结果调整为完全成本法下的利润。在这种情况下，可以借助于两法利润差额的简算公式进行转化，计算公式如下：

$$\begin{matrix}\text{完全成本法下}\\\text{的税前利润}\end{matrix}=\begin{matrix}\text{变动成本法下}\\\text{的税前利润}\end{matrix}+\begin{matrix}\text{两法利}\\\text{润差额}\end{matrix}\qquad\text{式 3－10}$$

存货计价出于简化计算考虑，一直假设采用先进先出法，事实上，如果采用其他存货计价方法，对两法利润差额简算公式的计算形式也不会产生影响，只是计算结果不同而已。关于两法利润差额（ΔP）中的期末存货吸收的固定生产成本（$a_{末}$）的计算，在存货计价采用先进先出法下，应该区分以下两种情况：

情况一，如果本期销售量＞期初存货量，意味着期初存货量当期全部售出。这种情况属于正常情况，实务中常常出现，可以按照式 3－8 直接计算 $a_{末}$ 和 ΔP。

情况二，如果本期销售量<期初存货量，意味着期初存货量当期没有全部售出，有一部分期初存货继续结转下期。实务运作中，这种情况并不多见，除非判断失误或由于偶发原因而出现，当这种情况出现后，期末存货吸收的$a_{末}$中不仅包含本期发生的所有固定生产成本，还包含了一部分尚未售出的期初存货中的固定生产成本，应该采用以下公式进行计算：

$$\text{期末存货吸收的固定生产成本} = \text{本期固定生产成本} + \left(\text{期初存货量} - \text{本期销售量}\right) \times \text{完全成本法下期初单位固定生产成本}$$

式3－11

【例3－11】沿用例3－9的资料。

要求：(1) 计算4月份期末存货吸收的固定生产成本以及依据两法利润差额简算公式计算的两法利润差额；(2) 如果4月份该企业依据库存状况，调整生产安排，4月份只生产20件，销售量为95件，计算变动成本法下的税前利润，并依据式3－10，计算完全成本法下的利润。

分析：依据所给资料进行计算。

(1) 4月份的销售量<期初存货量，因此期末存货吸收的固定生产成本4月份两法利润差额可得：

$$a_{末} = 4\ 000 + (145 - 60) \times \frac{4\ 000}{200} = 5\ 700\text{（元）}$$

$$\Delta P = 5\ 700 - 145 \times 20 = 2\ 800\text{（元）}$$

如果用表3－7中4月份完全成本法下的税前利润（2 320元）减去表3－8中4月份变动成本法下的税前利润（－480元），其计算结果与依据简算公式计算的结果相同。

(2) 4月份调整计划后，由于该月的销售量是95件，与2月份的销售量相等。在变动成本法下，在其他因素不变的前提下，销售量与税前利润挂钩，因此该月的税前利润与2月份的税前利润一定相等，应该是1 865元，此时只要依据简算公式计算两法利润差额，并依据转化公式就可以计算出完全成本法下的税前利润。4月份的期末存货量为70件，则：

$$\text{4月份两法利润差额} = 70 \times \frac{4\ 000}{20} - 145 \times \frac{4\ 000}{200} = 11\ 100\text{（元）}$$

$$\text{4月份完全成本法下的税前利润} = 1\ 865 + 11\ 100 = 12\ 965\text{（元）}$$

计算结果表明，虽然4月份的销售量与2月份相等，但完全成本法下4月份的税前利润远远高于2月份的税前利润，其原因在于，由于当期的生产量极低，导致当期的单位固定生产成本极高，为200元，由此导致14 000元的固定生产成本随期末存货结转下期，从而形成较高的税前利润，可见，完全成本法下生产量的高低对税前利润水平起了决定性的作用。

3.2 作业成本法

3.2.1 作业成本法的产生

作业成本法是一种以作业为核心的成本核算方法，即以作业为基础的成本计算，它产生于20世纪80年代中后期的西方。

1. 作业成本法产生的环境

环境是一个新生事物出现的土壤，没有内外环境的显著改变，新事物就不会出现，而作业成本法的产生与当时企业内外环境的变化密不可分。

（1）作业成本法产生的外部环境。20世纪70年代以后，世界经济形势发生了比较大的变化，表现在企业生产条件方面尤为明显。以计算机技术为代表的高科技广泛应用于企业，如计算机辅助设计技术、计算机辅助制造技术和计算机一体化制造系统等的推广，使得企业的生产日益自动化和程序化，企业的制造环境和制造工艺发生明显变化，从而导致企业的生产环境由传统劳动密集型生产逐渐向技术密集型生产转化。

与此同时，随着社会生产力的极大提高，人们用于可支配的个人收入不断增长，西方社会呈现富裕状态，市场消费明显改变，顾客的行为变得更具选择性，对产品的要求突出个性化，追求时尚。为了适应顾客的多样化产品需求，企业的生产组织体系更多地出现了单件小批式的生产，进而导致常规式生产与柔性制造的有机结合。

（2）作业成本法产生的内部环境。随着高新技术的蓬勃发展，企业生产条件的显著变动，使得产品成本结构明显改变。一方面产品成本中的制造费用比重急剧增长，而直接人工比重则相对下降。从西方的许多企业来看，1970年以前制造费用比重仅为直接人工成本的50%～60%，到了1970年以后，很多企业的制造费用已增加为直接人工成本的400%～500%，而直接人工成本在产品成本中的比重仅为10%～20%左右；另一方面制造费用的构成更加繁杂。从中国的目前规定来看，制造费用的明细项目就有十几项，详细分析这些费用发生的原因也是多种多样的，而这些项目的分配必须具有合理性，基于此，人们开始关注间接费用的分配。

2. 作业成本法的历史沿革

作业成本法是从产品成本计算开始的。最早的作业成本计算思想出现在20世纪30年代末40年代初，它由美国会计学家科勒提出。科勒提出的观点主要针对单一水

力发电行业，思想不够系统，也没有引起人们的广泛关注。

到了1954年，斯[illegible]布斯（G. T. Staubus）在《收益的会计概念》中揭开了全面研究“决策有用性目标”的序幕，并以此作为其理论研究的基点来研究作业成本法。相继发表了1971年的《作业成本计算和投入产出会计》和1988年的《服务与决策的作业成本计算——决策有用框架中的成本会计》等著作，提出了一系列的作业成本观念。

进入20世纪80年代中后期，作业成本法理论愈发成熟。美国芝加哥大学的罗宾·库珀（R. Cooper）和哈佛大学的罗伯特·卡普兰（S. Kaplan）教授对作业成本法给予了明确的解释。1988年，库珀发表了《一论ABC的兴起：什么是ABC系统》，提出产品成本是制造和运送产品所需全部作业的成本总和，成本计算的最基本对象是作业。随后库珀又连续发表了《二论ABC的兴起：何时需要ABC系统》、《三论ABC的兴起：需要多少成本动因并如何选择》和《四论ABC的兴起：ABC系统看起来到底像什么》的研究成果。同年9月和10月，库珀与卡普兰合作在《哈佛商业评论》上发表了《计量成本的正确性：制定正确的决策》一文。这几篇文章奠定了作业成本法研究的基石，标志着作业成本计算的真正诞生，他们被公认为是作业成本法的首创者或奠基人。

罗伯特·卡普兰

罗伯特·卡普兰（Robert S. Kaplan，1940年～），是平衡计分卡（balance scorecard）的创始人之一，美国平衡计分卡协会主席，他还是作业成本法（activity－based costing）的创始人之一。卡普兰自1984年以来一直在哈佛商学院任教，现为哈佛商学院贝克基金会（Baker Foundation）教席教授。卡普兰具有较深的理工科背景，他是麻省理工学院的电子工程学士和硕士，以及康奈尔大学运营研究博士。卡普兰研究、教学及咨询的领域为战略实施和运营管理，其关注的重点是如何通过成本管理和绩效管理系统，让公司成功实施战略和实现卓越运营。他撰写或合作撰写了14本书，在《哈佛商业评论》上发表了18篇文章，获得多个教学和论著方面的奖项。卡普兰教授在其著作《管理会计相关性消失》一书中提出，传统管理会计的相关性和可行性下降，应有一个全新的思路来研究成本，即作业成本法。由于卡普兰教授等专家对于ABC的研究更加深入、具体、完善，使之上升为系统化的成本和管理理论并广泛宣传，卡普兰教授本人被认为是ABC的集大成者。

作业成本法（activity-based costing，ABC），当时的研究成果实质上涉及两部分内容，既有作业核算思想，也有作业管理思想，但比较而言，作业成本核算体系相对成型，而作业管理仅仅是萌芽状态，看不到其内容全貌，一切都处于探索之中。主张实施作业核算的专家与学者认为，产品成本核算结果严重扭曲，到了必须变革的时候。而从产品成本的构成来看，随着制造费用所占比重的显著上升，固定性制造费用不应列为期间成本，因此作业成本法建立在完全成本法的基础上，探求产品成本计算的精确性。

1990年罗菲（Raffish）和托尼（Tourney）提出了关于作业成本管理的十字模型，该模型从纵向上看反映作业成本核算思想，从横向上看揭示了作业成本管理的思想，整体分析以作业成本计算为基础，作业成本管理概念由此提出。作业成本管理的其中一个层面就是拓展作业成本核算范畴，将产品成本核算拓展到产品盈利能力分析。从管理角度进行的盈利能力分析，所涉及的成本不再仅仅局限于产品成本，而是拓展到期间成本，由此形成的损益确定形式与传统的核算形式具有一定的差异。作业成本法由此成为一种较为宽泛的成本核算方法。

作业成本法于20世纪90年代初传入中国，成为中国理论界与实务界探讨的热点领域。随着国内外理论界的不断深入研究，实务界的不断应用尝试，作业成本计算体系渐趋成熟。

3. 作业成本法产生的原因

（1）传统成本管理基础具有缺陷。传统成本管理为了达到有效进行成本决策与成本控制的目的，以成本性态分析为基础，依据成本与业务量之间的依存关系，将全部成本分为变动成本和固定成本两大类。这种分析与劳动密集型的生产方式相适应。新的经营环境下，该基础面临挑战。

随着企业内外环境的显著变动，生产方式逐渐由劳动密集型向技术密集型转化。在这种情况下，单纯地依据成本与业务量之间的关系分析成本已不能满足成本管理的需要，因为从长期来看，固定成本并非固定不变，而变动成本也并非全部随业务量的变动成正比例变动，这种变动更多地与业务活动量基础（如订货次数等）直接相关而非业务量本身。

（2）传统间接费用分配方法具有缺陷。间接费用从具体的成本核算项目来看，实际上指的是制造费用。伴随着企业内外部环境的显著改变，人们逐渐发现传统间接费用分配方法存在显著的缺陷。

20世纪70年代前，企业的生产总体来看属于劳动密集型生产，制造费用所占成本比重不大。在这种情况下，企业管理当局往往只重视对直接材料、直接人工等直接成本的计算和控制，相对而言，对制造费用的计算和控制关注较少。与此种生产条件和环境相适应，传统制造费用的分配方法是：以直接人工工时或机器工时或直接人工成本作为分配标准，只计算一个分配率，依据分配标准将制造费用分配给各产品。

随着企业生产条件和工艺的明显改观，随着制造费用比重的明显增长，仍以单一数量为基础分配制造费用就显得与此不相适宜。在高度自动化的生产条件下，有些制造费用与数量的关系较为紧密；而大部分的制造费用与数量没有必然的联系，在这种情况下，仍采用单一的分配率分配制造费用就会使制造费用的分配不准确，进而会导致产品成本的结果扭曲。

另外，过去在劳动密集型生产条件下，企业追求规模经济效益，产品品种较少，常常进行大批大量生产；而在技术密集型生产条件下，生产较为灵活，生产品种呈多样化趋势，生产变为小批量生产。如果按照传统制造费用分配方法来分配费用，会使生产数量多的产品承担较多的制造费用，而生产数量少的产品则承担较少的制造费用，这与事实不符。事实上，在技术密集型生产条件下，大批量生产产品的设计和加工程序一般较为简单，容易生产；而小批量产品的设计和加工程序通常较为复杂，不容易生产。在这种情况下，如果分配制造费用，前者应少些而后者相对较多，但按传统的费用分配方法结果刚好与其相反。

从上述两方面分析可以看出，如果采用传统的制造费用分配方法对其进行分配，无论从费用分配率来看，还是从费用分配过程来看，都会使产品成本由于制造费用分配不准确而使其失去真实性，从而造成成本信息严重失真，产品成本结果严重扭曲，这不利于企业进行正确的价格决策。

为了克服上述两个弊端，为了较为准确地核算产品成本，作业成本法由此而产生。

3.2.2 作业成本法的相关概念

作业成本法经过会计界多年来的研究和探索，已基本形成一套较为完整的概念体系，虽然具体的概念界定有争议，但概念中体现的基本思想是一致的。

1. 作业、作业链、价值链

作业（activity）是指企业生产经营过程中各项独立并相互联系的最基本的活动。作业贯穿产品生产经营的全过程，从产品设计开始，经过物料供应、生产工艺的各个环节，直至产品的发运销售。在这一过程中，每个环节、每道工序都可以视为一项作业。如产品设计、订单处理、采购、储存等。

作业链（activity chain）是指企业中特定对象的一系列前后有序的作业的集合体。企业中的作业链不是唯一的，依据选取的研究对象不同，就会出现不同的作业链，如产品、生产线、项目等。作业链的设计与建立以分析顾客价值为出发点，通过作业链的优化可以消除不增加企业价值的作业，进而达到降低成本的目的。

价值链（value chain）概念有广义和狭义之分。广义的价值链是指各项独立活动集合的价值表现。它既可以表现在企业的内部，也可以表现在企业的外部。狭义的价值链仅局限于企业内部，从这个角度看，价值链是指企业作业链的价值表现。企业生产经营中的各项作业有序进行，各项作业的转移同时伴随着价值的转移，最终产品是全部作业的集合，同时也表现为全部作业的价值集合。从这个意义上讲，作业链的形成过程，也就是价值链的形成过程，要想提高价值链，必须改进作业链；而作业链的完善，是从基于价值的价值链分析开始的。

2. 资源、成本

资源是指企业生产经营过程中，初始形态上的各种劳动耗费。它是支持作业成本、费用的来源，也可以视为一定期间内为了生产产品或提供服务而发生的各类成本、费用的具体项目耗费，或者是作业执行过程中所需要花费的代价。企业的资源可能包括时间、材料、占地空间、设备、技术和其他有价值的物力。通常在企业财务部门编制的预算中可以比较清楚地得到各种资源项目的耗费值。例如发出订货单是采购部门的一项作业，那么相应办公场地的折旧、采购人员的工资和附加费、电话费、办公费等都是订货作业的资源耗费。制造行业中典型的资源项目一般有：原材料、辅助材料、燃料、动力费用、工资及福利费、折旧、办公费、修理费、运输费等。

作业成本法中的成本是指由作业而引发的资源消耗。此概念与传统概念最大的不同在于明确了消耗的对象。对于每一个企业而言，各类资源是有限的而不是无限的，明确消耗对象其目的在于计量资源耗费的水平，而不仅仅强调费用支出水平的增减变动情况。这种界定一是有助于管理人员分析资源的利用状况；二是有助于管理人员正确的决策。

3. 成本动因、成本库、作业中心

成本动因亦称成本驱动因素，是指导致成本发生的事项或活动的原因。它决定着成本的产生，并可作为分配成本的标准。成本动因具有隐蔽性，它深藏在成本发生的过程中而不易被识别，凡成本动因必须与成本的发生具有相关性，另外成本动因本身还应具有可计量性。成本动因按其在作业成本中体现的分配性质不同，可以分为资源动因和作业动因两类。资源动因反映作业量与资源耗费之间的因果关系。这类成本动因发生在各种资源耗费向相应作业中心分配的过程中，它是将资源成本分配到作业中心的分配标准，资源动因与最终产品的产量没有直接的关系；作业动因反映产品产量与作业成本之间的因果关系。这类成本动因发生在各作业中心将归集的作业成本向各产品分配的过程中，为作业成本的分配标准。

成本库是指按同一作业动因，将各种资源耗费项目归集在一起的成本类别。即相同成本动因的作业成本集。成本库的建立把制造费用的分配与产生这些费用的动因联系起来，不同成本库选择不同成本动因作为分配标准。显然，成本库中所汇集的成本可以以相同的作业动因为标准，将其成本分配给各产品或劳务。

作业中心是一系列相互联系，能够实现某种特定功能的作业集合。例如在原材料采购作业中，材料采购、材料检验、材料入库、材料仓储保管等都是相互联系的，且都可以归类于材料处理作业中心。作业中心与成本库密切相连，成本库归集的成本常常是作业中心的成本，因此很多人将作业中心与成本库等同看待。

4. 单位层作业、批量层作业、产品层作业、公司层作业

作业按其等级不同可以分为单位层作业、批量层作业、产品层作业和公司层作业四种类型。作业成本核算中，需要区分作业的类型，类型不同确定的成本动因就不同。

单位层作业（unit level activity）是指作业动因随单位产品数量变动而成正比例变动的作业。如直接材料、直接人工等，这类作业的作业动因是机器小时、人工工时等。

批量层作业（batch level activity）是指作业动因随批别的变动而成正比例变动的作业，如机器调整、产品检验等。这类作业的作业动因是生产批次、检验次数等，它们与产品的产量变动无关。

产品层作业（product level activity）是指作业动因随特定产品种类的变动而成正比例变动的作业。如产品设计、产品介绍等，这类作业常常为了满足客户的要求而发生，其作业动因通常与正在生产的产品产量、生产批量无关，而与企业总体规划中的特定产品相联系。

公司层作业（facility level activity）是指为企业整体服务，与企业整体管理水平有关的作业。如人事管理、一般管理等。这类作业通常与企业的整体能力形成有关，故有人将其称为生产能力层作业。其成本动因常常具有综合性，较难确定。

3.2.3 作业成本法的内涵及程序

1. 作业成本法的内涵

作业成本法是指以作业为中间桥梁，以作业中心作为间接费用的归集对象，最终分配并计算产品成本的一种成本核算方法。它针对传统制造费用分配的缺陷而产生，其理论依据是：作业消耗资源，产品消耗作业。即生产导致作业的发生，作业耗用资源并导致成本的发生，产品耗用作业，但与资源没有直接的联系。这也是作业成本法的核算原则。

2. 作业成本法的程序

依据核算原则，作业成本法的具体计算程序如下：

（1）划分作业并建立作业中心。企业的经营活动是由一系列的作业所构成，而作业中心是归集间接成本与分配间接成本的单元，作业成本计算由此形成了以产品、作业中心为核心的账户体系。

一个企业的生产经营范围越大，复杂程度越高，形成的作业数量就越多。中外运—敦豪（DHL）属于服务行业，在实施作业成本法时曾经划分了50多个作业。德国的西门子公司属于制造业，在实施作业成本法时曾经划分了2 000多个作业。在实务划分中，本着成本效益原则的要求，可以对众多的活动做必要的筛选。在作业识别时，保留不能删减、必要的主要作业，对于各类非常细小的作业可以加以归类，作业筛选时可以针对过程设问以寻求合并与改善的可能。

作业中心是同质作业的集合体，它是间接成本的归集单元和分配单元，确认作业中心时必须坚持成本与效益原则。划分过粗，不容易落实责任；划分过细，这样虽然可以提供较为准确地核算信息，但对于管理不一定需要。凡作业中心必须具有相同的成本动因。实际工作中，作业中心可以小到一项作业，大到多项作业的集合。企业应结合实际予以确定，但作业中心的建立不宜太多。

（2）区分直接成本和间接成本。直接成本和间接成本概念在作业成本法下仍然适用，而且是两个非常重要的概念。凡直接成本，如直接材料等，可以直接计入产品成本计算单，无需分配；凡间接成本需要在确认作业中心的基础上，计入各作业中心。需要强调的是，传统产品成本核算中，将制造费用全部视为间接成本分配计入产品成本，而在作业成本法下，制造费用需要首先区分直接费用和间接费用，凡直接费用直接计入产品成本，剩余的间接费用才应该计入作业中心。另外对于直接人工，如果是计件工资可以直接计入产品成本，而对于计时工资则应该将其作为间接成本先计入作业中心，然后再分配计入产品成本。

（3）确认并计量作业中心的各类资源耗费。资源是企业从事各项作业所必需的经济要素，它包括货币资源、材料资源、人力资源、动力资源和厂房设备资源等。在区分直接成本与间接成本的基础上，需要确认各作业中心的各项资源耗费，并依据资源动因对其进行计量分配。

（4）归集作业成本。作业中心是资源成本的归集对象，在确认和计量各项资源耗费的基础上，可以根据资源动因，将各类资源成本汇总并归集到各作业中心。

（5）计算作业成本分配率。各作业中心可以以作业动因为分配标准，计算各作业中心的作业成本分配率，计算公式如下：

$$\text{某作业中心作业成本分配率} = \frac{\text{该作业中心归集的资源成本总额}}{\text{该作业中心的作业动因总数}} \qquad \text{式 } 3-12$$

（6）确定产品成本。根据各产品记录的作业动因数，首先按照作业成本分配率将各项作业成本分配到每一个产品并进行汇总，考虑直接成本后，就可以确定每一种产品的产品总成本。相关的计算公式如下：

$$\text{某产品成本} = \sum \begin{matrix}\text{产品中某项作业}\\\text{的成本动因量}\end{matrix} \times \begin{matrix}\text{相应作业}\\\text{成本分配率}\end{matrix} + \text{直接成本} \qquad \text{式 } 3-13$$

3.2.4 作业成本法程序的应用

从作业成本法计算程序可以看出，作业成本法的最终核算的是产品成本，直接成本直接计入产品成本，而间接成本是按照：资源—作业中心—产品这一顺序进行确认、计量和分配的。现举实例说明作业成本法计算程序的应用。

【例3－12】假定某企业生产甲、乙两种产品，这两种产品都没有在产品，相关的资料如表3－9所示。

表3－9　　甲、乙产品的成本

项　目	甲产品	乙产品
产量（件）	1 0000	1 500
单位产品直接人工工时（小时）	4	5
单位产品机器小时（小时）	2	3
直接材料成本（元）	250 000	3 0000
直接人工成本（元）	150 000	72 000
制造费用（元）	857 500	

该企业拟实施作业成本法，通过对作业的归并，共设立五个作业中心：生产订单、机器调整准备、机器运行、设备维护、质量检验。各作业中心的资源耗费已分配完毕，各作业中心归集的作业成本及成本动因情况如表3－10所示。

表3－10　　作业中心相关资料

作业中心	作业动因	作业动因数		作业成本（元）
		甲产品	乙产品	
生产订单	订单份数（份）	8	16	48 000
机器调整准备	调整次数（次）	2 000	500	26 250
机器运行	机器小时（小时）	20 000	4 500	637 000
设备维护	直接人工工时（小时）	40 000	7 500	85 500
质量检验	检验次数（次）	20	30	60 750

要求：分别按作业成本法和完全成本法计算甲、乙两种产品的单位产品成本。

分析：依据所给资料可以看出，直接材料、直接人工属于直接成本，制造费用属于间接成本。

▲在作业成本法下：

首先按照作业动因，将各作业中心归集的作业成本分配给各产品，如表3－11所示。

表3－11　　作业成本分配

作业中心	作业动因数			作业成本（元）	分配率（%）	分配作业成本（元）	
	甲产品	乙产品	合计			甲产品	乙产品
①	②	③	④＝②＋③	⑤	⑥＝⑤/④	⑦＝②×⑥	⑧＝③×⑥
生产订单（份）	8	16	24	48 000	2 000	16 000	32 000
机器调整准备（次）	2 000	500	2 500	26 250	10.5	21 000	5 250
机器运行（小时）	20 000	4 500	24 500	637 000	26	520 000	117 000
设备维护（小时）	40 000	7 500	47 500	85 500	1.8	72 000	13 500
质量检验（次）	20	30	50	60 750	1 215	24 300	36 450
合　计	－	－	－	857 500		653 300	204 200

然后分别计算甲、乙两种产品的单位单品成本：

$$甲产品单位产品成本=\frac{250\ 000}{10\ 000}+\frac{150\ 000}{10\ 000}+\frac{6\ 533\ 000}{10\ 000}=105.33(元/件)$$

$$乙产品单位产品成本=\frac{30\ 000}{1\ 500}+\frac{72\ 000}{1\ 500}+\frac{204\ 200}{1\ 500}\approx 204.13(元/件)$$

▲在完全成本法下：

首先以机器小时为标准分配制造费用：

制造费用分配率＝857 500÷24 500＝35(元/小时)

甲产品分摊的制造费用＝20 000×35＝700 000(元)

乙产品分摊的制造费用＝4 500×35＝157 500(元)

然后分别计算甲、乙两种产品的单位产品成本：

$$甲产品的单位产品成本=\frac{250\ 000}{10\ 000}+\frac{150\ 000}{10\ 000}+\frac{700\ 000}{10\ 000}=110(元/件)$$

$$乙产品的单位产品成本=\frac{30\ 000}{1\ 500}+\frac{72\ 000}{1\ 500}+\frac{157\ 500}{1\ 500}=173(元/件)$$

计算结果表明，两种不同的成本计算方法下，单位产品成本计算结果相差较大。

比较而言，甲产品属于大批大量生产类型产品，而乙产品属于小批量生产类型产品，作业成本法下的甲产品单位产品成本是105.33元，较完全成本法下的计算结果要低4.67元（110－105.33），而乙产品的单位产品成本为204.13元，较完全成本法下的计算结果高了31.13元（204.13－173）。应该说，作业成本法下的计算结果更加接近实际，原因在于甲产品的产量高、生产过程相对简单，说明其产品技术含量低，而乙产品的产量低、生产过程复杂，说明其产品的技术含量高，在这种情况下，对于技术含量较高的乙产品依据不同的成本动因分摊较多的制造费用是正确、合理的。如果采用传统的单一业务量为标准进行分配，会使技术含量较低的甲产品由于机器小时高而多分摊制造费用，这种计算结果与事实不符。

例3－12假设资源成本已经归集到各作业中心，并没有涉及资源计入作业中心的核算问题。为了全面反映作业成本计算的全貌，下面再举一个较为全面的实例说明作业成本法核算程序的应用。

【例3－13】假定某加工企业生产加工A、B两种产品，采用作业成本法计算产品成本。A、B产品的生产工艺过程基本相同，A为标准产品，每批产量高；B为非标准产品，每批产量低。该企业经过分析，确认作业中心为7个，包括产品设计、订单处理、粗加工、精加工、精加工机器调整、产品检验和一般管理。2010年某月份的具体资料如下：

（1）本月该企业生产A产品8批，共计25 000件；生产B产品160批，共计1 500件。

（2）A产品每件消耗直接材料2元；B产品每件消耗直接材料3元。

（3）产品设计作业是由计算机辅助设计系统完成的，该系统能提供850个机时。本月用于A产品设计机时数为400机时；用于B产品设计机时数为320机时。

（4）本月有能力处理订单1 000份，实际处理订单850份，其中处理A产品订单600份；处理B产品订单250份。

（5）粗加工机器共6台，每月全部机器可以运转1 000机时，本月实际运转了840机时，其中加工A产品每件需要1.8分钟，共计750小时（25 000×1.8/60）；加工B产品每件需要3.6分钟，共计90小时（1 500×3.6/60）。由于该类机器调整十分简单，所需时间很短，因此不必作为一项单独的作业处理。

（6）精加工共有机器6台，每月全部机器可以运转1 250机时。由于精加工要求的精度很高，因此调整机器所需时间较长，本月生产A产品调整了50次，每次调整需要12分钟，共用了10机时（50×12/60）；生产B产品调整了160次，每次调整需要15分钟，共用了40机时（160×15/60）。除此之外，加工A产品每件需要2.4分钟，共用了1 000机时（25 000×2.4/60）；加工B产品每件需要1.5分钟，共用了37.5机时（1 500×1.5/60）。

（7）每月产品检验能力为900件，本月实际每批检验A产品15件，共检验了120件；B每批检验4件，共检验了640件。

（8）本月生产A、B两种产品的资源耗费情况如下：工资35 800元，水费4 080元，电费7 360元，折旧费68 600元，办公费4 790元。

要求：分别计算A、B产品的单位产品成本。

分析：依据所给资料，只有直接材料属于直接成本。

第一步，以所给各项资源动因为标准，将各项资源成本分配给各作业中心，并编制企业资源耗费分配表，如表3－12所示。需要说明的是，由于精加工和精加工机器调整两项作业联系十分紧密，因此这里先将其视为一体看待，并以此归集各项资源成本。

第二步，依据发生的机时数，确定精加工和精加工机器调整两项作业的作业成本。本月实际发生精加工机器调整时数共计50机时（10＋40），占可供利用时数的4%（50/1 250）；则精加工时数占96%，如表3－13所示。

第三步，确定各作业中心的作业动因。产品设计的作业动因是计算机机时；订单处理的作业动因是订单处理的份数；粗加工和精加工的作业动因都是开动机器时数；精加工机器调整的作业动因是机器调整次数；产品检验的作业动因是检验产品的件数；一般管理作业较为复杂，无法准确确定其成本动因。

第四步，根据作业动因分配作业成本。依据各作业中心归集的作业成本，将其以作业动因为基础分配给产品A和B。作业成本分配表如表3－14所示。需要说明的是，由于一般管理作业的作业动因无法确定，因此按相关产品分入的其他作业成本合计值作为其分配标准进行分配。

表3－12　企业资源耗费分配

资源＼作业中心	产品设计	订单处理	粗加工	精加工和机器调整	产品检验	一般管理	合计
工资							
职工（人）	4	1	8	6	3	2	
平均工资（元/人）	2 000	1 000	1 400	1 600	1 200	1 200	
工资成本（元）	8 000	1 000	11 200	9 600	3 600	2 400	35 800
水							
用水量（吨）	300	150	500	450	380	260	
水价格（元/吨）	2	2	2	2	2	2	
水费（元）	600	300	1 000	900	760	520	4 080

续表

资源＼作业中心	产品设计	订单处理	粗加工	精加工和机器调整	产品检验	一般管理	合计
电							
用电量（度）	3 500	800	5 000	6 400	1 200	1 500	
电价格（元/度）	0.4	0.4	0.4	0.4	0.4	0.4	
电费（元）	1 400	320	2 000	2 560	480	600	7 360
折旧费（元）	13 000	4 000	18 000	21 000	7 000	5 600	68 600
办公费（元）	800	600	540	700	950	1 200	4 790
作业成本（元）	23 800	6 220	32 740	34 760	12 790	10 320	120 630

表 3－13　精加工与精加工机器调整作业成本分配　单位：元，%

作业	比重	工资	水费	电费	折旧费	办公费	合计
成本		9 600	900	2 560	21 000	700	34 760
精加工	96	384	36	102.4	840	28	1 390.4
精加工机器调整	4	9 216	864	2 457.6	20 160	672	33 369.6

表 3－14　作业中心成本分配　单位：元

作业	作业成本	实际耗用成本动因数			分配率	分配成本	
		A 产品	B 产品	合计		A 产品	B 产品*
	①	②	③	④＝①＋②	⑥＝①÷④	⑦＝②×⑥	⑧＝③×⑥
产品设计	23 800	400	320	720	33.06	13 224	10 576
订单处理	6 220	600	250	850	7.32	4 392	1 828
粗加工	32 740	750	90	840	38.98	29 235	3 505
精加工	33 369.6	1 000	37.5	1 037.5	32.16	32 160	1 209.6
机器调整	1 390.4	10	40	50	27.808	278.08	1 112.32
产品检验	12 790	120	640	760	16.83	2 019.6	10 770.4
一般管理**	10 320	—	—	—	—	7 606.43	2 713.57
合 计	120 630	—	—	—	—	88 915.11	31 714.89

注：* 由于分配率除不尽，为保持⑦栏＋⑧栏＝①栏的结果，具体计算时⑧栏＝①栏－⑦栏；

** 一般管理成本分配如下：

A 产品所分摊的作业成本＝13 224＋4 392＋29 235＋32 160＋278.08＋2 019.6＝81 308.68（元）

B 产品所分摊的作业成本＝10 576＋1 828＋3 505＋1 209.6＋1 112.32＋10 770.4＝29 001.32（元）

分配率＝10 320÷(81 308.68＋29 001.32)≈0.09355

A 分摊一般管理成本＝81 308.68×0.09355＝7 606.43（元）

B 分摊一般管理成本＝29 001.32×0.09355＝2 713.57（元）

第五步，计算A、B产品的单位成本。

$$A产品的单位产品成本 = 2 + \frac{88\ 915.11}{25\ 000} \approx 5.56(元/件)$$

$$B产品的单位产品成本 = 3 + \frac{30\ 714.89}{1\ 500} \approx 25.48(元/件)$$

从上述A、B产品单位产品成本的计算过程来看，作业成本法下的计算较完全成本法下的计算要复杂得多，计算结果相对精确但不是绝对精确，因为只要存在费用分摊问题，就会有人为因素的作用，结果精确仅仅是相对于完全成本法而言，但这种计算结果较完全成本法下的计算结果更加科学、更加合乎逻辑。

3.2.5 作业成本法与完全成本法的区别

作业成本法以完全成本法为基础，是对完全成本法的变革。二者的不同主要表现在以下几点。

1. 成本计算的理论依据不同

完全成本法认为，产品耗费资源，资源的耗费水平可以通过成本项目来归集反映，其耗费的数额随着产品产量的增长而增长；而作业成本法认为，产品产量与资源的耗费没有直接联系，与资源耗费直接相连的是作业，这里的作业实际上指的是作业中心，作业中心是连接资源与最终产品的中间桥梁，即作业耗费资源，产品耗费作业的理论观点。

2. 成本计算的对象不同

完全成本法下以产品作为成本计算的唯一对象，从而形成了以“产品”为核心的成本计算体系；而作业成本法以作业中心和产品为最基本的成本计算对象，间接成本的确定通过作业成本分配得以反映，从而形成了以“作业中心和产品”为核心的成本计算体系。

3. 间接费用的分配标准不同

完全成本法在其理论观点指导下，分配制造费用时，与制造费用联系最紧密的是业务量，因此传统成本核算常常以单一的业务量为标志，如直接人工工时、机器小时、产品产量、材料耗用量等分配制造费用；而作业成本法在其理论观点指导下，关注各项活动的成本驱动因素，因此按成本动因分配间接费用。由于成本动因的表现形式多样，包括业务量、批次、订单份数、检验次数等，由此导致间接费用的分配标准具有多个。从表3－10可以看出，企业设立了5个作业中心，每一个作业中心的成本动因是不同的，因此采用了5个分配标准对相应的作业成本进行分配。

4. 产品成本计算结果不同

完全成本法下由于只按单一业务量为标准分配间接费用，常常使得工艺较为简单的产品由于产量高而多分摊制造费用，对于工艺较为复杂的产品由于其产量低而少分摊制造费用。作业成本法与其不同，由于采用多种成本动因分摊间接费用，这些成本动因常常与所属作业中心的关联性较强，因此常常使得工艺较为简单产品的单位产品成本较完全成本法的计算结果要低，而对于工艺较为复杂产品的单位产成本常常较完全成本法的计算结果要高。这种计算结果纠正了完全成本法对制造费用分摊的结果扭曲，从而使单位产品成本的计算结果更加准确。

5. 提供信息对于决策的影响不同

完全成本法下由于制造费用分摊的不合理常常导致单位产品成本计算结果不够准确，由此提供的信息有时会误导管理当局的决策。而作业成本法下，由于计算的单位产品成本结果相对准确，因此所提供的信息有助于管理当局的正确决策。假定例3－12中，如果乙产品目前的市场售价是200元，完全成本法下，乙产品的单位产品成本是173元，乙产品是盈利的，因此企业管理层可能会做出大量生产的决策；但在作业成本法下，乙产品的单位产品成本就达到了204.13元，此时产品是亏损的，在这种情况下，管理层可能会采取措施降低成本，或对其产品进行更新换代。

3.2.6 作业成本法下的损益计算

早期的作业成本法源于产品成本计算的精确性，只涉及直接材料、直接人工、制造费用三项。随着作业成本管理思想的提出，发展中的作业成本法开始拓展其成本核算范畴，一方面将成本核算延伸至期间成本，并进行盈利能力分析；另一方面探索对贡献式损益确定程序的变革。

1. 拓展成本核算下的盈利能力计算

随着对作业成本法研究的不断深入，理论界与实务界逐渐发现，传统成本核算方法无法真实地揭示核算对象的盈利能力，因为除了制造费用分摊存在问题外，销售费用、管理费用、财务费用不与核算对象挂钩，都被作为期间成本而与当期收入相匹配被全额扣除，这种处理方式不合理。因为这三项非生产成本并不都是服务于产品整体的共同费用，有些成本是和特定的对象直接关联的，具有明确的归属对象，在这种情况下，全部将其作为期间费用处理就会扭曲计算结果，进而有可能导致决策的失误。如果要揭示核算对象的真正盈利能力，最佳的方式是所有的成本核算都与作业成本核算相结合。

盈利能力分析下的作业成本核算，具有以下两个特点：一是分析对象具有灵活性。分析对象既可以以每一个产品为对象，也可以以某一条生产线为对象，还可以以某一订单或某一项目或某一品牌为对象，具体分析对象的设立取决于管理决策的需要。二是成本核算范畴拓展到期间成本。盈利能力分析中的成本核算不再局限于料、工、费三项，对三项期间成本也区分直接成本和间接成本。对于直接成本直接计入成本核算对象，对于间接成本则选择最相关的成本动因对其进行分配并计入核算对象。

【例3-14】某化妆品企业生产的护肤品生产线在2010年的1月份生产并销售了两种产品：洗面奶和润肤露，这两种产品分属两个品牌：清新牌和舒爽牌，相关的资料如表3-15所示。

清新牌属于新开发的品牌，公司目前投入了较大的促销费用，而舒爽牌则是市场上比较成熟的品牌，主要面对的是中老年顾客。当月发生的品牌维持费用为10 000元，其中新产品投入90%。假设不考虑其他的非生产成本，表3-16列示了该护肤品生产线1月份的利润报告。

表3-15　　　**洗面奶与润肤霜相关资料**

项目	洗面奶		润肤霜	
	清新牌	舒爽牌	清新牌	舒爽牌
单价（元/件）	15	5	40	15
销售量（件）	1 000	300	1 200	200
单位产品成本（元）	6	7	20	10

表3-16　　　**护肤品生产线1月份的利润报告**　　　单位：元

项目	洗面奶	润肤霜	合计
营业收入	16 500	5 1000	67 500
营业成本	8 100	26 000	34 100
营业毛利	8 400	25 000	33 400
销售及管理费			10 000
利润总额			23 400

要求：从管理的角度判断上述分析是否正确？应该如何编制护肤品生产线的内部利润报告？

分析：如果站在管理角度，将品牌维持费用10 000元全部作为期间成本处理是不合理的。这种分析虽然能够满足对外编制报表的需求，但不能满足内部管理的需要。依据所给资料，应该以品牌作为成本计算对象而不是产品，将发生的品牌维持费用应该进行分配，计算品牌的成本并分析其获利能力，具体编制的内部利润报告如表3－17所示。

表3－17　　护肤品生产线1月份的利润明细报告　　单位：元

项　目	清新牌		舒爽牌		合计
	洗面奶	润肤霜	洗面奶	润肤霜	
营业收入	15 000	48 000	1 500	3 000	67 500
营业成本	6 000	24 000	2 100	2 000	34 100
营业毛利	9 000	24 000	－600	1 000	33 400
销售和管理费	9 000		1 000		10 000
利润总额	24 000		－600		23 400

比较表3－16和表3－17，在传统利润核算方法下，总体来看生产线是盈利的，但看不出品牌的盈亏问题，但在作业成本核算方式下，真实地揭示了品牌的盈亏问题，虽然整个生产线盈利，但实际上老产品舒爽牌是亏损的，其中舒爽牌中的洗面奶亏损最高。从表3－17可以看到，由于新产品清新牌的较多利润掩盖了老产品的亏损问题。可见，如果从内部管理的角度恰当地设立盈利能力分析对象，会为管理当局的正确决策提供有力的数据支撑。这也是实务中企业实施作业成本法的真正动因所在，在实务中，借助于作业成本法下的盈利能力分析，可以为企业调整产品结构，正确地进行产品种类的取舍奠定基础。

2. 管理会计基础变革前提下的损益计算

作业成本法的倡导者认为，所有的成本均是变动的。从长期来看，固定成本并非固定不变，而变动成本也并非全部随业务量成正比例变动，发生的成本更多地与业务活动量相关而非业务量本身。在这种观点指导下，开始变革传统管理会计的基础，对成本性态和成本性态分析赋予新的内涵。

作业成本法下的成本性态是指成本与成本动因之间的依存关系；成本性态分析是指依据成本动因，将全部成本区分为短期变动成本、长期变动成本和综合变动成本三大类的分析过程。传统意义上的变动成本划分为短期变动成本和长期变动成本两大类；传统意义上的固定成本被区分为长期变动成本和综合变动成本。

所谓短期变动成本是指传统意义上的变动成本概念，即随业务量变动而正比例变动的成本，直接材料是典型的短期变动成本。这类成本的显著特征是：变动所需时间较短，成本的变动在时间上与业务量的变动同步，因此对于此类费用，业务量是其成本动因，分配费用时，应以业务量为标志对其进行分配，可选择的分配标准有直接人工工时、生产量、销售量、直接材料耗用量、机器小时等。

所谓长期变动成本是指在较长时期内，与作业消耗量（也称业务活动量）成正比例变动的成本。这类成本的显著特征是，变动所需时间较长，作业消耗量的变动与成本的变动在时间上不同步。例如，本期发生的生产调度成本，其成本动因是生产批次，即使本期减少了生产批次，本期产品应承担的生产调度成本也不会马上相应减少。对于此类成本，其成本动因与业务量无关，因此分配成本时，应采用非业务量的成本动因，如生产批次、订货次数、检验时数等，并以此为标志分配成本。

所谓综合变动成本是指在较长时期内变动，但其变动既不与业务量相关，也不与作业消耗量相关，其变动原因很难确定的成本。这类成本的显著特征是，变动所需时间较长，成本动因不清晰，一般属于为企业整体提供服务的成本。例如，财务部门等本身发生的成本。由于此类成本动因不明，并在较长时间内固定不变，因此许多人常常将综合变动成本仍然称为固定成本。

如果将作业的类别与成本性态分析相结合，单位层作业属于短期变动成本，批量层作业和产品层作业属于长期变动成本，公司层作业则属于综合变动成本。在这种情况下，就可以变革贡献式的损益确定程序，计算公式如下：

$$\text{作业成本法下的税前利润} = \begin{matrix}\text{销售}\\\text{收入}\end{matrix} - \begin{matrix}\text{短期变}\\\text{动成本}\end{matrix} - \begin{matrix}\text{长期变}\\\text{动成本}\end{matrix} - \begin{matrix}\text{综合变}\\\text{动成本}\end{matrix} \qquad \text{式 } 3-14$$

本章小结

1. 变动成本法是指企业在计算产品成本时，只包括变动生产成本，将固定性制造费用作为期间成本处理，按贡献式程序确定损益的一种成本与利润的计算方法。

2. 变动成本法涉及的基本假设有：成本性态分析假设、相关范围假设、一元线性假设和总成本范围假设。

3. 变动成本法的主要特点是：(1) 产品成本、销售成本及存货成本中没有固定性制造费用；(2) 盈利指标的计算与成本性态分析密切相关；(3) 期间费用包括固定性制造费用。

4. 变动成本法与完全成本法的区别主要表现在以下几点：(1) 本质不同；(2) 理论依据不同；(3) 产品成本及期间成本的构成不同；(4) 销售成本、存货成本水平不同；(5) 报表中销售成本的计算方法不同；(6) 利润计算程序不同；(7) 利润表格式不同；(8) 计算的利润有可能不同。

5. 两法利润差额是指完全成本法下的税前利润与变动成本法下的税前利润的差额。一定期间该差额会出现大于零、小于零、等于零三种情况。

6. 销售量、售价、变动生产成本和非生产成本四因素的变动对两法利润差额没有影响，导致两法出现税前利润差额的根本原因可以从两方面理解：（1）根本原因在于两种成本法计入当期利润表的固定生产成本的水平出现了差异；（2）根本原因在于完全成本法下期末存货吸收的固定生产成本与期初存货释放的固定生产成本之间出现了差异。有人认为导致两法利润差额的根本原因是因为两法对固定生产成本的处理方法不同所致，这种理解是错误的。

7. 依据两法利润差额的简算公式可以总结出两法利润差额变化的一般规律和特殊规律。

8. 完全成本法主要有两个优点：产品成本构成符合公认的成本概念要求；能够刺激企业增产的积极性。其显著缺点有两个：不能反映生产部门降低产品成本的实际业绩；税前利润的计算结果有时使人无法理解。

9. 变动成本法能够克服完全成本法的缺点，但自身也存在缺陷。主要优点有：能够反映生产部门降低产品成本的实际业绩；能够反映税前利润与销售量挂钩的变化规律；能够促使企业重视销售；能够发挥管理会计的其他职能作用；能够简化成本核算。主要缺点是：产品成本构成不符合公认的成本概念要求；所提供的信息与长期投资决策和长期定价决策无关。

10. 变动成本法在实务中应用的较好形式是采用共享制。即日常核算完全成本法和变动成本法同时进行，变动成本法可以依据既定的程序核算损益，但无须设置对应的账户，期末如果需要可以将变动成本法下的利润调整为完全成本法下的利润，以便进行对比分析。

11. 作业成本法诞生于1988年，产生的原因在于：传统成本管理基础具有缺陷；传统间接费用分配方法具有缺陷。

12. 作业是指企业生产经营过程中各项独立并相互联系的最基本的活动。作业链是指企业中特定对象的一系列前后有序的作业的集合体。狭义价值链是指企业作业链的价值表现。资源是指企业生产经营过程中，初始形态上的各种劳动耗费。成本是指由作业而引发的资源消耗。

13. 成本动因可以分为资源动因和作业动因两类。资源动因反映作业量与资源耗费之间的因果关系；作业动因反映产品产量与作业成本之间的因果关系。

14. 作业按其等级不同可以分为单位层作业、批量层作业、产品层作业和公司层作业四类。作业中心与成本库可以等同看待。

15. 作业成本法是指以作业为中间桥梁，以作业中心作为间接费用的归集对象，最终分配并计算产品成本的一种成本核算方法。其理论依据是：作业消耗资源，产品消耗作业。这也是作业成本法的核算原则。

16. 作业成本法的产品成本计算程序是：（1）划分作用并建立作业中心；（2）区分直接成本和间接成本；（3）确认并计量作业中心的各类资源耗费；（4）归集作业

成本；(5) 计算作业成本分配率；(6) 确定产品成本。

17. 作业成本法与完全成本法的区别主要表现在以下几点：成本计算的理论依据不同；成本计算的对象不同；间接费用的分配标准不同；产品成本计算结果不同；提供信息对于决策的影响不同。

18. 盈利能力分析下的作业成本核算，具有以下两个特点：分析对象具有灵活性；成本核算范畴拓展到期间成本。具体核算时，需要按照内部管理的需要灵活设立分析对象，并将非生产成本区分为直接成本和间接成本，直接成本直接计入，间接成本分摊计入。

19. 作业成本法下的成本性态是指成本与成本动因之间的依存关系；成本性态分析是指依据成本动因，将全部成本区分为短期变动成本、长期变动成本和综合变动成本三大类的分析过程。单位层作业属于短期变动成本，批量层作业和产品层作业属于长期变动成本，公司层作业属于综合变动成本，综合变动成本也可以称为固定成本。

思　考　题

1. 什么是变动成本法？什么是完全成本法？二者的理论依据有何不同？

2. 变动成本法有哪些基本假设？变动成本法下的利润指的是一个什么样的利润？

3. 变动成本法具有怎样的特点？与其不同，完全成本法的特点是怎样的？

4. 按照贡献式程序，计算税前利润的形式有哪些？

5. 变动成本法与完全成本法有哪些相同之处？

6. 在利润计算方面，变动成本法与完全成本法的区别表现在哪里？

7. 两法利润差额的简算公式是如何推导的？

8. 完全成本法与变动成本法出现利润差额的原因在哪里？

9. 如果产销相对平衡，计算的两法利润差额是否一定相等？为什么？

10. 如果产销绝对平衡，计算的两法利润差额是否一定相等？为什么？

11. 两法利润差额的一般变化规律是怎样的？

12. 有人认为，在变动成本法下，税前利润是反映销售量多少的“晴雨表”。你认为这句话对吗？为什么？

13. 为什么变动成本法下能够反映生产部门降低成本的实际业绩而完全成本法则不能？试举实例进行说明。

14. 变动成本具有怎样的优缺点？

15. 实务中应用变动成本法有哪些观点？为什么我们主张采用共享制？

16. 作业成本法产生的环境背景是怎样的？它为什么会产生？

17. 为什么传统间接费用分配方法会扭曲产品成本的计算结果？

18. 什么是作业？什么是作业中心？什么是作业链？试举例说明。

19. 作业成本法下的资源与成本有何不同？

20. 资源动因与成本动因有何不同？它们在产品成本核算中起什么作用？

21. 单位层作业、批量层作业、产品层作业和公司层作业有什么不同？试举例说明各项作业。

22. 什么是作业成本法？作业成本法的核算原则是什么？

23. 作业成本法下如何核算产品成本？

24. 作业成本法与传统成本核算方法有什么相同与不同？

25. 为什么说作业成本法下核算的产品成本较完全成本法下核算的结果要精确？

26. 作业成本法下如何进行产品的盈利能力分析？

27. 作业成本法下如何诠释成本性态和成本性态分析概念？如何确定税前利润？

28. 作业的种类与成本性态分析是如何结合的？

第四章　经营预测分析

学习目标

1. 了解经营预测分析的概念及特点，熟悉经营预测分析的方法。
2. 掌握销售量预测方法的种类，了解不同方法的基本思想并做到灵活应用。
3. 利润预测的一般程序，掌握初始目标利润预测的方法并做到灵活应用。
4. 掌握保本点、保利点、保净利点的计算，了解保本单价、保本单位变动成本、保本固定成本的计算原理以及保利的计算原理。
5. 了解多品种条件下综合保本点的预测方法种类，掌握加权平均贡献毛益率法的计算及其应用。
6. 熟悉测算利润可能实现水平的所有测算方法。掌握安全边际和保本作业率指标的计算。
7. 熟悉成本预测程序、初始目标成本的测算方法及可能实现水平的测算方法。
8. 了解保本与保利分析图的绘制原理及特点，不同分析图下反映的不同规律。
9. 掌握特定因素的利润灵敏度指标的计算以及相关的预测。
10. 熟悉因素不确定条件下采用的分析方法的基本思想。

关键名词

经营预测分析　目标利润　保本点　保利点　保净利点　联合单位　特定因素的利润灵敏度

4.1　经营预测分析概述

4.1.1　经营预测分析的内涵

所谓预测（forecast）是指用科学的方法预计、推断事物发展的必然性或可能性的行为，即根据过去和现在预计未来，由已知推断未知的过程。经营预测是指企业根据现有的经济条件和掌握的历史资料以及客观事物的内在联系，对生产经营活动的未来发展趋势和状况进行的预计和测算。管理会计中的预测指的是经营预测。

所谓经营预测分析是指运用专门的方法进行各类经济指标预测的过程。经营预测的内容主要包括销售预测、利润预测、成本预测和资金需要量预测。由于资金需要量预测与现金收支直接相关，与财务管理的联系更加紧密，因此将其划归财务管理范畴，本章对其不阐述。

经营预测分析直接为经营决策分析服务，是经营决策的先导与前提。经营预测分析也为规划服务，它所提供的许多数据最终被纳入预算，成为编制预算的基础。然而经营预测分析中由于现实形势异常复杂、瞬息万变，使得预测未来十分困难，但这并不意味着经营预测不可能，因为，一方面，任何经营活动不论其繁简程度如何，都具有一定规律可循；另一方面，现代经济本身为在经营预测中应用现代数学方法和电脑技术创造了可能条件，提供了必要的物质基础。因此，在现代经济条件下科学地开展经营预测既有必要也有可能。

4.1.2 经营预测分析的特点

1. 科学性

经营预测分析虽然是对未来的估计，但预测过程中所采用的方法具有一定的理论支撑，而且不同内容的预测以及不同时间范围的预测所采用的预测方法不同，无论进行何种预测，预测人员都不是凭空杜撰、主观臆断，而是依据一定的经验或数据进行推算，因此经营预测过程具有科学性。

2. 近似性

经营预测分析其结果不是对已经发生业务水平的真实反映，而是对未来结果的推算，因此无论采用的方法如何科学，由于各种方法通常具有一定的假定性，因此预测的结果总会与未来的实际发生存在差异，因此经营预测结果具有近似性。

3. 可修正性

经营预测是在一定因素基础上的预测，而考虑的因素常常与未来市场变动密切相关，由此决定因素具有不确定性，在这种情况下，对于预测的结果，可以结合未来的因素变动不断修正；另外执行中可以通过误差的检验和反馈，及时调整预测结果，尽量缩小预测与实际的误差，只有这样才能使预测结果更为接近实际。

4.1.3 经营预测分析的程序

经营预测是一个站在现在，预计未来的过程，通过搜集资料，分析资料等环节预测所需的数据，整个预测过程不可能一蹴而就，一般经过以下几个步骤。

第一步，确定经营预测目标。经营预测必须首先搞清对什么进行预测，将达到什么目的。这需要根据企业经营的总体目标来设计和选择，既不能盲目随意确定，又不应追求面面俱到，不突出重点。在经营预测目标确定的同时，还应根据预测的具体对象和内容确定预测的期限和范围。

第二步，搜集和整理资料。经营预测目标确定后，应着手搜集有关经济的、技术的、市场的计划资料和实际资料，并对相关资料进行加工、整理、归纳，尽量从中发现与预测对象有关的各因素之间的相互依存关系。

第三步，选择经营预测方法。对不同的预测对象和内容，应采用不同的预测方法。对于那些可以建立数量模型的预测对象，应反复筛选比较，以确定最恰当的定量预测方法；对于那些缺乏定量资料无法开展定量分析的预测对象，应当结合以往经验选择最佳的定性预测方法。

第四步，分析判断。根据预测模型及掌握的未来信息，进行分析判断，揭示事物的变化趋势，并预测其发展结果。

第五步，检查修正。一方面通过检查前期预测结论是否符合当前实际，来验证预测方法是否科学有效，另一方面通过定性分析考虑定量模型中可能忽略的非计量因素，从而对预测的定量结果进行修正和补充，使其更接近实际。

第六步，报告预测结论。最终要以一定形式将修正过的预测结论向企业的有关部门报告。报告中既要有明确的数量估计，也要有定性的分析结论，另外对于不确定性因素的影响应进行说明。

4.1.4 经营预测分析的方法

在实务中，预测经济指标的方法多种多样。据国外统计，预测分析的具体方法已达数百种，具体方法的选择受分析对象、目的、时间以及精确程度等因素的影响。但概括起来讲，经营预测方法可以分为两类，即定量预测分析法与定性预测分析法。

1. 定量预测分析法

定量预测分析法，又称数量预测分析法，是指在完整掌握与经营预测对象有关的各种要素定量资料的基础上，运用数学方法进行数据处理，据以建立能够反映有关变量之间规律性联系的各类预测模型的方法体系。依据所建模型的自变量性质不同，定量分析方法又可以分为趋势预测分析法和因果预测分析法两类方法。

（1）趋势预测分析法。趋势预测分析法是指将时间作为制约预测对象变化的自变量，把未来作为历史的自然延续，按事物自身发展趋势进行预测的一类定量预测方法。

这类方法依据的基本原理是：假定企业过去和现在存在的某种发展趋势将会延续下去，而且过去和现在发展的条件同样适用于未来，可以将未来视为历史的自然延续。因此，该法又称时间序列分析法。属于这种方法的有：算术平均法、移动平均法、趋势平均法、加权平均法、平滑指数法和修正的时间序列回归分析法等。

（2）因果预测分析法。因果预测分析法是指将影响经营预测对象变化的各种因素作为自变量，根据变量与预测对象之间存在的因果函数关系进行预测的一类定量预测方法。

这类方法依据的基本原理是：预测对象受到许多因素的影响，它们之间存在着复杂的关系，通过对这些变量内在规律性的研究可建立一定的数量模型，在已知自变量（非时间自变量）的条件下，可利用模型直接推测预测对象的水平。属于这类方法的有：本量利分析法、投入产出法、回归分析法和经济计量法等。

2. 定性预测分析法

定性预测分析法又称非数量预测分析法，是指由有关方面的专业人员根据个人经验和知识，结合预测对象的特点进行综合分析，对事物的未来状况和发展趋势做出推测的一类预测方法。

此类方法一般不需要进行复杂的定量分析，主要根据人们积累的实际经验和掌握的科学知识进行判断，因此西方国家常常将其称为判断分析法或集合意见法。当企业缺乏完备的历史资料或有关变量间缺乏明显的数量关系时可以采用此类方法进行预测。

3. 两类方法的关系

定性预测分析法与定量预测分析法在实际应用中并非相互排斥，而是相互补充。定量预测分析法虽然较精确，但许多非计量因素无法考虑。例如，国家的方针政策以及政治经济形势的变动，消费者心理以及习惯的改变，投资者的意向以及职工情绪的变动，等等。这些因素都是定量分析法无法量化的因素。而定性分析法虽然可以将这些非计量因素考虑进去，但估计的准确性在很大程度上受预测人员的经验和素质的影响，这不免使预测结论因人而异，带有一定的主观随意性。因此在实际工作中，应该将二者结合应用，相互取长补短，以提高经营预测分析的准确性和预测结论的可信性。

4.2 销售预测

4.2.1 销售预测的内涵

销售预测即销售量预测，又称为产品需求量预测，是指根据市场调查所得到的有关资料，通过对有关因素的分析研究，预计和测算特定产品在未来一定时期内的市场销售量水平及变化趋势，进而预测本企业产品未来销售量的过程。在企业经营预测系统中，销售预测处于先导地位，它对于指导利润预测、成本预测和资金预测，进行长短期决策，安排经营计划，组织生产等都起着重要的作用。

在实务中，影响销售的因素很多，一般可分为外部和内部两类。影响销售的外部因素有：当前的市场环境、企业的市场占有率、经济发展趋势、竞争对手情况等。内部因素有：产品的价格、产品的功能和质量、企业提供的配套服务、企业的生产能力、各种广告手段的应用、推销的方法等。这些因素常常综合作用，预测中需要分清主次，并选择适当的方法进行预测。

4.2.2　销售预测的定性分析

对于销售量的预测可以从定性和定量两方面进行预测。从定性的角度看，常常采用的预测分析方法有判断分析法和产品寿命周期分析法等。

1. 判断分析法

判断分析法是指由一些具有丰富经验的经营管理人员或知识渊博的外界经济专家对企业一定期间特定产品的销售量情况做出判断和预计的一种方法。此法一般适用于不具备完整可靠的历史资料，无法进行定量分析的企业。判断分析法具体又包括以下三种方法。

（1）推销员判断法。推销员判断法是由企业的推销人员根据他们的调查，将各个顾客或各类顾客对特定预测对象的销售预测值填入卡片或表格，然后由销售部门经理对其进行综合分析以完成预测销售任务的一种方法。此法依据的基本原理是：基层销售人员最熟悉市场，能直接倾听顾客的意见，因而能够提供直接反映顾客要求的信息。

采用此法进行销售预测所需的时间短、费用低、比较实用。但这种方法建立在假定推销人员都能够向企业反映真实情况的基础上，事实上推销人员的素质各异，他们对形势的估计有可能过于乐观或悲观，从而干扰预测结论。如果企业在销售量方面对其规定定额，则他们就会有意地低估预测值，为自己留有充分的余地；若企业按预测销售量核拨业务经费，则推销员就有可能有意高估预测值。另外也可能因为顾客对预测对象不了解或推销员介绍的资料不够详细，而使得所汇报的意见过于分散。为避免这种现象出现，应采取以下措施：一是将企业过去的预测与实际销售量资料、企业的未来规划以及未来的社会经济发展趋势的信息都提供给各推销人员，供他们参考；二是组织多人对同一产品或市场进行预测判断，再将这些数据加以平均处理，以消除人为的偏差。

（2）综合判断法。综合判断法是由企业的有关经营管理人员，主要是那些最熟悉销售业务的销售主管人员以及各地经销商负责人，根据他们多年的实践经验和分析能力对特定产品未来销售量进行判断和预测的一种方法。

这种方法能够集思广益，博采众长，快捷、实用，但预测结果也会受到有关人员主观判断能力的影响。因此，应用此法时，应事前向预测人员提供近期有关政治、经济形势以及市场情况的资料，并在他们各自预测的基础上进行讨论、分析、综合平衡，最终作出结论。

（3）专家判断法。专家判断法是由见识广博、知识丰富的经济专家根据他们多年的实践经验和分析能力对特定产品的未来销售量进行判断和预测的一种方法。这里的“专家”是指本企业或同行企业的高级领导人、销售部门经理以及其他外界专家等，但不包括推销员和顾客。具体有三种形式：一是专家个人意见集合法。这种方法首先向各个专家征求意见，要求他们对本企业产品销售的未来趋势和当前的状况作出独立的个人判断，然后再对此加以综合，确定预测值。用这种方法可以集中各方面专家从不同角度反映的意见，故比推销员判断法更准确；但由于每个专家占有的资料有限，因此也不可避免地带有片面性。二是专家小组法。此法是由若干个专家组成几个预测小组，分别以小组为单位判断预测，再进行综合论证的一种方法。此法能够在预测过程中发挥集体智慧、相互启发，在一定程度上可弥补上述方法的片面性，但小组的预测结论常常会受到一两个权威人士意见的左右。三是特尔菲法。这种方法通过函询方式向若干经济专家分别征求意见，各专家在互不通气的情况下，根据自己的观点和方法进行预测并反馈企业，企业将专家的判断汇集在一起，并采用不记名的方式再反馈给各位专家，请他们参考别人意见修正本人原来的判断，如此反复数次，最终确定预测的结果。此法由于是在匿名前提下的多次判断修正，因此可以避免某位专家受权威意见影响而改变自己意见的缺陷，比较而言，其预测结果较其他专家判断方法更为准确。

小知识

特尔菲法

特尔菲法也可译为德尔菲法（Delphi Method），此法是在20世纪40年代由赫尔默（Helmer）和戈登（Gordon）首创，经兰德公司进一步发展而成的。1946年，美国兰德公司为避免集体讨论存在的屈从于权威或盲目服从多数的缺陷，首次用这种方法用来进行定性预测，该方法受到人们的关注。20世纪中期，当美国政府执意发动朝鲜战争的时候，兰德公司又提交了一份预测报告，预告这场战争必败。政府没有采纳，结果一败涂地，从此以后，德尔菲法得到广泛认可。德尔菲是古希腊地名，相传太阳神阿波罗（Apollo）在德尔菲杀死了一条巨蟒，成了德尔菲的主人，他具有预见未来的能力。目前德尔菲有座阿波罗神殿，是一个预卜未来的神谕之地，据说十分灵验，于是人们就借用此名，作为这种方法的名字。该法最初产生于科技领域，后来逐渐被推广应用于任何领域的预测，如军事预测、人口预测、医疗保健预测、经营和需求预测、教育预测等，此外，还可用来进行评价、决策、管理沟通和规划工作。

【例 4－1】某公司准备推出一种新产品，由于新产品没有销售记录，公司共聘请了专家 7 人，拟采用特尔菲法进行预测，连续三次预测结果如表 4－1 所示。

表 4－1　　特尔菲法专家意见汇总情况　　单位：件

专家编号	第一次判断			第二次判断			第三次判断		
	最高	最可能	最低	最高	最可能	最低	最高	最可能	最低
1	2 300	2 000	1 500	2 300	2 000	1 700	2 300	2 000	1 600
2	1 500	1 400	900	1 800	1 500	1 100	1 800	1 500	1 300
3	2 100	1 700	1 300	2 100	1 900	1 500	2 100	1 900	1 500
4	3 500	2 300	2 000	3 500	2 000	1 700	3 000	1 700	1 500
5	1 200	900	700	1 500	1 300	900	1 700	1 500	1 100
6	2 000	1 500	1 100	2 000	2 000	1 100	2 000	1 700	1 100
7	1 300	1 100	1 000	1 500	1 500	1 000	1 700	1 500	1 300
平均值	1 986	1 557	1 214	2 100	1 743	1 286	2 086	1 686	1 343

公司在此基础上，按最后一次预测的结果，采用算术平均法确定最终的预测值是 1 705 件。

2. 产品寿命周期分析法

产品寿命周期分析法是利用产品销售量在不同寿命周期阶段上的变化趋势进行销售量预测的一种定性分析方法。此法依据的基本原理是，在产品寿命周期的不同阶段，销售量的发展趋势是不同的。通过此法的应用可以纠正其他方法在预测中的偏差。

（1）产品寿命周期。产品寿命周期是指新产品试制成功之后，从产品投入市场开始，到被市场淘汰为止一般经过的萌芽期、成长期、成熟期和衰退期四个阶段的整个发展过程。在这一过程中，销售量在不同时期的变化呈一条曲线，一般的规律为：在萌芽期，新产品刚投入市场试销，消费者还不熟悉产品的性能，销售量不大，需要经过一定时间的推广，销售量才能逐步上升。在成长期，产品已为广大消费者所接受，由小批试制、试销转入成批生产和销售，市场销售量迅速增加。在成熟期，产品进入大批量生产和畅销阶段，前期销售量稳定上升，后期产品销售量增长减慢，并趋于下降。在衰退期，产品老化，逐步被新产品所替代，销售量急剧下降，趋于被淘汰。

（2）不同阶段销售量的预测。利用产品寿命周期法预测销售量，应首先了解产品所处的发展时期，并确定这一时期能延续多久，然后就可以预测今后若干年内产品销售的变化情况。

判断产品所处的寿命周期阶段，通常采用计算销售增长率的办法。一般来说，萌芽期增长率不稳定，成长期增长率最大，成熟期增长率稳定，衰退期增长率小于零。所以，可以根据产品销售增长率来判断产品所处的寿命周期阶段。具体来说，成长期每年的增长率在10%以上，成熟期为0.1%～10%。当增长率小于零时，即出现负增长时，表明产品已经进入了衰退期。

通常产品所处的寿命周期阶段不同，采用的预测方法也不同。一般产品处于萌芽期，可以采用判断分析法进行预测；产品处于成长期可以采用因果预测分析法或修正的时间序列回归法进行预测；产品处于成熟期时，由于销售量相对稳定，最好采用平均法预测。

【例4－2】假定2010年某企业对其生产的某产品销售情况进行调查。该产品已试销1年，截至年底在本市已拥有12 000个用户，本市共有居民1 500 000户。据悉2011年外地从本市订货该产品4 000台，本市从外地订货该类产品2 800台。假定该产品寿命周期的试销期为1～4年，产品普及率为0.1%～5%，该企业的市场占有率为40%。

要求：按产品寿命周期分析法预测该企业2011年的销售量。

分析：依题所给资料进行计算。

$$\text{本市平均每年需要量}=1\ 500\ 000\times\left(5\%-\frac{12\ 000}{1\ 200\ 000}\times100\%\right)\div(4-1)=20\ 000(\text{台})$$

$$\text{2011年本企业预测销量}=\left(\text{本市平均每年需要量}+\text{本期外地需要量}-\text{本期外地供给量}\right)\times\text{本企业市场占有率}$$

$$=(20\ 000+4\ 000-2\ 800)\times40\%$$

$$=8\ 400(\text{台})$$

从上述预测过程可以看出，产品寿命周期分析法实际上是在判断产品所处寿命周期阶段的前提下，与定量预测分析的结合应用，因为其分析的基点人为因素占主导，因此将此类分析归属于定性分析预测法。

4.2.3 销售预测的定量分析

如前所述，定量预测分析法包括趋势预测分析法和因果预测分析法两类，这两类方法都可以预测销售量。由于销售量处于预测模型中的因变量位置，因此预测期的销售量用符号$\overline{Q}_{n+1}$表示。

1. 趋势预测分析法在销售预测中的应用

趋势预测分析法具体应用形式也可以进一步分为两类：平均法和修正的一元直线

回归法。由于此类方法简便易行，因此在销售量预测中应用较为普遍。

（1）平均法。平均法是指根据所掌握的特定预测对象若干时期的销售量的历史资料，计算其平均值，并以此预测未来销售量的一类定量预测方法。具体包括算术平均法、移动平均法、趋势平均法、加权平均法和平滑指数法等。

①算术平均法。该法又称简单平均法，它是指直接计算预测期之前的若干时期实际销售量的算术平均值，并以此作为预测期销售量的一种预测方法。其预测公式为：

$$\overline{Q}_{n+1} = \frac{\text{已知时间序列各期销售量之和}}{\text{时间序列期数}} \quad \text{式 4-1}$$

【例4-3】假定某企业生产一种产品，2010 年1～12 月份的销售量资料如表4-2所示。

表4-2　　销售量资料　　单位：吨

月份	1	2	3	4	5	6	7	8	9	10	11	12
销量（Q_t）	10	12	13	11	14	16	17	15	12	16	18	19

要求：采用算术平均法预测 2011 年 1 月份的销售量。

分析：依据所给历史资料可知，时间序列期数 n = 12，则：

2011 年 1 月的预测销售量。

$$(\overline{Q}_1) = \frac{10+12+13+11+14+16+17+15+12+16+18+19}{12} \approx 12.83(\text{吨})$$

算术平均法一视同仁地看待 n 期内的各期销售量对未来预测期销售量的影响，其优点是计算过程简单，缺点是没有考虑远近期销售量的变动对预测期销售状况的不同影响程度，从而使不同时期资料的差异平均化。该法只适用于各期销售量比较稳定的产品进行预测。

②移动平均法。移动平均法是指按照事先确定的移动期（记作 m，m < n/2），逐期分段计算 m 期的移动算术平均数，并以最后一个 m 期的平均数作为预测期销售量的一种预测方法。此法假定预测值主要受最近 m 期销售量的影响。这里的“移动”是指预测值随着时间的不断推移，计算的平均值也在不断向后顺延。其计算公式是：

$$\overline{Q}_{n+1}) = \frac{\text{最后 m 期销售量之和}}{\text{移动期(m)}} \quad \text{式 4-2}$$

【例4-4】沿用例4-3 中的销售量资料。假定选定的移动期 m 为 5。

要求：采用移动平均法预测 2011 年 1 月的销售量。

分析：依题所给资料进行计算。

$$\overline{Q}_1 = \frac{15+12+16+18+19}{5} = 16\ (\text{吨})$$

有人认为这样计算的平均值只反映预测期前一期的销售水平，要确定预测期的值应在此基础上，通过趋势值进行修正。趋势值 b 的计算公式如下：

$$b=\frac{\text{该期销售量}}{\text{移动平均值}}-\frac{\text{上期销售量}}{\text{移动平均值}} \qquad \text{式 } 4-3$$

修正的移动平均法按式 4 －4 进行预测：

$$\overline{Q}_{n+1}=\text{最后 } m \text{ 期的算术平均销售量}+\text{趋势值} \qquad \text{式 } 4-4$$

【例 4 －5】沿用例 4 －3 中的销售量资料，并沿用例 4 －4 中的计算结果。

要求：采用修正的移动平均法预测 2011 年 1 月的销售量。

分析：依据所给资料，例 4 －4 中的最后移动期的平均值为 16 吨。

$$\text{上一个移动期的平均值}=\frac{17+15+12+16+18}{5}=15.6\ (\text{吨})$$

$$b=16-15.6=0.4$$

$$\overline{Q}_1=16+0.4=16.4\ (\text{吨})$$

移动平均法虽然能够克服算术平均法忽视远近期销售量对预测量影响程度不同的缺点，但仍存在平均对待最后 m 期资料的缺陷。此法适用于销售量略有波动的产品预测。

③趋势平均法。趋势平均法是指在按移动平均法计算 n 期时间序列移动平均值的基础上，进一步计算趋势值的移动平均值，进而利用特定基期销售量移动平均值和趋势值移动平均值来预测未来销售量的一种预测方法。这里的特定基期可以借助于历史资料中的时间序列期数和移动期以及趋势值的移动期数确定，在此基础上依据特定基期销售量就可以进行预测，相关的计算公式如下：

$$\overline{Q}_{n+1}=\begin{matrix}\text{特定基期销售}\\\text{量移动平均值}\end{matrix}+\begin{matrix}\text{特定基期趋势}\\\text{值移动平均值}\end{matrix}\times\begin{matrix}\text{特定基期与预测}\\\text{期的时间间隔}\end{matrix} \qquad \text{式 } 4-5$$

其中：

$$\begin{matrix}\text{特定基期与预测}\\\text{期的时间间隔}\end{matrix}=\frac{\text{销售量移动期}(m)+\text{趋势值移动期}(s)}{2}$$

$$\text{特定基期}=\text{期数}(n)-\begin{matrix}\text{特定基期与预测}\\\text{期的时间间隔}\end{matrix}+1$$

上述计算中要求所选销售量移动期期数 m 和趋势值移动期期数 s 均为奇数。

【例 4 －6】沿用例 4 －3 中的销售量资料，销售量的时间序列期数 n 为 12，假定销售量的移动期 m 为 5，趋势值的移动期 s 为 3。

要求：采用趋势平均法预测 2011 年 1 月的销售量。

分析：依据所给资料，各期销售量移动平均值、趋势值、趋势值移动平均值的计算结果如表 4 －3 所示。

表 4 - 3　　　　趋势平均法计算结果

时间 (t)	销售量 (Q_t)	销售量五期移动平均值 ($\overline{Q}$)	变动趋势值 (b_t)	趋势值三期移动平均值 ($\overline{b}_t$)
1	10			
2	12			
3	13	12		
4	11	13.2	+1.2	
5	14	14.2	+1	0.87
6	16	14.6	+0.4	0.53
7	17	14.8	+0.2	0.33
8	15	15.2	+0.4	0.53
9	12	16.2	+1	0.67
10	16	16	+0.6	
11	18			
12	19			

特定基期与预测期的时间间隔 $=\frac{5+3}{2}=4$（期）

特定基期 $=12-4+1=9$（期）

$\overline{Q}_1=16.2+0.67\times4=18.88$（吨）

利用趋势平均法进行预测，不仅考虑了销售量的移动平均数，也考虑了趋势值的移动平均数，其预测结果较前两种方法更加合理；但其显著的缺点是计算过于复杂。

④加权平均法。加权平均法是指以 n 期资料为基础，按近大远小的原则确定各期权数，计算加权平均销售量，以此作为预测期销售量的一种预测方法。权数的形式有两种：一种是以自然数为权数；另一种是以小数或百分比为权数。以小数或百分比形成的权数常常称为饱和权数。

在自然数做权数的条件下，预测期销售量的计算公式如下：

$$\overline{Q}_{n+1}=\frac{\sum \text{某期销售量}\times\text{该期权数}}{\text{各期权数之和}}=\frac{\sum(Q_t\cdot W_t)}{\sum W_t} \qquad \text{式 4-6}$$

式 4 - 6 中的权数 W_t 按自然数 1，2，…，n 的顺序确定，即令：$W_1=1$，$W_2=2$，…，$W_n=n$。

在饱和权数条件下，要求各期权数之和为 1，即令：$\sum W_t=1$（$0<W_t<1$）。当 $n=3$ 时，可令 $W_1=0.2$，$W_2=0.3$，$W_3=0.5$；当 $n=5$ 时，可令 $W_1=0.04$，$W_2=0.08$，$W_3=0.13$，$W_4=0.25$，$W_5=0.5$。预测期销售量的计算公式为：

$$\overline{Q}_{n+1}=\sum(\text{某期销售量}\times\text{该期权数})=\sum(Q_t\cdot W_t) \qquad \text{式 4-7}$$

加权平均法既可以利用 n 期全部历史数据计算加权平均值，也可以按 m 期计算移动期数据的加权平均值，按前者的计算称为全部加权平均法，按后者的计算称为移动加权平均法。

【例 4－7】沿用例 4－3 中的销售量资料。

要求：(1) 以自然数为权数，采用全部加权平均法预测 2011 年 1 月的销售量；(2) 以饱和权数为权数，假定移动期为 3，采用移动加权平均法预测 2011 年 1 月的销售量。

分析：依据所给资料进行计算。

(1) 如果以自然数为权数，全部加权平均法下：

$$\sum (Q_t \cdot W_t) = 10\times1+12\times2+13\times3+11\times4+14\times5+16\times6+17\times7 +15\times8+12\times9+16\times10+18\times11+19\times12=1\ 216$$

$$\sum W_t = 1+2+3+4+5+6+7+8+9+10+11+12=78$$

$$\overline{Q}_1 = \frac{1\ 216}{78} \approx 15.59(\text{吨})$$

(2) 如果以饱和权数为权数，移动加权平均法下：

令 $W_1=0.2$，$W_2=0.3$，$W_3=0.5$

$$\overline{Q}_1 = 16\times0.2+18\times0.3+19\times0.5=18.1(\text{吨})$$

加权平均法充分考虑了远近期对未来销售量的不同影响，较算术平均法和移动平均法更加合理，其缺点是权数的选择虽然有序，但具有主观性和随意性。

⑤平滑指数法。平滑指数法是指在综合考虑有关前期预测销售量和实际销售量信息的基础上，利用事先确定的平滑指数预测未来销售量的一种预测方法。该法是以已知的前期预测销售量和实际销售量为基础，分别以平滑指数及其补数（1－平滑指数）为权数的一种特殊加权平均法。其计算公式如下：

$$\overline{Q}_{n+1} = \text{平滑指数} \times \text{前期实际销售量} + \left(1 - \text{平滑指数}\right) \times \text{前期预测销售量} \quad \text{式 4－8}$$

$$= \alpha \cdot Q_{t-1} + (1-\alpha)\cdot \overline{Q}_{t-1}$$

式中的平滑指数 α，是一个经验数据，其取值范围通常在 0.3～0.7 之间，具体数值的确定应结合实际而定。平滑指数具有修匀实际数所包含的偶然因素对预测值影响的作用，平滑指数取值越大，则近期实际数对预测结果的影响就越大；平滑指数取值越小，则近期实际数对预测结果的影响就越小。因此，当对近期或销售量波动较大前提下的销售量进行预测时，应采用较大的平滑指数；当对长期或销售量波动较小前提下的销售量进行预测时，可采用较小的平滑指数。

【例 4－8】沿用例 4－3 中的销售量资料。假定 2010 年 1 月份销售量的预测值与实际值相等，为10吨；平滑指数取0.3。

要求：利用平滑指数法预测2011年1月份的销售量。

分析：依据所给资料编制平滑指数法计算表如表4－4所示。

表4－4 平滑指数法计算结果

月份（t）	销售量观测值（Q_t）	平滑指数（α）	前期实际销售量（Q_{t-1}）	1－平滑指数（1－α）	前期预测销售量（$\overline{Q}_{t-1}$）	预测销售量（$\overline{Q}_t$）
1	10	—	—	—	—	10
2	12	0.3	10	0.7	10	10
3	13	0.3	12	0.7	10	10.6
4	11	0.3	13	0.7	10.6	11.32
5	14	0.3	11	0.7	11.32	11.22
6	16	0.3	14	0.7	11.22	12.05
7	17	0.3	16	0.7	12.05	13.24
8	15	0.3	17	0.7	13.24	14.37
9	12	0.3	15	0.7	14.37	14.60
10	16	0.3	12	0.7	14.60	13.82
11	18	0.3	16	0.7	13.82	14.47
12	19	0.3	18	0.7	14.47	15.53
2011年1月		0.3	19	0.7	15.53	16.57

表4－4的计算结果表明，2011年1月份的预测销售量为16.57吨。从其计算过程来看，平滑指数法预测中是以历史资料为基础，利用式4－8对不同时期实际值与预计值的连续应用。显然，该法不仅考虑了n期的全部历史资料，而且利用平滑指数这一特殊权数考虑了前期实际值和预测值对预测销售量的不同影响程度，因此预测结果更加符合实际。基于此，此法的适用范围较广，但在选择平滑指数时，存在一定的随意性。

（2）修正的一元回归直线法。修正的一元回归直线法是指根据所掌握的特定预测对象若干时期的销售量历史资料，利用修正的线性回归分析模型预测未来销售量的一类定量预测方法。分析一段时期内销售量（Q）与时间（t）的关系，有时二者之间存在线性关系，在这种情况下就可以采用此种方法进行预测。

一元回归直线法原理在第二章中已经介绍，将此法用于销售预测时，预测模型为：

$$\overline{Q} = a + bt$$

式中的 a 和 b 称为回归系数，计算公式如下：

$$a = \frac{\sum Q - b\sum t}{n}$$

$$b = \frac{n\sum Q_t - \sum t\sum Q}{n\sum t^2 - (\sum t)^2}$$

上述公式中的 t 是未经过修正的时间自变量，从其特点来看，在所给期间内，其值单调递增，形成等差数列，因而可以利用这一特点对时间值进行修正。如果按照时间序列的特点对 t 值进行修正，使 $\sum t = 0$，就可以简化回归系数的计算，修正后的回归系数简化计算公式如下：

$$a = \frac{\sum Q}{n} \qquad 式4-9$$

$$b = \frac{\sum Q_t}{\sum t^2} \qquad 式4-10$$

在修正的一元回归直线法下，销售回归模型仍为 $\overline{Q} = a + bt$，但这里的时间自变量 t 应为修正后的时间自变量。要确保修正后的 $\sum t = 0$，就必须对已知历史资料中所给出的期数进行分析，寻找其内在的规律，从而达到此目的。深入分析已知的期数 n 无外乎奇数、偶数两种情况。

情况 1：n 为奇数。令第（n+1)/2 期的 t 值为 0，其余前后各期以该期为中心，以 1 为间隔（即级差）确定 t 值。例如，当 n 为 7 时，(n+1)/2 为第 4 期，令该期的 t 值为 0，在该期以前的各期 t 值以 1 为间隔依次递减，在该期以后的各期 t 值以 1 为间隔依次递增。计算结果如表 4-5 所示。

表 4-5　奇数条件下 t 的修正值

时期	1	2	3	4	5	6	7	n=7
修正的 t 值	-3	-2	-1	0	+1	+2	+3	$\sum t = 0$

情况 2：n 为偶数。令第 n/2 期和第（n/2）+1 期的 t 值分别为 -1、+1，其余各期以 2 为间隔依次减增。例如，当 n 为 6 时，分别令第 3 期和第 4 期的 t 值为 -1

和 +1，第 3 期之前的各期 t 值以 2 为间隔依次递减，第 4 期之后的各期 t 值以 2 为间隔依次递增。计算结果如表 4－6 所示。

表 4－6　　偶数条件下 t 的修正值

时期	1	2	3	4	5	6	n = 6
修正的 t 值	−5	−3	−1	+1	+3	+5	$\sum t = 0$

利用修正的回归直线法进行销售量预测需要注意的问题是：当利用简化公式计算回归系数 a 和 b 并建立起销售量的预测模型 $\overline{Q} = a + bt$，进行预测时，必须确定预测期的 t 值，此时的 t 必须反映修正后的结果，确定时应该将修正过程延续，按修正 t 中的未来变化规律确定。

【例 4－9】沿用例 4－3 中的销售量资料。该企业按修正的一元直线回归法建立销售量预测模型。

要求：分别预测 2011 年 1 月份和 2 月份的销售量。

分析：依据题意，整理并计算 $\sum Q$、修正的 $\sum t$、$\sum Q_t$、$\sum t^2$，计算结果如表 4－7所示。

表 4－7　　修正时间序列回归法下相关数据计算结果

月份	销售量 Q	修正的 t	Q_t	t^2
1	10	−11	−275	121
2	12	−9	−207	81
3	13	−7	−182	49
4	11	−5	−145	25
5	14	−3	−72	9
6	16	−1	−28	1
7	17	+1	+30	1
8	15	+3	+81	9
9	12	+5	+125	25
10	16	+7	+203	49
11	18	+9	+288	81
12	19	+11	+363	121
n = 12	$\sum Q = 173$	$\sum t = 0$	$\sum Q_t = 183$	$\sum t^2 = 572$

$$a=\frac{\sum Q}{n}=\frac{173}{12}\approx 14.42$$

$$b=\frac{\sum Q_t}{\sum t^2}=\frac{183}{572}\approx 0.32$$

则 $\overline{Q}=14.42+0.32t$

因为12月份修正的t为+11，所以2011年1月份的t应为13，2月份的t应为15，则：

2011年1月份预测销售量=14.42+0.32×13=18.58（吨）

2011年2月份预测销售量=14.42+0.32×15=19.22（吨）

修正的时间序列回归法从计算来看，较为复杂，但如果销量与时间自变量的历史资料能够呈线性关系，从数学的角度，这种方法较前几种方法结果更加精确。

2. 因果预测分析法在销售预测中的应用

因果预测分析法也是在预测分析中经常采用的方法。这种方法假定未来的销售量受若干因素的影响，据此可以建立因果预测模型并进行预测。

（1）因果预测分析法的程序。利用因果预测分析法预测销售量可以按照以下步骤进行预测。

第一步，确定影响销售量的主要因素。销售量反映企业的市场状况，企业的外部因素和内部因素的变化都可能对未来的销售量产生影响，外部因素如国民生产总值、国民收入、个人可支配收入等，内部因素如产品的质量、成本等。一般来说，影响因素自变量 x_i 选择越多，预测结果就越有可能接近实际，但定量分析的过程会很复杂；反之，x_i 选择越少，则预测模型越容易建立。在影响因素众多的前提下，不能对所有因素等同对待，全部考虑，应该区分主要因素和次要因素，对次要因素可以忽略，对主要因素应该保留。

博克斯—詹金斯法

博克斯－詹金斯法简称B－J法或ARMA法，是以美国统计学家Geogre E. P. Box和英国统计学家Gwilym M. Jenkins的名字命名的一种时间序列预测方法。它主要试图解决以下两个问题：一是分析时间序列的随机性、平稳性和季节性；二是在对时间序列分析的基础上，选择恰当的模型进行预测，预测模型包括：自回归模型、滑动平均模型和自回归滑动平均混合模型，这些模型是建立在零平稳随机时间序列基础上的预测，变量依赖的不是时间因素，而是能在统计上掌握的趋势、循环和时间序列的其他系统特征，通过对商品在未来一段时间内销售量的预测，可以直接影响企业整体营销策略的制定。此法对短期预测（2年内）非常准确，但对较长时间的预测，其精确度下降。通过实例检验，证明该法具有较高的实用价值。

第二步，建立因果预测模型。通常销售量与主要因素之间存在着直接或间接的经济联系。直接联系是指一种产品产销量的增减会直接引起另一产品产销量的相应增减，如汽车与汽车轮胎、家具与把手等，一般这种数量关系较容易确定；间接联系是指一种产品产销量的增减会引起另一种或多种产品产销量的一定变化，如陶瓷用品的减少是由于铝制品和塑料制品增加的结果；火柴用量的减少是由于打火机、煤气点火器等不断投入市场的结果，等等，一般这种数量关系较难确定。建立因果预测模型时，需要首先分清直接联系和间接联系，并寻找内在的联系规律，另外确定的主要因素，其历史资料和未来变动资料还必须确保可以获得，在此基础上，就可以建立销售量的因果预测模型。

第三步，预测销售量。依据未来主要因素 x_i 的变动情况，将其未来结果代入因果预测模型就可以确定未来的销售量。

第四步，修正预测结果。由于因果预测分析中只考虑主要因素而忽略了次要因素，另外对于间接联系可能考虑的并不充分，在这种情况下，可以依据定性分析方法对其预测结果进行修正。

（2）因果预测分析模型的建立及应用。从因果预测模型的建立来看有两类：一类是经验模型；另一类是自创模型。

▲经验模型及其应用。经验模型一般是预测之前就出现的模型，该模型可以是企业以前建立的，也可以是其他企业或行业建立的。这类模型具有一定的适用性，预测者只要掌握模型中的各项相关指标数据，代入公式就可以进行预测。

【例4－10】某企业生产某种汽车轮胎，经过分析，确定影响轮胎销售量的主要因素有三个：（1）按长期合同向某汽车制造厂定量供应的轮胎数量a；（2）某地区装备该种轮胎正在使用中的汽车应予更新的轮胎数 x_1；（3）该地区汽车制造厂增产汽车所需要的轮胎量 x_2。进一步分析，x_1 取决于这类汽车上年实际行驶里程及载重量的吨千米指标 x_3 及该种轮胎的磨损更新经验指数 b_1；x_2 取决于该地区汽车增产的产量Q、库存轮胎量 x_4 与单车需用轮胎数 b_2。如果该企业在本地区的市场占有率为 b_3。另外年度内相关指标的预测数据分别为：$a = 50\ 000$ 只、$b_1 = 0.2 \times 10^{-4}$ 只/吨千米、$x_3 = 2.25 \times 10^9$ 吨千米、$Q = 2\ 000$ 辆、$b_2 = 4$ 只/辆、$x_4 = 5\ 000$ 只、$b_3 = 75\%$。

要求：（1）建立汽车轮胎销售量的因果预测模型；（2）利用所建模型预测该企业轮胎的年销售量。

分析：依据所给资料进行计算。

（1）建立因果预测模型如下：

$$Q = a + (x_1 + x_2)b_3$$
$$= a + [b_1x_3 + (Qb_2 - x_4)]b_3$$

（2）预测轮胎销售量 $=50\ 000+[0.2\times10^{-4}\times2.25\times10^{9}+(2\ 000\times4-5\ 000)]\times75\%$
$=50\ 000+[45\ 000+(8\ 000-5\ 000)]\times75\%=86\ 000$（只）

▲自创模型及其应用。自创模型中最常建立的是回归分析模型。该模型中的自变量是一个非时间的自变量，不具有等差数列之特征，因此因果预测分析法下建立的回归模型，其自变量不能修正，这一点与趋势预测分析法中所采用的修正的一元回归直线法具有明显的不同。如某企业通过调查发现，甲产品的销售量与当地居民人均月收入有关，2004～2009 年的居民人均收入分别为：340 元、410 元、440 元、510 元、560 元、610 元，相应年度的实际销售量分别为：11 台、12 台、14 台、15 台、16 台、17 台。在这种情况下，居民人均月收入属于自变量，但它不能修正，只能按照回归系数 a、b 的原模型确定并进行预测。

4.3 利润预测

4.3.1 利润预测的程序

所谓利润预测是指在预测销售量的基础上，根据企业未来发展目标和其他相关资料，预计未来有望实现和应当达到的利润水平及其变动趋势的过程。企业的本质是逐利的，利润一直是每一个企业的关键财务指标，每一个企业都十分关注未来的利润变化及其目标，因此经营预测分析中，在预测销售量的基础上，必须对未来的利润状况进行测算。然而测算利润并非一蹴而就，它需要在企业内部各单位之间反复平衡，并得到全体职工的认可，一般经过以下几个步骤进行预测。

1. 测算初始目标利润

利润预测的核心围绕着目标利润进行，目标利润是企业未来的奋斗方向，它的测算与提出体现了企业的经营目标以及未来的经营状况。一个不断发展的企业，常常所提目标利润会高于上期实际。

2. 进行保本、保利分析

在实务工作中，目标利润的确定与业绩考核密切相关。初始目标利润的提出并不意味着就是最终纳入预算的目标利润，因为目标利润由投资者或上级提出，经营者或下级是否具有实现的可能，需要结合实际状况进行测算。测算中，为了有的放矢，常常需要明确因素的临界值，即进行产品的保本分析和保利分析。

3. 预测未来可能实现的利润水平

企业的经营者或下级在进行保本、保利分析的基础上，会结合未来产品售价、成本等因素可能达到的水平以及既定的损益确定程序测算可能实现的利润值，该值可能高于也可能低于初始目标利润。

4. 进行因素综合变动的试算平衡

由于初始目标利润由所有者或上级提出，该值的提出与产品售价等因素常常无直接的关系，因此企业测算可能实现的利润水平常常与其不相等。如果可能实现的利润水平高于或等于目标利润，这意味着，投资者或上级所确定的目标利润不需要进行修正，可以直接纳入预算，并以此作为经营者或下级的利润考核依据；如果可能实现的利润水平低于目标利润，这说明所有者或上级所定目标较高，企业实现具有一定的难度，在这种情况下，如果企业还有潜力可挖，就会为确保初始目标利润的实现而深挖潜力，分析实务中可能采取的多种措施，以及综合措施采取后对因素的影响进而对利润的影响。实际上，各因素与初始目标利润之间需要反复测算平衡，直至初始目标利润具有实现的可能。

5. 修正目标利润并纳入预算

经过因素与初始目标利润之间的反复试算平衡，如果企业仍然无法实现初始目标利润，在这种情况下，所有者或上级就不得不降低初始目标利润。在上下达成共识后，修正后的目标利润就会被纳入预算，成为日后考核企业的标准，这意味着企业未来的努力方向确定。

4.3.2 初始目标利润的预测

所谓目标利润（target profit，TP）是指企业在未来一段期间内，经过努力应该达到的利润控制目标。该目标常常由投资者或上级提出，它是企业未来的奋斗方向，是企业经营规划与业绩评价中必须考虑的重要指标之一。

1. 目标利润的确定原则

由于目标利润与业绩考核者的利益直接挂钩，因此确定目标利润时不能主观臆断，预测中应坚持如下原则。

（1）可行性原则。该原则要求未来所确定的目标利润，应该反映未来企业可能实现的最佳利润水平，既先进又合理，经过考核者的努力可以实现。

（2）客观性原则。为保证目标利润具有实现的最大可能性，在预测目标利润时必须以客观存在的市场环境、技术发展状况为背景，以现实参数为依据，采用科学合理的方法进行预测，绝不能脱离现实，单凭主观臆断而乱定目标。

（3）严肃性原则。目标利润通常是在对各类可能影响因素综合的基础上确定的，它经过了反复的测算和验证，经过调整后才最终确定，因此该值一旦确定，应保持相对稳定不得随意更改。

（4）指导性原则。目标利润由投资者或上级采用一定的方法测算提出，此测算方法与后续的经营者或下级所采用的企业未来利润可能实现水平的测算方法是不一样的，但前者对后者具有指导作用。也就是说，不能采用同样的方法既测算目标利润，又测算企业未来可达的利润水平。如贡献式损益程序可以预测企业未来可能实现的利润水平，但绝不能以该程序再确定目标利润，然而目标利润依据特定的方法确定后则对利润的后续预测具有制约作用，保利或因素分析时，可以以既定的目标利润为前提进行测算分析。

2. 初始目标利润的预测方法

预测初始目标利润可以采用的方法主要有两种：比率预测法和总体比率预测法。

（1）比率预测法。比率预测法是根据预先选定的利润率指标预测未来目标利润的一种定量预测方法。这里的利润率指标应该体现目标利润的可行性，不能太高，也不能太低，经过努力应该可以达到。从计算口径上看，主要包括销售利润率、产值利润率、成本利润率和资金利润率等；从时间特征上看，主要包括近期平均利润率、历史最高水平的利润率和上级指令性利润率；从空间特征上看，主要包括国际、全国、同行业、本地区、本企业的利润率。如果将选定的利润率标准乘上预期应达到的相关指标，便可测算出初始目标利润。相关的预测公式如下：

基本公式：

目标利润初始值 = 有关利润率标准 × 相关预计指标　　式 4 - 11

如果按销售利润率预测，则：

目标利润初始值 = 选定的销售利润率 × 预计产品销售收入

如果按产值利润率预测，则：

目标利润初始值 = 选定的产值利润率 × 预计总产值

如果按成本利润率预测，则：

目标利润初始值 = 选定的成本利润率 × 预计销售成本

如果按资金利润率预测，则：

目标利润初始值 = 选定的资金利润率 × 预计资金平均占用额

中国改革开放后，随着现代企业制度的确立，以及经济体制由计划经济向市场经济的逐渐转化，国家对产值的考核逐渐淡出，因此目前实务中，以产值利润率为计算口径的初始目标利润的测算不多见。另外由于核算成本较核算销售收入和资金平均占用额要麻烦，因此实务中以成本利润率为计算口径的初始目标利润的测算也不经常采用。

【例4－11】假定某企业只经营一种产品，产品售价为100元，单位变动成本为60元，固定成本为300 000元，2010年实现销售10 000件。该企业通过调查获悉，同行业的资金利润率为20%，认为本企业也应该达到。预计2011年企业的资金占用额为750 000元。

要求：计算初始目标利润较上年的增长率。

分析：依据所给资料进行计算。

2010年的实际利润＝(100－60)×10 000－300 000＝100 000(元)

2011年提出的初始目标利润＝20%×750 000＝150 000(元)

$$初始目标利润较上年的增长率=\frac{150\ 000-100\ 000}{100\ 000}\times 100\%=50\%$$

（2）总体比率预测法。总体比率预测法是根据管理层或上级规划的总体利润增加目标来预测未来目标利润总体水平的一种定量预测方法。在实务工作中，有些企业常常在上年利润的基础上，进行综合考虑并确定利润增长率来规划目标利润。如果企业属于多品种经营，在这种情况下，预测期的产品品种结构会对预测期产生影响，因为预测期的产品品种结构与基期的产品品种结构常常不一致，此时确定预测期的总体目标利润比率就必须建立在上期实际利润率按预计比重调整结果的基础上。以销售利润率为例，预测公式如下：

$$\begin{matrix}预测期总体目\\标销售利润率\end{matrix}=\begin{matrix}按预测比重确定的基期\\加权平均销售利润率\end{matrix}+\begin{matrix}预测期预计总体目标\\利润率增长百分比\end{matrix}\qquad 式4-12$$

$$其中：\begin{matrix}按预测比重确定的基期\\加权平均销售利润率\end{matrix}=\sum\begin{matrix}某产品基期\\销售利润率\end{matrix}\times\begin{matrix}该产品预测期\\的销售比重\end{matrix}\qquad 式4-13$$

多产品条件下，需要将预测期总体目标销售利润率分解到各产品。可以区分两种情况进行分解：

情况一，企业要求各产品的目标销售利润率随企业总体目标销售利润率同比例增减变动。在这种情况下，需要首先计算预测期总体目标利润率预计完成百分比，在此基础上，依据各产品的基期销售利润率就可以将总体目标利润率分解到各产品，相关的计算公式如下：

$$\begin{matrix}某产品的目标\\销售利润率\end{matrix}=\begin{matrix}该产品的基期\\销售利润率\end{matrix}\times\begin{matrix}预测期总体目标利润\\率预计完成百分比\end{matrix}\qquad 式4-14$$

$$其中：\begin{matrix}预测期总体目标利润\\率预计完成百分比\end{matrix}=\frac{预测期总体目标销售利润率}{按预测比重确定的基期加权平均销售利润率}\times 100\%$$

情况二，企业不要求各产品的目标销售利润率随企业总体目标销售利润率同比例增减变动。在这种情况下，各产品的目标销售利润率常常结合自身实际状况变动，此时只要各产品的加权平均预计销售利润率大于或等于预测期总体目标销售利润率即可；否则，如果前者小于后者，就需要对某种或所有的产品销售利润率采取措施，旨在使其加权平均预计销售利润率限定在预测期总体目标销售利润率的范围内。

【例4－12】假定某企业生产A、B、C三种产品，2010年三种产品的销售利润率分别为20%、10%、15%。2011年董事会要求销售利润率总体增长2%，预计三种产品的销售收入分别为50万元、30万元、20万元。

要求：(1) 如果企业要求各产品的目标销售利润率随企业总体目标销售利润率同比例增减变动，预测各产品的目标利润；(2) 如果企业不要求各产品的目标销售利润率随企业总体目标销售利润率同比例增减变动，三种产品的目标销售利润率预计分别为24%、10%、17%，分析总体目标利润规划是否可行？

分析：依据所给资料进行计算。

▲当2011年A、B、C三种产品的预计销售比重分别为50%、30%、20%时。

首先，按此比重调整基期销售利润率，则：

$$\text{按预计比重确定2010年的加权平均销售利润率} = 20\% \times 50\% + 10\% \times 30\% + 15\% \times 20\% = 16\%$$

其次，计算2011年的总体目标销售利润率：

$$\text{总体目标销售利润率}_{2011} = 16\% + 2\% = 18\%$$

再其次，计算2011年的总体目标利润率预计完成百分比：

$$\text{总体目标利润率预计完成百分比}_{2011} = \frac{18\%}{16\%} \times 100\% = 112.5\%$$

最后，确定2011年各产品的目标利润率和利润额：

2011年A产品的目标利润率＝20%×112.5%＝22.5%

2011年B产品的目标利润率＝10%×112.5%＝11.25%

2011年C产品的目标利润率＝15%×112.5%＝16.875%

2011年A产品的目标利润＝50×22.5%＝11.25（万元）

2011年B产品的目标利润＝30×11.25%＝3.375（万元）

2011年C产品的目标利润＝20×16.875%＝3.375（万元）

▲当三种产品的目标销售利润率不随企业总体目标销售利润率同比例增减变动时。首先，依据三种产品的目标利润率测算应达到的总体目标利润率。

总体利润水平＝24%×50%＋10%×30%＋17%×20%＝18.4%

然后，将18.4%与企业总体要求达到的目标销售利润率水平18%进行比较。

因为，18.4%＞18%

所以，企业规划的总体目标利润具有实现的可能性，说明所定目标利润率合理。

(3) 两种方法的比较与应用。比率预测法和总体比率预测法都可以预测目标利润，但二者具有明显的不同，主要表现在两点：一是建立的预测基点不同。比率预测法以先进的利润率水平为基点，其预测的视野拓展到整个行业，包括竞争对手，因此是一种与竞争环境最相适应的预测方法，也是一种最有利于竞争的预测方法；总体比率预测法则以上年实际发生的利润率为基点，紧密结合自身实际状况进行预测，这种预测视野狭窄，不利于企业竞争。二是适用范围不同，比率预测法既适用于单一产品目标利润的预测，也适用于多产品目标利润率的预测。在多产品条件下，如果用总的利润率比率乘以预计的相关指标的总体水平，就可以确定总体目标利润，按照预计的销售比重就可以确定每一种产品的目标利润；总体比率预测法则只适用于多产品条件下的目标利润预测。

实务工作中，可以将比率预测法与总体比率预测法结合应用。如果企业不要求各产品的目标销售利润率随企业总体目标销售利润率同比例增减变动，在这种情况下，一方面可以按比率预测法确定各产品的目标利润率比例，与此同时，还可以按总体比率预测法确定企业总体的目标利润率比例，这样将使企业确定的目标利润具有竞争力。

4.3.3　保本与保利预测

保本与保利预测是依据成本、业务量和利润三者之间的关系预测保本点和保利点的一种定量分析。这种分析也称为本量利分析（cost-volume-profit analysis，CVP），其依据的基本分析模型为贡献式损益确定程序。即以成本性态分析为前提，以销售收入－变动成本－固定成本＝利润为定量分析的出发点。

1. 单一产品条件下的保本分析

保本是企业盈利的前提条件，如果产品不保本就谈不上盈利，它反映利润为零时的销售量、成本因素的变动最低极限值，若某因素低于该值，企业将亏损，因此进行保本分析对企业非常重要。

（1）保本点的内涵。保本分析的关键是计算保本点。保本点（breakeven point）又被译做盈亏临界点、盈亏平衡点等，是指在单价和成本水平确定的情况下，企业刚好保本，没有盈利时的业务量总称。在该业务量水平上，企业收支相等、不盈不亏、利润为零。从指标的性质来看，保本点是一个反指标，越小对企业越有利。单一品种条件下，保本点有两种表现形式：一是保本点销售量，简称保本量；另一是保本点销售收入，简称保本额。

（2）保本点的计算。当企业只生产一种产品时，令贡献式损益计算程序为零，即令销售收入－变动成本－固定成本＝0，就可以推算利润为零时的销售量或销售收入，相关的计算公式如下：

$$\text{保本量} = \frac{\text{固定成本}}{\text{单价} - \text{单位变动成本}} = \frac{a}{p - b} \qquad \text{式}4-15$$

$$或 = \frac{固定成本}{单位贡献毛益} = \frac{a}{cm} \qquad 式4-16$$

$$保本额 = \frac{固定成本}{1-变动成本率} = \frac{a}{1-bR} \qquad 式4-17$$

$$或 = \frac{固定成本}{贡献毛益率} = \frac{a}{cmR} \qquad 式4-18$$

或 = 保本量 × 单价　　式4-19

【例4-13】某企业只生产一种产品，预计单价为100元，单位变动生产成本为50元，单位变动非生产成本为10元，固定生产成本为100 000元，固定非生产成本为10 000元。目前的销售量为4 000 件。

要求：预测该产品的保本点。

分析：依据所给资料进行计算。

$$变动成本率 = \frac{50+10}{100} \times 100\% = 60\%$$

$$保本量 = \frac{110\ 000}{100-60} = 2\ 750（件）$$

$$保本额 = \frac{110\ 000}{1-60\%} = 275\ 000（元）$$

（3）其他保本指标的计算。保本点揭示了利润为零时的销售量的最低取值，市场经济条件下，作为自负盈亏的企业，此信息十分重要，因为即使成本再低，价格再低，如果没有销售，就没有企业的盈利。实际上，除了销售量之外，影响利润实现的因素还有单价、单位变动成本和固定成本，虽然这些因素较之销售量位于其次，但企业常常也需要掌握其他因素变动最低值的相关信息，因此除了计算保本点外，还可以计算利润为零时的保本单价、保本单位变动成本和保本固定成本。

计算其他保本因素时，假定其他因素不变，只要令贡献式损益确定程序下的利润为零，就可以计算出其他因素的保本值。以单价为例进行说明，计算保本单价时，假定销售量、单位变动成本、固定成本在预测期保持基期水平不变，令单价×销售量-单位变动成本×销售量-固定成本=0，则保本单价的计算公式如下：

$$保本单价 = 单位变动成本 + \frac{固定成本}{销售量}$$

同理，可以计算保本时的单位变动成本和固定成本，计算公式如下：

$$保本单位变动成本 = 单价 - \frac{固定成本}{销售量}$$

保本固定成本 = 销售收入 - 变动成本

（4）完全成本法下的保本点计算。以上计算均假定是在变动成本法基础上进行的保本分析，而企业对外报表中的成本与损益核算采用的完全成本法，在这种情况下，应该在变动成本法保本点计算公式的基础上调整固定成本。由于完全成本法下固定成本按期初固定成本加本期固定成本减期末固定成本扣除，而变动成本法下扣除的只是当期的固定成本，因此完全成本法下保本点可以按以下公式进行计算：

$$\text{完全成本法下的保本量}=\frac{\text{固定成本}+\text{期初固定成本}-\text{期末固定成本}}{\text{单价}-\text{单位变动成本}}$$

$$\text{变动成本法下的保本量}=\frac{\text{固定成本}+\text{期初固定成本}-\text{期末固定成本}}{\text{单位贡献毛益}} \quad \text{式 4-20}$$

$$\text{完全成本法下的保本额}=\frac{\text{固定成本}+\text{期初固定成本}-\text{期末固定成本}}{1-\text{变动成本率}}$$

$$\text{变动成本法下的保本额}=\frac{\text{固定成本}+\text{期初固定成本}-\text{期末固定成本}}{\text{贡献毛益率}} \quad \text{式 4-21}$$

【例4－14】某企业生产甲产品，预计单价为200元，单位变动成本为120元，本期发生的固定成本为62 000元，期初固定成本为2 500元，期末固定成本为1 500元。

要求：预测该企业的保本量。

分析：依据所给资料进行计算。

$$\text{保本量}=\frac{62\ 000+2\ 500-1\ 500}{20-120}=787.5(\text{件})$$

（5）作业成本法下的保本点计算。如果企业盈利分析中的成本核算采用的是作业成本法，在这种情况下，所有的成本应该被划分为三类：短期变动成本、长期变动成本和综合变动成本。其中短期变动成本与业务量相关，长期变动成本由批量层作业成本和产品层作业成本构成，综合变动成本即公司层作业成本。依据作业成本法下的损益确定程序并令其为零，就可以确定作业成本法下的保本点。以保本额为例，列示其计算公式：

$$\text{作业成本法下的保本量}=\frac{\text{长期变动成本}+\text{综合变动成本}}{\text{单价}-\text{单位变动成本}}$$

$$\text{或}=\frac{\text{批量层作业成本}+\text{产品层作业成本}+\text{公司层作业成本}}{\text{单价}-\text{单位变动成本}} \quad \text{式 4-22}$$

2. 多产品条件下的保本分析

在实际经济生活中，绝大多数企业都不止生产经营一种产品，为了规避风险，常常同时生产多种产品。为区别单一产品，多产品条件下的保本额常常被称为综合保本额或称为综合保本点。在实务中预测综合保本额的方法有很多，主要有：加权平均贡献毛益率法、联合单位法、分段累计法、分算法和主要品种法等。

（1）加权平均贡献毛益率法。加权平均贡献毛益率法是在确定加权平均贡献毛益率的基础上，确定综合保本额的一种定量计算方法。该方法的基本观点是：多产品条件下，不同产品的销售量无法直接相加，因此单一产品为基础的保本计算公式不适用；在多品种条件下，虽然也可以按具体产品计算各自的保本量，但由于不同产品的销售量不能直接相加，因而只能确定它们总的保本额，不能确定总保本量。

当企业生产两种或两种以上产品时，每一种产品的贡献毛益率是不同的，如果要反映企业总体的贡献毛益率水平，可以依据贡献毛益率的概念进行计算并推导，推导过程如下：

$$
\begin{aligned}
\text{企业总体贡献毛益率} &= \frac{\text{贡献毛益总额}}{\text{销售收入总额}} \times 100\% \\
&= \frac{\sum \text{某产品的贡献毛益}}{\text{销售收入总额}} \times 100\% \\
&= \sum \left(\frac{\text{某产品的贡献毛益}}{\text{某产品的销售收入}} \times \frac{\text{某产品的销售收入}}{\text{销售收入总额}} \right) \\
&= \sum (\text{某产品的贡献毛益率} \times \text{该产品的销售比重})
\end{aligned}
$$

推导结果反映的最后计算公式，实际上是以各产品的贡献毛益率为基础，以销售比重为权数的加权平均贡献毛益水平，我们将其称为加权平均贡献毛益率（用 cmR′表示）。从公式推导起点可以看出，加权平均贡献毛益率实际上体现的是企业总体的贡献毛益率水平。

综合贡献边际率法不需要分配固定成本总额，将各产品所创造的贡献毛益视为补偿企业全部固定成本的收益来源。如果令销售收入总额×加权平均贡献毛益率－固定成本＝0，则据此推算的综合保本额计算公式如下：

$$\text{综合保本额} = \frac{\text{固定成本总额}}{\text{加权平均贡献毛益率}} = \frac{a}{cmR'} \qquad \text{式 } 4-23$$

其中：

$$\text{加权平均贡献毛益率} = \sum (\text{某产品的贡献毛益率} \times \text{该产品的销售比重}) \qquad \text{式 } 4-24$$

在预先确定产品销售比重的基础上，可以计算每一种产品的保本额和保本量，计算公式如下：

$$\text{某产品保本额} = \text{综合保本额} \times \text{该产品的销售比重} \qquad \text{式 } 4-25$$

$$\text{某产品保本量} = \frac{\text{该产品保本额}}{\text{该产品的单价}} \qquad \text{式 } 4-26$$

【例 4－15】假定某企业生产甲、乙两种产品，有关资料如表 4－8 所示。

表4－8　　甲、乙两种产品基本资料

产品	销售量（吨）	单价（元）	单位变动成本（元）	贡献毛益率（%）	固定成本（元）
甲产品	1 750	20	12	40	
乙产品	1 625	40	16	60	
合计	—	—	—	—	23 850

要求：计算综合保本额和各产品的保本额、保本量。

分析：依据所给资料进行计算。

甲产品销售收入＝1 750×20＝35 000(元)

乙产品销售收入＝1 625×40＝65 000(元)

$$甲产品销售比重=\frac{35\ 000}{35\ 000+65\ 000}\times100\%=35\%$$

$$乙产品销售比重=\frac{65\ 000}{35\ 000+65\ 000}\times100\%=65\%$$

加权平均贡献毛益率＝40%×35%＋60%×65%＝53%

$$综合保本额=\frac{23\ 850}{53\%}=45\ 000(元)$$

甲产品保本额＝45 000×35%＝15 750(元)

乙产品保本额＝45 000×65%＝29 250(元)

$$甲产品保本量=\frac{15\ 750}{20}=787.5(吨)$$

$$乙产品保本量=\frac{29\ 250}{40}=731.25(吨)$$

从式4－23和式4－24可以看到，影响综合保本额的因素有三个：固定成本、各产品的贡献毛益率和销售比重。在前两个因素不变的前提下，企业要想降低综合保本额，可以采取的措施是：努力提高贡献毛益率水平较高的产品的销售比重，相应降低贡献毛益率水平较低的产品的销售比重，这样就可以提高加权平均贡献毛益率的水平，进而可以达到降低综合保本额的目的。

【例4－16】沿用例4－15的资料。假定该企业预测期的甲产品销售比重降为25%，乙产品的销售比重提高到75%，其他条件不变。

要求：计算销售比重变化后的综合保本额。

分析：依据所给资料进行计算。

加权平均贡献边际率＝40%×25%＋60%×75%＝55%

$$综合保本额=\frac{23\ 850}{55\%}\approx43\ 363.64(万元)$$

计算结果表明，当降低贡献毛益率较低的甲产品的销售比重，相应提高贡献毛益率较高乙产品的销售比重时，综合保本额由原来的45 000元降到了43 363.64元。可见实务中，在其他因素不变的条件下，调整销售比重是降低综合保本额的一种有效途径。

加权平均贡献毛益率法具有广泛的适用性，当一个企业能够获得产品的销售比重及贡献毛益率信息时，无论何种企业都可以采用。

（2）联合单位法。联合单位法是以客观存在的相对稳定的产出实物量比例为出发点，通过计算联合单位的保本量，进而确定各产品的保本量和保本额的一种定量计算方法。所谓联合单位是指多种产品按照实际实物量比例构成的一组产品。例如：假定某企业生产A、B两种产品，销售量分别为2 000件、500件。如果以B为标准产品，则由此形成的一个联合单位为4:1，这意味着一个联合单位由4个A产品和1个B产品组成。

联合单位法不需要分配固定成本总额，以多种产品的产出实物量比例相对稳定为前提，首先按照联合单价和联合单位变动成本计算联合保本量，在此基础上，依据各产品在联合单位中的占比，将其结果转化为各产品的保本量和保本额，相关的计算公式如下：

$$联合保本量 = \frac{固定成本}{联合单价 - 联合单位变动成本} \quad 式4-27$$

$$某产品保本量 = 联合保本量 \times 该产品在联合单位中的比例 \quad 式4-28$$

式4－27和式4－28中的联合单价和联合单位变动成本都是按照一个联合单位的实物量比例计算的单价和单位变动成本。如果将式4－26中的计算结果乘以相应产品的单价，就可以确定不同产品的保本额。显然联合单位法与加权平均贡献毛益率和分段累计法最大的不同在于，这种方法不计算综合保本额。

【例4－17】假定某企业生产A、B、C三种产品，相关资料如表4－9所示，C产品为标准产品。

表4－9　A、B、C三种产品基本资料

产品	销售量	单价（元）	单位变动成本（元）	贡献毛益率（%）	固定成本（元）	销售比重（%）
A	80 000件	10	7	30		40
B	25 000套	20	14	30		25
C	10 000吨	70	29	58.57		35
合计	—	—	—	—	40 000	100

要求：（1）利用联合单位法计算综合保本额；（2）利用加权平均贡献毛益率法计算综合保本额并与（1）的结果进行比较。

分析：依据所给资料分别采用两种方法进行计算。

▲联合单位法下：

一个联合单位：A∶B∶C＝8∶2.5∶1

联合单价＝10×8＋20×2.5＋70×1＝200（元）

联合单位变动成本＝7×8＋14×2.5＋29×1＝120（元）

$$联合保本量=\frac{40\ 000}{200-120}=500$$

A产品保本量＝500×8＝4 000（件）

A产品保本额＝4 000×10＝40 000（元）

B产品保本量＝500×2.5＝1 250（套）

B产品保本额＝1 250×20＝25 000（元）

C产品保本量＝500×1＝500（吨）

C产品保本额＝500×70＝35 000（元）

综合保本额＝40 000＋25 000＋35 000＝100 000（元）

▲加权平均贡献毛益率法下：

加权平均贡献毛益率法＝30%×40%＋30%×25%＋58.57×35%

＝39.9995≈40%

$$综合保本额=\frac{40\ 000}{40\%}=100\ 000（元）$$

A产品保本额＝100 000×40%＝40 000（元）

B产品保本额＝100 000×25%＝25 000（元）

C产品保本额＝100 000×35%＝35 000（元）

比较联合单位法和加权平均贡献毛益率法的计算结果，虽然方法不同，但计算结果相同。从计算方式来讲，似乎前者计算更加简单，但从适用性来看，前者仅适合于实物量产出比稳定的联产品生产企业，其他企业则不适用，而后一种方法由于销售比重与产品贡献毛益率的信息较容易获得，因此其应用范围较为广泛。

（3）分段累计法。分段累计法是在一定的产品顺序下，依次用各种产品的累计贡献毛益补偿固定成本总额，确定综合保本额的一种定量计算方法。此法不需要分配固定成本总额，以一定的产品顺序为前提，产品顺序可以以贡献毛益率为基础确定，但对其没有硬性的先行后续规定，通过计算累计贡献毛益，并将其与固定成本总额进行对比，当累计贡献毛益刚好补偿固定成本时的累计销售收入就是综合保本额。在此分析过程中，常常需要通过计算公式确定综合保本额，计算公式如下：

$$综合保本额 = \begin{matrix}保本产品前\\累计销售额\end{matrix} + \frac{保本产品前尚未补偿的固定成本}{保本产品的贡献毛益率}$$ 式4－29

【例4－18】沿用例4－15的资料。假定该企业生产甲、乙、丙三种产品，丙产品的销售量是1 800吨，单价是50元，单位变动成本是25元，贡献毛益率为50%。

要求：采用分段累计法确定综合保本额。

分析：依据所给资料，首先确定产品顺序，假定该企业直接以甲、乙、丙产品为序。然后为了寻找保本点产品而编制累计贡献毛益与累计损益分析表，如表4－10所示。

表4－10　累计贡献边际与累计损益分析　单位：元,%

产品	贡献边际率	销售收入	累计销售收入	贡献毛益	累计贡献毛益	固定成本	累计损益
甲	40	35 000	35 000	14 000	14 000		－9 850
乙	60	65 000	100 000	39 000	53 000	23 850	+29 150
丙	50	90 000	190 000	45 000	98 000		+74 150

从表4－10可以看出，保本点产品为乙产品，依据式4－23计算综合保本额：

$$综合保本额 = 35\ 000 + \frac{9\ 850}{60\%} \approx 51\ 416.67(元)$$

分段累计法也可以通过作图直接确定综合保本额。作图时以累计销售收入为横轴，以累计损益为纵轴，反映的是利润——业务量式的保本分析图。以例4－16数据为依据反映的综合保本额如图4－1所示。

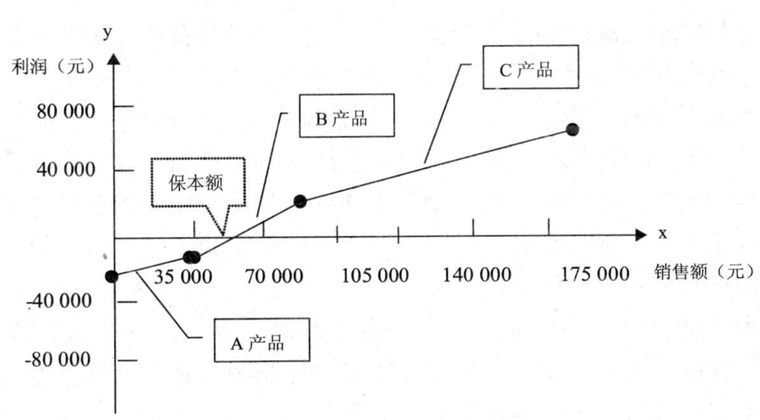

图4－1　分段累计保本法

采用分段累计法，如果上述产品的顺序不是甲、乙、丙，而是甲、丙、乙或乙、丙、甲或丙、甲、乙，由此计算的综合保本额就不会相等，可见分段累计法下的计算结果因人而异，因此这种方法在实务中的实用性不强。

（4）分算法。分算法是在确认每种产品固定成本的基础上，分别按每一种产品计算保本点的一种定量计算方法。与其他方法不同，分算法需要首先确定各种产品应承担的固定成本，如果是专属固定成本则无需分配，可以将其直接归属相关的产品，如果是共同固定成本，则需要采用一定的分配标准对其进行分配，鉴于固定成本需要由贡献毛益来补偿之特点，故按照各种产品之间的贡献毛益比重分配固定成本最为合理，除此之外，还可以采用销售收入等作为分配的标准。

分算法实际上将多产品的保本分析转化为了单一产品的保本分析，这种方法一般适用于由于生产技术原因而采用了独立式生产的企业采用，因为此类企业区分固定成本较容易。

（5）主要品种法。主要品种法是在区分主要产品的基础上，确定主要产品保本点的一种定量计算方法。主要品种法的基本观点是，只要主要产品保本就意味着企业保本。当企业经营的多种产品中，其中有一个产品能够提供绝大多数的贡献毛益，其他产品虽然有贡献毛益但数量较少，在这种情况下，就可以首先确认主要产品，然后按照单一产品保本点的计算公式计算保本量和保本额。

主要品种法不需要分配固定成本总额，确认主要品种时应以贡献毛益总额为标志，此法适用于具有明显主副产品生产的企业采用。

3. 单一产品条件下的保利分析

对于企业而言，保本分析固然重要，但保本仅仅是一种维持，更重要的是盈利，没有盈利，就没有企业的长期发展。因此比较而言，企业更加关注盈利分析。而保利分析是盈利分析中不可缺少的一项分析内容。保利分析是在已经确定初始目标利润的基础上进行的确保初始目标利润实现的因素分析。

（1）保利点的内涵。保利分析的关键是计算保利点。保利点是指在单价和成本水平确定的情况下，为确保预先确定的目标利润能够实现而计算的应实现的业务量的总称。从指标的性质来看，保利点是一个反指标，越小对企业越有利。

单一品种条件下，保利点有两种表现形式：一是保利点销售量，简称保利量；另一是保利点销售收入，简称保利额。

（2）保利点的计算。当企业只生产一种产品时，令贡献式损益计算程序为目标利润，即令销售收入－变动成本－固定成本＝目标利润，就可以推算出实现目标利润时的销售量或销售收入，相关的计算公式如下：

$$保利量=\frac{固定成本+目标利润}{单价-单位变动成本}=\frac{a+TP}{p-b} \qquad 式4-30$$

$$或 = \frac{固定成本 + 目标利润}{单位贡献毛益} = \frac{a + TP}{cm} \quad 式4-31$$

$$保利额 = \frac{固定成本 + 目标利润}{1 - 变动成本率} = \frac{a + TP}{1 - bR} \quad 式4-32$$

$$或 = \frac{固定成本 + 目标利润}{贡献毛益率} = \frac{a + TP}{cmR} \quad 式4-33$$

$$或 = 保利量 \times 单价 \quad 式4-34$$

【例4-19】沿用例4-11的资料。

要求：预测实现目标利润150 000元时的保利点以及销售量的变动率。

分析：依据所给资料进行计算。

$$变动成本率 = \frac{60}{100} \times 100\% = 60\%$$

$$贡献毛益率 = 1 - 60\% = 40\%$$

$$保利量 = \frac{300\ 000 + 150\ 000}{100 - 60} = 11\ 250(件)$$

$$或 = \frac{300\ 000 + 150\ 000}{40} = 11\ 250(件)$$

$$保利额 = \frac{300\ 000 + 150\ 000}{1 - 60\%} = 1\ 125\ 000(元)$$

$$或 = \frac{300\ 000 + 150\ 000}{40\%} = 1\ 125\ 000(元)$$

$$或 = 11\ 250 \times 100 = 1\ 125\ 000(元)$$

$$销售量较基期的变动率 = \frac{11\ 250 - 10\ 000}{10\ 000} \times 100\% = 12.5\%$$

计算结果表明，该企业只要销售量能够达到11 250件或销售收入实现1 125 000元，就可以实现目标利润，此时销售量的增长率是12.5%。

（3）保净利点的内涵。保利分析需要计算的另一个关键指标就是保净利点。保净利点是指在单价和成本水平确定的情况下，为确保预先确定的目标净利润能够实现而计算的应实现的业务量的总称。目标净利润即税后目标利润，是企业在一定时期缴纳所得税后实现的利润目标。比较税前利润与税后利润，只有税后利润，才是企业可以实际支配的，因此站在所有者角度，更加关注该指标的实现。从指标的性质来看，保净利点也是一个反指标，越小对企业越有利。

单一品种条件下，保净利点有两种表现形式：一是保净利点销售量，简称保净利量；另一是保净利点销售收入，简称保净利额。

（4）保净利点的计算。如果用TR表示所得税率，目标利润（用TP表示）与目标净利润（用TTP表示）的关系用公式表示如下：

目标净利润 = 目标利润 ×（1 - 所得税率）= TP ×（1 - TR）

则：$目标利润 = \frac{目标净利润}{1-所得税率} = \frac{TTP}{1-TR}$ 式 4 - 35

将式 4 - 35 中 TP 的计算式代入式 4 - 30、式 4 - 31、式 4 - 32、式 4 - 33，则保净利点涉及的计算公式如下：

$$保净利量 = \frac{固定成本+\frac{目标净利润}{1-所得税率}}{单价-单位变动成本} = \frac{a+\frac{TTP}{1-TR}}{p-b}$$ 式 4 - 36

$$或 = \frac{固定成本+\frac{目标净利润}{1-所得税率}}{单位贡献毛益} = \frac{a+\frac{TTP}{1-TR}}{cm}$$ 式 4 - 37

$$保净利额 = \frac{固定成本+\frac{目标净利润}{1-所得税率}}{1-变动成本率} = \frac{a+\frac{TTP}{1-TR}}{1-bR}$$ 式 4 - 38

$$或 = \frac{固定成本+\frac{目标净利润}{1-所得税率}}{贡献毛益率} = \frac{a+\frac{TTP}{1-TR}}{cmR}$$ 式 4 - 39

或 = 保净利量 × 单价 式 4 - 40

【例 4 - 20】沿用例 4 - 11 的资料，所得税率为 25%。

要求：预测实现目标净利润为 112 500 元时的保净利点。

分析：依据所给资料进行计算。

$$保净利量 = \frac{300\ 000+\frac{112\ 500}{1-25\%}}{100-60} = 11\ 250(件)$$

$$或 = \frac{300\ 000+\frac{112\ 500}{1-25\%}}{40} = 11\ 250(件)$$

$$保净利额 = \frac{300\ 000+\frac{112\ 500}{1-25\%}}{1-60\%} = 1\ 125\ 000(元)$$

$$或 = \frac{300\ 000+\frac{112\ 500}{1-25\%}}{40\%} = 1\ 125\ 000(元)$$

比较例 4 - 17 与例 4 - 18，其计算结果是相等的，因为 TTP/（1 - TR）就是目标利润 TP，因此二者的计算结果必然相等，只是所掌握的已知资料不同而已，一个是已知 TP，另一个是已知 TTP。另外从分析者来看，经营者更加关注 TP，而所有者更加关注 TTP，因此分析人不同，计算的内涵就不同，采用的计算公式也不同。

（5）其他保利指标的计算。保利点与保净利点提供了确保目标利润或目标净利润实现时销售量或销售收入应该达到的水平，实际上除了销售量之外，影响目标利润或目标净利润实现的因素还有单价、单位变动成本和固定成本等，保利分析中，也需要明确这些因素与确保目标利润或目标净利润实现之间的关系，即计算保利的单价或保净利的单价、保利的单位变动成本或保净利的单位变动成本、保利的固定成本或保净利的固定成本。

计算其他保利指标时，令贡献式损益确定程序下的利润为目标利润，就可以计算出其他因素的保利值。以单价为例进行说明，计算保利单价时，假定销售量、单位变动成本、固定成本在预测期保持基期水平不变，令单价×销售量－单位变动成本×销售量－固定成本＝目标利润，就可以推算出保利单价的计算公式：

$$保利单价 = 单位变动成本 + \frac{固定成本 + 目标利润}{销售量}$$

同理，可以推算保利单位变动成本和保利固定成本的计算公式：

$$实现目标利润应达到的单位变动成本 = 单价 - \frac{固定成本 + 目标利润}{销售量}$$

$$实现目标利润应达到的固定成本 = 销售收入 - 变动成本 - 目标利润$$

计算其他保净利指标时，令贡献式损益确定程序下的利润为目标净利润/（1－所得税率），就可以计算出其他因素的保净利值。以单价为例进行说明，计算保净利单价时，假定销售量、单位变动成本、固定成本在预测期保持基期水平不变，令单价×销售量－单位变动成本×销售量－固定成本＝目标净利润/（1－所得税率），就可以推算出保净利单价的计算公式：

$$保净利单价 = 单位变动成本 + \frac{固定成本 + \frac{目标净利润}{1 - 所得税率}}{销售量}$$

同理，可以推算确保目标利润实现时的单位变动成本和固定成本，推算确保目标净利润实现时的单位变动成本和固定成本，这里略。

（6）完全成本法与作业成本法下的保利点的计算。如果企业是在完全成本法或作业成本法下进行保利分析，保利点的计算与变动成本法下的计算基本相同，所不同的是，完全成本法下需要调整固定成本，作业成本法下需要将总成本划分为三类成本并与作业层次的性质相结合。以保利额为例，不同成本和损益核算方法下的保利额的计算公式如下：

$$完全成本法下的保利额 = \frac{固定成本 + 期初固定成本 - 期末固定成本 + 目标利润}{贡献毛益率} \quad 式4-41$$

$$\text{作业成本法下的保利额} = \frac{\text{批量层变动成本} + \text{产品层变动成本} + \text{公司层固定成本} + \text{目标利润}}{\text{贡献毛益率}}$$

式 4－42

4. 多产品条件下的保利分析

当企业生产两种或两种以上产品的条件下，为区别单一产品，多产品条件下的保利额常常被称为综合保利额，所采用的分析方法与多产品条件下综合保本额的分析方法相同。

▲在加权平均贡献毛益率法下：

$$\text{综合保利额} = \frac{\text{固定成本总额} + \text{目标利润}}{\text{加权平均贡献毛益率}}$$

各产品保利额＝综合保利额×该产品的销售比重

▲在联合单位法下：

$$\text{联合保利量} = \frac{\text{固定成本} + \text{目标利润}}{\text{联合单价} - \text{联合单位变动成本}}$$

各产品保利量＝联合保利量×该产品在一个联合单位中的比例

▲在分段累计法下：

$$\text{综合保本额} = \text{保利产品前累计销售额} + \frac{\text{保利产品前尚未补偿的目标利润}}{\text{保利产品的贡献毛益率}}$$

分算法和主要品种法下，都将多产品条件下的保利计算转化成了单一产品条件下的保利计算，可以直接按照单一产品保利点的计算公式进行计算。

4.3.4 利润可能实现水平的预测

保本分析提供了利润为零时的影响因素变动最低值的信息，保利分析提供了实现目标利润或目标净利润时的影响因素取值信息，这些信息对企业非常重要，但它并不是企业可能实现的利润水平，因此企业在保本、保利分析的基础上，必须依据因素的可能状况测算利润可能达到的水平。

1. 利用贡献式损益程序预测

贡献式损益程序描述了变动成本、固定成本、销售量与利润之间存在的内在联系，由此决定影响利润的主要因素有四个：销售量、单价、单位变动成本和固定成本。企业要预测可能达到的利润水平，必须首先采用一定的方法测算这四个因素可能实现的水平，在此基础上，区分单一产品和多产品两种情况进行测算。在单一产品条件下涉及的利润测算公式如下：

利润＝销售收入－变动成本－固定成本

利润＝贡献边际－固定成本

在多产品条件下，销售收入总额必须事先预测，固定成本总额不需要分摊，虽然各产品的变动成本率和贡献毛益率不同，但可以以销售比重为权数计算企业整体的变动成本率水平和贡献毛益率水平，可能涉及的利润测算公式如下：

$$利润=\text{销售收入总额}-\text{销售收入总额}\times\text{加权平均变动成本率}-\text{固定成本}$$

利润＝销售收入总额×加权平均贡献毛益率－固定成本总额

其中：$$\text{加权平均变动成本率}=\sum(\text{某产品的变动成本率}\times\text{该产品的销售比重})$$

2. 利用经营安全指标预测

测算企业可能实现的利润水平时，有时可以在计算经营安全指标的基础上，直接进行测算。

（1）经营安全指标的计算。企业常常需要通过计算经营安全指标来检验企业的经营是否安全，主要涉及的指标有两个：安全边际和保本作业率。

▲安全边际

安全边际是指现有或预计的销售业务量与保本业务量之间的差额。可以用安全边际销售量、安全边际销售额和安全边际率三种形式表示。安全边际销售量简称为安全边际量，安全边际销售额简称为安全边际额，相关的计算公式如下：

安全边际量＝现有或预计销售量－保本量　　式4－43

安全边际额＝现有或预计销售额－保本额　　式4－44

或＝安全边际量×单价　　式4－45

$$\text{安全边际率}=\frac{\text{安全边际量}}{\text{现有或预计销售量}}\times100\%\qquad\text{式4－46}$$

$$\text{或}=\frac{\text{安全边际额}}{\text{现有或预计销售额}}\times100\%\qquad\text{式4－47}$$

安全边际的绝对量指标说明企业距保本还有多大的距离，该距离越大越好，因此所有的安全边际指标都是正指标，越大对企业越有利。由于相对量指标具有可比性，因此西方常常用安全边际率来评价企业经营的安全程度，一般的评价标准如表4－11所示。

表4－11　以安全边际率为基础的企业经营安全性检验标准

安全边际率	0	10%以下	10%～20%	20%～30%	30%～40%	40%以上
安全程度	保本	危险	值得注意	比较安全	安全	很安全

▲保本作业率

保本作业率又称为危险率，是指保本业务量与现有或预计销售业务量的比值。该指标也可以反映企业经营的安全程度，但它是一个反指标，越小说明企业经营越安全。其计算公式如下：

$$保本作业率=\frac{保本量}{现有或预计销售量}\times 100\% \qquad 式4-48$$

$$或=\frac{保本额}{现有或预计销售额}\times 100\% \qquad 式4-49$$

从式4-48和公式4-49可以看出，当保本作业率为1时，企业恰好处于保本状态；当保本作业率大于1时，企业现有或预计的销售业务量没有达到保本业务量，意味着企业处于亏损状态；与此相反，当保本作业率低于1时，企业处于盈利状态。

保本作业率与安全边际率都是检验企业经营是否安全的指标，但二者的性质不同，从而使得二者具有互补性质，之间的内在联系用公式表示如下：

$$安全边际率+保本作业率=1 \qquad 式4-50$$

借助于以上计算公式，保本作业率和安全边际率相互之间可以推算。

【例4-21】沿用例4-13的资料及其保本点的计算结果。

要求：计算安全边际所有指标和保本作业率，并验证式4-50。

分析：依据所给资料进行计算。

安全边际量=4 000-2 750=1 250（件）

安全边际额=4 000×100-275 000=125 000（元）

或=1 250×100=125 000（元）

$$安全边际率=\frac{1\,250}{4\,000}\times 100\%=31.25\%$$

$$或=\frac{125\,000}{400\,000}\times 100\%=31.25\%$$

$$保本作业率=\frac{2\,750}{4\,000}\times 100\%=68.75\%$$

$$或=\frac{275\,000}{400\,000}\times 100\%=68.75\%$$

安全边际率+保本作业率=31.25%+68.75%=1

（2）以经营安全指标为基础的利润预测。在单一产品条件下，安全边际量与保本量之间存在一定的关系，保本量的计算涉及固定成本。如果以贡献式损益程序为基础考虑引入保本量，就可以推算出安全边际量与利润之间的关系式，进而可以推算安全边际额与利润之间的关系式，推导过程如下：

因为：利润＝销售收入－变动成本－固定成本

＝销售量×（单价－单位变动成本）－保本量×单位贡献毛益

＝单位贡献毛益×（销售量－保本量）

所以：利润＝安全边际量×单位贡献毛益　　式4－51

如果在式4－48的基础上，等式右边乘以单价，同时除以单价，则：

利润＝安全边际额×贡献毛益率　　式4－52

如果式4－49的等式两边同时除以销售收入，则可以得出销售利润率的计算公式，据此可以直接预测利润，相关的计算公式如下：

利润＝销售收入×安全边际率×贡献毛益率　　式4－53

其中：销售利润率＝安全边际率×贡献毛益率

【例4－22】假定单价、单位变动成本、固定成本和销售量可能达到的水平如例4－13的资料所示，保本点的计算结果见例4－13，安全边际指标的计算结果见例4－21。

要求：利用上述所有涉及的利润计算公式测算利润。

分析：依据所给资料进行计算。

利润＝100×4 000－60×4 000－110 000＝50 000（元）

或＝（4 000－2 750）×（100－60）＝50 000（元）

或＝（4 000－2 750）×100×40%＝50 000（元）

或＝4 000×100×31.25%×40%＝50 000（元）

在多产品条件下，如果计算出综合保本额，以式4－49为基础，可以直接测算企业的利润总水平，计算公式如下：

利润＝（销售收入总额－综合保本额）×加权平均贡献毛益率　　式4－54

【例4－23】沿用例4－15的资料及其计算结果。

要求：（1）利用贡献式程序涉及的利润计算公式测算利润总额；（2）利用安全边际指标测算利润总额。

分析：依据所给资料及其相应的计算结果进行测算。

（1）加权平均变动成本率＝60%×35%＋40%×65%＝47%

或＝1－53%＝47%

利润总额＝（35 000＋65 000）－100 000×47%－23 850＝29 150（元）

或＝100 000×53%－23 850＝29 150（元）

（2）利润总额＝（100 000－45 000）×53%＝29 150（元）

需要指出的是，销售量预测的平均法，包括简单平均法、移动平均法等，也可以预测未来利润的变动趋势，但以此计算的结果较上述方法计算的准确性要差，因为平均法认为利润的历史变化规律将在未来延续，当未来利润波动较大时，这种方法预测的结果与实际就会存在较大的误差，而从影响因素角度进行的测算直接体现因素的未来可能变动状态，因此预测结果较为接近实际。

4.3.5 因素综合变动的试算平衡

保利分析测算的是初始目标利润既定的前提下单一因素的取值，只要被测算因素达到了要求的水平，就可以实现目标利润。问题的关键在于，实务中，单独要求某一因素达到初始目标利润的所需水平，实际上企业常常无法达到，保利分析揭示了因素的努力方向，但常常不具有实现的可能，在这种情况下，就需要考虑因素的综合变动。

因素综合变动是指影响利润的单价、销售量、单位变动成本和固定成本等因素同时变动。如果企业从不同的角度、不同的环节等采取措施导致综合因素发生变动，这种变动既可以是向有利方向变动，也可以是向不利方向变动，但总体是向有利方向变动的，在这种情况下，如果还不能实现初始提出的目标利润，此时就需要降低目标利润，否则就保留最初提出的目标利润值，这个过程，需要反复测算多次。

【例 4-24】沿用例 4-11 的资料及其计算结果，以及例 4-19 的计算结果。

要求：(1) 企业高层希望会计人员提供实现目标利润初始值的单一因素变动率的信息，请计算；(2) 如果企业在没有深挖潜力的前提下测算的因素变动情况是：单价将增长 2%，销售量增长 4%，单位变动成本降低 1%，固定成本保持原水平不变。分析企业能否实现初始目标利润？(3) 假定由于种种原因，上述确保初始目标利润实现的单一因素变动率无法实现，企业拟深挖潜力采取综合措施。综合措施有两个：一是追加 3% 的单位变动成本投入，提高产品质量，这样可使售价提高 3%，销售量增长 7.5%；二是追加固定成本 12 000 元，从而提高自动化水平和人工效率，降低材料消耗，进而使单位变动成本降低到 54 元。分析该企业是否能够实现初始目标利润？最终的目标利润应该定为多少？

分析：依题意进行计算和分析。

(1) 例 4-19 的计算结果表明，销售量只要提高 12.5%，即销售量达到 11 250 件就可以实现目标利润。除此之外，计算其他因素的保利值和保利变动率。

▲从单位变动成本来看：

$$保利单位变动成本 = 100 - \frac{300\ 000 + 150\ 000}{10\ 000} = 55(元)$$

$$单位变动成本变动率 = \frac{60 - 55}{60} \times 100\% = \frac{-5}{60} \times 100\% \approx -8.33\%$$

只要单位变动成本降低 5 元，即降低率达到 8.33%，就可以确保初始目标利润的实现。

▲从固定成本来看：

保利固定成本 =（100 − 60）×10 000 − 150 000 = 250 000（元）

$$固定成本变动率 = \frac{300\ 000 - 250\ 000}{300\ 000} \times 100\% = \frac{-50\ 000}{300\ 000} \times 100\% \approx -16.67\%$$

只要压缩固定成本开支 250 000 元，即固定成本降低 20%，就可以确保初始目标利润的实现。

▲从单价来看：

$$保利单价 = 60 + \frac{300\ 000 + 150\ 000}{10\ 000} = 105（元）$$

$$单价变动率 = \frac{105 - 100}{100} \times 100\% = \frac{5}{100} \times 100\% = 5\%$$

只要提高单价 5 元，即单价增长 6%，就可以确保初始目标利润的实现。

(2) 利润 = [100 ×（1 + 2%）× − 60 ×（1 − 1%）] ×10 000 ×（1 + 4%）− 300 000

= (102 − 59.4) ×10 400 − 300 000 = 143 040（元）

因为，143 040 元 < 150 000 元。

所以，不能实现初始提出的目标利润。

(3) 采取综合措施一、措施二实现的利润。

$利润_{措施1}$ = [100 ×（1 + 3%）− 60 ×（1 + 3%）] ×10 000 ×（1 + 7.5%）− 300 000

= (103 − 61.8) ×10 750 − 300 000 = 142 900（元）

$利润_{措施2}$ = (100 − 54) ×10 000 − (300 000 + 12 000) = 148 000（元）

计算结果表明，该企业采取综合措施后也无法实现初始目标利润。比较计算结果，企业最终的目标利润应定为 148 000 元。

4.4 成本预测

4.4.1 成本预测的程序

所谓成本预测是指根据企业未来的发展目标和现实条件，参考其他资料，预计未来可望实现和应当达到的成本水平及其发展趋势的过程。如果说利润是企业的本质，而成本就是企业获利的关键，成本指标如果实现不了，利润目标就是一纸空谈，因此搞好成本预测对于提高企业的经济效益，实现企业的目标至关重要。成本预测程序与利润预测十分相似，它体现了目标成本测算的全过程，并非一蹴而就。成本预测的程序如下。

1. 测算初始目标成本

目标成本是企业未来成本的努力方向，初始目标成本由投资者或上级提出。实务中，无论采用何种方法对其进行测算，都应该以目标利润的实现为基础。

2. 预测未来成本可能实现的水平

初始提出的目标成本并不是纳入预算的最终数值，实务中是否具有实现的可能还需依据未来的可能条件和因素进行测算，测算出的值可能高于也可能低于初始目标成本，如果测算的可能实现水平低于目标成本，则初始提出值可以直接纳入预算，否则应该进入目标成本的修正程序。

3. 修正目标成本并纳入预算

由于目标成本具有先进性，企业结合因素的实际变动状况测算的可能实现成本水平常常会高于目标成本，在这种情况下，就必须综合考虑销售、供应、生产、运输、储备等方面的情况，深挖内部的一切潜力，寻找降低成本的途径，此时就可能会提出多个降低成本的备选方案，企业应该分析每一个备选方案的技术可行性及其结果，并将其结果与目标成本进行比较，以经济效益最佳的方案作为优选方案，并以此修订目标成本，将其最终的结果纳入预算。

4.4.2 初始目标成本的预测

所谓目标成本（target cost）是指在确保实现目标利润的前提下，企业在成本方面应达到的成本控制目标。目标成本是企业实现目标利润的基础和保障，它具有效益性、可控性、先进性、指导性等特点，但最终目标成本的确定有一个上下协调的过程。

预测初始目标成本，可以采用多种方法，但应用较为广泛的方法主要有两种：倒推预测法和选择预测法。

1. 倒推预测法

倒推预测法是以事先确定的目标利润为前提，结合预测期的预计销售收入倒推算出目标成本的一种定量预测方法。此法要求事先掌握目标利润及未来销售收入的预计水平，与实际核算流程恰恰相反，倒推目标成本。测算公式如下：

目标成本 = 预计销售收入 - 目标利润　　式 4 - 55

【例 4 - 25】假定某企业生产甲、乙两种产品，预计两种产品的销售收入分别为 60 000 元、40 000 元。同行业的平均销售利润率为 40%。如果目标利润无须修正。

要求：预测该企业的目标成本总额。

分析：依据所给资料进行计算。

目标利润 =（60 000 + 40 000）× 40% = 40 000（元）

目标成本 = 100 000 − 40 000 = 60 000（元）

2. 选择预测法

选择预测法是以先进的成本水平作为目标成本的一种定量预测方法。此法要求对先进的同类成本水平进行比较，所确定的目标成本既可以是本企业的历史最好成本水平，也可以是国内外同类产品的先进成本水平，还可以是按照上年实际水平扣减成本降低率后的成本水平。显然，无论以何种水平为标准，最终的选定值都会低于上期的成本。

3. 两种方法的比较与应用

倒推预测法的显著优点是将目标成本与目标利润的水平衔接起来，将目标利润的实现放在了首位，有助于企业战略规划的有效贯彻与落实。此法的不足在于没有考虑竞争对手的成本水平，对于企业所处行业的成本地位反映的不充分。选择预测法的显著优点是方法简单，可以依据搜集整理的信息直接确定产品的单位目标成本，但其不足在于与目标成本的确定与目标利润之间缺乏关联性。

实务中，中国企业常常采用选择预测法测算目标成本，西方国家则多采用倒推预测法测算。事实上，这两种方法各具优缺点，因此可以将二者结合应用，相互取长补短，既能看到同类企业的先进成本水平，做到知己知彼，又能满足目标利润的要求，确保目标利润的实现两种方法结合应用是最佳的预测选择。

4.4.3 成本可能实现水平的预测

由于初始目标成本的提出具有先进性，肯定会低于上期，企业是否具有实现的可能，还需要采用一定的方法进行测算。具体的预测方法主要是历史资料分析法。

历史资料分析法是在掌握有关成本等历史资料的基础上，采用一定方法进行数据处理，建立有关成本模型，并据此预测未来成本的一种方法。此法需要建立总成本模型 $y = a + bx$（其中 a 为固定成本，b 为单位变动成本），依据该模型，就可以利用预测期预计的业务量 x 很方便地预测出未来总成本和单位成本的水平。由于该模型中的 a 和 b 常常假定保持不变，因此可以利用历史资料先确定 a 和 b，然后就可以建立模型并进行预测。常用的方法包括高低点法、一元直线回归分析法和加权平均法等。其中前两种方法在第二章中已经讨论过，这里只介绍加权平均法。

加权平均法是根据若干期固定成本总额和单位变动成本的历史资料，按照事先确定的权数进行加权，以计算加权平均的成本水平，从而建立成本预测模型，进而预测未来总成本的一种定量分析方法。此法要求掌握 a 和 b 的相关历史成本信息资料，预测公式如下：

$$y = \frac{\sum aw}{\sum w} + \frac{\sum bw}{\sum w}x \qquad \text{式 4-56}$$

式中的权数 w，既可以采用自然权数，也可以采用饱和权数确定。

【例 4－26】某企业生产一种产品，各期的固定成本和单位变动成本当年下半年的数据资料如表 4－12 所示。下一年 1 月份的预计销售量为 17 台。

表 4－12　　成本资料　　单位：元

月份	固定成本（a）	单位变动成本（b）
7	11 000	15
8	13 000	16
9	13 500	15
10	14 100	15
11	15 000	13
12	16 000	12

要求：利用自然权数加权平均法预测下一年 1 月份的总成本。

分析：依据所给资料进行计算。

$$\sum aw = 11\ 000\times1+13\ 000\times2+13\ 500\times3+14\ 100\times4+15\ 000\times5+16\ 000\times6 = 304\ 900$$

$$\sum bw = 15\times1+16\times2+15\times3+15\times4+13\times5+12\times6 = 289$$

$$\sum w = 1+2+3+4+5+6 = 21$$

预测模型 $y = \frac{304\ 900}{21} + \frac{289}{21}x = 14\ 519.05 + 13.76x$

当下一年 1 月份的预计销售量为 17 台时的成本为：

$y_1 = 14\ 519.05 + 13.76\times17 = 14\ 752.97$（元）

加权平均法适用于掌握各期详尽的固定成本与变动成本历史资料，且各期成本水平变动比较频繁的企业采用，所计算的结果比按总成本时间序列计算的结果误差相对小些。

需要说明的是，销售量预测的平均法在成本预测中同样适用，实务中有很多企业采用这种方法预测未来成本可能实现的水平，但由于这种方法是成本历史变动规律的延续，因此预测的准确性较上述方法要差。

马尔柯夫预测法

马尔柯夫预测法以俄国数学家 A. A. Markov 的名字命名，此法是利用状态之间转移概率矩阵来预测事件发生的状态及其发展变化趋势的一种预测方法，这也是一种随时间序列分析的方法，此法以马尔柯夫链为基础，并结合状态转移概率矩阵进行变化趋势预测。事件的发展，从一种状态转变为另一种状态，称为状态转移。在事件的发展过程中，若每次状态的转移都仅与前一时刻的状态有关，而与过去的状态无关，或者说状态转移过程是无后效性的，则这样的状态转移过程就被称为马尔柯夫过程。马尔柯夫链是参数 t 只取离散值的马尔柯夫过程。该法可以用于成本预测。

4.5 保本与保利分析图预测

4.5.1 保本与保利分析图预测的内涵

保本与保利分析除了定量计算外，还可以通过图示进行计算与分析。然而虽然作图可以确定保本点、保利点和保净利点，但人们作图的目的更多的是关注销售量或销售收入或成本与利润之间的不断发展变化情况，掌握这些信息，对于决策非常有利，因为保本点，或保利点或保净利点提供的只是某一个特定利润下的业务量应该达到的值，如果利润不断变化，则保本点、保利点和保净利点就无法反映，而图能够提供每一个利润下的业务量信息，因此比较而言，本量利分析图直观清晰，是企业常常采用的分析方法，也是企业高层领导较容易接受的一种分析方法。

保本与保利分析图反映的是成本—业务量—利润三者之间关系的分析图，因此常常被称为本量利分析图，简称为 CVP 分析图。该图能够直观地从动态的角度揭示本量利相互之间的依存关系，不仅能够反映出固定成本、变动成本、销售量和销售收入等因素，还能反映出保本点、保利点、保净利点、安全边际、亏损区和利润区等信息，另外还能动态地反映出业务量与利润之间的对应数量关系。

最原始的 CVP 分析图起源于 1904 年的美国，最初称为保本图，进入 20 世纪 50 年代以后，随着 CVP 分析技术的日臻完善，CVP 分析图提供的信息越来越全面，该图远远超出了单纯保本分析的内涵，由此形成了目前的本量利分析图并在实践中得到广泛应用。本量利分析图从其产生至今，形式多种多样，最常采用的本量利分析图有传统式本量利分析图、贡献式本量利分析图和利润—业务量式分析图三类。

4.5.2　传统式本量利分析图

传统式本量利分析图是一种能够反映固定成本、变动成本与利润三者基本关系的分析图。它是最早出现的一种能够全面揭示各因素与利润之间关系的分析图，因此在实际中应用广泛。其特点是，固定成本线位于图的最下方，总成本以固定成本为基础，清晰地揭示了固定成本总额不变性的特点，另外还能反映安全边际、保本点、保利点、利润三角区与亏损三角区的位置。该图按横轴代表的业务量不同，又可以进一步区分为实物量传统式本量利分析图和金额传统式本量利分析图。

1. 实物量传统式本量利分析图

实物量传统式本量利分析图，顾名思义其横轴以实物量表示，该图揭示的是销售量与、成本、利润之间的关系。具体作图步骤：（1）以单价 p 为斜率，过原点画一条销售收入线（y = px）；（2）以固定成本 a 为截距，画一条平行于横轴的直线，即固定成本线（y = a）；（3）以单位变动成本 b 为斜率，在固定成本的基础上画出总成本线（y = a + bx）。由于实务中，单价常常大于单位变动成本，因此销售收入线与总成本线必定相交，该图由此形成，如图 4 – 2 所示。

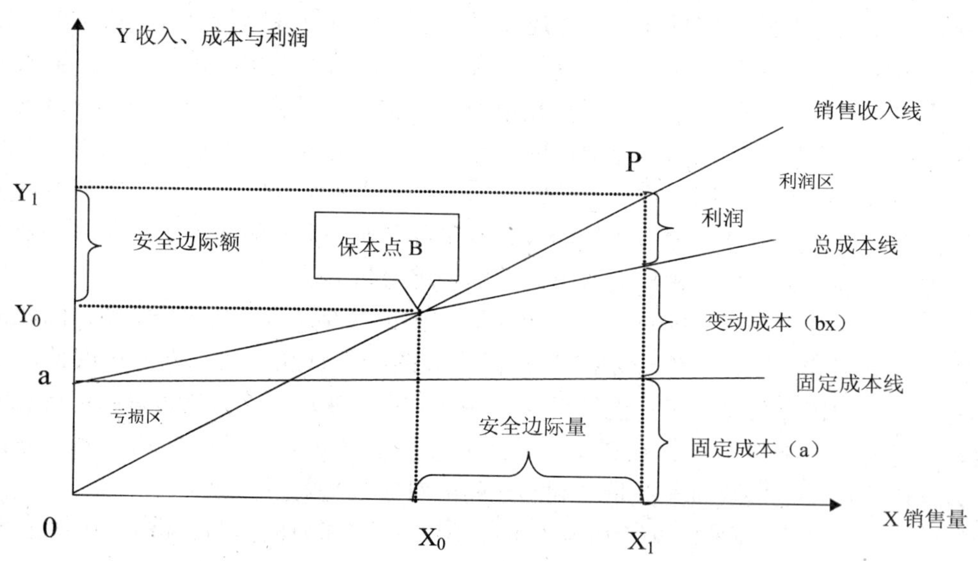

图 4 – 2　实物量传统式本量利分析图

图 4 – 2 中，如果 P 点至总成本的距离表示的是目标利润或以目标净利润表示的

目标利润，则 X_1 反映的就是保利量或保净利量；Y_1 反映的就是保利额或保净利额。如果 P 点是任意一点销售量下利润，则 X_0 与 X_1 之间反映的就是安全边际量；Y_0 与 Y_1 之间反映的就是安全边际额。分析该图可以发现以下规律：

（1）保本点受单价、单位变动成本和固定成本三个因素的影响，其中任何一个因素变动，都会导致保本点发生变动，销售量的变动则对保本点无影响。

（2）在保本点不变的条件下，如果销售超过保本点一个单位的业务量，即可获得一个单位贡献毛益的盈利，销售量越大，实现的盈利就愈多。反之，如果销售低于保本点一个单位的业务量，即亏损一个单位贡献毛益，销售量越少，亏损额就越大。

（3）在盈利的前提下，如果销售量保持在特定的水平下不变，保本点越低，盈利三角区的面积就会扩大，相应地亏损三角区的面积就会缩小。反之，保本点越高，则盈利三角区的面积就会缩小，而亏损三角区的面积就会相应地扩大。但如果销售量变化时，只会引起盈利三角区的变化，而不会引起亏损三角区向相反方向变动。

2. 金额传统式本量利分析图

金额传统式本量利分析图是以销售收入表示的横轴，该图揭示的是销售收入与成本、利润之间的关系。具体作图步骤与实物量传统式本量利分析图的作图步骤完全相同，不同点在于：（1）由于纵轴和横轴都能反映销售收入，因此该图中的销售收入线与横轴的夹角一定是45°，px 线存在于角平分线上；（2）变动成本线的斜率是变动成本率 bR。具体图形如图 4－3 所示。

图 4－3 中，任意一点销售收入 X_1 下的变动成本是用销售收入 × 变动成本率（即变动成本 = px · bR）计算的。该图略去了销售量的作用，因此看不到保本量、安全边际量和保利量。

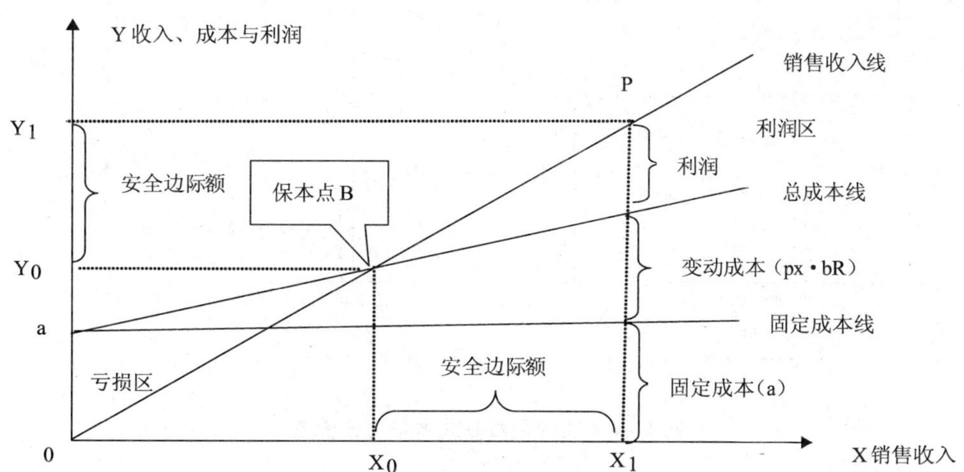

图 4－3　金额传统式本量利分析图

传统式本量利分析图的唯一不足在于，无法反映贡献毛益与其他因素的关系。

4.5.3 贡献式本量利分析图

贡献式本量利分析图克服了传统式本量利分析图的缺陷，是一种能够反映贡献毛益与固定成本、变动成本、利润之间关系的分析图。其特点是，变动成本线位于图的最下方，总成本以变动成本为基础，清晰地反映了贡献毛益的盈利性本质，除此之外，传统式本量利分析图中反映的所有指标该图都能体现。该图按横轴代表的业务量不同，又可以进一步区分为实物量贡献式本量利分析图和金额贡献式本量利分析图。

1. 实物量贡献式本量利分析图

实物量贡献式本量利分析图以销售量代表横轴，揭示了销售量与成本、贡献毛益、利润之间的关系。具体作图步骤如下：（1）以单价 p 为斜率，过原点画一条销售收入线（y = px）；（2）以单位变动成本 b 为斜率，过原点画一条变动成本线（y = bx）；（3）以固定成本 a 为截距，画一条平行于 bx 线的直线，该线就是总成本线（y = a + bx），销售收入线与总成本线的交点即保本点。如图 4 – 4 所示。

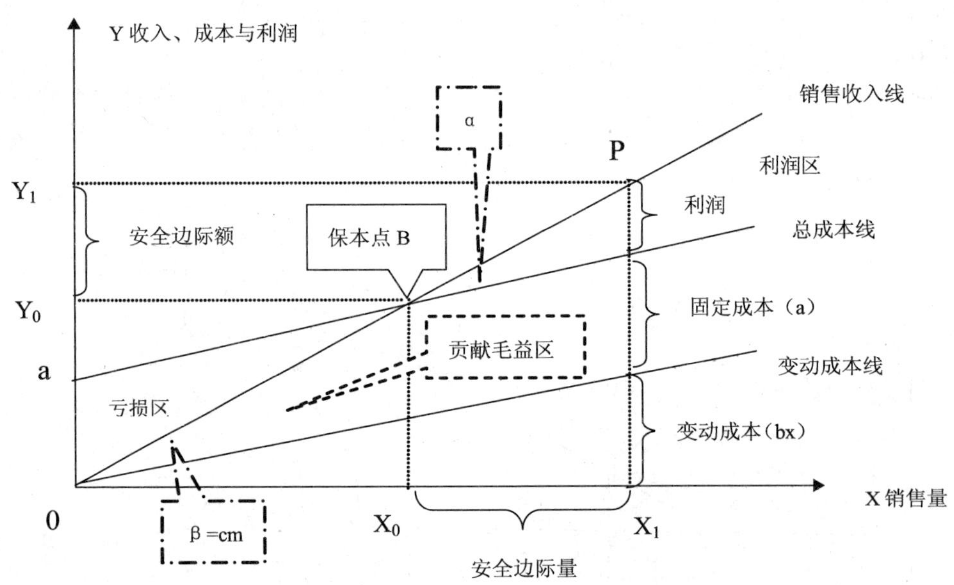

图 4 – 4 实物量贡献式本量利分析图

图 4 – 4 中，PO 变动成本线之间的开口区为贡献毛益区。分析该图，可以发现以

下规律：

（1）只要单价大于单位变动成本，则必然存在贡献毛益。

（2）贡献毛益 = 销售收入 - 变动成本 = 固定成本 + 利润，只要贡献毛益能够补偿固定成本，就能为企业带来利润。

（3）∠α 与∠β 相等，都等于单位贡献毛益。∠α 越大，反映企业的利润越高，反之，利润就低。∠α 的大小反映着贡献毛益的高低，直接影响着利润的增减变化。

2. 金额贡献式本量利分析图

金额贡献式本量利分析图是以销售收入表示的横轴，该图揭示的是销售收入与成本、贡献毛益、利润之间的关系。具体作图步骤与实物量贡献式本量利分析图的作图步骤完全相同，只是销售收入线和横轴的角度不为45°，如图4－5所示。

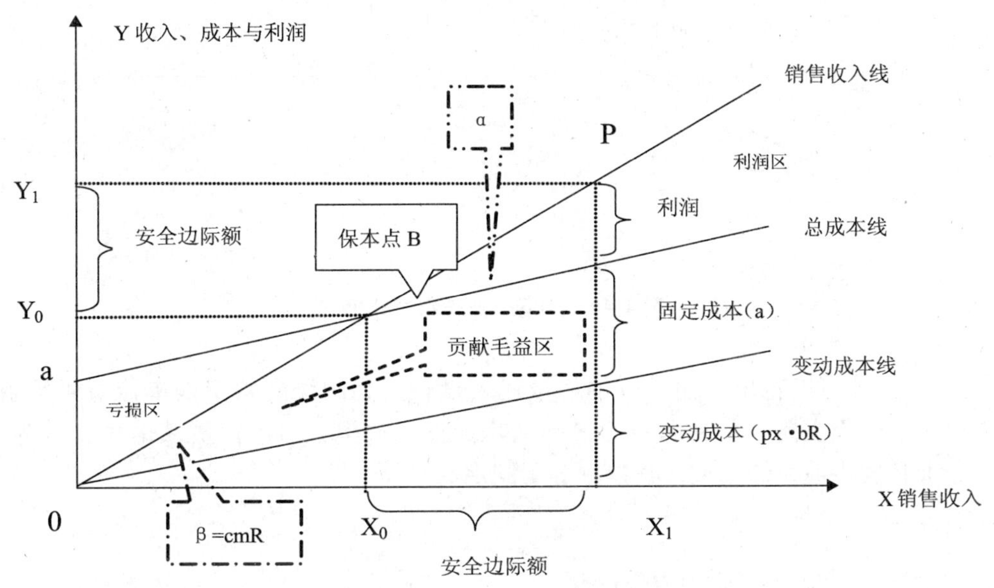

图 4－5 金额贡献式本量利分析

图4－5中，由于以销售收入为横轴，因此∠β 是贡献毛益率 cmR，由此导致利润区中的∠α 也是贡献毛益率 cmR。

4.5.4 利润—业务量式分析图

利润—业务量式分析图是一种能够反映业务量与利润之间关系的分析图。该图的特点是，略去了成本因素，简单明了，能够直观地揭示业务量与贡献边际、固定成本及利润之间的关系。该图的横轴既可以用实物量表示，也可以用销售收入表示，具体作图时，以贡献毛益和利润表示纵轴，首先画一条过圆心的贡献毛益线，然后以纵轴上的负数固定成本为起点，作一条贡献毛益线的平行线，即利润线，利润线与横轴的交点就是保本点，如图 4 -6 所示。

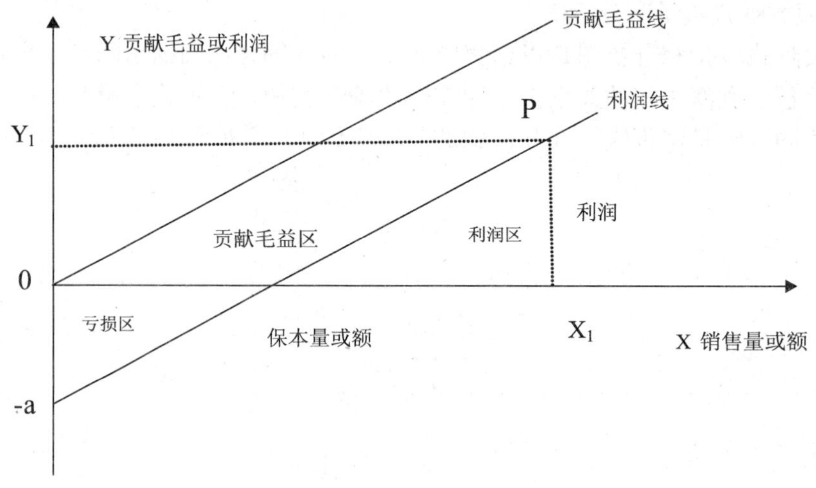

图 4 -6　利润—业务量式分析

从图 4 -6 可以看出，如果以销售量代表横轴，利润线的斜率是单位贡献毛益；如果以销售额代表横轴，利润线的斜率则是贡献毛益率。当销售量或销售收入为零时，企业将发生最大的亏损，其数额等于固定成本。

4.6　因素变动分析

4.6.1　因素变动分析的内涵

因素变动分析包括三方面内容：采取措施后的综合因素变动试算平衡；影响程度分析；不确定性分析。这种分析既可以用于成本预测，也可以用于利润预测。其中第一方面内容是以绝对数的形式体现，常常出现在初始目标利润、目标成本被修正前的试算平衡中。而后两方面内容贯穿于预测值的发展趋势预测和目标被修正过程中，因此这里单独对后两方面内容进行介绍。

因素变动影响程度分析被称为敏感性分析。敏感性分析（sensitivity analysis）是一种专门的分析方法，它的应用范围十分广泛，许多学科分析中都采用。在管理会计中，常常被用于预测分析、全面预算等。由于销售量、成本因素包含在利润影响因素中，因此本章主要涉及利润敏感性分析。

敏感性分析是研究制约综合指标的有关因素发生某种变化时对综合指标产生影响程度的一种定量分析方法。在企业销量、利润、成本预测中常常需要了解因素与利润之间的变动程度，如销售量变动4%时，利润的变动率是多少？或是相反方向的分析。这种分析可以为因素最终值的确定提供必要的信息，有助于提高预测的速度。

因素的不确定性分析是研究因素未来存在若干种变动情况下的一种定量分析。当因素未来具有不确定性，这意味着存在一定的风险，而风险无处不在，因此这种分析方法的应用范围十分广泛。在实务中工作中，只要有风险存在，这种分析都适用。在企业生产经营中，由于未来内外环境常常变动，导致影响综合指标的因素未来具有不确定性，如果分析中仅仅局限于因素的确定性分析，常常会导致预测的结果不准确，进而会导致决策失误，因此预测分析中，必须结合因素的未来变动情况进行分析。这种分析旨在提高预测结果的准确性。

4.6.2 利润敏感性分析

1. 利润敏感性分析的内涵

所谓利润敏感性分析是研究制约利润的有关因素发生某种变化时对利润指标产生影响程度的一种定量分析方法。在现实经济环境中，影响利润的因素很多，这些因素经常发生变动。即使它们的变动方向和变动幅度完全一样，对利润所产生的影响也可能不同。如有些因素增长会导致利润增长，而另一些因素只有降低才会使利润增长；有些因素只要略有变化就会使利润发生很大的变动，而有的因素虽然变动幅度较大，却可能只对利润产生微小的影响。我们将那些对利润影响大的因素称为利润灵敏度高，反之则称为利润灵敏度低。

进行利润敏感性分析，旨在区分因素对利润影响的灵敏度。对敏感性高的因素，企业应当给予更多的关注；而对于敏感性低的因素则不必作为分析的重点。利润敏感性分析的核心是计算有关因素的利润灵敏度指标，通过该指标揭示利润与因素之间的相对数关系，并利用灵敏度指标进行利润预测。

2. 利润敏感性分析的假定

利润敏感性分析建立在贡献式损益确定程序的基础上，进行利润敏感性分析前首先做如下假定：

（1）四因素假定。从贡献式损益确定程序的计算式可以看出，利润只受到四个因素的影响，即单价（p）、单位变动成本（b）、销量（x）和固定成本总额（a）。如果以 i 代表影响因素的序号，令它们的序号 i 分别为 1，2，3，4。

（2）因素单独变动假定。为了正确反映因素对利润的影响，假定上述因素中任一因素的变动均不会引起其他三因素变动，即某一因素单独变动，其他三因素保持在基期的水平不变。

（3）变动 1% 假定。如果要排序因素变动对利润的影响程度高低，必须排除各因素变动率不一致的现象，即假定所有的因素都分别按 1% 变动。

（4）利润增长假定。为了使分析的结论具有可比性，假定每项因素的变动最终都能够导致利润增加。结合第三个假定，这就要求属于正指标的单价与销量的变动率应该分别增长 1%，属于反指标的单位变动成本和固定成本的变动率分别降低 1%。用公式表达如下：

$$\text{第 i 个因素的变动率}(K_i)=(-1)^{1+i}\times 1\% \quad (i=1,2,3,4) \quad \text{式 } 4-57$$

分别将 i = 1，2，3，4 代入式 4 - 57，则各个因素的变动率分别为：$K_1=1\%$；$K_2=-1\%$；$K_3=1\%$；$K_4=-1\%$。

3. 特定因素利润灵敏度指标的计算

所谓利润灵敏度是指利润受有关因素变动影响的灵敏程度。由于不同的因素对利润的影响程度常常不同，因此特定因素的利润灵敏度指标常常不同，需要逐一计算。

所谓特定因素的利润灵敏度是指该因素单独变动 1% 后使利润增长的百分比。根据上述基本假定，特定因素的利润灵敏度指标共有四个：单价的利润灵敏度（S_1）、单位变动成本的利润灵敏度（S_2）、销售量的利润灵敏度（S_3）和固定成本的利润灵敏度（S_4）。如果以 px - bx - a 为计算利润的基础，假定其中一个因素按照基本假定变动 1%，如单价增长 1%，其他三因素保持在基期水平不变，如果用变动后的利润减变动前的利润，并计算利润增长率，就可以推导出特定因素的利润灵敏度的计算公式，推导过程略，相关的计算公式如下：

$$\begin{matrix}\text{特定因素的}\\\text{利润灵敏度}\end{matrix}(S_i)=\frac{\text{该因素的中间变量}}{\text{基期利润}}\times 1\%=\frac{M_1}{p}\times 1\% \ (i=1,2,3,4) \quad \text{式 } 4-58$$

其中：单价的中间变量（M_1）是销售收入，即 $M_1=px$；单位变动成本的中间变量（M_2）是变动成本总额，即 $M_2=bx$；销售量的中间变量（M_3）是贡献毛益，即 $M_3=Tcm$；固定成本的中间变量（M_4）是其本身，即 $M_4=a$。

【例 4 - 27】沿用例 4 - 11 的资料及其计算结果。

要求：计算各因素的利润灵敏度指标。

分析：依据所给资料进行计算。

$$S_1=\frac{100\times10\ 000}{100\ 000}\times1\%=10\%$$

$$S_2=\frac{60\times10\ 000}{100\ 000}\times1\%=6\%$$

$$S_3=\frac{(100-60)\times10\ 000}{100\ 000}\times1\%=4\%$$

$$S_4=\frac{300\ 000}{100\ 000}\times1\%=3\%$$

4. 特定因素利润灵敏度指标的排列规律

比较例4－27的计算结果可以看到，单价的灵敏度指标最高，单位变动成本次之，然后是销售量，固定成本的灵敏度指标最低。即：$S_1>S_2>S_3>S_4$

实务中，上述排列顺序经常成立，因此有人将这种排列顺序说成是因素利润灵敏度指标的排列规律，这是不对的。事实上，如果将例4－27中的单位变动成本改为50元或48元，其他条件不变，就会出现排列顺序：$S_1>S_2=S_3>S_4$或$S_1>S_3>S_2>S_4$

此外还可以举出其他的情况。显然，因素利润灵敏度指标的排列并不是唯一的。要寻求利润灵敏度指标的排列规律，不能从某一个实例的计算结果出发，而应该从利润灵敏度指标的计算公式出发。从式4－58可以看出，利润灵敏度指标的排列顺序取决于各个因素的中间变量的大小。如果企业盈利，在这种情况下，利润灵敏度指标的排列的规律存在：（1）单价的利润灵敏度指标一定最高；（2）销售量的利润灵敏度指标不可能最低；（3）单价的利润灵敏度指标与单位变动成本的利润灵敏度指标之差等于销售量的利润灵敏度指标，即：$S_1-S_2=S_3$；（4）销售量的利润灵敏度指标与固定成本的利润灵敏度指标之差等于1%，即：$S_3-S_4=1\%$。

5. 利润灵敏度指标在利润预测中的应用

利润灵敏度指标一方面可以反映特定因素对利润的影响程度大小；另一方面以该指标为基础还可以测算因素与利润之间的关系。

（1）预测任一因素以任意幅度单独变动对利润的影响程度。实务中，影响利润的因素变动率常常不是1%。当影响因素（假设为第i个因素）以任意幅度向任意方向单独变动时，可以利用事先测算出来的因素利润灵敏度S_i指标很方便地预测出来这种变动对利润所产生的影响。假设任一因素的变动率$K_i=D_i\%$，D_i为因素的变动百分点，计算公式如下：

$$\text{任意第 i 个因素变动时的利润变动百分比}=(-1)^{1+i}\times\text{该因素的变动百分点}\times\text{该因素的利润灵敏度指标}$$

$$\text{或 } K_i=(-1)^{1+i}\cdot D_i\cdot S_i\qquad(i=1,2,3,4)\qquad\text{式 4－59}$$

【例4－28】沿用例4－11的资料以及例4－27的计算结果。假定2011年企业的单价和单位变动成本分别上升4%。

要求：计算这两个因素单独变动后对利润带来的影响。

分析：依据所给资料及相关的计算结果进行计算。

当单价单独变动4%时的利润变动率 $=(-1)^{1+1}\times4\times10\%=40\%$

当单位变动成本单独变动4%时的利润变动率 $=(-1)^{1+2}\times4\times6\%=-24\%$

（2）测算为实现既定的目标利润变动率应采取的单项措施。当既定的目标利润变动率（K_0）被提出后，企业常常需要测算应采取的单项措施。进行此类分析是在已知目标利润比基期利润增长百分比的基础上，测算有关因素分别变动的百分比 K_i。计算公式如下：

$$\text{为实现目标利润变动率第 i 个因素应当变动的百分比}=(-1)^{1+i}\times\frac{\text{目标利润变动率}}{\text{该因素的利润灵敏度指标}}\times1\%$$

$$\text{即}:K_i=(-1)^{1+i}\times\frac{K_0}{S_i}\times1\%\quad(i=1,2,3,4)\qquad\text{式 4-60}$$

【例4－29】沿用例4－11的资料以及例4－27的计算结果。采用初始目标利润较上年的变动率。

要求：计算为实现该目标利润变动率企业应采取的单项措施。

分析：依据所给资料及相关的计算结果进行计算。

单价的变动率：$K_1=(-1)^{1+1}\times\frac{50\%}{10\%}\times1\%=5\%$

单位变动成本的变动率：$K_2=(-1)^{1+2}\times\frac{50\%}{6\%}\times1\%\approx-8.33\%$

销售量的变动率：$K_3=(-1)^{1+3}\times\frac{50\%}{4\%}\times1\%=12.5\%$

固定成本的变动率：$K_4=(-1)^{1+4}\times\frac{50\%}{3\%}\times1\%\approx-16.67\%$

比较例4－29与例4－24的相关计算结果，就可以发现，利用利润灵敏度指标通过相对数分析企业为实现目标利润应采取的单项措施，其结果同按绝对数计算的结果完全相同，只是二者的分析角度不同，前者是对单一因素的直接分析，后者则是以利润灵敏度为基础的间接分析。

（3）预测为实现确保企业不亏损的因素变动率极限。企业不亏损意味着企业恰好处于保本状态，此时应将目标利润变动率 K_0 设定为－100%，并将其代入式4－60，这样就可以计算出确保企业不亏损的各项因素的变动率极限值。此类分析对于判断企业面临的经营风险十分必要。计算公式如下：

$$K_i=(-1)^{1+i}\times\frac{-100\%}{\text{该因素的利润灵敏度}}\times1\%\quad(i=1,2,3,4)\qquad\text{式 4-61}$$

【例4－30】沿用例4－11的资料及例4－27的计算结果。

要求：计算确保2011年该企业不亏损的各项因素变动率的极限值。

分析：依据所给资料及相关的计算结果进行计算。

单价的变动率极限：$K_1 = (-1)^{1+1} \times \frac{-100\%}{10\%} \times 1\% = -10\%$

单位变动成本的变动率极限：$K_2 = (-1)^{1+2} \times \frac{-100\%}{6\%} \times 1\% \approx 16.67\%$

销售量的变动率极限：$K_3 = (-1)^{1+3} \times \frac{-100\%}{4\%} \times 1\% = -25\%$

固定成本的变动率极限：$K_4 = (-1)^{1+4} \times \frac{-100\%}{3\%} \times 1\% \approx 33.33\%$

计算结果表明，在因素单独变动时，只要2011年该企业单价的降低率不超过10%，销售量的降低率不超过25%，单位变动成本的超支率不超过16.67%，固定成本的超支率不超过33.33%，企业就不会亏损。如果采用保本点计算公式计算保本量，再计算销售量的降低幅度，你会发现二者的计算结果相同，可见这两种不同的计算方法只是考虑问题的角度不同而已。

4.6.3 因素的不确定性分析

事实上，影响利润的因素其未来发展水平常常是不确定的，会出现不同的结果，在这种情况下，如果已知概率，就可以利用概率分析原理对其进行因素分析。具体的分析方法有两种，期望值分析法和联合概率分析法。

1. 期望值分析法

期望值分析法是指依据计算的期望值分析影响因素与利润之间关系的一种因素不确定条件下的定量分析方法。利用此法进行分析，需要事先预测出影响利润的因素未来的若干个不同的变动结果，即概率论中所称的随机变量 x_i，同时预测出各随机变量出现的相应概率 p_i。这里的概率既可以是主观概率，也可以是客观概率。主观概率是由决策者根据以往经验凭其主观判断加以确定的；客观概率是在会计、统计或其他业务核算历史数据的基础上加工推算的，但无论采用何种形式的概率，其概率之和必须为1。在预测出随机变量和相应概率的基础上，就可以通过计算期望值（E），并以此进行影响利润的因素分析。期望值的计算公式如下：

$$E = \sum(\text{随机变量} \times \text{概率}) = \sum x_i p_i \qquad \text{式} 4-62$$

【例4-31】假定某企业的单价、单位变动成本与固定成本均为非确定因素，这些因素未来可能达到的水平及相关的概率情况如表4-13所示。假定2011年的目标利润为11 400元。

表 4－13 因素及概率的相关资料

因素 可能状况	单价		单位变动成本		固定成本	
	水平（元）	概率	水平（元）	概率	水平（元）	概率
1	21	0.3	15	0.2	15 600	0.4
2	20	0.6	16	0.8	15 000	0.6
3	19	0.1				

要求：（1）计算期望值的保利量；（2）计算预计销售量为 7 000 件时的期望利润额。

分析：依据所给资料进行计算。

（1）首先计算期望的单价、期望的单位变动成本和期望的固定成本水平，在此基础上，计算期望的保利量。

单价的期望值 $=21\times0.3+20\times0.6+19\times0.1=20.2$（元）

单位变动成本的期望值 $=15\times0.2+16\times0.8=15.8$（元）

固定成本的期望值 $=15\ 600\times0.4+15\ 000\times0.6=15\ 240$（元）

保利量的期望值 $=\dfrac{15\ 240+11\ 400}{20.2-15.8}\approx6\ 055$（件）

（2）当销售量为 7 000 件时的期望利润额。

利润额 $=(20.2-15.8)\times7\ 000-15\ 240=15\ 560$（元）

2. 联合概率分析法

联合概率分析法是指依据不同组合的联合概率分析影响因素与利润之间关系的一种因素不确定条件下的定量分析方法。利用此法进行分析，需要在事先估算出各因素概率的基础上，计算不同因素组合情况下的联合概率。联合概率是因素特定组合情况下各因素概率的乘积，其合计值一定是 1。依据联合概率就可以进行影响利润的因素分析。

【例 4－32】沿用例 4－31 的相关资料。

要求：（1）按联合概率分析法计算保利量；（2）按联合概率分析法计算预计销售量为 7 000 件时的利润额。

分析：依据所给资料，上述两个要求都可以通过编制联合概率分析法下的分析表予以反映，分析表及其计算结果如表 4－14 所示。

表4－14　　联合概率法下的因素分析

单价		单位变动成本		固定成本		联合概率	目标利润为11 400时		销售量为7 000时		组合
水平	概率	水平	概率	水平	概率		保利量	加权保利量	利润	加权利润	
(1)	(2)	(3)	(4)	(5)	(6)	(7)	(8)	(9)	(10)	(11)	
21	0.3	15	0.2	15 600	0.4	0.024	4 500	108.00	26 400	633.60	1
				15 000	0.6	0.036	4 400	158.40	27 000	972.00	2
		16	0.8	15 600	0.4	0.096	5 400	518.40	19 400	1 862.40	3
				15 000	0.6	0.144	5 280	760.32	20 000	2 880.00	4
20	0.6	15	0.2	15 600	0.4	0.048	5 400	259.20	19 400	931.20	5
				15 000	0.6	0.072	5 280	380.16	20 000	1 440.00	6
		16	0.8	15 600	0.4	0.192	6 750	1 296.00	12 400	2 380.80	7
				15 000	0.6	0.288	6 600	1 900.80	13 000	3 744.00	8
19	0.1	15	0.2	15 600	0.4	0.008	6 750	54.00	12 400	99.20	9
				15 000	0.6	0.012	6 600	79.20	13 000	156.00	10
		16	0.8	15 600	0.4	0.032	9 000	288.00	5 400	172.80	11
				15 000	0.6	0.048	8 800	422.40	6 000	288.00	12
有关指标期望值						1.000	—	6 225		15 560	—

注：(7)=(2)×(4)×(6)；(8)=［(5)+11 400］/［(1)－(3)］；(9)=(8)×(7)；(10)=（(1)－(3)）×7 000；(11)=(10)×(7)

比较例4－32与例4－31的计算结果，从保利量来看，二者的计算结果不等，例4－32的期望保利量是6 225件，而例4－31的计算结果是6 055件，二者的计算结果存在一定的差距；从销售量为7 000件的利润预测结果来看，二者预测的未来利润额相等，都是15 560元。从计算过程来看，期望值分析法计算简单、易于掌握理解，而联合概率分析法计算复杂，但可以清晰地反映不同组合可能出现的概率及其结果。

本章小结

1. 经营预测分析是指运用专门的方法进行各类经济指标预测的过程。包括销售预测、利润预测和成本预测等，具有的特点：科学性、近似性和可修正性。

2. 经营预测一般经过几个步骤：确定经营预测目标；收集和整理资料；选择经营预测方法；分析判断；检查修正；报告预测结论。

3. 概括而言，经营预测有定量预测分析法与定性预测分析法两类。定量预测分析法又可以分为趋势预测分析法和因果预测分析法。预测中，定量预测与定性预测不相互排斥，可以相互补充，结合应用。

4. 销售量预测的定性预测方法有判断分析法和产品寿命周期分析法两类。判断分析法又包括推销员判断法、综合判断法和专家判断法三种，特尔菲法属于专家判断法的一种。

5. 销售量预测的定量预测分析包括趋势预测分析法和因果预测分析法两类。趋势预测分析又包括平均法和修正的时间序列回归法。其中平均法包括算术平均法、移动平均法、趋势平均法、加权平均法和平滑指数法五种。

6. 利润预测的步骤是：测算初始目标利润；进行保本、保利分析；预测未来可能实现的利润水平；进行因素综合变动的试算平衡；修正目标利润并纳入预算。

7. 预测目标利润时应坚持的原则：可行性原则；客观性原则；严肃性原则；指导性原则。预测初始目标利润时可以采用两种方法：比率预测法和总体比率预测法。

8. 保本分析的核心是计算保本点，具体表现为保本量和保本额；保利分析的核心是计算保利点和保净利点。具体表现为保利量和保利额、保净利量和保净利额。如果令贡献式损益程序的利润为零，则可以计算单价、单位变动成、固定成本的保本指标；如果令贡献式损益程序的利润为目标利润或目标净利润，可以计算单价、单位变动成、固定成本的保利指标和保净利指标。

9. 完全成本法下的保本指标计算和作业成本法下的保本指标计算与变动成本法下的计算公式不同。

10. 多品种条件下，计算综合保本额的方法有很多，主要有：加权平均贡献毛益率法、联合单位法、分段累计法、分算法和主要品种法等。这些方法的适用范围不同，也可以用于保利分析。

11. 加权平均贡献毛益率法下的加权平均贡献毛益率实际上反映的是企业整体的贡献毛益率水平。如果调整销售比重，可以达到降低综合保本额的目的。

12. 初始目标利润由投资者或上级提出，企业是否具有实现的可能，需要预测利润可能实现的水平，这种预测与初始目标利润的预测方法不同，具体预测时可以利用贡献式损益程序预测可能实现的利润；也可以利用经营安全指标预测可能实现的利润。

13. 反映企业经营安全的指标有安全边际和保本作业率，安全边际的具体形式有：安全边际量、安全边际额和安全边际率。检验企业经营是否安全常常用安全边际率来衡量，安全边际率和保本作业率性质相反，二者相加为1。

14. 测算目标成本需要经过几个步骤：测算初始目标成本；预测未来成本可能实现的水平；修正目标成本并纳入预算。初始目标成本的确定方法有：倒推预测法和选择预测法两种。利用平均法、高低点法、一元直线回归分析法和加权平均法都可以预测未来成本可能实现的水平。

15. 保本与保利分析图也称为本量利分析图，主要涉及传统式本量利分析图、贡献式本量利分析图和利润—业务量式分析图三类。作图时横轴既可以用销售量表示，也可以用销售额表示。销售量下利润线的斜率是单位贡献毛益，销售额下利润线的斜率是贡献毛益率。

16. 利润灵敏度分析和因素不确定性分析都属于因素变动分析范畴。特定因素的利润灵敏度是指该因素单独变动1%后使利润增长的百分比。因素利润灵敏度指标的排列顺序取决于各个因素中间变量的大小。利用利润灵敏度指标可以预测利润的变动幅度或因素的变动幅度。

17. 因素不确定性分析的方法主要有两种：期望值分析法和联合概率分析法。这两种方法下预测的利润结果是一致的，但预测的期望保本量不同。

思 考 题

1. 经营预测分析具有什么特点？可以采用哪些方法进行预测？
2. 实务工作中，采用了定量预测方法，是否就不能采用定性预测方法？为什么？
3. 预测销售量的定量方法有哪些？利用这些方法如何预测销售量？
4. 西方为什么认为特尔菲法下的预测结果较其他定性分析方法要准确？
5. 修正的一元直线回归法与一般的一元直线回归法在预测销售量中有什么不同？
6. 利润的预测程序需要进行几个步骤？预测目标利润时需要坚持的原则有哪些？
7. 预测目标利润的方法与测算利润可能实现的水平所采用的方法一样吗？为什么？
8. 比率预测法和总体比率预测法有什么不同？
9. 如何计算保本点、保利点、保净利点？计算中它们的共性之处表现在什么地方？
10. 完全成本法与作业成本法下的保本点计算与变动成本法下的保本点计算有什么不同？
11. 加权平均贡献毛益率法下如何计算综合保本额、综合保利额、保净利额？
12. 多产品条件下，可以采用的保本分析方法有哪些？这些方法具有怎样的区别？
13. 试列举可能实现利润的所有预测公式？
14. 检验企业经营是否安全的指标有哪些？这些指标计算中的区别是什么？如果一个企业的经营十分安全，相应的指标应该达到多少？
15. 预测目标成本的方法有哪些？这些方法是否可以用于成本可能实现水平的预测？为什么？

16. 传统式本量利分析图与贡献式本量利分析图在作图上有什么不同？
17. 不同的本量利分析图下能够反映怎样的规律？
18. 如何计算特定因素的利润灵敏度指标？这些指标的排列顺序有规律吗？
19. 企业盈利条件下，因素的利润灵敏度指标具有什么变化规律？
20. 期望值分析法与联合概率分析法在应用中有什么不同？

第五章　经营决策分析

学习目标

1. 了解决策分析的种类，经营决策分析的概念、程序、内容和应坚持的原则。

2. 掌握经营决策分析应该考虑的主要因素；重点掌握相关成本与无关成本的种类及其划分标准。

3. 掌握生产决策、定价决策、调价决策可以采用的不同方法，并做到熟练应用。

4. 了解经营决策方法应用中的特别说明。

5. 掌握每一个经营决策分析实例所得出的结论。

6. 了解定价决策中应考虑的因素，短期价格决策与长期价格决策的不同点。

7. 了解作业成本法下的生产决策和定价决策的分析思想。

8. 掌握非确定型条件下生产决策的分析方法种类及基本思想。

关键名词

经营决策分析　确定型决策分析　非确定型决策分析　相关成本　增量成本　机会成本　专属成本　重置成本　无关成本　沉没成本　差别损益　相关损益　单位资源贡献毛益　成本无差别点业务量　利润无差别点业务量　产品最优售价

5.1　经营决策分析概述

5.1.1　经营决策分析的内涵

所谓决策是指做出选择的行为。决策分析是指在充分考虑各种可能的前提下，提出一个或若干个备选方案，通过比较分析，选出某一个或某几个较优方案的分析过程。决策分析涉及的内容广泛，就一个企业而言，决策分析包括生产决策分析、项目决策分析、质量决策分析、营销决策分析、供应商决策分析等。管理会计中的决策分析指的是经营决策分析。

所谓经营决策分析是指针对企业日常生产经营中出现的问题，由各级管理人员提出备选方案，依据掌握的相关数据进行分析，并做出优选方案决定的分析过程。经营决策分析是一个提出备选方案、分析备选方案、优选备选方案的分析过程，绝不能将其理解为是高层领导的瞬间决定行为，高层领导的瞬间决定仅仅是经营决策分析的最后环节，但不代表全部，管理会计人员为领导的瞬间决定提供数据支撑，是高层领导决策的基础。

5.1.2 决策分析的种类

决策分析贯穿于企业生产经营活动的始终，涉及的内容十分广泛，按照不同的标志可以分为不同种类的决策，主要有以下几类。

1. 短期决策分析与长期决策分析

如果决策分析按照决策结果涉及的时间长短划分，可以区分为短期决策分析和长期决策分析两大类。

（1）短期决策分析。短期决策分析是指决策结果在 1 年之内可以实现的决策。此类决策一般不涉及大量资金的投入，1 年内就可以实现其预期的效果，主要包括产品品种决策、半成品是否继续生产决策、定价决策等。由于此类决策与日常生产经营中面临的决策问题直接相关，因此也称为经营决策分析。

（2）长期决策分析。长期决策分析是指决策结果在 1 年以上才可以实现的决策。此类决策一般涉及大量资金投入，对企业的收支影响持续时间长，预期效果需要多年实现，主要包括固定资产更新改造决策、新建项目决策等。由于此类决策投资量大，见效慢，与项目相关，因此也称为长期投资决策分析，或称项目决策，或称资本预算。

长期决策分析实际上是管理会计与财务管理的交叉内容，管理会计将其称为长期投资决策分析，财务管理则将其称为资本预算，虽然二者称法不同，但研究的内容是一致的。本教材为避免两个学科内容的重复，另外考虑到管理会计与企业日常生产经营内容直接相关，而长期投资决策属于满足特殊需要的决策，因此与财务管理的联系更加紧密，故将其划归财务管理。

2. 确定型决策分析与非确定型决策分析

如果决策分析按照决策的影响因素是否确定划分，可以分为确定型决策分析和非确定型决策分析两大类。

（1）确定型决策分析。确定型决策分析是指各备选方案中所涉及的因素都是确定的，一个方案只有一个确定结果的决策。决策分析中所采用的决策指标常常具有综合性，如果影响不同备选方案决策指标的因素结果明确，如新产品决策中的甲方案单价是100元，此类决策就属于确定性决策。对其决策较为容易，只要直接比较不同备选方案的决策指标就可以得出决策的结论。

（2）非确定型决策分析。非确定型决策分析是指各备选方案中所涉及的因素是不确定的，因素未来可能有多种变动趋势，每一个方案可能有多个结果的决策。由于未来经营环境的多变，导致决策中所涉及的因素可能不确定性，如新产品决策中的甲方案单价可能是100元，也可能是98元，此类决策就属于非确定型决策分析。该类决策分析依据是否已知因素的概率可以进一步区分为风险型决策分析与不确定型决策分析。

风险型决策分析是指各备选方案中所涉及的因素是不确定的，但已知因素的变动概率的一种非确定型决策分析。此类决策由于不同方案的结果不唯一性，因此存在一定的风险。不确定型决策分析是指各备选方案中所涉及的因素是不确定的，但不同因素的概率未知的一种非确定型决策分析。事实上，因素的变动概率常常具有人为因素的作用，不确定型决策分析如果人为赋予因素变动的主观概率，则不确定型决策分析就可以转化为风险型决策分析，因此实务工作中，风险和不确定很难区分，然而理论分析中，这两种情况是可以截然分开的，因此本教材假定非确定型决策分析可以再细分。

3. 战略决策分析与战术决策分析

决策分析按照决策的性质划分，可以分为战略型决策分析和战术型决策分析两大类。

（1）战略型决策分析。战略型决策分析是指关系到企业未来发展方向与长期发展，具有全局性的决策。包括经营目标的制定、新产品的开发、生产能力的扩大等问题。此类决策的正确与否，对企业的成败常常具有决定性意义。长期投资决策分析一般涉及企业经营能力的拓展问题，因此属于此类决策。

（2）战术型决策分析。战术型决策分析是指为实现预期的战略决策目标，对日常经营活动所采取的方法与手段的局部性决策。如零部件自制与外购的决策、亏损产品应否停产的决策，以及短期资金的筹措等问题。此类决策关注企业现有人力、物力、财力资源的合理与充分有效利用，决策的正确与否，不会对企业的全局产生决定性影响。短期经营决策分析是针对某一个日常经营活动中出现问题的局部性决策，因此属于战术性决策。

4. 单一方案决策分析和多方案决策分析

决策分析按照决策方案划分，可以区分为单一方案决策分析和多方案决策分析两大类。

(1) 单一方案决策分析。单一方案决策分析是指本方案的决策分析。决策分析中如果根据任务只设计了一个方案，对其可以做出是否接受，是否拒绝的决策，此类决策就属于单一方案决策分析。此时可以直接比较接受或拒绝这两种情况的结果就可以进行决策。

(2) 多方案决策分析。多方案决策分析是指两个或两个以上方案的决策分析。决策分析中如果根据任务设计了多个不同方案，此时属于多方案决策。根据决策形式不同，此类决策又可以区分为互斥方案决策分析与组合方案决策分析。

互斥方案决策分析是指在两个或两个以上备选方案中选择其中之一的决策分析。此类决策所涉及的方案彼此之间相互排斥，只能选择一个。对此决策，只要比较不同备选方案的结果，取其最优者即可；组合方案决策分析是指在设计的多个备选方案中，依据一定的条件可以选择一个或多个，通过不同方案的搭配组合，选出最优组合方案的决策分析。通常此类决策有一定的约束条件，如投入资金不能超过1 000万元等，对此决策需要对不同组合结果进行比较，选取最优结果即可。

管理会计中的经营决策分析常常涉及单一方案决策分析和互斥方案决策分析，一般不涉及组合方案决策分析。

5.1.3 经营决策分析的程序及内容

1. 经营决策分析的程序

经营决策分析不是作出决定的瞬间行为，它有一个过程，一般经过以下几个步骤。

(1) 提出问题并明确目标。在企业战略目标既定的前提下，常常由于外部环境和内部环境的变动而出现一些尚待解决的问题，这些问题需要决策，但总体来看，决策后的结果不会影响企业的长期发展，也不会改变企业的经营战略目标，但会对当期收支产生影响，进而影响当期的收益，此时需要明确决策目标，并围绕着决策目标进行分析评价，从而做到有的放矢。

(2) 设计备选方案。决策问题及决策目标提出后，应当分析行业的特点及变化规律，分析竞争对手的状况，分析环境的未来变动趋势及其可能产生的影响，充分考虑企业现实的各种因素与可能，并设计各种可能实现决策目标的备选方案，并对每一个备选方案进行详细的说明。

(3) 分析评价。所设计的备选方案无论是单一方案还是多方案，都需要首先对每一个方案的可行性、合理性进行分析，然后依据相关的数据，采用一定的方法，从定量角度对其进行分析比较，综合评价。分析中，如果是完全不可能实现的方案，无论好与坏，都应该直接放弃。

（4）作出决定并付诸实施。备选方案比较的最终，应该根据综合分析评价的结果，围绕着决策目标，本着最优化原则，筛选较为理想的相对最优的方案并做出决定。决定一旦做出，就可以按照预期的时间安排而付诸实施。

2. 经营决策分析的内容

概括而言，经营决策分析包括生产决策分析和定价决策分析两类内容。

生产决策分析是围绕生产领域中出现的是否生产、生产什么、怎样生产，以及生产多少等方面问题而展开的决策。具体包括：新产品开发的品种决策、亏损产品的决策、是否转产或增产某种产品的决策、有关产品是否深加工的决策、零部件取得方式的决策、生产工艺技术方案的决策、产品组合决策等。定价决策分析是围绕流通领域中出现的如何确定销售产品价格水平及是否调价等问题而展开的决策。具体包括：短期价格决策、长期价格决策、最优售价组合决策、调价决策等。

5.1.4 经营决策分析的一般原则及特殊原则

1. 经营决策分析的一般原则

经营决策分析的一般原则具有普遍适用性，它不仅适用于经营决策分析，也适用于长期投资决策分析。应坚持的主要原则如下。

（1）合法性原则。合法性原则要求决策中要熟悉相关的法律，依法行事并决策。市场经济条件下，虽然企业自负盈亏，所有的决策问题完全是自己说了算，但必须遵纪守法。决策分析中，企业不能仅仅考虑个人利益而不顾国家利益，如果决策方案有些地方涉及法律制约，必须按照法律规定办事，不能置法律规定于不顾。当企业个人利益与社会利益发生矛盾时，应服从于国家的整体利益而放弃相关的决策。

（2）民主性原则。民主性原则要求决策中要集思广益，不能个人说了算。该原则主要体现在两方面：一是备选方案的提出不能个人说了算。备选方案常常涉及技术、财务等问题，因此应鼓励职工为实现决策目标而献计献策，在集思广益的基础上，进行汇总并提出备选方案；二是最终决策不能个人说了算。随着时代的发展，社会的进步，个人决策逐步向集体决策过渡，尤其是公司治理前提下，必须是在财务提供的分析数据基础上，集体讨论并作出决定，绝不能高层领导个人说了算。

（3）科学性原则。科学性原则要求决策中不能凭空臆断，必须采用科学的方法进行决策。所有的决策问题都是一个提出问题、分析问题、作出决定的过程，在分析过程中，需要采用一些特定的方法，详细的计算，从定量和定性两方面进行分析，绝不能主观臆断。

（4）最优化原则。最优化原则要求最终选定的方案一定是能够使企业获利最高或成本最低的方案。当然决策分析中的选择可能与实务最终的运作效果出现偏差或出现较大的偏差，这只能说明当时预测的数据不准确，从决策来看，依据所提供的预测数据，应该是所有数据中的最优方案。

2. 经营决策分析的特殊原则

经营决策分析的特殊原则仅仅适用于经营决策分析。由于长期投资决策已经突破了相关范围，生产成本数据估算中不需要区分相关成本与无关成本，因此该原则对其不完全适用。

经营决策分析的特殊原则只有一个，即相关性原则。该原则要求决策分析中凡是相关的收入、相关的成本就考虑，凡是无关的收入、无关的成本就不考虑。这种处理旨在简化计算，确保经营决策分析结果的正确性。

5.1.5　经营决策分析考虑的因素及判断标准

1. 经营决策分析考虑的因素

经营决策分析建立在相关范围及成本性态分析假设的基础上，在成本区分为变动成本与固定成本的前提下，由经营决策分析的特殊原则所决定，决策分析中主要考虑三个因素：相关业务量、相关收入和相关成本。

（1）相关业务量。相关业务量是指经营决策分析中与特定决策方案相联系、必须予以充分考虑的产量或销量的总称。经营决策分析中不是所有的产量或销量都是某一方案的相关业务量，只有与其直接相连的才是某方案的相关业务量。如果决策中有多个备选方案，不同方案的相关业务量常常不相等。而当不同方案之间的业务量存在转换情况时，如甲半成品深加工为乙产成品，此时甲半成品与乙产成品的相关业务量很可能不是等比例转化，在这种情况下，二者的相关业务量就不相等。

相关业务量对决策方案的影响常常是通过对相关收入和相关成本的影响实现的，如果在实务工作中，相关业务量判断不准确，计算的相关收入与相关成本就不会正确，进而会导致决策的失误，因此，相关业务量是经营决策分析中一个不容忽视的首要因素。

（2）相关收入。相关收入是指经营决策分析中与特定决策方案相联系、必须予以充分考虑的收入。一般而言，在确定不同方案相关业务量的基础上，乘以产品单价就可以确定方案的相关收入。

相关收入的对立概念是无关收入。无关收入是指经营决策分析中不考虑的收入。如果能够判断某项收入属于无关收入，即使该项收入存在，经营决策分析中也不考虑。

（3）相关成本。相关成本是指经营决策分析中与特定决策方案相联系、必须予以充分考虑的系列成本概念的总称。由于成本分析的角度具有多样性，由此导致成本的概念同样具有多样性，反映到经营决策分析中的成本也具有多样性。在众多的经营决策成本概念中，有一些是相关成本，有一些是无关成本。属于相关成本的主要有：增量成本、机会成本、专属成本、重置成本、加工成本、可分成本、可延缓成本和可避免成本等。

增量成本也称为狭义差量成本，是指单一决策方案由于生产能力利用程度的不同而表现在成本方面的差额。这里的生产能力指的是产量，生产能力利用程度的不同指的是产量的增减变动。当同一方案的生产量不同时，在相关范围内，由于固定成本总额保持不变，而变动成本总额不同，导致总成本出现差异，这个差异额就是增量成本。可见在相关范围内，某一决策方案的增量成本就是两个不同产量方案下的变动成本之差，这个差额也称为相关变动成本，即单位变动成本与相关产量的乘积；如果突破相关范围，则增量成本不仅包括变动成本的差额，而且包括固定成本的差额。增量成本由于与变动成本有关，是经营决策分析中最常出现的一个概念，是典型的相关成本，决策中必须考虑。

机会成本又称择一成本，原是经济学术语，它以经济资源的稀缺性和多种选择机会的存在为前提。管理会计中的机会成本是指在经济决策过程中，因选取某一方案而放弃另一方案所付出的代价或丧失的潜在利益。企业中的某种资源常常有多种用途，即有多种使用的“机会”，但用在某一方面，就不能同时用在另一方面，因此在决策分析中，必须把已放弃方案可能获得的潜在收益，作为被选取方案的机会成本，这样才能对中选方案的经济效益做出正确的评价。例如某公司准备将其所属的商店改为餐厅，预计餐厅未来一年中可以获得收入 100 000 元，成本支出为 40 000 元，利润为 60 000 元。如果仅分析至此并不全面，实际中还应考虑原商店的预计收益，如出售，并以此作为餐厅的机会成本。如果改为餐厅后，预计的利润值高于原商店的预计出售收益，则应开设餐厅，否则就需要保留原商店。由此可见，机会成本是经营决策分析中不容忽视的一个概念，优选方案的预计收益必须大于机会成本，否则所选中的方案就不是最优方案。当一个企业的生产能力有剩余，而剩余的生产能力可以用于从事其他活动并可获得收益时，如闲置能力能够对外加工获利等，在这种情况下，如果继续生产将失去这部分收益，此时必定存在机会成本，决策中需要考虑。机会成本是经营决策中较为常见的一个相关成本概念，此概念只能用于决策分析，日常成本核算中不涉及此概念，账上也不反映。

专属成本又称特定成本，是指那些能够明确归属于特定备选方案的成本。这类成本常常是固定成本或混合成本，与某一决策方案直接相关，决策中必须考虑。当企业的生产经营能力不足时，需要租入或购入设备或工具等，无论采用哪种形式，如果是专用设备或专用工具，只是用于特定方案，则相关的支出全部是专属成本；如果购入的设备需要计提折旧，则计提的年折旧费就是专属成本，而支付的设备价款不能作为专属成本处理。

重置成本又称现行成本，是指目前从市场上购买同一项原有资产所需支付的成本。这一概念常常用于产品销售过程中以及设备更新改造决策分析中。当企业销售产品时，如某公司某一库存商品的单位成本为 25 元，重置成本为 27 元，共 1 000 件，现在有一客商准备以单价 26 元购买全部该种库存商品，如果只按库存成本考虑，每件可获利 1 元，共获利 1 000 元，但如果该公司销售的目的是重新购进，则在此应该考虑的是重置成本而不是库存成本。如果按重置成本计算，该公司将亏损 1 000 元。由此可见，产品销售过程中，必须考虑重置成本，而不是历史成本，历史成本对决策不产生影响。当企业准备以旧换新，拟更新旧设备时，无论是否选择新设备，旧设备的购置成本早已发生，因此它与是否购置新设备的决策无关，而旧设备的变卖价款属于重置成本，则是决策的相关成本。

加工成本是指在半成品是否深加工决策分析中，由于对半成品进行深加工而追加的变动成本。它是半成品是否深加工决策所涉及的一个特定成本概念，它的计算是单位加工成本与相关深加工业务量的乘积，由于此概念与深加工方案直接相关，因此决策时必须考虑。至于深加工中所需要的固定成本，在经营决策分析中应当列作专属成本。

可分成本是指在联产品是否继续加工决策分析中，由于对已经分离的联产品进行继续加工而追加的变动成本。它是联产品是否继续加工决策所涉及的一个特定成本概念，它的计算是单位可分成本与相关继续加工业务量的乘积，由于此概念与继续加工方案直接相关，因此决策时必须考虑。

可延缓成本是指在经营决策分析中，可以推迟支付但对企业未来的生产经营不会产生重大不利影响的那部分成本。由于可延缓成本从时间的角度看具有一定的弹性，可以随决策方案的推移而推移，因此属于经营决策的相关成本，在决策中必须充分予以考虑。

可避免成本是指在经营决策分析中，不必要发生的那部分成本。此类成本在不影响企业生产经营正常进行的前提下，可以避免支付。它与可延缓成本的不同之处在于，可避免成本是否可以免除、不发生，完全取决于决策者的定夺。如果能够避免，不仅现在不发生，而且将来也可以不发生；而可延缓成本只是在发生的时间上推迟，但将来注定要发生。

2. 经营决策分析应该排除的无关成本

无关成本是指经营决策分析中出现的，与所有的备选方案都有联系，可以不予考虑的系列成本概念的总称。分析中属于无关成本的主要有：沉没成本、历史成本、共同成本、半成品成本、联合成本、不可延缓成本和可避免成本等。

（1）沉没成本。沉没成本又称沉入成本或旁置成本，是指那些由于过去的决策所引起，已经发生并支付过款项的成本。这类成本由于已经发生，与现在的决策无关，因此是典型的无关成本。一般已计提的固定资产折旧费源于过去的决策，所有的备选方案可能都会涉及，因此属于典型的沉没成本，但新增固定资产计提的折旧费可能直接归属于某一方案，因此就不能将其视为沉没成本。

（2）历史成本。历史成本是重置成本的对立概念，是指已经记入账簿的成本。该成本与沉没成本十分相似，区别在于强调的要点不同，沉没成本强调成本的发生源于过去的决策，而历史成本强调是否记入账簿。当企业决策时涉及库存产品重新购进时，库存产品价格就是历史成本，此时不应该考虑；当企业拟购置固定资产生产新产品，固定资产投资决策前常常会发生新产品的研发费用，研发费用无论数额有多大，与是否购置固定资产无关，但它已经发生，此时的研发费用是典型的沉没成本。

（3）共同成本。共同成本是专属成本的对立概念，是指那些由多个方案共同负担的成本。这里的成本包括变动成本、固定成本和混合成本。由于此类成本注定要发生，与特定方案的选择无关，因此在决策中不予考虑。如企业计提的折旧费及发生的管理人员工资等。

（4）半成品成本。半成品成本是加工成本的对立概念，是指半成品深加工前所发生的成本。半成品成本是半成品深加工决策所涉及的一个特定成本概念，它由直接材料、直接人工和制造费用三项构成，决策中无论半成品是否深加工，半成品成本都将发生，因此决策中不予考虑。

（5）联合成本。联合成本是可分成本的对立概念，是指联产品生产过程中，分离出联产品之前所发生的成本。它是联产品是否继续加工决策所涉及的一个特定成本概念，它由直接材料、直接人工和制造费用三项构成，由于这些费用无论联产品是否继续再加工都已经发生，因此决策时不考虑。

（6）不可延缓成本。不可延缓成本是可延缓成本的对立概念，是指在经营决策分析中，不可以推迟支付，否则会对企业未来生产经营产生重大不利影响的那部分成本。经营决策中，无论备选方案是否被接受，不可延缓成本都将发生，它具有较强的刚性，因此与决策无关。

（7）不可避免成本。不可避免成本是可避免成本的对立概念，是指在经营决策分析中，必须发生的那部分成本。此类成本一旦削减就会影响企业的正常生产经营，经营决策中，无论是否选择某一方案，此类成本都必须发生，因此属于决策的无关成本。

实际上，如果深入分析就会发现，上述无关成本的细分概念是从不同角度对无关成本的界定，因此常常一项无关成本可能可以用多个概念来界定，如产品成本既可以理解为沉没成本，也可以理解成历史成本，或不可延缓成本或不可避免成本，不管作何理解，产品成本的无关成本性质是确定的，而决策分析中，人们习惯上更常采用的是沉没成本概念。

3. 相关收入与相关成本的判断标准

按照相关性原则的要求，经营决策分析中仅仅考虑相关收入与相关成本，如果是无关收入、无关成本则不考虑，那么相关与无关应该如何区分？判断标准如下。

（1）如果选择某一方案，就会发生某项收入或某项成本；如果不选择该方案，就不会发生该项收入或该项成本，则此时的收入或成本就是该方案的相关收入或相关成本。

（2）如果无论是否选择某一方案，均会发生某项收入或某项成本，则可以断定该项收入或该项成本就是这些方案的无关收入或无关成本。

按照上述判断标准，经营决策分析中，如果不同方案涉及的收入或成本相等，就可以将其视为无关收入或无关成本。另外单独观察固定成本和变动成本，大部分的固定成本属于沉没成本，但新增的固定成本就属于相关成本。变动成本由于和增量成本有关联，常常属于相关成本，但有时也属于沉没成本，如半成品成本中的变动成本就是无关成本，而零部件自制条件下的变动成本就是相关成本。因此对于此固定成本和变动成本不能绝对而论。

5.1.6 生产经营决策方法及应用说明

生产经营决策分析方法有很多，有些只能用于生产决策分析，有些则不仅可以用于生产决策分析，也可以用于价格决策分析。

1. 与相关性原则关联的特定决策方法

与相关性原则相结合的方法主要有几种：单位资源贡献毛益分析法、贡献毛益总额分析法、差别损益分析法、相关损益分析法、相关成本分析法、成本无差别点分析法等。这些方法只能用于生产决策。

（1）单位资源贡献毛益分析法。单位资源贡献毛益分析法是指以单位资源贡献毛益作为备选方案的评价指标，以单位资源贡献毛益的高低决定方案取舍的一种定量决策分析方法。单位资源贡献毛益是一个正指标，不同备选方案中单位资源贡献毛益最大的方案为最优方案。具体分析中，如果某生产决策只受到一项资源的约束，如某种原材料、人工工时、机器台时的限制，可以通过计算单位资源贡献毛益指标进行决策，该指标的计算公式如下：

$$\text{单位资源贡献毛益} = \frac{\text{单位产品贡献毛益}}{\text{单位产品资源消耗定额}} \qquad \text{式 } 5-1$$

需要注意的是，当生产决策方案只受到一项资源的制约时，绝不能以单位产品贡献毛益、单位产品利润高低作为优选方案的评价指标，因为单位产品贡献毛益高，可能其耗费的资源也高；而单位产品利润高，其中包含了无关成本。这里的单位资源贡献毛益因约束资源的不同而表现出不同的指标，可能是每千克贡献毛益，也可能是每小时贡献毛益或每机器小时贡献毛益。

这种决策方法适用于备选方案的业务量不明确，且一项资源受到限制，不同备选方案的收入、成本均不相等条件下的生产决策分析。

（2）贡献毛益总额分析法。贡献毛益总额分析法是指以贡献毛益总额作为备选方案的评价指标，以贡献毛益总额高低决定方案取舍的一种定量决策分析方法。贡献毛益总额是一个正指标，不同备选方案中贡献毛益总额最大的方案为最优方案。某方案的贡献毛益总额由该方案的相关销售收入扣除其相关变动成本求得。

贡献毛益总额分析法适用于不同备选方案的业务量已经明确，各方案的销售收入不相等，相关成本全部为变动成本条件下的生产决策分析。

（3）差别损益分析法。所谓差别即差量，是指两个不同方案的差异额。差别损益分析法是指以差别损益作为备选方案的评价指标，以差别损益高低决定方案取舍的一种定量决策分析方法。计算的差别损益如果大于零，则前一方案优于后一方案，接受前一方案；如果差别损益小于零，则后一方案为优，舍弃前一方案。

差别损益概念常常与差别收入、差别成本两个概念密切相联。所谓差别收入是指两个不同备选方案预期相关收入的差异额；差别成本是指两个不同备选方案的预期相关成本之差；差别损益是指两个不同备选方案的预期相关损益之差。差别损益的计算方式有两种：一种是依据差别收入和差别成本直接计算差别损益，即差别损益 = 差别收入 - 差别成本；另一种是先计算不同方案的相关损益，然后再计算两方案的差别损益。经营决策分析中，人们更习惯于采用第一种方式进行计算。

具体决策分析时，人们习惯通过编制表格形式进行决策，当然如果不编表依据公式直接计算也可以进行决策，但表格具有更加直观的特点，因此人们常常采用。差别损益分析表的具体格式如表 5 - 1 所示。

表 5 - 1　　差别损益分析

方案 / 项目	A 方案	B 方案	差异额
相关收入 相关成本 其中：增量成本 ……	相关收入 R_A 相关成本 C_A 其中：增量成本$_A$ ……	相关收入 R_B 相关成本 C_B 其中：增量成本$_B$ ……	差别收入 ΔR（$R_A - R_B$） 差别成本 ΔC（$C_A - C_B$）
差 别 损 益			ΔP（$\Delta R - \Delta C$）

差别损益分析法适用于备选方案的业务量已经明确，不同方案的相关销售收入不相等的有收入、有成本的两方案的生产决策分析。

（4）相关损益分析法。相关损益分析法是指以相关损益作为备选方案的评价指标，以相关损益的高低决定方案取舍的一种定量决策分析方法。相关损益是一个正指标，不同备选方案中相关损益最大的方案为最优方案。

某方案的相关损益与该方案的相关收入和相关成本直接关联，它等于该方案的相关收入与相关成本的差额，即相关损益 = 相关收入 - 相关成本。具体决策中，由于表格更具有直观性，因此常常通过编表相关损益分析表进行决策，具体格式如表 5 -2 所示。

表 5 -2　　相关损益分析

方案 项目	A 方案	B 方案	……
相关收入 相关成本 其中：增量成本 ……	相关收入 R_A 相关成本 C_A 其中：增量成本$_A$ ……	相关收入 R_B 相关成本 C_B 其中：增量成本$_B$ ……	…… …… …… ……
相关损益	相关损益$_A$	相关损益$_B$	……

比较表 5 -1 和表 5 -2 可以看到，差别损益分析法与相关损益分析法十分相似，所得结论也相同，前者是以差额进行的决策，而相关损益分析法是以绝对额进行的决策，二者的适用情况基本相同，唯一不同在于前者适合于两方案的比较决策，而后者适用于多方案的比较决策。

（5）相关成本分析法。相关成本分析法是指以相关成本作为备选方案的评价指标，以相关成本高低决定方案取舍的一种定量决策分析方法。相关成本属于反指标，越小，说明所费成本越低，因此决策时以相关成本最低的方案作为优选方案。分析中只要列示出不同方案的相关成本并加总即可进行决策。这种方法常常通过编制相关成本分析表进行分析评价，如表 5 -3 所示。

表 5 -3　　相关成本分析

方案 相关成本	A 方案	B 方案	……
机会成本 专属成本 ……	机会成本$_A$ 专属成本$_A$ ……	机会成本$_B$ 专属成本$_B$ ……	…… …… ……
合计	合计$_A$	合计$_B$	……

相关成本分析法适用于业务量已知，且只涉及成本的多方案决策。如果几个不同方案的相关销售收入相等，也可以视为此类问题的决策。

（6）成本无差别点分析法。成本无差别点分析法是指以成本无差别点业务量作为备选方案的评价指标，通过比较预计业务量与成本无差别点业务量之间的关系决定方案取舍的一种定量决策分析方法。

成本无差别点业务量又称为成本分界点业务量，是指两个不同备选方案总成本相等时的业务量。总成本（y）包括相关变动成本和相关固定成本。假设 y_1 方案的固定成本为 a_1，单位变动成本为 b_1，则 $y_1 = a_1 + b_1x_1$；y_2 方案的固定成本为 a_2，单位变动成本为 b_2，则 $y_2 = a_2 + b_2x_2$，而且满足 $a_1 > a_2$、$b_1 < b_2$（或 $a_1 < a_2$、$b_1 > b_2$），如图5－1所示。

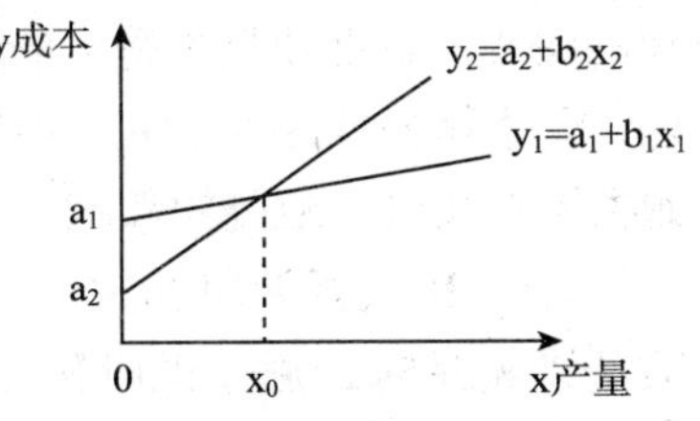

图5－1　成本无差别点业务量分析

依据定义，令 $y_1 = y_2$，可推导出成本无差别点（x_0）业务量的计算公式：

$$成本无差别点业务量 = \frac{两方案的固定成本之差}{两方案的单位变动成本之差}$$

式5－2

$$或\ x_0 = \frac{a_1 - a_2}{b_2 - b_1} \quad 或 \quad = \frac{a_2 - a_1}{b_1 - b_2}$$

如果业务量 x 的取值范围在 $0 < x < x_0$ 时，应选择固定成本较小的 y_2 方案；如果业务量 x 在 $x > x_0$ 的区域变动，则应选择固定成本较大的 y_1 方案；如果 $x = x_0$ 时，说明两方案的成本相同，决策中任选其中之一方案即可。

成本无差别点分析法适用于业务量不明确，且只涉及成本的两方案或三方案的比较决策。当有三个成本方案存在时，也还可以采用这种方法进行决策。决策时一定要画图，由于成本线两两相交必定出现三个成本无差别点业务量点，其中一个点不起作用，没有意义，可不予考虑，决策时通过比较预计业务量与另外两个成本无差别点业务量点的不同范围就可以进行决策。如果成本的备选方案超过三个，这种方法不适用。

2. 不受相关性原则制约的经营决策方法

生产经营决策中，有些方法不受相关性原则的制约，这些方法主要有：总额分析法、利润无差别点分析法、边际分析法、线性规划法等。其中利润无差别点法和边际分析法两种方法既适用于生产决策，也适用于定价决策。

（1）总额分析法。总额分析法是指以利润或总成本作为备选方案的评价指标，以利润或总成本的高低决定方案取舍的一种定量决策分析方法。之所以称为总额分析法，是因为决策中涉及的收入和成本是指各方案的总收入和总成本，它们不需要区分相关收入和无关收入、相关成本和无关成本，所有的收入都考虑、所有的成本都考虑。决策中的利润依据贡献式损益确定程序确定，总成本依据成本性态分析模型确定；如果比较的是不同方案的利润，应选择利润最高的方案为优选方案；如果比较的是总成本，则应以总成本最低的方案为优选方案。此法可以通过编制利润表或成本表进行决策，以利润表为例，其格式如表5－4所示。

总额分析法适用于已知条件中有收入和成本的多方案决策，如果决策中的不同方案收入相等，就转化为单纯的总成本决策；否则，如果不同方案的收入不相等，就是总利润的决策。需要说明的是，依据总额分析法所得结论，与相关损益分析法等所得结论相同，但总额分析法由于将一些与决策无关的成本也加以考虑，计算中极易出错，容易导致决策的失误，因此决策时，人们更愿意采用与相关性原则关联的方法进行决策。

（2）利润无差别点法。利润无差别点法是指以利润无差别点销售量作为备选方案的评价指标，通过比较预计销售量与利润无差别点销售量之间的关系决定方案取舍的一种定量决策分析方法。

表5－4　　利润总额分析

方案 项目	A方案	B方案	……
销售收入 变动成本 贡献毛益 固定成本	销售收入$_A$ 变动成本$_A$ 贡献毛益$_A$ 固定成本$_A$	销售收入$_B$ 变动成本$_B$ 贡献毛益$_B$ 固定成本$_B$	…… …… ……
利润	利润$_A$	利润$_B$	……

所谓利润无差别点销售量是指两个不同备选方案利润相等时的销售量。此时的利润既可以采用贡献式损益确定程序计算，也可以以贡献毛益－固定成本＝利润形式进行计算。

这种决策方法适用于备选方案的业务量不明确，且已知不同方案的总收入与总成本条件下的生产决策和调价决策分析。

（3）边际分析法。边际分析法是指依据微分求导结果进行分析评价的一种定量决策分析方法。主要用于成本最小化或利润最大化等的决策问题。基本程序如下：

第一步建立数学模型：$y=f(x)$，这里的函数y既可以是利润，也可以是资金或成本，还可以是生产批量或采购批量。

第二步对上述函数求导。$y'=f'(x)$，且令$f'(x)=0$，求x_0。

第三步计算上述函数的二阶导数。如果函数的二阶导数小于零，则存在极大值；反之，存在极小值。经营决策分析中，从决策的问题就可以十分明显地判断出极值的性质，如利润存在极大值、成本存在极小值等，因此这一步可以省略。

边际分析法是微分极值原理在经营决策分析中的应用，它既可以用于生产决策，也可以用于产品最优售价的定价决策。

（4）线性规划法。线性规划法是将数学中的线性规划原理用于经营决策分析。它是指依据所建立的约束条件及目标函数进行分析评价的一种定量决策分析方法。这种方法解决的是具有线性关系的产品组合规划问题。基本程序为：①确定约束条件。即确定反映各项资源限制情况的系列不等式。②确定目标函数。它是反映目标极大或极小的方程。③确定可能极值点。即满足约束条件的两两方程的交点坐标，可以通过图示进行直观反映。④进行决策。将可能极值点坐标分别代入目标函数，使目标函数最优的极值点为最优方案。

线性规划法适用于备选方案的业务量不明确，但存在两个或两个以上的限制条件，不同备选方案的收入和成本不相等的产品组合决策。具体决策分析中，有时受相关性原则的制约，有时又不受其制约，这取决于所给出的条件。此种决策的目的在于最大限度地利用企业有限的资源。

3. 经营决策方法应用的特别说明

（1）如果决策分析中，依据所给资料可以直接比较并判断方案的优劣，在这种情况下，无须采用上述任何一种方法，采用任何一种方法都会显得繁琐而没有必要，因此应该直接进行评价并说明选择最优方案的原因。

（2）依据实务提出的决策问题，可能可以采用多种方法对其进行决策，例如，有两个方案，这两个方案的业务量已知，且两方案的相关收入不相等，相关成本只有变动成本的条件下，此时采用贡献毛益总额分析法、差别损益分析法与相关损益分析法都可以对其进行分析评价，但无论采用何种方法，其决策的结论是一致的，绝不会因为采用的方法不同而得出不同的结论。

（3）在实际工作中，需要解决的问题多种多样，采用的分析方法也需灵活多样。虽然上述提出的经营决策分析方法有多种，但仍有可能不能解决所有的生产决策问题。例如，有一个公司正在为一个投资项目而招标，公司外部投标者出价 100 万元，公司内部子公司投标出价 120 万元，此时公司决策者如果以竞标价格直接决策，选择外部投标公司，可能就会得出错误的结论，因为内部子公司可能会将一些任务分包给其他内部子公司完成，进而就会产生公司的内部收益，这些内部收益将增加公司的利润。如果内部收益是 25 万元，此时的中标者就应该是内部子公司而不是外部竞标者；反之，如果内部收益低于 20 万元，就应该选择外部竞标者。这个实例采用的决策评价指标是净支出，前述的所有方法都没有涉及该指标，因此在实务决策中应该具体问题具体分析，不能对上述方法做绝对的理解。上述方法能够解决很多生产决策问题，但不是全部，我们下节所举的实例也只是一些典型的实例。

（4）事实上，经营决策分析包括定量分析与定性分析，上述分析方法都应该定位于定量分析方法，下节所举实例都是上述定量方法的分析应用。然而在实务工作中，可能还会出现一些无法计量的因素，如核心竞争力等，这些因素需要考虑，在这种情况下，决策必须是在定量计算的基础上，同时进行定性分析并进行综合决策。

5.2　生产决策分析

生产决策解决的是是否生产、生产什么、生产多少、如何生产等问题，采用一定的方法就可以对其进行决策。

5.2.1　是否生产的决策分析

是否生产决策分析解决的是要不要生产的经营决策问题，主要包括亏损产品决策分析和低价追加订货决策分析两种。

1. 亏损产品是否生产的决策分析

在企业多品种经营的条件下，由于生产经营中的情况多变，某种产品发生亏损是常常遇到的问题。亏损产品按其亏损情况分为两类：一类是实亏产品，即销售收入低于变动成本，这种产品生产越多，亏损越多，必须停止生产。当然如果国家从国计民生角度考虑而要求生产的急需产品，出现此种情况则另当别论。另一类是虚亏产品，即销售收入高于变动成本，这种产品对企业还是有贡献的，应分别不同情况进行决策，不能一概而论，这里将结合实例对其进行分析并得出结论。

【例5－1】某公司生产甲、乙、丙三种产品，其中丙产品是亏损产品，该公司对固定成本总额按销售收入比例进行分摊，有关资料如表5－5所示。

表5－5　　甲、乙、丙三种产品基本资料　　单位：元

项目＼产品	甲	乙	丙	合计
销售收入	30 000	20 000	25 000	75 000
减：变动成本	21 000	10 000	20 000	51 000
贡献毛益	9 000	10 000	5 000	24 000
减：固定成本	7 200	4 800	6 000	18 000
利润	1 800	5 200	－1 000	6 000

要求：就以下不同情况进行决策。（1）亏损产品停产后，闲置的能力不能用于其他方面，丙产品是否应停产？（2）如果亏损产品停产后，闲置的生产能力可以用于对外出租，预计全年可获租金收入 10 000 元，丙产品是否应停产？（3）如果亏损产品停产后，闲置的能力可用于增产原有的甲产品 1/5，丙产品是否应停产？

分析：依据所给资料分别不同情况进行分析。

（1）按照常人理解，亏损产品是企业的负担，有亏损就应停产，利润将会上升。这种观点是不正确的。因为固定成本不会因亏损产品的生产停止而减少，只能转由其他产品负担，在这种情况下，利润不仅不能增加，反而会降低，如表 5－6 所示。

表 5－6　　停产后利润总额分析　　单位：元

项目＼产品	甲	乙	合计
销售收入	30 000	20 000	50 000
减：变动成本	21 000	10 000	31 000
贡献毛益	9 000	10 000	19 000
减：固定成本	10 800	7 200	18 000
利润	－1 800	2 800	1 000

分析表 5－6 可以看出，亏损产品丙停产后，由于闲置的能力不能用于其他，在这种情况下，丙产品负担的固定成本转由甲、乙产品负担，进而导致企业利润降低。事实上亏损产品无论是否停产，固定成本总额 18 000 元都将全额发生，因此固定成本属于沉没成本，决策中可以不考虑，这样相关成本只有变动成本，生产丙产品将获得贡献毛益 5 000 元，企业的利润总额达到 6 000 元；否则一旦停产，贡献毛益将变为零，而固定成本总额照样发生，企业的利润总额就会由过去的 6 000 元降低到 1 000 元。可见，在这种情况下，亏损产品不应停产而应该继续生产，否则企业的利润总额就会降低。

亏损产品闲置能力常常称为剩余生产能力；如果亏损产品停产，闲置能力可以用于其他，如对外出租、承揽零星加工业务等，此时称为剩余生产能力转移。由此得出结论，在亏损产品剩余生产能力无法转移的条件下，只要亏损产品能够提供大于零的贡献毛益，就不应停止亏损产品的生产；相反，如果市场有需求，还应扩大亏损产品的生产，生产越多，获得的贡献毛益就越多，这样可以使企业的利润增加。

（2）年租金 10 000 元可以视为继续生产亏损产品的机会成本，决策中必须考虑。可以利用差别损益分析法进行决策，如表 5－7 所示。

表5－7　　差别损益分析　　单位：元

项目＼方案	继续生产亏损产品	停止生产亏损产品	差异额
相关收入	25 000	0	25 000
相关成本	30 000	0	30 000
其中：增量成本	20 000	0	
机会成本	10 000	0	
差别损益			－5 000

表5－7结果表明，亏损产品应停产并将其闲置的能力对外出租，这样企业可多获利5 000元。

需要说明的是：年租金10 000元既可以理解为继续生产亏损产品方案的机会成本，也可以理解为停产方案的收入。如果将其解释为停产的收入，则不能出现机会成本。也就是说，决策分析中，二者的处理方式只能任选其一，而不能同时选择，否则就会得出错误的结论。然而如果要单独明确亏损产品继续生产方案的相关成本时，机会成本不能忽视，必须考虑，因此面临此种情况时，人们常常将其做机会成本解释。另外，该决策如果不采用差别损益分析法而是直接进行分析也能得出相同的结论，即直接比较亏损产品继续生产获得的贡献毛益与机会成本。因为亏损产品继续生产获得的贡献毛益是5 000元，机会成本是10 000元，前者小于后者，所以亏损产品应停产出租。

从上述分析可以得出以下结论：在亏损产品剩余生产能力可以转移的条件下，只要亏损产品提供的贡献毛益大与机会成本，亏损产品就应该继续生产；否则，就应该停产并将其剩余生产能力转移。

（3）在亏损产品停产的情况下，可以采用以下几种方法进行决策：方法一，将增产甲产品视为单独方案，将其与亏损产品继续生产方案直接进行比较，亏损产品继续生产获得的贡献毛益是5 000元，而增产所获贡献毛益为1 800元（9 000/5），前者高于后者，因此应该继续生产亏损产品。方法二，将增产甲产品所获得的贡献毛益视为继续生产亏损产品的机会成本，直接比较继续生产亏损产品方案所获得的贡献毛益与该方案的机会成本，因为前者大于后者，因此应该继续生产亏损产品。方法三，利用差别损益分析法或相关损益分析进行决策，这里采用相关损益分析法，编制的相关损益分析表如表5－8所示。

表5－8　　亏损产品相关损益分析　　单位：元

项目 \ 方案	继续生产亏损产品	停止生产亏损产品
相关收入	25 000	0
相关成本	21 800	0
其中：增量成本	20 000	0
机会成本	1 800	0
相关损益	3 200	0

表5－8的计算结果表明，企业应继续生产亏损产品，这样可使企业多获利3 200元。方法四，采用总额分析法进行决策，编制的总额分析表如表5－9所示。

表5－9　　亏损产品总额分析　　单位：元

项目 \ 方案	继续生产亏损产品	停止生产亏损产品
销售收入	75 000	56 000
减：变动成本	51 000	35 200
贡献毛益	24 000	20 800
减：固定成本	18 000	18 000
利润	6 000	2 800

表5－9的计算结果表明，亏损产品也应该继续生产，这样可以使企业多获利的数额也是3 200元（6 000－2 800）。显然上述几种方法所得结论相同。比较而言，总额分析法由于不需要区分相关收入和相关成本，计算中采用的是总收入和总成本，如果理解不好，计算中极容易出错，而采用其他方法都较其容易掌握。比较而言，第二种方法（直接判断）是最简单、最快捷的一种决策方法。

2. 是否接受低价追加订货的决策

当企业产品生产的能力没有满负荷运转，尚有一定剩余生产能力存在的前提下，如果某客户要求以低于平均单位产品成本的低价追加订货时，是否接受对方的订货，需要具体问题具体分析，区分不同情况做出决策。这里的追加订货是指在企业以正常价格接受订单的基础上追加的出价偏低的临时订货量。在这种情况下，无论企业是否接受出价偏低的订单，固定成本总额都将发生，属于无关成本，决策中不考虑。

【例5－2】某企业生产甲产品，每年最大的生产能力是10 000件。本年已与其他企业按正常价格150元签订了8 000件甲产品的供货合同，单位产品成本是120元，其中单位变动生产成本为80元。下年年初，B企业要求以100元的价格向该企业订货1 500件，6月末交货。

要求：(1) 如果该企业的剩余生产能力无法转移，做出是否接受低价追加订货的决策；(2) 如果该企业的剩余生产能力可以承揽零星加工业务，预计可以获得收入15 000元，发生变动成本7 000元，做出是否接受低价追加订货的决策；(3) 如果客户订货2 200件，需要临时租入设备一台，需支付租金21 000元，超生产能力部分通过工人加班加点完成，预计加班工资将发生9 000元，做出是否接受低价追加订货的决策；(4) 如果客户订货1 400件，出价98元，且有特殊工艺要求，企业需为此投入资金20 000元，另外企业闲置的剩余生产能力可以承揽零星加工业务，预计获得贡献毛益8 000元。做出是否接受低价追加订货的决策。

分析：依据所给资料分别不同情况进行分析。

(1) 从表面上看，客户出价100元太低，低于其单位产品成本，但由于有无关成本存在，因此需要深入分析。该企业的固定生产成本共计发生320 000元（40×8 000），不会因为追加订货而改变，因此属于沉没成本，决策时不考虑，只有变动生产成本属于相关成本，决策时必须考虑。在企业剩余生产能力无法转移的条件下，可以直接比较客户的出价和产品的单位变动生产成本，客户出价是100元，而单位变动生产成本是80元，前者大于后者，因此应该接受客户提出的低价追加订货量，这样可以使企业多获利30 000元［(100－80)×1 500］。

(2) 在企业的剩余生产能力可以承揽零星加工业务，发生转移的条件下，承揽零星加工业务所获贡献毛益为接受低价追加订货的机会成本。如果采用差别损益分析法进行决策，据此编制的差别损益分析表如表5－10所示。

表5－10　　剩余生产能力下差别损益分析　　单位：元

方案 项目	接受低价追加订货	拒绝低价追加订货	差异额
相关收入	150 000（1 500×100）	0	150 000
相关成本	128 000	0	128 000
其中：增量成本	120 000（1 500×80）	0	
机会成本	8 000（15 000－7 000）	0	
差别损益			22 000

表5－10的计算结果表明，企业应该接受低价追加订货，这样可以使企业多获利润22 000元。

（3）当客户的订货量超过企业最大生产能力时，企业为此租入了设备并发生租金21 000元，同时需支付工人加班工资9 000元，这些都属于接受低价追加订货方案的专属成本。如果采用差别损益分析法进行决策，编制的差别损益分析表如表5－11所示。其计算结果表明，企业应该接受低价追加订货，这样可以使企业多获利润14 000元。

（4）企业如果接受该客户的低价订货，为满足特殊工艺要求而发生的资金支出20 000元为专属成本，而剩余生产能力转移时所获得的贡献毛益8 000元为机会成本，在这种情况下，编制的相关损益分析表如表5－12所示。

表5－11　　超过生产能力下差别损益分析　　单位：元

项目＼方案	接受低价追加订货	拒绝低价追加订货	差异额
相关收入	220 000（2 200×100）	0	220 000
相关成本	206 000	0	206 000
其中：增量成本	176 000（2 200×80）	0	
专属成本	30 000（21 000+9 000）	0	
差别损益			14 000

表5－12　　相关损益分析　　单位：元

项目＼方案	接受低价追加订货	拒绝低价追加订货
相关收入	137 200（1 400×98）	0
相关成本	140 000	0
其中：增量成本	112 000（1 400×80）	0
专属成本	20 000	0
机会成本	8 000	0
相关损益	－2 800	0

表5－12的计算结果表明，企业不应该接受低价追加订货，如果接受，将使企业

利润降低2 800元。

综合上述分析，可以得出以下结论：当客户出价低于单位产品成本时，固定成本为沉没成本，在剩余生产能力无法转移，没有专属成本的条件下，只要客户出价大于产品的单位变动生产成本，就应当接受追加订货；否则，拒绝。

5.2.2 生产品种的决策分析

生产品种决策分析解决的是生产哪种产品的决策问题，主要包括新产品开发的品种决策分析和是否转产其他产品的品种决策分析。

1. 新产品开发的品种决策分析

随着市场竞争的日益激烈，老产品终将被新产品所替代，这是不以人们意志为转移的客观经济规律，因此不断发展新产品是企业生存的关键。新产品开发的决策分析主要是利用企业现有剩余生产能力或老产品腾出来的生产能力开发新产品，对不同新产品开发方案进行的决策。决策中需要区分相关成本和无关成本。

【例5-3】某企业目前只生产A产品，由于竞争对手的加入，该企业为确保竞争地位，拟利用剩余生产能力开发新产品B或C，有关资料如表5-13所示。预计B、C产品销路不成问题，但由于生产能力有限，只允许投产其中之一产品。

表5-13　　A、B、C产品相关资料

项目＼产品	A	B	C
产销量（件）	4 000	200	1 000
单价（元）	10	40	15
单位变动成本（元）	4	20.5	9
固定成本（元）	20 000		

要求：(1) 做出生产哪种新产品的决策？(2) 如果生产产品B或C必须追加成本支出，需购置专用工具，价值分别为1 000元、5 000元，做出生产哪种新产品的决策？

分析：依据所给资料进行分析。

(1) 开发新产品不需要考虑固定成本，因为固定成本20 000元，即使不开发新产品它也将发生，因此固定成本属于沉没成本，无需在各产品之间进行分配，决策时不考虑。由于相关成本只有变动成本，因此可以直接比较二者的贡献毛益：

B 产品贡献毛益 $=40\times200-20.5\times200=3\ 900$(元)

C 产品贡献毛益 $=15\times1\ 000-9\times1\ 000=6\ 000$(元)

可见，应生产 C 产品，这样可以使企业多获利 2 100 元。

上述决策也可以采用总额分析法进行评价，如表 5－14 所示，所得结论与上述分析结论相同，应开发 C 产品，但从此实例也可以看出，计算较前者繁琐也容易出错，因此后续的实例不再采用总额分析法。

（2）生产产品 B 或 C 追加的成本支出为专属成本，必须考虑。利用差别损益分析法进行决策，分析结果如表 5－15 所示。

表 5－14　　A、B、C 三种产品总额分析　　单位：元

项目＼产品	A	B	C	A 与 B 产品合计	A 与 C 产品合计
销售收入	40 000	8 000	15 000	48 000	55 000
变动成本	16 000	4 100	9 000	20 100	25 000
贡献毛益	24 000	3 900	6 000	27 900	30 000
固定成本	—	—	—	20 000	20 000
利润	—	—	—	7 900	10 000

表 5－15　　B 与 C 产品差别损益分析　　单位：元

项目＼方案	开发 B 产品	开发 C 产品	差异额
相关收入	8 000	15 000	－7 000
相关成本	5 100	14 000	－8 900
其中：			
变动成本	4 100	9 000	
专属成本	1 000	5 000	
差别损益			1 900

表 5－15 结果表明，企业应开发 B 产品，这样可以多获利 1 900 元。

2. 是否转产其他产品的品种决策分析

当企业生产多产品的条件下，有时处于保持产品竞争优势地位考虑或提高产品盈利能力角度考虑，常常调整产品的品种结构，在这种情况下就会涉及产品是否转产的

决策问题。这里的转产是指在不改变企业经营方向的前提下，利用现有生产能力调整个别品种结构的行为。如果转产意味着将会停止某一产品的生产，将其闲置的能力可能用于开发其他产品或增加其他产品的生产量，此时需进行定量分析。

【例5-4】某企业目前生产甲、乙、丙三种产品，三种产品的销售收入分别为8 000万元、5 000 万元、1 000 万元，变动成本率分别为60%、65%、90%，固定成本总额共计发生1 000 万元，按贡献毛益的大小进行分摊。丙产品属于微利产品，该企业预计此种产品发展前景暗淡，一两年之后将被淘汰。如果将丙产品的生产能力转移，有三种方案可供选择：方案一，增产现有产品甲，可使其年销售收入达到9 200 万元，但须购置一专用小型设备才能实现转产，该小型设备的投资是15 000 元；方案二，增产现有产品乙，使其年销售收入增加到7 000 万元；方案三，开发新产品丁，该新产品预计目标成本900 万元，预计利润是150 万元，贡献毛益率为30%，所承担的固定成本也需要按贡献毛益分摊。

要求：作出是否转产的决策。

分析：依据所给资料进行分析。

发生的固定成本总额1 000 万元，无论丙产品生产能力转产到哪一个产品，它都将发生，因此属于沉没成本，决策时不必对其进行分摊，无须考虑。如果转产生产甲产品，投资的小型设备款属于专属成本。此时涉及多方案决策，只能采用相关损益分析法进行决策。编制的相关损益分析表如表5-16 所示。需要说明的是，为了能够反映转产后所增加的利润，将丙方案也列示在分析表中。编表前需要的数据计算如下：

增产甲产品的变动成本 = (9 200 - 800) × 60% = 1 200 × 60% = 720(万元)

增产乙产品的变动成本 = (7 000 - 5 000) × 65% = 2 000 × 65% = 1 300(万元)

丙产品的变动成本 = 1 000 × 90% = 900(万元)

丁产品的销售收入 = 900 + 150 = 1 050(万元)

丁产品的变动成本 = 1 050 × (1 - 30%) = 735(万元)

表5-16　相关损益分析　　单位：万元

项目＼方案	转产其他产品			继续生产丙产品
	增产甲产品	增产乙产品	开发丁产品	
相关收入	1 200	2 000	1 050	1 000
相关成本	722	1 300	735	900
其中：增量成本	720	1 300	735	900
专属成本	2	0	0	0
相关损益	478	700	315	100

表5－16的计算结果表明，丙产品转产后，无论转产哪种产品都较原利润会增加，比较而言，增产乙产品获得的相关损益最高是700万元，这将使企业利润增加600万元，因此应该增产乙产品。

5.2.3 生产安排的决策分析

生产安排决策分析解决的是每种产品应该生产多少，如何确定现有生产产品数量的决策问题。主要包括一项约束条件制约下的生产安排决策分析、多项约束条件制约下两种产品数量安排的决策分析以及最优生产批量的决策分析。

1. 一项约束条件制约下的生产安排决策分析

企业的资源是有限的，安排生产时有时会受到一项资源的制约，如材料、工时等的制约，在这种情况下，就必须围绕着资源的充分利用做出决策。由于生产安排决策需要明确每种产品的生产数量，因此决策中的生产量是未知数，此时只能采用单位资源贡献毛益分析法进行决策。

【例5－5】某公司生产A、B、C、D四种产品，固定性制造费用以工时为基础分配，四种产品的每小时工资率都是3元。每季度可以利用的工时上限是1 345小时。经过市场预测，四种产品的最高需求量分别是：200千克、150千克、100千克、120千克。如果单独生产某一种产品，该种产品的最高需求量都可以满足生产。四种产品其他资料如表5－17所示。

表5－17 **四种产品相关资料** 单位：元

项目＼产品	A	B	C	D
售价	50	55	60	60
单位直接材料	12	15	8	10.5
单位直接人工	9	7.5	12	13.5
单位变动性制造费用	6	5	9.5	9
单位固定性制造费用	12	10	16	18
单位产品利润	11	17.5	14.5	9

要求：（1）为该企业做出四种产品各应生产多少的决策；（2）如果市场销售预测中已含有签订合同中的生产数量，合同规定季度内四种产品的需求量各是25千克，

为该企业做出四种产品各应生产多少的决策。

分析：依据所给资料进行分析。

（1）资料中所给出的产品最高需求量并不是应该安排的生产数量，因为该实例中受到一项资源条件的制约，这就是生产工时的制约，产品最高需求量只是提供了一个不能突破的最高生产量的上限值，它并不是具体生产量的安排值。究竟应该如何安排四种产品的生产量？此时需要结合工时资源的限制进行计算并决策。第一步，排除无关成本。固定性制造费用虽然生产过程中一定发生，但无论企业怎样安排四种产品的生产量，固定性制造费用总额都将发生，不会改变，因此它属于沉没成本，不考虑。第二步，判断单位资源贡献毛益指标的具体表现形式。由于该实例受到了生产工时的制约，因此单位资源贡献毛益的具体表现形式是每小时贡献毛益。第三步，依据四种产品的每小时贡献毛益指标确定生产的顺序。每小时贡献毛益指标是正指标，因此应该按照该指标的高低确定生产的顺序。四种产品每小时贡献毛益指标的计算及生产顺序的确定如表 5-18 所示。第四步，根据工时因素的制约安排各产品的生产量。从表 5-18 可以看出，B 产品的每小时贡献毛益最高，是 11 元/小时，应首先满足 B 产品的销售需求，其次是 A 产品，再次是 C 产品，最后是 D 产品，各产品生产量的数量安排如下。

表 5-18　　单位资源贡献毛益分析　　单位：元，小时

项　目	A	B	C	D
售价	50	55	60	60
单位变动生产成本	27	27.5	29.5	33
单位贡献毛益	23	27.5	30.5	27
单位产品耗用工时	3	2.5	4	4.5
每小时贡献毛益	7.67	11	7.63	6
生产安排顺序	2	1	3	4

B 产品应生产 150 千克，所需工时数为 375 小时（150×2.5）；

A 产品应生产 200 千克，所需工时数为 600 小时（200×3）；

C 产品所需工时数为 370 小时（1 345－375－600），应生产 92.5 千克（370/4）；

D 产品已没有生产工时可供利用，因此生产量是 0。

可见，具体安排的各种产品的生产量分别为：B 产品 150 千克；A 产品 200 千克；C 产品 92.5 千克。

(2) 在首先满足已接客户订单的基础上，按照每小时贡献毛益的高低安排生产：

满足已接客户订单所需的工时数 =25×(3+2.5+4+4.5)=350（小时）

剩余工时数 =1 345-350=995（小时）

B 产品再生产 125 千克（150-25），所需工时数为 312.5 小时（125×2.5）；

A 产品再生产 175 千克（200-25），所需工时数为 525 小时（175×3）；

C 产品所需工时数为 157.5 小时（1 345-350-312.5-525），再生产 39.375 千克（157.5/4）。

据此确定的各产品的生产量分别为：B 产品生产 150 千克，A 产品生产 200 千克，C 产品生产 64.375 千克，D 产品生产 25 千克。

2. 多项约束条件制约下两种产品数量安排的决策分析

有时企业安排生产常常会受到设备能力、原材料来源、动力、能源及市场销售等多方面条件的制约，当约束条件超过两个，此时的单位资源贡献毛益分析法不适用，在企业只生产两种产品的前提下，可以采用线性规划法进行决策。

【例 5-6】某企业用同一种原料生产甲、乙两种产品，材料有限，每月只能供应 1 200 千克，甲产品的单耗为 6 千克，乙产品的单耗为 3 千克；另外加工产品总工时最多不能超过 1 500 小时，加工一件甲产品需工时 3 小时，加工一件乙产品需工时 4 小时；每月要求甲、乙产品的利润合计不能低于 6 000 元，甲产品的单位利润为 15 元，乙产品的单位利润为 20 元；并已知甲产品的单位成本为 16 元，乙产品的单位成本为 10 元。甲、乙产品的销路均不成问题。

要求：为企业做出合理安排生产的决策。

分析：首先设甲产品的产销量为 x_1，乙产品的产销量为 x_2，建立的约束条件和目标函数分别为：

约束条件：$6x_1+3x_2 \leq 1\,200$ （1）

$3x_1+4x_2 \leq 1\,500$ （2）

$15x_1+20x_2 \geq 6\,000$ （3）

$x_1 \geq 0,\ x_2 \geq 0$ （4）

目标函数：Mix(成本) $=16x_1+10x_2$

然后将上述约束条件在直角坐标系中反映，如图 5-2 所示。满足约束条件的可行区间为不规则的多边形 CEGH，可能极值点存在于不规则多边形的各交点上，即点 C、E、G、H。

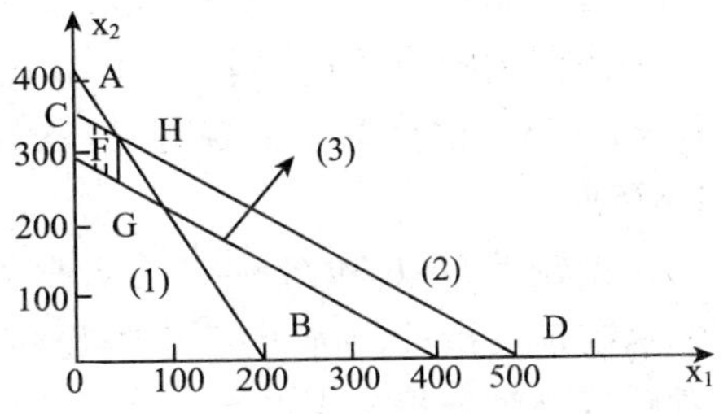

图 5-2 约束条件构成的可行区域

要确定可能极值点的坐标，必须将线性不等式转化为线性方程，在此基础上通过解二元一次方程就可确定。方程（2）与 y 轴的交点坐标 C 为（0，375）；方程（3）与 y 轴的交点坐标 E 为（0，300）；方程（1）与方程（3）的交点坐标 G 为（80，240）；方程（1）与方程（2）的交点坐标 H 为（20，360）。将 C、E、G、H 点坐标分别代入目标函数：

Mix(C) = 16 × 0 + 10 × 375 = 3 750(元)

Mix(E) = 16 × 0 + 10 × 300 = 3 000(元)

Mix(G) = 16 × 80 + 10 × 240 = 3 680(元)

Mix(H) = 16 × 20 + 10 × 360 = 3 920(元)

由于 E 点的总成本最低，因此应安排生产乙产品 300 件，此时的总成本是 3 000元。

例 5－6 建立的约束条件与目标函数并没有按照相关性原则区分相关成本与无关成本，但不是所有的线性规划问题都不考虑相关性原则，在利润决策中常常依据贡献毛益总额确定目标函数，此时的分析就建立在相关性原则的基础上。

【例 5－7】某企业生产甲、乙两种产品，两种产品的最高产量分别为：2 500 件、2 000 件。两产品都需要顺次经过 A、B 两个生产车间的连续加工，最终才能形成产成品。A 车间可供利用的生产能力是 30 000 小时，B 车间可供利用的生产能力是 24 000小时。甲、乙两产品的单价分别为：30 元、20 元；单位变动生产成本分别为：20 元、12 元；A 车间单位产品的加工时间分别为：10 小时、4 小时；B 车间单位产品的加工时间分别为：4 小时、8 小时。

要求：做出生产安排。

分析：首先设甲产品的产销量为 x_1，乙产品的产销量为 x_2，建立的约束条件和目标函数分别为：

约束条件：$10x_1 + 4x_2 \leqslant 30\ 000$　　(1)

$4x_1 + 8x_2 \leqslant 24\ 000$　　(2)

$x_1 \leqslant 2\ 500$　　(3)

$x_2 \leqslant 2\ 000$　　(4)

$x_1,\ x_2 \geqslant 0$　　(5)

目标函数：Max(贡献毛益) = $10x_1 + 8x_2$

依据图确定的可能极值点坐标过程略，最终确定的最佳点坐标是 $x_1 = 2\ 250$，$x_2 = 1\ 875$，贡献毛益总额是 37 500 元，即应该生产甲产品 2 250 件，生产乙产品 1 875件。

比较例 5－6 和例 5－7 二者最大的不同，目标函数的性质不同，例 5－6 中的目标函数是反指标，例 5－7 中的目标函数是正指标，前者不需要区别相关成本，而后者则需要区分相关成本。

无论是例 5－6，还是例 5－7，都假设企业只生产两种产品，事实上，企业生产的数量可能超过两种，在这种情况下，线性规划法不适用。此时只能利用单纯形法进行计算并求得最优解。单纯形法需要逐次迭代，计算的工作量非常大，因此必须借助计算机进行操作，首先编制专用程序，然后输入数据求解。

知识链接

约束理论

由于意识到约束条件对管理的重要性，以色列物理学家、企业管理顾问 Eliyahu M. Goldratt 提出了约束理论（theory of constraints，TOC）。该理论认为：每个过程都存在一个瓶颈（即约束性资源），整过过程不可能比瓶颈速度更快。该理论追求的目标是，在约束性环境中寻求产出最大化。它要求管理人员设法消除生产中的瓶颈，可能采取的措施有：（1）通过增加瓶颈资源的数量来消除瓶颈；（2）通过重新设计产品，使单位产品消耗更少的瓶颈资源来消除瓶颈；（3）通过重新安排生产流程用非瓶颈资源来替代瓶颈资源；（4）通过外购消耗瓶颈资源的作业来消除瓶颈。

3. 最优生产批量决策分析

实际生产过程中，常常分批进行生产。在全年生产量一定的前提下，企业面临全年应分几批组织生产，每批应生产多少件产品才最为经济合理的决策问题。

分批生产过程中会发生直接材料、直接人工等生产成本，每批产品生产前会发生调整准备成本以及产品入库后的储存成本。最优生产批量决策中，直接材料、直接人工等生产成本属于决策的无关成本，因为不管是否分批生产，这些成本都将发生，因此不必考虑；而生产前的调整准备成本和入库后的储存成本与其不同，它们都与生产批量有关联，因此属于决策的相关成本。所谓最优生产批量（用 Q^* 表示）是指与最优生产批量决策相关的调整准备成本与储存成本之和最低时的生产批量。

调整准备成本是指每批产品投产前为做好准备工作而发生的成本。包括：从事调整机器、准备工具模具、清理现场、布置生产线、领取原材料、准备生产作业记录等活动所发生的各项成本之和。此类成本与每批生产数量没有直接联系，而与全年的生产批次（即生产次数）成正比：批次越高，调整准备成本就越高；反之，就越低。如果设全年生产量为 A，每批的生产数量为 Q，每批的调整准备成本为 S，则全年调整准备成本（T_S）的计算公式如下：

$$\text{全年调整准备成本} = \frac{\text{每批调整}}{\text{准备成本}} \times \frac{\text{全年生}}{\text{产批次}} \quad \text{即}\ T_S = S \times \frac{A}{Q} \qquad \text{式 5-3}$$

储存成本是指产品在储存过程中所发生的年成本。相关的储存成本包括：仓库及其设备的维修费、折旧费、保险费、保管人员工资、利息支出、自然损耗等。此类成本与生产批次的多少没有直接联系，而与生产批量成正比例变化；生产批量越大，年储存成本就越高；反之，就越低。如果设单位产品的年储存成本为 C，每日生产量为 p，每日发出量为 d，则全年储存成本（T_C）的计算公式如下：

$$全年储存成本 = \frac{年平均}{储存量} \times \frac{单位年储}{存成本} \times \left(1 - \frac{每日发出量}{每日生产量}\right)$$

即　$$T_C = \frac{Q}{2} \cdot \left(1 - \frac{d}{p}\right) \cdot C$$ 式 5－4

由此可以计算最优生产批量决策的全年相关总成本（T），计算公式如下：

$$T = T_S + T_C = S \cdot \frac{A}{Q} + \frac{QC}{2} \cdot \left(1 - \frac{d}{p}\right)$$ 式 5－5

如果以生产批量 Q 为自变量，从调整准备成本和储存成本的计算公式就可以看出，调整准备成本与生产批量呈反方向变动，而储存成本则与生产批量呈同方向变动，二者具有的性质恰好相反，由此导致全年相关总成本 T 存在极小值，此时可以运用边际分析法进行分析决策。如果计算式 5－5 的一阶导数，并令其等于零。通过微分求导（推导过程略）可以得出以下结论：

结论 1：当年储存成本与年调整准备成本相等时，全年相关总成本最低。

结论 2：最优生产批量 Q^*、最优生产批次 N^* 和全年最低相关总成本 TC^* 的计算公式分别为：

$$Q^* = \sqrt{\frac{2AS}{C\left(1 - \frac{d}{p}\right)}}$$ 式 5－6

$$N^* = \frac{A}{Q^*}$$ 式 5－7

$$TC^* = \sqrt{2ASC\left(1 - \frac{d}{p}\right)}$$ 式 5－8

【例 5－8】某企业生产甲产品，全年需要生产 2 520 件，每件产品的年储存成本为 10 元，每批发生的调整准备成本为 210 元，平均每天生产量为 10 件，每天发出量为 4 件。

要求：确定最优生产批量、最优生产批次和全年相关最低总成本。

分析：依据所给资料代入公式进行计算。

$$Q^* = \sqrt{\frac{2 \times 2\,520 \times 210}{10 \times \left(1 - \frac{4}{10}\right)}} = 420(件)$$

$$N^* = \frac{2\,520}{420} = 6(批)$$

$$T^* = \sqrt{2 \times 2\,520 \times 210 \times 10 \times \left(1 - \frac{4}{10}\right)} = 2\,520(元)$$

或 $=6\times210+\frac{10\times420}{2}\times\left(1-\frac{4}{10}\right)=2\ 520$（元）

实例中最优生产批量、最优生产批次、全年相关最低总成本的确定，也可以根据调整准备成本、储存成本和全年相关总成本的计算公式列表求得，如表5－19所示。

表5－19　最优生产批量相关指标分析计算　单位：元

批次 N（批）	批量 Q（件）	年调整准备成本	年储存成本	年相关成本
		$Ts=S\cdot\frac{A}{Q}$	$Tc=\frac{CQ}{2}\cdot\left(1-\frac{d}{p}\right)$	$TC=T_S+T_C$
3	840	630	2 520	3 150
4	630	840	1 890	2 730
5	504	1 050	1 512	2 562
6	420*	1 260	1 260	2 520
7	360	1 470	1 080	2 550
8	315	1 680	945	2 625

表5－19的计算结果表明，通过编表所得结论与直接依据推导公式计算的结果相同，但编表确定较公式直接确定繁琐，不过可以清晰地看到成本随批量和批次的变化状况。需要特别指出的是，在实际工作中，依据实际数据所确定的最优生产批量和最优生产批次可能不是一个整数值，此时只能选择与其接近的整数值安排生产。如假定最优生产批量是6.5批，此时企业全年可以按6批或7批安排生产。

5.2.4 深加工决策分析

深加工决策分析解决的是所生产的中间产品是否继续再加工的问题。主要包括半成品是否深加工的决策分析和联产品是否深加工的决策分析。

1. 半成品是否深加工的决策分析

半成品是企业连续生产的中间产品，有的既可以直接出售，也可以对其进一步加工后再出售，如纺织生产的棉纱可以直接对外出售，也可以织成布以后再出售。当然，完工产品的售价要比半成品售价高些，但继续加工要追加变动成本，有时还可能追加固定成本。对于这类问题的决策，需视进一步加工后增加的收入是否超过进一步加工过程中追加的成本而定，如果前者大于后者，则继续加工方案较优；反之，如果前者小于后者，则应选择直接出售半成品的方案。

具体分析中，无论半成品是否进一步深加工，半成品成本都已经发生，属于无关成本，决策中不考虑；另外确定深加工方案的相关业务量时，必须考虑半成品与产成品数量上的投入产出关系，以及企业现有的进一步加工能力。

【例5－9】某企业可以生产甲半成品5 000件，如果直接出售，单价为20元，其单位成本为17元，其中：单位材料为8元，单位工资为4元，单位变动性制造费用为3元，单位固定性制造费用为2元。现该企业还可以利用剩余生产能力对半成品继续加工后再出售，这样单价可以提高到27元，但每件需追加工资3元、变动性制造费用1元、固定性制造费用1.5元。没有其他固定成本支出，固定性制造费用按生产工时比例进行分摊。

要求：就以下不相关的各种情况进行决策。（1）若该企业的剩余生产能力足以将半成品全部加工为产成品，是否继续加工？（2）若该企业只具有80%的半成品继续加工能力，是否继续加工？（3）若该企业要将半成品全部加工为产成品，需租入一台设备，年租金为25 000元，是否继续加工？（4）若半成品与产成品的投入产出比为2∶1，是否继续加工？

分析：依据所给资料进行分析。

（1）半成品继续加工前的半成品成本是17元，包括变动生产成本和固定生产成本，都是沉没成本，决策中不予考虑，因为这部分成本不会因产品的继续加工而有所改变。另外继续加工追加的固定性制造费用1.5元，也应视为沉没成本，因为固定性制造费用按生产工时比例进行分摊。如果将半成品深加工，其生产工时必然增加，分摊的固定性制造费用也必然增加，因此对追加的固定性制造费用也不考虑。只有继续加工追加的工资和变动性制造费用才是与决策相关的成本，如果采用差别损益分析法进行决策，具体的计算如表5－20所示。

表5－20　　加工全部半成品差别损益分析　　单位：元

项目＼方案	继续加工半成品	直接出售半成品	差异额
相关收入	27×5 000＝135 000	20×5 000＝100 000	35 000
相关成本	20 000	0	20 000
其中：追加工资	3×5 000＝15 000	0	
追加变动成本	1×5 000＝5 000	0	
差别损益			＋15 000

表 5－20 计算结果表明，半成品应继续加工为产成品后再出售，这样企业可以多获利 15 000 元。

（2）由于该企业只具有 80% 继续生产的能力，因此相关的产销量只有 4 000 件，据此进行的决策如表 5－21 所示。

表 5－21　　加工 80% 半成品的差别损益分析　　单位：元

方案 项目	继续加工半成品	直接出售半成品	差异额
相关收入	27 ×4 000 = 108 000	20 ×4 000 = 80 000	28 000
相关成本	16 000	0	16 000
其中：追加工资	3 ×4 000 = 12 000	0	
追加变动成本	1 ×4 000 = 4 000	0	
差别损益			12 000

表 5－21 计算结果表明，企业应将半成品继续加工为产成品，这样可以多获利 12 000 元。

（3）租入设备的租金为专属成本，必须考虑，据此进行的分析如表 5－22 所示。

表 5－22　　有专属成本完成半成品加工差别损益分析　　单位：元

方案 项目	继续加工半成品	直接出售半成品	差异额
相关收入	135 000	100 000	35 000
相关成本	45 000	0	45 000
其中：追加工资	15 000	0	
追加变动成本	5 000	0	
专属成本	25 000	0	
差别损益			－10 000

表 5－22 计算结果表明，企业应直接出售半成品，这样可以多获利 10 000 元。

（4）产成品的产销量与半成品的产销量不同，产成品的相关业务量是 2 500 件（5 000/2），据此进行的分析如表 5－23 所示。

表 5－23 的计算结果表明，企业应直接出售半成品，这样可以多获利 42 500 元。

表 5－23　　投入产出比为 2∶1 的差别损益分析　　单位：元

项目＼方案	继续加工半成品	直接出售半成品	差异额
相关收入	27 ×2 500 =67 500	100 000	－32 500
相关成本	10 000	0	10 000
其中：追加工资	3 ×2 500 =7 500	0	
追加变动成本	1 ×2 500 =2 500	0	
差别损益			－42 500

2. 联产品是否深加工的决策分析

联产品具有的显著特点是，生产中投入的原材料相同，产出结构比较稳定。当联产品利用相同的原材料进行生产，生产到某一点时联产品将发生分离，该点称为分离点，分离点前的成本为联产品生产的共同成本，即联合成本；分离点后再发生的成本可以归属于特点的产品，称为可分成本。通常联产品分离后，不同性质的联产品将形成，有的联产品可以直接出售，有的则可以继续再加工后出售。无论分离后的联产品是否继续再加工，分离前发生的联合成本都属于沉没成本，决策中不予考虑，只有继续再加工发生的可分成本才是与决策相关的成本，必须考虑。

【例 5－10】某公司生产 A、B、C 三种联产品，这三种产品的产量分别为 250 千克、150 千克、100 千克。生产过程中发生直接材料 22 000 元、直接人工 13 000 元，变动性制造费用 4 000 元，固定性制造费用 6 000 元，生产成本总计 45 000 元。生产成本按产量比例分配给各产品，各产品分摊的生产成本分别为 22 500 元、13 500 元、9 000 元。其中 B 产品既可以直接出售，也可以继续加工为 D 产品再出售，每加工 1 千克的 B 产品需要追加直接工资 3 元，变动性制造费用 1 元，固定性制造费用 1 元。A、B、C、D 四种产品的售价分别为 210 元、240 元、150 元、280 元。

要求：就两种不同情况进行决策。（1）若 B 与 D 的产出比例为 1∶1，是否继续加工 B 产品？（2）如果 B 与 D 的产出比例为 1∶0.9，若 B 产品直接出售，闲置的能力可以用于承揽零星加工业务，预计可以获得贡献毛益 5 000 元；如果继续加工，需购置一套工具，价值 2 000 元，是否继续加工 B 产品？

分析：依据所给资料进行分析。

（1）发生的生产成本 45 000 元是联合成本，无论是变动生产成本还是固定生产成本，都是沉没成本，这些成本不会因为 B 产品的继续加工而改变，因此决策中不考虑；另外发生的联产品继续加工后固定性制造费用也是无关成本，因为该成本属于分摊成本，也不考虑。只有联产品分离后追加的直接工资和变动性制造费用属于可分成本，应该考虑。如果采用差别损益分析法进行决策，据此进行的计算分析如表5－24所示。

表5－24　　B与D产出比为1:1的差别损益分析　　单位：元

方案 项目	继续加工为D产品	直接出售B产品	差异额
相关收入	280×150＝42 000	240×150＝36 000	6 000
相关成本	600	0	600
其中：可分成本	4×150＝600	0	
差别损益			5 400

表5－24的计算结果表明，企业应该将B产品直接加工为D产品再出售，这样可以多获利5 400元。

（2）由于B与D产品的产出比不同，D产品的产量与B不同，D产品的产量为135千克（150×0.9）；如果生产D产品，承揽零星加工业务所获得的贡献毛益将失去，因此加工收益为继续加工D产品的机会成本；购置的工具为继续加工D产品的专属成本。如果采用相关损益分析法进行决策，据此进行的计算如表5－25所示。

表5－25　　B与D产出为1:0.9的相关损益分析　　单位：元

方案 项目	继续加工为D产品	直接出售B产品
相关收入	280×135＝37 800	36 000
相关成本	7 540	0
其中：可分成本	4×135＝540	0
机会成本	5 000	0
专属成本	2 000	0
相关损益	30 260	36 000

表5－25的计算结果表明，企业应该直接出售B产品，这样可以多获利5 740元（36 000－30 260）。

5.2.5 生产方式决策分析

生产方式决策分析解决的是以什么形式生产较为合算的问题。主要包括零部件自制与外购的决策分析和不同工艺方案的决策分析。

1. 零部件自制与外购的决策分析

企业零部件的取得有两个途径：一是自制；另一是外购。在既可自制又可外购的情况下，从节约成本的角度讲，就存在着是自制合算还是外购合算的问题。这类问题的决策不需考虑原有的固定成本，它属于沉没成本，与决策无关，只要比较两个不同方案的相关成本即可。

【例 5-11】某企业生产甲零件，每月需用 15 000 件。如果自制，每件甲零件的单位成本是 40 元，其中：直接材料 25 元，直接人工 4 元，变动性制造费用 2 元，固定性制造费用 9 元。

要求：分别就以下几种不同情况进行决策。（1）如果甲零件的外购单价是 32 元，甲零件是自制还是外购？（2）如果甲零件外购后，剩余生产能力可用于增产乙零件 6 000 件，但需追加支出 1 500 元，否则就不能生产乙零件，乙零件自制的单位变动生产成本为 28 元，固定生产成本为 3 元，另外乙零件也可以外购，其外购价为 35 元。甲零件是自制还是外购？（3）如果甲零件原来一直外购，闲置的生产能力可以承揽零星加工业务，并获得贡献毛益 6 000 元，若改为自制需要为此投入资金 10 000元，甲零件是自制还是外购？

分析：依据所给资料进行分析。

（1）自制发生的固定性制造费用 9 元与决策无关，不考虑，相关成本只有变动成本。由于没有其他相关成本，只要直接比较自制与外购的单位相关成本即可决策。

自制的单位变动生产成本 $=25+4+2=31$(元)

因为自制的单位变动生产成本 < 外购的单价(32 元)

所以甲零件应该自制，这样可以节约成本 15 000 元[$(32-31)\times 15\ 000$]。

（2）首先分析乙零件，乙零件所承担的固定生产成本也与决策无关，但追加的成本支出 1 500 元为生产乙零件的专属成本，必须考虑，此时生产乙零件的相关成本有两个：变动成本和专属成本，如果自制乙零件，可以节约外购成本 40 500 元 [$6\ 000\times 35-(6\ 000\times 28+1\ 500)$]。其次，分析甲零件，自制乙零件的节约成本应视为生产甲零件的机会成本。由于甲零件的需用量已经确定，因此采用相关成本分析法决策，据此编制的相关成本分析如表 5-26 所示。

表 5－26　　甲零件加工的相关成本分析　　单位：元

相关成本	自制	外购
增量成本 机会成本	31 × 15 000 = 465 000 40 500	32 × 15 000 = 480 000
合计	505 500	480 000

表 5－26 计算结果表明，企业应该外购甲零件，这样可以节约成本 25 500 元。

（3）为自制投入的资金 10 000 元属于自制的专属成本，而闲置生产能力承揽的零星加工业务收益是自制的机会成本，二者都必须考虑。据此编制的相关成本分析如表 5－27 所示。

表 5－27　　甲零件有专属成本的相关成本分析　　单位：元

相关成本	自制	外购
增量成本 专属成本 机会成本	465 000 10 000 6 000	480 000
合计	481 000	480 000

表 5－27 的计算结果表明，企业应该外购甲零件，这样可以节约成本 1 000 元。

2. 不同工艺方案的决策分析

企业生产的产品或零件如果可以采用几种不同的工艺方案进行生产或加工时，就存在着方案的比选问题。一般采用较为先进的生产方案时，由于设备先进，其单位变动成本可能较低，但固定成本会很高；而选择比较落后的生产工艺方案时，虽然固定成本较低，但单位变动成本却较高。不同工艺方案的选择与一定的产销量范围相联系。对于这类问题的决策可以采用成本无差别点分析法进行评价并决策。

【例 5－12】某企业生产的新产品 A，既可以用普通机床加工，也可以用数控机床加工。如果采用普通机床加工，其单位加工费为 12 元，固定成本为 16 000 元；如果采用数控机床加工，其单位加工费为 8 元，固定成本为 24 000 元。

要求：做出选择何种加工方式的决策。

分析：依据所给资料进行分析。

无论采用普通机床还是数控机床，所发生的固定成本应该是不同机床计提的折旧费，应该属于相关固定成本，决策时必须考虑。由于 A 产品的产销量未知，因此采用成本无差别点分析法进行决策。令：

普通机床生产的成本模型为：$y_1 = 16\ 000 + 12x$

数控机床生产的成本模型为：$y_2 = 24\ 000 + 8x$

计算成本无差别点业务量 x_0：

$$x_0 = \frac{24\ 000 - 16\ 000}{12 - 8} = 2\ 000(\text{件})$$

依据成本无差别点业务量进行决策：

当预计产销量 <2 000 件时，选择固定成本较低的普通机床加工；

当预计产销量 >2 000 件时，选择固定成本较高的数控机床加工；

当预计产销量 =2 000 件时，普通机床与数控机床的成本相同，二者任选其一即可。

5.3 定价决策分析

定价决策解决的是企业如何制定产品价格以及是否需要调价等问题。对其进行分析旨在使企业在投标中占有价格优势并获得订单。

5.3.1 定价的影响因素

从利润灵敏度指标的计算可以看出，在企业盈利的前提下，价格的利润灵敏度指标最高，说明价格对企业利润高低的作用最强、影响最迅速，因此在实际工作中，管理层会格外关注产品价格的制定。然而产品价格的制定受多种因素的制约，主要影响因素有：市场竞争状况、成本、市场份额、资金周转、投资收益、供需情况、竞争对手、品牌效应、法律等。

1. 市场竞争状况

无论是国内，还是国际，通常市场竞争有三种情况：完全垄断市场竞争、完全自由市场竞争、较为激烈的市场竞争。在市场经济条件下，当一种新产问世后，如果产品盈利状况非常好，在极其短的时间内，竞争者就会不断加入而参与竞争，因此没有竞争的产品几乎是不存在的。在完全垄断市场竞争条件下，产品价格被国家或财团或联盟所控制，对于个别企业来说，产品垄断价格具有强制性，企业只有执行的义务，没有变更的权利，只能跟着垄断价格的变动而随之调整产品价格，实际上没有定价权，也不存在定价决策问题；在完全自由市场竞争条件下，由于市场上生产某种商品的供应者与商品的消费者数量非常多且十分分散，产品价格完全受市场供求规律的支配而形成。此时，由于个别企业的市场占有率较低，因此对市场价格不能产生影响，否则，擅自提价或降价，都可能会给自身带来损失，在这种情况下，企业只能根据市场客观的供求规律去测定均衡价格并自觉地执行，实际上，此时企业也不存在自主定价权；在较为激烈的市场竞争条件下，由于企业规模较大，具有一定的竞争力，因此此种市场存在竞争，但激烈程度远远低于完全自由竞争市场，它介于垄断市场与完全自由竞争市场之间，在这种情况下，企业可以根据市场的其他影响因素而自主定价。

2. 成本

产品的生产过程需要发生生产耗费，这些生产耗费表现为产品的成本。正常情况下，成本必须补偿，否则企业就不能正常运转，因此产品定价中，成本是最常考虑的一个因素。如果产品定价中成本起主导作用，产品价格主要会围绕着成本而确定。根据需要定价中的成本可能是总成本，也可能是相关成本，但无论建立在何种成本基础上的定价，一般这种情况所定价格不会过高，最高产品价格与成本的差距不会太离谱。

3. 市场份额

市场经济条件下，销售量是第一位的，没有市场，就没有利润，因此产品定价中，市场份额也是常常被考虑的因素之一。如果产品定价的目标是占领市场，即市场份额在产品价格制定中起主导性作用，在这种情况下，企业常常采用低价战略，有时确定的产品价格可能会低于其单位产品成本。

4. 资金周转

资金是企业的血液，没有资金，企业就不能生存与发展。因此有时产品定价中也会涉及资金周转问题。当企业处于种种考虑希望加快资金周转速度时，此时资金周转就会在产品定价中起主导作用，企业会将价格定在对用户最有吸引力的价格水平上，常常可能会通过降价吸引客户，因此此时的利润不一定最大。

5. 投资收益

如果从投资收益的角度考虑定价，此时产品定价的目标应该是实现利润最大化。在利润动因的驱使下，如果产品具有差异化特征，企业常常就会定高价，这种价格与产品成本的高低常常没有直接的关系；如果产品不具有差异化特征，企业为了多获利，可能会采取不同的促销手段，如打折、优惠组合等，通过薄利多销来获得利润；另外随着国内、国际间竞争的日趋激烈，为了实现利润最大化，有可能企业之间会强强联合，形成战略同盟，在一定的范围内，共同控制产品价格的制定，从而形成统一的价格。

6. 供需情况

在非完全自由竞争的市场条件下，供需状况，也会对产品价格产生影响。当然这种影响不会像完全自由竞争条件下使其完全丧失自主定价权。当产品供不应求时，企业就会适度调高产品的价格，否则，供大于求时，企业只能一定程度上降低产品的售价。

7. 竞争对手

由于企业间竞争的加剧，产品更新换代的速度加快，企业必须要做到知己知彼，因此了解竞争对手的价格也是产品定价中不可忽视的一个因素，当企业投标时，掌握竞争对手价格尤其对其重要。如果竞争对手处于优势，企业就会制定较低的价格，以低取胜；如果竞争对手处于弱势，企业就会制定较高的价格。

8. 品牌效应

品牌是企业的无形资产，当不同企业生产的产品质量差异性不大时，但产品价格却相差较大，此时品牌效应就起了主导作用。如果某企业具有悠久的历史，产品质量等有口皆碑，产品定价中就一定会考虑品牌形象。品牌的存在常常会使企业关注高端市场，尽量提供最高水平的产品或服务，由此导致产品价格就会远远高出同类企业，此时的价格与成本基本无关。

9. 法律

产品定价虽然是企业自己的事情，自己说了算，但是每一个国家为了维持国内经济市场的正常运转，都对产品价格的自行制定有相关的法律制约，主要是防止价格垄断。中国2011年1月4日国家发展改革委依据《中华人民共和国反垄断法》，制定并公布了《反价格垄断规定》和《反价格垄断行政执法程序规定》，其中《反价格垄断规定》对价格垄断协议、滥用市场支配地位和滥用行政权力等价格垄断行为的表现形式、法律责任作了具体规定，不允许企业不公平的超高价或不公平的超低价销售产品。每一个企业对此都应了解，定价时不能违反法律规定，尤其产品打入国际市场时，更应熟知对方国家的相关法律规定。

小知识

倾销

倾销是指一国（地区）的生产商或出口商以低于其国内市场价格或低于成本价格将其商品抛售到另一国（地区）市场的行为。对倾销的调查和确定，由对外贸易经济合作部负责。1994年关贸总协定第6条的协议规定，如果在正常的贸易过程中，一项产品从一国出口到另一国，该产品的出口价格低于在其本国内消费的相同产品的可比价格，也即以低于其正常的价值进入另一国的商业渠道，则该产品将被认为是倾销。倾销被视为一种不正当的竞争手段，为WTO所禁止，因此反倾销也成为各国保护本国市场，扶持本国企业强有力的借口和理由。

根据中国《反不正当竞争法》第11条第2款的规定，有下列情形之一的不属于不正当竞争行为，即低价倾销之例外：(1) 销售鲜活商品；(2) 处理有效期限即将届满的商品或者其他积压的商品；(3) 季节性降价；(4) 因清偿债务、转产、歇业降价销售商品。

5.3.2 产品价格的决策方法及应用

在实际定价中，影响产品价格的因素有多个，可能某一个因素起主导作用，可能多个因素同时作用，不同的因素作用下，可能采用的定价方法不同，但无论采用何种方法，最终产品价格的确定可能是综合多个因素、多种方法确定的。概况而言，产品定价的方法有两类：短期价格决策法和长期价格决策法。

1. 短期价格决策法

短期价格决策解决的是临时订单的价格决策问题。通常这种订单所需生产时间较短，几个月就可以完成。当企业发现上门的客户对价格十分敏感，要求低于正常售价订货时，或企业投标时想要战胜竞争对手低价夺标时，在这两种情况下，订货不是长期订货而是临时订货，此时就属于短期价格决策问题。分析此类问题决策，由于无论是否接受临时订单，对企业的正常订单都不会产生影响，因此一定会存在一些无关成本，决策时需要区分相关成本和无关成本。相关成本是企业接受临时订单的价格底线，如果低于此价格接受订单，就会给企业造成损失，但是如果高于此价格接受订单，就会给企业带来利润。

【例5－13】H公司生产的A产品属于畅销产品，月最多生产10万件。目前每月生产并销售6万件，销售单价为每件90元。直接材料中包括外购的甲、乙两种材料，甲材料的外购单价为10元，乙材料的外购单价为7元。各项成本资料如表5－28所示。

表5－28　　A产品相关资料　　单位：元

项目	单位变动成本（b）	单位固定成本（a/x）	合计
直接材料	17		17
直接人工	6		6
制造费用	12	15	27
生产成本	35	15	50
管理费用	5	16	21
销售费用	9	8	17
经营成本	49	39	88

该公司得到一信息：中国台湾的海华公司准备建立一家类似产品的生产企业，建厂需要3个月。在这3个月中，海华公司准备从其他公司购入30万件的A产品并在该地区销售，该公司正在招标。得到此信息后H公司准备投标。经过调查，投标单

位有3家，且较有竞争力，海华公司透出的价格信息是A产品价格不能超过47元。

H公司如果接到此订单后，相关的情况如下：（1）生产中所需的甲材料还有库存，但再购进时，由于甲材料供不应求，供应商已经通知价格上涨10%；（2）乙材料可以按原价购入；（3）管理费用和销售费用不会因为增加订货而增加；（4）会发生生产工艺转换成本和其他资金投入3万元。

要求：（1）计算H公司接受此订单应报出的最低价格；（2）分析H公司应该如何报价？

分析：依据所给资料进行分析计算。

（1）虽然海华公司对A产品的报价要求较低，不允许超过47元，此价格低于H公司的单位产品成本（35元），但由于此订单只有3个月，属于临时订单，接此订单后，有些成本不会再增加，其中固定性制造费用不会增加，另外管理费用和销售费用也不会再增加，这些成本都属于无关成本，决策中不应考虑。此时按此订单的相关成本有几项：一是甲材料，由于甲材料的价格上涨，因此甲材料应该按重置成本计算而不应按历史成本10元计算；二是乙材料，乙材料可以按原价计算；因为此时乙材料的历史成本也是重置成本；三是直接人工和变动性制造费用；四是增加的工艺转换成本和其他资金投入，这些资金属于专属成本。

依据上述几项计算的单位相关成本如下：

$$单位相关成本=10\times(1+10\%)+7+6+12+\frac{3}{30}=36.1(元)$$

单位相关成本是竞价的最低价格，如果报价低于该值，企业将遭受损失。

（2）比较单位相关成本36.1元和海华公司提出的最高价格47元，前者远远低于后者，只要H公司出价高于36.1元，公司就可以获利。因为H公司实际报价时，应该结合对竞争对手的调查，在36.1～47元做出选择。

比较短期价格决策实例（例5－13）与生产决策中的是否接受低价追加订货的决策实例（例5－2）可以看到，这两种决策十分相似，但所采用的方法不同。二者的共同之处在于：都是临时追加订货，不是长期订单；订货的数量已经确定；都需要区分相关成本和无关成本。二者的区别在于，是否接受低价追加订货决策中的偏低价格客户已经提出，一般不能改变，在订货数量确定的前提下，可以直接计算相关收入总额和相关成本总额，因此采用差别损益分析法和相关损益分析法都可以决策；而在短期价格决策实例中，客户所需价格并没有确定，企业需要在区分相关成本和无关成本的基础上，结合竞争对手实力以及客户的最高价要求，提出最终的报价。

如果价格偏低追加订货决策中，客户出价已经明确，在这种情况下，采用短期价格决策方法或采用生产决策方法都可以。如果采用短期价格决策方法，只要比较客户出价与企业接受订单发生的单位相关成本就可以决策，单位相关成本的计算公式如下：

$$单位相关成本 = \frac{单位变}{动成本} + \frac{专属成本}{追加订货量} + \frac{机会成本}{追加订货量} \qquad 式5-9$$

如果追加订货时没有专属成本，没有机会成本，也没有重置成本，只要客户出价大于产品的单位变动成本，就可以接受特殊订单。此结论与例5-2中的结论基本相同，只是前提条件又增加了重置成本。换句话讲，例5-2中假设材料不存在涨价或跌价状况，材料的历史成本就是重置成本。短期价格决策方法与生产决策中所采用的决策方法一直存在的唯一不同在于，前者是依据单位额决策，而后者是依据总额决策，比较而言，依据单位额的决策可能会更快于总额的决策。

综合上述分析可以看出，短期价格决策方法无论客户出价是否已知，只要是临时价格决策分析都适用。这种方法如果是在客户允许竞标的前提下采用，会使企业做到有的放矢，因为企业自身竞标的低价是明确的，竞标中能否盈利，十分清楚，此时采用此法可以帮助企业打败竞争对手，赢得订单。

2. 长期价格决策法

长期价格决策解决的是企业长期发展中的价格决策问题。与短期价格决策相比，长期价格决策所涉及的订单常常属于长期合作订单，通常时间会超过一年；另外客户出价一般不会太低，常常高于单位产品成本。在这种情况下，进行产品价格决策不需要区分相关成本和无关成本。在实际工作中，可以采用的长期价格决策方法有很多，主要方法有以下几种。

（1）以成本为基础的价格决策方法。以成本为基础的价格决策方法的基本思想是，产品生产过程中发生的各种生产耗费，以及为生产提供服务而发生的期间成本，包括变动成本和固定成本，都应该进行补偿，以成本为出发点，然后再考虑利润，从而确定产品的价格。此种方法将定价与成本直接联系，并考虑利润，能够确保企业盈利，但此法与市场价格状况脱节，有可能使其制定的价格不具有竞争力。具体应用中，价格决策法又可以细分为以下两种方法：

第一种，成本加成定价法。成本加成定价法是在单位产品成本的基础上，按一定的加成率计算利润加成额，进而确定产品价格的一种价格制定方法。这种方法在实际工作中应用非常普遍。企业的日常核算有两种，完全成本法和变动成本法，不同方法下单位产品成本不同，所采用的成本加成率也不同。

在完全成本法下，单位产品成本就是单位生产成本，成本加成率为成本毛利率，加成的利润额是销售毛利。计算公式如下：

$$产品价格 = 单位生产成本 \times (1 + 成本毛利率) \qquad 式5-10$$

$$其中：成本毛利率 = \frac{非生产成本 + 利润}{生产成本} \times 100\%$$

式中的非生产成本与利润之和是销售毛利，利润常常采用的是产品的目标利润。

在变动成本法下，单位产品成本就是单位变动生产成本，成本加成率为成本营业贡献毛益率，加成的利润额是营业贡献毛益。计算公式如下：

产品价格 = 单位变动生产成本 ×（1 + 成本营业贡献毛益率）　　式 5 - 11

$$其中：成本营业贡献毛益率 = \frac{变动非生产成本 + 固定成本 + 利润}{变动生产成本} \times 100\%$$

式中的变动非生产成本、固定成本和利润三者之和是营业贡献毛益，利润也是目标利润。

需要特别指出的是，式 5 - 10 和式 5 - 11 中，无论是成本毛利率，还是成本营业贡献毛益率都是事先根据企业的战略规划及相关数据确定的，由于加成率中含的利润是目标利润，因此人们常常将依据上述公式确定的产品售价称为目标售价。

【例 5 - 14】某企业所接订单中有一个新产品，预计该新产品的成本资料如下：单位直接材料 22 元，单位直接人工 10 元，单位变动性制造费用 8 元，单位固定性制造费用 12 元。该企业一直采用完全成本法核算成本，确定的成本加成率是 40%。

要求：（1）计算产品的售价；（2）如果该企业采用变动成本法核算成本，确定的成本加成率为 82%，计算产品的售价。

分析：依据所给资料进行计算。

（1）完全成本法下的产品售价计算如下：

产品售价 =（22 + 10 + 8 + 12）×（1 + 40%）= 72.8（元）

（2）变动成本法下的产品售价计算如下：

产品售价 =（22 + 10 + 8）×（1 + 82%）= 72.8（元）

计算结果表明，无论是按完全成本法的数据，还是按变动成本法的数据，计算出来的产品售价一致。从理论上讲，应该是这样，但在实际工作中，由于加成率事先确定，可能实务中在不同方法下计算出来的产品售价有可能会出现较小的差异。

第二种，成本与相关利润率定价法。成本与相关利润率定价法是在单位产品成本的基础上，结合有关利润率指标，进而确定产品价格的一种价格制定方法。这里的利润率与成本无关，在完全成本法下，采用的是销售毛利率，在变动成本法下，采用的是营业贡献毛益率。相关的计算公式如下：

$$完全成本法下产品售价 = \frac{单位生产成本}{1 - 销售毛利率} \qquad 式\ 5 - 12$$

$$变动成本法下产品售价 = \frac{单位变动生产成本}{1 - 营业贡献毛益率} \qquad 式\ 5 - 13$$

式 5 - 12 和式 5 - 13 中的销售毛利率和营业贡献毛益率需要事先确定。此种方法定价与成本加成法定价的不同之处在于，二者掌握的利润率指标不同。由于在成本的基础上考虑成本利润率更具有合理性，另外成本加成法下的计算相对简单，因此实务中，成本加成法较成本与相关利润率定价法更具有普遍应用性。

成本加成定价法和成本与相关利润率定价法，二者的共性之处在于，都是在单位产品成本的基础上确定售价，虽然计算公式不同，但实质上都是在成本的基础上，加上了目标利润，由此可以看出，以此确定的价格应该是企业实现预期利润时所定价格的上限值，该价格可以使企业维持在既定利润水平，从而实现良性运转，确保长期发展。

（2）以市场需求为基础的价格决策方法。以市场需求为基础的价格决策方法的基本思想是，产品的价格会影响产品的销售量，不同的价格与销售量水平下的成本不同，利润也不同。当产品售价较高时，销售量会受到制约，进而会影响企业的利润水平；而当产品售价较低时，虽然销售量多，但可能并不能给企业带来较多的利润，企业存在最优售价。以市场需求为基础的价格决策方法旨在通过微分边际分析确定产品的最优售价，实际上是边际分析法的在产品定价中的具体应用。

所谓产品最优售价是指能使企业获得最大利润时的产品售价。按照微分边际分析原理，如果以销售量为自变量，产品的销售收入函数、成本函数，以及利润函数的一阶导函数就会表现为边际收入、边际成本和边际利润。管理会计中的边际收入是指销售量每增加或减少一个单位所形成的销售收入差；边际成本是指销售量每增加或减少一个单位所形成的成本差；边际利润则是指销售量每增加或减少一个单位所形成的利润差。这里的销售量一个单位可以指一件产品，也可以指一批产品。从数学的角度看，边际收入就是销售收入函数的一阶导函数；边际成本就是成本函数的一阶导函数；边际利润就是利润函数的一阶导函数。当边际收入等于边际成本，边际利润为零时，产品的销售利润达到极大值，此时的售价就是最优售价，相应的销售量也就是最优销售量，因此常常有人将此价格决策称为最优售价与销售量组合决策。

【例5-15】假定某企业产品销售量与销售收入的关系式为 $-3x^2+76x$；销售量与成本的关系式为 $2x^2+16x+15$。

要求：计算产品的最优售价和最高的利润额。

分析：依据所给资料计算边际收入与边际成本。

边际收入 $=(-3x^2+76x)'=-6x+76$

边际成本 $=(2x^2+16x+15)'=4x+16$

令：边际收入 = 边际成本，即 $-6x+76=4x+16$

则：$x=6$（单位）

最优售价 $=\dfrac{-3\times6^2+76\times6}{6}=58$（元）

最高的利润额 = 收入 − 成本 $=-6\times6^2+60\times6-15=129$（元）

例 5－15 假设销售收入和成本函数是连续性函数，而有时销售收入和成本函数不是连续型函数而是离散型函数，在这种情况下，可以通过编表来确定产品的最优售价。

【例 5－16】某公司生产甲产品，该产品的固定成本为 1 000 元，单位变动成本为 5 元，当产品销售价格由 25 元降到 15 元时，单位变动成本上升到 7 元，不同销售价格水平下的销售量预测值如表 5－29 所示。

表 5－29　　　　**产品售价及销售量资料**

产品售价	25	24	23	22	21	20	19	18	17	16	15	14	13	12
销售量	50	60	70	80	90	100	110	120	130	140	150	160	170	180

要求：计算边际收入、边际成本、边际利润和利润，并作出最优售价的决策。

分析：依据所给资料，相关指标的计算如表 5－30 所示。

表 5－30　　　　**产品销售各项指标计算**　　　　单位：元

f 销售价格 ①	预计销售量 ②	销售收入 ③＝①×②	边际收入 ④	固定成本 ⑤	变动成本 ⑥	总成本 ⑦＝⑤＋⑥	边际成本 ⑧	边际利润 ⑨＝④－⑧	利润 ⑩＝③－⑦
25	50	1 250	－	1 000	250	1 250	—	—	0
24	60	1 440	90	1 000	300	1 300	50	140	140
23	70	1 610	170	1 000	350	1 350	50	120	260
22	80	1 760	150	1 000	400	1 400	50	100	360
21	90	1 890	130	1 000	450	1 450	50	80	440
20	100	2 000	110	1 000	500	1 500	50	60	500
19	110	2 090	90	1 000	550	1 550	50	40	540
18	120	2 160	70	1 000	600	1 600	50	20	560
17	130	2 210	50	1 000	650	1 650	50	0	560
16	140	2 240	30	1 000	700	1 700	50	－20	540
15	150	2 250	10	1 000	1 050	2 050	350	－340	200
14	160	2 240	－10	1 000	1 120	2 120	70	－80	120
13	170	2 210	－30	1 000	1 190	2 190	70	－100	20
12	180	2 160	－50	1 000	1 260	2 460	270	－320	－300

从表5－30可以看到，当边际收入等于边际成本，边际利润为零时，此时的利润达到最大，为560元，此时的售价17元为最优售价。而当产品售价由17元继续下降时，利润将维持最高水平不变或下降，这说明当边际收入等于边际成本，边际利润为零时，继续再降价已经没有意义。

有时依据售价、销售量、成本数据编制的表5－30，可能无法找到能使“边际收入等于边际成本，或边际利润等于零”时的售价，此时可以按照以下原则选取最优售价，即“边际利润大于零且最接近于零”时的售价就是最优售价存在的位置。

以市场需求为基础的价格决策方法运用微分极值原理进行决策，计算结果较为精确，但其显著缺陷是，在实际工作中，产品售价与预计销售量的对应关系很难确定，因此这种方法的可操作性较差。

（3）以产品性质为基础的价格决策方法。以产品性质为基础的价格决策方法的基本思想是，通过分析产品的品质，进而决定产品的定价方式及价格的水平。如果某产品与同类产品相比具有创新，存在显著的不同，如产品的样式、产品功能、产品质量等存在差异，此时就可以将产品的价格水平定在同类产品的价格之上；否则如果某产品与同类产品相比不具有太明显的差异化特征，此时只能与市场的同类产品价格水平保持一致，或低于同类产品的价格水平。这种定价方式常常被用于新产品定价，前者被称为撇油法，后者被称为渗透法。撇油法是指那些初次投放市场尚未形成竞争的新产品以高价销售，以保证初期高额获利，随着市场销量提高、竞争加剧而逐步降价的方法，即先高后低的定价方式。渗透法是指以较低价格为新产品开拓市场，争取顾客，赢得竞争优势后再逐步提价的方法，即先低后高的定价方式。无论采用何种方式，都可以确保企业盈利。

5.3.3 产品调价的决策方法及应用

一个产品从其问世至退出市场会经过一个漫长的历程，其间产品售价不可能一成不变，企业可能会根据市场销售预测或环境的变化而调整产品的售价。可以采用的价格调整方法主要有以下几种：利润无差别点法、利润增量法、价格弹性法和边际分析法等。

1. 利润无差别点法在调价中的应用

利用利润无差别点法进行产品价格调整决策时，需要首先计算利润无差别点销售量。调价中的利润无差别点销售量是指保持原有盈利能力时，在调价后应达到的销售量水平。如果设 x_0 为利润无差别点销售量，依据贡献式损益确定程序，令调价后的利润等于调价前的利润，由此可以推出 x_0 的计算公式，计算公式如下：

$$\text{利润无差别点销售量}(x_0) = \frac{\text{固定成本} + \text{调价前利润}}{\text{拟调单价} - \text{单位变动成本}} \quad \text{式 5-14}$$

$$\text{或} = \frac{\text{调价前的贡献毛益}}{\text{拟调单价} - \text{单位变动成本}} \quad \text{式 5-15}$$

式中的固定成本和单位变动成本反映的是拟调价后可能达到的水平，既可以是基期水平，也可以是基期基础上的变动值。若调价后预计可能实现的销售量大于利润无差别点销售量，此时应该调价，调价后所获利润会高于未调价时的获利水平；若调价后预计可能实现的销售量小于利润无差别点销售量，则不能调价，否则调价后利润将低于未调价时的获利水平；若调价后预计可能实现的销售量等于利润无差别点销量，则调价与不调价获利能力是一样的，此时是否调价取决于企业的竞争战略。另外具体决策时还需要考虑产品的生产能力。

【例 5-17】某公司生产甲产品，该产品的月最大生产能力为 1 700 件。甲产品的售价为 120 元，单位变动成本为 70 元，发生的固定成本总额是 20 000 元，目前实现的月销售量是 1 000 件。该企业拟利用利润无差别点法进行调价决策。

要求：(1) 若将售价调低为 110 元，预计产品月销售量可达到 1 300 件左右，分析是否调价；(2) 若将售价调低为 100 元，预计产品月销售量可达到 1 850 件，分析是否调价；(3) 若调低售价为 100 元，预计产品月销售量可达到 1 850 件，但由于生产能力不足，企业决定租入设备一台，每月需支付租金 4 000 元，分析是否调价；(4) 若售价调高到 130 元，预计产品月销售量可达到 820 件，闲置的生产能力可以承揽加工业务，预计获得贡献毛益 8 000 元，分析是否调价。

分析：依据所给资料计算并分析。

(1) 调价前利润 = 1 000 × (120 − 70) − 20 000 = 30 000 (元)

$$\text{利润无差别点销售量} = \frac{20\ 000 + 30\ 000}{110 - 70} = 1\ 250(\text{件})$$

因为调价后的预计销售量为 1 300 件，高于利润无差别点销售量 (x_0)，因此应该调低售价，这样可以多获利 2 500 元 [(1 300 − 1 250) × 50]。

$$(2)\ x_0 = \frac{20\ 000 + 30\ 000}{100 - 70} \approx 1\ 667(\text{件})$$

因为调价后的预计销售量为 1 850 件，高于利润无差别点销售量，但生产能力只有 1 700 件，而企业又没有增加固定成本投入，说明此时生产能力不足，因此不能调低产品售价。

$$(3)\ x_0 = \frac{20\ 000 + 4\ 000 + 30\ 000}{100 - 70} = 1\ 800(\text{件})$$

因为增加租金投入后，该企业具备了生产 1 850 件产品的生产能力，且调价后的预计销售量高于利润无差别点销售量，因此可以调低产品售价，这样可以多获利1 500元［(1 850 − 1 800) ×30］。

(4) $x_0 = \frac{20\ 000 + (30\ 000 - 8\ 000)}{130 - 70} = 700(件)$

因为价格调高后的预计销售量为820件，高于利润无差别点销售量，因此可以调高产品售价，这样可以多获利7 200元［(820 − 700) ×60］。

利润无差别点法提供了调价前后利润相等时的销售量应该达到的最低临界值，这一信息对企业非常重要。另外计算中没有任何制约条件，因此适用范围较为广泛。

2. 利润增量法在调价中的应用

利润增量法是指通过计算调价后与调价前的利润增量决定是否调价的一种定量分析方法。如果企业的最大生产能力能够满足调价需要，而且不能转移，另外成本水平保持不变的前提下，利润增量（ΔP）的计算公式如下：

$$利润增量 = \left(\begin{matrix}拟调\\价格\end{matrix} - \begin{matrix}单位变\\动成本\end{matrix}\right) \times \begin{matrix}销售量\\差额\end{matrix} - \begin{matrix}价格\\差额\end{matrix} \times \begin{matrix}调价前\\销售量\end{matrix} \qquad 式5-16$$

如果调价后的$\Delta P > 0$，说明调价可以增加企业的利润，在这种情况下，可以调价；否则，$\Delta P < 0$，说明调价会降低企业的利润，此时不能调价。

这种方法通过计算利润增量进行判断分析，能够直接分析是否可以调价以及增加的利润，缺陷在于，仅适用于调价前后成本不变的情况下采用。

3. 价格弹性法在调价中的应用

价格弹性法是指通过计算价格弹性来决定产品是否可以调价的一种分析方法。所谓价格弹性又称需求价格弹性，是指需求量变动百分比与价格变动百分比的比值，用公式表示如下：

$$价格弹性 = \frac{需求量变动百分比}{价格变动百分比} \qquad 式5-17$$

价格弹性反映价格变动1%，所引起的销售量的变动百分比。在经济学上，价格弹性的绝对值可以反映需求与价格变动水平的关系，概括而言，有三种情况，即价格弹性的绝对值>1；价格弹性的绝对值<1；价格弹性的绝对值=1。

当价格弹性的绝对值>1时，称为弹性大。表明价格以较小幅度变动时，可使需求量产生较大幅度的扩大。这意味着价格下降会促使需求大大提高，因此对弹性大的商品应采取调低价格的方法，薄利多销。

当价格弹性的绝对值<1时，称为弹性小。表明即使价格变动幅度很大，需求量的变化幅度也不会太大。这意味着价格下降对需求量影响不大，因此对弹性小的商品，不仅不应调低价格，相反，如果可能应适当调高价格。

当价格弹性的绝对值等于1时，表明需求量受价格变动影响的幅度完全与价格本身变动幅度一致。在这种情况下，价格应保持不变。

价格弹性的高低，说明了商品价格与需求之间反方向变动的水平的大小。就某一种产品的不同时期及不同销量基础而言，价格弹性可能有大有小，因此拟通过价格弹性进行调价决策时，应该注意价格弹性的动态变化。

这种方法建立在价格与销售量预测的基础上，基本原理简单明了，其准确度取决于所选价格水平下的销售量的预测准确程度。

4. 边际分析法在调价中的应用

边际分析法的应用范围十分广泛，依据微分极值原理，它不仅可以确定产品的最优售价，也可以确定产品是否可以调价。当能够依据不同售价、销售量水平下的销售收入、成本，计算边际收入、边际成本和边际利润时（如表 5－30 所示），在这种情况下，可以直接判断是否应该调价。

表 5－30 所列示的产品价格从高到低不同水平下的边际收入、边际成本、边际利润和利润值，计算结果表明，当销售单价下降时，如果边际收入大于边际成本，即边际利润大于零时，说明降价扩大销售对企业有利；如果边际收入小于边际成本，即边际利润小于零时，说明降价不仅不能增加利润，反而使利润降低，此时不能降价。

如果决策对象不是分析应否降价，而是分析应否提价，在这种情况下，边际分析原理依然适用，只不过计算的表中值应该是产品价格从低到高不同水平下的边际收入、边际成本、边际利润和利润，只要将表 5－30 的计算倒过来就是计算结果，其结论相同。

可见，借助于边际分析法能够做出是否可以降价以及是否可以提价的价格决策，但不同售价下的销售量预测是其难点。

反倾销

反倾销（anti-dumping）是指对外国商品在本国市场上的倾销所采取的抵制措施。一般是对倾销的外国商品除征收一般进口税外，再增收附加税，使其不能廉价出售，此种附加税称为“反倾销税”。征收反倾销税的数额可以等于倾销幅度，也可以低于倾销幅度。WTO《反倾销协议》规定，对倾销产品征收反倾销税必须符合三个基本条件：倾销存在；损害存在；倾销与损害之间存在因果关系。在这三个条件都具备的情况下，就会出现国际反倾销。

5.4 作业成本法下的决策及非确定型条件下的决策

5.4.1 作业成本法下的短期经营决策分析

作业成本法自诞生后，作业的先进管理理念深入到了管理会计的各项职能。从短期经营决策来看，以作业为基础不仅可以进行生产决策，也可以进行价格决策。

1. 作业基础的生产决策

以作业为基础的生产决策分析，以企业已经划分作业为前提条件，所计算的成本区分单位层作业成本、批量层作业成本、产品层作业成本和公司层作业成本进行核算，其中单位层作业成本属于真正的与业务量正比例变动的变动成本，其他三层次的成本与业务量的变动无关，类似于传统意义上的固定成本。加入作业因素进行生产决策后，原有的生产决策方法均适用，但具体计算时需要以作业为出发点进行变通应用。

【例5－18】某企业生产A产品，目前的年生产量大约是11 000件，生产的自动化程度比较低，该企业拟购置较新设备来提高生产效率。预计购置新设备后，设备折旧费将增加74 000元，单位变动成本下降5元，生产能力能够提高25%，其他相关资料如表5－31所示。

表5－31 **A产品相关资料** 单位：元

项　目	非自动化生产	自动化生产
单价	40	40
单位变动成本	20	15
单位贡献毛益	20	25
年固定成本	150 000	224 000
年最大生产能力	12 300	15 100

如果实施作业成本法，固定成本150 000元由以下几项作业成本构成：材料处理成本为12 840元（1070小时×12元/小时）；设备调整成本为5 200元（52周×1次/周×100元/次）；设备检验成本为21 840元（52周×7天/周×3次/天×20元/次）；包括折旧的公司服务成本110 120元。

引入自动化生产设备后，除了折旧费用增加外，企业采取措施降低材料库存，材料处理时间降低到80小时，每次处理成本上升到18元；企业增加设备调整次数，由当前的每周1次，增加到每天1次，但每次调整准备成本下降到35元；设备检验次数将从每天3次，降为每天1次，且每次检验成本降低到11元。

要求：（1）如果该企业未实施作业成本法，做出决策；（2）以作业成本法为基础进行决策。

分析：依据所给资料进行计算与分析。

由于无论是否采用新设备，实施新旧设备的单价相同，这意味着无论业务量如何变动二者产生的销售收入是相同的，在这种情况下，可以采用成本无差别点法进行决策。

（1）在未实施作业成本法前：

$$\text{成本无差别点业务量} = \frac{224\ 000 - 150\ 000}{20 - 15} = 14\ 800\text{（件）}$$

因为采用新设备后，可以达到的业务量是13 750件（11 000×25%），低于成本无差别点生产量，在这种情况下，仍然应该采用旧设备进行生产。

（2）实施作业成本法后：

首先计算作业成本法实施后固定成本及各项作业成本的变化情况。

材料处理成本＝80×18＝1 440（元）

调整准备成本＝52×7×1×35＝12 740（元）

设备检验成本＝52×7×1×11＝4 004（元）

固定成本＝110 120＋74 000＋1 440＋12 740＋4 004＝202 304（元）

然后计算成本无差别点业务量。

$$\text{成本无差别点业务量} = \frac{202\ 304 - 150\ 000}{20 - 15} = 10\ 460.8 \approx 10\ 461\text{（件）}$$

因为采用新设备后，可以达到的业务量是13 750件，高于成本无差别点业务量，此时应该采用新设备。可见，作业成本法实施后的决策结论与作业成本法实施前的决策结论截然不同，原因是批量层作业形成的作业成本由于作业成本法的实施而出现了明显变化，总体来看，大大地降低了。

上述也可以采用利润无差别点法进行决策。决策中依据：贡献毛益－固定成本＝利润，建立新设备与旧设备的利润等式，由此可以计算利润无差别点时的业务量，据此也可以进行决策，决策结论与上述结论相同，分析过程略。

2. 作业基础的定价决策

实施作业成本法后，如果要确定产品的售价，所用方法与传统方法基本相同，只不过涉及成本时，应该按照作业成本法下的成本构成核算成本，并在其损益计算公式的基础上推导价格公式。以成本加成法为例进行说明。

成本加成法下，如果是在单位产品成本的基础上进行加成，此时的单位产品成本仍然是由单位直接材料、单位直接人工和单位制造费用三项构成，但制造费用应该表现为由若干个作业中心构成的作业成本，单位产品成本 = 单位材料 + 单位人工 + 单位变动制造费用 + 单位批量作业成本 + 单位产品作业成本 + 单位综合变动成本，产品售价 = 单位产品成本（1 + 成本加成率），此时的成本加成率仍然是成本毛利率。

5.4.2 非确定型条件下的生产决策分析

如果决策中所涉及的因素，如产品的售价、业务量、收入、成本等具有不确定性，某一个因素或某几个因素或所有的因素都有几种变动情况，在这种情况下，应该采用非确定条件下的决策方法进行决策。非确定型生产决策包括风险型生产决策和不确定型生产决策两类，所采用的方法主要有：期望值分析法、大中取大分析法、小中取大分析法、大中取小分析法和折中决策分析法等，其中期望值分析法适用于已知因素概率的风险型生产决策分析；后四种方法适用于未知因素概率，因素完全不确定型生产决策分析。

1. 期望值分析法

如果决策中的因素具有不确定性，而且已知因素各种不同变动状况下的相应概率，此时可以采用期望值分析法进行决策。

经营决策中的期望值分析法的基本思想是：计算不同因素的期望值，在此基础上，依据原有短期经营决策方法进行计算并决策。

【例 5 – 19】某企业利用剩余生产能力开发一种新产品，现有 A、B 两个产品可供选择，产品投产后，有关资料如表 5 – 32 所示。

表 5 – 32　　A、B 两种产品相关资料　　单位：元，件，%

项目 品种	单价		单位变动成本		固定成本		销售量	
	金额	概率	金额	概率	金额	概率	数量	概率
A 产品	200	0.5	120	0.4	30 000	0.6	1 000	0.3
	210	0.3	125	0.6	35 000	0.4	1 100	0.4
	220	0.2					1 300	0.2
							1 500	0.1
B 产品	300	0.7	225	1	34 000	0.6	1 100	0.2
	310	0.3			37 000	0.4	1 180	0.4
							1 250	0.2

要求：利用期望值分析法作出开发何种新产品的决策。

依据所给资料进行分析：由于该企业是利用剩余生产能力开发新产品，虽然每个新产品预计发生的固定成本不同，但属于分摊成本，因此决策中不考虑。另外由于销售量已知，且相关成本只有变动成本，因此采用贡献毛益总额分析法进行决策。决策中，首先计算不确定因素的期望值，然后计算不同产品的贡献毛益总额并进行决策。相关的计算如下：

A 产品单价期望值 $=200\times0.5+210\times0.3+220\times0.2=207$（元）

A 产品单位变动成本期望值 $=120\times0.4+125\times0.6=123$（元）

A 产品销售量期望值 $=1\ 000\times0.3+1\ 100\times0.4+1\ 300\times0.2+1\ 500\times0.1$
$=1\ 150$（件）

A 产品贡献毛益总额 $=1150\times(207-123)=96\ 600$（元）

B 品种单价期望值 $=300\times0.7+310\times0.3=303$（元）

B 品种销售量期望值 $=1\ 100\times0.2+1\ 180\times0.4+1\ 250\times0.2=942$（件）

B 产品贡献毛益总额 $=942\times(303-225)=73\ 476$（元）

由于 A 产品所获贡献毛益总额高于 B 产品所获贡献毛益总额，因此应该开发 A 产品，这样可以多获利 23 124 元。

2. 大中取大分析法

在因素完全不确定的条件下，如果决策者对未来持乐观态度，可采用大中取大分析法。此法是指在几种不确定的随机事件中，选择最有利的市场需求情况下的收益值最大的方案作为中选方案的一种决策方法。由于决策分析中涉及了最有利的市场和最大的收益值，因此此法也称为最大的最大收益值法，这里的“收益值”在短期经营决策分析中指的是贡献毛益总额或税前利润。

【例 5－20】某企业拟转产生产 A 产品，根据市场调查提出三种不同产量方案，并预计销路好坏不同情况下的贡献毛益总额，有关资料如表 5－33 所示。

表 5－33　　A 产品贡献毛益资料　　单位：元

销路 产量方案	畅销	一般	滞销
2 500 件	50 000	32 000	18 000
3 000 件	58 000	30 000	22 000
3 400 件	62 000	36 000	19 000

要求：采用大中取大法为该公司作出生产数量的决策。

分析：如果采用大中取大法决策，首先明确最有利的市场状况是畅销，在畅销中找出收益值最大的贡献毛益值是62 000元，所对应的产量方案是生产3 400件，因此应该选择生产3 400件产量生产方案。

3. 小中取大分析法

如果在因素完全不确定的条件下，决策者对未来比较稳健、保守，此时可以采用小中取大分析法进行决策。此法是与大中取大分析相对立的一种分析方法，是指在几种不确定的随机事件中，选择最不利的市场需求情况下的收益值最大的方案作为中选方案的一种决策方法。

【例5－21】沿用例5－20资料。

要求：采用小中取大分析法进行决策。

分析：依据所给资料，首先明确最不利的市场状况应该是滞销，在滞销中找出收益值最大的贡献毛益值是22 000元，所对应的产量方案是生产3 000件，因此应该选择生产3 000件产量生产方案。

4. 大中取小分析法

如果在因素完全不确定的条件下，决策者对未来比较稳健、保守，此时也可以采用大中取小分析法进行决策。此法是指在几种不确定的随机事件中，选择最大后悔值中的最小值的方案作为中选方案的一种决策方法。此法又称最小的最大后悔值法。所谓后悔值即损失额，是指各种不同需求情况下的最大收益值超过本方案收益值的差额。它表示如果选错方案将会受到的损失额。依据此概念，不同状况下就会计算出一个后悔值，随机变量有多少，就会出现多少个后悔值。

【例5－22】沿用例5－20资料。

要求：采用大中取小分析法进行决策。

分析：依据所给资料，首先计算后悔值，如表5－34所示。

表5－34　　后悔值计算　　单位：元

销路 产量方案	畅销	一般	滞销	最大后悔值
2 500件	62 000－50 000＝12 000	36 000－32 000＝4 000	22 000－18 000＝2 000	12 000
3 000件	62 000－58 000＝4 000	36 000－30 000＝6 000	22 000－22 000＝0	6 000
3 400件	62 000－62 000＝0	36 000－36 000＝0	22 000－19 000＝3 000	3 000

表5－34中，不同产量状况下的最大后悔值中的最小值是3 000元，所对应的方案是生产3 400件，因此应该选择3 400件产量生产方案。

5. 折中决策分析法

折中决策分析法由西方学者赫威兹创立，因此又称为赫威兹决策法。此法是指在确定乐观系数 α 和各方案预期价值的基础上，选择备选方案中预期价值最大的方案作为中选方案的一种决策分析方法。不同备选方案的预期价值计算公式如下：

某方案的预期价值 = α × 最高收益值 + (1 − α) × 最低收益值　　式 5 − 18

乐观系数的取值范围是 0≤α≤1，具体选择中应根据实际情况和自己的实践经验折中确定。如果决策者十分乐观，可能选择的乐观系数是 1；如果决策者十分稳健，可能选择的乐观系数就是 0。

【例 5 − 23】沿用例 5 − 20 资料，如果乐观系数取 0.8。

要求：采用折中决策分析法进行决策。

分析：依据所给资料计算不同产量方案的预期价值。

2 500 件方案的预期价值 = 0.8 × 50 000 + (1 − 0.8) × 18 000 = 43 600（元）

3 000 件方案的预期价值 = 0.8 × 58 000 + (1 − 0.8) × 22 000 = 50 800（元）

3 400 件方案的预期价值 = 0.8 × 62 000 + (1 − 0.8) × 19 000 = 53 400（元）

计算结果表明，3 400 件时的预期价值最高为 53 400 元，因此应选择生产 3 400 件时的生产方案。

本章小结

1. 决策分析按照决策结果涉及的时间长短划分，可以分为短期决策分析和长期决策分析两大类；按照决策的影响因素是否确定划分，可以分为确定型决策分析和非确定型决策分析两大类；按照决策的性质划分，可以分为战略型决策分析和战术型决策分析两大类；按照决策方案划分，可以区分为单一方案决策分析和多方案决策分析两大类。

2. 经营决策分析属于短期决策分析，也属于战术型决策分析，决策中常常涉及单一方案和互斥方案的决策，既可以进行确定性决策，也可以进行非确定型决策。

3. 经营决策分析的程序是：提出问题并明确目标；设计备选方案；分析评价；作出决定并付诸实施。经营决策分析包括生产决策分析和定价决策分析两类内容。

4. 经营决策分析的一般原则包括：合法性原则、民主性原则、科学性原则和最优化原则。经营决策分析的特殊原则是相关性原则。

5. 经营决策分析主要考虑的因素有三个：相关业务量、相关收入和相关成本。相关成本包括增量成本、机会成本、专属成本、重置成本、加工成本、可分成本、可延缓成本和可避免成本等；无关成本包括沉没成本、历史成本、共同成本、半成品成本、联合成本、不可延缓成本和可避免成本等。

6. 如果选择某一方案，就会发生某项收入或某项成本，如果不选择该方案，就不会发生该项收入或该项成本，则此时的收入或成本就是该方案的相关收入或相关成本；否则，无论是否选择某一方案，均会发生某项收入或某项成本，则可以断定该项收入或该项成本就是这些方案的无关收入或无关成本。经营决策分析中不考虑无关收入和无关成本。

7. 与相关性原则相结合的生产决策方法主要有：单位资源贡献毛益分析法、贡献毛益总额分析法、差别损益分析法、相关损益分析法、相关成本分析法、成本无差别点分析法等。不受相关性原则制约的决策方法有总额分析法、利润无差别点分析法法、边际分析法和线性规划法等。其中利润无差别点法和边际分析法两种方法既适用于生产决策，也适用于定价决策。

8. 生产决策中，当有一项资源制约时，不能以单位产品贡献毛益、或单位产品利润作为优选方案的评价指标，可以以单位资源贡献毛益或贡献毛益总额进行决策，二者所得结论相同。

9. 总额分析法由于将一些与决策无关的成本也加以考虑，计算中极易出错，因此决策时，人们更愿意采用与相关性原则关联的方法进行决策，这些方法包括差别损益分析法、相关损益分析法、贡献毛益总额分析法，采用不同方法所得结论与总额分析法结论相同。

10. 经营决策分析中，依据所给资料如果能够直接比较并判断方案的优劣，就直接判断决策，无须采用专门的方法。

11. 生产决策实例包括亏损产品是否生产的决策；是否接受低价追加订货的决策；新产品开发的品种决策；是否转产其他产品的品种决策；一项约束条件制约下的生产安排决策；多项约束条件制约下两种产品数量安排的决策；最优生产批量决策；半成品是否深加工的决策；联产品是否深加工的决策；零部件自制与外购的决策；不同工艺方案的决策。

12. 定价决策中主要考虑的因素有：市场竞争状况、成本、市场份额、资金周转、投资收益、供需情况、竞争对手、品牌效应、法律等。

13. 概况而言，产品定价的方法有两类：短期价格决策法和长期价格决策法。短期价格决策解决的是临时订单的价格决策问题，需要区分相关成本和无关成本，相关成本是接受临时订单的价格底线；长期价格决策解决的是企业长期发展中的价格决策问题，不需要区分相关成本和无关成本，具体决策方法有：以成本为基础的价格决策方法、以市场需求为基础的价格决策方法、以产品性质为基础的价格决策方法三种。

14. 以成本为基础的价格决策方法包括成本加成定价法和成本与相关利润率定价法，其中应用最为普遍的是成本加成定价法。此法以单位产品成本为基础，考虑利润加成额，因此能够确保企业盈利，它是实现企业目标利润时的价格上限值。在完全成本法下，成本加成率是成本毛利率；在变动成本法下，成本加成率是成本营业贡献毛益率。

15. 以市场需求为基础的价格决策方法利用微分极值原理可以确定产品的最优售价。产品最优售价是指能使企业获得最大利润时的产品售价。当边际收入等于边际成本，边际利润为零时，产品的销售利润达到极大值，此时的售价是最优售价；另外达到此状态时，同时意味着企业不能再降价，否则会遭受损失。

16. 如果无法找到能使“边际收入等于边际成本，或边际利润等于零”时的售价，此时可以按照“边际利润大于零且最接近于零”时的售价确定最优售价的位置。

17. 以产品性质为基础的价格决策方法常常被用于新产品定价，先高后低的定价方式被称为撇油法，先低后高的定价方式被称为渗透法。

18. 可以用于产品调价的方法主要有以下几种：利润无差别点法、利润增量法、价格弹性法和边际分析法等。

19. 作业理念可以用于生产决策和定价决策。生产决策中需要将固定成本按作业层次进行划分并确定作业成本；定价决策中需要将制造费用区分作业中心并确定单位作业成本，在单位产品成本的基础上，考虑成本毛利率即可决定产品的价格。

20. 非确定型生产决策包括风险型生产决策和不确定型生产决策两类，其中风险型生产决策采用的决策方法是期望值分析法，不确定型生产决策采用的决策方法有：大中取大分析法、小中取大分析法、大中取小分析法和折中决策分析法等。

思 考 题

1. 经营决策分析是否是领导决定的瞬间行为？它包括的决策内容有哪些？

2. 按照相关性原则的决策思想，你认为经营决策分析中应该如何做？

3. 经营决策分析中应该坚持哪些原则？

4. 相关成本和无关成本的种类有哪些？如何区分相关成本和无关成本？

5. 固定成本是否都是无关成本？变动成本是否都是相关成本？试举例说明此问题。

6. 生产决策中可以采用的方法有哪些？这些方法的区别是什么？

7. 比较总额分析法和相关损益分析法，二者的区别是什么？为什么决策中人们常常采用后者而不采用前者？

8. 成本无差别分析法与利润无差别分析法有什么不同？

9. 如果对亏损产品进行决策分析，可以采用的分析方法有哪些？这些方法得出的结论一致吗？为什么？

10. 有人认为：“凡亏损产品均应停产”“是亏损产品就不能增产”。你认为这种观点正确吗?

11. 有人认为:“如果客户出价低于单位产品成本,就不能接受这种订单”,你认为这种观点正确吗?

12. 你认为所给决策实例中,常常出现的相关成本和无关成本有哪些?

13. 如果安排生产时,受一项约束条件制约,在这种情况下可以采用的决策指标是什么?可否用单位产品贡献毛益和单位产品利润进行决策?为什么?

14. 线性回归法能够解决怎样的问题?应该如何解决?

15. 最优生产批量决策中考虑的相关成本有哪些?如何计算这些相关成本和最优生产批量?

16. 半成品深加工决策中的相关成本有哪些?联产品深加工决策中的相关成本有哪些?无关成本指的是哪些成本项目?

17. 利用成本无差别点法如何进行决策?

18. 产品定价中应该考虑哪些因素?请上网查找法律角度的定价案例。

19. 短期价格决策法与长期价格决策法有什么不同?

20. 假设你是一个企业的财务领导,你去投标时,会如何出价?

21. 变动成本法下的成本加成定价法与完全成本法下的成本加成定价法,以及作业成本法下的成本加成定价法有什么不同?

22. 什么是产品最优售价?如何确定该指标?

23. 从长期发展角度制定产品价格时,可以采用的方法有哪些?

24. 如果要进行产品调价决策,可以采用的方法有哪些?这些方法的基本思想是什么?

25. 非确定型经营决策条件下,可以采用的决策方法有哪些?你认为实际中,你会选择哪些方法进行决策?

第六章　全面预算管理与全面预算

学习目标

1. 了解全面预算管理的发展历程，明确预算与计划的关系，掌握全面预算管理的概念、内容、特征。

2. 掌握全面预算管理实施体系的构成，了解各体系在全面预算管理中的地位及关系。

3. 熟悉全面预算的概念，掌握全面预算与全面预算管理的关系。

4. 掌握全面预算的内容及作用，了解全面预算编制模式的种类及编制程序。

5. 了解全面预算的编制期及编制顺序。

6. 熟悉业务预算、专门决策预算、财务预算、资本预算和筹资预算的编制方式以及内在数据之间的钩稽关系。

7. 掌握全面预算编制的传统方法种类及基本思想。

8. 掌握全面预算编制的修正方法种类及基本思想。

关键名词

全面预算管理　全面预算　业务预算　专门决策预算　筹资预算　投资预算　财务预算　固定预算　弹性预算　增量预算　零基预算　定期预算　滚动预算

6.1　全面预算管理概述

6.1.1　全面预算管理的产生及发展

全面预算管理源于西方，目前中国企业普遍采用，它处于企业内部控制的核心位置，是企业加强内部管理中不可缺少的一种有效管理方法。

1. 全面预算管理的产生

最早的预算管理产生于19世纪末，将预算作为管理手段应用于企业的是美国，它被首先应用在广告费分配上。20 世纪初，通用电气、通用汽车等公司为了避免由于生产规模的不断扩大而导致的盲目生产，为了协调部门间的经济活动，率先将标准成本、差异分析与预算相结合，以此来规划、协调、控制企业的经济活动，取得了显著的成效。1921 年美国政府公布了《预算与会议法案》，该法案的通过和实施使预算管理的职能被人们所了解，作为企业重要管理工具的预算管理被提升到了一种社会性的必然地位，很多企业纷纷采用并迅速传播，英国、日本、德国等许多企业也开始仿效与采用。与此同时，一些学者开始对预算管理理论进行研究。1922 年麦金西出版了《预算控制》，从控制角度较为详细的介绍预算管理理论及方法，标志着企业预算管理理论开始形成。

2. 全面预算管理的发展

20 世纪 30 年代，变动成本法和本量利分析等的出现推动了预算管理的发展，管理者开始对影响企业利润各因素的变化及其对利润的影响程度进行分析，并根据分析结果制订计划。40 年代末期，组织行为学的出现对预算管理理论产生了一定积极影响。企业开始倡导分权式的民主参与管理，具体表现就是预算编制环节的自上而下、自下而上地反复循环，这使得企业所有层次的管理者和关键岗位人员都参与了预算的编制，由此形成了参与型的预算管理。70 年代，零基预算在美国产生。美国的前总统卡特是一个零基预算的积极推行者，曾任佐治亚州州长期间的州预算以及之后当选总统后的政府联邦预算都采用了零基预算方法编制，受其影响，零基预算在美国颇为盛行并被其他国家所采用。

进入 20 世纪 80 年代，企业预算管理内容与体系趋于成熟，并与快速发展的网络技术和信息技术相结合。会计电算化的实施使得预算的制定准确度和速度大大提高，对费用、成本预算的控制形成了更强有力的硬性约束，对预算的差异分析也更为快捷、准确，对业绩的考评也更为合理。80 年代后期兴起的企业资源计划系统（ERP），将生产制造、质量控制、售后服务等环节，将人、财、物、供、产、销等资源全部纳入资源预算系统进行充分调配和平衡，实施有效管理，由此形成了一种面向企业供应链的全方位的预算管理。应该说，ERP 的出现更加确立了全面预算管理在企业管理中的不可替代地位，至目前如何使 ERP 与全面预算管理有机结合而不出弊端，一直是人们努力的方向。

3. 全面预算管理在中国的应用

预算管理是随着管理会计教材的全盘引入而为中国理论界与实务界所熟知的。20 世纪 80 年代初期，中国部分企业开始积极探索适合中国国情的企业预算管理模式。如山东华乐集团探索以目标利润为导向的企业预算管理模式；新兴铸管建立了企业内部预算管理机制；上海华谊（集团）公司、浙江交联电缆有限公司、杭州钢铁集团公司、中原油田等企业也进行了有益的探索，并积累了一定经验，创造了较好的经济效益。

中国全面预算管理的普及得益于政府的推动。2000 年 9 月，国家经贸委下发《关于国有大中型企业建立现代企业制度和加强企业管理的规范意见》，要求企业引进、实施全面预算管理。2001 年 4 月，财政部颁发《企业国有资本与财务管理暂行办法》，对全面预算管理进行了具体的要求。2002 年 4 月，财政部发布《关于企业实行财务预算管理的指导意见》，对中国企业实行预算管理提供了详细的、具有可操作性的指导意见，这是一个重要的、标志性的政策，它标志着中国的全面预算管理走向全面应用阶段。

6.1.2　全面预算管理的内涵

全面预算管理是以预算为基点的管理，在阐述全面预算管理概念之前，必须首先明确预算的内涵。

1. 预算的概念

预算有政府与非营利组织预算和企业预算之分，人们日常生活中所讲的预算常常指的是国家政府机关及事业单位预算，此类预算在于确保财政资金的收支平衡。管理会计中所指的预算是企业预算，将其作为企业内部管理的一种手段或工具。

关于预算的概念，理论界没有达成共识，不同的人有着不同的理解。本教材认为预算是指企业为实现既定的经营目标，对未来一定期间内各项经营活动过程和结果的详细具体的定量说明。

管理会计倡导预算，并不意味着对“计划”一词的排斥。长期以来，有些人认为计划是计划经济的产物，中国转入市场经济后，“计划”一词将被抛弃。事实上，“计划”一词具有广泛的适应性，它不仅适用于计划经济，也适用于市场经济，无论何种经济体制下，计划都将存在。另外还有一些人常常将预算与计划混为一谈，认为二者的概念等同。事实上，预算与计划是既相联系又有区别的两个概念。本教材认为计划是指企业对其未来经营目标和行动方案及应采取措施的预先安排。

比较预算与计划的概念，二者的区别主要表现在两点：一是性质不同。计划是对企业未来前景、经营方向的概括性说明；而预算是对企业未来具体经营活动的定量说明。二是表现形式不同。计划常常以文字形式进行高度概括，如销售收入未来三年翻两番等；而预算常常采用表格形式进行量化反映。二者的联系主要表现在四点：一是反映的时间点相同。无论是计划还是预算，二者都是对未来的筹划。二是都以预测为前提。预测是对未来经济事件及因素的估算，无论是计划还是预算都以合理科学的预测为前提。可以这样讲，没有预测，就没有计划和预算。三是计划指导预算。计划是企业未来的奋斗目标，企业编制预算时必须以计划为核心，必须确保计划的实现。四是预算服务于计划。计划中所采取的行动方案及各项措施通过影响预算中的相关因素而得以实现，预算是实现计划的数量工具。

2. 全面预算管理的概念

全面预算管理简称预算管理，是指一定期间企业围绕着预算而开展的一系列管理活动的总称。这里的期间通常为1年，中国常常与会计年度保持一致；管理活动包括预算编制、预算执行、预算调整、预算监控、预算考评等。严格地讲，全面预算管理与预算管理不是等同概念，预算管理的范畴宽于全面预算管理的范畴。所谓预算管理是指企业或内部单位或事项围绕着预算而开展的一系列管理活动的总称。这里的内部单位可能是子公司也可能是某一职能部门或车间等；事项指的是特定的工程或固定资产投资等。比较全面预算管理和预算管理的概念可以看出，预算管理涉及企业的整体或某方面，而全面预算管理仅指企业整体。如果站在企业整体的角度看，预算管理等同于全面预算管理，本教材正是基于此提出的。

中国的财政部颁布的《关于企业实行财务预算管理的指导意见》中对财务预算管理进行了界定，此定义的核心思想与全面预算管理概念保持一致，因此财政部所称的财务预算管理就是全面预算管理。

3. 全面预算管理的环节

全面预算管理的环节即全面预算管理的内容，这些环节以预算年度为轴心顺次进行，不断循环往复。主要环节如下。

（1）战略规划。从表面上看，全面预算管理与战略规划没有必然的联系，实际上，编制预算决不能与企业的战略举措和筹划相脱节。战略规划决定企业的业务范围、产品经营的种类及规模的大小，它需要细化为预算目标并纳入年度预算，因此我们说，进行战略规划是全面预算管理的前提，全面预算管理只有与战略规划相结合，才不会盲目，只有这样才能促使企业长期发展。

（2）预测经济指标。预测经济指标是各部门实施预算管理的起点环节。实际工作中，每一个生产车间、职能部门都承担一定的责任，完成这些责任需要花费一定的代价，因此无论是生产车间还是职能部门都需要测算预算期间可能发生的各项费用，生产部门还需估算生产成本，销售部门还需估算可能实现的销售量等。

（3）预算编制。在预测经济指标的基础上，各内部单位需要结合企业的战略规划及预算目标，以表格形式编制各生产单位及职能部门自身的预算，财务部门需要对其进行汇总并编制财务预算。经过自上而下以及自下而上的反复综合平衡，经过高层领导审批，最终形成预算。

（4）预算控制。预算执行过程中，必须以预算为标准对各项经济指标进行严格的控制。对于生产成本需要区分直接材料、直接人工、制造费用三个成本项目，将其实际发生额与预算标准相比较，如果出现不利差异（实际超过预算标准的差异额）

应分析产生差异的原因并采取措施解决问题，控制超支差；对于各项费用必须将其控制在预算的范围之内；对于销售收入应确保其完成预算。日常控制可以通过定期或不定期的例会汇总问题、分析问题并解决问题。

（5）预算调整。通常预算一旦确定，为了保持其严肃性，不能轻易调整。但由于企业未来内部、外部环境的变动很难准确把握，当预算编制的基础已经发生变化，实际超出预计很多时；当编制预算漏掉一些因素时，在这些情况下，都可以调整预算。预算的调整可以是定期调整，如一个季度调整一次，也可以是不定期调整，发现一些不可控因素，如市场需求、原材料的采购价格等显著变动时调整，但调整的次数不能过于频繁。调整时应由预算的执行者提出，并经过企业高层领导的审核批准。

（6）预算考核。预算是考核的尺度和标准，每一个预算期末，企业都需要将预算的执行结果与预算进行对比，并按照预算编制前的奖惩约定进行奖惩。为了使考核真正落到实处，制定的考核方式必须科学合理，且得到职工的认可，考核中应该以激励为主，以惩罚为辅。应该认识到，奖惩不是目的，关键在于如何调动广大职工的积极性，如何建立良好的预算管理的自我约束机制。另外奖惩的同时应该进行反思，对于有益于企业发展的经验应该倡导，对于不利于企业发展的行为活动应该杜绝。总之，考核不能流于形式，否则会导致预算管理流于形式。

6.1.3 全面预算管理的特征及实施体系

1. 全面预算管理的特征

全面预算管理由若干个环节构成，是一个系统工程，它涉及企业的方方面面，主要具有以下几个特征。

（1）全员性。全面预算管理的全员性体现在全体职工的参与上。企业编制的日常业务预算涉及每一个部门、每一个职工，它将成为一定期间末考核全体员工的依据，全体员工必定会关注预算的编制及落实情况。

（2）定量性。全面预算管理通过表格形式展示企业生产经营中涉及的每一个财务指标，细化企业的战略目标，规划企业未来一定期间内的经营状况、财务成果和现金流量，它以量化形式规划未来，使日后的考核具有刚性。

（3）综合性。全面预算管理通过预算的编制，将企业的人力、财力、物力等资源统一调配，将企业的供、产、销三过程有机衔接，将每一个活动、每一项业务都纳入其规划范畴，是所有活动、业务、资源、管理事项的综合反映。另外企业的一切管理活动都围绕着预算进行，内部各项职能相互配合，统一协调。

（4）机制性。全面预算管理由战略规划、预算编制、预算执行、预算控制、预算分析、预算调整、预算考核等环节构成，这些环节缺一不可，每一个环节的缺失，都可能使全面预算管理流于形式。如果这些环节能够很好地配合，就会在一定程度上，形成自我约束机制，加强企业管理，提高经济效益。

（5）战略性。全面预算管理在编制预算前一般需要分析企业所处的内外环境，分析所处的生命周期，分析发展方向，考虑自身的竞争优势和劣势，明确企业的远期规划和近期目标，并以市场为出发点，明确应对市场竞争的策略及手段，编制预算，以此协调各方面的关系。

2. 全面预算管理的实施体系

从实施的角度看，如果将全面预算管理看成是一个有机的整体，则该体系是由若干个相互独立且相互关联的子体系构成，主要包括预算管理的组织体系、预算管理的内容体系、预算管理的制度体系、预算管理的基础体系等。实际工作中，只要将这些子体系良性运转，全面预算管理体系就会发挥其内部控制作用。

（1）预算管理的组织体系。预算管理的组织体系是预算管理的实施主体，包括预算管理的管理组织体系和执行组织体系，前者是预算管理的规划者和指挥者，后者是预算管理的编制者和执行者。

预算管理的管理组织体系实质是预算管理的领导机构，一般包括预算管理委员会和预算管理办公室。预算管理委员会是预算管理的最高权力机构，全面负责预算管理的组织协调工作，预算管理委员会的领导者应由企业最高领导总经理亲自担任，预算管理委员会的成员应由分管副总经理以及各部门负责人担任，其主要职责有：①制定预算管理政策，审核预算管理制度，并确定各分预算的牵头部门；②审议确定预算目标；③审定下达正式预算；④仲裁预算执行中的冲突，决定是否调整、修订预算；⑤分析预算执行的业绩报告，解决出现的问题；⑥确定奖罚标准。预算管理办公室常常设在财务部内，由专人分管，负责预算管理的日常工作，主要职责有：①起草制定预算管理制度，编制预算管理手册，落实预算管理制度的具体实施；②下达年度预算编制的总体要求；③组织企业预算的编制工作，并进行汇总、审核、综合平衡，提交预算管理委员会审批；④对已批准的年度预算分解下达；⑤定期汇总并分析预算执行的结果，并及时反馈信息；⑥建立预算管理的各项基础工作。

预算管理的执行组织体系一般与企业的组织体系保持一致，由各生产部门和职能部门构成，包括责任会计下的投资中心、利润中心和成本中心。它们是预算管理的实施者，主要负责本部门预算的编制及各自预算责任的控制工作。预算目标能否实现，关键在于各部门是否完成了既定的目标，因此它们是预算管理的控制重心和考核对象。

预算员及职业发展

预算员是指协助预算主管完成各项预算计划的编制和执行工作，做好预算部门相关的日常事务工作的人员。其主要工作有：① 协助编制公司全面经营预算，并负责预算的跟踪管理；② 根据预算监控日常支出，并定期进行反馈；③ 按时、按质、按需提供内部管理报表，对公司经营状况和预算执行情况进行分析；④ 按时进行年度预算的编制工作；⑤及时反映预算基础的变化，根据制度进行预算调整。

例如建筑五大员中（施工员、预算员、材料员、安全员、质检员），预算员是相对门槛最高的，但相应的收入也比较高。目前，全国注册造价工程师的人数已达7.5万多人，中国对预算员的需求量也很大，大概在100万人以上。预算员的职业发展道路就是从预算员到预算工程师再到造价工程师，前景是比较广泛的。

（2）预算管理的内容体系。预算管理的内容体系是预算管理的客体，即预算管理的各个环节，包括战略规划、预测经济指标、预算编制、预算控制、预算调整、预算考核等，这些内容必须顺次递进，有机结合，相互协调，从而形成良好的运行机制。

（3）预算管理的制度体系。要使预算管理真正落到实处并发挥效益，实施预算管理必须建立健全相关的各项规章制度，并制定预算管理实施手册。预算管理规章制度一般采用文字，以条款形式规范，是对预算管理各项工作要求所做出的规定，是全体职工的行为准则。由于企业规模、性质、环境各不相同，因此预算管理制度各项条款不必强求一致，但主要涉及的内容存在共性之处，主要包括：①预算管理制度制订的依据和范围；②预算管理的组织形式；③预算的工作程序和方法；④预算的责任体系及相应的责权利划分；⑤预算编制及审核的具体内容和程序；⑥预算调整的申请及审批程序；⑦预算的分析和考核等。作为制度，通常具有高度概括性，为了细化预算管理制度，企业应编制预算管理手册。预算管理手册实际上是预算管理制度的实施指南，它是对预算管理制度的进一步说明，它规定了每一个预算编制部门的责任和权利以及每一个职工的工作任务，它能够确保预算管理各项工作的正常及顺利进行，因此编制预算管理手册是预算管理制度体系中不可缺少的一个重要组成部分。

（4）预算管理的基础体系。预算管理的基础体系是确保预算管理各项内容顺利进行的基础保障工作，是实施预算管理必须具备的必要前提条件。如果没有这些基础工作，预算编制就会变成一句空话，预算管理也会不了了之。这些工作主要包括：标准化工作、定额工作、计量工作、教育工作等。

标准化工作是组织企业专业化生产的重要手段。通常不同的技术方案、不同的生产组织方式等都会带来不同的成本耗费，若生产技术方案多变，则预算就难以固定，调整频繁，预算就会失去其前瞻性。因此企业必须做好标准化工作。标准化需要制定标准，主要指技术标准。所谓技术标准是指对生产对象、生产条件、生产方法及包装、贮运等所规定的应达到的标准。如规定产品的质量、规格、加工步骤、操作规程、设备的维护等。

定额工作是企业进行经济核算的前提条件，它要求采用科学的方法制定定额。所谓定额是指在一定的生产技术条件下，对企业的人力、物力、财力等资源的占用和消耗所规定的数量和价值标准。主要包括：①劳动定额。如产量定额、工时定额、工时单价、岗位工资或小时工资率等。②物资定额。如材料消耗定额和物资储备定额等。③设备定额。如单位产品的台时定额、单位时间的产量定额、设备的利用定额等。④流动资金定额。如资金、在制品的存货定额等。⑤管理费用定额。如办公费定额、管理人员定额等。

计量工作是确保原始记录准确的必备前提条件。所谓计量是指测试、检斤、化验分析等方面的计量技术和计量管理活动。通常原始记录反映出来的数和量，都是通过计量等手段产生出来的，为了使原始记录真实可靠，计量工作要求从原材料、燃料等物资进入，一直到产品加工出售，在供、产、销各个环节上都要设置准确可靠地计量器具和计量制度，建立计量管理机构，配备专业人员进行检测。

教育工作是对全体职工的观念和培训所从事的活动。由于预算管理在一定程度上制约了人的行为活动，因此要使预算管理成功，必须首先转变全体职工的观念。一直以来，预算管理的具体事务由财务部门负责，财务部是预算的汇总者和主要监控者，由此导致很多职工认为，预算管理只是财务部门的事情，与己无关。实际上，预算管理仅凭财务部门的力量推动是远远不够的，它涉及每一个职工的利益、需要全体职工努力才能实现其目标；另外由于财务部常常为了确保费用目标的实现而控制各部门的费用支出，一些中层管理者认为，财务部门专门卡本部门的脖子。实际上，预算管理是内部控制的有效手段，它需要得到各部门的认可，也需要各个部门的积极配合，财务部门只不过是站在企业整体角度进行了费用分解，费用分解是有依据的，因此中层管理者的矛头不能针对财务部，应该反思自身。全面预算管理实施前，通过对全体员工和中层干部进行宣传和教育，使其转变认识，使其认识到预算管理的重要性和合理性，以及实施的必要性。除此之外，还需要对全体员工进行培训。预算管理是一种科学的管理手段，需要全体职工了解预算管理的各项规章制度和工作流程，学会预算的编制方法及控制方法等，只有这样，才能确保预算管理工作的顺利进行。

（5）各体系在全面预算管理中的地位及关系。全面预算管理体系由预算管理的组织体系、预算管理的内容体系、预算管理的制度体系和预算管理的基础体系构成，其中预算管理的组织体系是预算管理的主体，包括预算管理的管理组织体系和执行组织体系，前者是预算管理的权力机构，后者是预算管理的执行机构，前者指挥后者，后者必须接受前者的领导。预算管理的内容体系是预算管理的对象，由战略规划、预测经济指标、预算编制等环节构成，它必须周而复始。不断循环往复。预算管理的制度体系和基础体系是预算管理成功的保障。它们之间的关系用图 6-1 表示。

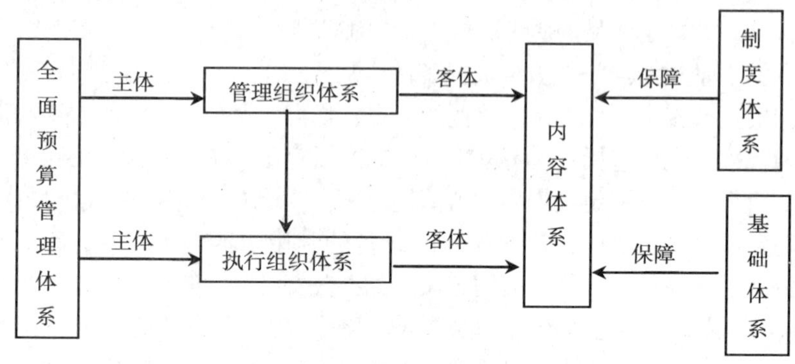

图 6-1　全面预算管理体系与各体系关系

6.2　全面预算概述

6.2.1　全面预算的内涵

全面预算是全面预算管理不可缺少的一个必要环节，它是战略规划及决策的具体化，也是对生产经营活动进行控制和考核的依据。

1. 全面预算的概念

全面预算是指一定期间内企业以货币或实物量为计量单位，以一系列表格形式规划企业未来的销售、生产、成本等日常业务活动，并对其汇总，反映预计的现金流量和财务报表的定量说明。全面预算的预算期间常常为 1 年，它以预测决策为基础，以战略规划为前提，以市场预测为出发点，按照企业既定的经营目标规划并反映企业未来的各项经营活动，揭示企业未来的财务状况、经营成果和现金流量。

全面预算不同于全面预算管理，比较二者的概念可以发现，全面预算仅仅是全面预算管理环节中的一个子环节。二者的共同之处主要表现在三点：（1）反映的期间相同，都是 1 年；（2）参与的人员相同，都需要全体职工参与；（3）前提条件相同，都以预测经济指标、进行战略规划、建立健全基础工作为前提条件。二者的最大不同在于本质不同，全面预算管理是围绕着全面预算而展开的一系列管理活动的总称，而全面预算仅仅处于全面预算管理的预算编制地位，是全面预算管理不可缺少的一个关键环节。

2. 全面预算的内容

按照西方的观点，全面预算的内容包括业务预算、专门决策预算和财务预算三方面内容。

（1）业务预算。业务预算也称为经营预算，是指一定期间与企业日常业务活动直接相关的一系列预算的总称。这类预算与各生产部门和各职能部门直接相关，是全体职工参与而形成的各类预算责任单位的日常业务活动预算，主要包括：销售预算、生产预算、直接材料预算、直接人工预算、制造费用预算、产品成本预算、期末存货预算、销售费用预算、管理费用预算、财务费用预算等。这些预算大多以实物量指标和价值量指标分别反映个预算单位的收入与费用的构成情况。

（2）专门决策预算。专门决策预算也称为特种决策预算，是指与特定决策相关，反映特定决策结果的投资与筹资状况的一次性预算。与业务预算相比，专门决策预算不经常发生，它不属于日常业务活动，此类预算在决策后应根据决策结果及时编制，它既反映投资总额的构成，也反映筹资的方式及数额，筹资与投资数额保持一致。具体包括经营决策预算和项目决策预算两种类型。

（3）财务预算。财务预算是指与企业现金收支、经营成果和财务状况有关的各项预算的总称。此类预算建立在业务预算和专门决策预算的基础之上，需要财务人员汇总编制，具体包括：现金预算、预计利润表、预计资产负债表、预计利润分配表和预计现金流量表。由于现金预算与预计现金流量表实质反映的问题相同，都是围绕着现金收支编制的预算，比较而言，现金预算更能直观地揭示现金流的余缺及筹措情况，因此预算编制中常常只编制现金预算而不编制预计现金流量表。

（4）中国的全面预算。财政部于 2002 年 4 月 10 日制定的《关于企业实行财务预算管理的指导意见》中规定，全面预算内容包括财务预算、业务预算、资本预算和筹资预算四项。其中前两项与西方的预算内容相同，但资本预算和筹资预算与西方的专门决策预算内容不完全对等。按照财政部的规定，资本预算是指与战略投资活动相关的预算。具体包括固定资产投资预算、权益性资本投资预算和债券投资预算。实际上资本预算就是投资预算；筹资预算是指与筹资活动相关的预算。该预算中反映的具体内容有长短期借款以及发行债券的数额、借款与债券的还本付息额、股票的发行费用。至于经批准拟发行的股票、配股和增发股票的预算需要单独编制，筹资预算中不反映。

比较资本预算与筹资预算的相关规定，二者的数额不相等，这与专门决策预算中的投资预算与筹资预算相等的性质不同，因为专门决策预算中的筹资和投资都是围绕着相同的对象进行的，如某个项目。而中国是从两类不同活动的角度编制的，因此数额不等，这就是中西方在全面预算内容中的显著差异。

3. 全面预算的作用

全面预算的作用主要表现在以下几方面。

（1）明确工作的努力方向。预算实际上是一种目标，该目标体现了企业的整体规划与各级责任单位和个人的具体任务的有机结合，它以定量形式规定了预算期末企业应完成的总目标和各部门应完成的具体目标，是预算期间全体职工的努力方向。所有终期目标都被转化为各个月份的目标，从而使全体职工时时刻刻心中装有目标，日常都知道自己应该做什么，它是每一个职工的行动指南，会促使每一个职工为完成目标而努力工作。

（2）协调各部门的工作。全面预算将所有的业务活动、人财物等资源，以及各个责任单位的利益全部纳入预算编制系统。由于资源与利益直接关系到各责任单位的业绩考核，因此在预算编制过程中，可能会出现不同部门之间，以及部门与企业整体间的利益冲突和资源配置冲突。在这种情况下，预算管理委员会依据各分预算之间的内在联系，以销售量为主线，解决矛盾，统一协调各部门的预算，使各部门的预算能够有机衔接，未来的工作能够统筹安排，从而确保企业整体资源的充分有效利用，各部门的利益与企业整体利益的协调一致。

（3）控制日常经营活动。全面预算一般分月编制，经过审批并下达的全面预算既是企业预算期间的奋斗目标，也是控制日常经济活动的依据。在预算执行过程中，各部门都会及时计量与核算，并将实际与预算对比，从而揭露差异，对数额较大的差异通常会分析原因并采取必要措施，消除薄弱环节，以确保预算目标的顺利完成。

（4）定期进行业绩考核。全面预算以量化形式将企业的经营目标有机融入各责任单位的预算，并形成考核标准，每一个预算执行期末，企业都会依据各责任单位的实际完成情况，根据事先确定的奖惩标准，兑现事前的承诺，奖励先进，惩罚落后，并在此基础上，对于不合理的标准及时修订，从而确保预算管理工作的再次循环。

6.2.2　全面预算的编制模式

编制全面预算根据企业领导的特点及企业规模等的不同可以选择不同的预算编制模式。全面预算编制模式说明编制预算时的管理方式及编制程序，主要有三种形式的预算编制模式：集权式预算编制模式、适度分权式预算编制模式和分权式预算编制模式。

1. 集权式预算编制模式

集权式预算编制模式即自上而下的编制模式，该模式与集权式管理方式保持一致，其特点是：企业高层管理者根据企业战略规划制定预算目标并编制预算，之后将其下达到各级预算单位直至个人。在这种模式下，各级预算单位仅仅是预算的执行者，不参与预算的编制，高层领导既是预算目标的制定者，也是预算的编制者。预算编制的基本步骤如下。

（1）制定预算目标。预算管理委员会根据企业的发展战略及对未来经济形势等的预测，作出相关决策，制定预算政策，提出经济指标的预算目标，如确定目标销售量、目标利润、目标成本费用等。

(2) 编制全面预算。预算管理委员会成员根据董事会提出的预算目标编制企业整体预算，编制各责任单位的分预算，在编制过程中直接考虑资源的合理配置以及各责任单位的利益问题。

(3) 审批并执行预算。完成编制后的全面预算需要上报董事会审批，获批后，会将预算下达给各分公司、各职能部门和各生产部门。各预算单位必须以此作为预算年度的任务和目标，贯彻执行。

集权式预算编制模式的优点：预算编制高度集中，编制中需要沟通的人数少，编制所需的时间短。其显著缺点：预算由上级制定，一方面预算可能会与基层的具体情况脱节，带有主观片面性，故容易使职工产生消极和抵触的情绪，从而挫伤全体职工完成预算的积极性；另一方面所制定的预算考核目标如果不能十分贴切地反映实际，下级可能会为完成目标而弄虚作假。该预算模式一般只适用于高度集权管理方式下的中小企业或家族式企业采用。

2. 适度分权式预算编制模式

适度分权式预算编制模式即自上而下与自下而上相结合的编制模式，该模式与适度分权管理方式保持一致，其特点：企业高层管理者根据企业战略规划制定预算政策及目标，并将预算目标层层分解到各预算责任单位，各责任单位根据分解目标及本责任单位对未来的预计情况编制全面预算，逐级向上汇总并最终确定全面预算。在这种模式下，各级预算单位参与预算的编制，其编制的基本步骤如下。

(1) 制定预算目标。预算管理委员会制定预算政策并提出预算目标。

(2) 编制全面预算。各预算责任单位根据下达的预算目标并结合自身对未来的经济预测，按照要求编制本部门预算草案。

(3) 综合平衡预算。预算编制中发生的部门之间的冲突由预算管理委员会负责仲裁和协调，经过自上而下与自下而上的反复综合平衡后确定最终的全面预算。

(4) 审批并执行预算。最终确定的全面预算上报预算管理委员会，经审议通过后再上报董事会，获批后，下达给各级各部门执行。

适度分权式预算编制模式的优点：领导的意志与职工的心声有机结合，职工参与预算编制，一定程度上可以调动全体职工完成预算的积极性。其缺点：由于下级的参与，容易产生部门间的利益矛盾，需要协调的问题较多，由此导致预算编制的时间较集权式模式要长，缺乏效率性。该预算模式一般适用于既集权又分权管理方式下的企业集团或大中型企业采用。

3. 分权式预算编制模式

分权式预算编制模式即自下而上的编制模式，该模式与高度分权管理方式保持一致，其特点：企业高层只设定预算目标，各预算单位自行编制预算，并报预算管理委员会审批备案。其编制的基本步骤：(1) 制定预算目标。预算管理委员会考虑战略规划和企业未来的发展确定预算目标。(2) 编制全面预算。各预算单位根据预算目标编制本单位的预算。(3) 审批并执行预算。预算管理委员会审批各部门预算并下达执行。

分权式预算编制模式的优点：强调高度分权，企业高层不过多地介入预算的编制过程及控制过程，将预算编制权力下放给经营者，这样可以极大限度地调动经营者的积极性，达到“无为而治”的最高管理境界。其显著缺陷：各预算责任单位各自为政，容易造成企业资源的不合理利用。实施该预算模式一般需要具备两个前提条件：一是企业拥有发达的 ERP 信息系统；二是企业具有深厚的企业文化基础，职工的素质较高，有着较先进的管理理念和技术水平。一般具备这两个条件的大型企业集团可以采用此种预算编制模式。

6.2.3　全面预算的编制体系

按照财政部的规定，全面预算由业务预算、投资预算、筹资预算和财务预算四项内容构成，全面预算的编制体系说明全面预算四项内容及具体预算的编制期和编制顺序，以及西方专门决策预算与中国投资预算和筹资预算的结合方式。

1. 全面预算的编制期

从全面预算四项内容的预算编制期间来看，以 1 年为期，中国的预算期间与会计年度保持一致，具体预算编制中需要按年分月或分季反映，其中第一个季度的预算，必须有分月的预算，当第二个季度即将来临的时候，需要将第二个季度的预算数按月分解，提出第二个季度分月预算数，如此顺序推进。如果管理水平较高的企业，现金预算可以进一步细分到按旬或按周甚至按天编制预算。

从全面预算的具体编制时间来看，由于全面预算是对未来一个年度预算的定量反映，从编制角度需要有一个时间提前量，一般要在下一个年度到来之前的 3 个月甚至更长时间就着手编制，按规定进程由各级人员组织编、报、审等工作，至年底要形成完整的预算并颁布下去。

2. 资本预算、筹资预算与专门决策预算的有机结合

中国的资本预算、筹资预算与西方的专门决策预算具有差异，但两者并不排斥。西方所阐述的专门决策预算是围绕着固定资产投资项目编制的预算，预算中既反映项目的投资，也反映项目的筹资，两者数额相等。

深入分析，中国的资本预算以西方的专门决策预算中的投资内容为基础，另外还包括了投资项目之外的一些其他投资预算内容，而筹资预算是围绕着筹资活动编制的，一部分内容建立在西方专门决策预算中的筹资预算数据基础上，由于中国将投资和筹资作为两项独立的活动进行单独反映，这意味着，中国也有专门决策预算，该预算是在资本预算和筹资预算编制前就出现的预算。实际上，实务工作中这种预算是依据投资决策的可行性分析报告编制的。当预算编制期到来时，专职的财务预算人员需要将各固定资产投资项目预算进行汇总并考虑其他投资和筹资活动，按预算年度确定并编制资本预算和筹资预算。

3. 全面预算的编制顺序

全面预算的各预算内容之间具有内在的联系，编制中必须相互配合，协调一致。无论采用何种预算编制模式，具体编制时，都存在先行后续编制问题。总体来看，一般先编制业务预算和专门决策预算，将两类预算的结果汇总后编制财务预算、资本预算和筹资预算。具体而言，以战略规划为预算编制的前提，以市场预测为出发点，业务预算的顺序是：销售预算→生产预算→直接材料预算→流转税费预算和直接人工预算→制造费用预算→产品成本预算→存货预算，管理费用和销售费用预算可以在确定销售预算后同时编制；财务预算的顺序是：现金预算→预计利润预算→预计资产负债表；在编制了现金预算之后，可以编制财务费用预算、资本预算和筹资预算。显然各细化的分预算之间衔接，互相钩稽，形成了一个完整的预算内容体系，它们之间的关系如图6－2所示。

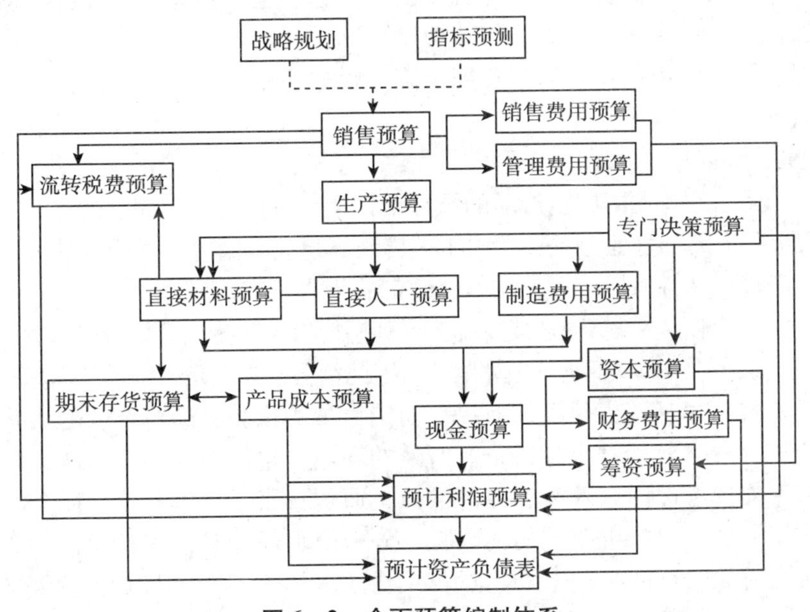

图6－2 全面预算编制体系

需要说明两点：一是筹资预算是对单纯筹资活动的单独反映，虽然它可以在现金预算后编制，但不属于财务预算的范畴。由于财务预算能够以价值量形式总括反映业务预算和专门决策预算的结果，因此人们常常将其称为总预算，而将其他预算称为分预算。实际上，财务预算也是分预算，但它能够揭示预算期间企业的总体状况，处于预算编制中的最重要地位，正是基于此，才有总预算之说。二是财务费用预算从预算的性质上属于业务预算内容，但从编制顺序上是在现金预算编制后才能编制的预算，绝不能基于此将其划归财务预算范畴。三是资本预算按照中国相关制度的规定，包括证券投资行为，因此其编制只能在现金预算后编制。

6.3 全面预算的编制

6.3.1 业务预算的编制

业务预算以部门为单位编制，涉及企业的每一个部门，既包括生产部门也包括职能部门，与全体职工的利益息息相关，在适度分权式预算编制模式下，它需要全体职工参与并得到其认可。主要预算内容有：销售预算、生产预算、直接材料预算、应交税金及附加预算、直接人工预算、制造费用预算、产品成本预算、期末存货预算、销售费用预算、管理费用预算、财务费用预算。财务费用预算需要在现金预算编制后才能编制，因此这里不阐述。

1. 销售预算的编制

销售预算是指预算期间内以产品的预计销售量和售价为基础编制的预计销售收入和预计经营现金收入的一种业务预算。由于销售预算建立在销售量预测的基础，销售量决定产品的生产量、材料消耗、人工成本、设备的投入、存货成本、期间费用、现金收入和利润等，可见其他各项预算或多或少都会受到销售量的制约，因此销售预算是编制全面预算的起点。而销售预算属于业务预算范畴，因此销售预算也是编制业务预算的起点。

预测销售量是编制销售预算的前提，而销售量的预测必须与企业的战略分析与规划相结合。进行战略分析时应分析企业所处的环境，包括宏观环境和微观环境。分析宏观环境时，需要考虑国家政策、经济增长、通货膨胀、技术突破、社会习俗等因素对市场的作用，从中寻找机会并发现威胁。分析微观环境时，需要考虑企业所处的行业寿命周期、竞争对手的数量，以及竞争对手所处的竞争地位、成功关键因素等，确定企业的竞争优势和劣势，在此基础上，从低成本、差异化、集聚一点三种竞争战略中选择与自身相适应的竞争战略，明确企业的经营方向、投资规模和投资方向，进而采用趋势分析法或因果分析法定量预测销售量，并结合定性分析对其预测结果进行修正。

以销售量预测为基础，结合预计产品售价等因素就可以编制销售预算。实务工作中，销售预算可以细分为销售收入预算和销售现金收入预算。

（1）销售收入预算的编制。销售收入预算反映预算期间含销项税额的经营收入预算。该预算分产品列示并进行汇总。具体编制时，首先按照各种产品的预计单价和预计销售量计算各产品的预计销售收入，产品的预计价格一般考虑产品的成本、竞争对手的价格、市场的供求关系、供应商的报价等因素综合决定，然后在汇总的基础上，依据规定的税率计算与销售收入总额相关的增值税销项税额，最后计算预计的含税销售收入。含销项税额经营收入的计算公式如下：

$$\text{某产品含销项税额的经营收入} = \text{该产品的预计销售量} \times \text{该产品的预计价格} + \text{该产品的增值税销项税额} \quad \text{式6-1}$$

【例6－1】假定南通公司生产经营A产品，按季列示预算年度内的各类预算内容。该公司适用的增值税税率为17%。2010年各季度预测的产品售价和销售量资料如表6－1所示。

表6－1　　2010年A产品相关资料

项目＼季度	1	2	3	4
产品售价（元/件）	90	90	90	90
预计销售量（件）	1 100	1 600	2 000	1 500

要求：编制2010年度的销售收入预算。

分析：依据所给资料编制的销售收入预算如表6－2所示。

表6－2　　2010年A产品销售收入预算　　单位：元

项目＼季度	1	2	3	4	2010年	数据来源
售价	90	90	90	90	90	① 表6－1
销售量（件）	1 100	1 600	2 000	1 500	200	② 表6－1
销售收入	99 000	144 000	180 000	135 000	558 000	③＝①×②
增值税销项税额	16 830	24 480	30 600	22 950	94 860	④＝③×17%
含税销售收入	115 830	168 480	210 600	157 950	652 860	⑤＝③＋④

（2）销售现金收入预算的编制。销售现金收入预算反映预算期间预计可以收到现金的预算。按照现金预算的要求，现金流入量的确定必须采用收付实现制原则确认。为了便于现金预算的编制，应在编制销售收入预算的基础上编制销售现金收入预算。企业的销售有现销和赊销两种方式，当期收到的现金既包括现销的收入，也包括

前期收回的赊销收入。销售现金收入预算应反映这两部分收现的收入并进行汇总。相关的计算公式如下：

$$\text{当期收现的销售现金收入} = \text{当期含税销售收入} \times \text{当期收现比例} + \text{前期含税销售收入} \times \text{前期收现比例} \quad \text{式 6-2}$$

式 6－2 中的前期收现比例即赊销方式下前期应在本期收回的现金比例，该比例与现销方式下的当期收现比例一般为经验数据。另外，为了便于下年销售现金预算的编制，需要确定各月或各季期末的应收账款余额。

【例 6－2】假定南通公司 2010 年年初应收账款余额为 45 000 元，应收账款当期收现率为 60%，其余 40% 于下季收讫。

要求：编制 2010 年度的销售现金收入预算。

分析：沿用表 6－2 的预算结果，并结合应收账款所给资料，编制 2010 年度的销售现金收入预算如表 6－3 所示。

表 6－3　　2010 年销售现金收入预算　　单位：元

项目＼季度	1	2	3	4	2010 年	数据来源
含税销售收入	115 830	168 480	210 600	157 950	652 860	①表 6－2
期初应收账款	45 000				45 000	②已知条件
第一季度销售现金收入	69 498	46 332			115 830	③
第二季度销售现金收入		101 088	67 392		168 480	④
第三季度销售现金收入			126 360	84 240	210 600	⑤
第四季度销售现金收入				94 770	94 770	⑥
销售现金收入合计	114 498	147 420	193 752	179 010	634 680	⑦
期末应收账款					63 180	⑧

注：表中有关数据说明：

③栏：第一季度销售现金收入 = 1 季含税收入 ×60% = 115 830 ×60% = 69 498（元）

第二季度销售现金收入 = 1 季含税收入 ×40% = 115 830 ×40% = 46 332（元）

④栏：第二季度销售现金收入 = 2 季含税收入 ×60% = 168 480 ×60% = 101 088（元）

第三季度销售现金收入 = 2 季含税收入 ×40% = 168 480 ×40% = 67 392（元）

⑤栏：第三季度销售现金收入 = 3 季含税收入 ×60% = 210 600 ×60% = 126 360（元）

第四季度销售现金收入 = 3 季含税收入 ×40% = 210 600 ×40% = 84 240（元）

⑥栏：第四季度销售现金收入 = 4 季含税收入 ×60% = 157 950 ×60% = 94 770（元）

⑦栏：1 季销售现金收入合计 = 45 000 + 69 498 = 114 498（元）

2 季销售现金收入合计 = 46 332 + 101 088 = 147 420（元）

3 季销售现金收入合计 = 67 392 + 126 360 = 193 752（元）

4 季销售现金收入合计 = 84 240 + 94 770 = 179 110（元）

⑧栏：期末应收账款 = 4 季含税收入 ×40% = 157950 ×40% = 63180（元）

2. 生产预算的编制

生产预算是指预算期间内以产品的预计销售量和期初、期末存货量为基础编制的预计生产量的一种业务预算。该预算只使用实物量计量单位，为后续的直接人工预算和制造费用预算等提供实物量数据。

具体编制时，生产预算应分产品品种列示。由于实务工作中生产量与销售量常常不能做到同步同量，即常常出现产销不平衡现象，这必然会导致产成品的期初存货量和期末存货量的出现，因此，预计生产量时必须考虑期初、期末存货量计算，相关的计算公式如下：

$$\text{某种产品预计生产量} = \text{预计销售量} + \text{预计期末存货量} - \text{预计期初存货量} \qquad \text{式 } 6-3$$

式 6-3 中的预计期末存货量一般结合长期销售趋势，按事先估计的期末存货量占下期销售量的比例进行估算；期末存货量递延到下期就会形成下期的期初存货量。估算存货量比例时，应适度，不能储备过度，否则会增加企业的资金占用量，但也不能储备不足，否则会给企业带来损失，应在估算存货安全储备量的基础上确定存货量。

【例 6-3】假定南通公司产成品库存显示的资料如下：年初 A 产品有库存 100 件，年末产成品预计库存量为 120 件。该公司根据销售状况预计的期末产成品存货占下期销售量的百分比为 10%。

要求：编制该公司 2010 年度的生产量预算。

分析：依据所给资料并结合销售量预算编制的生产量预算如表 6-4 所示。

表 6-4　　A 产品生产量预算　　单位：件

项目＼季度	1	2	3	4	2010 年	数据来源
预计销售量	1 100	1 600	2 000	1 500	6 200	①表 6-2
预计期末存货量	160	200	150	120	120	②按已知计算
期初存货量	100	160	200	150	100	③等式关系
预计生产量	1 160	1 640	1 950	1 470	6 220	④=①+②-③

3. 直接材料预算的编制

直接材料预算是指预算期间内以生产量预算为基础，结合预计材料耗用量和采购价格等编制的生产耗用材料数量、采购成本以及采购现金支出的一种业务预算。该预算建立在生产量预算的基础上，一方面明确生产部门由于组织生产活动而耗用的各种材料数量；另一方面明确供应部门由于组织采购活动而发生的各种材料的采购成本及现金支付额。实务工作中，该预算可以细分为直接材料消耗预算、直接材料采购预算和直接材料采购现金支出预算。

（1）直接材料消耗预算的编制。直接材料消耗预算反映每种产品生产过程中所需的各种材料消耗数量以及材料的总消耗量。具体编制预算时，需要考虑各种材料的消耗定额并考虑预计生产量，分产品品种列示各种材料的消耗量，并进行汇总反映耗用材料的总量。该预算以实物量形式反映，预算公式如下：

预计某种材料消耗量 = 预计生产量 × 预计单位产品消耗量　　式 6－4

【例 6－4】假定南通公司生产的 A 产品消耗甲、乙两种材料，甲材料的消耗定额为 3 千克/件，乙材料的消耗定额为 2 千克/件。

要求：编制该公司 2010 年的直接材料消耗预算。

分析：依据所给资料并结合生产量预算编制的直接材料消耗预算如表 6－5 所示。

表 6－5　　2010 年 A 产品直接材料消耗预算　　单位：千克

项目 \ 季度		1	2	3	4	2010 年	数据来源
甲材料	材料单耗	3	3	3	3	3	①已知条件
	预计生产量（件）	1 160	1 640	1 950	1 470	6 220	②表 6－4
	预计材料消耗量	3 480	4 920	5 850	4 410	18 660	③＝①×②
乙材料	材料单耗	2	2	2	2	2	④已知条件
	预计生产量（件）	1 160	1 640	1 950	1 470	6 220	⑤表 6－4
	预计材料消耗量	2 320	3 280	3 900	2 940	12 440	⑥＝④×⑤

（2）直接材料采购预算的编制。直接材料采购预算反映产品采购过程中所需支付的采购成本。编制该预算时，需要按产品品种所涉及的材料种类列示并进行汇总。具体而言，以预计材料消耗量为基础，结合材料的期初、期末库存量计算预算期间的各种材料预计采购量，并考虑事前确定的材料采购单价估算预算期间的材料采购成本。另外按照国家税法规定，材料采购成本是计算增值税进项税额的基础，采购成本最终应反映含增值税进项税额的采购成本，相关的计算公式如下：

某产品耗用某种材料的预计采购量 = 该种材料的预计消耗量 + 该种材料的预计期末库存量 − 该种材料的预计期初库存量　　式 6－5

某产品耗用某种材料的预计采购成本 = 该种材料单价 × 该种材料的预计采购量　　式 6－6

$$\text{某产品含增值税进项税额的采购成本} = \sum\left(\text{该产品耗用某种材料的预计采购成本} + \text{该产品耗用某种材料的增值税进项税额}\right) \quad \text{式} 6-7$$

式6－5中的预计材料期末存货量属于经验数据，一般按照下期预计材料消耗量的一定百分比估算，材料的预计期初存货量等于预计上期材料期末存货量。

【例6－5】假定南通公司生产A产品消耗甲材料的采购单价为5元，消耗乙材料的采购单价为3元。甲材料的年初存货量为1030千克，预计年末存货量为1980千克；乙材料的年初存货量为830千克，预计年末存货量为1200千克。经验数据表明，预计甲、乙期末材料存货量占下期材料消耗量的百分比为30%。该公式适用的增值税率为17%。

要求：编制该公司2010年度的直接材料采购预算。

分析：依据所给资料并结合直接材料消耗预算编制的直接材料采购预算如表6－6所示。

表6－6　　2010年A产品直接材料采购预算　　单位：元，千克

项目＼季度		1	2	3	4	2010年	数据来源
甲材料	采购价格	5	5	5	5	5	①已知条件
	预计消耗量	3 480	4 920	5 850	4 410	18 660	②表6－5
	期末存货量	1 476	1 755	1 323	1 980	1 980	③按已知计算
	期初存货量	1 030	1 476	1 755	1 323	1 030	④等式关系
	预计采购量	3 926	5 199	5 418	5 067	19 610	⑤＝②＋③－④
	预计采购成本	19 630	25 995	27 090	25 335	98 050	⑥＝⑤×①
乙材料	采购价格	3	3	3	3	3	⑦已知条件
	预计消耗量	2 320	3 280	3 900	2 940	12 440	⑧表6－5
	期末存货量	984	1 170	882	1 200	1 200	⑨按已知计算
	期初存货量	830	984	1170	882	830	⑩等式关系
	预计采购量		3 466	3 612	3 258	12 810	⑪＝⑧＋⑨－⑩
	预计采购成本	2 474	10 398	10 836	9 774	38 430	⑫＝⑪×⑦
预计采购成本合计		7 422	36 393	37 926	35 109	136 480	⑬＝⑥＋⑫
预计增值税进项税额		4 599	6 187	6 447	5 969	23 202	⑭＝⑬×17%
预计含增值税进项税额的采购成本合计		31 651	42 580	44 373	41 078	159 682	⑮＝⑬＋⑭

（3）直接材料采购现金支出预算的编制。直接材料采购现金支出预算反映产品采购过程中需要支付现金的预算。为了便于后续现金预算的编制，这里需要计算采购

过程中的现金支出。由于材料的采购方式有两种：现金采购和赊账采购，因此一定期间的材料采购现金支出包括当期即付的材料采购款和前期应在本期支付的赊购材料采购款两种。相关的计算公式如下：

$$\text{当期需支付的材料货款} = \text{当期含税的采购成本} \times \text{当期现金支付比例} + \text{前期含税的采购成本} \times \text{前期现金支付比例} \quad \text{式 6-8}$$

式6－7中的前期现金支付比例即前期应在本期支付的赊购材料采购款比例，该比例以及当期应付现金比例常常为经验数据，在预算编制前预先确定。另外，为了便于下年直接材料采购现金支出预算的编制，需要确定各月或各季的期末应付账款余额。

【例6－6】假定南通公司2010年年初应付账款余额为9 400元，应付账款当期付现率为50%，其余50%于下季付讫。计算中如果出现小数，取整数。

要求：编制2010年度的直接材料采购现金支出预算。

分析：依据所给资料并结合直接材料采购预算编制的直接材料采购现金支出预算如表6－7所示。

表6－7　　2010年直接材料采购现金支出预算　　单位：元

项目＼季度	1	2	3	4	2010年	数据来源
预计含税采购成本	31 651	42 580	44 373	41 078	159 682	①表6－6
期初应付账款	9 400				9 400	②已知条件
第一季度现金支出	15 826	15 825			31 651	③
第二季度现金支出		21 290	21 290		42 580	④
第三季度现金支出			22 187	22 186	44 373	⑤
第四季度现金支出				20 539	20 539	⑥
现金支出合计	25 226	37 115	43 477	42 725	148 543	⑦
期末应付账款					20 539	⑧

注：表中有关数据说明：

③栏：第一季度现金支出＝第二季度现金支出＝31 651×50%＝15 826（元）（取整数）

④栏：第二季度现金支出＝第三季度现金支出＝42 580×50%＝21 290（元）

⑤栏：第三季度现金支出＝第四季度现金支出＝44 373×50%＝22 187（元）（取整数）

⑥栏：第四季度现金支出＝⑧栏＝41 078×50%＝20 539（元）

⑦栏：1季现金支出合计＝9 400＋15 826＝25 226（元）

2季现金支出合计＝15 825＋21 290＝37 115（元）

3季现金支出合计＝21 290＋22 187＝43 477（元）

4季现金支出合计＝22 186＋20 539＝42 725（元）

4. 流转税费预算的编制

流转税费预算是指预算期间内依据国家纳税规定编制的产品购销过程中应缴纳的各种税费的一种业务预算。这里的流转税费只包括增值税、营业税、消费税、资源税、城市维护建设税和教育费附加，不包括预交所得税，预计的印花税应在管理费用中列示。由于税金需要及时清缴，为简化预算的编制，可以假定预算期发生的各种流转税费均于当期以现金形式支付。

流转税费预算具体编制时应分各税种列示，按照国家规定的方法计算。相关的计算公式如下：

$$\text{当期预计发生的流转税费}=\text{该期预计的应交营业税金及附加}+\text{该期预计的应交增值税} \qquad \text{式 6-9}$$

其中：

$$\text{当期预计的应交营业税金及附加}=\text{该期预计的应交营业税}+\text{该期预计的应交消费税}+\text{该期预计的应交资源税}+\text{该期预计的应交城建税}+\text{该期预计的应交教育费附加}$$

式 6－9 中的预计应交营业税等于应纳税额与适用税率的乘积；预计应交消费税有从价定率和从量定额两种计税方法，为简化计算，这里假定采用从价定率方法计算，等于应纳税额与适用税率的乘积；预计应交资源税按照应税产品的课税数量和规定的单位税额计算；预计应交城市维护建设税和应交教育费附加分别等于预计应交营业税、消费税和增值税之和与适用的税率的乘积；预计应交增值税等于增值税销项税额扣减增值税进项税额后的差额与适用增值税率的乘积。

【例 6－7】假定南通公司 2010 年流通环节只缴纳增值税，各季度实现销售时用现金完税；城市维护建设税税率为 7%，教育费附加税率为 3%。计算结果保留整数。

要求：编制 2010 年度的流转税费预算。

分析：依据所给资料并结合销售收入预算和直接材料采购预算编制的流转税费预算如表 6－8 所示。

表 6－8　2010 年流转税费预算　　单位：元

项目 \ 季度	1	2	3	4	2010 年	数据来源
增值税销项税额	16 830	24 480	30 600	22 950	94 860	①表 6－2
增值税进项税额	4 599	6 187	6 447	5 969	23 202	②表 6－6
应交增值税	12 231	18 293	24 153	16 981	71 658	③＝①－②

续表

项目＼季度	1	2	3	4	2010 年	数据来源
城市维护建设税及教育费附加	1 223	1 829	2 415	1 698	7 165	④=③×（7%+3%）
营业税、资源税等	0	0	0	0	0	⑤已知条件
营业税金及附加	1 223	1 829	2 415	1 698	7 165	⑥=④+⑤
税费现金支出合计	13 454	20 122	26 568	18 679	78 823	⑦=③+⑥

5. 直接人工预算的编制

直接人工预算是指预算期间内依据人工工时消耗定额和工资价格等编制的生产过程中耗用直接人工成本的一种业务预算。直接人工成本包括生产过程中发生的生产工人的直接工资以及以直接工资为基础按照一定比例提取的职工福利费、工会经费等。

直接人工预算编制时应分产品列示，首先依据事先确定的每种产品的预计单位产品工时消耗定额和预计小时工资率，并结合生产量估算直接工资成本，然后再根据国家的相关规定，按照一定的比例计提应付福利费等，汇总结果就是直接人工成本。相关的计算公式如下：

$$\text{预计的直接人工成本} = \sum\left(\text{某产品预计的直接工资} + \text{该产品预计的直接工资相关费用}\right) \qquad \text{式 6-10}$$

其中：

$$\text{某产品预计的直接工资} = \text{该产品的单位产品工时消耗定额} \times \text{该产品的预计小时工资率} \times \text{该产品的预计生产量}$$

$$\text{该产品预计的直接工资相关费用} = \text{该产品预计的直接工资} \times \text{相关费用的计提比例}$$

直接人工成本各项一般以现金形式支付，因此无需单独计算付现的直接人工成本。另外为了便于后续产品成本预算和存货预算的编制，需要计算单位工时的直接人工成本。

【例 6－8】假定南通公司 2010 年生产 A 产品的单位工时消耗定额为 4 小时，预先确定的小时工资率为 5 元，应计提的包括应付福利费在内的相关费用比例为 12.6%。

要求：编制该公司 2010 年度的直接人工预算。

分析：依据所给资料并结合生产预算编制的直接人工预算如表 6－9 所示。

表 6－9　　2010 年直接人工预算

项目 \ 季度	1	2	3	4	2010 年	数据来源
单位产品工时消耗定额（小时）	4	4	4	4	4	①已知条件
小时工资率（%）	5	5	5	5	5	②已知条件
预计生产量（件）	1 160	1 640	1 950	1 470	6 220	③表 6－4
预计直接人工工时（小时）	4 640	6 560	7 800	5 880	24 880	④＝③×①
预计直接工资（元）	23 200	32 800	39 000	29 400	124 400	⑤＝④×②
计提福利费等相关费用（元）	2 923	4 133	4 914	3 704	15 674	⑥＝⑤×12.6%
直接人工成本合计（元）	26 123	36 933	43 914	33 104	140 074	⑦＝⑤＋⑥
单位工时直接人工成本（元）	22.52	22.52	22.52	22.52	22.52	⑧＝⑦÷③

6. 制造费用预算的编制

制造费用预算是指预算期内以预计生产过程中发生的除直接材料和直接人工预算以外的其他各项生产费用为基础编制的生产耗费总额及付现生产耗费的一种业务预算。为了便于日后控制各项制造费用的发生，该预算一般应区分变动的制造费用和固定的制造费用两类。

编制制造费用预算时，对于固定性制造费用，应分别预计预算期内可能发生的各种固定费用项目，如厂房和机器设备的折旧费、租金等。由于这些项目与生产量的变动无关，一经形成，短期内不会改变，因此预计各费用项目时可以参照上年的实际水平并作适当调整而确定。对于变动性制造费用，如间接材料、动力费等，由于这些项目会随生产量的变动而正比例变动，因此预计各费用项目时，需要首先确定变动性制造费用的预计小时费用分配率，结合预计的单位产品工时消耗定额及预计的生产量，就可以确定变动性制造费用的预算水平。另外制造费用预算中的一些费用属于非付现成本，如固定资产折旧费等，无需支付现金。为了便于后续现金预算的编制，制造费用预算的最后应列示扣除了非付现成本后的需支付现金的制造费用预算值。相关的计算公式如下：

$$\text{预计的付现制造费用}=\sum\left(\text{预计某产品的变动性制造费用}+\text{预计该产品的固定性制造费用}-\text{非付现的固定性制造费用}\right)\quad \text{式 6－11}$$

其中：

$$\text{预计某产品的变动性制造费用}=\text{该产品的单位产品工时消耗定额}\times\text{该产品的预计小时费用率}\times\text{该产品的预计生产量}$$

$$\text{预计该产品的固定性制造费用}=\sum\text{某项固定性制造费用}$$

预计的全年固定性制造费用需要分摊到各季或各月，可以采用全年预计固定性制造费用总额的算术平均值进行分摊。

如果某企业实施了作业成本法，在这种情况下，编制制造费用预算时需要分别作业中心分产品编制预算。

【例6-9】假定南通公司2010年预计发生的变动性制造费用项目共五项，各项内容及预计的小时变动性制造费用率如下：间接材料0.36元，间接人工0.35元，维修费0.28元，水电费0.25元，其他费用0.16元，共计1.4元。预计的固定性制造费用项目共五项，各项内容及数额：管理人员工资7 000元，折旧费17 000元，办公费6 000元，保险费6 800元，其他费用2 000元。

要求：编制该公司2010年度的制造费用预算。

分析：依据所给资料并结合直接人工工时预算值编制的制造费用预算如表6-10所示。

表6-10　　2010年制造费用预算　　单位：元

	季度 项目	1	2	3	4	2010年	数据来源
变动性制造费用	预计直接人工工时	4 640	6 560	7 800	5 880	24 880	①表6-9
	间接材料（0.36）	1 670.4	2 361.6	2 808	2 116.8	8 956.8	②=①×0.36
	间接人工（0.35）	1 624	2 296	2 730	2 058	8 708	③=①×0.35
	维修费（0.28）	1 299.2	1 836.8	2 184	1 646.4	6 966.4	④=①×0.28
	水电费（0.25）	1 160	1 640	1 950	1 470	6 220	⑤=①×0.25
	其他费用（0.16）	742.4	1 049.6	1 248	940.8	3 980.8	⑥=①×0.16
	变动性制造费用合计	6 496	9 184	10 920	8 232	34 832	⑦=②~⑥合计
固定性制造费用	管理人员工资	1 750	1 750	1 750	1 750	7 000	⑧=7 000÷4
	折旧费	4 250	4 250	4 250	4 250	17 000	⑨=17 000÷4
	办公费	1 500	1 500	1 500	1 500	6 000	⑩=6 000÷4
	保险费	1 700	1 700	1 700	1 700	6 800	⑪=6 800÷4
	其他费用	500	500	500	500	2 000	⑫=2 000÷4
	固定性制造费用合计	9 700	9 700	9 700	9 700	38 800	⑬=⑧~⑫合计
	减：折旧费	4 250	4 250	4 250	4 250	17 000	⑭=17 000÷4
	付现固定性制造费用	5 450	5 450	5 450	5 450	21 800	⑮=⑬-⑭
制造费用		16 196	18 884	20 620	17 932	73 632	⑯=⑦+⑬
付现的制造费用		11 946	14 634	16 370	13 682	56 632	⑰=⑦+⑮

预算松弛

预算松弛概念没有统一定论，1964 由威廉姆森（Williamson）提出，指的是预算责任人的机会主义行为，即预算编制者在编制预算时，将预算确定在自己预期的能力之下，有意低估收入或产能，高估成本或资源的行为。预算松弛的原因主要有几方面：(1) 允许预算执行者参与预算编制；(2) 委托人和代理人信息不对称；(3) 将预算作为业绩激励的标准；(4) 预算的执行者规避风险；(5) 未来因素的不确定性。预算松弛在实务中既有积极影响，也有消极影响，因此完全消除预算松弛是不可能的，也没有必要。

7. 产品成本预算的编制

产品成本预算是指预算期内以直接材料、直接人工以及制造费用耗用水平为基础编制的单位产品成本、产品成本总额以及销售成本总额的一种业务预算。该预算为后续期末存货预算、预计利润表和预计资产负债表的编制提供数据。

编制该预算时，需要分产品列示，考虑生产预算、直接材料预算、直接人工预算和制造费用预算中的相关数据，并结合期初、期末在产品余额确定当期预计的产品成本总额，结合期初、期末产成品余额，确定当期预计的销售成本总额。相关的计算公式如下：

$$\text{预计某产品的单位产品成本}=\text{该产品的单位直接材料}+\text{该产品的单位直接人工}+\text{该产品的单位变动性制造费用}+\text{该产品的单位固定性制造费用} \quad \text{式 6-12}$$

$$\text{预计某产品的产品成本总额}=\text{该产品的单位产品成本}\times\text{该产品的预计生产量}+\text{该产品的期初在产品余额}-\text{该产品的预计期末在产品余额} \quad \text{式 6-13}$$

$$\text{预计某产品的销售成本总额}=\text{该产品的产品成本总额}+\text{该产品的期初产成品余额}-\text{该产品的预计期末产成品余额} \quad \text{式 6-14}$$

按照会计制度的规定，存货的计价方法有先进先出法和加权平均法等，预算中选择的存货计价方法应与预算前的实际存货计价方法保持一致。另外为了揭示差异，制造费用需要区分变动性制造费用和固定性制造费用列示。

如果某企业实施了作业成本法，编制产品成本预算时，各产品的产品成本预算需要按照作业中心列示制造费用的构成，不需要区分固定费用和变动费用。

【例 6－10】假定南通公司没有实施作业成本法。2010 年年初 A 产品存货量是 100 件，单位成本是 50 元，总成本是 5 000 元，预计年末 A 产品存货量是 120 件；年初在产品的期初存货量为 0，预计期末存货量也是 0。为了简化预算的编制，假定只编制全年的产品成本预算，不编制分季预算；另外假定产成品存货按先进先出法计价。

要求：编制该公司2010年的产品成本预算。

分析：依据所给资料，结合生产预算、直接材料预算、直接人工预算、制造费用预算编制的A产品产品成本预算如表6－11所示。

表6－11　2010年产品成本预算　单位：元

项目	单价	单位消耗	单位成本	总成本（产量×单位成本）	数据来源
A产品产量：6220件					①表6－4
直接材料	—	—	21	130 620	②＝③＋④
甲材料	5	3	15	93 300	③表6－5、表6－6
乙材料	3	2	6	37 320	④表6－5、表6－6
直接人工	5.63	4	22.52	140 074	⑤表6－9
变动性制造费用	1.4	4	5.6	34 832	⑥表6－10
小计			49.12	305 526	⑦＝②＋⑤＋⑥
固定性制造费用*	1.56	4	6.24	38 800	⑧表6－10
合计			55.36	344 326	⑨＝⑦＋⑧
加：在产品期初余额				0	⑩已知条件
减：在产品期末余额				0	⑪已知条件
预计产品成本总额				344 326	⑫＝⑨＋⑩－⑪
加：产成品期初余额				5 000	⑬已知条件
减：产成品期末余额**				6 643	⑭＝120件×55.36
预计产品销售成本总额				342 683	⑮＝⑫＋⑬－⑭

注：*固定性制造费用的单位成本＝38 800÷6 220；单价＝6.24÷4。**产品成本期末余额取整数。

8. 期末存货预算的编制

期末存货预算是指预算期内以原材料、在产品、产成品余额为基础编制的反映期初、期末存货成本总体水平的一种经营预算。该预算为后续的预计资产负债表的编制提供数据。

企业的存货由原材料、在产品、产成品存货构成，如果产成品存货采用先进先出法计价，则期末产成品存货成本按当期计算的单位产品成本计价。编制该预算时，需要分产品列示，首先考虑直接材料预算、产品成本预算的相关数据，计算每种产品的期初、期末原材料存货成本、在产品存货成本和产成品存货成本，然后汇总确定期初、期末存货成本的总额。假定存货计价采用先进先出法，相关的计算公式如下：

$$\text{预计期末存货成本} = \text{预计原材料期末存货成本} + \text{预计在产品期末存货成本} - \text{预计产成品期末存货成本} \quad \text{式 6-15}$$

其中：

$$\text{预计原材料期末存货成本} = \sum\left(\text{预计某产品原材料期初存货成本} + \text{本期材料采购成本} - \text{本期耗用原材料成本}\right)$$

$$\text{预计在产品期末存货成本} = \sum\left(\text{预计在产品期初存货成本} + \text{本期投入生产成本} - \text{本期完工产品成本}\right)$$

$$\text{预计产成品期末存货成本} = \sum\left(\text{预计某产成品期末存货成本} \times \text{该产品的当期单位产品成本}\right)$$

【例 6－11】假定南通公司产成品存货成本采用先进先出法计价，为了简化预算的编制，假定只编制全年的期末存货成本预算，不编制分季预算。

要求：编制 2010 年度的期末存货成本预算。

分析：依据所给资料，结合直接材料预算、产品成本预算编制的 A 产品期末存货成本预算如表 6－12 所示。

表 6－12　　2010 年期末存货预算　　单位：元

项目		年初原材料成本	本年原材料采购成本	本年原材料耗用成本	期末存货成本	数据来源
数据来源		① = 期初存货量×采购价	②表 6－6	③ = 本年耗用量×采购价	④ = ① + ② − ③	
原材料	甲材料	5 150	98 050	93 300	9 900	①
	乙材料	2 490	38 430	37 320	3 600	②
	小计	7 640	136 480	130 620	13 500	③ = ① + ②

项目	期初成本	期末成本	
在产品	0	0	④表 6－11
产成品	5 000	6 643	⑤表 6－11
存货成本合计	12 640	20 143	⑥ = ③ + ④ + ⑤

9. 销售费用预算的编制

销售费用预算是指预算期内以预计发生的各项与销售活动相关的费用为基础编制的反映销售费用总额和付现销售费用总额的一种业务预算。该预算的编制方法与制造费用预算的编制方法非常接近，需要将销售费用划分为变动性和固定性两类。

编制销售费用预算时，按照现行的制度规定，销售费用属于期间费用，不需要分产品编制，因此可以首先在事先估算可能发生各项变动性销售费用单位额以及固定性销售费用各明细项目的基础上，结合销售量预算列示变动性销售费用各项以及固定性销售费用各项的分季或分月值，然后汇总并反映销售费用的预算总额，最后扣除非付现的销售费用，反映分季或分月的付现销售费用总额。通常变动性销售费用以现金形式支付，固定性销售费用中的折旧费属于非付现成本。相关的计算公式如下：

$$\text{预计付现的销售费用总额} = \sum \text{预计某项变动性销售费用} + \left(\sum \text{预计某项固定性销售费用} - \text{付现的固定性销售费用} \right)$$

式 6－16

其中：$$\text{预计某项变动性销售费用} = \sum \text{预计某项单位变动性销售费用} \times \text{预计的销售量}$$

如果某企业实施了作业成本法，按照作业成本法的要求，为了较为准确地反映各种产品的获利能力，销售费用应该区分直接费用和间接费用，凡直接费用直接归集于某产品，凡间接费用选择一定的成本动因分配给各产品，并按产品进行汇总。

实务工作中，确定付现的固定性销售费用分季或分月值时有两种处理方法：一种方法是平均分摊法，即根据预计的全年固定性销售费用预算总额扣除其中的非付现成本，其差额在年内各季或各月平均分摊。另一种方法是预计分摊法，即根据各季或各月扣除了预计付现成本项目后的总额直接反映，对付现成本不进行分摊。从预算的准确性来看，第二种方法优于第一种方法。

【例 6－12】假定南通公司 2010 年预计发生的单位变动性销售费用如下：销售佣金 0.9 元、销售运杂费 0.8 元、其他 0.2 元，共计 1.9 元。预计的固定性销售费用各项如下：管理人员工资 6 000 元、广告费 15 000 元，保险费 5 000 元、其他 2 600 元，共计 28 600 元。假定该公司采用平均分摊法分摊固定性销售费用。

要求：编制该公司 2010 年度的销售费用预算。

分析：依据所给资料，结合销售量预算编制的南通公司销售费用预算如表 6－13所示。

表 6－13　　2010 年销售费用预算　　单位：元

项目 \ 季度		1	2	3	4	2010 年	数据来源
变动性	预计销售量	1 100	1 600	2 000	1 500	6 200	①表 6－2
	销售佣金（0.9）	990	1 440	1 800	1 350	5 580	②＝①×0.9
	销售运杂费（0.8）	880	1 280	1 600	1 200	4 960	③＝①×0.8
	其他（0.2）	220	320	400	300	1 240	④＝①×0.2
	变动性销售费用合计	2 090	3 040	3 800	2 850	11 780	⑤＝②＋③＋④
固定性	销售运杂费	500	500	500	500	2 000	⑥＝2000÷4
	管理人员工资	1 000	1 000	1 000	1 000	4 000	⑦＝4 000÷4
	广告费	3 750	3 750	3 750	3 750	15 000	⑧＝15 000÷4
	保险费	1 250	1 250	1 250	1 250	5 000	⑨＝5 000÷4
	其他	650	650	650	650	2 600	⑩＝2 600÷4
	固定性销售费用合计	7 150	7 150	7 150	7 150	28 600	⑪＝⑥～⑩合计
	减：付现费用	0	0	0	0	0	⑫已知条件
	付现的固定销售费用	7 150	7 150	7 150	7 150	28 600	⑬＝⑪－⑫
销售费用合计		9 240	10 190	10 950	10 000	40 380	⑭＝⑤＋⑪
付现的销售费用合计		9 240	10 190	10 950	10 000	40 380	⑮＝⑤＋⑬

10. 管理费用预算的编制

管理费用预算是指预算期内以预计发生的各项与组织企业行政管理活动相关的费用为基础编制的反映管理费用总额的一种业务预算。该预算与制造费用、销售费用预算相同，也需要将全部的管理费用区分为变动性和固定性两类。

具体编制管理费用预算的方法有两种：一种方法是简便法，即直接按各项目预计其分期及总体的费用水平并扣除付现的管理费用。之所以这样做的原因在于，实务工作中的大部分管理费用属于固定性管理费用，因此将其全部都视为固定成本处理。另一种方法是常规法，即分别变动性管理费用和固定性管理费用进行预计并汇总。首先在事先估算可能发生各项变动性管理费用单位额以及固定性管理费用各明细项目的基础上，结合销售量预算列示变动性管理费用各项以及固定性管理费用各项的分季或分月值；然后汇总并反映管理费用的预算总额；最后扣除非付现的管理费用，反映分季或分月的付现管理费用总额。对于非付现的管理费用常常采用平均分摊法分摊到各期。如果采用常规法编制，涉及的计算公式与销售费用的计算公式基本一致，将公式中的销售费用换成管理费用即可；如果采用简便法编制，相关的计算公式如下：

$$\text{预计付现的管理费用总额} = \sum \text{预计某项管理费用} - \text{付现的管理费用} \qquad \text{式 } 6-17$$

如果某企业实施了作业成本法，管理费用应该区分直接费用和间接费用，凡直接费用直接归集于某产品，间接费用选择一定的成本动因分配给各产品，编制的预算分产品列示并进行汇总。

【例 6－13】假定南通公司采用简便法编制管理费用预算。2010 年预计发生的管理费用项目如下：公司经费 5 000 元，工会经费 1 100 元，董事会费 2 100 元，无形资产摊销费 900 元，职工培训费 600 元，其他 800 元，共计 10 500 元。

要求：编制该公司 2010 年度的管理费用预算。

分析：依据所给资料，编制的南通公司的管理费用预算如表 6－14 所示。

表 6－14　　**2010 年管理费用预算**　　单位：元

项目＼季度	1	2	3	4	2010 年	数据来源
公司经费	1 250	1 250	1 250	1 250	5 000	①＝5 000÷4
工会经费	275	275	275	275	1 100	②＝1 100÷4
董事会费	525	525	525	525	2 100	③＝2 100÷4
无形资产摊销费	225	225	225	225	900	④＝900÷4
职工培训费	150	150	150	150	600	⑤＝600÷4
其他	200	200	200	200	800	⑥＝800÷4
管理费用合计	2 625	2 625	2 625	2 625	10 500	⑦＝①～⑥合计
减：无形资产摊销费	225	225	225	225	900	⑧＝900÷4
付现的管理费用	2 400	2 400	2 400	2 400	9 600	⑨＝⑦－⑧

6.3.2　专门决策预算的编制

专门决策预算是西方术语，相当于中国资本预算中的固定资产投资预算，即项目投资预算。该预算反映固定资产投资决策的结果，是固定资产投资决策结果的定量反映。

固定资产投资决策与日常业务活动不同，并不经常发生，由于此类决策关系到企业的长期发展，因此每一项决策内容被决定采纳后，都需要编制相应的预算，以反映该决策的投资与筹资的结果，由此形成特定内容的项目投资预算。专门决策预算为了便于现金预算以及直接材料预算的编制，是对各项目投资预算的汇总。编制专门决策预算时应分别每一个项目投资预算内容列示，并以此为基础进行汇总。

单纯某项目投资预算的编制，一方面应分明细项目列示各项投资的内容及支出额；另一方面为了确保投资所需资金有保障，还需分明细项目列示所采用的筹资方式及筹资额。另外从项目的投资内容来看，不仅有固定资产投资，有时常常还会涉及流动资产投资或其他投资，此时投资支出中应分类别反映。

【例 6－14】假定南通公司为了提高产品的竞争能力，2009 年年末决定于 2010 年年初引进一条新的生产线，当年生产线安装调试完毕，年末交付使用。预计发生的各项投资有：第 1 季度支付勘察设计费 21 000 元、土建工程成本 40 000 元；设备购置成本第 2 季度支付 25 000 元、第 3 季度支付 39 000 元、第 4 季度支付 20 000 元；安装工程成本第 4 季度支付 18 000 元；其他费用在第 4 季度发生，共计 5 000 元。假定不需要材料支出。相关部门为此允许该公司第 2 季度发行股票 30 000 元，第 4 季度发行债券筹资 30 000 元，债券期限为 4 年，利率为 14%，利息分年支付。其他所需资金全部由自有资金补充。假定该公司 2010 年除了生产线投资外，没有其他固定资产投资。

要求：编制该项固定资产投资预算以及该公司的专门决策预算。

分析：依据所给资料编制的生产线投资预算如表 6－15 所示。

表 6－15　　2010 年生产线投资预算　　单位：元

项目＼季度	1	2	3	4	2010 年
固定资产投资					
勘察设计费	21 000	0	0	0	21 000
土建工程	40 000	0	0	0	40 000
设备购置	0	25 000	39 000	20 000	84 000
安装工程	0	0	0	18 000	18 000
其他	0	0	0	5 000	5 000
合计	61 000	25 000	39 000	43 000	168 000
流动资产投资					

续表

项目＼季度	1	2	3	4	2010 年
直接材料	0	0	0	0	0
投资合计	61 000	25 000	39 000	43 000	168 000
固定资产筹资					
自有资金	62 000	0	46 000	0	108 000
发行股票净额	0	30 000	0	0	30 000
发行债券（票面利率 14%）	0	0	0	30 000	30 000
合计	62 000	30 000	46 000	30 000	168 000

由于该公司 2010 年度内除了生产线投资外，再没有其他投资决定，因此该公司的生产线预算可以视为该公司的专门决策预算。否则就需要对不同的投资预算结果进行汇总。

6.3.3 财务预算及财务费用预算的编制

财务预算包括现金预算、预计资产负债表、预计利润预算等，其中预计利润预算包括预计利润表和预计利润分配预算。财务费用预算属于业务预算范畴，但从编制顺序是在现金预算后编制的。这些预算均由财务人员编制。具体编制顺序：现金预算→财务费用预算→预计利润表→预计利润分配表→预计资产负债表。

1. 现金预算的编制

现金预算是指预算期间内以现金收入与现金支出、资金筹资与运用为基础编制的预计各期现金余缺、期末现金余额的一种财务预算。这里的现金指的是货币资金，包括库存现金和银行存款。现金是维持一个企业正常运转的前提，现金一旦短缺，日常经营活动就不得不停止，因此现金预算对于企业至关重要。

一个完整的现金预算包括五项内容：期初现金余额、现金净额、现金余缺、余缺现金的筹集与运用、期末现金余额。为了清晰地反映当期的现金净额，以及余缺现金的筹集与运用，可以将现金预算进一步细分为现金净额预算和现金筹资与运用预算。

（1）现金净额预算的编制。现金净额预算是反映预算期间现金收入扣除现金支出后余额的预算。该预算以业务预算和专门决策预算为基础，具体编制时，首先将业务预算中的各项现金收入单独列示并进行汇总，然后列示业务预算和专门决策预算中的各项现金支出并进行汇总，最终确定各期的现金净额。相关的计算公式如下：

$$\text{预计某期的现金净额} = \sum \text{该期的现金收入} - \sum \text{该期的现金支出} \qquad \text{式 } 6-18$$

【例 6－15】假定南通公司除销售收入外，没有其他收入。预计 2010 年全年预交所得税为 40 000 元，分各季支付，全年预分现金股利为 10 000 元，分各季支付。

要求：编制该公司 2010 年度的现金净额预算。

分析：依据业务预算和专门决策预算的相关数据编制的现金净额预算如表 6－16 所示。

表 6－16　　2010 年现金净额预算　　单位：元

项目＼季度	1	2	3	4	2010 年	数据来源
现金收入						
经营现金收入	114 498	147 420	193 752	179 010	634 680	①表 6－3
其他现金收入	0	0	0	0	0	②已知条件
合计	114 498	147 420	193 752	179 010	634 680	③＝①＋②
现金支出						
采购直接材料	25 226	37 115	43 477	42 725	148 543	④表 6－7
支付直接人工	26 123	36 933	43 914	33 104	140 074	⑤表 6－9
支付制造费用	11 946	14 634	16 370	13 682	56 632	⑥表 6－10
支付销售费用	9 240	10 190	10 950	10 000	40 380	⑦表 6－13
支付管理费用	2 400	2 400	2 400	2 400	9 600	⑧表 6－14
支付流转税	13 454	20 122	26 568	18 679	78 823	⑨表 6－9
预交所得税	10 000	10 000	10 000	10 000	40 000	⑩已知条件
预分股利	2 500	2 500	2 500	2 500	10 000	⑪已知条件
固定资产投资支出	61 000	25 000	39 000	43 000	168 000	⑫表 6－15
合计	161 889	158 894	195 179	176 090	692 052	⑬＝④～⑫合计
现金净额	－47 391	－1 1474	－1 427	2 920	－57 372	⑭＝③－⑬

（2）现金筹集与运用预算的编制。现金筹集与运用预算是反映预算期间现金余缺、余缺现金的筹措与运用，以及期末现金余额的预算。该预算以现金净额预算为基

础，并结合期初现金余额以及筹资方式、用资方式编制。

企业的筹资方式区分为短期筹资方式与长期筹资方式两类，按照财务管理资金管理的一般原则要求，短期资金应由短期筹资方式弥补，长期资金应由长期筹资方式弥补。短期筹资方式有短期借款、短期融资券、应付账款等，长期筹资方式有发行股票、发行债券、留存收益等。前述的固定资产投资预算中的投资由于属于长期资产，由此导致投资所需的资金应由长期资本满足，而现金预算属于1年以内的预算，即短期预算，因此资金缺口应由短期筹资方式补足。基于此，编制现金筹资与运用预算时的步骤：第一步，考虑期初现金余额，并结合现金净额预算确定当期的现金余缺；第二步，将固定资产预算中的筹资预算部分纳入现金预算，列示长期筹资获得的资金并计算累计资金余缺；第三步如果资金结余，考虑对外短期投资，如果资金不足，用短期筹资方式补足；第四步计算期末现金余额，该余额必须满足期末库存现金管理规定。相关的计算公式如下：

$$\text{预计某期的期末现金余额} = \text{该期期初现金余额} + \text{该期现金净额} + \left(\sum \text{该期筹集的长期资金} - \sum \text{该期投资的资金}\right)$$

式 6－19

【例6－16】假定南通公司2009年末有库存现金6 500元。按照现金管理的要求，期末现金余额可以保持在5 500～8 000元。经过与银行协商，当现金不足时可以向银行短期借款，借款在季初，还款在季末，还款时需支付利息。当现金结余时归还借款。该公司2010年第1季度短期借款70 000元，利率为10%，分4季等额还本；第3季度发行短期融资券22 000元，从第4季度开始分两季等额还本，利率为12%。期初有长期借款66 000元，借款期限3年，2009年年初发行，利率为12%，分季支付利息；固定资产投资预算中发行的公司债券每满一年付息一次。

要求：编制该公司2010年度的现金筹集与运用预算。

分析：依据所给资料，并结合现金净额预算的相关数据编制的现金筹集与运用预算如表6－17所示。

表6－17　　2010年现金筹集与运用预算　　单位：元

项目＼季度	1	2	3	4	2010年	数据来源
期初现金余额	6 500	7 879	5 612	5 170	6 500	①已知或期末转入
现金净额	－47 391	－11 474	－1 427	2 920	－57 372	②表6－16
现金余缺	－40 891	－3 595	4 185	8 091	－50 872	③＝①＋②
长期筹资						

续表

项目＼季度	1	2	3	4	2010 年	数据来源
发行股票净额	0	30 000	0	0	30 000	④表 6－15
发行债券	0	0	0	30 000	30 000	⑤表 6－15
累计现金余缺	－40 891	26 405	4 185	38 091	9 128	⑥＝③＋④＋⑤
短期现金筹集与运用						
短期借款	70 000	0	0	0	70 000	⑦已知条件
发行短期融资券	0	0	22 000	0	22 000	⑧已知条件
支付债券利息	0	0	0	0	0	⑨发行规定
支付长期借款利息	1 980	1 980	1 980	1 980	7 920	⑩＝66 000×12%/4
支付短期借款及融资券利息	1 750	1 313	1 535	1 098	5 696	⑪
归还短期借款及融资券本金	17 500	17 500	17 500	28 500	81 000	⑫按规定偿还
购买有价证券	0	0	0	0	0	⑬
期末现金余额	7 879	5 612	5 170	6 512	6 512	⑭＝⑥＋⑦＋⑧－⑨～⑬

注：表中短期借款利息及融资券利息计算：第 1 季度利息＝70 000×10%÷4＝1 750（元）；第 2 季度利息＝52 500×10%÷4＝1 313（元）；第 3 季度利息＝35 000×10%÷4＋22 000×12%÷4＝875＋660＝1 535（元）；第 4 季度利息＝17 500×10%÷4＋22 000×12%÷4＝438＋660＝1 098（元）。

2. 财务费用预算的编制

财务费用预算是指预算期间内以预计发生的各项与筹措资金活动相关的费用为基础编制的反映财务费用总额的一种业务预算。该预算建立在现金预算的基础上，是对利息支付的单独反映。该预算与其他费用预算相同，也需要将全部的财务费用区分为变动性和固定性两类。

编制该预算时，应分别各筹资方式列示利息的支付额。如果某筹资方式，如短期借款等一年内出现次数超过一次，应在某筹资方式下逐一反映。需要特别强调的是，为了便于预计利润表的编制，按照现行制度的规定，项目建设期间发生的利息不属于财务费用范畴，应予以资本化，因此最终确定的利息支付额应扣除项目的资本化利息支付。相关的计算公式如下：

$$\text{预计某期的财务费用} = \sum \text{某筹资方式利息支出之和} - \text{项目资本化利息支出} \qquad \text{式 6-20}$$

【例6－17】假定南通公司财务费用中没有变动费用，也没有项目建设期间发生的资本化利息。

要求：编制该公司2010年度的财务费用预算。

分析：依据筹资过程中的相关资料并结合现金预算的相关数据编制的财务费用预算如表6－18所示。

表6－18　　2010年财务费用预算　　单位：元

项目＼季度	1	2	3	4	2010年	数据来源
支付短期借款利息	1 750	1 313	875	438	4 376	①表6－17
支付短期融资券利息	0	0	660	660	1 320	②表6－17
支付长期借款利息	1 980	1 980	1 980	1 980	7 920	③表6－17
项目资本化利息	0	0	0	0	0	④已知条件
财务费用合计	3 730	3 293	3 515	3 078	13 616	⑤＝①＋②＋③－④

如果某企业实施了作业成本法，财务费用应该区分直接费用和间接费用，凡直接费用直接归集于某产品，凡间接费用选择一定的成本动因分配给各产品，分产品列示不同筹资方式下的利息支付并进行汇总。

3. 预计利润预算的编制

预计利润预算是指预算期间内反映利润及其利润分配的预算。编制时可以细分为预计利润表和预计利润分配表的编制。

（1）预计利润表的编制。预计利润表是指预算期间内以相关业务预算为基础编制的反映企业经营成果水平的一种财务预算。该预算涉及的相关业务预算有：销售预算、产品成本预算、流转税预算、各项期间费用预算。

编制该预算时，既可以按照贡献式损益确定程序编制利润表，也可以按照传统式损益确定程序编制利润表。不同形式的利润表提供的信息不同，满足分析的目的也不同，前者能够提供变动成本、固定成本、贡献边际的信息，可以满足加强内部管理，落实责任评价与考核的需要；后者则可以提供销售毛利、期间成本等信息，满足对外报告的信息需求。如果只按照贡献式损益确定程序编制利润表，为了揭示完全成本法下的利润总额信息，应借助于两法利润差额的简算公式将其调整为完全成本法下的利润信息。

【例6－18】假定南通公司适用的所得税率为25%，单位变动生产成本各年保持不变。为了简化，不反映分季利润总额，只反映年度利润总额。

要求：分别变动成本法和完全成本法编制该公司2010年度的利润表。

分析：依据所给资料并结合销售预算、产品成本预算、流转税预算、销售费用预算、管理费用预算、财务费用预算相关数据编制的分别变动成本法和完全成本法下的利润表如表6－19和表6－20所示。

表6－19　　2010年预计利润表（变动成本法）　　单位：元

项目	金额	数据来源
销售收入	558 000	①表6－2
变动销售成本	305 526	②表6－11
营业税金及附加	7 165	③表6－8
营业贡献边际	245 309	④＝①－②－③
变动非生产成本	11 780	⑤表6－13、表6－14、表6－18
贡献边际	233 529	⑥＝④－⑤
固定成本		
固定性制造费用	38 800	⑦表6－10
固定销售费用	28 600	⑧表6－13
固定管理费用	10 500	⑨表6－14
固定财务费用	13 616	⑩表6－18
小计	91 516	⑪＝⑦＋⑧＋⑨＋⑩
利润总额	142 013	⑫＝⑥－⑪

表6－20　　2010年预计利润表（完全成本法）　　单位：元

项目	金额	数据来源
销售收入	558 000	①表6－2
销售成本		
期初存货成本	5 000	②表6－11
本期生产成本	344 326	③表6－11

续表

项目	金额	数据来源
期末存货成本	6 643	④表 6－11
小计	342 683	⑤＝②＋③－④
营业税金及附加	7 165	⑥表 6－8
销售毛利	208 152	⑦＝①－⑤－⑥
管理费用	10 500	⑧表 6－14
销售费用	40 380	⑨表 6－13
财务费用	13 616	⑩表 6－18
利润总额	143 656	⑪＝⑦－⑧－⑨－⑩
所得税（25%）	35 914	⑫＝⑪×25%
净利润	107 742	⑬＝⑪－⑫

（2）预计利润分配表的编制。预计利润分配表是指预算期间内以预计利润为基础编制的反映企业净利润分配的一种财务预算。该预算建立在传统式损益确定程序的基础上，必须严格按照会计准则的相关规定进行利润分配。

【例 6－19】假定南通公司年初的未分配利润为 27 799 元，按照 10% 的比例提取法定盈余公积金，按照 5% 的比例提取任意盈余公积金，股利支付率为 25%。

要求：编制该公司 2010 年度的预计利润分配表。

分析：依据所给资料并结合预计利润表编制的预计利润分配表如表 6－21 所示。

表 6－21　　2010 年预计利润分配表　　单位：元

项目	金额	数据来源
年初未分配利润	27 799	①已知条件
净利润	107 742	②表 6－20
提取法定盈余公积	10 774	③＝②×10%
提取任意盈余公积	5 387	④＝②×5%
可供投资者分配的利润	119 380	⑤＝①＋②－③－④
分配股利（25%）	29 845	⑥＝⑤×25%
年末未分配利润	89 535	⑦＝⑤－⑥

4. 预计资产负债表的编制

预计资产负债表是指预算期间内以相关业务预算和预计利润分配表为基础编制的反映企业财务状况的一种财务预算。编制该预算应在已知上年资产负债表相关数据的基础上，考虑相关业务预算和预计利润分配表，按照会计制度规定的内容编制。

【例6－20】假定南通公司按平价发行股票和债券。2009年资产负债表中的相关数据如表6－22中的年初数。

要求：编制该公司2010年度的预计资产负债表。

分析：依据所给资料并结合销售现金收入预算、直接材料采购现金支出预算、直接人工预算、制造费用预算、期末存货预算、管理费用预算、生产线投资预算、现金净额预算、现金筹集与运用预算和预计利润分配表的相关数据编制的预计资产负债表如表6－22所示。

表6－22　　2010年预计资产负债表　　单位：元

资　产	年初数	年末数	数据来源
流动资产			
货币资金	6 500	6 512	表6－17
应收账款	45 000	63 180	表6－3
存货	12 640	20 143	表6－12
流动资产合计	64 140	89 835	
非流动资产			
固定资产			
固定资产原值	160 000	328 000	160 000＋168 000（表6－15）
减：累计折旧	10 000	27 000	10 000＋17 000（表6－10）
固定资产净值	150 000	301 000	
无形资产及其他非流动资产	1 900	1 000	1 900－900（表6－14）
非流动资产合计	151 900	302 000	
资产合计	216 040	391 835	
负债及所有者权益			
流动负债			
短期借款	0	11 000	0＋11 000（表6－17）
未交所得税	0	－4 086	0＋35 914（表6－20）－40 000（表6－16）

续表

资　产	年初数	年末数	数据来源
应付账款	9 400	20 539	表6－7
应付股利	0	19 845	0＋29 845（表6－21）－10 000（表6－16）
应付福利费	0	0	0＋15 674（表6－9）－15 674（表6－16）
流动负债合计	9 400	47 298	
非流动负债			
长期借款	66 000	66 000	本期增加0
应付公司债	0	30 000	表6－15
非流动负债合计	66 000	96 000	
负债合计	75 400	143 298	
所有者权益			
股本	100 000	130 000	100 000＋30 000（表6－15）
资本公积	8 000	8 000	假定本期增加0
盈余公积	4 841	21 002	4 841＋1 0774（表6－21）＋5 387（表6－21）
未分配利润	27 799	89 535	表6－21
所有者权益合计	140 640	248 537	
负债及所有者权益合计	216 040	391 835	

6.3.4 资本预算与筹资预算的编制

根据2002年财政部颁布的《关于企业实行财务预算管理的指导意见》相关规定，要求企业编制资本预算和筹资预算。

1. 资本预算的编制

资本预算即投资预算，该预算围绕着企业的投资活动进行。

（1）资本预算的内容。资本预算具体内容包括固定资产投资预算、权益性资本投资预算和债券投资预算。

固定资产投资预算，也就是西方所称的专门决策预算，它是企业在预算期内因构建、改建、扩建、更新固定资产而编制的资本投资预算，其中包括处置固定资产所引起的现金流入，但不包括国家基本建设投资以及国家财政生产性拨款。如果某企业获得国家基本建设投资以及财政生产性拨款，应单独编制预算。固定资产投资预算是依据投资预测数据编制的，是固定资产投资决策结果的定量反映。

权益性资本投资预算是企业在预算期内因获得其他企业单位的股权及收益分配权而进行的投资预算，其中包括转让权益性资本投资或者收取被投资单位分配的利润所引起的现金流入。该预算依据权益性资本投资计划编制，是企业并购以及权益结构调整决策结果的定量反映。

债券投资预算是企业在预算期内因购买国债、企业债券、金融债券等而编制的预算，其中包括转让债券收回本息所引起的现金流入。该预算主要依据对市场行情以及现金流量的预测编制。

(2) 资本预算的编制。固定资产投资、权益性资本投资和债券投资通常具有不同的目的，它们分属于三类不同的投资活动，每类活动又由各项具体活动构成，各项活动发生前都会制定相应的预算。在这种情况下，编制资本预算时，首先应将各类别的具体项目内容进行汇总，编制固定资产投资预算、权益性资本投资预算和债券投资预算，然后再将三类预算内容汇总即可。

从编制顺序来看，资本预算需要在现金预算编制后编制，因为资本预算涉及有价证券投资内容，只有编制了现金预算，有价证券的投资数额才能确定。

【例 6－21】假定南通公司 2010 年内，没有股权投资。

要求：编制该公司 2010 年度的资本预算。

分析：依据所给资料结合专门决策预算和现金预算的相关数据编制的资本预算如表6－23所示。

表 6－23 2010 年资本预算 单位：元

项目 \ 季度	1	2	3	4	2010 年
固定资产投资	61 000	25 000	39 000	43 000	168 000
权益性资本投资	0	0	0	0	0
债券投资（有价证券）	0	0	0	0	0
合　　计	61 000	25 000	39 000	43 000	168 000

2. 筹资预算的编制

筹资预算是指与筹资活动相关的预算。该预算反映借款的状况，预算编制时，需要考虑现金预算和专门决策预算的相关数据，并结合《关于企业实行财务预算管理的指导意见》中的有关规定，列示短期借款、长期借款和发行债券的数额，同时反映这些债务的还本付息额，另外还需要列示股票的发行费用，但不反映股票的发行额、配股额和增发额。从编制顺序来看，只有在现金预算编制后才能编制。

【例 6－22】假定南通公司股票的发行费用为 0。

要求：编制该公司 2010 年度的筹资预算。

分析：依据所给资料并结合生产线投资预算和现金预算的相关数据编制的筹资预算如表 6－24 所示。

表 6－24　　2010 年筹资预算　　单位：元

项目＼季度	1	2	3	4	2010 年	数据来源
借款						
短期借款	70 000	0	0	0	70 000	①表 6－17
发行短期筹资券	0	0	22 000	0	22 000	②表 6－17
长期借款	0	0	0	0	0	③表 6－17
发行债券	0	0	0	30 000	30 000	④表 6－15
借款合计	70 000	0	22 000	30 000	122 000	⑤＝①～④合计
借款的偿还						
归还短期借款	17 500	17 500	17 500	17 500	70 000	⑥表 6－17
归还短期融资券	0	0	0	11 000	11 000	⑦表 6－17
借款偿还合计	17 500	17 500	17 500	28 500	81 000	⑧＝⑥＋⑦
利息与股票发行费						
短期借款及融资券利息	1 750	1 313	1 535	1 098	5 696	⑨表 6－17
长期借款利息	1 980	1 980	1 980	1 980	7 920	⑩表 6－17
发行债券利息	0	0	0	0	0	⑪表 6－17
股票发行费用	0	0	0	0	0	⑫已知条件
合　　计	3 730	3 293	3 515	3 078	13 616	⑬＝⑨～⑫合计

知识链接

作业基础预算

作业基础预算（activity-based budget，ABB），是以作业成本计算为基础的一种新型预算管理方法。此方法由 Coopers 等提出，根据“作业消耗资源，产品消耗作业”的原理，该预算首先预测产出量，再预测产出消耗的作业量，最后预测作业消耗的资源量，一般预算编制步骤：（1）预测产品或劳务（即成本标的）在下一经营期间的需求量；（2）确定作业消耗比率；(3) 用作业消耗比率乘以产品或劳务的预测需求量，预测下一期间的作业量；(4) 确定资源消耗比率；(5) 用资源消耗比率乘以步骤3中预测出来的作业需求量，预测下一期间满足作业消耗需求的资源量。该步骤要求资源达到经营平衡，即资源的需求量必须与目前资源供应量一致；(6) 用资源供应量乘以资源的预计单价，预测资源需求成本；(7) 分配资源成本额到预测产品或劳务上。将步骤5中达到经营平衡时的资源供应总成本分配到作业和成本标的上，计算相关的财务指标（如利润等），并与组织确定的财务目标进行比较，要求二者一致，即达到财务平衡。

6.4 全面预算的编制方法

6.4.1 全面预算编制的传统方法

全面预算编制的传统方法是伴随着全面预算的诞生而最早出现的预算编制方法，包括固定预算方法、增量预算方法和定期预算方法，简称为固定预算、增量预算和定期预算。这些方法虽然自身存在一些弊端，但至今仍然沿用，被一些企业所采用。

1. 固定预算

固定预算也称为静态预算，是指编制预算时，以某一固定业务量水平为基础而形成的一种预算编制方法。例如，全面预算是以全年事先预计的销售量6 200件，据此推算的生产量6 220件为基础编制的，采用的编制方法就是固定预算编制方法。

固定预算的特点是，不论未来预算期内实际业务量水平是否发生波动，都只按事先预计的某一个固定的业务量水平为基础进行编制。其优点：可操作性强，一定程度上可以起到控制的作用。其显著缺点：当实际业务量与预算业务量存在较大差异时，有关预算指标的实际数与预算数之间就会因业务量基础不同而失去可比性，此法不利于正确地进行分析、评价与考核。例如，假定南通公司2010年执行预算的实际结果是生产6 400件，发生的甲材料的直接材料成本是105 600元，此时产生差异12 300元（105 600 - 93 300），出现超支差。如果拟追究责任，将全部的责任归咎于生产领用部门是不合理的，因为超支差异中，既含有产量因素的作用，也含有材料消耗因素的作用，如果将由于生产量上升而导致的材料成本超支差归咎于生产消耗部门显然是不合理的。这就是固定预算的致命弱点。

固定预算一般只适用于业务量水平较为稳定的企业或非营利组织编制预算时采用。

2. 增量预算

增量预算是指编制成本费用预算时，以基期水平为基础，结合预算期业务量以及相关因素未来的变动情况而形成的一种预算编制方法。这种方法有利于预算的执行者，实务中常常采用。

增量预算存在的理论依据是，原有的管理和业务活动是企业生产经营所必需的，因此保留原有的各项管理和业务活动，与之相应发生的原有各项成本费用的支出就具有了一定的合理性，可以保留。在这种观点指导下，该预算的特点是，以基期实际发生的成本费用项目和水平为基础，结合预算期间的因素变动，对基期值进行增减调整并确定预算水平。其优点是，直接保留过去成本费用项目，编制相对简单，所耗时间较短。其显著的缺点：一是可能使不必要的开支合理化。由于这种预算编制方法，常常不加分析地接受原有的各成本费用项目，可能使原来不合理的费用开支继续存在下去，使不必要的开支合理化，进而导致预算出现浪费。二是可能人为忽视必要的支出。由于这种预算编制方法，只考虑已存在的费用项目，出于本位考虑，预算的编制者常常会人为对那些有利于企业长期发展确实需要开支的费用项目却不予考虑，一定程度上会对企业产生不利影响，制约企业的发展。三是可能主观臆断预算的结果。由于这种预算编制方法，是在上期成本费用项目和水平值的基础上的增减变动，预算的编制者常常不进行科学地分析，主观臆断，平均削减各项预算或对其只增不减，从而造成预算结果的相对宽松。

增量预算仅仅适用于成本费用预算的编制，无论是企业还是事业单位都可以采用此法编制。

3. 定期预算

定期预算是指编制预算时，以不变的会计期间（如日历年度）作为预算编制期的一种预算编制方法。由于预算的编制与责任考核直接挂钩，因此这种方法在实务中常常采用。

定期预算的特点是，预算的编制期与会计期间吻合，预算期内预算数据保持不变。其优点是，便于预算的考核与评价。其显著的缺点：一是预算缺乏灵活性。由于定期预算期间内数据固定不变，即使预算执行过程中所规划的各种生产经营活动在预算期内发生重大变化时，也不调整预算，因此预算缺乏灵活性。二是预算缺乏连续不断性。由于受预算期间的限制，致使经营管理者的决策视野仅局限于本期规划的经营活动，努力完成本期预算。当预算超额完成时，就会出现松一口气的思想和行为，相对工作松懈，不顾下期，不能像预算初期那样连续不断地工作，由此形成预算的人为中断。三是可能使预算考核流于形式。定期预算是在上年的最后一个季度编制的，由于未来因素具有不确定性，对于预算期间的后期生产经营活动很难作出准确的预计，编制预算时只能对预算后期进行笼统地估算，因此后期预算数据的可靠性可能较差，进而会导致整个预算的可靠性差，这样容易使预算考核流于形式。四是可能会制约企业的发展。由于定期预算不能随情况的变化而及时调整，当预算执行过程中存在有利的发展机会时，由于预算与考核直接挂钩，如果预算一成不变而接受发展机会，预算的执行者处于利益考核就会阻碍，进而会影响企业的发展。

定期预算的适用性较强，企事业单位均可以采用。

6.4.2 全面预算编制的修正方法

全面预算编制的修正方法是针对上述传统预算编制方法的弊端而出现的，包括弹性预算方法、零基预算方法和滚动预算方法，简称为弹性预算、零基预算和滚动预算。这些方法较之传统预算方法具有显著的优势，因此实务中常常与传统方法结合应用。

1. 弹性预算

弹性预算也称为变动预算或滑动预算，是指编制预算时，以预计一定可能范围内的各种业务量水平为基础而形成的一种预算编制方法。这里的业务量既可以是生产量或销售量，也可以是直接人工工时或机器工时等。

（1）弹性预算的特点及优点。弹性预算是为了克服固定预算的缺陷而出现的一种预算编制方法。其特点是，编制预算时，考虑预算期间可能出现的各种业务量水平，并以此为基础编制预算。由于业务量具有伸缩特性，从而导致预算也具有伸缩特性，弹性预算由此被命名。该预算的优点：一是适应性强。弹性预算按照多种业务量水平编制预算，能够反映不同业务量下的各种预算，一定范围内的业务量都可以找到相同的控制依据和评价标准，具有较强的适用性。二是可比性强。弹性预算建立在成本性态分析的基础上，反映了不同业务量与成本之间的关系，所建立的预算具有可比性，通过实际与预算的比较，可以进行业绩评价与考核。

（2）弹性预算的适用范围。弹性预算由于以未来可预见的一系列业务量水平为基点编制，业务量的变动会影响到成本、费用、利润等各个方面，因此，弹性预算从理论上讲适用于编制全面预算中所有与业务量有关的各种预算。但从实用的角度看，主要用于编制弹性成本与费用预算和弹性利润预算。

（3）弹性预算的编制程序。编制弹性预算一般可以分为以下四个步骤。

步骤一，选择业务量的计量单位。虽然编制弹性预算所依据的业务量计量形式可以多种多样，如生产量、直接人工工时等，但具体编制时，不同的部门采取的计量形式可能不同，应该选择一个最能代表本部门生产经营活动水平的业务量形式，如手工操作为主的车间，应该选择人工工时；机械化程度较高的生产部门应该选择机器工时；制造单一产品或零部件的部门，可以选择生产量；制造多产品的部门，可以选择机器小时或人工小时；修理部门可以选择直接修理工时等。

步骤二，选择业务量的变动范围。虽然业务量本身具有弹性，但其变动不是无限的，因为实务中的生产能力具有制约性。业务量的变动范围即业务量的变动区间，其选择应根据企业的具体情况而定。一般来说，可定在正常生产能力的70% ~120%，或以历史上最高业务量或最低业务量为其上下限。

步骤三，编制弹性成本与费用预算。这里的成本指的是生产成本，费用指的是制造费用、销售费用和管理费用等。生产成本预算分成本项目列示，而费用预算区分固定和变动各项列示。

步骤四，编制弹性利润预算。依据本量利分析原理，可以在业务预算和现金预算的基础上编制弹性利润预算。

（4）弹性成本预算的编制。弹性成本预算常常在标准成本制度下采用。在标准成本制度下，编制预算时，直接材料、直接人工、变动性制造费用、固定性制造费用需要区分数量和价格两因素列示，编制预算时的业务量可以按照固定预算的思路以预计固定的某一业务量水平编制，当预算执行后进行业绩评价时，实际业务量与预计业务量常常不相等，会出现差异，在这种情况下，为了落实责任，需要按照实际业务量调整生产成本各项，由此形成弹性预算。

【例6－23】沿用南通公司产品成本预算资料。如果2010年年末A产品的实际生产量是6 250件。

要求：编制弹性生产成本预算。

分析：依据所给资料并结合A产品的产品成本预算中的相关数据编制的弹性生产成本预算如表6－25所示。

表6－25　　**2010年弹性生产成本预算**　　单位：元

成本项目	预算（产量6 220件）				弹性预算（产量6 250件）	
	单位消耗 ①	单位成本 ②	消耗总量 ③=①×6 220	总成本 ④	消耗总量 ⑤=①×6 250	总成本 ⑥
直接材料（千克）	—	21	—	130 620	—	131 250
甲材料	3	15	18 660	93 300	18 750	93 750
乙材料	2	6	12 440	37 320	12 500	37 500
直接人工（小时）	4	22.52	24 880	140 074	25 000	140 750
变动性费用（小时）	4	5.6	24 880	34 832	25 000	35 000
固定性制造费用（小时）	4	6.24	24 880	38 800	25 000	39 000
合计	—	55.36		344 326	—	346 000

假定该公司2010年度实际发生的甲材料消耗量是18 800千克，此时依据弹性预算计算的消耗量差异为超支差50千克（18 800 - 18 750），该值具有可比性，可以以此追究生产部门的责任，而按固定预算计算的超支差140元，则不具有可比性，不能以此追究生产部门的责任。

从弹性生产成本预算的编制时间来看，弹性生产成本预算只有在预算实际执行后才能编制，没有实际执行的结果，该预算就不能编制。

（5）弹性费用预算的编制。编制弹性费用预算有两种方法：一种是公式法；另一种是总额法。

公式法是以成本性态分析模型中的a和b为基础编制的一种弹性费用预算。这种方法首先对费用进行成本性态分析，将所有的费用区分为变动和固定两部分，然后选择业务量的变动区间，在此基础上按照成本性态进行汇总即可。弹性费用预算的编制格式如表6 - 26所示。

【例6 - 24】假定南通公司正常直接人工工时为24 880小时，直接人工工时的变动范围在17 416 ~ 29 856小时。

要求：采用公式法编制该公司的弹性销售费用预算。

分析：依据所给资料，结合南通公司销售费用预算中的相关数据，据此编制的弹性销售费用预算如表6 - 26所示。

表6 - 26 **弹性销售费用预算** 单位：元

直接人工工时变动范围：17 416 ~ 29 856小时		
项目	单位变动成本	固定成本
销售佣金	0.9	
销售运杂费	0.8	2 000
管理人员工资		4 000
广告费		15 000
保险费		5 000
其他	0.2	2 600
合计	1.9	28 600

利用表6 - 26中的各费用项目成本性态分析模型（如销售佣金：$y = 2\ 000 + 0.8x$）和销售费用的成本性态分析总模型 $y = 28\ 600 + 1.2x$，不仅可以计算出直接人工工时在17 416 ~ 29 856小时范围内的任一业务量基础下的任一费用项目的预算水

平，也可以计算出该业务量基础下的销售费用预算总额。该方法的优点：能够直接反映每一费用项目的成本性态，编制预算的工作量相对较小。但其不足在于，不能直接查出特定业务量下的成本预算总额。

总额法是以成本性态分析为基础编制的反映各项费用总额的一种弹性费用预算。编制该预算的方法与公式法基本相同，唯一不同的是，需要计算出业务量变动区间内特定业务量下的各项费用的总额以及费用的总体水平。

【例6－25】假定南通公司编制销售费用时的直接人工工时区间设定为70%～120%，间距定为10%。

要求：采用总额法编制该公司的弹性销售费用预算。

分析：依据所给资料并结合南通公司销售费用预算中的相关数据，据此编制的弹性销售费用预算如表6－27所示。

表6－27　　弹性销售费用预算　　单位：元

直接人工工时	17 416	19 904	22 392	24 880	27 368	29 856
生产能力利用率（%）	70	80	90	100	110	120
变动成本总额	8 246	9 424	10 602	11 780	12 958	14 136
销售佣金	3 906	4 464	4 464	5 580	6 138	6 696
销售运杂费	3 472	3 968	3 968	4 960	5 456	5 952
其他	868	992	992	1 240	1 364	1 488
固定成本总额	28 600	28 600	28 600	28 600	28 600	28 600
销售运杂费	2 000	2 000	2 000	2 000	2 000	2 000
管理人员工资	4 000	4 000	4 000	4 000	4 000	4 000
广告费	15 000	15 000	15 000	15 000	15 000	15 000
保险费	5 000	5 000	5 000	5 000	5 000	5 000
其他	2 600	2 600	2 600	2 600	2 600	2 600
合　　计	36 846	38 024	39 202	40 380	41 558	42 736

总额法在一定程度上弥补了公式法的不足，但公式法的优点也不复存在。因此在实际工作中，可以将公式法与列表法结合起来应用。另外对未来的预测，由于影响因素的不确定性作用，业务量的变动区间是企业结合实际确定的极有可能出现的变动范围，在其范围内，固定成本和单位变动成本也可能会变化，在这种情况下，应依据变动后的值确定预算水平。

（6）弹性利润预算的编制。编制弹性利润预算既可以分产品列示，也可以按总额反映，前者称为品种法，后者称为总额法。另外编制弹性利润预算既可以以完全成本法为基础编制，也可以以变动成本法为基础编制。

品种法是依据单一产品贡献式损益确定程序或传统式损益确定程序，分每一种产品编制产品获利水平的一种弹性利润预算。该预算建立在弹性成本预算的基础上，预算编制时，采用的预算公式：利润 = 销售收入 - 变动成本 - 固定成本，或利润 = 销售收入 - 销售成本 - 非生产成本，首先需要确定所选业务量变动区间内的特定业务量下的每一种产品的单价、单位变动成本和固定成本，在此基础上依据预算公式计算利润。这种方法适用于采用分算法处理固定成本或固定成本可以按照事先确定的某一固定比例分配给各产品的企业采用。

【例 6 - 26】假定南通公司生产多种产品，固定成本可以采用一定的标准进行分配。该公司生产的 A 产品售价是 90 元，单位变动成本为 50 元，固定成本为 91 516 元，正常销售量为 6 220 件。如果销售量的变动范围在 70% ~120%，间隔为 10%，当销售量达到 7 464 件时，固定成本将上升到 94 000 元。

要求：采用品种法编制该公司的弹性利润预算。

分析：依据所给资料编制的弹性利润预算如表 6 - 28 所示。

表 6 - 28　　A 产品弹性利润预算　　单位：元

销售量（件）	4 354	4 976	5 598	6 220	6 842	7 464
单价	90	90	90	90	90	90
单位变动成本	50	50	50	50	50	50
销售收入	391 860	447 840	503 820	559 800	615 780	671 760
减：变动成本	217 700	248 800	279 900	311 000	342 100	373 200
贡献边际	174 160	199 040	223 920	248 800	273 680	298 560
减：固定成本	91 516	91 516	91 516	91 516	91 516	94 000
税前利润	82 644	107 524	132 404	157 284	182 164	204 560

总额法是依据多产品贡献式损益确定程序或传统式损益确定程序编制企业总体获利水平的一种弹性利润预算。编制该预算时，采用的预算公式：利润 = 销售收入 - 销售收入 × 加权平均变动成本率 - 固定成本，或利润 = 销售收入 - 销售收入 × 加权平均销售成本率 - 非生产成本，首先确定业务量变动区间内的特定业务量下的销售收入总额、变动成本总额和固定成本总额，或是销售成本总额和非生产成本总额，然后依据

相关预算公式计算利润总额。

【例6－27】假定南通公司共生产A、B、C三种产品，三种产品的正常销售收入总额为1000万元，加权平均变动成本率为60%，固定成本总额为200万元。如果产品销售收入达到1200万元，其加权平均变动成本率将降低到55%，固定成本将增长到220万元，另外销售收入的变动范围在70%～120%，间隔为10%。

要求：采用总额法编制该公司的弹性利润预算。

分析：依据所给资料编制的弹性利润预算如表6－29所示。

表6－29　　A、B、C三种产品弹性利润预算　　单位：元,%

销售收入率	70	80	90	100	110	120
销售收入	700	800	900	1000	1100	1200
加权平均变动成本率	60	60	60	60	60	55
减：变动成本	420	480	540	600	660	660
贡献边际	280	320	360	400	440	540
减：固定成本	200	200	200	200	200	220
税前利润	80	120	160	200	240	320

2. 零基预算

零基预算也称为零底预算，是指编制成本费用预算时，以零为出发点，逐项确定所需的成本费用项目及其水平的一种预算编制方法。该预算最初由美国德州仪器公司彼得·派尔（P. A. Phyrr）在20世纪70年代提出，现已被西方国家广泛采用。

（1）零基预算的特点及优点。零基预算是为了克服增量预算的缺陷而出现的一种预算编制方法。其特点是，编制预算时，不考虑以往会计期间所发生的成本费用项目以及相应的数额，一切从实际需要与可能出发，逐项提出所需的成本费用项目，并根据投资效益分析，分轻重缓急确定所需的资金数额。其优点：一是能够促使资金合理有效地利用。由于零基预算不受现有成本费用项目的限制，并按轻重缓急分配资金，从而可以使企业能够将有限的资金用在刀刃上，促使资金合理流动。二是能够促使各部门节约费用。零基预算不考虑过去的成本费用水平，要求各部门提出预算期间所需的各项费用，并说明其用途，由此可以避免一些不必要的费用发生，并能够促使各部门精打细算，量力而行。

（2）零基预算的编制程序。编制零基预算一般可以分为以下四个步骤。

步骤一，提出费用项目。根据企业预算年度的目标规划及任务状况，不以上年费用项目为参照，在充分讨论的基础上，提出本部门在预算期内可能发生的所有费用项目，并说明费用的用途。

步骤二，分析费用的性质。根据预算期间企业的实际情况，可以将提出的各项费用划分为必要性费用、酌量性费用和可避免性费用三类。必要性费用是指预算期间必须支付的费用；酌量性费用是指预算期间可以降低其数额的费用；可避免性费用是指预算期间可以免于支出的费用。通常预算中提出的各项费用都可以划分为上述三类。从表面上看，提出的各项费用都有一定的用途，但常常由于采用的措施或方法不同，费用的性质可能会发生变化，有些费用可以由酌量性转化为可避免性，另外有些费用完全可以延迟到下一个预算年度发生，此类费用也属于可避免费用。凡能确认为可避免的费用项目，应该将其剔除掉。

步骤三，排序费用项目。为了合理分配资金，对于保留下来的各费用项目，需要比较其所得与所费，并区分轻重缓急对其进行排序。

步骤四，分配资金并编制预算。根据费用的性质，对于不可避免必须发生的费用项目，应该优先保证，全额给予资金；对于可以增减变动的费用项目，在确保生产经营正常进行的前提下，应根据成本效益分析结果给予其一定比例的资金。据此可以编制相关的费用预算。

【例6－28】假定某公司拟采用零基预算方式编制管理费用预算，所属的某部门根据预算年度公司的经营目标和管理任务，在认真讨论的基础上，提出预算期内将要发生的费用项目及预计支出的数额：内部员工以及外聘宣传人员培训费 20 000 元，律师及经济专家顾问费 40 000 元，日常办公费 18 000 元，办公房屋装修费 7 000 元，差旅费 5 000 元。根据行业经验和历史资料显示，内部员工及外聘宣传人员培训费的成本和收益为 1:5，律师及经济专家顾问费的成本和收益比为 1:25。办公房屋进行的是内部装修。如果该公司可以用于该部门的资金是 65 000 元。

要求：编制该部门的管理费用预算。

分析：依据所给资料，首先分析每一项费用的性质：日常办公费和差旅费应该是必不可少的开支，属于必要性费用；内部员工及外聘宣传人员培训费、律师及经济专家顾问费属于酌量性费用；办公房屋装修费应该是可有可无，属于可避免性费用。

通过分析，将办公房屋装修费剔除掉，然后将剩余的费用项目进行排序。由于律师及经济专家顾问费的成本和收益比高于内部员工以及外聘宣传人员培训费的成本和收益比，因此费用的具体顺序如下：（1）日常办公费与差旅费；（2）律师及经济专家顾问费；（3）内部员工以及外聘宣传人员培训费。

根据所给资金额度，可以将资金分配给各项费用并编制该部门的管理费用预算，如表 6－30 所示。

表 6－30　　部门管理费用预算　　单位：元

项　目	金　额
办公费	18 000
差旅费	5 000
律师及经济专家顾问费	35 000［（65 000－18 000－5 000）×25/30］
内部员工及外聘宣传人员培训费	7 000［（65 000－18 000－5 000）×5/30］
合计	65 000

（3）零基预算的实务应用及适用范围。零基预算虽然较增量预算更有利于成本费用的降低，但自身仍然存在不足。由于所有费用项目一切从零出发预测，对于酌量性费用还需要进行投入与产出关系的效益分析，这必将耗费大量的人力、物力和财力，从而加大预算的工作量，延长预算的时间。为避免该缺陷，实务中可以将其与增量预算结合应用，一般可以间隔 3 年或 5 年按零基预算编制费用预算，在此期间内的各年度预算，可以按照增量预算编制，这样既可以减少不必要的费用开支，也可以降低零基预算本身的不经济性。

零基预算仅适用于成本费用预算的编制，无论是企业还是事业单位都可以采用此法编制。

3. 滚动预算

滚动预算也称为连续预算或永续预算，是指编制预算时，随着预算的执行不断延伸并补充预算，预算的编制期一直保持 12 个月的一种预算编制方法。其形成的理论依据是，由于企业的生产经营活动是连续不断的，因此编制的预算也应该是连续不断的。

（1）滚动预算的特点及编制。滚动预算是为了克服定期预算的缺陷而出现的一种预算编制方法。其特点是将预算期与会计年度脱离，使预算期始终保持 12 个月。编制滚动预算时，一般以月份或季度为预算的编制和滚动单位，每过 1 个月或 1 个季度，就需要对以后各期预算进行调整和修订，并增加下 1 个月或季度的预算，这样逐期向后滚动，使预算期始终保持 12 个月，由此形成连续不断地预算。假定某公司从 2010 年起按月份编制滚动预算，滚动预算的编制形式如图 6－3 所示。

如果按照逐月滚动方式编制预算，预算的精确度较高，但编制的工作量太大，因此为了简化预算编制工作，也可以采用按季度滚动的方式编制预算，但其精确度较前者差。

为了提高预算的精确度并简化预算的编制工作量，实务中，可以将逐月滚动预算与逐季滚动预算结合应用，即同时使用月份和季度作为预算编制和滚动的单位，对近期的预算按月反映，对远期的预算按季反映，由此形成混合滚动预算，如图 6－4 所示。

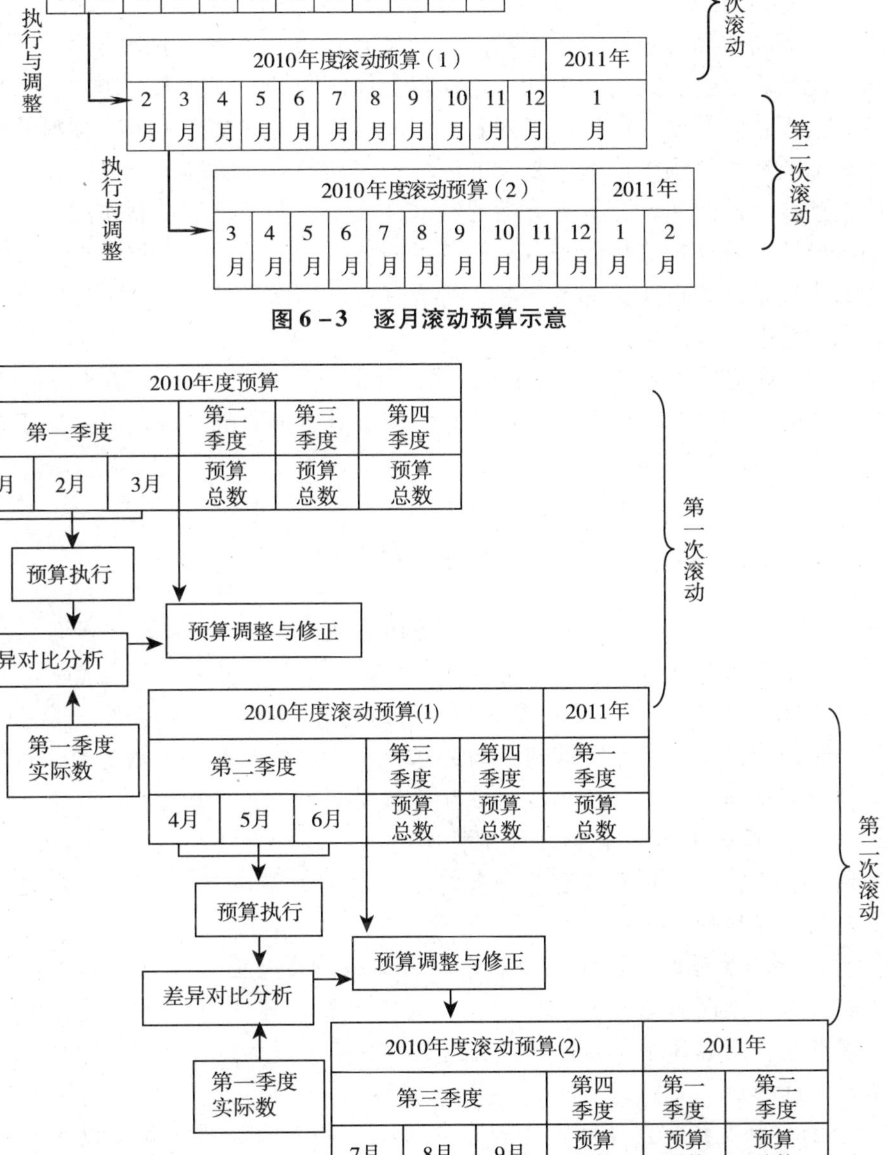

图6-3　逐月滚动预算示意

图6-4　混合滚动预算示意

混合滚动预算符合人们对未来认知规律的了解，能够做到长计划短安排，远略近详，因此这种预算形式较单纯月度或季度的滚动预算更具有科学性。

（2）滚动预算的优点及适用范围。滚动预算较之定期预算的优点：一是预算具有连续性。滚动预算与企业连续不断的生产经营特点相联系，预算期始终保持 12 个月，从而使预算不会造成人为中断，这样就会促使职工一直努力工作。二是预算具有灵活性。由于企业所处的市场环境随着时间的推移，可能会产生难以预料的变化，因此就需要不断地调整预算以适应复杂的环境。滚动预算能够满足环境变化的需要，不断地修正预算，从而使预算具有灵活性，这样便于发挥预算的控制作用。三是预算具有长期指导性。滚动预算将管理者和职工的眼光一直固定在 12 个月的预算中，使其一直能够明确未来的奋斗目标及任务，行为具有全局性和长远性，工作中不盲目，可以从动态中把握企业的生产经营。

由于滚动预算需要逐期滚动调整预算，因此其不足在于，预算的编制工作量较大。当企业的生产经营受外部环境影响大，因素具有显著的不确定时，适于采用滚动预算编制方法。

本章小结

1. 全面预算管理产生于 19 世纪末的美国企业，20 世纪 80 年代后与信息技术相结合。中国全面预算管理的普及得益于政府的推动。

2. 预算与计划是两个既有联系也有区别的概念。全面预算管理是指一定期间企业围绕着预算而开展的一系列管理活动的总称。站在企业整体的角度看，预算管理等同于全面预算管理，财政部所称的财务预算管理就是全面预算管理。

3. 全面预算管理环节即全面预算管理的内容，包括战略规划、预测经济指标、预算编制、预算控制、预算调整、预算考核等。它主要具有全员性、定量性、综合性、机制性、战略性五个特征。

4. 全面预算管理的实施体系由若干个子体系构成，主要包括预算管理的组织体系、内容体系、制度体系、基础体系等。其中预算管理的组织体系是预算管理的主体，预算管理的内容体系是预算管理的对象，预算管理的制度体系和基础体系是预算管理成功的保障。

5. 全面预算是指一定期间内企业以货币或实物量为计量单位，以一系列表格形式规划企业未来的销售、生产、成本等日常业务活动，并对其汇总，反映预计的现金流量和财务报表的定量说明。全面预算仅仅是全面预算管理环节中的一个子环节。

6. 按照西方的观点，全面预算包括业务预算、专门决策预算和财务预算三方面内容，按照财政部的规定，全面预算包括财务预算、业务预算、资本预算和筹资预算四方面内容。其中前两项与西方的预算内容相同，但资本预算和筹资预算与西方的专门决策预算内容不完全对等，专门决策预算中的筹资和投资都是围绕着相同的对象进行的，而中国资本预算和筹资预算是从两类不同活动的角度编制的。

7. 全面预算具有以下作用：明确工作的努力方向；协调各部门的工作；控制日常经营活动；定期进行业绩考核。

8. 全面预算的编制模式有三种：集权式预算编制模式、适度分权式预算编制模式、分权式预算编制模式。中国的预算期间与会计年度保持一致，一般要在下一个年度到来之前的3个月甚至更长时间就着手编制预算。中国也有专门决策预算，它是在资本预算和筹资预算编制前就出现的预算。

9. 总体来看编制预算时，先编制业务预算和专门决策预算，将两类预算的结果汇总后编制财务预算、资本预算和筹资预算。由于财务预算能够以价值量形式总括反映业务预算和专门决策预算的内容，因此有总预算之称，实际上，它也是一种分预算。

10. 业务预算的编制顺序：销售收入预算→销售现金收入预算→生产预算→直接材料消耗预算→直接材料采购预算→直接材料采购现金支出预算→流转税费预算，同时可以编制直接人工预算→制造费用预算→产品成本预算→存货预算，管理费用和销售费用预算可以在确定销售预算后同时编制；专门决策预算需要对事先形成的固定资产投资项目预算结果进行汇总；财务预算建立在业务预算和专门决策预算编制的基础上，编制顺序：现金净额预算→现金筹集与运用预算→财务费用预算→预计利润表→预计利润分配表→预计资产负债表；在编制了现金预算之后，结合专门决策预算，可以编制资本预算和筹资预算。

11. 财务费用预算从性质上属于业务预算的范畴，从编制顺序上是在编制了现金预算后才能编制的预算，但不能将其划归财务预算范畴。

12. 传统预算编制方法是最早出现的预算编制方法，包括固定预算、增量预算和定期预算，这些预算具有显著的缺陷。

13. 全面预算编制的修正方法包括弹性预算、零基预算和滚动预算。其中弹性预算可以克服固定预算的弊端；零基预算可以克服增量预算的弊端；滚动预算可以克服定期预算的弊端。实务工作中，传统预算编制方法可以和修正预算编制方法结合应用。

思 考 题

1. 为什么说中国全面预算管理的普及得益于政府的推动？
2. 预算和计划是两个等同的概念吗？二者具有区别和联系吗？

3. 什么是全面预算管理？全面预算管理与预算管理、财务预算管理有区别吗？
4. 全面预算管理的环节有哪些？具有怎样的特征？
5. 全面预算管理的实施体系包括哪些内容？它们之间具有怎样的关系？
6. 为什么要成立预算管理委员会？其主要职责是什么？
7. 要保证全面预算管理成功实施，应做好哪些工作？
8. 什么是全面预算？全面预算与全面预算管理具有怎样的关系？
9. 全面预算包括哪些内容？现金预算属于哪类预算内容？
10. 全面预算具有怎样的作用？
11. 全面预算的编制模式有哪些？它们在编制程序上有何不同？
12. 资本预算、筹资预算与专门决策预算如何有机地结合？
13. 如何编制全面预算？
14. 现金预算包括哪些内容？编制现金预算时，依据的预算有哪些？
15. 中国是否不需要编制专门决策预算？
16. 传统预算编制方法有哪些？这些方法的显著缺陷是什么？
17. 弹性预算为什么可以克服固定预算的缺陷？
18. 编制预算的修正方法有哪些？这些预算方法的优点是什么？

第七章　成本控制

学习目标

1. 了解成本控制的概念、对象、种类、原则、程序和内容，掌握成本控制的特点及要求。

2. 掌握成本控制的方式，了解强调事前成本控制重要的原因。

3. 掌握战略成本控制、战略分析、战略决策的内容。

4. 了解战略成本动因分析的依据、影响以及与战术成本动因的关系，掌握结构性成本动因以及执行性成本动因的影响因素及其关系。

5. 了解设计阶段目标成本控制的实施步骤，掌握目标成本的确定方法及分解方法。

6. 了解设计成本不同计算方法的基本思想，以及价值工程分析在设计阶段的应用。

7. 了解标准成本控制的适用范围、实施步骤、作用以及标准成本的制定思路，掌握不同成本项目成本差异的计算方式。

8. 了解质量成本控制的内涵、产品质量的标准、6σ管理法的基本思想，掌握质量成本的构成及控制内容。

9. 了解传统质量成本观和现代质量成本观下最佳质量成本的确定方式，掌握日常质量成本控制的内容。

10. 了解存货成本控制定性方法和定量方法的种类，掌握适时制控制法的基本思想。

11. 掌握经济采购批量的基本模型和扩展模型，并做到灵活应用，了解定期采购的控制思想。

12. 了解作业成本控制的概念、适用范围、目的和目标，掌握作业成本控制与传统成本控制的区别。

13. 掌握作业成本控制的内容，了解每项内容的实施方式。

关键名词

成本控制　战略成本控制　价值链分析　企业内部价值链分析　企业外部价值链分析　SWOT 分析　战略成本动因　战术成本动因　结构性成本动因　执行性成本动因　低成本战略　设计阶段目标成本控制　标准成本　成本差异　例外　数量差异　价格差异　质量成本　最佳质量成本　存货成本控制　经济采购批量　作业成本控制　增值作业　非增值作业

7.1　成本控制概述

7.1.1　成本控制的概念及对象

成本控制是管理会计工作中不可忽视的一个重要环节。企业逐利的特性必然会使其将目光关注于成本控制，并将其放到日常管理工作的首要位置，旨在用尽可能少的劳动耗费，创造出更大的经济效益。

1. 成本控制的概念

成本控制有广义和狭义之分。狭义的成本控制是指对产品生产过程的成本控制。即运用一定的方法或采用一定的手段对产品生产过程中构成产品成本的一切耗费，进行科学严格的计算、限制和监督，将各项实际耗费限制在预先确定的预算或标准的范围内，并通过分析造成实际脱离预算或标准的原因，积极采取对策，以实现全面降低产品成本目标的相关会计管理活动或行为的总称。一直以来，传统成本控制将精力集中于生产过程，关注生产阶段的直接材料、直接人工以及制造费用的控制，这种控制理念根深蒂固，由此形成狭义的成本控制概念。

广义的成本控制是指对企业生产经营全过程的控制。即运用一切可能采用的方法或手段，对产品投产前、生产过程中以及生产结束后实施全面成本控制的相关管理活动或行为的总称。广义的成本控制概念是当今所推崇的成本控制概念，它强调拓展传统成本控制的观念、范围、方法及手段，对企业生产经营的各个方面、各个环节以及各个阶段实施全面成本控制，它要求企业不仅要控制产品生产阶段的成本，而且更要控制产品投产前的成本以及售后服务阶段的成本；不仅要进行成本差异分析，而且还要分析成本动因、质量成本等；不仅要控制成本发生的绝对额，而且还要从相对数额角度分析投入与产出的比率，主张较高支出下的高回报。显然，广义的成本控制在空间上渗透到了企业的方方面面，在时间上贯穿了企业生产经营的全过程，在人员上涉及企业的各类人员，它实际上是一个能够使企业不断持续降低成本的全面成本控制体系。

2. 成本控制的对象

总体来看，广义成本控制概念不是对狭义成本控制概念的否定，而是对其内含的延伸及拓展。强调广义的成本控制，更有助于企业关注成本控制的新理念和新方法，更有助于企业降低成本。本章正是基于此阐述的，由此提出成本控制的对象是企业价值链。

企业价值链既涉及企业的上游和下游，也涉及企业的内部，包括对供应商、客户、企业三者的控制，针对每一个空间范围都可以将事前成本控制、事中成本控制和事后成本控制的思想和方式有机结合，从而实施全方位的成本控制。

7.1.2 成本控制的特点及要求

成本控制主要具有全员性、全面性、连续性、系统性、灵活性五个特点，由此对成本控制提出了不同的要求。

1. 成本控制的全员性特点及要求

由于企业的成本费用涉及每一个部门、每一个人员，因此成本控制具有全员性。该特点要求企业进行成本控制时，不能仅局限于财务人员和生产工人，应该通过建立合理的激励机制，让全体员工献计献策，从而调动全体员工降低成本的积极性。

2. 成本控制的全面性特点及要求

成本控制的对象是成本费用，企业生产经营中的一切耗费最终都会体现在事后的成本费用总体水平中，而其发生会形成于生产经营的全过程，因此成本控制是对企业生产经营的整个过程、每个环节实施的控制。该特点要求企业进行成本控制时，必须贯穿全面成本控制观，不能将控制的重点只局限于生产过程。

3. 成本控制的连续性特点及要求

一个持续经营的企业，生产经营一直处于投入、收益、再投入、再收益的周而复始的循环中，其生产经营过程是连续不断的，从而导致成本控制具有了连续不断的特点。该特点要求企业要持续关注成本，不断寻找降低成本的空间及方式。

4. 成本控制的系统性特点及要求

一个企业是由若干部门构成的，如果将企业整体看成是一个大系统，则每一个部门都是具有一定责任、权力和利益的系统中的一个子系统，由此导致成本控制具有系统性之特点。该特点要求企业进行成本控制时，不能仅从各成本控制主体局部利益出发，应该通盘考虑，统筹兼顾，协调平衡。

5. 成本控制的灵活性特点及要求

由于企业的内部成本控制主体多元化，导致成本控制的手段具有灵活性之特征。该特点要求企业进行成本控制时，不能仅局限于绝对的成本节约，应该拓宽成本控制的理念和方法，树立相对成本控制观，关注开源，采取灵活多样的方式降低成本，如改变生产布局、消除非增值作业等。

7.1.3　成本控制的种类及原则

1. 成本控制的种类

成本控制可以按照不同的标志进行分类，常见的几种分类如下：

（1）按控制的实施时间分类。成本控制按实施的时间为标志划分，可以分为事前成本控制、事中成本控制和事后成本控制三种类型。事前成本控制是指在产品投产前，根据有关资料进行分析，预测有关因素对未来成本水平的影响，为了防止产品先天高成本而采取的一切控制措施。这种控制旨在达到防患于未然的目的，是企业成本控制的最关键环节，其形式多种多样，如建立各项成本管理制度、进行战略规划、编制预算等；事中成本控制是指在产品成本形成过程中，从投料开始到产品销售整个过程中所采取的控制措施。生产过程当中的成本控制常常针对料工费三项进行，主要从数量和价格两方面采取措施，通过揭示差异进行控制。这种控制旨在消除生产过程中的损失和浪费，提高生产效率，将成本费用控制在目标成本的范围之内；事后成本控制是指在产品销售后所采取的成本控制措施。如差异分析、考核评价、计算售后成本等，旨在总结经验，发现问题并采取改进的措施。单纯差异分析方式来看，事后成本控制与事中成本控制十分相似，但这种分析与事中控制的最大不同在于二者服务的着眼点是不同的，前者着眼于下期的成本控制，后者则着眼于当期的成本控制。

（2）按控制的手段分类。成本控制按其手段为标志划分，可以分为绝对成本控制和相对成本控制两种类型。

绝对成本控制是指针对某项成本所采取的单纯成本节约措施。这种控制方式侧重于节流，主要着眼于节约各项支出，杜绝浪费，属于传统的成本控制理念，一直为人们所采用；相对成本控制是指以开源为主，辅之以节流的成本控制措施。这种控制方式不以成本的绝对节约为目的，以盈利分析为核心，关注投入与产出的关系，主张投入是为了更好地赚钱的控制理念，是当今所倡导的一种成本控制方式。

（3）按控制与被控对象的关系分类。成本控制按其与被控对象的关系为标志划分，可以分为直接成本控制与间接成本控制两种类型。直接成本控制是指直接作用于被控对象所采取的措施。如制定的成本控制制度、确定的成本控制标准、提高材料的成材率等。间接成本控制是指不直接针对被控对象，但所产生的影响能够作用于成本的间接成本控制措施。如企业开展的时间管理、实施的战略规划等。

（4）按控制的人员分类。成本控制按其人员为标志划分，可以分为技术成本控制和管理成本控制两种类型。

技术成本控制是指由技术人员实施的成本控制。通常技术人员最熟悉产品的生产流程，他们提出的成本控制措施常常效果明显，如产品投产前的设计、开发阶段的成本控制以及产品投产后的技改措施等；管理成本控制是指非技术人员实施的成本控制。如管理人员制定的内部成本控制制度、考核标准等。实际工作中，企业应该将技术成本控制与管理成本控制方式有机结合，以便发挥各自的优势，从而实现最佳的成本控制。

2. 成本控制的原则

实施成本控制需要遵循以下几个原则：

（1）及时反馈原则。该原则要求成本控制中，无论是事前的成本控制，还是事中或事后的成本控制都要及时反馈信息。有时产品投产前，技术人员一旦发现不利的信息出现，如较为昂贵的材料应用可能导致产品先天高成本等，此时就需要及时反馈并分析，寻求是否有可用的替代品来代替贵重的材料；另外在生产过程中或生产结束后，分析差异是必不可少的一个管理环节，此时分析人员也应及时反馈发现的问题，从而为后续的成本降低提供依据。

（2）责权利相结合原则。该原则要求赋予各部门或人员一定的权力，落实成本控制的责任，并与经济利益直接挂钩，从而形成全面控制成本的责任体系。由于企业的成本控制涉及生产经营的每一个环节、每一个部门，为了调动全体员工降低成本的积极性，对于提出合理化建议、超额完成成本降低目标的人员或部门，应该给予奖励，对于违反规章制度、没有完成成本降低目标的，应该惩罚。只有这样，才能在企业中形成持续不断降低成本的文化氛围。

（3）因地制宜原则。该原则要求企业采用的成本控制方法必须针对自身的具体情况，切不可生搬硬套。成本控制与其他管理科学方法一样，都有一个适用性的问题。由于每个企业所处的地理位置、生产条件、产品特点、管理水平等都不完全相同，因此，没有一个适用于所有企业的成本管理方法，即使有些方法具有一定的普遍性，但也需要企业在使用时针对本企业的具体情况加以改造。

（4）成本效益原则。该原则要求成本控制的最终应能获取最大的经济效益。实际工作中，成本的节约可以导致利润的直接上升，因此该原则并不排除成本的单纯节约。除此之外，对于任何一种相对成本控制方法的采用都需要付出代价，只有当成本控制取得的经济效益大于其代价时，成本控制才是必要可行的，否则就不能采用。

7.1.4　成本控制的程序及内容

1. 成本控制的程序

虽然企业采用的成本控制方法各不相同，但成本控制的程序具有相似性。进行成本控制一般可以分为以下几个步骤。

（1）提出成本控制的目标。控制成本不能盲目，在实施成本控制前应提出成本控制的目标，该目标可以是产品设计阶段的设计目标成本，也可以是年度的预算目标成本，还可以是产品的标准成本等。所制定的目标必须既先进合理，又切实可行，经过努力可以实现。成本控制中，制定目标成本是成本控制的前提，如果没有目标，也就无从谈及控制。

（2）分解落实控制的目标。目标通常是企业整体的努力方向，而成本是由若干个成本项目所构成，每一个成本项目的发生可能涉及许多部门或人员，在这种情况下，就需要将成本分解到各个部门、各个产品、直至个人，将每一个成本项目落实到相关的责任人，从而形成人人肩上有指标，齐心协力降成本的良性成本控制体系。

（3）制定实现成本控制目标的措施。成本控制的目标具有先进性，其制定常常与成本本身的现状相脱节，如果不采取措施可能无法实现所定目标。在这种情况下，企业必须要求各部门、全体员工为实现本部门的目标而献计献策，采取一切措施，直至依据实际测算的成本具有实现目标的可能为止。

（4）进行事中控制。事中控制是确保目标实现的关键阶段，企业要依据自身制定的各项成本控制措施和成本控制方法，对自身的经济活动进行控制，可以采用的成本控制形式有：例会分析、制度控制、差异分析等。一旦发现有不合理的支出要坚决制止，发现有不良影响因素出现时，要及时反馈信息，并采取措施消除隐患。

（5）计算差异并分析原因。每一个会计期末，都需要将成本发生的实际值与成本控制目标进行比较，区分可控差异与不可控差异，分析可控差异出现的原因，并提出消除差异或改进工作的措施。

（6）评价激励与总结。计算出的差异是进行奖惩的依据之一，在区分可控差异的基础上，还需落实责任，并依据事先确定的奖惩标准，奖励先进，惩罚落后。当然奖惩不是最终的目的，最终的目的旨在成本的不断持续改进，因此应及时总结经验和教训，为今后的成本控制提出正确的建议。

2. 成本控制的内容

成本控制的内容多种多样，从成本项目看，成本控制包括直接材料控制、直接人工控制、制造费用控制、期间费用控制等；从产品本身看，成本控制包括产品成本控制、质量成本控制等；从资产项目看，成本控制包括现金控制、应收账款控制、存货控制、固定资产控制等。如果仅仅站在管理会计的角度，管理会计仅涉及日常成本控制问题，因此只包括成本项目控制、产品成本控制、质量成本控制、存货控制等，但不包括现金控制、应收账款控制以及固定资产控制等。

7.2 事前成本控制方式

7.2.1 成本控制方式

虽然成本控制的种类、内容多种多样，但能够围绕着成本控制对象而形成全方位成本控制体系的最基本的成本控制分类标志应该是基于实施时间的划分，即事前、事中和事后成本控制的划分，这种分类能够将所有的成本控制内容有机结合，从而可以达到帮助企业不断持续降低成本的目的。

成本控制方式即成本控制的手段或措施。事前成本控制方式即生产前的成本控制方式，是指产品生产前可能采取的所有成本控制手段。从时间上看，该阶段涉及企业战略规划、产品研发、产品设计直至产品投产前的整个过程，可以采取的主要成本控制手段有战略成本控制、设计阶段目标成本控制、全面预算控制等。其中全面预算控制在上一章已阐述，这里不赘述。

国外研究结果表明：企业在生产开始之前，已有80%或85%的产品成本成为约束成本，而传统成本管理能产生影响的部分只占总成本的20%或15%。这意味着企业的战略规划与产品成本的高低密切相关，对产品投产前实施成本控制较生产过程中的成本控制更加重要，因此企业降低成本必须从成本形成的源头入手，将成本控制的重心由产品生产过程中的控制转移到产品投产前事前控制上。

强调事前成本控制的重要，是因为传统成本控制中几乎忽略了事前的成本控制，这并不意味着对事中与事后成本控制可以置之不管，相反在生产过程中仍然要强调成本控制。

事中与事后的成本控制方式即生产经营过程中的成本控制方式，是指产品生产过程中或生产结束后可能采取的所有成本控制手段。一般可以采取的成本控制方式主要有标准成本控制、质量成本控制、存货成本控制和作业成本控制等。

7.2.2 战略成本控制

战略成本控制是指企业进行战略规划时，结合成本因素所采取的战略分析及决策手段。它常常决定企业各项共同固定成本水平的高低，如人工成本、折旧费等。此类成本通常由企业的高层决策所决定，是成本形成的最初源头。战略成本控制的主要内容包括：战略分析及战略决策，其中战略分析包括价值链分析、竞争能力分析、战略成本动因分析；战略决策包括是否实施低成本战略决策、日常经营决策以及生产方式决策等。

1. 价值链分析

企业的生产经营活动一方面表现为成本的耗费过程，另一方面表现为价值的创造过程，因此我们可以将企业的生产经营管理活动理解为价值活动，每一项管理活动都服务于企业的价值创造，价值链分析由此而形成。

（1）价值链分析的内涵。

“价值链”一词由美国学者迈克尔·波特（Michael E. Porter）于 1985 年率先提出，他将一个企业的经营活动分解为若干战略性相关的价值活动，认为价值链由内部物流、生产经营、外部物流、市场营销服务四种基本活动和企业基础设施、人力资源管理、技术开发及采购四种辅助活动构成，从而描述了企业内部价值链的构成。在此基础上，人们拓宽了价值链的内涵，认为企业的价值链包括价值生产活动的整个过程，而企业则是价值生产过程中各系列中的一个部分，将价值链分解为纵向价值链与横向价值链两类。纵向价值链是对企业内部价值链的直接拓展，横向价值链则是对企业内部价值链空间范围的拓展。

所谓价值链分析是指以企业的内部和外部价值链为基础而展开的相关价值分析。主要分析价值链联系点以及各项活动之间的联系对企业价值的影响，是一种战略分析工具，它将企业分析视野拓展到企业的上游、下游、产业、竞争对手以及作业，旨在通过价值活动分析，优化企业的内部和外部价值链。

（2）企业内部价值链分析。

企业内部价值链分析是指企业内部各项经营活动对价值创造的影响分析。包括企业整体价值链分析、内部业务单元价值链分析以及业务单元内部价值链分析。其中内部业务单元价值链分析是指从产品研发到销售的整个过程中，各项业务活动对企业价值创造的影响分析。这种分析不涉及供应商和销售商，实际上是对产品研发、供应、生产和销售各阶段关系的分析；业务单元内部价值链分析是指某环节的内部活动对企业价值创造的影响分析。一个企业的车间或部门等可以看成是一个业务单元，它们之间的关系分析构成了企业内部业务单元价值链分析，而每一个车间或部门本身也从事若干项活动，如果对车间或部门各项活动的关系进行分析，由此形成业务单元内部价值链分析。一个企业的内部业务单元价值链分析以及业务单元内部价值链分析可以统称为作业链价值分析，这种分析将在作业成本控制中阐述。

企业整体价值链分析是指能够贯穿企业始终的、完整的各项活动对企业价值创造的影响分析。具体表现为：供应商—企业本身—客户之间的所有活动价值分析，实际上这种分析要求企业拓展分析的视角，分析中不能只研究自己，而忽视企业的上下游，强调企业与供应商、企业与客户之间的关系分析，强调企业与供应商、客户结为战略联盟的重要性，前者可以称为供应商价值链分析，后者可以称为客户价值链分析。

①供应商价值链分析。供应商价值链分析是指企业与供应商之间的协作关系分析。旨在稳定供应商，寻求持续降低成本的途径。首先，站在各自利益的角度来分析是否有必要建立这种协作关系。从供应商的角度看，它将产品销售给企业时，理所应当获得利润；从企业的角度看，要考察接受供应商所提供的产品能否符合企业的要求：供应商的产品是否具有吸引力，如能否提供过硬质量的产品、能否提供价格较为低廉的产品等。其次，要关注供求双方彼此能否实现合理配合，降低不必要的费用，如力求减少不增加价值的存货储备等。最后，要考虑能否简化供应商的产品生产过程，消除不必要的作业而使双方受益，实现双赢。

【例7-1】甲企业长期以来从诸多供应厂商购入所需的某型号A部件，其中，从乙供应商采购的数量最多且相对稳定。甲企业为了保证生产的连续性，日常总要保留一定数量的A部件储备库存。甲企业通过开展供应商价值链分析认为，这种采购方式不合理，因为A部件在采购到厂后，不能马上投入生产线，增加了储存成本，决定改变现状。

要求：针对此现状，思考甲企业可能采取的措施。

分析：甲企业为了降低储存成本，应该决定在不改变采购价格的前提下，采取以下措施：第一，将甲乙双方的供货关系以长期合同形式确定下来，扩大从乙方的采购量，减少从其他供应商的采购量；第二，改变A部件的运输方式。要求乙方在规定的时点按规定数量将所需要的A部件适时地直接运达甲企业。这样既减少了甲企业A部件的储存费用，又扩大了乙供应商A部件的销售量，从而可以实现甲乙双方的双赢。

对于企业与供应商的关系分析，除了进行上述定性分析外，还可以进行定量分析。从总体来看，与供应商之间发生的全部是成本，不同的供应商的销售模式、物流条件、地理位置、产品特点一般不同，由此导致的采购成本也不同。对于供应商成本分析可以结合作业进行综合分析。

【例7-2】宏伟服装公司主要生产高级西装，其原材料为高档毛料。公司运行的第一年，选择了三家供应商A公司、B公司和C公司。由于材料供应紧张，采购成本、物流成本不断增加，公司决定对供应商价值链成本进行分析。确认的供应过程作业有：评估供应商、谈判、订合同、采购、支付、检验、装卸、运输、仓储、信息发布等，其中采购、检验、装卸的成本动因相同。相关的成本资料如表7-1所示（间接费用按照作业成本分配过程略），供应商分析中采用的相关指标如表7-2所示。另外掌握的其他信息资料如下：A公司毛料单价1 002元，数量为1 000平方米；B公司单价980元，数量为2 000平方米；C公司单价990元，数量为15 000平方米。

表 7－1　　A、B、C 公司成本汇总　　单位：元

成本	A 公司	B 公司	C 公司	合计
直接费用:				
材料总价款	1 020 000	1 960 000	1 485 000	4 465 000
评估	35 000	40 000	32 000	107 000
谈判	4 500	5 000	3 000	12 500
订合同	1 000	1 000	1 000	3 000
合计	1 060 500	2 006 000	1 521 000	4 587 500
间接费用作业分配总额	181 080	486 200	220 320	933 600

表 7－2　　A、B、C 公司相关指标　　单位:%

指标	A 公司	B 公司	C 公司
产品准时交货率	0.9	0.91	1
产品质量合格率	0.998	0.994	0.996
技术合作开发率	0.1875	0.14	0.2

要求：对各供应商进行分析评价并确定应该长期合作的供应商。

分析：首先计算不同供应商的单位材料采购成本。

$$A供应商的单位材料采购成本=\frac{1\ 060\ 500+181\ 080}{1\ 000}=1\ 241.58（元/平方米）$$

$$B供应商的单位材料采购成本=\frac{2\ 006\ 000+486\ 200}{2\ 000}=1\ 246.1（元/平方米）$$

$$C供应商的单位材料采购成本=\frac{1\ 521\ 000+220\ 320}{1\ 500}=1\ 160.88（元/平方米）$$

然后进行分析：从价格来看，B 公司的材料价格是最低的，但通过作业成本计算，将成本准确分配后，我们发现 C 公司的材料耗费最低，B 公司材料反而成为成本最高的。可见，如果仅通过材料价格计算偏差很大，容易做出错误决策；从其他指标来看，C 公司不仅成本最低，其他各指标值也很高，是最优的供应商。相反，B 公司仅仅是提供材料单价较低，而其他各指标均不令人满意。综合上述，以后企业可以调整采购计划，需要加强与 C 公司的长期合作关系。

②客户价值链分析。客户价值链分析是指企业与顾客之间的协作关系分析。这种分析类似于企业与供应商之间的关系分析，只不过在客户价值链分析中，企业的地位

发生了变化，由消费者变为了供应商，分析的原理相同。以例 7－1 资料为例，假定甲企业尚未提出任何协调甲乙双方关系的建议。此时如果站在乙供应商角度，也可以进行分析，乙供应商可以考虑在不改变价格的前提下，主动向甲企业提出以下建议：第一，将甲乙双方的供货关系以长期合同的形式确定下来，扩大乙方向甲方的供应量；第二，改变 A 部件的发货方式。承诺在乙方规定的时点按规定数量将 A 部件适时地直接运达甲企业。这样不仅可以扩大乙供应商 A 部件的销售量，而且可以使甲企业的原材料实现"零存货"。

显然，无论是从企业与顾客相互协作的关系分析，还是从企业与供应商相互协作的关系分析，只要双方能主动换位思考，两者研究的内容是完全相同的。所不同的是，调整彼此协作关系的动议首先是由谁提出来的。

分析企业与客户之间的关系，也可以进行定量分析，但这种关系分析与供应商关系分析不同之处在于每一个客户都是企业盈利的源泉，它表现为实实在在的盈利或亏损，企业不能单纯以从客户角度获得的收入作为评判客户好坏的标准，因为客户是有成本支出的，营销过程的成本有时可能很大，此时进行的客户定量分析常常被称为客户盈余分析。

客户盈余分析需要计算客户提供的利润，为了确保计算结果的准确性，成本计算中需要结合作业成本法，客户盈余的计算公式如下：

客户盈余＝销售净收入－销售成本－直接期间成本－作业分入的期间成本

式 7－1

其中：销售净收入＝销售收入－销售折扣－销售折让

在计算客户盈余的基础上，需要对客户的盈余进行排序，从而识别盈利的客户与亏损客户、高盈利客户与低盈利客户。对不同类型的客户，应采取不同的策略。对于高盈利客户企业必须保持，对于低盈利客户可以双方协商采取提高盈利水平的措施，而对于亏损客户应从价格和服务成本两方面采取措施。

著名的"鲸鱼曲线"展示了 80/20 法则，即企业 80% 的利润往往只是 20% 的客户所创造的。有学者在此基础上将其修改为 80/20/30，即 20% 的客户创造了企业 80% 的利润，但是其中的一半被 30% 的非盈利客户所抵消。显然，企业不能盲目追从客户，客户绝对不是"多多益善"。

（3）企业外部价值链分析。

企业外部价值链分析是指企业对具有与其紧密联系的外部行为主体对本企业价值的影响分析。包括产业价值链分析和竞争对手价值链分析。从现象上看，供应商和客户也属于企业的外部，但价值链分析的最初就强调价值链分析能够克服传统分析的弊端而具有战略性。传统分析的弊端在于，分析中只局限于企业自身而忽视企业的上下游。价值链分析将内部分析的视觉延伸至供应商和客户，并将供应商和客户视为企业整体的一个组成部分而不可分割。基于此，我们将供应商和客户的价值链分析归属于企业内部价值链分析之中，以突出价值链分析对传统分析的变革。

①产业价值链分析。所谓产业价值链是指由若干个环节构成的完整产业链条。产业价值链分析也称为纵向价值链分析，是指对整个产业链条进行的纵向价值分析。即从产业的最初原料开发开始，经过若干个不同产品的生产环节，直至最终产品被用户消费结束的完整过程。如造纸业的产业价值链包括“木材种植→砍伐→纸浆生产→造纸→纸张制品生产→纸张制品销售→最终用户”七个环节，每个环节有着自身的价值链特点，而每个环节又都是产业价值链中的一部分。可见，任何企业的价值链都是产业价值链中的一部分、甚至全部，产业价值链分析是从更广阔的视野，对整个产业所属企业的竞争地位和相应的分化、组合等问题进行的战略分析，主要涉及的分析指标是投资收益率。

投资收益率分析通常采用的是产业价值链中相关环节的平均资产收益率，通过对该指标的分析，可以为上下游的战略定位提供数据资料。这种分析首先应确定产业中实际存在的各生产环节，即将产业价值的形成过程划分为若干个阶段，如造纸业分为七个阶段，然后分析各个阶段所产生的价值以及所引发的成本和所占用的资产，在此基础上，确定各阶段的价值与成本占最终产品的价值链和成本的比例关系，最终确定各阶段的投资收益率。投资收益率的高低是决定企业采取相应竞争战略以及战略定位的重要因素之一。

知识链接

碧桂园：基于产业链整合的“战略成本管理”

碧桂园模式是房地产企业战略成本管理模式的一种典型应用。房地产战略成本管理更多是立足企业战略高度、审视所有成本产生原因，力图站在房地产整个产业链条之上，以此在更高视野和战略高度优化企业的成本管理模式。碧桂园采用了区别于传统外包模式的“一条龙”开发模式，实现了项目从拿地、规划、方案设计、建筑施工、装修到销售和物业管理整个作业链条完美整合，也因此成就了碧桂园“规模拿地、3个月快速开发、平均售价仅仅4 582元\平方米的楼盘开发”传奇。碧桂园也因为这一点，被媒体评价为地产价值链条的“通吃者”，房地产产业链的“整合专家”。

战略成本管理不仅让碧桂园获取了产业链各环节的外包利润；更重要的是大幅节省了宝贵的时间成本，各作业部门的内部化充分将传统外包模式所耗费的大量谈判成本、信息成本大幅度削减，从而创造了从开工到预售仅需3个月的开发奇迹。

②竞争对手价值链分析。竞争对手价值链分析也称为横向价值链分析，是指由同类性质的企业组成的价值链，即纵向价值链中某一环节或某几个环节上的不同企业。竞争对手价值链分析是指对同类性质企业之间的相互作用进行的分析。在同类企业

中，不论总体的平均盈利能力如何，总会有一些企业比其他企业获利更多。通过竞争对手价值链分析旨在确定自身与竞争对手之间的差异，从而为企业取得相对竞争优势寻求策略，为战略定位奠定基础。

竞争对手价值链上的企业关系实质表现为竞争关系，由于该价值链中的企业之间常常表现为你死我活的排他性竞争，因此对其分析主要是选择具有重要影响的参数或称影响因素，常常可以用于分析比较的参数如下：

▲产品的价格与数量。商场上，产品价格常常是一个企业取胜另一企业的最主要因素，而当价格不具优势时，数量就是取胜的法宝。这些浅显的商业哲理实际上已为人们所熟知，这说明产品的价格与数量是分析竞争者之间关系时必须考虑的一对重要因素。一个企业的定价以及产量的变化都会对其他企业产生影响，从而引发其他企业的战略调整，进而导致同行中的原有均衡产量和价格遭到破坏。从理论上讲，存在同类企业的均衡价格和均衡产量，而这种均衡状态会随着潜在竞争者的加入或不同企业的调整而随之改变，并固定到一个新的水平。因此企业必须关注同行的变动，从而做到价格与数量策略的及时改变。

▲技术与开发。仔细观察，市场中的同类产品具有差异，而这种差异有时非常小，有时可能只是形状之差，但对于偏好形状的人就有了不同的选择。显然企业的销售量与产品特征具有密切的关系。产品的特征表现为产品的功能、外观等。如果要使企业的产品吸引客户，企业就必须组织强大的产品研发队伍而不断开发新产品。另外企业的技术水平也是一个可比的参数，技术水平体现为：机器的生产能力、专利、技术人员等，企业要战胜其他企业，也可以在这些方面下工夫。

▲采购与销售。企业的上下游与企业的生存密不可分，哪一头失衡，都会将企业置于死地。分析一个企业所采用的采购渠道和销售渠道、进货方式与销售方式、与供应商和销售商的合作情况，对于确定比较优势也是不可缺少的一个重要参数。

▲服务。服务是指产品销售后直至产品寿命周期终了整个过程所提供的服务。在这一过程中，一方面需要分析产品的寿命周期成本，另一方面需要分析服务人员的服务质量，从而分析企业与其他企业的差距。

▲成本。成本是价格的一个组成部分，成本的高低决定价格的高低，要想价格取胜，必须关注成本。虽然对于每一个企业来讲，单位产品成本的水平是保密的，但可以通过公开的报表或其他资料来估算平均销售成本率，进而可以估算其单位成本水平；如果报表资料非公开，只能依据市场价格资料倒推自身的成本而进行分析。

2. 竞争能力分析

企业的竞争能力分析又称 SWOT 分析，是指对企业的优势（strengths）与劣势（weaknesses）、机会（opportunities）与威胁（threats）所进行的分析。其中，优势是指企业拥有的比其他企业更多的技术和资源，它是企业建立总的竞争战略的基础，也是企业克敌制胜的法宝。与此相反，劣势说明企业与竞争对手相比，企业缺乏的重要技术和专长；机会是指企业环境中存在的对企业有利的情况。与此相反，威胁是指企业环境中存在的对企业不利的情况。通过竞争能力分析旨在确定企业的优势和劣势，同时发现机会，辨别可能存在的威胁，以此判断企业所处行业的竞争强度。具体分析中，可以从六个方面进行判断：对比内部资源、分析进入者的障碍、分析退出的障碍、分析替代产品的威胁、分析供应商的讨价还价能力、分析顾客的讨价还价能力。

（1）对比同行业中不同企业的内部资源。

可以从几个方面进行内部资源对比：一是从产品角度分析企业的产品是否有创新？产品的范围过宽还是过窄？有没有重要的、领先的或独特的技术？二是从管理角度分析企业管理的经验和能力如何？采用的方法如何？三是从研究与开发角度分析企业是领先还是落后？重要产品或服务的前景怎样？投入的资金有多少？四是从生产角度分析当前生产过程是否有竞争力？生产是否有弹性？生产效率怎样？技术是否先进？对生产设施和生产过程的改善是否有计划？五是从市场角度分析市场营销策略如何？促销与销售的广告效果如何？服务质量如何？客户是否满意？等等

（2）分析潜在或新进入者的障碍。

潜在或新进入者一旦进入产业，自然会与原有企业争夺市场份额，从而对原有企业构成威胁。面对潜在或新的进入者，原有企业不会无动于衷，必将采取措施，设置障碍，阻止其进入，如果原有企业没有反映或反映不强烈，说明潜在或新进入者对其的威胁不大。从另一方面来讲，潜在或新进入者拟进入时并非盲目，必将进行市场调查，了解市场的行情和状况，分析进入的障碍，主要考虑的因素及分析的问题有：一是经济规模角度分析原有企业是否在产供销方面达到一定的规模？如果进入，企业本身能承担多大的风险？企业进入的目标市场定位在哪方面？二是产品角度分析市场上是否存在独特的产品？企业本身的产品是否新颖？三是商标的知名度分析原有企业中是否存在普遍认同的知名商标？同业中的知名商标有多少？推广自己的产品成本有多高？四是资本需求角度分析进入时，所需创业资金有多少？是否可以承受？等等；五是成本水平角度分析目前原有企业的成本水平怎样？企业自身在这方面是否具有优势？六是法律规定角度分析国际对该种产业的规定及其对企业的利弊。

通过上述种种分析，潜在或新进入者会对自身的竞争强度有所估计，如果认为阻力重重，那它就会三思而后行。而对于企业来讲，对此分析，可以预计潜在或新进入者对自身产生的影响，如果影响不大，则可以对其置之不理，否则，就需要采取强有力的措施应对。

（3）分析退出的障碍。

如果企业经营状况不佳或认为所处产业前景暗淡，想要知难而退时，也会分析退出产业的障碍，因为退出产业会涉及许多问题，解决这些问题有可能会削弱其竞争强

度。所考虑的问题主要有：一是产业角度：分析所处产业属于朝阳产业，还是夕阳产业，应否退出？二是假如退出：分析相关资产如何处理？人员如何安排？需支付的人员费用有多少？三是假如转产：分析转产的代价有多大？能否适应新产业的管理要求？

（4）分析替代产品的威胁。

替代产品的出现常常会加剧所属产业中不同企业之间的竞争，因为替代产品的价格一般会低于现有产品的价格，再加之产品新颖，因此替代产品的吸引力较大，其市场份额会明显增大。现有企业要想增强企业自身的竞争实力，一方面应集中一定的技术力量研究和开发替代产品，另一方面也要密切注意市场竞争对手的动态。具体分析时应分析：竞争对手是否已生产出替代产品？如果已出现，将采取怎样的应对措施？

（5）分析供应商的讨价还价能力。

供应商的讨价还价能力一方面表现为供应产品价格的提高，另一方面表现为供应产品质量的相对降低。如果供应商的讨价还价能力强，说明企业处于劣势。企业可以通过以下几方面的比较来明确所处地位是优势还是劣势：供应商供应的产品是否被少数企业垄断？供应商供应的产品是否供小于求？供应商供应的产品是否畅销？供应商供应的产品是否无法替代？供应商有无向后扩展，参与本行业竞争的意图？如果上述种种全部是肯定的回答，则供应商的讨价还价能力强，企业处于劣势；反之企业处于优势。

（6）分析顾客的讨价还价能力。

顾客的讨价还价能力直接体现为企业所售产品价格的降低以及产品质量的提高和售后服务的加强，如果顾客的讨价还价能力强，则会降低企业的利润，从而企业处于劣势。企业可以通过以下几方面的判断来明确所处地位是强还是弱：顾客购买量占企业的销售量有多大？企业销售产品的定价水平是低还是高？顾客是否有很多可供选择的供应者？产品对顾客是否具有独特的吸引力？顾客是否有变外购为自产的意图？如果上述种种回答全部是肯定的，则顾客的讨价还价能力强，企业处于劣势；反之，企业处于优势。

3. 战略成本动因分析

成本动因是成本形成的驱动因素，它可以说明引发成本发生的原因。人们常常将成本动因分为两大类：战略成本动因和战术成本动因，前者是指与战略决策活动相关的成本驱动因素；后者则是指与生产经营活动相关的成本驱动因素。

（1）战略成本动因分析的依据及影响。

战略成本动因分析是对传统成本控制观念的变革。传统成本控制观念认为：成本的降低主要是在生产过程，节约是降低成本的主要手段，因此主要应该从直接材料、直接人工、制造费用三个成本项目入手降低成本。应当说，节约作为成本控制的一种手段是不容置疑的，但它不是唯一的手段。现代成本控制观念认为：生产过程中的成本降低具有限度，一味强调生产过程中的成本节约，可能会导致产品质量和企业效益的下降；降低成本与企业的战略决策相关，战略决策会影响产品的成本结构，不同的成本结构会导致不同的产品成本水平，进而影响产品的获利能力。该观点构成了战略成本动因分析建立的依据。

所谓成本结构是指总成本中各项费用所占的比例或各成本项目所占的比例。它在很大程度上受技术发展、生产类型和生产规模等的影响。战略成本动因分析中涉及的成本结构常常与各项费用占比相关，也就是说，战略成本动因分析会影响企业某些主要的或重要的资源，即成本费用要素，如：人力、原料、能源、土地、机器设备、技术等。通过战略成本动因分析，分析不同战略可能对成本要素所产生的影响，可能对成本结构所产生的影响。

（2）战略成本动因分析的意义。

1985 年，美国学者迈克尔 · 波特（Michael E. Porter）教授在其《竞争优势》一书中首次提出了十种无形的成本动因，这些动因都具有战略性，并引起了人们的极大关注。1993 年美国学者杰克 · 山克（John K. Shank）在其出版的《战略成本管理》一书中率先将战略成本动因区分为结构性成本动因和执行性成本动因，并得到了世人的肯定，进而战略层面的成本动因形成。

关注成本动因是近几年来成本控制研究中的新领域，由于产品中的大部分成本形成于产品生产前而不是生产过程中，领导层的决策能够直接决定大部分成本的形成，因此将成本控制的视野拓展到决策层，一方面有助于人们更新观念。使人们认识到，成本控制不只与生产过程相关，而且与战略决策相关；成本控制不只是生产部门的直接责任，也是管理层的直接责任；成本产生的原因不只是业务量，还有战略层面的原因；另一方面有助于从成本发生的源头控制成本。通过战略成本动因分析，可以使企业决策层统筹全局，分析战略决策对未来生产经营中大量潜在成本的影响，从而权衡利弊，并使企业良性发展。

（3）结构性成本动因的影响因素。

从战略成本动因的影响因素来看，包括结构性成本动因的影响因素和执行性成本动因的影响因素。所谓结构性成本动因是指与企业基础经济结构有关的成本驱动因素。一般认为，形成结构性成本动因的影响因素主要有规模、范围、经验、技术、厂址等。

①规模。规模是指企业的规模。它既可以通过产量或销量的水平来反映，也可以通过投入在生产和研究开发等方面的资金量的多少来反映，实务分析中常常采用前者。企业的产销水平会影响产品的成本，进而影响产品的收益，从而形成规模经济和规模不经济两种情况。

在第一种情况下，如果规模经济，则意味着企业规模适度。随着企业的扩张，更大业务量的增加分摊了基础设施或间接成本的上升，同时企业可能获得了专业化协作的低成本效益，从而形成了成本降低、收益上升的现象。在第二种情况下，如果规模不经济，则意味着企业规模过度。随着企业规模的扩张，基础设施或间接成本显著上升，更大业务量的增加不能分摊成本的上升，进而导致单位产品成本上升，出现了规模效应递减，收益下降的现象。

当企业试图以规模为主要成本动因取得竞争优势时，必须注意和防范规模不经济现象的发生。分析时主要把握以下两点：一是充分分析市场状况。如果扩充的市场规模足以容纳规模扩张带来的产量扩充，则此时的规模是有效的；反之，当市场无法支持这种规模扩张时，就会出现产品的滞销，此时的规模是无效的。二是充分分析竞争对手的行为。如果竞争对手也是通过规模经济来建立成本优势，很有可能会导致行业生产能力过剩，进一步加剧行业内的竞争强度，进而会造成规模不经济的后果。

②范围。范围是指企业的业务范围。它反映企业在纵向价值链中的垂直一体化程度，即企业在产业价值链的长度，也就是企业的纵向整合程度。如果企业向上游整合，可以减少对供应商的依赖程度，并能够减少交易成本和采购成本，经受来自原料市场异常变动的影响；如果企业向下游整合，可以减少对销售商的依赖而直接面对消费者，从而减少不必要的流通环节，降低销售成本，并及时反馈客户对产品的要求，不断改进产品的质量与性能，从而赢得客户，提高企业的效益。

然而企业纵向整合程度的强弱会对成本产生正负双面影响，如果业务范围扩张适度，可以降低成本，带来整合效益；相反，如果业务范围扩张预测不足，则会因组织机构扩大、管理复杂、组织弹性下降等原因而面临经营风险，从而导致成本提高，效益下滑。因此企业拟运用纵向整合战略时，必须综合考虑整合可能带来的优势和负面影响，分析整合可能导致的成本和实现的收益以及整合后的竞争地位等，及时根据市场等预测，作出实施整合或者解除整合的决策。

③经验。经验也称为学习与溢出，是指企业的经验积累，包括内部经验积累和外部经验积累。内部经验积累反映企业生产过程中，单位产品所需时间随着工人熟练程度的不断加强而逐渐减少，进而降低单位产品成本的现象；外部经验积累反映某项成本通过向企业外部取得经验而下降的现象。通常工人经验积累程度越高，操作也就越熟练，单位产品成本就会呈下降趋势；另外通过向企业外部学习，如购入竞争对手产品并分析其性能或结构、通过新闻媒体学习别人先进的管理经验和方法、向有经验的外部专家咨询、从供应商或销售商处获得他人管理方式等，都可能会降低企业的成本，这就是所称的经验曲线效应或学习曲线效应。

一般经验效应在企业初建时尤为明显，成熟企业的经验效应相对来说不够明显；价格敏感性强的企业，经验效应显著，它可带动需求，加大产量，进而降低成本。实务工作中，企业拟利用经验效应保持竞争优势时，不仅要通过灵活多样的外部渠道抓住学习可能为自身创利的一切信息，而且还应防止自身特有经验的外传，否则就会为整个行业成本的降低作贡献，但对自身优势地位的保持没有任何帮助。

④技术。技术是指企业价值链的每一环节中运用的处理技术。它反映企业生产工艺技术的水平和能力。随着科技的进步，先进的技术不断被发明和采用，技术创新无疑是企业建立竞争优势的必备要素。因此不断进行技术开发、技术革新是企业长期发展的必经之路。然而采用先进的技术装备和技术水平虽然会降低成本，但开发技术以付出较高的成本为代价，且应用中存在被淘汰的风险，因此实际应用中，应在技术革新与所获利益之间进行权衡并做出正确的决策。

为了保持长期技术竞争优势，企业应该加大人力成本的投入，采取一切措施留住专业技术人员，打造一支管理有序、执行有力的专业化的高素质员工队伍，促进员工价值与企业价值的共同增长。

⑤厂址。厂址是指厂址的选择与确定。它常常会对企业成本产生长期甚至难以改变的影响，这种影响是多方面的，如影响材料的采购成本、运输成本、人工成本、税率、租金等。有时厂址的选择可能会制约企业未来的成本改善，如一旦选择远离原材料供应商和购买商的地方，即使企业拥有先进的管理经验和技术，也难以降低较高的进料成本和运输成本，从而导致先天产品成本有缺陷；有时选择正确的厂址，可能会获得政策优惠，从而导致先天的产品成本优势。可见厂址选择对企业成本影响非常之大。

实务工作中，厂址所产生的影响既有直接影响也有间接影响，企业在确定厂址时应进行调查，调查拟选厂址所在地的政府政策、工资水平、环保要求、供电能力、交通状况、电信服务状况等，综合各个因素，全盘考虑，在成本和利益之间做出权衡和决策。

（4）执行性成本动因的影响因素。

执行性成本动因又称操作性成本动因，是指在既定基础经济结构前提下，与具体操作过程有关的成本驱动因素。这类成本动因决定产品的生产或组织形式，与直接的生产过程无关。一般认为，形成执行性成本动因的影响因素主要有：员工的参与感、全面质量管理、生产能力模式、工厂布局、产品设计、关系等。

①员工的参与感。员工的参与感是指员工的责任感。它反映员工参与企业持续改善的程度。员工是企业各项生产经营活动的主体，他们的责任感直接影响企业的成本。如果一个企业的所有员工都有降低成本的意识，并以降低成本为己任，那么企业成本控制的效果就会十分显著，经济效益就会显著提高；反之，如果一个企业的员工都感觉降低成本与己无关，工作中必然会随意浪费，在这种情况下，企业的成本必然上升。基于此，企业必须培养员工的成本责任感，应该采取一切措施使全体员工关注

成本，并调动全体员工降低成本的积极性，群策群力，促使成本不断持续降低。

②全面质量管理。全面质量管理是指与产品相关的质量。质量与成本关系密切，一个企业产品价值实现的唯一途径是得到消费者对产品的肯定，而质量是消费者是否接受产品的一个重要评价标准。质量成本形成于产品生产经营的全过程，从产品的设计开始直至产品销售后都存在着质量成本的驱动因素。如果产品设计中选择昂贵的零部件，则产品的质量就高，但成本也高。可见产品质量与成本是一对矛盾体，提高质量的同时可能会导致成本的上升，而降低质量虽然可以降低成本，但有可能会失去客户而降低企业的经济效益。基于此，企业不能以降低产品的质量来降低成本，必须充分分析质量成本动因，从质量和成本两个层面来定位企业的质量策略，在追求成本降低的同时，应确保产品的质量和用户的利益。

③生产能力模式。生产能力模式是指企业生产能力利用的程度。它是在企业建设规模既定的前提下，如果提高生产效率可能对成本所产生的影响。如进行技术改造、采用先进的生产管理方法等。通常一定生产能力模式的采用会影响产品的产量和固定成本，通过提高产量可以起到降低单位固定成本的作用，即使单位变动成本上升，只要单位固定成本的降低高于单位变动成本的上升，其模式的改变就是有效的。一般认为，固定成本占比较大的企业，生产能力模式的选择对其成本的影响更为明显。基于此，企业应该合理选择生产方式，最大限度地提高生产能力利用率，但需要注意的是，这种生产能力的提高应该是企业整体生产能力利用率的提高而不是某一个生产部门生产能力的提高，否则某些部门可能会出现存货积压的现象。

④工厂布局。工厂布局是指企业内部布局所体现的效率。一个企业的组织布局与生产布局的合理与否也会影响产品的成本，如果一个企业管理机构庞大、臃肿，必然使得管理成本等所占比例不断上升，从而提高产品的全部成本，进而导致产品的获利能力降低；如果一个企业内部的生产布局不能满足客户多样化的产品需求变动，产品不能实现制造单元式的生产，则生产中的存货成本就不可避免。基于此，企业应该以客户为中心安排生产，并合理布局，管理组织结构的设置应该采用扁平式的管理结构而不是传统的垂直一体化式的组织结构。

⑤联系。联系是指企业各项价值链活动之间的相互关联性及制约关系。这种关联既包括企业与供应商和客户之间的关联程度，也包括企业内部各种价值活动之间的关联程度。实质上，这种关联反映的是完整企业价值链中的各项作业的关联程度。企业价值链中各项活动能否为企业创造价值，企业与供应商和客户之间能否结为战略联盟，这些对企业的成本降低是至关重要的。基于此，企业应采取一切措施优化企业的价值链，协调好各方面之间的关系，使每一项活动密切相关，并能为企业创造价值。

（5）结构性成本动因与执行性成本动因的关系。

无论是结构性成本动因，还是执行性成本动因，都与企业的决策相关，具有战略性，都是产品生产前出现的成本驱动因素，对生产中的成本高低有着直接的影响，这是二者的共性之处。二者的不同主要表现在以下几点：一是，二者出现的先后顺序不同。虽然结构性成本动因与执行性成本动因都出现在产品生产前，但结构性成本动因会先予执行性成本动因而出现，只有在结构性成本动因决定后才会有执行性成本动因出现。二是，二者影响的层面不同。结构性成本动因常常直接影响企业的大部分约束性固定成本，其成本动因一旦确定，多导致的成本常常难以变动，对企业的影响持久而深远；而执行性成本动因常常影响未来生产的效率，与未来的生产过程直接相关。三是，二者的影响程度要求不同。由于结构性成本动因由企业的基础经济结构而形成，基础经济结构的程度越高意味着所需成本越高，这可能会由于销售无法实现预期目标而导致不经济，因此结构性成本动因的程度不是越高越好；由于执行性成本动因影响的是企业效率，效率应该是越高越好，越高会促使企业成本降低，因此操作性成本动因的程度越高越好。

（6）战略成本动因与战术成本动因的关系。

近年来，成本动因的提出为成本控制提出了一个崭新的视觉。战略成本动因与战术成本动因是两类不同的成本动因，战术成本动因包括资源动因和作业动因，资源动因和作业动因在作业成本核算中已经阐述。识别战略成本动因与战术成本动因旨在寻求有效降低成本的途径，它们二者之间既有联系又有区别。

二者的联系主要表现在以下几点：一是，都具有隐蔽性。无论是战略成本动因还是战术成本动因，都具有隐蔽性，它们是成本之后的驱动因素，一般不易被发现。二是，都可以降低成本。无论是战略成本动因还是战术成本动因，如果对其进行分析，都可以达到有效降低成本的目的。三是都有助于企业的长期发展。无论是战略成本动因还是战术成本动因，都关乎企业的长期发展，战略成本动因是生产前所采取的措施，而技术成本动因是对每项经营活动所采取的措施，这些措施都是企业获得低成本优势所必需的。

二者的区别主要表现在以下几点：一是，发生的时点不同。战略成本动因发生在真实的成本形成之前，它是对成本源头实施的控制，能够消除产品的先天高成本；而战术成本动因与其不同，战术成本动因发生在产品生产经营过程中，属于事中及事后的成本控制。二是，表现的计量性不同。总体来看，战略成本动因常常涉及定性因素，直接计量各因素对成本的影响十分困难，因此只能从战略层面进行总体的成本和收益分析，由此导致战略成本动因不具有可计量性；而战术成本动因与其不同，战术成本动因是分配资源和分配作业成本的标志，因此可以计量。三是起因不同。战略成本动因常常与企业的战略、战术决策相关，因此起因于决策；而战术成本动因与其不同，战术成本动因发生在生产经营活动中，起因于一项一项具体的活动。

4. 战略决策

企业在价值链分析、竞争能力分析、战略成本动因分析的基础上，可以综合各方面因素的作用进行战略决策，包括是否实施低成本的决策、日常经营决策以及如何生产决策等。

(1) 是否实施低成本的决策。

迈克尔·波特教授于1985年提出三大竞争战略：低成本战略、差异化战略和集聚战略。企业是否采用低成本战略需要进行战略抉择。

①低成本战略的内涵。低成本战略也称为成本领先（cost leadership）战略，是指企业通过提供比竞争对手成本更低的产品或服务来超过并战胜竞争对手的一种竞争战略。实施该战略，企业通过采取降低成本的措施，能够在较低的价格下维持适当的利润，进而通过价格之战，挤垮竞争对手。这种战略常常在广泛的产业内谋求竞争优势，成本领先企业常常避免局部市场，而在较为广阔的市场中占有较大的市场份额，并在成本和价格上具有竞争优势。

②低成本战略的实施途径。成本领先战略要求企业根据经验积极探索降低成本的途径，将成本降低的理念贯穿到企业价值链的全过程，可以从以下几个层面考虑降低成本：一是简化产品功能，将产品或服务中添加的不必要功能（或称花样）全部取消；二是进一步改进产品设计；三是尽可能地节约材料；四是尽可能地降低人工成本；五是采用自动化生产方式；六是取消信用等级很低的客户；七是降低销售成本和广告费等。

③低成本战略实施面临的风险及应对措施。实施低成本战略可能会使企业存在一定的风险，风险主要表现在以下几点：一是成本的降低有可能影响到产品的质量从而降低企业的利润；二是有可能由于一味关注成本而使企业丧失对市场变化的预见能力；三是新加入者可能会后来居上，使企业失去成本的竞争优势；四是容易受外部环境影响，当外部市场对企业不利时可能会丧失应对能力等。

如果要应对低成本所带来的风险，企业应做到以下几点：一是坚持降低成本不能降低质量的最低降价底线；二是抵挡住竞争对手的对抗，设置竞争者进入的障碍；三是抵御购买者的讨价还价以及供应商的提价行为；四是树立相对于替代品的竞争优势。

④低成本战略实施的前提条件。不是所有的企业都可以实施低成本战略的，一般认为在以下几种情况下可以采取低成本战略：从企业的外部环境看，一是同行中价格竞争激烈；二是产品基本上是标准化或同质化的产品，产品实现差异化的途径较少；三是客户使用产品的方式大部分相同；四是消费者的转换成本低或具有较大的降价谈判能力等。从企业的内部环境看，一是低成本扩张所需的资金有来源；二是产品设计不复杂；三是具有加工工艺技能；四是具有低成本分销系统。

如果企业上述条件不具备，就需要考虑差异化战略或集聚战略。所谓差异化战略也称为别具一格战略，是指企业通过使产品具有独特性而超过或战胜竞争对手的一种战略。这种战略要求企业生产的产品在消费者眼中感觉新颖、别具一格，如质量一流、外观新颖等，从而能够以较高的价格出售，并赢得市场。所谓集聚战略也称为集中一点战略，是指企业选择市场中的某个特定部分，在特定细分市场中取胜的一种竞争战略。这种战略要求企业关注特定的顾客群、特定的地理区域等，使其产品适合于这一特定的细分目标市场，而不顾及其他市场。

（2）日常经营决策。

日常经营中，影响利润的因素很多，有时企业会面临是扩张还是内部挖潜。是提高价格还是降低价格的决策，这些决策与企业的成本结构密切相关。

①是扩张还是内部挖潜的决策。扩张是指企业通过采取措施增加销售量进而提高利润的策略。内部挖潜是指企业通过内部降低成本进而提高利润的策略。对此进行决策，可以视企业的贡献毛益率而定。一般贡献毛益率高的企业应该选择增加收入的策略；贡献毛益率低的企业可以选择降低成本的策略。

【例7－3】假定有甲、乙、丙三个企业，它们的销售收入都是100万元，销售成本都是90万元，但成本结构不同，三个企业的变动成本率分别为80%、45%、10%。假定三个企业的销售量都增长10%，或三个企业的固定成本都降低5万元。

要求：计算三个不同企业现有的利润以及采取措施后的利润变动率，并对此结果进行分析。

分析：依据所给资料计算三个不同企业现有的利润以及采取措施后的利润变动率，计算结果如表7－3所示。

表7－3　　甲、乙、丙三企业的利润变化表　　单位：万元

项目＼企业		甲	乙	丙
现有	销售收入	100	100	100
	变动成本	80	45	10
	固定成本	10	45	80
	总成本	90	90	90
	税前利润	10	10	10
	贡献毛益率	20%	55%	90%

续表

项目 \ 企业		甲	乙	丙
增加销售量	销售收入	110	110	110
	变动成本	88	49.5	11
	固定成本	10	45	80
	总成本	98	94.5	91
	税前利润	12	15.5	19
	利润变动率	20%	55%	92%
降低固定成本	销售收入	100	100	100
	变动成本	80	45	10
	固定成本	5	40	75
	总成本	85	85	85
	税前利润	15	15	15
	利润变动率	50%	50%	50%

表7－3的计算结果表明，甲企业的贡献毛益率低，为20%，采取措施降低固定成本后的利润变动率较增加销售量后的利润变动率要高；而丙企业与其不同，贡献毛益率高，为90%，采取措施降低固定成本后的利润变动率明显低于增加销售量后的利润变动率，这意味着，对于贡献毛益率高的企业，采取措施增加销售量对企业的盈利更加有利；而对于贡献毛益率低的企业选择降低成本对企业的盈利更加有利。

②是提高价格还是降低价格的决策。实务中，产品价格的上升或下降常常影响销售量，在产品价格弹性一定的前提下，对于贡献毛益率高的企业应该选择降低价格的策略，而对于贡献毛益率低的企业应该选择提高价格的策略。

【例7－4】假定甲企业贡献毛益率分别为20%、55%、90%时的利润水平如前述的甲、乙、丙三企业的水平，即假定甲企业三种不同情况下的利润水平如前述资料。另外假定甲企业三种情况下的目前售价都是1万元，销售量都是100万件。如果价格上涨10%，预计销售量将降低5%。

要求：计算三种不同情况下价格上涨、同时销售量下降时的利润变动率，并对此结果进行分析。

分析：依据所给资料计算的价格上涨、同时销售量下降时三种不同情况下的利润变动率如表 7 – 4 所示。

表 7 – 4　　甲企业三种不同情况下的利润变化表　　单位：万元

项目＼企业	情况一	情况二	情况三	情况一利润变化	情况二利润变化	情况三利润变化
销售收入	100	100	100	104.5	104.5	104.5
变动成本	80	45	10	76	42.75	9.5
固定成本	10	45	80	10	45	80
总成本	90	90	90	86	87.75	89.5
税前利润	10	10	10	18.5	16.75	15
利润变动率	—	—	—	85%	67.5%	50%
贡献毛益率	20%	55%	90%			

表 7 – 4 的计算结果表明，如果甲企业三种情况下的销售收入相同，总成本相同，但成本结构不同，进而导致不同情况下的贡献毛益率不同，此时分别三种情况提高价格 10%，同时降低销售量 5%，比较利润率的变化情况可以看出，当贡献毛益率低时，即第一种情况下，提高价格的效果最为明显，利润变动率为 85%，而当贡献毛益率高时，即第三种情况下，提高价格导致利润的变动率较前者要低，仅为 50%。这意味着，贡献毛益率高时，企业可以降价，贡献毛益率低时，企业应该提高价格。

（3）如何生产决策。

企业日常生产决策中，有时会面临如何生产的决策，如零部件是自制还是外购的决策等，决策中不能单纯依据传统生产决策方法进行决策，因为传统方法中可能会忽略一些非计量因素，而这些因素对企业的发展是至关重要的，在这种情况下，企业应该站在战略的高度，结合价值链分析、竞争能力分析等，综合各方面因素后才能进行决策。

【例 7 – 5】某计算机信息公司是北卡罗来纳州德海姆地区的一家小型企业。由于公司在服务和可靠性方面有很好的信誉，因此顾客在不断增长。该公司所需零部件的采购成本是 500 美元，其中价值 300 美元的部分也可以自制，自制的单位材料成本是 190 美元，每月的人工和设备成本是 55 000 美元，该公司目前拟进行该部分零部件是自制还是外购的决策。

如果该公司自制零部件，需要将营销、运送货物和服务外包给德海姆的另一家公司 JBM 公司，这样每月可为该公司节约成本 175 000 美元。外包的合同价是每月平均销售600台计算机的基础上，每台的价格是130美元。

该公司利用价值链分析确定，产业价值链包括：设计、原材料采购、零部件的形成、计算机装配、销售、最终用户六个环节。除上述资料外，该公司目前的主要生产是将从外部电子公司购入的零部件和少量的金属加工件装配成产品，装配的单位成本是250美元。依据上述资料，该公司据此编制的产业价值链分析表如表7－5所示。

表7－5　　计算机信息公司的价值链分析

<table>
<tr><th colspan="2">方案
价值链</th><th>维持目前状况
（外购零部件）</th><th>自制零部件
（同时外包销售、货物运送和服务）</th></tr>
<tr><td colspan="2">设计</td><td>该公司与此价值链无关</td><td>该公司与此价值链无关</td></tr>
<tr><td colspan="2">原材料采购</td><td>该公司与此价值链无关</td><td>该公司与此价值链无关</td></tr>
<tr><td rowspan="2">零部件</td><td>外购零部件</td><td>采购这些零部件的单位成本是200美元</td><td>采购这些零部件的单位成本是200美元</td></tr>
<tr><td>自制或外购</td><td>采购这些零部件的单位成本是300美元</td><td>该公司的单位生产人工成本为190美元，外加每月固定费用55000美元</td></tr>
<tr><td colspan="2">装配</td><td>单位成本为250美元</td><td>单位成本为250美元</td></tr>
<tr><td colspan="2">销售、货物运送和售后服务</td><td>每月成本为175000美元</td><td>外包给JBM公司，单位成本为130美元</td></tr>
</table>

要求：分别按传统方法和结合战略分析分别为该企业做出零部件是自制还是外购的决策。

分析：在传统方法下，对于零部件自制还是外购的决策可以采用相关成本法决策。依据题意，假设该公司的月销售量为600台，自制和外购两方案的相关成本计算如下：

外购方案下的相关成本 $=300\times600+175\ 000=355\ 000$（美元）

自制方案下的相关成本 $=(190+130)\times600+55\ 000=247\ 000$（美元）

计算结果表明，该公司应选择自制方案，这样可以使该公司每月节约成本108 000（355 000－247 000）美元。

如果结合战略分析进行决策：

首先，该公司认为销售之所以不断增长的原因是顾客满足于该公司的服务和可靠性，这是该公司的优势，如果将该公司的销售、货物运送和服务外包给其他公司是不明智的，这样做，有可能会降低该公司的市场份额。

其次，如果该公司变外购零部件为自制零部件，这样就会使该公司走向与其他制造商进行低成本竞争的道路，而该公司的规模较小，若与产业价值链该环节中已经存在并富有竞争力的大公司（如 IBM、COMPAQ、DELL）相互竞争，该公司实行低成本竞争成功的可能性不大，因为这不是该公司的优势所在。

可见，从战略分析的角度看，还应该选择外购方案，但外购方案的成本较高，应予以高度重视；假定该公司经过进一步分析，确定了成本高的相关作业，从而为采取措施降低成本提供了依据。另外通过上述分析，该公司的竞争优势和劣势予以充分揭露，这为公司的战略修订与决策提供了重要的信息。

例 7－5 说明，实务中结合战略分析进行决策没有统一的模式可循，分析中十分灵活，分析的角度灵活、分析的思路灵活，但分析中考虑的因素基本相同：即企业的内外环境、竞争优势、竞争劣势、价值链等。

7.2.3 设计阶段目标成本控制

目标成本控制包括产品设计阶段的目标成本控制和产品生产阶段的目标成本控制，前者与源流成本控制相关，后者与实施过程成本控制相关，后者在预测分析中已阐述，这里仅说明产品设计阶段的目标成本控制。

1. 设计阶段目标成本控制的起源

基于目标成本（objective cost）在产品投产前进行的成本控制方式最早产生于 20 世纪 60 年代美国国防部武器装备的研制实践，他们有效地控制了采购成本，并提出产品全生命周期控制思想，被称为“目标成本管理”；同一时代，日本丰田汽车公司将目标成本控制思想用于新车开发和车型更新中，被称为“成本企划”。百度百科名片资料认为：目标成本管理最早产生于美国，后来传入了日本、西欧等地，并得到了广泛应用，日本将目标成本管理方法与本国独特经营机制相结合，形成了以丰田生产方式为代表的成本企划。如果回顾丰田汽车公司成本企划的产生过程，似乎这种观点不能成立。

1959 年年末，“成本企划”术语首次出现。[①] 最初提出的基本思想是，在构想、设计阶段将成本限定在目标内，然后用价值工程手段进行新车开发和车型更新，在设计、试产和生产准备等阶段，各相关部门通力合作以达到目标成本，这样逐渐开始摸索。1962 年，丰田汽车公司在生产现场开始引入价值工程，作为降低成本的主要工具。1965 年前后，首次在新型皇冠车的开发计划阶段，以当时的车

---

① 欧阳清：21 世纪高等院校会计学专业精品系列（案例）教材，十一五国家级规划教材，《成本会计学》，第 2 版，首都经济贸易大学出版社 2008 年版。

型成本管理责任者为主对成本进行分析评估，以限定成本。1967 年，丰田汽车公司制定了“成本企划实施规则”，规定了成本企划的实施步骤及其责任部门，使其成为一种制度化的组织活动。1969 年左右，在对皇冠车进行车型改造的同时，逐渐形成包括公司内部和协作企业一体化的成本企划活动并进行全方位控制，此后成本企划被运用到全部车种。几十年来，由于市场经济环境的推动，以汽车业为代表的成本企划作为日本独特的成本管理方法，有了长足的发展，并为其他行业所采用。20 世纪 90 年代初，这种实践活动开始上升为理论，成本企划成为会计理论家讨论的热点。1994 年 6 月，日本会计学会第 53 届年会由“成本企划特别委员会”发表了《成本企划研究的课题》报告草案，把“成本企划”定位于成本与管理会计的一个研究领域。

1991 年 8 月，成本企划被美国的《幸福》杂志称作“锋利的日本秘密武器”，并附有这样的说明：这是一种独一无二的成本管理体系，它帮助日本公司削减成本，与西方企业者竞争，用新产品击败对手。

从成本企划的产生以及他人的评价可以看到，成本企划与美国的目标成本管理没有关系，但成本企划的核心与美国提出的目标成本管理思想有不谋而合之处，这就是产品投产前的前馈控制，日本使目标成本管理体系更加系统化并具有成效。因此我们认为美国的目标成本管理就是日本所称的成本企划，从目标成本控制的起源看，这两个国家都可以认为是目标成本的发源地，他们之间不存在相互影响问题，至于时间先后，由于手头资料所限，我们无从得出结论，不过美国仅仅是目标成本管理的萌芽地，而日本既是萌芽地，也是完善之地。日本丰田汽车公司于 1963 年提出了成本企划、成本维持、成本改善的完整产品成本控制体系，标志着目标成本管理与成本维持和成本改善的有机结合，再加之美国的全生命周期成本控制思想的应用，使得产品成本控制体系更加趋于完善和成熟。

2. 设计阶段目标成本控制的内涵及实施步骤

（1）设计阶段目标成本控制的内涵。

设计阶段目标成本控制是指在产品设计过程中，以目标成本为控制目标，将产品的设计成本控制在目标成本范围内的一种成本控制方法。该方法旨在降低产品的设计成本，避免先天成本存在缺陷。

如果与战略成本控制方式进行比较，虽然设计阶段目标成本控制和战略成本控制都属于源流成本控制方式，但二者的不同在于，前者针对具体的产品，可以直接决定新开发或更新改造产品的未来实际产品成本的高低；而后者则针对的是企业的整体成本，它会对所有产品的成本产生影响。也就是说，战略成本控制决定所有产品大部分的共同成本水平，而设计阶段成本控制决定某产品的产品成本水平。

可见，如果设计阶段产品设计不合理，如不能充分利用企业现有的资源，或存在一些不必要的过剩功能等，就会造成先天的高成本缺陷，那么产品投产后再降低成本就十分困难，因此强调设计阶段的成本控制非常重要。

（2）设计阶段目标成本控制的实施步骤。

虽然实务中目标成本控制的具体方式各异，但在实施中的基本程序是一致的，一般需要财务人员与技术人员等通力合作，经过以下几个步骤：

①设计产品。从表面上看，开发设计新产品是技术人员的工作，与成本无关。恰恰相反，按照目标成本控制思想的要求，设计人员在产品设计过程中不仅要精通技术，而且还要贯彻经济核算原则，尽量使所设计的产品既能满足客户的功能需求，还能满足企业的经济性需求，从而为企业创造价值。

②设定目标成本。对于拟开发的新产品或改造的老产品，需要采用一定的方法，设定它们的目标成本，该目标成本在同类产品中应该具有竞争优势，这样才能确保目标利润的实现。

③分解目标成本。拟开发的新产品或待改造的老产品常常由若干个零部件组成，并经过若干个工序的连续加工，需要将产品的目标成本分解给每一个零部件，直至生产中的每一个环节。

④计算设计成本。在产品设计过程中，需要确定生产的具体工艺过程、生产方式、生产所需要的零部件种类、材料种类和质量等，并据此计算产品的设计成本。

⑤确定成本改进对象并采取措施。将产品的设计成本与目标成本进行比较，如果设计成本高于目标成本，就需要确定成本降低的具体对象，确认究竟是哪个零部件或哪个环节或哪个成本项目的设计成本高于目标成本。成本改进对象确定后，需要集中工程技术人员和管理人员等，找到设计成本或改造成本偏高的原因所在，据此提出建议并采取措施降低成本。常常有效降低成本的分析工具和方式是进行价值工程分析，利用该工具可以将成本控制在目标成本范围内。

⑥目标达成。为了实现目标成本，上述过程可能被重复，目标成本的确定可能会由于零部件的调整等而出现产品再设计→目标再设定→再分解→再改进的反复循环过程。可见，目标成本控制过程是一个不断“挤压”式的成本降低方法，最终要求设计成本低于目标成本，这意味着目标成本的达成。

3. 产品设计中的成本观

传统产品设计中，设计人员只管设计而不负责成本。但在目标成本控制体系下，对设计人员提出了更高的要求，要求设计人员设计中，不仅要设计出性能良好的产品，而且还要和成本相结合，考虑产品的经济性，贯彻产品生命周期成本控制观。

所谓产品生命周期是指产品从进入市场到退出市场所经历的导入期、发展期、成熟期与衰退期的整个循环过程。产品生命周期成本是指从产品形成直至消亡所经过各环节的总成本，包括从产品企划、研发、生产到客户使用、报废处理整个循环过程的总成本。产品生命周期成本控制观强调从生产者和消费者两个角度考虑成本，将成本控制思想延伸至产品销售后的客户维护和废弃阶段，从而将事前的设计成本控制理念拓展到整个的产品价值链。

从生产者角度看，成本包括产品的研发成本、试制成本、生产成本和营销成本。从使用者角度看，成本包括产品的维护保养成本和产品报废处置成本。因此产品生命周期成本 = 生产者成本 + 使用者成本，即产品生命周期成本 = 生产者的全部制造成本 + 消费者的消费成本。显然产品生命周期成本已经超越了传统意义上的成本控制范畴，它不仅考虑传统意义上的生产者成本，而且考虑使用者成本，致使成本控制观念发生变化，从企业观发展到社会观。强调该成本控制观念的目的，旨在站在消费者利益角度进行思考，从而满足消费者的消费需求，不断赢得潜在的用户，进而增加企业的价值。

相关链接

美国的汽车消费者

从20世纪70年代一直到现在，在汽车生产大国——美国的高速公路上却跑着很多日本生产的汽车，美国的许多个人消费者更愿意购买日本的汽车，为什么？据调查分析，大多数顾客之所以用日本车，是因为日本车更经济，日本车不仅耗油量低，而且维修费用也低，这就是美国人愿意购买日本车的奥妙之所在。显然日本汽车生产商实施的汽车生命周期成本管理赢得了美国消费者的心，取得了显著的成效。

4. 设计阶段目标成本的确定

产品设计阶段的目标成本是控制产品设计成本的标准，一般由成本管理人员提出，可以采用的测算方法有：倒推预测法、选择预测法和比率预测法等。其中选择预测法与第4章中的目标成本选择预测方法相同，倒推预测法与第4章中的该方法基本相同，唯一区别在于预测的值是单位目标成本而不是目标成本总额。

比率预测法是依据成本利润率来测算单位产品目标成本的一种预测方法。如果将营业税金及附加单独反映，这种方法要求事先确定先进的成本利润率，调查用户可以接受的价格或具有竞争性的市场价格，并以此推算目标成本。相关计算公式如下：

$$\text{单位产品目标成本} = \frac{\text{产品预计价格} \times (1 - \text{营业税金及税率})}{1 + \text{成本利润率}} \qquad \text{式} 7-2$$

【例7-6】某企业准备开发一种新产品，财务人员经过调查确定的产品目标售价为10 000元，成本利润率为25%，假定按照制度规定，需要缴纳的营业税金及附件税税率为10%。

要求：预测该新产品的目标成本。

分析：依据所给资料进行计算。

$$新产品单位目标成本 = \frac{10000 \times (1 - 10\%)}{1 + 25\%} = 7200（元）$$

比较倒推预测法、选择预测法和比率预测法，如果倒推预测中按照单位目标成本=预计售价(1－营业税金及附加税税率)－目标利润确定，实际上，比率预测法是倒推预测法的延伸，二者只是计算形式不同而已。

比较产品设计阶段采用的倒推预测法和产品投产实施过程中的倒推预测法，方法基本相同，不同在于预测值，前者预测的是设计阶段的单位目标成本，而后者预测的是产品目标成本总额或企业总体的目标成本总额。因为目标要与责任考核挂钩，因此后者反映的是总额。

5. 设计阶段目标成本的分解

产品设计目标成本确定后，需要将其按照设计的生产形式分解到产品的零部件或各工序或各成本项目。可以采用的目标成本分解方法有以下几种：

（1）按成本项目占比分解。

这种方法是根据新产品各成本项目占成本总额的比重，将目标成本分解为直接材料、直接人工和制造费用三个成本项目的一种成本分解方法。确定新产品各成本项目占比时，既可以依据老产品或类似产品的实际成本资料，测算料、工、费各项占成本的比重，也可以依据设计工艺中所确定的技术定额，如所耗材料消耗定额、产品计划单价、产品工时定额、计划小时工资率等测算各成本项目的设计成本占比；然后将新产品的目标成本乘上各成本项目的比重，即可求得新产品的直接材料、直接人工、制造费用的目标成本。此种方法通常适用于简单生产的新产品的目标成本分解。

（2）按产品组成分解。

如果设计的新产品或改造的老产品是由若干个零部件所构成，属于装配式生产组织方式，分解目标成本时可以按其产品组成或称产品结构分解目标成本。即将产品目标成本分解到各零部件目标成本的一种成本分解方法。具体分解时，可以采用以下两种方法：一种是根据功能评价系数进行分解；另一种是根据各零部件的成本占比进行分解。

①根据功能评价系数进行分解。这种方法利用价值工程分析原理，确定各零部件的功能，通过打分确定各零部件的功能系数并据此分解目标成本。所谓产品功能是指产品具有的满足消费者需要的效能和作用。它与产品成本密切相连，通常认为功能多，质量好的产品，成本就高一些；反之，成本就低一些。功能系数常常采用0～1评分法予以确定，即将各个零部件的功能一一进行相互重要程度的对比并打分，重要

的打一分，次要的打0分。功能系数是某一零部件得分与全部零部件得分合计的比值。计算公式如下：

$$功能评价系数 = \frac{某一零部件得分}{全部零部件得分合计} \qquad 式7-3$$

实际工作中，也可以采用0~4评分法确定功能评价系数，重要的打4分；较重要的打3分；次重要的打2分；不太重要的打1分；不重要的打0分。根据计算的功能评价系数，用其与产品目标成本相乘就可以确定各零部件的目标成本。

②根据各零部件的成本占比进行分解。这种方法一方面可以参照老产品或类似产品的实际成本资料，计算各零部件成本占产品成本的比重，并根据新产品的零部件构成及其材质、重量和复杂程度等，确定成本调整系数并据此分解目标成本。分解时，只要用新产品目标成本乘上调整后各零部件的成本系数，就可以将产品目标成本分解为零部件的目标成本。另一方面还可以根据工艺设计说明书直接计算各零部件的设计成本占比，并据此将产品目标成本分解为零部件的目标成本。

比较上述两种方法，如果从成本分解的科学性来讲，按功能评价系数分解的新产品目标成本体现了产品功能与成本的关系，较按零部件成本占比分解的目标成本更加合理，从而使其更具有科学性。

（3）按制造过程分解。

如果设计的新产品或改造的老产品是由若干个步骤连续加工完成，属于连续式生产组织方式，分解目标成本时，可以按照产品成本形成的逆方向分解目标成本。即由产品目标成本依次倒推前一步骤的半成品目标成本，并将各步骤的半成品目标成本依据各步骤的成本项目占比将其分解为该步骤的直接材料、直接人工和制造费用。确定各步骤或各成本项目成本比重时，既可以根据老产品或类似产品的实际成本资料结合新产品调整确定，也可以根据产品设计成本直接进行分解。

6. 设计成本的计算

产品设计方案完成后，还需要根据产品的设计图纸测算产品的设计成本，它反映新产品正常投产后的成本。在实际工件中，可以采用以下方法进行测算：

（1）直接测算法。

直接测算法是根据设计方案的技术定额来直接测算新产品或改造老产品设计成本的一种预测方法。如果新产品或改造老产品的单位技术资料齐全，可以直接测算其单位成本，即按设计方案规定的产品所耗用各种原材料的消耗定额和计划单价，测算直接材料成本；按规定的产品工时定额、计划小时工资率及相关人工计提比率，测算直接人工成本；按产品工时定额和各项费用的计划小时费用率，测算制造费用，加总后就是产品的设计成本。实务测算中，企业发生的共同成本常常需要在新老产品之间进行分摊，在这种情况下，需要根据新产品或改造老产品设计方案中完备的各项技术经济定额以及预计年生产能力等方面的资料，并结合原有产品的相关资料，通过计算分摊确定设计产品的直接材料、直接人工和制造费用等成本项目，从而预测设计产品的各成本项目的总成本和单位产品成本。

【例7－7】某企业在生产原有产品甲与产品乙的同时，开发新产品丙，目前新产品丙的研制工作已经完成，该企业在决定将其投入批量生产之前，结合各项技术经济指标，拟预测丙产品的设计成本，有关资料如下：（1）新产品预计年生产8000件，销路不成问题。（2）新产品研究开发投资100万元，其中：增添专用设备30万元，年综合折旧率为9%；扩大厂房投资32万元，年折旧率为6%；用于专有技术投资38万元，按规定分10年摊销。专用设备年维修费按年折旧额的40%计算，厂房年维修费按年折旧额的25%计算。（3）新产品设计方案中有关材料、燃料与动力消耗情况如表7－6所示。（4）企业预计新产品投产后不需要增加新的生产工人。该企业年度生产工人工资总额及职工福利费等为120万元。新产品单位定额工时为10小时/件，原生产的甲产品单位定额工时为16小时/件；乙产品的单产品定额工时为14小时。（5）扣除新产品的专用设备及厂房的折旧费和维修费，企业制造费用总额为50万元。

表7－6　　丙产品材料、燃料与动力消耗

技术经济指标	单耗	单价	合计（元）
原材料A	14千克/件	10元/千克	140
原材料B	6千克/件	8元/千克	48
原材料C	8千克/件	15元/千克	120
原材料D	12千克/件	7元/千克	84
合计	—	—	392
燃料（煤）	15千克/件	0.9元/千克	13.5
动力（电）	28度/件	0.5元/度	14
合计	—	—	27.5

要求：预测丙产品的设计成本。

分析：依据所给资料，进行计算。

$$丙产品直接工资单位成本 = 1\ 200\ 000 \times \frac{10}{10+16+14} \div 8\ 000 = 37.5(元)$$

专用设备折旧及维修费＝300 000×9%（1＋40%）＝37 800（元）

厂房折旧及维修费＝320 000×6%（1＋25%）＝24 000（元）

$$\text{丙产品专用设备与厂房折旧及维修费单位成本} = \frac{37\ 800 + 24\ 000}{8\ 000} = 7.725(\text{元})$$

$$\text{丙产品共同制造费用单位成本} = \frac{500\ 000 \times \frac{10}{10 + 16 + 14} + \frac{380\ 000}{10}}{8\ 000} = 20.375(\text{元})$$

据此编制的丙产品设计成本预测表如表 7－7 所示。

表 7－7　　新产品丙的设计成本预测表　　单位：元

成本项目	单位成本	总成本（8 000 件）
直接材料	392	3 136 000
燃料动力	27.5	220 000
直接工资	37.5	300 000
制造费用	28.1	224 800
合计	485.1	3 880 800

（2）概算法。

概算法是借助于直接测算法的测算原理，只依据技术定额测算直接材料的设计成本，其他成本项目比照类似产品成本中这些项目所占的比重来估算新产品设计成本的一种预测方法。计算公式如下：

$$\text{产品设计成本} = \frac{\text{原材料成本}}{1 - \text{类似产品工资、制造费用占总成本的比重}} \quad \text{式 7－4}$$

实际工作中，如果直接人工在产品成本中所占比重较大，也应该按直接法测算，只有制造费用项目可以比照类似产品的制造费用成本占原材料及工资成本的比重进行概算。计算公式如下：

$$\text{产品设计成本} = \left(\text{原材料成本} + \text{人工成本}\right)\left(1 + \frac{\text{类似产品制造费用占}}{\text{原材料及工资成本的比重}}\right) \quad \text{式 7－5}$$

利用概算法推算设计成本要求所选参照产品必须类似，否则不能采用。概算法较直接测算法简便易行，但预计的精确度较后者差。

【例 7－8】沿用例 7－7 中原材料及产量的相关资料，直接工资、制造费用两个成本项目比照类似产品成本中这些项目的比重测算，其比重分别为 9%、6%。假定不涉及燃料及动力费。

要求：预测丙产品的设计成本。

分析：依据所给资料进行计算。

$$丙产品设计成本 = \frac{3\ 136\ 000}{1-(9\%+6\%)} = 3\ 645\ 511.63(元)$$

直接工资 = 3 645 511.63 × 9% = 328 096.05（元）

制造费用 = 3 645 511.63 × 6% = 218 730.70（元）

（3）分析法。

分析法是通过对新、老两种产品在结构上、用料上、工艺上进行对比分析，计算其差异成本并进行增减调整，以确定新产品设计成本的一种预测方法。此法适用于开发的新产品与原有老产品类似情况下采用，否则不能用。

7. 价值工程分析在设计阶段目标成本控制中的应用

所谓价值工程分析即产品功能成本分析，它是以分析产品的零部件应具有的功能为出发点，力求以最低最合理的成本代价来保证产品必要功能得以实现的一种技术经济分析方法。其理论依据是，产品功能决定产品成本的水平，功能高，成本就高；反之，就低。利用该种分析可以有效地将产品的设计成本控制在目标成本的范围内。

就价值工程分析的内容而言，实际上非常多，单纯设计阶段的成本控制，可以相对简化其分析程序，可以按照以下步骤确定其成本改进对象：步骤一，确定产品的目标成本；步骤二，确定零部件的功能系数并分解目标成本。功能系数即按照前述打分法所确定的零部件得分的占比。依据该比例可以将目标成本分解给各个零部件；步骤三，计算零部件的设计成本系数。该系数是测算的零部件设计成本的占比；步骤四，确定成本改进对象并采取措施。成本改进对象以计算的价值系数为基础确定。所谓价值系数是指每一元产品成本能够获得的产品功能。它反映功能和成本的比例是否合适。计算公式如下：

$$价值系数 = \frac{功能系数}{成本系数} \qquad 式7-6$$

如果价值系数大于1，说明零部件的功能较大或成本较低，这种状态比较理想，该种零部件的成本具有上升的空间；如果价值系数趋近于1，说明功能与成本比例适宜，不必改进；如果价值系数小于1，说明功能可能不太大或成本过高，这是成本改进的目标。

【例7-9】某企业开发的新产品甲由A、B、C、D、E五个零部件组成，其功能评分，以及依据各种技术经济定额测算的单位设计成本如表7-8所示。如果企业要求新产品甲的销售利润率为30%，预计产品售价为40 000元。

要求：分解甲产品目标成本并对产品设计成本与目标成本的差额进行分析。

表 7-8 甲产品功能评分及相关成本资料表

零件名称	A	B	C	D	E	得分累计	设计成本（元）
A	×	1	1	0	1	3	8 000
B	0	×	1	0	1	2	9 000
C	0	0	×	0	1	1	6 000
D	1	1	1	×	0	3	7 000
E	0	0	0	1	×	1	2 000
合计						10	32 000

分析：依据所给资料，首先计算甲产品的目标成本。

甲产品的目标成本 =40 000 -40 000 ×30% =28 000（元）

然后根据评分计算零部件的功能系数、成本系数、价值系数，并依据功能系数分解产品目标成本，相关计算结果如表 7-9 所示。

从表 7-9 可以看出，零部件 B 和 C 的价值系数小于 1，是重点改进的对象，成本需分别降低 3 400 元和 3 200 元；而零部件 A、D、E 的价值系数均大于 1，说明该类零部件属于弹性成本，实际工作中，如果增加该类零部件的功能则可以适当提高其成本，如果该类零件的功能保持不变，则不能再提高其成本，此时可以作为实现总体目标成本的补充值，即当零部件 B、C 无法实现其成本降低目标时，可以由这些弹性成本来抵补。就零部件 B 和 C 而言，应首先考虑通过改进产品工艺或生产方式，或选择替代材料等方式降低成本，最后才能考虑其他弹性成本的抵补。

表 7-9 甲产品价值分析计算表

零件名称	功能系数 ①	设计成本 ②	成本系数 ③	价值系数 ④ = ① ÷ ③	目标成本 ⑤ = ⑤合计 × ①	成本降低额 ⑥ = ② - ⑤
A	0.3	8 000	0.25	1.2	8 400	-400
B	0.2	9 000	0.28125	0.71	5 600	3 400
C	0.1	6 000	0.1875	0.53	2 800	3 200
D	0.3	7 000	0.21875	1.37	8 400	-1 400
E	0.1	2 000	0.0625	1.6	2 800	-800
合计	1	32 000	1	—	28 000	4 000

7.3　事中与事后成本控制方式

7.3.1　标准成本控制

标准成本控制产生于20世纪初的美国，它并非是一种单纯的产品成本计算方法，旨在克服实际产品成本核算的缺陷，控制产品成本。

1. 标准成本控制概述

（1）标准成本控制的内涵。

标准成本控制，也称为标准成本制度（standard cost system），或称标准成本会计，是指围绕着各产品及其成本项目的标准成本而设计的，将产品的事前规划、事中控制以及事后核算有机结合的一种成本控制体系。标准成本控制的对象是产品，其内容包括：产品生产前的标准成本制定、产品生产过程中的标准成本核算及成本差异的计算、期末成本差异的账务处理及分析。成本控制的关键在于成本差异的揭示与分析，通过揭示差异，寻找原因，并采取措施消除差异，从而达到控制成本的目的。

（2）标准成本控制较实际成本核算的优势及适用范围。

传统成本核算采用的是实际成本核算制度，这种核算只能在事后进行，前后车间成本核算中存在等待问题，另外将合理成本与可避免成本混在一起计入最终的产品，因此无法控制生产过程中的损失和浪费。标准成本控制体系与其不同，核算中借助于标准成本可以及时核算产品成本，从而可以避免前后车间实际成本核算中的等待问题，另外生产过程中通过揭示差异，可以控制生产过程中的损失和浪费，因此标准成本控制体系较实际成本核算具有显著的优势，它将核算与控制融为一体。

虽然标准成本控制体系具有显著的优势，但不是所有的企业都可以采用的，它一般适用于产品标准化生产式的工业企业采用，也就是大批量生产的工业企业采用，如果企业的产品变化快，则标准不易把握，因此不宜采用。

（3）标准成本控制的实施步骤及内容。

标准成本控制实际上是一个针对产品，融事前规划、事中控制以及事后核算而形成的一个有机控制整体，具体实施程序为：①采购及产品前制定产品的标准成本；②采购及生产过程中根据实际发生和事先制定的标准核算差异；③期末按照标准成本核算半成品及产成品的成本；④期末采用一定的方法分配差异；⑤计算产品的实际成本；⑥分析差异并落实责任。

从上述步骤可以看出，标准成本控制体系以标准成本核算为基础，关注生产过程中以及事后的差异揭示和分析反馈，重在控制。如果不考虑具体的核算，仅从控制角度出发，本章涉及的内容主要是：事前的标准成本制定以及产品经营过程中的差异揭示及分析。

（4）标准成本控制的作用。

随着标准成本控制体系的逐渐完善，该方法在西方国家工业企业广为采用。20世纪80年代初，该方法传入中国，其先进的管理方式逐渐被一些企业接受并采用。其作用主要表现在以下几方面：

①有利于避免生产中的损失和浪费。标准成本控制体系通过制定成本标准，可以事前限制各种不必要的消耗和费用的发生；在成本形成过程中，按成本标准控制支出，可以随时揭示成本费用的发生状况，明确是节约还是浪费，从而达到及时纠正偏差，降低成本的目的；产品成本形成之后，通过实际成本与标准成本相比较、分析和考核，可以及时总结经验，并为未来降低成本指出途径。

②有利于正确地进行业绩评价。由于标准成本通常选择的是在正常生产条件下制造产品应有的成本发生额，用本期实际成本与标准成本相比较，就能正确评价企业的工作质量。此外，标准成本可以用于各成本中心之间的半成品内部转移价格的确定，以此定价可以避免各成本中心的责任成本受外界因素的影响，从而有利于正确地评价部门的业绩。

③有利于产品价格决策。标准成本提供了及时性、一致性的成本信息，消除了经营管理过程中由于低效率和偶然性因素对成本的影响。所以，标准成本作为定价基础比实际成本更为及时并具有可操作性，因此更适宜满足以成本为基础的定价需求。

④有利于简化成本核算。在标准成本核算过程中，由于存货、在产品、产成品和销售成本均以标准成本计价，这样就可以大大简化成本核算的工作量，通过期末差异分配，可以及时反映产品的实际成本并提供对外会计报表，满足外部对企业的信息需求。

2. 标准成本的制定

标准成本控制体系的起点是制定产品的标准成本，如果没有标准，就没有控制，因此制定合理的标准是实施标准成本控制的前提。

（1）标准成本的内涵。

所谓标准是指一定条件下衡量和评价某项活动或事物的尺度。标准成本是指按照成本项目反映的，在已经达到的生产技术水平和有效经营管理条件下，应当发生的单位产品成本的目标。该目标应该具有先进性，企业生产工人通过努力可以达到。

标准成本不同于预算成本，标准成本是一种单位的概念，它与单位产品相联系；而预算成本则是一种总额的概念，它与一定的业务量相联系。但二者具有一定的联系，一是无论是标准成本，还是预算成本，都是一种成本目标而不是实际成本，都需要生产过程中的努力而达到；二是预算成本可以建立在标准成本的基础之上。在标准成本制度下，如果以标准成本乘以一定的业务量，就是预算成本，可见二者实际上具有一致性，只是表现形式不同而已。

（2）标准成本的种类。

实务中可供选择的标准成本有很多，主要有以下几种：历史标准成本、理想标准成本和现实标准成本。

①历史标准成本。历史标准成本是指以某产品过去已实现的成本水平为基础，剔除其中生产经营活动中的异常因素，并考虑今后的因素变动趋势而确定的一种成本目标。该目标既可以是过去实际平均成本的调整值，也可以是历史最低成本的调整值。以历史成本为标准，计算简单，但先进性不够。当国内外经济形势稳定，企业生产发展比较稳定的情况下才可以采用。

②理想标准成本。理想标准成本是指以现有的生产经营条件处于最佳状态使用前提下而确定的一种成本目标。这里的最佳状态要求生产中所涉及的全部生产要素高效利用，不允许出现损失和浪费，如工时全部有效、材料无浪费、设备无事故、产品无废品等，理想标准成本就建立在此基础上确定。这种标准是一种理想的境界，它可以激励工人超常努力，但由于要求过高，一般不能达到，可能会挫伤职工的生产积极性，因而不宜作为执行中的标准成本采用。该标准虽然是一种理想化的目标，但实际工作中制定出该目标，可以使职工明确与其的差距，并作为持续不懈的努力方向。

③现实标准成本。现实标准成本也称为预期可达标准成本，是指以现有的生产经营条件处于合理状态使用前提下而确定的一种成本目标。这里的合理状态要求生产中所涉及的全部生产要素合理有效，如合理的工作效率、正常的生产能力等，并允许有一些不能避免的低效或超量消耗发生，是一种基于正常合理运用前提下所应达到的成本。这种成本既先进，但还需努力实现，它有助于提高工作效率、有效控制成本，因此是一种可以采用的、较为实际的标准成本。

（3）标准成本的修订。

标准成本的修订是指标准成本一经制定，应该间隔多长时间进行调整修订为宜。关于此问题，主要有几种处理方式：一是几年不变。标准成本一经制定后，只要生产基本条件变化不大，就不予调整变动。由于这种标准几年保持不变，常常可以用于成本连续若干期的定基趋势分析。然而，现实中的企业环境变动较快，对未来的因素以及成本影响较大，因此固定在某一水平不调整不现实，此种分析对于成本控制的意义不大。二是一年调整一次。考虑到环境变动的影响，对所制定的标准成本一年调整一次。这种调整与业绩考核期保持一致，是一种较为现实的做法。三是一个季度调整一次。这种调整过于频繁，可能会花费企业较多的人力。

综合上述，我们主张标准成本应一年修订一次，但当年度内外部或内部环境变化对企业成本影响较大时，为了有效控制，可以对标准成本进行临时调整修订。

（4）标准成本制定的一般方式。

标准成本控制体系既可以与完全成本法结合，也可以与变动成本法结合，考虑到对外报表的编制基础，与完全成本法结合更具有现实意义。

在完全成本法下，制定标准成本时，首先需要区分生产成本各项，分别直接材料、直接人工和制造费用三项制定标准成本，然后再进行汇总就可以确定相应产品的标准成本。

在制定各成本项目的标准成本时，需要分别确定其价格标准和用量标准，两者相乘即为每一成本项目的标准成本。这样做的原因有二：一是计算差异时，将各成本项目的差异进一步区分为量差和价差，便于分析原因并落实责任；二是区分这两类差异，便于反映特定因素因环境影响而导致的变化，反映特定因素变动后的标准成本，从而使业绩评价更加客观且公正。某产品标准成本制定时的一般计算公式如下：

$$\begin{aligned}\begin{matrix}\text{单位产品}\\\text{标准成本}\end{matrix} &= \begin{matrix}\text{直接材料}\\\text{标准成本}\end{matrix} + \begin{matrix}\text{直接人工}\\\text{标准成本}\end{matrix} + \begin{matrix}\text{制造费用}\\\text{标准成本}\end{matrix} \qquad \text{式 7-7}\\ &= \sum\left(\begin{matrix}\text{某成本项目}\\\text{的价格标准}\end{matrix} \times \begin{matrix}\text{该成本项目}\\\text{的用量标准}\end{matrix}\right)\end{aligned}$$

实务中，常常通过编制标准成本卡或称标准成本单反映特定产品各成本项目的单位标准成本和单位产品的标准成本，它是日后核算成本差异的依据。

（5）直接材料标准成本的制定。

直接材料的用量标准是指生产过程中的各种材料消耗量目标。如果企业已经建立了材料定额制度，直接材料的用量标准即各种材料的消耗定额。制定直接材料用量标准时，应从工程技术部门取得产品的技术文件提供的制造单位产品所需要的各种原材料消耗量，包括构成产品实体的原材料的必要消耗量和正常的损耗量。

直接材料的价格标准是指采购过程中，企业与供应商协商所确定的订货合同中的采购价格。该价格通常包括材料买价、运杂费、检验费和正常损耗等成本，它是企业编制的计划采购价格，通常是由财务部门和采购部门共同协商制定。制定直接材料价格标准时，应选择好供应商，选择的供应商不仅要考虑其价格的高低，而且还应考虑其供货的质量，应在二者之间进行权衡。

当各种材料的用量标准与价格标准确定后，就可以计算直接材料的标准成本，计算公式如下：

$$\begin{matrix}\text{某单位产品耗用的}\\\text{直接材料标准成本}\end{matrix} = \sum \begin{matrix}\text{该种产品所耗用的}\\\text{各种材料标准成本}\end{matrix} = \sum\left(\begin{matrix}\text{某种材料}\\\text{价格标准}\end{matrix} \times \begin{matrix}\text{该种材料}\\\text{耗用量标准}\end{matrix}\right)$$

式 7-8

（6）直接人工标准成本的制定。

直接人工的用量标准是指生产工人生产每一件产品时所需要的工作时间目标，即工时消耗定额。包括对产品的直接加工工时、必要的间歇和停工工时以及不可避免的废品耗用工时等。制定直接人工工时用量标准时，通常由工程技术和生产部门提供，他们需要通过"时间和动作研究"，首先按产品的加工工序制定各工序的工时用量标准，然后进行汇总就是各产品的工时用量标准。

直接人工的价格标准是指生产工人生产一件产品时的小时工资率目标。包括发放给工人的工资、奖金、津贴等，以及以此为基础计算的应付福利费等各项费用。制定直接人工价格标准时，需要由人力资源部门首先预计各工序全年应支付给生产工人的工资总额及相关的福利费等，然后预计各工序全年的标准工时总数，该值需要结合生产工人的人数、每天的工作时间以及年度内的有效工作天数（需要扣除必要的休假天数）计算，最后用支付的人工成本总额除以全年的标准工时总数就可以求得单位产品的小时工资率标准。

当生产工人生产单位产品所需的工时用量标准和小时工资率价格标准确定后，就可以计算直接人工的单位产品标准成本，计算公式如下：

$$\begin{matrix}\text{单位产品直接}\\\text{人工标准成本}\end{matrix} = \sum \begin{matrix}\text{该种产品各工序所耗用}\\\text{的直接人工标准成本}\end{matrix} = \sum\left(\begin{matrix}\text{某工序的人}\\\text{工工时标准}\end{matrix} \times \begin{matrix}\text{该工序的小时}\\\text{工资率标准}\end{matrix}\right)$$

式 7－9

其中：$$\begin{matrix}\text{某工序的小时}\\\text{工资率标准}\end{matrix} = \frac{\text{该工序预计支付的生产工人工资总额}}{\text{预计该工序的标准工时总数}}$$

$$\begin{matrix}\text{预计某工序的}\\\text{标准工时总数}\end{matrix} = \begin{matrix}\text{该工序的生}\\\text{产工人人数}\end{matrix} \times \begin{matrix}\text{每天工}\\\text{作时数}\end{matrix} \times \begin{matrix}\text{一定期间的}\\\text{工作天数}\end{matrix}$$

生产工人工资的支付形式有两种：一种是计时工资，另一种是计件工资。上述是在计时工资制下的直接人工标准成本的制定。如果企业实行的是计件工资制，不仅需要区分工序，而且还需区分等级，需要确定不同工序、不同等级生产工人的单位产品工资，确定方法与计时工资方法基本相同，计算公式如下：

$$\begin{matrix}\text{单位产品直接}\\\text{人工标准成本}\end{matrix} = \sum\left(\begin{matrix}\text{某工序的人}\\\text{工工时标准}\end{matrix} \times \begin{matrix}\text{该工序相应等级生产}\\\text{工人的小时工资率标准}\end{matrix}\right)$$

式 7－10

（7）制造费用标准成本的制定。

制造费用通常以责任部门为单位归集，因此不能按产品制定其消耗定额，只能按生产部门分别制定并汇总。由于制造费用包括变动性制造费用和固定性制造费用两类，这两类费用具有不同的成本性态，因此制定标准成本时需要区分变动性制造费用标准成本和固定性制造费用标准成本制定，汇总后就是制造费用的标准成本。

①变动性制造费用标准成本的制定。变动性制造费用的用量标准是指生产工人生产一件产品时所需要的工作时间目标。该时间可以是人工工时也可以是机器小时，如果是人工工时，生产一件产品的工时与直接人工中的单位产品工时数相等，如果是机器小时，直接人工中的工时数与制造费用中的工时数就不相等。制定单位产品变动性制造费用工时用量标准时，应分生产部门确定，将各部门不同工序中的时间加总就是

该部门的工时。

变动性制造费用的价格标准是指生产一件产品时的小时变动费用率目标。包括间接材料以及随业务量正比例变动的各项生产部门的费用。制定该标准时，需要按照部门预算的制造费用总额和预算标准工时总数，二者相除确定。

当生产部门的工时用量标准和小时变动费用率标准确定后，就可以计算变动性制造费用的单位产品标准成本，计算公式如下：

$$\text{单位产品变动性制造费用标准成本} = \sum\left(\text{某生产部门的工时用量标准} \times \text{该部门的小时变动性制造费用率标准}\right) \quad \text{式 7－11}$$

其中：

$$\text{某生产部门的小时变动性制造费用率标准} = \frac{\text{该部门预计发生的变动性制造费用总额}}{\text{预计该部门的标准工时总数}}$$

②固定性制造费用标准成本的制定。固定性制造费用的标准成本也需要区分用量标准和价格标准制定，其中用量标准与变动性制造费用的用量标准确定方法相同，价格标准是指生产一件产品时的小时固定性制造费用率目标。其确定方法与变动性制造费用的价格标准确定方法基本相同，不同在于费用的性质。单位固定性制造费用标准成本的计算公式如下：

$$\text{单位产品固定性制造费用标准成本} = \sum\left(\text{某生产部门的工时用量标准} \times \text{该部门的小时固定性制造费用率标准}\right) \quad \text{式 7－12}$$

其中：

$$\text{某生产部门的小时固定性制造费用率标准} = \frac{\text{该部门预计发生的固定性制造费用总额}}{\text{预计该部门的标准工时总数}}$$

【例 7－10】假定宏宇企业拟制定甲产品的标准成本。该企业根据技术部门提供的资料确定生产甲产品需要耗用 A、B 两种材料，并经过两个车间、三个工序的连续加工，其中第一工序发生在一车间，其余两个工序发生在二车间。该企业以直接人工工时为标志分配制造费用。考虑了设计用量和必要损耗量后的 A、B 材料的用量标准分别为：90 千克、80 千克；材料的买价加上运杂费等的预计价格分别为 20 元/千克、30 元/千克。预计一、二、三工序全年需要支付的生产工人工资总额分别为 120 万元、200 万元、150 万元，应该提取的职工福利费等比例都是 18%，各工序的生产工人人数分别为 40 人、80 人、40 人；各工序生产一件产品所需的时间分别为 20 小时、40 小时、15 小时；预计一车间全年发生的变动性制造费用总额是 34.8 万元、固定性制造费用总额为 51 万元，二车间发生的变动性制造费用总额是 42.5 万元、固定性制造费用总额为 45 万元。假定生产工人每人每天工作 8 小时，全年应工作的天数是 264 天。

要求：编制甲产品的标准成本卡。

分析：依据所给资料计算的一、二、三工序的小时工资率分别如下。

$$\text{一工序的小时工资率} = \frac{1\ 200\ 000 \times (1 + 18\%)}{40 \times 8 \times 264} \approx 16.76(\text{元})$$

$$二工序的小时工资率 = \frac{2\ 000\ 000 \times (1 + 18\%)}{80 \times 8 \times 264} \approx 13.97(元)$$

$$三工序的小时工资率 = \frac{1\ 500\ 000 \times (1 + 18\%)}{40 \times 8 \times 264} \approx 20.96(元)$$

计算的不同车间的小时变动制造费用率和固定制造费用率分别为：

$$一车间变动制造费用率 = \frac{348\ 000}{40 \times 8 \times 264} \approx 4.12(元)$$

$$二车间变动制造费用率 = \frac{425\ 000}{120 \times 8 \times 264} \approx 1.68(元)$$

$$一车间固定制造费用率 = \frac{510\ 000}{84\ 480} \approx 6.04(元)$$

$$二车间固定制造费用率 = \frac{450\ 000}{253\ 440} \approx 1.78(元)$$

据此编制的甲产品标准成本卡如表 7－10 所示。

表 7－10　　甲产品标准成本卡

项　　目	数量标准	价格标准	标准成本（元）
直接材料			
A 材料	90 千克	20 元/千克	1 800
B 材料	80 千克	30 元/千克	2 400
合计	—	—	4 200
直接人工			
第一工序	20 小时	16.76 元/小时	335.2
第二工序	40 小时	13.97 元/小时	558.8
第三工序	15 小时	20.96 元/小时	314.4
合计	—	—	1 208.4
变动性制造费用			
第一车间	20 小时	4.12 元/小时	82.4
第二车间	55 小时	1.68 元/小时	92.4
合计	—	—	174.8
固定性制造费用			
第一车间	20 小时	6.04 元/小时	120.8
第二车间	55 小时	1.78 元/小时	97.9
合计	—	—	218.7
甲产品标准成本			5 801.9

3. 标准成本差异的计算与分析

成本差异是发现问题的信号，计算成本差异是实施标准成本控制的关键，分析成本差异是落实责任、消除差异的关键。

（1）成本差异的内涵及计算与分析的目的。

所谓成本差异是指一定期间生产一定数量的产品所发生的实际成本与相关标准成本之间的差额。这里的标准成本与标准成本卡（或单）中的标准成本不同，这里的标准成本和实际成本都是总额的概念而不是单位概念，也就是说，成本差异计算中涉及的标准成本是标准成本总额概念，而标准成本卡（或单）中涉及的标准成本是单位额的概念，不同的情况下，表现的形式是不同的，因此应该区分不同情况理解其内含。

如果实际成本超过标准成本，由此计算的成本差异称为不利差异，或称超支差；如果实际成本低于标准成本，由此计算的成本差异称为有利差异，或称节约差。成本差异是发现问题的信号，无论是不利差异还是有利差异，都有可能成为成本差异分析的对象，比较而言，不利差异常常是分析的重点。

实务中计算并分析成本差异的目的有二：一是通过成本差异的信息反馈，旨在提高生产效率，消除生产中的损失和浪费；二是通过成本差异的信息反馈，检验事先制定的标准成本本身是否先进、是否过时、是否需要调整。

（2）成本差异的分析原则。

成本差异是在生产过程中形成的，生产工人的各项活动都会引发成本的发生和差异的产生，如生产工人领料时就会形成材料的领用数量差异等，期末通过累计就可以确定某个成本项目的总差异。由于产品生产中耗用的材料多样、生产环节多样，由此导致实务中的差异较多。考虑到人力和成本的制约，不是所有的成本差异都应纳入分析的范畴，差异分析中应遵循例外管理原则。

所谓例外是指那些重要的、不正常的、不符合常规的关键性成本差异。一般符合以下几个标志就可以确定为例外：

①重要性。重要性是指成本差异的金额达到一定的标准。在此标准之上的成本差异就可以作为分析的对象。一般来说，只有数额较大的差异才应给予足够的重视。这里金额的大小通常以成本差异占标准或预算的百分比来表示，如有的企业将达到差异率在10%以上的差异作为例外处理。实务中，企业可以结合实际情况确定。

②一贯性。一贯性是指成本差异从时间上达到一定的标准。此类成本差异不满足重要性标志，但一直在标准水平附近徘徊，此时虽然金额不够大，但总发生，也应引起管理人员的重视，并将其作为分析的对象。例如有利差异连续几周或几期出现，这可能意味着企业制定的标准成本已过时失效，应该修订。西方国家有些企业规定，任何一项差异持续一星期超过50元，或持续三星期超过30元，均视为例外。

③可控性。可控性是指成本差异的责任归属标志。凡成本差异属于生产人员无法控制的成本项目，即使成本差异已经达到重要性标准，也不应将其作为分析的对象。凡责任人承担的成本差异必须是其可控的成本差异，否则会挫伤责任人的积极性。

④特殊性。特殊性是指成本差异的影响性。如果出现的成本差异不符合重要性标志，但它会对企业的长期获利能力产生重要的影响，此时的成本差异也是分析的对象，应查明原因。

成本差异分析中，可控性标志是前提条件，除此之外，只要满足上述其他三项例外标志中的其中一项，就可以将其作为分析的对象，并对其加以分析。按照上述标志，无论是有利的成本差异，还是不利的成本差异都可能成为成本差异分析的对象，因为有利差异的出现可能会意味着标准成本的过时。

（3）成本差异计算的一般形式。

计算成本差异时以标准成本单为基础，根据标准成本单，计算的成本差异有产品成本差异、成本项目成本差异、数量差异和价格差异四类。其中产品成本差异称为总差异，数量差异和价格差异称为分差异；而成本项目差异既可以称为总差异，也可以称为分差异。如果相对于产品而言，成本项目差异就是分差异，如果相对于数量差异和价格差异而言，成本项目差异就是总差异。总差异与分差异之间的关系可以通过以下计算公式表示：

$$\text{成本总差异} = \sum \text{分差异} \qquad \text{式 } 7-13$$

①成本总差异计算的一般形式。计算产品或成本项目的总差异时，形式相同，相关的计算公式如下：

$$\text{成本总差异} = \begin{matrix}\text{实际产量下}\\\text{的实际成本}\end{matrix} - \begin{matrix}\text{实际产量下}\\\text{的标准成本}\end{matrix} \qquad \text{式 } 7-14$$

其中：

$$\begin{matrix}\text{实际产量下}\\\text{的实际成本}\end{matrix} = \begin{matrix}\text{实际}\\\text{生产量}\end{matrix} \times \begin{matrix}\text{实际单位}\\\text{产品数量}\end{matrix} \times \begin{matrix}\text{实际单位}\\\text{产品价格}\end{matrix}$$

$$\begin{matrix}\text{实际产量下}\\\text{的标准成本}\end{matrix} = \begin{matrix}\text{实际}\\\text{生产量}\end{matrix} \times \begin{matrix}\text{单位产品}\\\text{数量标准}\end{matrix} \times \begin{matrix}\text{单位产品}\\\text{价格标准}\end{matrix}$$

成本差异计算中，人们常常将实际产量下的实际成本简称为实际成本，而将实际产量下的标准成本简称为标准成本，这样就出现了：成本总差异 = 实际成本 - 标准成本之说。实际上这种说法是不严谨的。如果沿用这种说法，此时就必须将成本总差异计算中的标准成本理解为总额形式。根据产品成本的构成，成本总差异包括：某产品成本差异、直接材料成本差异、直接人工成本差异、变动性制造费用成本差异、固定性制造费用成本差异。其中某产品成本差异等于该产品的四个成本项目差异之和。

②数量差异和价格差异计算的一般形式。数量差异和价格差异针对各成本项目而

言。由于各成本项目可以分解为数量和价格两因素相乘形式，因此计算差异时，以其为基础，也可以将其分解为数量差异和价格差异两种形式。相关计算公式，可以由成本项目总差异公式推导而得出。

如果用 Q 表示实际生产量下的标准耗用量，$Q+\Delta Q$ 则表示实际生产量下的实际耗用量；P 表示单位消耗下的标准价格，$P+\Delta P$ 则表示单位消耗下的实际价格。依据总差异的计算公式，各成本项目的成本总差异计算形式为：

$$\text{某成本项目成本差异}=\text{实际成本}-\text{标准成本}=(Q+\Delta Q)(P+\Delta P)-Q\cdot P$$
$$=P\cdot\Delta Q+Q\cdot\Delta P+\Delta Q\cdot\Delta P$$

从上式可以看出，构成某成本项目分差异的有三个部分：$P\cdot\Delta Q$、$Q\cdot\Delta P$ 和$\Delta Q\cdot\Delta P$。其中 $P\cdot\Delta Q$ 是由于实际数量与标准数量不一致而产生的差异，称为纯数量差异；$Q\cdot\Delta P$ 是由于实际价格与标准价格不一致而产生的差异，称为纯价格差异；$\Delta Q\cdot\Delta P$ 是由于实际数量与标准数量不一致、实际价格与标准价格不一致而结合共同产生的差异，称为混合差异。

对混合差异的处理通常有三种方式：一是单独反映。将数量差异、价格差异、混合差异均分别列出，混合差异的责任由企业管理部门承担；二是分配计入。由于混合差异是由数量和价格二因素共同构成的差异，因此以二者差异为标志将计算出的混合成本差异再分配给数量差异和价格差异，由二者共同承担责任；三是计入价格差异。此时不单独计算混合差异，而是将其并入价格差异之中。

在西方标准成本制度中，采用了第三种处理方式。这样做的原因有二：一是比较数量差异与价格差异，数量差异属于完全的可控差异，而价格差异具有一定的不可控性。混合差异由两因素作用共同形式，常常难以区别控制，因此它与价格差异的性质类似；二是为了抓住主要矛盾，通常数量差异是成本控制的重点，价格差异则属于非重点成本控制对象。而混合成本差异一般数量较小，因此它不是成本控制的重点。在这一点上，它与价格差异也具有相同的性质。基于上述两点原因，将混合差异并入了价格差异，由此可以得出数量差异和价格差异一般形式的计算公式：

$$\text{数量差异}=P\cdot\Delta Q=\left(\begin{matrix}\text{实际产量下的}\\\text{实际耗用量}\end{matrix}-\begin{matrix}\text{实际产量下的}\\\text{标准耗用量}\end{matrix}\right)\times\begin{matrix}\text{标准}\\\text{价格}\end{matrix} \quad \text{式 7-15}$$

$$\text{价格差异}=(Q+\Delta Q)\cdot\Delta P=\left(\begin{matrix}\text{实际}\\\text{价格}\end{matrix}-\begin{matrix}\text{标准}\\\text{价格}\end{matrix}\right)\times\begin{matrix}\text{实际产量下的}\\\text{实际耗用量}\end{matrix} \quad \text{式 7-16}$$

西方标准成本制度的差异分析，通常是先计算价格差异，后计算数量差异。因为从实务中差异的形成顺序来看，价格差异会先于数量差异而出现，如材料价格差异在购买过程中形成，而材料数量差异则在生产领用过程中产生，先购买后领用。应该说这种先价格差异后数量差异的计算顺序具有实务基础。而中国大部分教材，依据因素分析中采用的连环替代法原理规定确定差异的计算顺序。按照连环替代法的规定，应该先替代数量因素，后替代价格因素，因此先计算数量差异，后计算价格差异，这与西方的计算顺序恰恰相反。实际上，这两种计算方式，只是先算谁、后算谁的问题，计算本身没有区别，实质上是一样的。因此，为了便于读者理解、记忆，不拘泥于表面差别，在以下差异分析中，本教材将采用中国习惯上的差异分析顺序，但这种计算顺序，并不决定实务中差异出现的先后顺序。

（4）直接材料成本差异的计算和分析。

直接材料成本差异是指某产品实际产量下的各种直接材料实际成本与其标准成本之间的差额。直接材料成本差异可以进一步分解为以下两种差异：一是材料用量差异。是指实际材料用量脱离标准用量而形成的成本差异；二是材料价格差异。是指实际材料价格脱离标准价格而形成的成本差异。相关的计算公式如下：

$$\text{直接材料成本差异} = \sum\left(\text{实际产量下耗用某种材料的实际成本} - \text{实际产量下耗用该种材料的标准成本}\right) \quad \text{式 } 7-17$$

$$= \sum \text{某种材料用量差异} + \sum \text{该种材料价格差异} \quad \text{式 } 7-18$$

其中：

$$\text{某种材料用量差异} = \left(\text{实际产量下该种材料的实际用量} - \text{实际产量下该种材料的标准用量}\right) \times \text{该种材料标准价格} \quad \text{式 } 7-19$$

$$= \left(\text{实际生产量} \times \text{实际单位产品耗用量} - \text{实际生产量} \times \text{标准单位产品耗用量}\right) \times \text{该种材料标准价格}$$

$$\text{某种材料价格差异} = \left(\text{该种材料实际价格} - \text{该种材料标准价格}\right) \times \text{实际产量下该种材料的实际用量} \quad \text{式 } 7-20$$

在计算出某产品耗用各种材料数量差异和价格差异的基础上，可以进一步分析差异产生的原因。材料数量差异反映生产领料过程中，实际领用数量脱离标准数量而形成的差异，一般来说，可能造成材料用量差异的原因主要有：材料质量差，废料过多；产品设计或工艺变更，用料标准未能及时调整；生产工人技术不熟练或不认真，造成废品、废料；机器设备效率增减，使材料耗用量发生变化等。材料用量差异发生在生产过程中，一般应由生产部门负责，但有时也可能应由其他部门负责，如材料质量低劣而引起的耗用量增加等，此时应追究采购部门的责任。

材料价格差异反映采购过程中，实际采购价格脱离标准而形成的成本差异，可能造成材料价格差异的原因主要有：材料市场价格的变动；材料采购计划编制不准确；由于在生产经营中的临时紧急进货，使买价和运输费上升；进料数量未按经济批量办理；运输安排不当，增加了材料运费和途中损耗；没有在折扣期内及时付款，失去信用优惠，等等。材料价格差异发生在采购过程中，一般应由采购部门负责。在分析材料价格差异时，应注意区分可控差异和不可控差异。可控差异常常由主观因素引起，如供应商选择的远近等，对于此类差异可以追究责任；而对于不可控差异，由于不可控差异由客观因素引起，因此即使发生也不能追究责任，如材料整体市场价格的上涨等。

需要特别说明的是，实务中，可以以采购数量而不是生产领用数量直接计算材料的价格差异，在这种情况下，价格差异计算中依据的实际用量与用量差异计算中依据实际用量不是同一个数据，前者是采购数量，后者是领用数量，由此计算的用量差异和价格差异的合计值与直接材料总差异不相等，因为直接材料总差异计算中依据的是领用数量。

【例7－11】沿用例7－10的标准成本卡资料。假定宏宇企业某年1月份实际生产甲产品100件，实际耗用A材料94千克，耗用B材料78千克，A材料的采购价格是19元，B材料的采购价格是32元。

要求：计算甲产品直接材料的相关成本差异。

分析：依据所给资料，甲产品直接材料的相关成本差异包括：直接材料成本项目差异（总差异）以及各种材料的数量差异和价格差异，相关的计算如下。

直接材料成本差异＝A材料成本差异＋B材料成本差异

＝（100×94×19－100×90×20）

＋（100×78×32－100×80×30）

＝－1 400＋9 600＝＋8 200（元）

其中：A材料用量差异＝（100×94－100×90）×20＝＋8 000（元）

A材料价格差异＝（19－20）×9 400＝－9 400（元）

B材料用量差异＝（100×78－100×80）×30＝－6 000（元）

B材料价格差异＝（32－30）×7 800＝＋15 600（元）

以上计算结果表明，甲产品直接材料的实际成本高出标准成本8 200元，为不利差异，是由A材料有利差异1 400元和B材料不利差异9 600元构成。其中，A材料的实际用量超出标准用量，造成了用量成本差异超支8 000元，但B材料的实际耗用量低于标准用量，用量差异为有利差异，节约成本6 000元；A材料由于实际采购价格低于标准价格而节约成本9 400元，但B材料的采购价格高出标准价格2元，导致产生不利价格差异15 600元。由于数量因素和价格因素共同作用，从而最终导致直接材料成本超支。可见，A材料在价格方面的控制效果显著，而B材料在用量方面的控制效果显著；生产部门应加强对A材料的用量控制，而供应部门应该加强对B材料采购价格的控制。如果要落实责任，还需进一步结合实际再深入分析，分析什么原因导致材料用量超支，什么原因导致价格上涨。

（5）直接人工成本差异的计算和分析。

直接人工成本差异是指某产品实际产量下的直接人工实际总成本与其标准总成本之间的差额。直接人工成本差异可以进一步分解为以下两种差异：一是人工效率差异。即用量差异，是指实际人工工时脱离标准工时而形成的人工成本差异；二是人工价格差异。是指实际小时工资率脱离标准小时工资率而形成的人工成本差异。相关的计算公式如下：

$$\text{直接人工成本差异}=\sum\left(\text{某工序实际产量下直接人工实际成本}-\text{该工序实际产量下直接人工标准成本}\right)\quad\text{式 7-21}$$

$$=\sum\text{某工序直接人工效率差异}+\sum\text{该工序直接人工价格差异}\quad\text{式 7-22}$$

其中：

$$\text{某工序直接人工效率差异}=\left(\text{该工序实际产量实际工时}-\text{该工序实际产量标准工时}\right)\times\text{该工序标准人工工资率}\quad\text{式 7-23}$$

$$\text{某工序直接人工价格差异}=\left(\text{该工序实际小时工资率}-\text{该工序标准小时工资率}\right)\times\text{该工序的实际产量实际工时}\quad\text{式 7-24}$$

依据某产品直接人工效率差异和价格差异的计算结果，可以进一步分析差异产生的原因。人工效率差异实际上反映的是生产一件产品所用工时脱离标准工时而形成的成本差异，一般来说，可能造成人工效率差异的主要原因有：生产工人技术不熟练，未能在工时标准内完成任务；材料供应不及时，造成停工待料，浪费工时；设备发生故障，停产等待修理，浪费工时；生产工艺变更，未能及时修订标准；生产计划安排不当，造成窝工；材料质量低劣，使加工时间延长；产品批量少、批次多，准备工作时间长；工作环境差，影响工人积极性和生产潜能的发挥等。直接人工工时效率差异属于可控差异，其责任主要由生产部门负责，但由于原材、燃料供应不及时或由于生产工艺变化等引起的差异，应由采购部门、动力部门以及相应的有关部门负责。因此，落实责任时，必须分清对象，不能张冠李戴。

直接人工价格差异反映实际小时工资率脱离标准小时工资率而形成的成本差异，一般来说，可能造成人工价格差异的主要原因有：新录用人时，没有按照预先设定的人员性质录用；工资等级不同工人的工作调度不当，高工资工人做低工资工人的工作，或反之；工资变动时，原工资标准未及时调整；工资计算方法变更，如计时制改为计件制，或反之；出勤率发生变化；季节性或临时性生产增发工资等。实务中，直接人工价格差异责任通常由人力资源部负责，但有时由于生产变化而导致的工资率变动形成的成本差异，则由生产部门承担责任。至于成本差异是否属于可控差异，需要结合实际区分判断。通常大部分的人工价格差异属于不可控差异，但这不是绝对的。

【例 7－12】假定宏宇企业 1 月份第一工序、第二工序、第三工序实际耗用人工小时分别为 2 200 小时、3 600 小时、1 400 小时，三个工序实际发生的直接人工成本分别为 39 600 元、45 000 元、30 800 元。

要求：计算甲产品直接人工的相关成本差异。

分析：依据所给资料，甲产品直接人工的相关成本差异包括：直接人工成本项目差异（总差异）以及不同工序的人工效率差异和人工价格差异。计算差异前，需要首先计算出实际小时工资率，然后才能计算差异。相关的计算如下。

$$第一工序实际小时工资率 = \frac{39\ 600}{2\ 200} = 18(元/小时)$$

$$第二工序实际小时工资率 = \frac{45\ 000}{3\ 600} = 12.5(元/小时)$$

$$第三工序实际小时工资率 = \frac{30\ 800}{1\ 400} = 22(元/小时)$$

$$直接人工成本差异 = \begin{matrix}一工序\\人工成本差异\end{matrix} + \begin{matrix}二工序\\人工成本差异\end{matrix} + \begin{matrix}三工序\\人工成本差异\end{matrix}$$

$$= (39\ 600 - 100 \times 20 \times 16.76) + (45\ 000 - 100 \times 40 \times 13.97) + (30\ 800 - 100 \times 15 \times 20.96)$$

$$= 6\ 080 - 10\ 880 - 640 = -5\ 440（元）$$

第一工序直接人工效率差异 =（2 200 − 100 × 20）× 16.76 = +3 352（元）
第二工序直接人工效率差异 =（3 600 − 100 × 40）× 13.97 = −5 588（元）
第三工序直接人工效率差异 =（1 400 − 100 × 15）× 20.96 = −2 096（元）
第一工序直接人工价格差异 =（18 − 16.76）× 2 200 = +2 728（元）
第二工序直接人工价格差异 =（12.5 − 13.97）× 3 600 = −5 292（元）
第三工序直接人工价格差异 =（22 − 20.96）× 1 400 = +1 456（元）

以上计算表明，甲产品直接人工成本出现有利差异 5 440 元，是由第一工序不利差异 6 080 元和第二工序有利差异 10 880 元、第三工序有利差异 640 元构成的。其中第一工序，人工实际耗用工时超过标准 200 小时，由此形成不利成本差异 3 352 元，实际小时工资率超过标准 1.24 元，由此形成不利成本差异 2 728 元；第二工序，人工实际耗用工时低于标准 400 小时，由此形成有利差异 5 588 元，实际小时工资率低于标准 1.47 元，由此形成有利成本差异 5 292 元；第三工序，人工实际耗用工时低于标准 100 小时，由此形成有利成本差异 2 096 元，实际小时工资率超过标准 1.04 元，由此形成不利成本差异 1 456 元。可见，第二工序无论是人工效率差异，还是人工价格差异均是有利差异，该工序的人工成本控制效果显著；第一工序无论是人工效率差异，还是人工价格差异均为不利差异，需要加强管理，努力控制人工成本；第三工序只有人工价格差异为不利差异，应寻找原因，结合实际看能否再降低实际小时工资率。

（6）变动性制造费用成本差异的计算和分析。

变动性制造费用成本差异是指某产品实际产量下的变动性制造费用实际发生总额与其标准发生总额之间的差额。变动性制造费用成本差异可以进一步分解为以下两种差异：一是效率差异，即用量差异。是指实际工时脱离标准工时而形成的变动性制造费用成本差异；二是耗费差异，也称开支差异，即价格差异。是指实际小时变动性制造费用率脱离标准费用率而形成的变动性制造费用成本差异。相关的计算公式如下：

$$\begin{matrix}\text{变动性制造费}\\ \text{用成本差异}\end{matrix}=\sum\left(\begin{matrix}\text{某车间实际产量下}\\ \text{的变动性制造费用}\end{matrix}-\begin{matrix}\text{该车间实际产量下的}\\ \text{标准变动性制造费用}\end{matrix}\right)\qquad\text{式 7－25}$$

$$=\sum\begin{matrix}\text{某车间变动性制}\\ \text{造费用耗费差异}\end{matrix}+\sum\begin{matrix}\text{该车间变动性制}\\ \text{造费用效率差异}\end{matrix}\qquad\text{式 7－26}$$

其中：

$$\begin{matrix}\text{某车间变动性制}\\ \text{造费用效率差异}\end{matrix}=\left(\begin{matrix}\text{该车间变动性制}\\ \text{造费用实际工时}\end{matrix}-\begin{matrix}\text{该车间变动性制}\\ \text{造费用标准工时}\end{matrix}\right)\times\begin{matrix}\text{变动性制造费}\\ \text{用标准分配率}\end{matrix}\qquad\text{式 7－27}$$

$$\begin{matrix}\text{某车间变动性制}\\ \text{造费用耗费差异}\end{matrix}=\left(\begin{matrix}\text{该车间变动性制造}\\ \text{费用实际分配率}\end{matrix}-\begin{matrix}\text{该车间变动性制造}\\ \text{费用标准分配率}\end{matrix}\right)\times\begin{matrix}\text{实际产量}\\ \text{实际工时}\end{matrix}\qquad\text{式 7－28}$$

依据变动性制造费用差异的计算结果，可以对用量差异和价格差异的原因进行分析。变动性制造费用效率差异与人工效率差异性质相同，都反映的是实际工时脱离标准工时所形成的成本差异，因此变动性制造费用效率差异产生的原因与直接人工效率差异产生的原因相同，其责任归属也与直接人工效率差异相同。

一般来说，造成变动性制造费用耗费差异产生的原因主要有：预算或标准估计有误，致使实际变动性制造费用的发生额与预计数额发生偏差；间接材料价格发生变化，间接人工工资进行调整；间接材料质量低劣；其他各项费用控制不当；等等。耗费差异直接反映生产管理部门支出控制的成效，其差异应由生产管理部门负责。由于变动性制造费用具体构成内容繁多，因此原因可能很多，在进行成本差异分析时，应分清主要差异和次要差异，关注主要差异；分清可控差异与不可控差异，关注可控差异，并根据具体情况确定责任归属对象。

【例 7－13】假定宏宇企业 1 月份第一车间、第二车间实际发生的变动性制造费用分别为 7 040 元、12 000 元。

要求：计算甲产品变动性制造费用的相关成本差异。

分析：依据所给资料，甲产品变动性制造费用的相关成本差异包括：变动性制造费用成本项目差异（总差异）以及不同车间的费用效率差异和耗费差异。计算差异前，需要首先计算出变动性制造费用的实际小时费用率，然后才能计算差异。相关的计算如下。

$$\text{第一车间变动性制造费用实际小时费用率}=\frac{7\ 040}{2\ 200}=3.2(\text{元／小时})$$

$$第二车间变动性制造费用实际小时费用率=\frac{12\ 000}{5\ 000}=2.4(元/小时)$$

$$\begin{aligned}变动性制造费用成本差异&=第一车间成本差异+第二车间成本差异\\&=(7\ 040-100\times20\times4.12)+(12\ 000-100\times55\times1.68)\\&=-1\ 200+2\ 760=+1\ 560(元)\end{aligned}$$

其中：第一车间变动性制造费用效率差异 $=(2\ 200-100\times20)\times4.12=+824$（元）

第二车间变动性制造费用效率差异 $=(5\ 000-100\times55)\times1.68=-840$（元）

第一车间变动性制造费用耗费差异 $=(3.2-4.12)\times2\ 200=-2\ 024$（元）

第二车间变动性制造费用耗费差异 $=(2.4-1.68)\times5\ 000=+3\ 600$（元）

以上计算表明，甲产品变动性制造费用出现不利成本差异 1 560 元，是由第一车间有利差异 1 200 元和第二车间的不利差异 2 760 元构成。其中第一车间由于人工工时超过标准工时而形成不利成本差异 824 元，但小时费用率低于标准费用率，由此形成有利成本差异 2 024 元；第二车间人工工时低于标准工时，由此形成有利成本差异 840 元，但小时费用率超过标准，由此形成不利成本差异 3 600 元，上述差异共同作用最终导致变动性制造费用出现不利差异。从责任归属来看，无论是变动性制造费用效率差异，还是变动性制造费用耗费差异，其责任都与生产部门相关，如果要落实具体的责任，还需结合实际区分可控差异和不可控差异。总体来看，一车间应采取措施提高工时的利用效率，而对于二车间，应该从降低变动性制造费用明细项目角度入手，从而降低小时费用率。

（7）固定性制造费用材料成本差异的计算和分析。

固定性制造费用成本差异是指某产品实际产量下的固定性制造费用实际发生总额与其标准发生总额之间的差额。

①固定性制造费用成本总差异的计算。固定性制造费用成本总差异应分车间列示并进行汇总，计算公式如下：

$$\begin{matrix}固定性制造费\\用成本差异\end{matrix}=\sum\left(\begin{matrix}某车间实际产量下\\的固定性制造费用\end{matrix}-\begin{matrix}该车间实际产量下的\\标准固定性制造费用\end{matrix}\right)\qquad 式7-29$$

固定性制造费用即固定生产成本，它与变动生产成本（包括直接材料、直接人工、变动性制造费用）的性质不同。由于变动生产成本随生产量的变动而正比例变动，因此可以通过编制弹性预算将其成本总差异区分为数量差异和价格差异两类，但固定性制造费用与其性质不同。固定性制造费用由于在相关范围内，不受生产能力利用程度高低的影响而固定不变，因此不能编制弹性预算，只能编制固定预算，另外实务中实际发生的固定性制造费用与预算时的固定性制造费用常常不相等，因此计算分差异时只有结合固定性制造费用预算总额进行才有意义，由此形成的分差异与变动成本分差异的性质不同。固定性制造费用依据影响因素不同，有两种分差异的计算方式：一种是两差异计算法，另一种是三差异计算法。

②分差异的计算——两差异计算法。两差异计算法将形成固定性制造费用的成本差异进一步分解为以下两种差异：一是预算差异，也称为耗费差异，或称开支差异。是指实际固定性制造费用脱离预算而形成的成本差异；二是能量差异，是指固定性制造费用预算脱离标准而形成的成本差异。固定性制造费用预算额建立在预计生产量的基础上，而固定性制造费用标准额建立在实际生产量的基础上。相关的计算公式如下：

$$\text{固定性制造费用预算差异}=\sum\left(\text{某车间实际产量下的实际固定性制造费用}-\text{该车间预算产量下的预算固定性制造费用}\right)\quad\text{式 7-30}$$

$$\text{固定性制造费用能量差异}=\sum\left(\text{某车间预算产量下的预算固定性制造费用}-\text{该车间实际产量下的标准固定性制造费用}\right)\quad\text{式 7-31}$$

$$\text{或}=\sum\left(\text{某车间预算产量下的预算工时}-\text{该车间实际产量下的标准工时}\right)\times\text{标准固定性制造费用分配率}$$

【例 7-14】假定宏宇企业甲产品的预计生产能力为 95 件。一车间、二车间实际发生的固定性制造费用总额分别为 11 220 元、11 500 元。

要求：利用两差异计算法计算甲产品固定性制造费用的相关成本差异。

分析：依据所给资料，甲产品固定性制造费用的相关成本差异包括：固定性制造费用成本项目差异（总差异）以及不同车间的预算差异和能量差异。计算差异前，需要首先计算出固定性制造费用的实际小时费用率，然后才能计算差异。相关的计算如下。

$$\text{第一车间固定性制造费用实际小时费用率}=\frac{11\ 220}{2\ 200}=5.1(\text{元/小时})$$

$$\text{第二车间固定性制造费用实际小时费用率}=\frac{11\ 500}{5\ 000}=2.3(\text{元/小时})$$

$$\begin{aligned}\text{固定性制造费用成本差异}&=\text{第一车间成本差异}+\text{第二车间成本差异}\\&=(11\ 220-100\times20\times6.04)+(11\ 500-100\times55\times1.78)\\&=-860+1\ 710=+850(\text{元})\end{aligned}$$

其中：第一车间固定性制造费用预算差异 $=11\ 220-95\times20\times6.04=-256$(元)

第二车间固定性制造费用预算差异 $=11\ 500-95\times55\times1.78=+2\ 199.5$(元)

第一车间固定性制造费用能量差异 $=(95\times20-100\times20)\times6.04=-604$(元)

第二车间固定性制造费用能量差异 $=(95\times55-100\times55)\times1.78=-489.5$(元)

③分差异的计算——三差异计算法。三差异计算法将形成固定性制造费用的成本差异进一步分解为以下三种差异：一是耗费差异。其性质与两差异法中的预算差异性质相同；二是生产能力利用差异。是指预算工时与实际工时不同而形成的成本差异。

它反映了生产能力的利用状况；三是效率差异。是指实际工时脱离标准工时而形成的成本差异。它与变动性制造费用的效率差异性质相同。相关的计算公式如下：

$$\text{固定性制造费用耗费差异} = \text{固定性制造费用预算差异} \qquad \text{式 7-32}$$

$$\text{固定性制造费用生产能力利用差异} = \sum\left(\text{某车间预算产量下的预算工时} - \text{该车间实际产量下的实际工时}\right) \times \text{标准固定性制造费用分配率} \qquad \text{式 7-33}$$

$$\text{固定性制造费用效率差异} = \sum\left(\text{某车间实际产量下的实际工时} - \text{该车间实际产量下的标准工时}\right) \times \text{标准固定性制造费用分配率} \qquad \text{式 7-34}$$

比较两差异计算法和三差异计算法，这两种方法反映固定性制造费用的影响因素不同，但二者又存在着内在的联系，两差异计算法中的预算差异即耗费差异，三差异计算法中的生产能力利用差异和效率差异之和就是两差异计算法中的能量差异。

【例 7-15】假定宏宇企业利用三差异计算法计算甲产品固定性制造费用成本差异的构成。

要求：计算相关的分差异。

分析：依据所给资料，固定性制造费用耗费差异、生产能力利用差异、效率差异的计算如下。

第一车间耗费差异＝第一车间预算差异＝－256（元）

第二车间耗费差异＝第二车间预算差异＝＋2 199.5（元）

第一车间生产能力利用差异＝(95×20－2 200)×6.04＝－1 812（元）

第二车间生产能力利用差异＝(95×55－5 000)×1.78＝＋400.5（元）

第一车间效率差异＝(2 200－100×20)×6.04＝＋1 208（元）

第二车间效率差异＝(5 000－100×55)×1.78＝－890（元）

④固定性制造费用差异的分析。由于固定性制造费用效率差异与变动性制造费用效率差异的性质相同，二者都是由于单位产品实际工时与标准工时不一致而形成的成本差异，因此差异产生原因的分析方法相同。固定性制造费用预算差异反映的是实际发生的固定性制造费用总额脱离预算而形成的成本差异，可能造成差异的原因主要有：管理人员工资调整；折旧方法改变；租赁费、保险费的调整及各项办公用品价格变动等。上述因素变动大多由于客观因素所引起，因此大部分不是生产车间的可控成本，其责任应该归属于企业的相关行政管理部门。

固定性制造费用能量差异实际上反映的是实际生产量与预算产量之间不一致所形成的成本差异，造成这种差异的主要原因是：市场萎缩，订货减少；原设计生产能量过剩；供应不足，停工待料；能源短缺，开工不足；机械故障，停工待修；产品调整，批量减少；人员技术水平有限，未能充分发挥设备能力等。如果能量差异出现不利差异，意味着现有生产能力利用不足，其责任应由高层管理人员负责，它不是生产车间的责任，具体责任，应根据实际情况而定。

固定性制造费用生产能力利用差异反映的是预算工时与实际工时不一致而形成的成本差异，可能导致这种差异的主要原因有：机器故障、劳动力不足、临时停工待料、生产组织不善或工人技术水平不够、季节性原因、生产任务不饱和等。该差异既有生产中存在的问题，如机器故障等，也有生产安排上的问题，如生产任务不饱和等，无论何种问题都需要区分可控和不可控差异，从而明确责任单位。

从实例 7－14 的计算结果来看，该企业甲产品的固定性制造费用出现不利差异 850 元，是由一车间的有利差异 860 元和二车间的不利差异 1 710 元构成，说明一车间的成本控制较好，二车间是导致固定性制造费用出现不利差异的主要原因。进一步分析，无论是固定性制造费用的预算差异，还是能量差异，一车间都是有利差异，二车间预算差异超支严重，超支 2199. 5 元，而能量差异则是有利差异，出现有利差异 489. 5 元。可见分析固定性制造费用时，应将重点放在二车间的预算差异上，应根据固定性制造费用明细项目的构成逐项加以分析并确定责任归属。

如果采用三差异计算法，从实例 7－15 的计算结果来看，一车间除预算差异、生产能力利用差异为有利差异外，效率差异出现了不利差异，是 1208 元，说明一车间需要提高工时的利用效率；而二车间的效率差异为有利差异，预算差异和生产能力利用差异则都是不利差异，分别为 2 199. 5 元、400. 5 元，对此应结合实际情况进行再分析并确定责任归属。

7. 3. 2　质量成本控制

质量是一个企业获得竞争优势的关键因素之一，产品质量如果不过关，就会降低企业的市场份额，进而降低利润，因此强化质量成本控制，是企业成本控制中不可缺少的一项重要内容。

1. 质量成本控制概述

（1）质量成本控制的内涵。

所谓质量，按照 ISO9000：2000 中的界定，质量是指一组固有特性满足要求的程度。此概念没有涉及质量的载体，说明质量可以存在于不同的领域或任何事物中，其载体既可以是产品、计算机软件或服务等，也可以是过程、体系或者它们的组合等。质量就其本质来说是某种客观事物具有的特性，这些特性取决于人们的要求。这些要求有些可以量化为相关的技术参数，如产品的加工精度等；有些则是隐性的，如服务态度等，隐性的需求常常难以量化，但它确实存在。本教材仅仅涉及企业，因此这里的质量指的是企业的产品质量。

美国著名质量管理专家朱兰（J. M. Juran）从顾客的角度出发，认为产品质量就是产品的适用性，即产品在使用时能成功地满足用户需要的程度。这种需要满足的程度一般反映在对产品的性能、经济特性、服务特性、环境特性和心理特性等方面。可见产品质量包括有形的物质产品质量和一些无形的产品质量，本章所阐述的质量成本控制仅仅涉及有形的物质产品的产品质量控制。一般有形的物质产品质量特性包括产品的使用性能、安全、可靠性、可维修性、经济性等。其中使用性能指的是产品实现预定目的或者规定用途的能力；安全指的是产品保障人体健康和人身、财产安全的能力；可靠性指的是产品完成规定功能的程度和能力。如平均寿命、平均无故障工作时间等参数；可维修性指的是产品发生故障后的功能恢复能力。如平均修复时间等参数；经济性指的是产品投入与产出的效益能力。

所谓质量成本控制是指企业在既定技术经济条件下，依据质量成本控制目标，对产品质量成本的形成和发生施以必要的、积极的影响，及时揭示差异并采取措施，从而实现最佳质量效益的行为活动。质量成本控制与其他控制一样，需要事先确定质量成本控制目标，并对产品质量形成的全过程实施有效的监督，包括产品的设计、生产和售后。对质量成本进行控制，充分反映现代企业对产品质量和产品成本的重视，也反映了技术与经济相结合促进经济和社会发展这一历史发展的必然趋势。

（2）质量成本的构成。

所谓质量成本是指为了保证或提高产品质量所支付的一切费用以及因没有达到质量标准而发生的一切损失成本。质量成本概念最初由美国著名专家菲根堡姆提出，它主张将质量的预防费用和检验费用与产品不合要求所造成的内部损失和外部损失综合考虑，此观点得到了世人的肯定。质量成本是全面质量管理的重要内容之一，它由四部分内容构成：预防成本、鉴定成本、内部损失成本和外部损失成本，其中前两项内容是为了保证或提高产品质量而发生的成本，后两项内容则是因为产品不合格而发生的损失成本。目前按照 ISO9004 的规定，除上述四项内容外，还将外部质量保证成本列入质量成本范围之中。

①预防成本。预防成本是指为了防止生产不合格产品所发生的费用。企业生产的产品可以划分为分为合格品和不合格品两类，其中符合或超过质量标准的产品就是合格品，包括一等品、二等品、三等品；不符合质量标准的产品就是不合格品，包括次品和废品。预防成本是为防止不合格品发生而投入的成本，它一般都发生在生产之前，可以起到防止或杜绝不合格品发生的作用，往往使制造中的损失成本会下降。预防成本包括质量工作费用（如办公费、宣传费、搜集情报费、编制手册、质量计划、质量会议费等）、产品设计研究阶段的质量评审费、质量培训费、质量奖励费、质量改进措施费、质量专职人员的人工成本等。

②鉴定成本。鉴定成本也称为检验成本，是指为了检查和评定材料、在产品或产成品等是否达到规定的质量标准所发生的费用。企业发生此类成本的目的，是希望在生产过程中，能够尽快发现不符合质量标准的产品，避免损失延续下去。显然，投入此类成本，可以一定程度上降低损失成本的再发生。鉴定成本包括检测试验费、检验设备的折旧费及修理费、检验人员的人工成本、检验试验的办公费用等。

③内部损失成本。内部损失成本也称为内部故障成本，是指产品出厂前，因不符合规定的质量标准所发生的各种费用或损失。此类成本发生在产品销售前，包括产品制造中的废品成本、次品的返修成本、因质量问题导致的停工损失、事故分析处理费用、产品等级低于一等品的损失成本等。

④外部损失成本。外部损失成本是指产品出厂后因未达到规定的质量要求而发生的各种费用或损失。此类成本发生在产品销售过程中或销售后，包括质量诉讼费、质量赔偿费、退货费用、保修费用、产品降价损失等。

⑤外部质量保证成本。外部质量保证成本是指为了满足顾客提出特殊和附加的质量保证要求而发生的相关费用。此类成本由客户提出，包括特定质量的保证管理费用、保证试验费、质量评定费等。外部质量保证成本是产品正常质量之外的因客户特殊需求而发生的附加费用，按照 ISO9004 的规定，企业应核算此类成本。考虑到外部质量保证成本在企业中并不多见，故本章下面对此不再论述。

（3）产品质量的标准。

产品质量包括设计质量和符合质量。产品质量标准包括设计质量标准和符合质量标准。

①产品符合质量的标准。产品设计质量是指企业通过调查，根据使用者的使用目的、经济状况，并结合企业的内部条件，确定的产品设计质量等级或质量水平。它反映设计目标的要求，常常通过量化指标表示，如产品的强度、硬度、化学成分等，它对技术人员提出要求。

产品符合质量也称为制造质量，是指产品生产过程中，产品符合设计规格的程度。进而出现了合格品与不合格品的划分。可见符合质量标准是以设计质量为标准的，凡符合设计质量的就是合格产品；凡不符合设计质量的就是不合格产品。

②产品设计质量的标准。产品设计质量标准常常有统一的规定，它是根据产品生产的技术要求，对产品的内在质量和外观质量从数量上作出的规定，即对产品一些主要技术参数的规定。产品设计质量标准是衡量产品质量高低的基本依据，也是企业生产产品的统一标准。目前中国采用的产品质量标准主要有国际标准、国家标准、行业标准和企业标准等。

国际标准是指某些有影响的国际组织规定的质量标准。如国际标准化组织（ISO）、国际电工委员会（IEC）等制定的标准；国家标准是在全国范围内统一使用的产品质量标准，它主要针对某些重要的产品制定，中国由国务院标准化行政主管部门制定；行业标准也称为部颁标准，是在全国某一行业内统一使用的产品质量标准。中国由国务院有关行政主管部门制定；企业标准是由企业自主制定的标准。

中国目前的国家标准采用的是等同于现行的 ISO9000：2000 标准，编号为 GB/T19000－2000 系列。企业标准主要是针对企业生产的产品没有国家标准和行业标准而制定的，它只能在企业内部适用，国家鼓励企业制定严于国家标准或者行业标准的企业标准。

（4）质量成本控制的特征。

质量成本控制是全面质量管理的重要工作环节之一，其特征与全面质量管理特征相适应。全面质量管理概念于 1961 年由菲根堡姆提出，它是指企业全体员工以产品质量为核心，将专业技术、管理技术、数理统计技术集合在一起，建立起一套科学严密高效的质量保证体系，控制生产过程中影响质量的因素，以优质的工作、最经济的方式提供满足用户需要的产品质量管理活动。全面质量管理具有全员性、全过程性、全面性等特点，与之相适应，质量成本控制也具有这三个特征。

①全员性。质量成本控制不单单是质量部门的工作，它涉及企业的全员，包括所有的生产工人、所有的职能部门、各层次的领导。企业的全体员工都应承担质量成本控制的责任，并对其相关责任负责。

②全过程性。质量成本控制涉及产品寿命全过程，包括研究开发、设计、生产准备、采购、生产制造、包装、检验、储存、运输、售后服务、寿命期限各环节。这要求企业时时刻刻贯彻质量控制理念，力争为客户提供质优、经济、耐用的好产品。

③全面性。质量成本控制所采用的控制方法具有全面性，它综合利用各种方法，包括技术方法、数理统计方法、会计方法、管理方法等，将质量与成本有机结合，将质量与需求有机结合。

（5）质量成本控制的内容。

质量成本控制工作紧紧围绕着质量成本展开，主要内容包括制定质量成本控制目标、编制质量成本预算、确定最佳质量成本水平、进行日常质量成本控制等。

2. 质量成本控制目标及预算的编制

（1）质量成本控制目标的制定。

质量成本控制目标常常需要结合企业的质量战略确定，一般会通过量化指标予以体现，如质量成本降低率或合格品率等。传统质量成本控制中强调合格品率的控制水平，而现今的质量成本控制关注过程控制，强调质量成本总体水平的降低。目前在质量成本控制目标确定过程中，可以采用的最先进的管理方法就是 6σ 管理法。

6σ 管理法最早由摩托罗拉公司的比尔·史密斯于 1986 年提出，其目的是设计一个目标：在生产过程中降低产品及流程的缺陷次数，防止产品变异，提升品质。此法的真正流行并发展得益于通用电气公司的实践，该公司提炼了全面质量管理中流程管理技巧的精华，建立起了高度有效的企业流程设计、改善和优化的技术，从而使企业的成本大幅度降低。6σ 管理在实践中不断完善，逐步发展成为以顾客为主体来确定企业战略目标和产品开发设计的标尺、追求持续进步的一种先进管理理念和方法，是提高企业业绩与竞争力的有效管理模式。

6σ 管理法的基本理念是：质量是靠流程的优化，而不是通过严格地对最终产品的检验来实现的。企业应该把资源放在认识、改善和控制原因上而不是放在质量检查、售后服务等活动上。基于此，6σ 管理有一整套严谨的程序和方法来帮助企业推广实施流程优化工作，识别并排除那些不能给顾客带来价值的成本浪费，从而达到消除无附加值的活动，缩短生产、经营循环周期，降低成本同时提高经济效益的目的。

6σ 管理法的战略目标制定最终会通过 σ 的水平体现。σ 就是统计学中所称的标准差，它表示数据的分散程度，这里针对的是产品品质，产品品质不仅涉及产品质量，还涉及服务质量，另外也涉及过程的改进。σ 值越大，表示缺陷或错误就越少。6σ 是一个目标，这个质量水平意味着所有的过程和结果中，99. 99966% 是无缺陷的，也就是说，做 100 万件事情，其中只有 3. 4 件是有缺陷的，这几乎趋近到人类能够达到的最为完美的境界。6σ 理论认为，大多数企业在 3σ ~ 4σ 之间运转，也就是说每百万次操作失误在 6 210 ~ 66 800 之间，这些缺陷要求经营者以销售额的 15% ~30% 的资金投入进行事后的弥补或修正，而如果做到 6σ，事后弥补的资金将会降低到约为销售额的 5%。实际上，实践中的大部分企业直接将 6σ 定位于不合格品率，要求不合格品率趋于 6σ。例如美国德克萨斯仪器国防系统公司将更多的质量成本投入到监控过程，这使得该公司的产品不合格品率从 1992 年的每百万个产品中的 8 000 降低到 1996 年的每百万不足 600，当年该公司由此获得了美国国家颁发的质量奖。

小知识

6σ 管理中不同 σ 的内涵

6σ = 3. 4 失误/百万机会，意味着卓越的管理，强大的竞争力和忠诚的客户；

5σ = 230 失误/百万机会，意味着优秀的管理、很强的竞争力和比较忠诚的客户；

4σ = 6 210 失误/百万机会，意味着较好的管理和运营能力，满意的客户；

3σ = 66 800 失误/百万机会，意味着平平常常的管理，缺乏竞争力；

2σ = 308 000 失误/百万机会，意味着企业资源每天都有三分之一的浪费；

1σ = 690 000 失误/百万机会，意味着每天有三分之二的事情做错，企业无法生存。

（2）质量成本预算的编制。

质量成本预算是按照质量成本的构成内容，分明细项目列示并编制的。由于质量成本主要由预防成本、鉴定成本、内部损失成本和外部损失成本四项内容构成，因此质量成本预算就是按照这四项内容并区分各项内容的具体明细项目编制的。

具体编制中，应以企业确定的质量战略目标为前提，分相关责任部门，如车间等，按照质量成本四项内容的各明细项目编制。需要说明的是，虽然损失成本可以分产品确定，但预防与鉴定成本常常属于共同成本，这些共同成本可以按部门确定，但划分到产品需要采用一定的分配标志进行分摊，为避免核算的不准确，实务中一般按部门反映，但对于能够区分到产品的损失成本等，应该在四大类成本下分产品列示。编制预算的最终必须确保质量目标的实现。

3. 最佳质量成本水平的确定

最佳质量成本是从定量的角度反映质量成本的水平。从其最初提出至目前，对于最佳质量成本的解释有不同的观点，早期的观点称为传统质量成本观，发展中的观点称为现代质量成本观。

（1）传统质量成本观下的最佳质量成本。

传统质量成本观由美国学者提出，也称为可接受的质量水平模式。

①基本思想。传统质量成本观的基本思想是：允许生产并销售一定数量的缺陷产品，最佳的质量水平应该是可接受的质量水平，如果超出该值，必然会增高成本，企业往往会得不偿失。其原因在于，预防和鉴定成本与损失成本是两类具有不同性质的成本，预防和鉴定成本属于不可避免成本，随着产品质量的不断提高，这部分成本将会随其同方向变动，不断增大；而损失成本则与其不同，此类成本属于可避免成本，随着产品质量的不断提高，这部分成本将随其反方向变动，不断降低。如果产品质量的高低用合格品率来表示，则存在着最佳质量成本。确定最佳质量成本有两种方法：边际分析法和合理比例法。

②最佳质量成本确定的边际分析法。按照上述观点，最佳质量成本是指预防成本、鉴定成本、内部损失成本和外部损失成本之和最低时的合格品率。该方法采用了微分极值原理确定最佳合格品率。如果用 Q 表示合格品率，由于预防成本和鉴定成本与内部损失成本和外部损失成本的性质恰恰相反，因此这两类不同性质的成本与合格品率之间的关系可以用图 7－1 表示。

如果用 F 表示单位产品成本中的内部质量损失成本，y_2 表示每件合格品负担的预防和鉴定成本，则单位预防和鉴定成本与单位内部损失成本相等时的最佳合格品率的计算公式如下：

$$Q^{*}=\frac{1}{1+\sqrt{\frac{\text{单位合格中的预防鉴定成本}\times\frac{1-\text{合格品率}}{\text{合格品率}}}{\text{单位内部损失成本}}}}=\frac{1}{1+\sqrt{\frac{y_2\times\frac{1-Q}{Q}}{F}}}\qquad \text{式 7-35}$$

③最佳质量成本确定的合理比例法。从理论上讲，最佳质量成本存在，从实务的角度看，要一直保持在某一点的合格品率，如94%，几乎是不可能的，但将合格品率保持在某一适宜的范围内，如93%～95%，确是可以做到的。基于此，人们提出了合理比例法。合理比例法根据质量成本各项内容之间的关系，确定一个合理的比例，从而确定质量水平的适宜区域，而不是确定最佳质量点。此法将质量总成本曲线分为三个区域：改善区、适宜区和至善区，如图7-2所示。

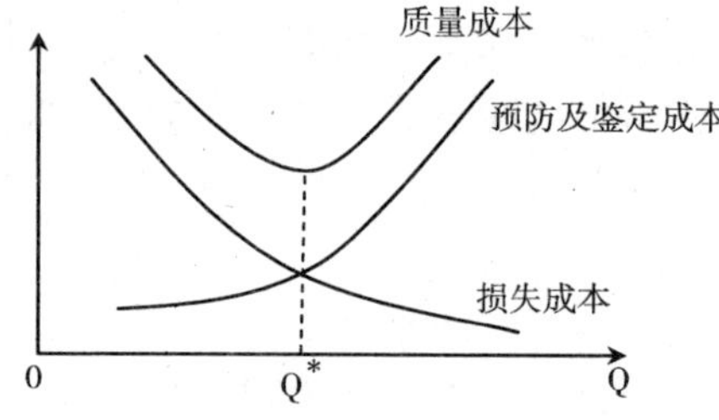

图7-1　传统观下边际分析法中的最佳质量成本

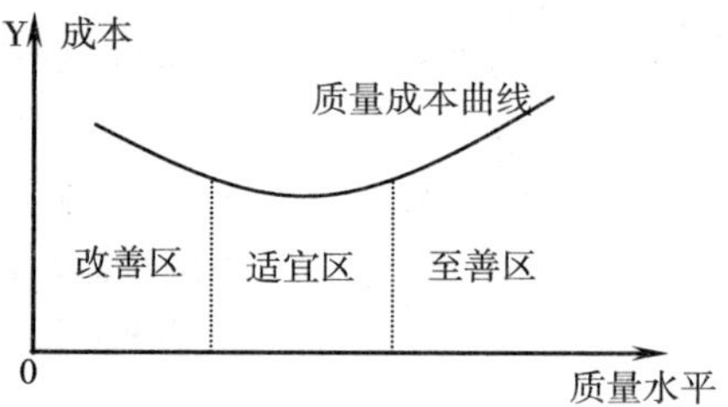

图7-2　传统观下合理比例法中的最佳质量成本

图7-2表明，如果产品质量处于改善区，说明产品质量水平较低，损失成本较高，企业应尽快采取措施，追加预防和检验成本支出，以保证产品质量。如果产品质量处于至善区，说明产品质量水平很高，且超过用户的需要，出现不必要的质量成本损失，这也是不可取的。理想的质量水平区域是适宜区，在这一区域内，质量适当，经济效益高。

在质量成本的各项目之间，客观存在着一个合理的比例。当质量成本达到这一比例时，就可以认为质量水平处于适宜区。美国质量管理专家朱兰认为：质量成本中的预防成本占10%、鉴定成本占40%、故障成本占50%；哈灵顿（James Harrington）认为，预防成本占10%；鉴定成本占25%；内部损失成本占57%，外部损失成本占8%。实务中对质量成本各项目之间的比例不能作绝对的理解，应结合企业自身的具体情况来确定。

（2）现代质量成本观下的最佳质量成本。

现代质量成本观针对传统质量成本观的缺陷而提出，率先由日本学者提出。

①基本思想。现代质量成本观的基本思想是：任何产品的缺陷都会给企业带来损失，应该消除损失成本。传统质量成本观要求以最少的质量资金投入为出发点，允许

不合格品的存在，这种观点具有显著的缺陷。其缺陷主要表现在以下几点：一是强调质量保持在“可接受的质量成本水平”，不利于产品质量的不断改进；二是仅从厂家角度分析质量成本，忽视了消费者对质量的要求；三是强调事后的质量检验，忽视了对产品质量形成全过程的控制。基于此，现代质量成本观要求对传统质量成本观进行变革，提出两种模式：零缺陷模式和健全质量模式。

②现代质量成本观下的零缺陷模式。零缺陷模式要求将不符合质量要求的产品降低到零，消除损失成本。松下创始人幸之助先生曾提出“1% =100%”的著名等式，即从企业角度来看，生产1%的次品不算多，但从消费者角度来看，买到任何一件次品就会感受到沮丧，因为它就是100%的次品。基于此，日本企业倡导“零瑕疵、高质量”，认为虽然企业为减少瑕疵，会增加事前的控制成本，但由此会提升企业的生产效率和竞争力，进而提高企业的经济效益。

在此模式下，要求每一个人“第一次就要把事情做对”，通过加大产品的事前预防成本和鉴定成本，从而避免缺陷产品的出现。因此企业的最佳质量成本就是不合格品率为零时的质量成本。

知识链接

菲利浦·克劳斯比

菲利浦·克劳斯比（Philip B. Crosby）被誉为“全球质量管理大师”和“零缺陷之父”。克劳斯比原来只是个医生，第二次世界大战结束后，他为了获得有保障的工作来维持生计，乘着美国当时制造业兴起浪潮，找到了一份质检员工作。由于他具有医学背景，因此能够从医学的角度看待质量检验工作。他发现，质检员所扮演的角色相当于“死后验尸”，并不能提高质量。在医生看来，只有加强预防才能够避免病人得病。后来，克劳斯比先生进入著名的马丁公司担任项目经理，他发现，大家做件事情的时候都不愿意第一次就做对，总是要修修补补。例如，公司在制作招标书的时候，总是会制定一个返工期。因为按照可接受的质量体系的比例，总是有一些工作需要返工。在可接受的质量体系中，迟到五分钟不算迟到。很多公司的制度是：一个人一个月的病假不能超过三天，甚至规定有1%的死伤率。出现这种荒谬现象的原因是，大家逐渐接受了“人非圣贤，孰能无错”的思想。克劳斯比意识到：事情需要第一次就做对，绝不允许有错误。零缺陷思想由此产生。为了提高地位，克劳斯比退出了马丁公司，进入了国际电报电话（ICQ）公司担任质量副总裁，并于1961年率先提出“零缺陷（Zero Defects）”概念。零缺陷管理是以抛弃“缺点难免论”，树立“无缺点”的哲学观念为指导，要求全体工作人员从一开始就要把工作做得准确无误，在生产中从产品的质量、成本与消耗、交货期等方面的要求进行合理安排，而不是依靠事后的检验来纠正。“零缺陷”思想最初是在美国推行，后又传至日本，在日本制造业中得到了全面推广，并使日本的质量处于世界领先水平。

③现代质量成本观下的健全质量模式。健全质量模式要求在零缺陷模式的基础上，降低部分合格品所导致的隐性质量损失成本，从而使产品质量趋于最高目标设计质量标准。目标设计质量也有区域划分，最高的目标设计质量是生产产品的最高质量标准，有时产品的符合质量虽然处于目标质量区域之内，但并没有达到最高的质量标准，由此就会出现合格品中的等级品之分。虽然二等品和三等品属于合格产品，但这些产品与最高目标值之间有偏离，则也会给企业带来损失，这些损失是隐性的而不是显性的。显性成本是指可计量的成本，包括质量成本的四项内容；隐性成本则是指难以计量的成本。如由于等级品所导致的潜在质量损失等。可见，健全质量模式力求消除隐性质量损失成本，是对零缺陷模式不足的补充，在此模式下，最佳质量成本水平存在在产品达到最高目标设计质量之处。

比较传统质量模式和现代质量模式，现代质量模式是对传统模式的变革，无论是现代的零缺陷模式还是健全质量模式，都不允许缺陷产品存在，健全质量模式是最为理想化的成本控制模式。

4. 质量成本的日常控制

质量成本的日常控制涉及产品质量形成的方方面面，主要包括：建立质量成本责任控制体系、进行过程控制、编制质量成本差异分析报告、进行质量成本构成和效益分析。

（1）建立质量成本责任控制体系。

实际工作中，要将质量成本控制落到实处，必须建立质量成本责任控制体系。该体系应明确质量成本控制的各级组织（如厂部、分厂、班组等）以及各归口的职能管理部门（如财务、生产、技术、销售等），明确不同层次、不同管理部门的责任和权力。一般来说，预防成本由质量管理部门归口控制，鉴定成本由质量检验部门归口控制；内部损失由总工程师通过质量管理部门归口控制，外部损失由销售部门归口控制。在归口的同时，需要将责任分解直至个人。另外从管理高层，应明确质量成本控制的总负责人，其主要职责是负责质量成本控制目标的完成及协调等工作。

（2）进行过程控制。

一个企业质量成本控制的重心是降低内部损失成本的发生，但这绝不意味着质量成本控制仅仅是对生产过程的控制。质量成本的形成涉及产品生产前，也涉及产品销售后，因此必须对产品质量成本形成的全过程进行控制。首先，应从产品设计阶段进行质量成本控制。设计阶段会发生设计质量管理成本和涉及故障成本两类，前者是设计本身发生的费用，包括设计调研费、情报搜集费、鉴定评审费等，后者是由于设计出现问题而导致的返工等损失成本。企业通过对产品设计的论证、评审、试制和试验等措施，尽量使设计方案科学合理，从而避免投产后因工艺等设计不合理而造成的损失；其次，在材料采购过程中，应关注供应商提供的材料品质，从材料的验收标准开始，制定一系列的工作规范，从而降低因购入材料不合要求而导致的损失成本，另外还应避免使用“质量过剩”的原材料，从而避免先天性消耗材料价高等现象的出现。第三，生产过程中应加强对工人的技术指导，不断提高工人的生产技术水平，控制废品，将废品损失、返修损失和因质量而导致的停工损失降到最低或趋近于零；第四，产品销售后，应包修、包退、包换，对“三包”造成的损失应分析原因，及时反馈信息。

（3）编制质量成本差异分析报告。

质量成本差异应分部门按预防成本、鉴定成本、内部损失成本、外部损失成本四项内容列示，并反映各类内容明细项目的实际数、预算数及其实际脱离预算的差异。通过差异分析，寻找原因并采取措施。

质量成本差异分析的前提是进行质量成本的日常核算。由于目前会计制度中没有专门核算质量成本的会计科目，因此日常核算中可以借助于正常的会计核算原始凭证，将质量成本核算与其分开，同时进行质量成本和正常核算，采用“双轨制”。期末按照部门编制差异分析报告，并根据差异的高低选择重要明细项目进行分析。

（4）进行质量成本构成和效益分析。

按照质量管理专家的观点，预防成本、鉴定成本、内部损失成本、外部损失成本具有一定的合理比例关系，如10%、25%、57%、8%等，因此反映一个企业质量成本控制水平的好坏可以通过计算质量成本各项内容的占比，看其构成是否适宜。另外实务中，从产品功能质量来看，产品的功能越多，成本则越高，高质量常常与高成本同方向变动。然而追求高质量不是目的，目的是实现收益，因此从这个意义上看，必须将质量成本与收益挂钩进行分析，常常可以采用的分析指标是销售收入质量成本率。该指标是质量成本总额与销售收入的比值。通常质量管理专家认为，最优的质量成本水平应为销售收入的2%～4%。

7.3.3 存货成本控制

存货包括原材料存货、在产品存货和产成品存货。存货属于流动资产的组成部分之一，它通常在工商企业的流动资产中所占比例较高，因此存货利用与管理水平的高低，直接对流动资金的周转和企业财务状况产生影响，如何降低存货成本是每一个企业成本控制的工作重心之一。

1. 存货成本控制的目标、方法及相关概念

（1）存货成本控制的目标。

存货成本控制是指按照一定的标准和方法，通过一定程序对企业的存货成本进行的控制。实际工作中，过高的库存，不仅会增加资金占用量，而且会增大产品成本；

过低的库存，又有可能导致企业生产周转中断。只有适度的库存，才能确保供产销的顺畅流转，因此存货成本控制的目标是，在确保企业生产经营活动正常有序进行的前提下，尽可能地降低存货的资金占用额，即降低存货成本。

（2）存货成本控制的方法。

概括而言，存货成本控制的方法有两类：定性控制方法与定量控制方法。这两类方法并不相互排斥，而是相互补充，它们从不同层面为降低存货成本而服务。

存货成本控制的定性方法是指通过分析进行控制的一类方法。此类方法不需要建立数学模型，通过因素分析、过程分析、结果分析等进行控制，其控制范畴涵盖存货形成的全过程，包括对各类存货的控制。具体方法包括：因素控制法、ABC 分类法和适时制控制法三种。

存货成本控制的定量方法是指通过建立数量模型进行控制的一类方法。此类方法是在分析耗用量或生产量的基础上，建立相关数学模型并实施控制。具体方法包括：经济采购批量控制法、最优生产批量控制法和定期采购控制法等。其中最优生产批量控制法解决的是一定时期，某种产品全年应该生产几批、每批生产多少的问题。此类问题既可以视为一种存货控制分析，也可以视为一种日常生产决策分析，本教材在经营决策分析中对其进行阐述，这里不赘述。

（3）存货成本控制中的相关概念。

在存货成本控制中，需要考虑一些相关的成本，包括购置成本、订货成本、储存成本、短缺成本等。

①购置成本。购置成本是指存货本身的价值。即存货的买入成本，包括存货的买价、运费以及运输过程中的正常损耗，常常用数量与单价的乘积来确定。如果存货的年需要量用 D 表示，U 代表存货的购入单价，购置成本用 TC_0 表示，则存货的购置成本计算公式为：

购置成本（TC_0）＝存货年需要量×购入价格＝D·U　　式 7－36

②订货成本。订货成本是指取得订单的成本。通常企业一定期间内为订购原材料会发生各项费用，包括采购人员的工资、采购部门的一般经费以及采购业务费，如办公费、差旅费、邮资、电报、电话费支出等。该类成本依据与订货次数之间的依存关系可将其分为固定和变动两部分。前者与订货次数多少无关，是维持采购部门正常业务活动所必须发生的费用；后者则随订货次数的增减而成正比例变动，但它与每次的订货批量无直接关系。如果每次材料的采购批量用 Q 表示，每次订货的变动性订货成本用 K 表示，每次订货的固定性订货成本用 F_1 表示，全年订货成本用 TC_1 表示，则订货成本的计算公式如下：

$$订货成本(TC_1)=每次订货的变动性订货成本\cdot\frac{存货年需要量}{采购批量}+每次订货的固定性订货成本=K\cdot\frac{D}{Q}+F_1$$

式 7-37

③储存成本。储存成本是指为保持存货而发生的成本。通常企业一定期间内为储存存货需要发生各项费用，包括支付给储运公司的费用以及企业仓储库发生的各种费用，如搬运费、仓储费、保险费、占用资金发生的利息、存货破损或变质损失等。该类成本依据与存货数量的关系区分为固定成本和变动成本两部分，前者与存货数量的多少无关，如仓库的折旧费、仓库职工的固定月工资等；后者则与存货的数量直接相关，如存货资金的应计利息、存货的破损和变质损失、存货的保险费用等等。储存成本既可以发生在材料采购过程，也可以发生在生产过程。如果用 C 表示单位存货年平均变动性储存成本，用 F_2 表示固定性储存成本，全年储存成本总额用 TC_2 表示，则储存成本的计算公式如下：

$$储存成本(TC_2)=单位存货年平均变动性储存成本\times\frac{采购批量}{2}+固定性储存成本=C\times\frac{Q}{2}+F_2$$

式 7-38

④缺货成本。缺货成本是指由于存货供应中断而造成的损失。这种损失包括由于材料供应中断造成的停工损失；由于产成品库存缺货造成的拖欠发货损失和丧失销售机会的损失；如果生产企业以紧急采购代用材料解决库存材料中断之急，此时缺货成本表现为紧急额外的购入成本。如果单位缺货年平均成本用 S 表示，年平均缺货量用 Q_S 表示，全年缺货成本总额用 TC_3 表示，则缺货成本的计算公式如下：

$$存货成本（TC_3）=年平均缺货量\times单位缺货年平均成本=Q_S\times S$$

式 7-39

2. 存货成本的定性控制

由于存货一般在流动资产中所占比例较高，因此人们很早就开始探讨存货的控制方法，而这种探索从来没有间断过。从存货成本定性控制方法出现的先后顺序来看，最早出现的是因素控制法和 ABC 分类法，适时制控制法是近几年流行的一种成本控制方法。然而无论是早期的控制方法，还是近期的控制方法，都对存货具有十分重要的控制意义。

（1）因素控制法。

因素控制法是指分别成本项目的数量和价格因素进行控制的一种定性存货控制方法。虽然存货涉及原材料库存、在产品库存和产成品库存三类，但无论是在产品还是产成品，都是由料、工、费三个成本项目构成，因此要降低存货成本，只要降低了三个成本项目，存货成本自然随之降低。由此可见，存货的定性控制应着眼于这三个项目的成本降低。然而无论是材料成本项目，还是其他两个成本项目，都由价格和数量两个因素构成，因此实际工作中，可以从这两个因素着手控制。

具体来讲，对于材料成本，不仅要控制材料的购入成本，还要控制生产中材料的使用数量；对于人工成本，不仅要控制用工的人数，还要控制工资的增长速度；对于制造费用，应该区分固定性制造费用和变动性制造费用两类采用不同的方式进行控制，对于前者，应从各明细项目的总量控制，而对于变动性制造费用，应从各明细项目的单位额进行控制。

（2）ABC 分类法。

ABC 分类法是指存货按照类别划分进行控制的一种定性存货控制方法。此法由意大利经济学家巴雷特于 19 世纪首创，故也称为巴雷特控制法。其基本原理是以存货成本比重和实物量比重共同为存货类别划分的标志，将存货区分为 A、B、C 三类，不同类别存货采取不同的控制方式。这种控制方式的基本出发点是：抓住关键少数，区别对待。其具体操作步骤如下：一是计算每一种存货在一定期间内（通常为 1 年）的资金占用额；二是计算每一种存货资金占用额占全部资金占用额的百分比，并按大小顺序排列；三是将存货占用资金巨大，品种数量较少的确定为 A 类；将存货占用资金一般，品种数量相对较多的确定为 B 类；将存货品种数量繁多，但价值金额较小的确定为 C 类；四是对不同类别的存货采取不同的控制措施。

一般 A 类存货，由于其种类少，但占用资金较多，因此应对其进行认真规划，计算经济批量并逐项重点控制；而 C 类存货，虽然种类繁多，但占用资金很少，不必耗费过多的精力，可以对其进行简单控制；B 类存货介于 A 类和 C 类之间，也应给予一定程度的重视，但不必像 A 类那么严格，可以对其进行次重点控制。至于 A、B、C 三类的界定没有绝对的标准，企业可以灵活掌握，一般的划分标准及适用范围如表 7－11 所示。

表 7－11　　ABC 分类法划分标准、控制方式及适用范围表

类别	划分标准		控制方式	适用范围
	成本比重	实物量比重		
A 类	70%～80%	不超过 20%	重点控制	品种少、单位价值高的存货
B 类	15%～20%	不超过 30%	一般控制	介于 A 类与 C 类之间的存货
C 类	5%～10%	不低于 50%	简单控制	品种多、单位价值低的存货

从表 7－11 可以看出，ABC 分类法简便易行，不仅适用于单一品种存货的成本控制，也适用于多品种存货的成本控制，亦可用于某项成本的具体内容的分类控制，它是一种既经济又合理的成本控制方法。

（3）适时制控制法。

适时制控制法是指存货在需要时才取得并进入生产过程的一种存货定性控制方

法。此法首创于日本的丰田汽车公司。

①适时制控制法的基本思想及目标。其基本思想是，以顾客（即市场）为中心，根据市场需求来组织生产和供货，实施拉动式的生产管理，即逆着生产工序，由顾客需求开始，按照订单——产成品——组件——配件——零件和原材料——供应商顺序，由后向前，逐个向前逼进，上道工序提供的正好是下道工序所需要的，且时间上不早不迟，数量上不多不少正好，恰好满足顾客的需要。其控制理念是，存货是一种浪费，应该消除从产品设计到产品销售各个环节的一切浪费；其控制目标是，实现零存货和零缺陷。

知识链接

适时制控制法的产生

1950 年，日本丰田汽车公司当时的机械厂厂长大野耐一从美国超级市场的货物管理中得到启发并率先提出适时制的构想。大野耐一当时从超市看到的现象是，顾客在超级市场一次选购多种商品（多品种），而每种只买很少的量（小批量），超级市场的配送系统则可以迅速补充顾客买走的商品。受此启发，大野耐一认为，可以把供需关系引入工业公司内部，在汽车生产过程中将后道工序视为购物顾客，前道工序视为超级市场的配送系统，前道工序应按后道工序的要求在必要的时间提供必需的零件数量。这种想法从 1950 年开始构思并实验，到 1962 年，丰田公司内部全面推开，其后，丰田又在其承包外购零部件的厂家全面推广，其间经历了 20 年时间的反复改进，不断完善，成效显著。直到 20 世纪 70 年代，丰田的“秘密武器”才被世人所知并风靡全球。当时的丰田公司借助于三种看板：提领看板、生产看板、供应商看板，实现了适时交货、适时生产、适时供货，故此种管理方式被称为“看板管理”或称“适时制”，其核心是消除存货。

②适时制控制法对传统存货控制体系的变革。适时制控制方法从其产生，内容不断充实与完善，经过多年的发展，已成为近几年来理论界与实务界最为推崇的一种存货控制方法，它具有先进性，是对传统存货控制方法的一种彻底变革，其变革主要表现在以下几方面：

一是改变了订货方式。在传统的存货控制体制下，往往先由原材料供应商报价，然后生产商根据自身所掌握的数据以及报价的高低进行选择决策，而原材料供应商常常为了防止生产商生产变动给自己造成损失，通过与生产商签订严格的协议来约束生产商的行为。这种订货方式虽然有利于供应商，但不利于生产商，生产商一方面不能根据市场需求状况的变动及时调整生产计划，另一方面需要花费人力、物力管理预购的存货。而在适时制下，首先生产商提出要求，供应商则按照生产商的要求及时供货，订货价格得到双方的认可。这样生产商由被动变主动，供应商与生产商实现了双赢。

二是改变了投料方式。在传统存货控制体制下，原材料的投放是由计划决定的，前一道工序的生产状况不受后道工序的制约，相反后道工序却取决于前道工序的在产品完成状况，为了保证生产的正常进行，由此导致各道工序都设有大量的库存。而在适时制下，企业推行"看板生产"，成功地解决了存货投放时间点和投放量的问题。所谓"看板生产"就是要求生产线的各道工序只在必要的时候，按必需的产品生产必要的相关产品数量，后道工序的需要量制约前道工序的生产量。这样使得每道工序的生产量与需要量保持一致，从而尽量地减少了在产品的库存量，提高了生产效率并降低了储存成本，基本实现了零存货的目标。显然适时制下的投料方式是按需投放的。

三是改变了仓库设置方式。在传统存货控制体制下，企业为了保证生产不中断，会设置多个半成品仓库，仓库与生产部门并列于企业总经理的领导之下，实施存货管理上的权利统一，企业通过计划指导生产和仓储，生产计划通过初始工序贯穿于整个生产线，从而决定了一定时期原材料的需要量。而在适时制下，订货量与需要量保持一致，生产量与需要量保持一致，各个工序按需供货，因此企业仓库转入物流中心，中间的半成品仓库取消，存货基本上停留在生产线上。

③适时制控制法实施的前提条件及应注意的问题。适时制控制法大大地降低了企业的储存成本，而要推行"零存货"管理，企业必须具备一定的前提条件，其要求有二：一是要求企业与供应商保持良好的合作关系。我们应该看到适时制在降低储存成本的同时，由于采购次数的增加，会导致采购费用的提高，对此企业与供应商必须良好合作，结为战略联盟，订立长期合同，只有这样一方面能够降低采购费用，另一方面才会确保供应商的适时供货；二是要求企业与供应商的产品质量必须过关，达到"零缺陷"，只有这样才能保证生产的顺畅进行。

适时制控制方法虽然要求供产销各个环节在时间上和数量上紧密衔接，倡导"零存货"，但我们必须看到"零存货"应该是一种存货的控制理念，而不能做绝对的理解。20 世纪 70 年代，由于适时制的极大成功，丰田公司一度把库存压得很低，结果在 80 年代初的一次地震后，当市场需求突然大增时，丰田公司由于不能及时供货而蒙受了损失，此后丰田公司适度增加了存货。实践证明，库存为零的做法在市场稳定的情况下，在中小企业也许能够做到，但对大公司则是不现实的，因此实际工作中适度的产成品库存是必要的。

3. 存货成本的定量控制

存货成本的定量控制方法包括经济采购批量控制法和定期采购控制法等，这些方法与适时制控制法相比，都是较早出现的控制方法，但实务中有时也采用。

（1）经济采购批量控制法。

经济采购批量控制法是指通过确定经济采购批量和再订货点控制材料库存的一种

定量存货控制方法。此法依据微分极值原理确定经济采购批量，根据再订货点判定是否应该采购。如果企业的实际库存达到了再订货点数量，则应按照计算的经济采购批量进行采购，从而补充库存。

①经济采购批量的确定。实际工作中，企业存在某种材料全年采购几次，每次采购多少的问题，这就涉及经济采购批量的确定问题。

▲经济采购批量的内涵。所谓采购批量是指企业每次从外部购买材料的数量。用Q表示。所谓经济采购批量，又称经济订货批量，简称经济批量，是指在保证生产经营需要的前提下能使全年材料相关总成本最低时的采购批量。用 Q^* 表示，经济采购批量通过建立数学模型确定，不同模型下的相关成本不同。

与经济采购批量相关的指标是经济订货次数和全年相关最低总成本。经济订货次数建立在经济采购批量的基础上，它是指材料全年需用量与经济采购批量的比值；全年相关最低总成本也建立在经济采购批量的基础上，由于经济采购批量在不同情况下建立的模型不同，考虑的相关成本也不同，因此全年相关最低总成本必须结合具体模型予以确定。

▲经济采购批量的基本模型。经济采购批量的基本模型建立在一些假设的前提下：一是假设采购条件中没有规定商业折扣条款，即没有规定数量折扣，采购价格不变；二是假设生产过程中不存在缺货现象；三是假设每批订货均能一次到货。在此假设下，全年的相关成本只涉及订货成本和储存成本，其总成本（用TC表示）模型如下：

$$\text{年存货总成本(TC)} = \text{年订货成本} + \text{年储存成本} = TC_1 + TC_2$$

$$= (K \cdot \frac{D}{Q} + F_1) + (C \cdot \frac{Q}{2} + F_2) \quad \text{式 7-40}$$

根据式7－40，利用微分极值原理可以进行推导，推导过程略，结论如下：当年储存成本与年订货成本相等时，全年相关总成本最低；此时经济采购批量 Q^* 的基本模型、经济订货次数 N^*（即全年最佳采购次数）和全年最低相关总成本 TC^* 的计算公式如下：

$$Q^* \sqrt{\frac{2 \cdot \text{某种存货年需要量} \cdot \text{每次订货变动成本}}{\text{单位年变动储存成本}}} = \sqrt{\frac{2DK}{C}} \quad \text{式 7-41}$$

$$N^* = \frac{\text{某种存货年需要量}}{\text{经济采购批量}} = \frac{D}{Q^*} \quad \text{式 7-42}$$

$$TC^* = \sqrt{2DKC} \quad \text{式 7-43}$$

从式7－41可以看出，在一定假设前提下，经济采购批量控制必须考虑的相关总成本只包括变动性订货成本和变动性储存成本，虽然固定性订货成本和固定性储存成本属于全部成本的范畴，但它们的发生与经济采购批量的高低无关，它们属于确定经济采购批量的无关成本，因此不予考虑。

【例 7－16】某制造公司全年需用甲材料 4 000 千克，甲材料的采购单价是 20 元，按经验数据估算的每次订货的变动性订货成本为 60 元，单位材料年平均变动性储存成本为 3 元。

要求：计算经济采购批量、经济订货次数和全年最低的相关总成本。

分析：依据所给条件进行计算。

$$Q^{*}=\sqrt{\frac{2\times 4\ 000\times 60}{3}}=400\text{（千克）}$$

$$N^{*}=\frac{4\ 000}{400}=10\text{（次）}$$

$$TC^{*}=\sqrt{2\times 4\ 000\times 60\times 3}=1\ 200\text{（元）}$$

▲经济采购批量的扩展模型一：存在商业折扣条件下的经济采购批量。经济采购批量的扩展模型是在放松了经济采购批量基本模型个别假设前提下所计算的经济采购批量。具体包括以下三种情况：存在商业折扣条件下的经济采购批量、允许缺货条件下的经济采购批量以及每批订货陆续到货条件下经济采购批量。

在基本模型中，假定不存在数量折扣，则购置成本与采购批量无关，因而基本模型中的相关成本不涉及购置成本。如果放松此假设，假定采购合同中规定有商业折扣条款，在这种情况下，就必须将购置成本纳入相关成本范畴，因为此时采购批量的大小直接决定采购价格的高低，进而影响到采购成本的水平。由此决定与经济采购批量模型相关的成本有三类：购置成本、变动性订货成本和变动性储存成本，全年相关成本计算公式如下：

TC＝年购置成本＋年变动性订货成本＋年变动性储存成本

$$=D\cdot U+K\cdot\frac{D}{Q}+C\cdot\frac{Q}{2}\qquad\text{式 7－44}$$

实际购销活动中，数量折扣分区间确定。假定存在商业折扣，采购数量越高，采购价相对零售价越低，如采购数量低于 100 件，售价为 10 元；高于 100 件，售价为 9 元。在这种情况下，不同数量折扣下的全年购置成本不同，如果要确定经济采购批量，需要按以下步骤确定：

第一步，按式 7－41 计算出没有商业折扣约定时的经济采购批量，据此按商业折扣条款查出相应的采购价格，并一并代入式 7－44，计算出此时的相关成本总额。

第二步，按照商业折扣条款中其余各档次的采购量与相应价格分组代入式 7－44，计算出每一档次下的相关总成本。

第三步，比较所有情况的相关成本总额，相关成本最低时的采购批量即为存在商业折扣条件下的经济采购批量。

【例7-17】沿用例7-16资料。假定供货方规定：当一次订货量小于1 000千克时，购货价是20元；如果每次订货量等于或大于1 000千克、小于2 000千克时，价格优惠2%；当每次订货量等于或大于2 000千克时，价格优惠3%。

要求：计算经济采购批量和全年最低的相关总成本。

分析：依题所给条件，如果不考虑商业折扣，每次的采购量是400千克，适用的价格是20元，全年相关总成本为：

$$TC_{400}=20\times4\ 000+\frac{4\ 000}{400}\times60+\frac{400}{2}\times3=81\ 200(\text{元})$$

如果每次的采购量为1 000千克，适用的价格优惠比例是2%，则全年相关总成本为：

$$TC_{1\ 000}=20\times(1-2\%)\times4\ 000+\frac{4\ 000}{1\ 000}\times60+\frac{1\ 000}{2}\times3=80\ 140(\text{元})$$

如果每次的采购量为2 000千克，适用的价格优惠比例是3%，则全年相关总成本为：

$$TC_{2\ 000}=20\times(1-3\%)\times4\ 000+\frac{4\ 000}{2\ 000}\times60+\frac{2\ 000}{2}\times3=80\ 720(\text{元})$$

比较各种批量下的相关总成本：由于每次采购量是1 000千克时的总成本最低，为80 140元，因此经济采购批量是1 000千克，经济订货次数是4次，全年最低相关成本总额是80 140元。

▲经济采购批量的扩展模型二：允许缺货条件下的经济采购批量。在基本模型中，假定不允许缺货现象出现。但在实际生产经营活动中，经常会因供货方或运输部门的问题而导致所采购的材料无法及时到达企业，发生缺货损失现象。在这种情况下，如果放宽对缺货的假设，缺货会影响年平均储存量，进而影响储存成本的计算，另外缺货成本也需要单独考虑，计算缺货成本时需要按经验估算单位缺货年平均成本S。假设平均缺货量用Q_S表示，此时与经济采购批量模型相关的成本有三类：变动性订货成本、变动性储存成本以及缺货成本。缺货条件下会影响平均储存量，进而影响到储存成本，同时还需要考虑缺货成本，全年的相关成本计算公式如下：

TC = 年变动性订货成本 + 年变动性储存成本 + 年缺货成本

$$=K\cdot\frac{D}{Q}+C\cdot\frac{Q-Q_s}{2}+Q_s\cdot S \qquad \text{式7-45}$$

如果对式7-45进行推导，推导过程略，在允许缺货条件下与经济采购批量相关的计算公式如下：

$$Q^{*}=\sqrt{\frac{2DK}{C}}\cdot\sqrt{\frac{C+S}{S}} \qquad \text{式7-46}$$

$$TC^* = \sqrt{2DKC} \cdot \sqrt{\frac{S}{C+S}}$$ 式 7－47

【例 7－18】沿用例 7－16 的资料。假设允许出现缺货，该企业依据经验数据估算的单位缺货年均成本值为 0.375 元。

要求：计算经济采购批量和全年最低的相关总成本。

分析：依题所给条件进行计算。

$$\text{经济采购批量}(Q^*) = \sqrt{\frac{2 \times 4\ 000 \times 60}{3}} \times \sqrt{\frac{3+0.375}{0.375}} = 1\ 200(\text{千克})$$

$$TC^* = \sqrt{2 \times 4\ 000 \times 60 \times 3} \times \sqrt{\frac{0.375}{3+0.375}} \approx 400(\text{元})$$

▲经济采购批量的扩展模型三：每批订货陆续到货条件下的经济采购批量。实际生产经营中，由于种种原因，常常会出现货物陆续交货、陆续到达的现象。如果在经济订货批量基本模型中，放松对每批订货均能一次到货假设，即假定货物陆续交货、陆续到达，在这种情况下，陆续到货会使材料的年均储存量发生变动，进而使储存成本模型有所改变，此时与经济采购批量模型相关的成本有两类：变动性订货成本和变动性储存成本。如果设材料每日到货量为 e，每日耗用量为 d，则相关的全年总成本计算公式如下。

TC ＝年变动性订货成本＋年变动性储存成本

$$= K \cdot \frac{D}{Q} + C \cdot \frac{Q(1-\frac{d}{e})}{2}$$ 式 7－48

如果对式 7－48 进行微分求导，就可以得出陆续到货条件下的有关计算公式：

$$Q^* = \sqrt{\frac{2DK}{C \cdot (1-\frac{d}{e})}}$$ 式 7－49

$$TC^* = \sqrt{2DKC \cdot (1-\frac{d}{e})}$$ 式 7－50

【例 7－19】沿用例 7－16 的资料。假定企业订货陆续到货，每日到货量为 22 千克，每日耗用量为 11 千克。

要求：计算经济采购批量、经济订货次数和全年最低的相关总成本。

分析：依题所给资料进行计算。

$$Q^* = \sqrt{\frac{2 \times 4\ 000 \times 60}{3 \cdot (1-\frac{11}{22})}} \approx 566(\text{千克})$$

$$TC^* = \sqrt{2 \times 4\ 000 \times 60 \times 3 \times (1 - \frac{11}{22})} \approx 849(\text{元})$$

▲比较经济采购批量的不同模型。比较经济采购批量的基本模型和扩展模型，我们不难看到以下几个结论：

第一，在不同的条件下，经济采购批量模型所考虑的相关成本的具体构成内容不同，但有两项内容存在于各种条件下，它们是变动性订货成本和变动性储存成本。

第二，固定性订货成本和固定性储存成本虽然存在，但由于这两类成本与采购数量无关，具有固定不变性，因此属于无关成本，所确定的不同条件下的经济采购批量模型均对其不予考虑。

第三，基本模型一旦扩展，只是对某一因素放松假设，但随着制约因素的不断增加，原有的结论将被重新认识。

第四，事实上，无论是经济采购批量的基本模型还是扩展模型均假设材料的一定时期存货需要量能够确定，即需要量为一常量。如果实际工作中，该值具有不确定性，则此类模型不适用。

第五，无论是经济采购批量的基本模型还是扩展模型都建立在单一材料的基础上，企业要进行材料控制，可以区分重点材料，对此类材料通过模型计算并实施控制。

②再订货点的确定。所谓再订货点是指材料的最低库存标准。它是企业应否采购的标志，如果实际库存达到了再订货点，企业就应该组织采购，否则低于再订货点，则无需采购。再订货点用 R 表示，达到再订货点时的采购量应为经济采购批量 Q^*。

影响再订货点的因素主要有交货期、材料的每日平均耗用量和保险储备量。其中，交货期也称提前期，是指从办理采购起，到货物验收入库可以使用为止之间的时间间隔。包括办理订购手续、发运、在途、验收入库等所需的时间；材料的每日平均耗用量又称每日平均发货量，是指按 365 天计算的平均耗用量。它是材料全年需用量与 365 天的比值；保险储备量是指在前两个因素不稳定的情况下，为保证不至于缺货或将缺货限制在允许的范围内而准备的安全储备量。再订货点的计算公式如下：

$$\text{再订货点}(R) = \frac{\text{某种材料每日}}{\text{平均耗用量}} \times \frac{\text{交货期}}{\text{天数}} + \frac{\text{保险}}{\text{储备量}} \qquad \text{式 } 7-51$$

式 7－51 中的保险储备量存在适度问题。实际工作中，如果加大保险储备量，虽然可以避免材料因短缺而造成的损失，但同时会增大材料的储存成本，因此合理的保险储备量应该能使由其引起的储存成本与一定的缺货量所引起的缺货成本之和达到最小。具体而言，该值的计算方式有三种：一是按经验估计或采用概率方法进行估算；二是按每日平均耗用量乘以保险日数计算；三是以交货期为基础，用：（预计每日最大耗用量－每日平均耗用量）×交货期天数计算。

【例 7－20】某企业生产甲产品需要的丙材料全年需用量为 3 600 件，材料的单位成本为 10 元，每次订货成本为 25 元，单位材料年均储存成本为 2 元，交货期为 5 天，保险日数为 1.5 天，平均每天耗用量为 10 件。

要求：（1）计算经济采购批量和再订货点；（2）分析实际库存储备分别达到 72 件和 65 件时是否需要组织采购，采购多少？

分析：依据所给资料进行计算和分析。

$$Q^* = \sqrt{\frac{2 \times 3\ 600 \times 25}{2}} = 300\text{（件）}$$

$$R = 10 \times (5 + 1.5) = 65\text{（件）}$$

当丙材料的实际库存是 72 件时，由于 72 > R，所以不需要组织采购；当实际库存量是 65 件时，由于实际库存 = R，所以应该马上组织采购，采购量就是经济采购批量，300 件。

在经济采购批量控制法下，为了保证存货不中断，需要及时盘点库存，否则一旦出现低于再订货点而未采购的情况，可能会给企业造成损失。

（2）定期采购控制法。

定期采购控制法是指按照既定的采购期限补充库存材料的一种定量存货控制方法。此法与经济采购批量法不同，需要固定每次的采购期限，每次采购量则不固定，每次按照预计的定期采购量标准与采购日当时的实际库存之差来补充库存。因此此种方式下，计算定期采购量标准是其关键所在。

所谓定期采购量标准是指每次订货的最高限额。它由采购周期耗用量、交货期耗用量与保险储备量三者之和构成。这里的采购周期也称为订货周期，是指相邻两次采购之间的间隔天数。即从上次采购结束到本次提出采购之间的间隔天数。采购周期通常受到企业全年材料需用量、耗用情况以及供应方生产批量和供货特点等因素的影响，一旦确定，常常固定不变，到了这个日子，企业会组织采购，开始订货。定期采购量标准的计算公式如下：

$$\begin{aligned}\text{定期采购量标准}(M) &= \text{采购周期耗用量} + \text{交货期耗用量} + \text{保险储备量} \\ &= \text{每日平均耗用量} \times \left(\text{供应间隔天数} + \text{交货期天数} + \text{保险天数}\right)\end{aligned} \quad \text{式 7－52}$$

在采购周期结束前，需要盘点并得出实际库存量，则定期采购量标准与实际库存的差额应该是采购的数量。

【例 7－21】某企业需用 A 材料，每隔 20 天采购一次，每日平均耗用量为 80 吨，交货期为 6 天，保险日数为 1 天。

要求：计算定期采购量标准，并分析采购前实际材料的盘存数是 920 吨时，需要订货的数量。

分析：依据所给资料进行计算。

定期采购量标准（M）=80×（20+6+1）=2 160（吨）

如果实际材料的盘存数920吨，则需要订货的数量为：

订货数量=2 160-920=1 240（吨）

知识链接

供应商管理库存（VMI）

供应商管理库存（VMI）是近年来企业尝试的一种新型供应链管理模式。VMI全称Vendor Managed Inventory，即供应商管理库存，相对于按照传统用户发出订单进行补货的传统做法，VMI使供应商管理库存以供应商为中心，由供应商行使库存决策的权利，下游企业只需要帮助供应商制订计划，供应商会根据下游企业的库存数量和需求计划自行供应商品。

在欧美国家，VMI在20世纪90年代至今的时间里已经发展为一种成熟的库存模式。它的实施已经在众多企业获得成功。Wal-Mart、家乐福、戴尔、惠普、都是实施VMI的先驱者。2000年3月，香港吉之岛建立起了与宝洁公司的VMI系统，给双方带来的直接效益是销售增加45%，平均库存周转时间从4周减为2周，缺货率从7%降为1%。

7.3.4 作业成本控制

作业成本控制是近几年来流行的一种先进的成本控制方法，它既是一种事前成本控制，也是一种事中和事后的成本控制，由于其最初提出建立在作业成本核算的基础上，因此本教材将其列入事中和事后的成本控制内容之一。

1. 作业成本控制概述

（1）作业成本控制的产生。

作业成本控制伴随着作业成本管理的出现而被提出。1990年Raffish和Tourney提出了关于作业成本管理（activity-based costing management，ABCM）的十字模型，如图7-3所示。图7-3从纵向上反映的是以作业为核心的产品成本核算思想，从横向上揭示的是以作业为核心的成本动因、业绩评价思想，整个模型的建立以作业成本计算为基础，被公认为是作业成本管理诞生的标志。

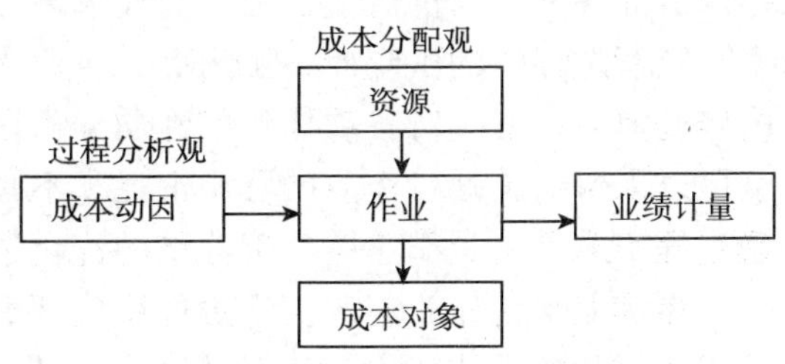

图7-3 作业成本管理十字模型

自作业成本管理十字模型提出后，

理论界基于作业的探讨不断拓展，作业作为一种管理理念延伸到管理会计的每一项职能、每一个工作环节，包括成本性态分析、变动成本法、本量利分析、决策等。而作业成本管理十字模型提出的最初实际上是作业成本控制而不能称之为作业成本管理，因为它仅仅涉及控制思想，之后包括拓展内容才能构成真正意义上的作业成本管理。本教材将以作业为核心的成本动因分析及业绩评价纳入作业成本控制范畴。

（2）作业成本控制的概念。

作业成本控制是指深入到作业层面，围绕着作业展开分析，通过采取措施优化作业链，从而实现成本降低的一种成本控制方法。作业即活动，作业成本控制是围绕着企业发生的每一项基本活动所进行的控制。

伴随着作业成本法的出现及发展，人们逐渐认识到，企业本身是一个由此及彼、由内到外的作业链，从价值的形成过程来看，作业链又表现为价值链，作业耗费与作业产出配比的结果，就是企业得到的经济效益，而在作业链—价值链形成过程中，并非所有的作业都能增加企业的价值，有些作业是客户必需的。有些作业即使不发生却不降低企业的价值，降低产品成本最有效的途径就是消除这些无效的作业，同时提高有效作业的利用率，因此围绕着作业所进行的控制就成为作业成本控制的关键和核心。

（3）作业成本控制的适用范围。

作业成本控制起源于作业成本法，即起源于成本计算的精确性，但围绕着作业进行的控制实际上并不受作业成本核算的影响。也就是说，无论是否采用作业成本法，每一个企业都可以从作业角度进行控制。因为作业是企业发生的一项一项最基本的活动，分析每一项活动是否可以消除是不受核算限制的，因此作业成本控制具有广泛的适用性，它不仅适用于所有类型的企业，也适用于各类事业单位。从西方来看，这种控制方式在许多大型制造业、金融机构、科研机构、中小企业、会计师事务所、营销部门、非营利单位等领域已广泛应用。

（4）作业成本控制的目的和目标。

从企业整体来看，企业组织本身就是一条由一系列作业组成的作业链，作业的前后有序衔接过程，也是价值的逐步形成过程，一切价值都由这条作业链而创造。既然作业链能够表现为价值链，那么企业管理的着眼点就应该放在这条作业链上，可以将生产经营过程中的供应商、销售商、企业内部生产过程的一切活动细化为一个个单独的作业单元，通过对各项作业的性质分析以及作业耗费与作业产出配比结果的分析，就可以采取措施减少作业的资源消耗和不必要的作业，提高作业的产出效率，这一管理过程实质上就是作业链与价值链的优化过程。

事实上优化作业链，实现价值增值不可能一步到位，这是一个长期的任务，而作业成本控制从最初产生就以其为工作环节；另外作业链与价值链之间存在着因果关系，作业链优化是因，价值链增值是果，因此我们将不断优化和改进作业链界定为作业成本控制的目的，而将提升企业价值作为作业成本控制的目标。

（5）作业成本控制的内容。

作业成本控制是作业成本管理的一个组成部分，主要涉及以下几项内容：

①进行作业价值分析。企业的生产经营过程是由各项独立并相互联系的作业所构成，各项作业按一定顺序先后有序地进行，如果各项作业均有效，则每一项作业都可以创造价值；同时伴随着各项作业的依次完成，这些价值也实现了转移。要提高企业的价值，必须对作业进行价值分析，区分增值作业和非增值作业，分析成本动因，分析作业链的链接。

②分析作业预算执行的结果。企业应定期将作业执行的实际结果与作业预算进行对比，分析作业成本水平的高低以及作业的利用效果，只有这样才可以及时发现问题，采取措施，从而达到降低成本，合理配置企业资源的目的。进行此类分析的前提是编制合理、可行的作业预算。

③全方位采取措施改善企业的生产经营。要优化作业链，可以采用的方法多种多样。适时制是消除非增值作业的较为理想的方法，除此之外，企业还可以从其他角度采取措施，如实施全面质量管理、改进工艺等。实务中优化作业链的方法不能仅局限于单纯的成本降低方法本身，只要能够达到消除非增值作业、提高增值作业利用率的目的，即优化作业链的目的，一切方法都可以采用，包括会计的方法和非会计的方法。

（6）作业成本控制与传统成本控制的区别。

作业成本控制较之传统成本控制更具有先进性，它是一种全新的成本控制方法，二者的区别主要表现在以下几方面：

①理论依据不同。作业成本控制建立在现代企业观的基点上，现代企业观认为：现代企业是一个为最终满足客户需要而设计的一系列作业的集合体，各种作业有序的前后衔接，连成一个整体，最终为企业的外部客户服务。其核心是作业，此观点为优化作业链奠定了坚实的理论基础。而传统成本控制建立在传统企业观的基点上，传统企业观认为：企业是一个为社会提供产品的营利性经济组织，其核心是产品。此观点为降低产品成本提供依据。

②控制对象不同。在现代企业观的指导下，企业存在一条从供应商直至消费者的内部作业链，作业链又可以表现为价值链，这意味着每项作业就是作业链中的一个环节，且每项作业可以创造价值。这说明作业控制中，盈利的基点是作业，因此作业控制的对象自然是作业；而传统成本控制在传统企业观的指导下，盈利的基点是产品，因此成本控制的对象自然是产品。

③控制性质不同。如果从作业链来看，产品的研发、设计、供应商、销售商等都是作业链中的一环，深入到这一层面进行分析，将成本的前馈性控制放到了重要的地位，将供应商视为了企业的战略联盟，这种分析有助于企业的长期发展，因此作业成

本控制具有战略性；而传统成本控制仅局限于企业的生产过程，从未站在客户与供应商的角度进行控制与分析，也不强调成本的前馈性控制，不强调成本避免，因此这种控制不具有战略性。

④分析的内容不同。作业成本控制关注成本动因和作业链，从资源动因、作业动因、作业链的优化等角度进行价值分析，这种分析具有全面性；而传统成本控制仅强调生产过程的控制，从成本项目角度进行分析，这种分析与控制缺乏深度和广度。

⑤分析的基础不同。作业成本控制按照业务活动量将作业细分为单位层作业、批量层作业、产品层作业和公司层作业，由此将所有的成本划分为短期变动成本、长期变动成本和综合变动成本三类，以变革后的成本性态分析为基础；而传统成本控制将所有的成本区分为固定成本和变动成本两大类，以传统成本性态分析为基础。

⑥成本降低的方式不同。作业成本控制通过作业链的优化来达到降低成本的目的，作业链的优化意味着非增值作业的消除，因此成本降低效果显著；而传统成本控制常常通过料、工、费三个成本项目的节约来达到降低成本的目的，由于生产过程中的成本降低是有限的，因此这种降低效果较作业控制降低效果要差。

2. 进行作业价值分析

既然作业能够创造价值，分析作业价值就成为作业成本控制不可缺少的一项重要内容。所谓作业价值分析是指围绕着作业，对作业的性质、成本动因、作业链进行的全面分析。具体内容包括：资源动因价值分析、作业动因价值分析、作业链的联结价值分析三个方面。实务中的作业价值分析可以按此顺序展开。

（1）进行资源动因价值分析。

由于资源动因反映作业量与资源耗费之间的因果关系，因此进行资源动因价值分析时，要求以单一作业为核心，重点关注三个问题：一是判别每一项作业的性质；二是分析资源动因的合理性；三是分析作业耗费资源成本的水平。

①区分增值作业与非增值作业。从顾客价值角度讲，作业有两类：一类是增值作业（value-added activity）；另一类是非增值作业（nonvalue-added activity）。作业成本控制围绕作业展开，而优化作业链前必须弄清楚每一项作业的性质，对于不同性质的作业，控制的侧重点是不同的。

增值作业是指满足客户需求能够形成价值增值的作业。对于此类作业，客户愿意支付价格，它属于增加顾客价值的必要作业，是企业获利的源泉，如生产加工中的各项作业。凡增值作业企业必须保持，不能消除，否则会降低企业的价值。

非增值作业是指客户不需要而不能形成价值增值的作业。此类作业，属于顾客的不必要作业，即使发生，客户也不愿意支付其价格，因此不能给企业带来利润。在不降低产品质量、企业价值的前提下可以将其消除。

增值作业与非增值作业的判断标准是：如果去掉某项作业，仍然能够为客户提供与以前同样的效果，则该项作业为非增值作业，否则为增值作业。

在理想状态下，企业生产经营过程中只有产品设计、产品加工、产品交付为增值作业。常见的非增值作业包括：存货中的存储、整理和搬运；生产中的待料停工以及机器维修停工；因质量问题出现的返修、重复检测等。实际工作中，如果要彻底消除这些非增值作业，企业必须进行流程再造，打破现有的生产组织体系，按制造单元组织生产，从而实现零存货、零缺陷的目标。然而，由于这种变革的成本代价昂贵，且具有一定的阻力，大部分企业可能无法做到，在这种情况下，企业可以维持原有体系，将适时制的管理理念应用于经营过程，尽可能地将非增值作业降到最低。

分析作业的性质必须对企业的整个作业链的每一个环节进行分析，包括企业的上游和下游，增值作业的判定应结合企业的现实生产条件来确定。如通用汽车集团为降低零部件的外购成本，认为其零部件供应商的非增值作业有：过量生产；过量库存；移动；过多的生产步骤；等待；返工；设备闲置；空间闲置；生产顾客不需要的产品等。

②分析资源动因的合理性。如果进行作业成本核算，需要依据一定的标准将资源分配给各作业中心，资源动因是否合理决定着成本计算结果的准确性，因此应对其进行分析。

在现实工作中，资源动因必须使作业量与资源耗费之间存在因果关系，如人工成本的资源动因是人工小时；材料费用的资源动因是材料消耗数量；机器设备的资源动因是机器小时等。表 7－12 列示了美国电话电报公司的新河谷厂，将各种资源成本分配给作业中心时所选择的多种资源动因，以供借鉴。

表 7－12　　美国电话电报公司新河谷厂的资源动因①

资　源	资 源 动 因
人事	营业部工人人数
仓库	营业部耗用的挑选整理次数
工程师	在营业部或为营业部工作的时间
材料管理	在营业部或为营业部工作的时间
会计	在营业部或为营业部工作的时间
研究开发	为产品而开发的新型号码
质量	在营业部或为营业部工作的时间
公用事业	场地大小

① F. B. Green，Felix Amenkhienan 和 George Johnson，“业绩评价与 JIT”，《管理会计》，1991 年 2 月，p. 53。

③分析作业消耗资源的水平。即分析作业所耗资源成本的高低。从理论上讲，非增值作业应该消除，但从实践的角度来看，完全消除是不可能的，因此对此进行分析，应涉及企业保留的所有作业。但需要特别指出的是，实际工作中，一个企业划分出的作业可能多达上百种或更多，要想对这些作业逐一进行价值分析，计算其消耗是不可能的，也是没有必要的。合理的做法是，对那些相对于顾客较为重要的作业展开价值分析。因为企业80%的成本通常是由20%的作业引起的，将作业按其成本大小排列，凡排列在前面的那些作业就是应分析的重点作业，而对于排列在后，对成本影响不大的作业则可以不分析。

在具体分析作业所耗资源成本时，可以开展以下问题的调查与分析：完成该项作业花费了多少时间？需要多少人？作业时间可以缩短吗？作业人数可以减少吗？可否用廉价的材料代替昂贵的材料？可否改变生产工艺？可否提高材料及机器设备的利用率？能源消耗可否降低？除此之外，还应对间接影响资源耗费的相关问题进行调查与分析，包括：职工对工作环境、劳动条件及待遇是否满意？职工工作是否有热情？职工是否献计献策？等等。

对于增值作业本身，可以做进一步的分析，分析增值作业的效率性。如果某项作业是必需的，而且所耗资源少，完成的作业量多，就可将其归属为高效作业；否则，就应归属于低效作业。具体确认作业的资源利用效率时，可以将本期的作业水平与上期的作业水平或历史上最好的作业水平或同行业先进的作业水平等进行比较，这样就可以进行直观的判断与确认。另外还可以将作业实际消耗水平与其约定能力作业消耗水平进行对比，这样就可以确认二者之间的差距，这一差距表明作业的利用程度，是企业今后提高作业效率的努力方向。

（2）进行作业动因价值分析。

作业动因反映的是产品与作业之间的因果关系。作业动因价值分析是以客户的需求为出发点，对作业的汇集中心及产品成本驱动因素的合理性进行分析。具体分析中，可以从以下两个方面进行。

①分析作业中心建立的合理性。从理论上讲，企业所建立的作业中心应该是具有同类性质分配标志的不同作业的合并。虽然每一个企业的作业数量较多，但考虑到核算的简化性，作业中心的数量并不多。实务中建立的作业中心是否合理？需要首先分析构成作业中心不同作业的性质，只有相同性质的作业才可以合并。进行此类分析还需要将作业按其等级不同进行分类，分为单位层作业、批量层作业、产品层作业和公司层作业四种类型。

事实上，不同层次的作业所采用的动因标志是不同的，如生产批次与检验次数虽然都属于批量层作业，但其动因就不同，此时二者就不可以合并。因此一般而言，凡同一层次的作业才可以合并；而同一层次中，凡具有相同成本动因的作业才可以合并。表7－13列示了John Deere组件厂的作业动因，可供读者学习与借鉴参考。

从降低成本的角度来看，不同种类的作业中心，具有不同的特点，所采取的成本控制措施也不同。对于单位层作业，其作业成本的高低与产品产量成正比例变动，所以应从单位额角度考虑降低其成本；而对于批量层作业，成本与批数的变动有关，要降低这类成本，只能设法减少作业的批数；对于产品层作业，其作业成本常常与市场开发有关，对于公司层作业，其成本则大多与企业的生产能力相联系，因此对于后两类作业成本，在削减成本时应特别慎重，以免影响市场规模的扩大或降低企业的生产能力。

表7－13 John Deere组件厂的作业动因①

作 业	作业等级	作 业 动 因
材料采购	单位层	材料成本
直接人工供应	单位层	直接人工成本
机器运行	单位层	机器小时
调整准备	批量层	调整小时
生产指令	批量层	指令单数
材料整理	批量层	卸货次数
零部件管理	产品层	零部件数量
一般行政管理	公司层	增值额

②分析作业动因的合理性。实际工作中的作业动因具有较强的隐蔽性，它不容易被判定。但为了核算产品成本，作业成本计算中必须明确作业中心，也必须确认作业动因。而实际作业中心选择的作业动因是否合理，直接影响成本计算的精确性，有待于验证。可以依据历史资料，通过计算作业动因与作业成本二者之间的相关系数和可决系数进行检验。如果用r表示相关系数，R表示可决系数，则二者的计算公式如下：

$$相关系数(r)=\frac{n\sum xy-\sum x\sum y}{\sqrt{[n\sum x^2-(\sum x)^2]\cdot[n\sum y^2-(\sum y)^2]}} \qquad 式7－53$$

① Robin Cooper 和 Robert S. Kaplan，《成本管理系统设计：解释手册与教学要点》，Englewood Cliffs, N. J.：1991年秋出版，p. 310

可决系数（R）$=r^2$ 式 7－54

相关系数反映两个变量之间的线性相关程度，一般认为相关系数在 0.8～1，二者具有较强的线性相关性；可决系数反映自变量对因变量的影响程度，取值在 0～1，其值越接近于 1，表明自变量引起的变动占总变动的百分比越高，但好坏没有明确的界限，常常取决于主观态度。

【例 7－22】假定某企业设立了八个作业中心，机器调整准备是其中的一个作业中心，机器调整次数是该作业中心的成本动因。7－12 月份的相关历史资料如表 7－14所示。依据历史资料，通过计算得出，$\sum xy$ 是 11 880，$\sum x$ 是 28，$\sum y$ 是 2 270，$\sum x^2$ 是 154，$\sum y^2$ 是 936 500。

表 7－14 作业动因与作业成本资料

月份	7	8	9	10	11	12
作业动因（机器调整次数）	3	4	2	5	6	8
机器调整成本（元）	300	400	180	400	450	540

要求：分析以机器调整次数作为分配机器调整准备成本的作业动因是否合理？

分析：依据所给资料进行计算。

$$相关系数(r)=\frac{6\times 11\,880-28\times 2\,270}{\sqrt{[6\times 154-28^2]\cdot[6\times 936\,500-2\,270^2]}}\approx 0.96$$

可决系数 $R=0.96^2=0.9216=92.16\%$

计算结果表明，相关系数为 0.96，接近于 1，说明机器调整次数和机器调整成本之间具有十分强的线性相关性；可决系数为 92.16%，说明有 92.16% 的机器调整成本随机器调整次数的变动而变动，但有 7.84% 的成本受其他因素的作用，与机器调整次数无关，但总体来看，相关系数与可决系数都超过 0.9，因此以机器调整次数作为分配机器调整准备成本的作业动因是合理的。

（3）进行作业链的联结价值分析。

开展资源动因价值分析与作业动因价值分析，重在分析各项作业存在的必要性、成本动因的合理性以及资源利用的效率性。进行作业价值分析，仅对单项作业分析是不够的，还应对各项作业的协调状况进行分析，即对作业链的联结进行价值分析。

在实际工作中，即使所有单项作业的利用效率较高，也不意味着作业之间的相互协调一定就好，因为各项作业彼此独立，独立的范畴往往具有人为因素，作业链的联结不如意也是常常发生的。在现实企业生产经营中，作业与作业之间有时存在重叠现象，即某一独立作业的内容与另一相连的作业内容部分重复；另外作业与作业之间的断开也时常发生，现实作业链的联结状况如图 7 –4 所示。

图 7 –4 现实作业链中各项作业联结状况示意

在实际工作中，应尽量消除作业链的重复与断开之处，使其转化为理想的作业链。理想的作业链应是作业与作业之间环环相连，没有断开和重叠现象，作业之间的等待或延误应为最小，作业与作业之间的重复内容不存在。其作业链的联结状况如图 7 –5 所示。

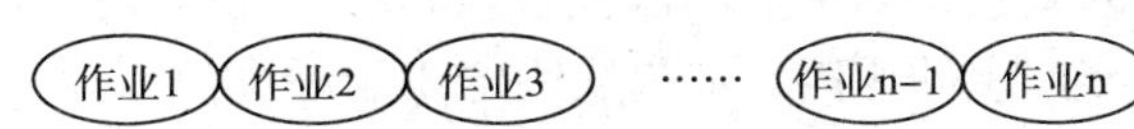

图 7 –5 理想作业链中各项作业联结状况示意

事实上，理想的作业链连接状态是企业的努力方向，企业必须采取一切措施优化作业链，在优化的同时，使作业链的联结趋于目标联结。

3. 分析评价作业执行的水平

作业控制条件下，传统的分析评价方法同样适用于作业评价。要合理评价作业执行的水平，需要编制作业预算，并对作业预算的执行结果与其进行比较并进行分析。

（1）编制作业预算。

作业预算的编制与实际作业成本计算十分相似，资源动因和成本动因与核算保持一致，不同之处表现为以下两点，一是作业预算的编制是逆生产流程编制的，按照客户需求→产品→作业中心→资源耗费→目标成本总体思路进行编制，另一是所用数据是预计值而不是实际值。实际编制中，分析客户需求是编制作业预算的起点，编制过程以资源的供需平衡为核心。

按照预算制定的生产环境不同，可以将作业预算分为理想预算和现实预算两类。

理想作业预算是以企业现有的生产技术和经营管理水平处于最佳状态为基础制定的最低作业成本。这种理想状态要求消除一切浪费，操作中不存在废品损失和停工现象，机器按照约定的生产能力满负荷运转等。具体编制时，需要区分增值作业和非增值作业，区分高效作业与无效作业，计算增值作业高效运转状况下的成本。显然，以此编制的预算，虽然先进，但可行性不大。编制理想作业预算的真正意义在于，它为企业提供了一个理想的目标，可以揭示实际成本或正常预算成本距离理想作业成本的差距，明确了企业未来奋斗的方向，也反映了现实作业成本降低的最低标准或下降的潜力。

现实作业预算是在企业正常有效的经营条件下，根据下一期改进作业后应该发生的资源耗用量、资源预计价格和预计生产经营能力为基础制定的。正常有效的经营条件是指将生产经营中的一些难以避免的非增值作业，如一定量的废品、一定的存储等也计算在内，以此制订的作业预算，该种预算既具有先进性，也具有可行性，通常每年年末编制一次。

（2）分析评价。

作业控制中的分析评价是指按照一定的标准对作业执行的实际结果进行的计算与分析。

①利用作业预算进行分析评价。将作业预算的实际执行结果与其预算相比，可以揭示出实际脱离预算的差额，如果实际值大于预算值，说明作业成本超支，在这种情况下，应分析作业差异产生的原因。如果实际值小于预算值，说明作业成本节约，这是企业期望的结果；但如果节约差很大，则应反思预算制定的标准是否过时，如果标准过时，则应及时修订标准。具体分析时对于短期变动成本和长期变动成本，可以采用传统的变动成本差异的分析方法，即分别计算各项目的价格差异和数量差异，因为它们十分相似；对于综合性变动成本，由于其与企业整体管理水平相关，作业动因通常较难确定，短期内具有不变性，因此可以仿照传统固定成本的思路分析。

为了更深入地分析作业中心成本的高低，除进行成本动因差异分析外，还应在此基础上，分析各作业中心的资源耗费状况。在分析时，对于非专属的资源成本，分析方法类似于短期变动成本的分析；对于专属成本可以直接比较，以揭示差异，并直接分析差异出现的原因。

②利用约定能力预算进行分析评价。在作业控制中，编制约定能力预算的目的是为了分析企业资源的利用程度。约定能力预算是指在企业现有资源得到充分利用条件下的数量预算。如按照说明书中的规定，机器正常运转每月可以提供的机器小时数；正常情况下，订单处理作业中心每月可以处理的订单份数、检验作业中心每月的常规检验次数等。

约定能力预算既不同于理想作业预算，也不同于现行的作业预算。它反映在某项资源充分利用前提下可提供的总量，实质是理想作业预算中单纯数量角度的预算；另外这种预算并不涉及所有的作业中心，因为有些作业中心的作业动因并没有约定能力之说，如公司层作业、单位层作业中的直接材料等。

如果用现行作业预算中的价格标准乘以约定能力预算，就可以计算出约定能力条件下的预计成本总额。企业的作业按其利用程度不同可以分为提供作业、已耗用作业和未耗用作业三种类型。其中，提供作业就是约定能力预算值，它是指现有资源充分利用时的作业水平；已耗用作业是指企业生产经营过程中实际发生的作业水平；未耗用作业是指提供作业与已耗用作业的差额。显然，通过对某种具体的作业类型进行分析评价，可以发现企业该种作业中哪些已经得到充分利用，哪些被闲置，进而为合理配置企业资源提供信息，以便提高资源的总体利用效果。

③进行综合评价。

事实上，利用作业预算进行分析评价以及利用约定能力预算进行分析评价，并不是孤立进行的，由于二者是从不同角度对实际作业执行结果的分析，因此可以结合考虑，通过编制作业综合分析报告进行评价。作业综合分析报告是基于不同作业反映的实际作业与约定能力预算相比、与正常预算相比的差异值，通过对此类差异的分析就可以确定现有资源的利用效率。作业分析报告的一般格式如表 7 - 15 所示。

表 7 - 15　　作业成本及资源利用情况分析报告　　单位：元

作业名称	作业层次	约定能力预算		正常预算		实际预算		作业量差异		预算成本差异	
		提供的作业量	预算成本	预算作业量	预算成本	实际作业量	实际成本	与能力预算比	与正常预算比	与能力成本比	与正常成本比
		(1)	(2)	(3)	(4)	(5)	(6)	(7)	(8)	(9)	(10)
作业 1 作业 2 …											
合 计											

注：(7) = (5) - (1)；(8) = (5) - (3)；(9) = (6) - (2)；(10) = (6) - (4)；(7) 反映未利用的资源量；(9) 反映成本的最大降低值。

4. 优化作业链

优化业链是一个长期的任务，企业必须不断持续改善。虽然企业本身是一系列作业的集合体，但这并不意味着所有的作业都是改进的重点，企业应区分主次，在辨别增值作业与非增值作业性质的基础上，从一些关键作业或重点环节入手采取措施。主要从以下几个环节采取措施。

(1) 从产品设计角度优化作业链。

产品设计是作业链中最重要的一项作业，因为它与产品的性能、所耗材料、生产流程及成本等密切相关。降低成本的关键不是在产品生产过程，而是在设计阶段。

事实上，在作业控制没有出现之前，人们也在分析产品设计阶段的成本降低问题，如利用价值工程、目标成本管理等方式降低成本。应该说这些方法仍然可行，而且有效，问题在于如何与作业有机结合并加以利用。传统的价值工程与目标成本管理等方法停留在“产品”或“在产品”这个环节，这些环节较粗，不利于设计阶段成本的降低。作业控制下的产品设计应该深入到“作业”层面，在设计阶段就应该反映产品的作业链并进行计算分析，确定每一项作业的目标成本和设计成本，并将设计成本控制在目标成本的范围。

另外考虑到客户的需求多变，产品的设计应该具有弹性，应该围绕着基本产品，能够在功能、外观等方面实施多种变型，或采用模块化形式设计，从而满足不断变动的市场需求。为了确保产品设计具有弹性，相应要求生产加工中的机器设备也应具有弹性，这就需要开发多功能的生产设备。如果企业有能力自我开发，就可以自行解决，否则就应该和制造商联手，一起开发应对多变需求的加工设备。

应该说，产品设计属于纯技术问题，通常由技术人员完成，而技术人员一般只懂技术不懂财务，这与社会发展不相适宜。要优化设计作业，必须要求技术人员与经济有机结合，即不仅要懂技术，而且还要了解会计，在设计的同时，能够大体估算出产品的设计成本，从而提升新产品的成本竞争力。

（2）从生产布局角度优化作业链。

在传统生产方式下，各类生产设备是按照职能安排的，即所有能完成一项职能的机器设备安排在一起，例如，凡是进行粗加工的机器都安排在粗加工车间，凡是进行精加工的机器都安排在精加工车间。在这种生产设备布局下，每一个机器都可以生产不同种类的产品，每一个产品的最终完成都需要经过若干个步骤或若干个工序的连续加工才能完成，其显著缺陷是，工序之间必须设立半成品存货，以备下道工序加工时领用。

作业控制条件下，将存货视为非增值作业，必须消除。要消除存货，最理想的方式是采用适时生产系统（Just-In-Time Production System，JIT）。适时生产系统，简称适时制，由日本丰田汽车公司首创，在实践中不断完善。其实施有两个重要的要求：一是适时地销货、生产和采购，这就是存货控制中所倡导的适时制控制法；二是变革生产布局，它是实现适时存货控制的前提条件。变革企业传统的生产布局，要求按照“制造单元”式的生产组织体系组织生产。所谓制造单元，即生产中心，也可以看成生产车间，是按产品类型设立的，凡同类产品生产所需的不同设备都汇集在同一个制造单元中。如果一个企业有 N 种产品，理论上应设置 N 个生产中心，不过，由于生产场所的限制可将类似的产品归由同一生产中心来生产。在制造单元生产布局条件下，每一个制造单元类似于一个小工厂，各工序之间的同类产品加工无需等待，也无需保留在产品库存，在产品只停留在流水线上，从而导致“零存货”的实现。

（3）从生产组织角度优化作业链。

传统生产方式下，生产的组织是一种生产工序由前向后“推进式”的生产组织方式。它是从一份由生产进度表决定的工作单开始的先由原材料仓库向第一道工序供应原材料，把它们加工成在产品、半成品，然后被送到下一道工序，或者转入半成品库成为存货，如此由前向后顺序推移，直至最终完成全部生产工序，再转入产成品库，等待对外发运销售。显然，传统的“推进式”生产组织方式，前面的生产工序居于主导地位，后面的生产工序只是被动地接受前一生产工序转移下来的加工对象并继续完成。这种方式的显著缺陷是，不可避免地产生工序之间的大量在产品或半成品存货。

要消除存货，生产组织方式也应变革，采用“拉动式”的生产组织方式。这种方式主张由后向前逆向安排并落实生产任务，具体来讲，在这种方式下，企业需要根据顾客订货所提出的有关产品数量、质量和交货时间等特定要求作为组织生产的出发点，生产的前阶段按生产的后阶段要求安排生产并进行加工，供应商也需要按照第一工序的要求，及时将原材料、外购零部件送到生产现场，直接交付使用。显然，“拉动式”生产组织形式，强调供应商、生产各道工序、各个环节之间紧密地协调配合，要求适时交货、适时生产、适时供应，由此导致生产过程中无需建立原材料、外购件的库存储备，在产品存货几乎消除，从而为实现“零存货”目标奠定坚实的基础。

（4）从质量角度优化作业链。

传统质量观认为，产品质量的提升会引发产品成本的上升，因此允许一定数量的缺陷产品存在。在这种观念影响下，管理人员的关注点在于机器设备和人工的利用率上，为了不让机器与工人空闲，常常满负荷安排本生产中心的生产，结果在提高了生产工序效率的同时，却增加了该生产中心的在产品或产成品的库存。

与传统质量观相对立的是全面质量管理观。如前所述，全面质量管理观彻底否定了传统质量观，认为生产过程中的任何缺陷产品都会阻碍“拉动式”生产组织形式的实施，因此倡导产品的“零缺陷”。在这种观念作用下，要求管理人员将注意力集中在产品的质量上，加大产品质量预防成本的投入，将产品质量问题控制在萌芽之中。另外全面质量管理还主张站在客户的角度，提高产品的功能、可靠性、耐用性和服务性。虽然在目前条件下，中国大部分企业实现产品的零缺陷存在难度，但多样化的产品功能、产品的持久耐用、优良的售后服务还是可以做到的，因此要求企业不断技术创新，产品功能不断完善，服务质量不断改进。

（5）从供应角度优化作业链。

原料供应虽然发生在企业的外部，却是企业作业链中不可忽视的一个环节。如前所述，传统采购方式下，供应商完全独立于企业，订货往往先由供应商报价并进行采购，此种采购方式企业必然会进行存货储备。避免材料库存的最好方式是企业与供应商结为战略联盟，供应商按照生产商的要求及时供货。为了实现零库存，企业应该稳定与供应商的关系，尽量缩减供应商的家数，另外既然是合作伙伴，如果企业发现材料的采购价格过高，应考虑帮助供应商改进生产工艺，从而降低采购成本。

（6）从时间角度优化作业链。

时间控制是基于适时生产系统提出的一种全新的控制方法。主张适时生产系统的人认为：传统的生产过程是间断的，产品生产总时间等于加工时间、整理与运送时间、等待时间和检验时间之和，而大多数企业的产品生产加工时间不足产品生产总时间的10%，恰恰只有加工时间才是增值时间，因此主张消除所有的非增值时间，进而提出"零存货"与"零缺陷"的控制思想。虽然适时生产系统为人们描述了一个理想的生产系统，一般很难实现，但时间控制观念的提出得到了世人的肯定，在此基础上，人们发展了该思想，提出生产周期时间概念。

生产周期时间（cycle time）是指从产品设计直至产品最终交给顾客的整个过程所涉及的时间。当今社会，时间已经成为企业取胜的关键因素之一，强调时间管理，是符合时代发展需要的。企业发生的每一项作业，都可以用时间尺度进行度量，而时间是最基本的生产资源，它可以衡量作业链的效率，说明生产周期时间内所耗费的资源是否增加了价值以及在多大程度上增加了价值，这就需要计算用于增值作业所发生的时间以及耗用在非增值作业上的时间，通过计算增值作业时间所占比重，就可以揭示作业链的效率。

（7）从资源配置角度优化作业链。

如果作业控制分析报告中显示的资源利用率较低，说明企业资源浪费严重，存在闲置的人员、闲置的机器设备等现象。对此应进行深入分析。如果企业的生产能力闲置较多，应从几个方面进行分析：产品是否适销对路？产品没有销路的原因在哪里？客户喜欢怎样的产品？工人工作是否全力以赴？产品应否转产等？如果闲置的人员较多，应从几方面进行分析：作业中心时间利用情况如何？人员配备是否合理？应否精简人员等？

通过上述分析，确定企业资源配置方面存在的问题并采取相应的措施，由此可以提高企业资源的利用效率，进而达到优化作业链的目的。

（8）从人员角度优化作业链。

员工是企业赢得客户价值的基础和条件，从人员角度入手优化价值链是企业长期发展战略必须关注的重要环节之一。主要应重视几项工作：一是不断提高员工的素质。员工的素质包括观念的转变和技能的提高。作业控制要求采用的方法，与其说是方法，更像是思想，企业应将这些新思想传递给每一个职工，诸如增值作业观、适时生产观、时间管理观、全面质量管理观等，也就是说，用新的管理理念为每一个职工"洗脑"，从而形成良好的企业文化；另外企业一旦采用先进的生产技术或工艺，或按制造单元进行生产，这些都要求对职工事先进行培训，使他们了解新技术、新工艺，掌握相应机器的操作，并能够凭借经验，感觉到可能出现设备角度的问题，将一切隐患消除在萌芽状态，从而确保生产进度和交货时间。二是倡导以人为本的柔性管理。柔性管理（flexible management）体现企业管理的艺术层面，它重视人格独立与个人尊严，在提高全体员工对企业的向心力和凝聚力与归属感的基础上，实行分权化民主管理，从而激发员工的内在潜力、主动性和创造精神。从本质上看，这种管理是一种以人为本的管理。在这种管理方式下，要求企业由原来的纵向专制独裁式的集权化管理，转向横向的分权化的民主管理，并确立全体员工的主体地位，赋予他们充分的自主权、知情权和发言权，而不是一味地强调命令和控制。企业的非增值作业消除有待于职工的努力，而职工的努力应该是主动地，这种主动性与人本管理密切相关。

本章小结

1. 广义的成本控制是指对企业生产经营全过程的控制。它强调拓展传统成本控制的观念、范围、方法及手段，对企业生产经营的各个方面、各个环节以及各个阶段实施全面成本控制。

2. 成本控制的对象是企业价值链；成本控制主要具有全员性、全面性、连续性、系统性、灵活性五个特点，不同的特点对成本控制提出的要求不同。

3. 成本控制按实施的时间为标志分为事前、事中和事后成本控制三类；成本控制按其手段为标志分为绝对成本控制和相对成本控制两类；成本控制按其与被控对象的关系为标志分为直接成本控制与间接成本控制两类；成本控制按其人员为标志分为技术成本控制和管理成本控制两类。虽然成本控制的种类多种多样，但能够围绕着成本控制对象形成全方位成本控制体系的最基本的成本控制分类是实施时间角度的分类。

4. 实施成本控制需要遵循及时反馈原则、责权利相结合原则、因地制宜原则和成本效益原则。

5. 成本控制的程序如下：提出成本控制的目标；分解落实控制的目标；制定实现成本控制目标的措施；进行事中控制；计算差异并分析原因；评价激励与总结。

6. 仅仅站在管理会计角度，成本控制包括成本项目控制、产品成本控制、质量成本控制、存货控制等。

7. 事前成本控制方式主要有战略成本控制、设计阶段目标成本控制、全面预算控制等；事中与事后的成本控制方式主要有标准成本控制、质量成本控制、存货成本控制和作业成本控制等。

8. 战略成本控制通常由企业的高层决策所决定，是成本形成的最初源头。其内容主要包括战略分析及战略决策。战略分析包括价值链分析、竞争能力分析、战略成本动因分析，战略决策包括是否实施低成本战略决策、日常经营决策以及生产方式决策等。

9. 价值链分析是指以企业的内部和外部价值链为基础而展开的相关价值分析。企业内部价值链分析包括企业整体价值链分析、内部业务单元价值链分析以及业务单元内部价值链分析。企业整体价值链分析包括供应商价值链分析和客户价值链分析。无论是对供应商价值链分析还是对客户价值链分析都可以进行定性和定量分析。

10. 企业外部价值链分析包括产业价值链分析和竞争对手价值链分析。产业价值链分析也称为纵向价值链分析，主要涉及的分析指标是投资收益率；竞争对手价值链分析也称为横向价值链分析，可以通过产品价格、数量、技术与开发、采购与销售、服务、成本等参数的比较进行分析。

11. 竞争能力分析又称SWOT分析，是指对企业的优势与劣势、机会与威胁所进行的分析。具体分析中，可以从六个方面进行判断：对比同行业中不同企业的内部资源、分析潜在或新进入者的障碍、分析退出的障碍、分析替代产品的威胁、分析供应商的讨价还价能力、分析顾客的讨价还价能力。

12. 成本动因分为战略成本动因和战术成本动因两大类，前者与战略决策活动相关；后者与生产经营活动相关。战略成本动因可以区分为结构性成本动因和执行性成本动因两类。战术成本动因包括资源动因和作业动因两类。

13. 战略决策会影响产品的成本结构，不同的成本结构会导致不同的产品成本水平，进而影响产品的获利能力。此观点构成了战略成本动因分析建立的依据。战略成本动因分析会影响企业某些主要的或重要的资源，即影响成本费用要素。

14. 形成结构性成本动因的影响因素主要有规模、范围、经验、技术、厂址等；形成执行性成本动因的影响因素主要有：员工的参与感、全面质量管理、生产能力模式、工厂布局、产品设计、关系等。

15. 结构性成本动因与执行性成本动因的不同主要表现在以下三点：二者出现的先后顺序不同、二者影响的层面不同、二者的影响程度要求不同。

二者的联系也有三点：都具有隐蔽性、都可以降低成本、都有助于企业的长期发展。

16. 识别战略成本动因与战术成本动因旨在寻求有效降低成本的途径。二者的相同点主要表现为：都具有隐蔽性、都可以降低成本、都有助于企业的长期发展；二者的不同点主要表现为：发生的时点不同、表现的计量性不同、起因不同。

17. 企业在价值链分析、竞争能力分析、战略成本动因分析的基础上，可以进行战略决策，包括是否实施低成本的决策、日常经营决策以及如何生产决策等。

18. 一般贡献边际率高的企业应该选择增加收入的策略；贡献边际率低的企业可以选择降低成本的策略；在产品价格弹性一定的前提下，对于贡献边际率高的企业应该选择降低价格的策略，而对于贡献边际率低的企业应该选择提高价格的策略。

19. 日常生产决策中，不能单纯依据传统生产决策方法进行决策，应结合价值链分析、竞争能力分析等，综合各方面因素后才能进行决策。

20. 美国的目标成本管理就是日本所称的成本企划，从目标成本控制的起源看，这两个国家都可以认为是目标成本的发源地。

21. 战略成本控制决定所有产品大部分的共同成本水平，而设计阶段成本控制决定某产品的产品成本水平。如果设计阶段产品设计不合理，就会造成先天的高成本缺陷，则产品投产后再降低成本就十分困难。

22. 设计阶段目标成本控制的实施步骤是：设计产品；设定目标成本；分解目标成本；计算设计成本；确定成本改进对象并采取措施；目标达成。目标成本控制体系下，要求设计人员不仅要设计出性能良好的产品，而且要考虑产品生命周期成本。

23. 产品设计阶段的目标成本测算方法有：倒推预测法、选择预测法和比率预测法等。目标成本分解方法有：按成本项目占比分解、按产品组成分解、按制造过程分解等。其中按产品组成分解包括根据功能评价系数进行分解、根据各零部件的成本占比进行分解两种。

24. 设计成本的计算方法有：直接测算法、概算法、分析法等。价值工程分析即产品功能成本分析，其实施步骤是：确定产品的目标成本；确定零部件的功能系数并分解目标成本；计算零部件的设计成本系数；确定成本改进对象并采取措施。

25. 标准成本控制的对象是产品，从控制的角度，内容主要涉及标准成本的制定以及成本差异的揭示与分析，标准成本控制较实际成本核算具有优势，一般适用于大批量生产的工业企业采用。

26. 标准成本控制的作用主要表现在几下几方面：有利于避免生产中的损失和浪费、有利于正确地进行业绩评价、有利于产品价格决策、有利于简化成本核算。

27. 标准成本不同于预算成本，标准成本是一种单位概念，而预算成本是一种总额概念，如果以标准成本乘以一定的业务量，就是预算成本。实务中可供选择的标准成本主要有：历史标准成本、理想标准成本和现实标准成本。现实标准成本也称为预期可达标准成本，是一种可以采用的、较为实际的标准成本。标准成本应一年修订一次。

28. 在完全成本法下，制定标准成本应分别直接材料、直接人工、变动制造费用、固定制造费用四项，按照用量标准和价格标准分别制定四个成本项目的标准成本再汇总，就是某产品的标准成本。其中直接材料是按产品所耗材料的种类制定的；直接人工是分工序制定的；变动和固定制造费用是分车间制定的。

29. 成本差异计算中涉及的标准成本是标准成本总额概念，实际成本超过标准成本的成本差异是超支差，为不利差异；如果实际成本低于标准成本形成的成本差异是节约差，为有利差异。成本差异分析中应遵循例外管理原则，例外的判断标准是：符合以下任何一个标志都应属于例外：重要性、一贯性、可控性、特殊性。凡属于例外差异应进行重点分析。

30. 成本差异有总差异和分差异之分，一般分差异之和应为总差异。成本总差异包括：某产品成本差异、直接材料成本差异、直接人工成本差异、变动性制造费用成本差异、固定性制造费用成本差异。数量差异和价格差异属于分差异，价格差异中含有混合差异。

31. 直接材料成本差异可以分解为材料用量差异和材料价格差异；直接人工成本差异可以分解为人工效率差异（用量差异）和人工价格差异；变动性制造费用成本差异可以分解为效率差异（用量差异）和耗费差异（价格差异）；固定性制造费用的两差异计算法将成本差异分解为预算差异和能量差异，固定性制造费用的三差异计算法将成本差异分解为耗费差异、生产能力利用差异和效率差异，其中耗费差异即预算差异，生产能力利用差异和效率差异的合计值即为能量差异。

32. 按照ISO9004的规定，质量成本包括预防成本、鉴定成本、内部损失成本、外部损失成本和外部质量保证成本五项内容，但常常发生的是前四项内容。

33. 产品质量包括设计质量和符合质量。符合质量标准是以设计质量为标准的；产品设计质量标准常常有统一的规定，目前中国采用的产品质量标准主要有国际标准、国家标准、行业标准和企业标准等。国家鼓励企业制定严于国家标准或者行业标准的企业标准。

34. 质量成本控制具有全员性、全过程性、全面性三个特征，其内容包括制定质量成本控制目标、编制质量成本预算、确定最佳质量成本水平、进行日常质量成本控制等。

35. 在质量成本控制目标确定过程中，可以采用最先进的6σ管理法。6σ是一个目标，这个质量水平意味着做100万件事情，其中只有3.4件是有缺陷的。质量成本预算是按照质量成本的构成内容，分明细项目列示并编制的。

36. 传统质量成本观下的最佳质量成本应该是可接受的质量水平，它允许有缺陷产品的存在，最佳质量成本的确定方法有边际分析法和合理比例法两种；现代质量成本观下的最佳质量成本不允许缺陷产品存在，有零缺陷模式和健全质量模式两种方法。其中健全质量模式是最为理想化的成本控制模式。

37. 质量成本的日常控制包括：建立质量成本责任控制体系、进行过程控制、编制质量成本差异分析报告、进行质量成本构成和效益分析四项内容。

38. 概括而言，存货成本控制的方法有定性控制方法与定量控制方法两类。其中定性存货控制方法包括因素控制法、ABC分类法和适时制控制法三种；定量存货控制方法包括经济采购批量控制法、最优生产批量控制法和定期采购控制法等。存货成本控制中考虑的成本概念主要有购置成本、订货成本、储存成本和短缺成本。

39. 因素控制法要求分别成本项目的数量和价格因素进行控制；ABC分类法要求

将存货按照成本比重和实物量比重共同为标志，将存货区分为 A、B、C 三类，不同类别的存货采取不同的方式控制；适时制控制法要求存货在需要时才取得并进入生产过程，通过实施拉动式的生产管理，实现零存货和零缺陷的控制目标。

40. 适时制控制法对传统存货控制体系的变革主要表现在以下三方面：改变了订货方式、改变了投料方式、改变了仓库设置方式。采用此方法的前提条件是：企业与供应商保持良好的合作关系、企业与供应商的产品质量必须过关。

41. 经济采购批量控制法要求确定经济采购批量和再订货点，如果实际库存达到了再订货点数量就应该组织采购，采购的数量是经济采购批量；定期采购控制法要求按照既定的采购期限补充库存材料，采购数量是预计的定期采购量标准与采购日当时的实际库存之差额。

42. 经济采购批量是指在保证生产经营需要的前提下能使全年材料相关总成本最低时的采购批量。确定经济采购批量的模型有基本模型、存在商业折扣条件下的扩展模型、允许缺货条件下的扩展模型和存货陆续到货条件下的扩展模型四种。无论在何种模型下，有两项内容存在于各种条件下，它们是变动性订货成本和变动性储存成本。

43. 作业成本控制围绕着作业展开分析，其目的是不断优化和改进作业链，其目标是提升企业价值，其内容包括进行作业价值分析、分析作业预算执行的结果、全方位采取措施改善企业的生产经营。作业成本控制适用于所有的企事业单位。

44. 作业成本控制较传统成本控制的区别主要表现在以下几方面：理论依据不同、控制对象不同、控制性质不同、分析的内容不同、分析的基础不同、成本降低的方式不同。

45. 作业价值分析包括资源动因价值分析、作业动因价值分析、作业链的联结价值分析三个方面。其中资源动因价值分析要求区分增值作业与非增值作业、分析资源动因的合理性、分析作业消耗资源的水平；作业动因价值分析要求分析作业中心建立的合理性、分析作业动因的合理性；作业链的联结价值分析要求尽量消除作业链的重复与断开之处，使其转化为理想的作业链。

46. 分析评价作业执行的水平要求首先编制作业预算，然后再进行分析评价。分析评价时既可以利用作业预算进行分析评价，也可以利用约定能力预算进行分析评价，另外还需要进行综合评价。

47. 优化作业链的措施主要有：从产品设计角度优化作业链、从生产布局角度优化作业链、从生产组织角度优化作业链、从质量角度优化作业链、从供应角度优化作业链、从时间角度优化作业链、从资源配置角度优化作业链、从人员角度优化作业链。

思　考　题

1. 成本控制指的是生产过程的成本控制？为什么成本控制的对象是企业价值链？

2. 成本控制具有怎样的特点和要求？

3. 成本控制分类的标志有哪些？最基本的成本控制分类标志是哪一个？为什么？

4. 有人认为：成本控制是财务人员的工作。这种观点正确吗？为什么？

5. 实施成本控制应遵循哪些原则？每一个原则的基本思想是什么？

6. 成本控制的实施步骤有哪些？管理会计中的成本控制都涉及哪些内容？

7. 为什么说事前成本控制比事中与事后的成本控制更重要？

8. 如果在产品生产前控制成本可以采取哪些方法？如果在产品生产过程中或结束后进行成本控制可以采取哪些方法？

9. 战略成本控制是如何影响企业成本的？其内容有哪些？

10. 分析供应商属于企业的内部价值链分析还是外部价值链分析？为什么？

11. 客户价值链分析与供应商价值链分析是否存在区别？

12. 什么是纵向价值链分析？什么是横向价值链分析？它们的分析有何不同？

13. 战略成本动因分析的依据是什么？分析的对象是什么？

14. 结构性成本动因与执行性成本动因有何相同与不同？

15. 作业动因属于战略成本动因还是战术成本动因？战略成本动因与战术成本动因有何联系与区别？

16. 实施低成本战略决策前，应该进行哪些分析？什么情况下企业应该采用低成本竞争战略？

17. 如果一个企业的贡献边际率较高，是否可以采用降成本的策略？试举实例说明。

18. 传统的零部件自制与外购决策中，常常忽略一些非计量因素，这些因素可能是什么？应该如何决策？

19. 日本的成本企划与美国的目标成本管理是否是一回事？为什么？

20. 设计阶段目标成本控制的实施步骤是什么？对产品设计人员提出怎样的要求？

21. 实际工作中，可以采用哪些方法确定产品设计的目标成本？如何分解目标成本？

22. 如何估算产品的设计成本？

23. 价值工程分析在产品设计阶段是如何确定成本改进对象的？

24. 标准成本控制较实际成本核算的优势表现在哪些方面？其作业有哪些？

25. 如何制定产品的标准成本？

26. 变动成本和固定成本的差异计算有何不同？

27. 为什么将混合差异计入价格差异中？

28. 成本差异分析中应遵循怎样的原则？是否节约一定就意味着没有问题？

29. 固定性制造费用的两差异计算法与三差异计算法存在怎样的关系？

30. 质量成本包括哪些内容？质量诉讼费属于其中的哪项内容？

31. 全面质量管理下的质量成本控制有哪些特征？

32. 6σ 管理法的基本思想是什么？

33. 传统质量成本观下的最佳质量成本与现代质量成本观下的最佳质量成本有何不同？

34. 有人认为：零缺陷下的质量成本为零。这种理解是否正确？

35. 日常质量成本控制应关注哪些内容？

36. 存货成本控制的定性方法有哪些？定量方法有哪些？

37. 适时制控制法的基本思想是什么？它对传统存货控制方法的变革表现在哪些方面？

38. 有人认为：适时制控制法下，经济采购批量控制没有意义。你认为这种观点正确吗？

39. 确定经济采购批量有哪些模型？不同模型下考虑的相关成本有哪些？共同的相关成本有哪些？

40. 如何计算再订货点？如果企业达到了再订货点，是否应该组织采购？采购多少？

41. 定期采购控制法与经济采购批量控制法有何不同？

42. 作业成本控制的理论依据是什么？目的是什么？目标是什么？

43. 为什么说作业成本控制具有先进性？

44. 实际工作中，如何实施作业成本控制？

45. 作业成本控制与传统成本控制有何不同？

46. 为什么说作业成本控制适用于所有的企事业单位？

47. 企业如何优化作业链？

48. 有人提出：产品生产总时间 = 加工时间 + 整理时间 + 运送时间 + 等待时间 + 检验时间。如果将等式右面的各项理解成作业，你认为增值有哪些？非增值作业有哪些？

49. 你认为企业如何可以做到零存货与零缺陷？

50. 学习本章后，你认为传统的成本控制观念有哪些？缺陷在哪里？应该采用哪些方法避免这些缺陷？

第八章　内部业绩评价

学习目标

1. 了解内部业绩评价的内涵和产生的原因，掌握内部业绩评价的实施步骤及原则。

2. 掌握责任中心的种类，了解责任中心的建立和责任报告的编制格式，掌握各责任中心的主要业绩评价指标及计算方法并做到熟练运用。

3. 了解内部转移价格的作用、影响、要求和制定原则，掌握内部转移价格的用途和制定方法的类型，掌握不同定价方法的使用范围。

4. 了解传统业绩评价方法的缺陷，掌握利用经济增加值和平衡计分卡进行业绩评价的优缺点，掌握经济增加值的一般计算形式，掌握平衡计分卡的内容。

关键名词

内部业绩评价　责任中心　成本中心　可控成本　责任成本　利润中心　投资中心　收入中心　投资利润率　剩余收益　内部转移价格　经济增加值　平衡计分卡

8.1　内部业绩评价概述

8.1.1　内部业绩评价的产生及内涵

虽然一个企业的经营是连续不断的，但定期对其分析评价是必不可少的。管理会计具有内部业绩评价的职能，实际工作中是其不可缺少的一个工作环节。

1. 内部业绩评价的产生

内部业绩评价源于西方，产生在20世纪初，最早的实践活动出现在美国的杜邦公司和通用汽车公司，它受分权管理的影响，并随着行为科学理论的提出与充实得到进一步的发展和完善。

（1）适应分权管理需要而产生。20 世纪初，随着有限公司规模的扩展，企业的产品日益多样化，经营日益复杂化，分支结构不断增加，管理层次逐渐增多，在这种情况下，传统的集权管理模式暴露出显著的弊端。集权管理方式下，一切决策高层管理者个人说了算，但在多样化生产前提下，企业的高层管理者不可能为其下属的所有业务做出决策，因为高层管理当局不可能了解所有下属单位详细而专门的信息，如当地竞争的性质和激烈程度、当地劳动力的素质、当地供应商的信誉等。而下属单位的管理者则易于获取这些信息，并可以对其进行直接的观察与分析，因此下属单位的管理人员处于更有利的决策环境中。如果他们在相关领域中能够独当一面，则更有助于公司高层管理者的通盘决策。为了适应企业规模不断拓展的经营管理需要，人们期望把决策权放在需要信息、储存信息、选择信息和加工信息的地方，客观上要求变集权为分权，实施分权管理。美国的杜邦公司和通用汽车公司率先尝试分权管理形式，杜邦公司开发了具有重要意义的投资回报率指标，用该指标来决定资金的部门投向；通用汽车公司创立了“中心控制，责任下放”的管理方法，这里的责任下放实际上是权力下放，该公司将产品定价、产品组合、客户关系、产品设计、原材料采购等经营权下放给各地分部的经理，允许他们自行决策，不需要征求上级的同意。这些管理方式在实践中不断完善，并被其他企业所采用。

分权管理就是将生产经营决策权随同相应的经济责任划分给不同层次的管理人员，使其对日常经营活动做出及时、有效决策的一种组织管理形式。在这种管理方式下，一方面企业高层管理者可以从繁忙的具体事务中解脱出来，集中精力，致力于全局性、战略性的规划和决策；另一方面将一部分权力交给下一级管理人员，给他们充分发挥才能的机会，允许他们自主地进行决策和处理，这样可以对多变的市场及时作出反应，并能调动其工作的主动性和创造性，从而为实现组织的整体目标尽职尽责。分权管理解决了集权管理方式下的弊端，但也带来了新的问题，各分权单位在某种程度上具有依存性，它们之间相互提供产品和劳务，但又具有一定的独立性，有时会出现分权单位为了追求局部利益而损害企业整体利益的行为；有时会出现相互之间的冲突、摩擦和竞争等。如何制定内部产品和劳务的转移价格？如何避免分权单位利益与企业整体利益的冲突行为发生？如何评价各分权单位的业绩等？西方在杜邦和通用汽车公司实践的基础上，对其逐渐完善，提出责任会计。责任会计是以责任中心为核心，将责任预算、责任报告、责任考核有机结合的内部控制体系，它实际上就是内部业绩评价。

（2）适应行为科学理论要求而产生。行为科学理论产生于 20 世纪 20 年代末，真正发展于 20 世纪 50 年代。该理论将社会学、心理学、人类学等学科的知识导入管理领域，用其来分析研究人在生产经营活动中的行为，以便调节企业中的人际关系，提高劳动生产率。该理论主张贯彻以人为本的管理思想，通过建立公平的奖惩制度来调动员工的积极性。

如果按照行为科学理论的管理思想，企业在分权管理条件下，为了调动内部单位的积极性，需要对其进行奖惩激励。而奖惩激励的前提是进行合理的内部业绩评价，由此该理论推动了内部业绩评价的发展和完善。

2. 内部业绩评价的内涵

内部业绩评价，是内部业绩评价体系的简称，是指为落实企业内部经济责任，将企业划分为各种不同形式的责任中心，以其为主体，将权责利有机结合，以责任预算、责任控制、责任评价和奖惩为内容，通过信息的积累、加工和反馈，对各责任中心的经济业务进行规划与控制，以实现业绩考核和评价目的的一种内部管理控制制度。由内部业绩评价的内涵我们可以看出，它与西方实施的责任会计在本质上是等同的。

内部业绩评价是相对于外部业绩评价而言的。单就企业业绩评价而言，包括内部业绩评价和外部业绩评价两类。外部业绩评价的立足点是企业的整体状况，其更多的是被企业外部的利益相关者，如投资者、潜在投资者、供应商、销售商、竞争者、政府等，以对外报表为依据，通过计算一系列的相关指标，如流动比率、资产周转率等进行评价。通常这些外部利益相关者为了更好的实施自己的行为，对选定的目标企业从各个不同的角度进行分析评价，如目标企业的业绩、现金流状况等，以了解目标企业的经营情况，从而获取所需的相关信息，为其投资决策等目的服务。与外部业绩评价不同，内部业绩评价的立足点是企业内部单位，包括部门、班组或工序或个人。由于内部单位的一切信息都是不对外公开的，因此企业外部的利益相关者无法对企业的内部单位业绩作出评价，实际上也没有必要，内部业绩评价反映的是企业内部各个组成部分经营业绩的相关信息。需要说明的是，由于外部业绩评价的对象是企业的整体绩效，从评价的人员来看，既可以是企业外部的不同利益相关者，也可以是本企业的管理者或员工。由于它可以服务于企业的外部人员，从这个意义上讲，人们将其称为外部业绩评价，实际上无论是企业的外部人员，还是企业的内部人员，都可以对企业整体进行评价。

内部业绩评价并不仅仅是单一的评价行为，它实际上是由责任中心、责任预算、责任报告、责任考核指标等构成的一个有机整体，起着内部控制的作用。其内容包括设置责任中心、制定责任预算、核算控制、编制责任报告、评价激励等。

8.1.2 内部业绩评价的实施步骤及原则

内部业绩评价围绕着责任中心进行，它是一个牵涉面广泛、涉及多项工作的有机内部控制整体，实施中应循序一定的程序和原则。

1. 内部业绩评价的实施步骤

内部业绩评价的要点就在于利用会计信息对各责任中心的业绩进行计量、控制与考核。其实施步骤如下。

(1) 设置责任中心，明确权责范围。内部业绩评价体现了责权利的下放过程，因此实施中首先应该明确责任主体，合理设置责任中心。即将企业所属的各部门、各单位划分为若干分工明确的责任中心，并依据各责任中心经营活动的特点，明确规定这些中心负责人的责权范围及量化的价值指标，并授予他们相应的经营管理决策权，不仅使其能在权限范围内，独立自主地履行职责，而且更要对其责任的完成情况负责。责任中心建立时常常与企业的组织结构有机结合，各责任中心有着清晰的责任，也有明确的权利及利益，但相互之间又具有关联性。

(2) 制定制度，统一规范。内部业绩评价要有效实施，需要建立相关的制度，包括责任中心的评价指标及权重、业绩核算方法、内部转移价格的定价形式、预算的编制方法、奖惩标准等。虽然内部业绩评价实施中有些内容可能会随着期间的变动而变动，如预算目标等，但有些是不变的或在较长时间内保持不变，如奖惩的划分档次、考核指标的类别、费用的分摊方法等。制定内部业绩评价制度是为了确保评价的客观、公正及前后期的一致，它类似于游戏规则，游戏中可以有不同的结果，但规则是不变的。内部业绩评价制度的制定应由专门的部门负责，可以聘请专家帮助制定。

(3) 编制责任预算，确定考核目标。企业的全面预算是按照生产经营过程来落实企业的总体目标和任务的，而责任预算则是要将全面预算所确定的各项指标，按照各个责任中心层层分解，区分各责任中心的可控和不可控费用，为每个责任中心编制责任预算，使企业生产经营总体目标按责任中心进行分解、落实和具体化，作为它们开展日常经营活动的准绳和评价其工作成果的基本标准和主要依据。责任预算由各个责任指标构成，包括主要责任指标和其他责任指标两部分，可以作为企业全面预算的补充和具体化。

(4) 编制责任报告，进行反馈控制。在责任预算实施过程中，每个责任中心应建立一套责任预算执行情况的跟踪系统，定期编制责任报告。责任报告反映各责任中心的业绩，通过比较实际数与预算数，计算差异，并分析原因，及时反馈信息，从而达到有效控制、协调各项经营活动的目的，以保证企业总体目标的实现。

(5) 分析评价，奖惩激励。为了调动各责任中心及员工的积极性，一定期间（通常为一年）末，应按照事先确定的考核指标和考核标准，依据编制的责任报告，奖励先进，惩罚落后。当然应该以奖为主，以罚为辅。

知识链接

标杆管理

标杆管理由美国施乐公司于1979年首创，西方管理学界将其与企业再造、战略联盟一起并称为20世纪90年代三大管理方法。标杆管理的概念没有统一定论，施乐公司的前任首席执行官认为：标杆管理是将产品、服务和实践与最强大的竞争对手或是公认的行业领导者相比较的一个持续流程。标杆管理的基本思想是选择标杆对象，并以其为赶超目标，通过对比，发现企业的不足，并采取措施改进，甚至超越标杆。其实施步骤：（1）组建项目小组，担当发起和管理整个标杆管理流程的责任；（2）明确标杆管理的目标；（3）通过对组织的衡量评估，确定标杆项目；（4）选择标杆伙伴；（5）制订数据收集计划，如设置调查问卷，安排参观访问，充分了解标杆伙伴并及时沟通；（6）开发测评方案，为标杆管理项目赋值以便于衡量比较。企业通过标杆管理，一方面可以确定企业中、长期发展战略以及选择相应的策略与措施；另一方面可以使企业建立不断改进的学习型组织。此法具有巨大的实效性和广泛适用性，不仅可以用于企业的体系改进，也可以用于内部业绩评价。可以以标杆为目标，对责任中心进行业绩奖惩。

2. 内部业绩评价的原则

要科学构建和有效实施内部业绩评价，并充分发挥其作用，实施过程中需要遵循一定的原则，主要原则如下。

（1）责任主体原则。该原则要求明确责任主体。内部业绩评价以企业内部的责任单位为对象，评价体系资料的搜集、记录、整理、计算对比和分析等项工作，都必须按责任单位进行，因此评价体系实施中必须以责任主体为原则，明确责任中心，从而确保责任考核的顺利进行。

（2）责、权、利相结合原则。该原则要求明确各责任中心应承担的责任，同时赋予它们相应的管理权力，以及根据其责任的履行情况给予适当的奖励。其中“责”是核心，“权”是完成责任的前提条件，“利”是完成责任的动力。通常责任中心的权限大小以及利益大小应与其责任范围相匹配，只有责权利三者有机结合，才能调动各责任中心的工作积极性和创造性。

激励因素需要明确不同责任中心的责、权、利。根据这一原则，各责任中心只对其可以控制的生产经营活动负责，而对其不可控的业务活动则不承担责任。

（3）目标一致原则。该原则要求各责任中心权责范围的确定、责任预算的编制以及责任单位业绩的考评，都应始终与企业的整体目标保持一致。企业可以通过制度规范形式，避免责任中心因片面追求局部利益而影响企业整体利益的行为发生，从而促使企业内部各责任中心协调一致地为实现企业的总体目标而共同努力奋斗。

（4）可控性原则。该原则要求各责任中心只对其可控的成本费用、利润等负责，对于不可控的则不承担责任。在对各责任中心设立考核指标时，必须首先区分可控和不可控，排除不可控因素的影响，从而确定合理的考核标准。

（5）激励原则。该原则要求对各责任中心进行适度的奖励与惩罚。激励包括正激励和负激励，负激励就是惩罚，但激励中应该奖大于罚，因为激励是激发管理人员提高效率和效益的动力源泉，否则惩罚超过奖励，则会使其失去工作的热情。因此各责任中心责任目标的确定应合理且切合实际，经过努力能够实现，只有这样才能使责任人感到，所付出的劳动与其所完成任务得到的奖励和报酬比值是值得的，这样就可以不断地激励各责任人向既定的企业整体预算目标而努力工作。

（6）及时反馈原则。该原则要求各责任中心及时对其生产经营活动提供准确的信息，以便于及时的协调和控制，以确保责任目标的完成。反馈信息的方式通常有两种：一是日常差异的计算和分析以及日常出现的问题；二是定期编制的责任报告。通过分析，了解预算的执行情况以及与预算目标的距离，并及时向上一级责任中心反馈，以便上一级责任中心能及时了解所辖范围内的情况并进行统筹安排和必要的协调。

8.2 责任中心的建立及评价

8.2.1 责任中心及体系的建立

责任中心是指承担一定经济责任，并拥有相应管理权限和相应经济利益的企业内部责任单位的统称。内部业绩评价的各项工作开展都是围绕着责任中心进行的，企业必须建立合理的责任中心。

1. 责任中心的种类

一个企业责任中心的建立常常以内部业绩评价原则为基点，并与企业的组织管理系统相适应，根据企业内部责任单位的权责范围及业务活动的特点设立。中国教材中常常将责任中心划分为成本中心、利润中心和投资中心三大类；西方教材则常常还包括收入中心，但对收入中心的设立理论界存有质疑。

西方有观点认为①，收入中心只对收入负责，以销售净收入（销售收入—该中心的可控成本）对其进行评价和考核，涉及的部门主要是具有销售职能的销售部门。

---

① 安东尼·A·阿特金森、罗伯特·S·卡普兰、S·马克·杨著：管理会计（第4版），丁瑞玲等译，北京大学出版社，2006：578.

实际上，对收入中心的主要考核指标是销售收入，因为在可控成本一定的前提下，多获得销售收入，就会提高销售净收入。在这种情况下，如果以销售收入为导向进行考核，就会使销售人员将所有的精力集中在销售业绩上，可能会只顾销售而不顾销售的质量，如增加了贡献毛益率较低产品的销售收入、只管销售忽视收回等，这样就不利于提升企业整体的盈利水平。正是基于此，建立收入中心的观点受到质疑。本教材认为，销售部门虽然从组织体系看属于职能部门，但它与其他职能部门不同，销售部门承担着销售任务，企业实现的销售收入源于此部门，而其他职能部门对销售收入虽然都有贡献，如产品设计部门等，但这些部门并不能形成实实在在的销售收入，只有成本发生，从这个角度看，销售部门可以独立，因此应设立收入中心。

2. 成本中心的建立

成本中心是指只发生成本或费用，不能取得销售收入的责任心中心。由于成本中心不会形成可以用货币计量的销售收入，因此该中心的活动只能对其相应的成本或费用高低产生影响，其责任范围只能是成本或费用。

（1）成本中心的形成。成本中心通常不具有生产经营权和销售权，其经济活动的结果不会形成可以用货币计量的收入，虽然有的成本中心可能有少量的收入，但从整体上看，其产出与投入之间不存在密切的对应关系，因此此类成本中心对销售收入不能承担责任。

一般来说，凡有成本或费用发生、需要对其负责，并能对其实施控制的内部单位都可以设立为成本中心。包括负责产品生产的生产部门、劳务提供部门，以及给予一定费用指标的管理部门，如车间、班组、机器设备、工序、科室等。

成本中心的规模大小不一，可以小到工序大到车间，较高层次的成本中心常常包含有若干个较小的成本中心，从而在企业内部形成一个逐级控制，并层层负责的成本中心体系。规模大小不一和层次不同的成本中心，其控制和考核的总体内容虽然都是成本或费用，但具体内容也不尽相同，因为形成成本费用的明细项目常常不相同。

（2）成本中心的种类。比较而言，成本中心较之其他类型的责任中心数量应该说是最多的，因为它涉及企业内部最基本的业务单位。

例如，标准成本中心与费用成本中心。根据成本中心发生的成本或费用与产品关系的不同，可以将其区分为标准成本中心和费用成本中心两类。标准成本中心也称为技术性成本中心，是指所发生的成本或费用与生产实物产品直接相关的成本中心。此类成本中心发生的成本或费用全部能够计入产品成本，在标准成本制度下，可以通过制定标准成本或弹性预算等手段来控制成本或费用的发生。通常属于此类成本中心的有车间、班组、工序、机器设备等。费用中心也称为酌量性成本中心，是指所发生的成本或费用与生产实物产品间接相关的成本中心。此类成本中心不形成实物产品，发生的成本或费用为生产实物产品提供服务，不能计入产品成本，只能计入期间成本，常常通过加强对预算总额的审批和严格执行预算标准来控制日常开支。通常属于此类成本中心的是一般行政管理部门，如研发、会计、人事、劳资、计划等部门。

又如，基本成本中心与复合成本中心。根据成本中心所处的层级不同，可以将其区分为基本成本中心和复合成本中心两类。基本成本中心是指最低层次的成本中心。该类成本中心使成本或费用预算目标经过层层分解到本中心后不能再进行分解，它们处于预算目标的最下面一层，对其可以采取一定的手段直接控制该中心的成本或费用发生。属于此类成本中心的有班组、工序、工段、机器设备等。复合成本中心是指较高层次的成本中心。该类成本中心可以将成本或费用预算目标分解到该中心后再进行分解。相对基本成本中心而言，复合成本中心是较其更高一级的成本中心，复合成本中心由若干个基本成本中心构成，因此控制成本或费用时，不仅应对其本身的成本费用负责，还需要对其下属的成本费用负责。属于此类成本中心的有车间、工程项目等。

3. 利润中心的建立

利润中心是指既发生成本或费用，也能产生收入，并拥有生产经营权的责任中心。

（1）利润中心的形成。利润中心由于能够形成用货币计量的销售收入，其活动会对成本、费用和销售收入共同产生影响，因此成本、费用、销售收入都属于其责任范畴。生产经营权包括产品定价权、生产决策权、产品销售权等，但没有投资决策权。这意味着利润中心不能决定该中心的投资规模和投资水平。属于利润中心的常常是子公司、分公司、分店、产品生产线等。与成本中心相比，利润中心的权利和责任都相对较大，它不仅要负责降低成本，而且更要寻求销售收入的增长，并使之超过成本的增长。通常利润中心对成本的控制是结合对收入的控制同时进行的，更加强调成本的相对节约。

（2）利润中心的种类。根据利润中心的销售收入来源性质不同，可以将其区分为自然利润中心和人为利润中心两类：自然利润中心是指所生产的产品或提供的劳务能够直接进入企业的外部销售市场，并取得外部销售收入的利润中心。此类利润中心虽然是企业内部的一个责任单位，但它本身可以直接面向外部市场，具有产品对外销售权和价格制定权，以及材料采购权和生产决策权等，其功能近似于独立的企业。如分公司、子公司、分店等。人为利润中心是指所生产的产品或提供的劳务不能直接进入企业的外部销售市场，而是按照内部转移价格在本企业内部有关部门或单位之间销售的利润中心。此类利润中心由于生产的产品或提供的劳务常常不能直接对外销售，因此不能形成企业对外报出的利润业绩，它一般根据企业内部经济结算责任制的要求而设立，所生产或提供的劳务属于在相关联的内部单位或部门之间结转的，由此形成的收入仅仅是相关内部责任单位之间提供产品或劳务时的内部销售收入。一般大多数生产形式的复合成本中心都可以转化为人为利润中心，主要指连续式或平行式分步生产企业中的各生产步骤、生产车间和辅助生产部门等，如纺织企业中的纺纱、织布等步骤；汽车制造中的零部件生产步骤及总装步骤；为生产部门提供服务的供气、供电车间等。

4. 投资中心的建立

投资中心是指既能发生成本或费用，也能产生收入，并拥有生产经营权和投资决策权的责任中心。投资中心所属内部责任单位较多，业务复杂，权限很大，不仅要对成本、费用、收入负责，还要对投资及其效果负责。从组织形式上看，投资中心通常都是独立的法人。它出现于较高程度的分权管理，常常指的是具有跨国、跨地区、跨行业性质的大型企业集团中的事业部或分公司。

由于投资的目的是为了获得利润，因而，投资中心也是利润中心，但它与利润中心的不同主要表现在两点：一是享有的权利不同。投资中心能够决定资金的投向，并对其投资效果负责，享有投资决策权，而利润中心则不具有。二是组织地位可能不同。在组织形式上，投资中心一定是独立的法人，而利润中心可以是也可以不是，如果是自然利润中心，常常具有独立的法人资格，而人为利润中心则不是独立的法人。

由于投资中心要对其投资效果负责，为保证其投资结果的公正、公平和准确，各投资中心应对其共同使用的资产进行划分，对共同发生的成本进行分配，各投资中心之间相互调剂使用的现金、存货、固定资产等也应实行有偿使用。

5. 收入中心的建立

收入中心是指既能产生成本或费用，也能产生收入，但不拥有生产经营权的责任中心。此类责任中心具有将生产的产品或提供的劳务对企业外部销售的职能，处于产品或劳务的流通环节，如企业的销售店、销售科室等。

收入中心与利润中心的不同主要表现在三点：一是享有的权利不同。收入中心不能决定产品的售价而利润中心则具有，利润中心的权限远远超出收入中心，利润中心既可以决定生产，也可以决定销售，而收入中心仅仅处于利润中心的流通环节。二是组织地位不同。收入中心是利润中心的下属机构，利润中心包括收入中心。三是承担的责任不同。虽然收入中心和利润中心都发生费用并产生收入，但收入中心由其职能所决定，并不对利润负责，但利润中心必须对利润负责。

收入中心也不同于成本中心，二者的最大不同在于职能。收入中心具有销售职能，而成本中心则不具有，因此二者的责任范围不同。收入中心与成本中心属于平行机构，这是它们的共同之处。

6. 责任中心体系的建立

一个企业的责任中心是由若干个不同类型的责任中心构成的，由此形成责任中心体系，即责任体系。企业为了保证预算的贯彻落实和最终实现，必须把预算中确定的总目标，按照责任中心体系逐层进行指标分解，从而形成责任中心的责任预算，使各个责任中心据以明确目标和任务，并贯彻执行。预算执行中，应围绕着责任中心进行核算与控制，一定时期末，需要按照责任中心进行业绩评价和奖惩。

责任中心体系按照责任中心所处的责任层次而形成，它涉及企业的每一个部门、每一个人员，纵向从上层直至员工个人，横向从生产部门到各个职能部门，各责任中心有机连接，共同接受企业高层领导。其中投资中心处于责任中心的最高层次，其次是利润中心、收入中心和成本中心则处于同等地位。如果一个企业实施了作业成本核算，则建立的作业中心属于成本中心之范畴，由此形成的责任中心体系如图 8－1 所示。

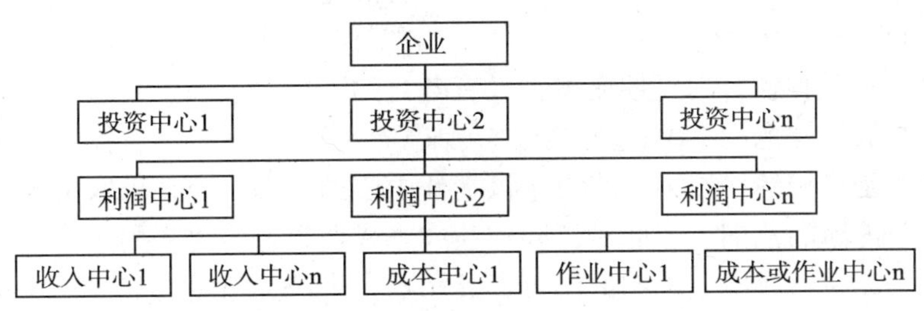

图 8－1　企业责任中心体系

一个企业如果能够划分为若干个投资中心，这类企业实际上是具有较大规模的集团公司，否则独立的不具有子公司的企业本身就是投资中心。

8.2.2　责任中心的业绩评价

责任中心的业绩评价需要以各责任中心编制的责任预算为基础，以既定的责任指标为对象，通过实际业绩的核算，并将其与预算进行对比分析，实施奖惩和信息反馈。

1. 成本中心的业绩评价

由于成本中心只对成本或费用负责，没有收入发生，因此对成本中心的主要业绩评价与考核指标是责任成本。计算责任成本指标的前提是区分可控成本与不可控成本，这是业绩评价的重要环节。

（1）区分可控成本和不可控成本。可控成本是指受特定责任中心的业务活动直接影响，并对其工作业绩产生影响，但其高低能为其所控制的一种成本或费用。

可控成本应具备的条件。通常可控成本必须同时符合四个条件：一是可以预计。责任中心能够事先确定某项成本或费用将要发生以及在何时发生。二是可以计量。责任中心能够对发生的成本以货币形式进行计量。三是可以施加影响。责任中心能够通过自身的行为来调节成本或费用的水平。四是可以落实责任。责任中心能够将有关成本的控制责任分解落实。凡不能同时具备上述四个条件的成本通常为不可控成本。

可控成本的判定。企业在明确责任成本指标前必须逐一将成本明细项目区分可控成本和不可控成本。一般成本的可控与不可控与特定责任中心所处的责任层次高低、拥有的管理权限和经营期间长短有直接的关系。也就是说，在明确每一项成本或费用的成本性质时，必须结合责任中心的地位、管理权限、时期确定。首先，成本的可控与否与责任中心的权力层次有关。某些成本对于较高层次的责任中心来说是可控的，而对于其下属的较低层次的责任中心而言，则可能是不可控的，因此应从责任层次对于成本的控制性进行区分。站在企业整体，几乎所有的成本都是可控的，而对于企业下属各层次，则既有各自的可控成本，又有各自的不可控成本。其次，成本的可控与否与责任中心的管辖范围有关。某项成本就某一责任中心看是不可控的，而对另一责任中心则可能是可控的，这不仅取决于该责任中心的业务内容，也取决于该责任中心所管辖的业务内容的范围。因此对于同一项成本或费用，需要从权限范围考虑它的可控与不可控。如材料成本，采购部门负责其采购，生产部门负责其消耗，相关的成本涉及采购成本和消耗成本。对于消耗成本则是生产部门的可控成本而不是采购部门的可控成本。显然可控成本与责任中心的权限是相适应的。最后，成本的可控与否与期限有关。一般从短期看某些成本或费用是不可控的，然而从较长时期看，却又成了可控成本。如现有生产设备的折旧费，就具体使用它的部门来说，该项折旧费是不可控的，但当该设备不能继续使用需要更新时，此时是否发生新设备的折旧费又成了可控成本。

综合这三点可以看出，不能将成本的可控与不可控做绝对的理解，有些成本费用随着时间的推移，其性质可能会发生变化；有些成本费用随着空间范围（即发生地点）的改变，其性质也会发生变化。一般而言，直接成本属于可控成本，间接成本属于不可控成本，但对于后者不能做绝对的理解。实际工作中，应具体问题具体分析。

（2）确定责任成本。责任成本是指某责任中心的各项可控成本的合计值。在区分可控成本与不可控成本的基础上，应明确责任归属。

①界定成本费用的责任归属。依据可控成本的判定条件可以区分可控成本和不可控成本，此判定标准具有概括性，具体操作时，每个成本项目的责任归属判定原则：一是如果某责任中心通过自己的行动能有效地影响一项成本的数额，那么该中心就应对其成本负责；二是如果某责任中心有权决定是否使用某种资产或劳务，那么该中心就应对相应资产或劳务的成本负责；三是如果某责任中心的管理者虽然不直接决定某

项成本，但是上级要求他参与有关事项，从而对该项成本的支出施加了重要影响，则该中心也应对相关的成本负责。

具体到每一个成本项目，由于直接材料和直接人工属于直接成本，通常将其归属于不同的责任中心比较容易，而制造费用由于其大多数为共同成本，因此对其的责任归属判定比较困难，需要仔细研究各项消耗和责任中心的因果关系。一是制造费用中的专属成本属于直接成本，可以直接归属于相应的责任中心，如机物料消耗、低值易耗品的领用等；二是对于可以以责任基础为分配标志的共同费用，由于分配基础是使用量，责任中心能够控制，如动力费、维修费等，此类费用应属于某责任中心的可控费用；三是对于可以以自然物理量基础为分配标志的共同费用，由于自然物理量是可以确认的，因此此类费用也属于责任中心的可控费用，如以装机功率分配的电费等；四是对于无法采用分配标志分配给基本成本中心的共同费用，如车间的运输费用和试验检验费用等，可以建立专门的成本中心由其控制，所发生的费用不向基本成本中心分配；五是对于很难采用分配标志归属于各责任中心的固定成本，如车间厂房的折旧费等，应将其列为不可控费用。对于期间费用，可以比照生产部门的责任归属确定相关责任中心的责任成本。

②核算责任成本并明确成本差异的责任归属。责任成本按责任中心归集并分配，在区分可控成本和不可控成本的基础上，需要对本责任中心的可控成本进行核算。核算中，一方面要反映各责任中心的责任成本；另一方面还需要按产品进行核算，从而确保产品成本和责任成本信息的及时提供。另外对于自然利润中心，不仅要核算其可控成本，还需要核算其不可控成本，不可控成本是为了提供全部的成本信息服务，它对该责任中心的业绩考核不产生影响。

在标准成本制度下，由于标准成本中心没有产品价格的决策权以及设备和技术的决策权，因此，标准成本中心不应对生产能力的利用程度负责，只需要对既定产量的投入量承担责任。如果基于完全成本法采用标准成本核算，相关成本中心不应对闲置能量的成本差异负责，对于固定成本的其他差异则要承担责任。

③厘清责任成本与产品成本的关系。责任成本核算条件下仍然需要计算产品成本，两者之间既有联系也有区别。两者的联系主要表现为：一定时期内，各生产责任中心发生的全部责任成本之和与各产品发生的全部产品成本之和是相等的。常常产品的生产需要经过若干个责任中心的连续或平行加工，从企业整体来看，一定时期，如果将所有生产责任中心的成本相加与所有产品成本相加，两者的合计值应该是一致的，它们之间不会产生差异。

责任成本与产品成本的不同主要表现在四点：一是成本费用归集与分配的对象不同。责任成本是以责任中心为对象归集与分配成本费用的；而产品成本则是以产品为对象归集和分配的。二是共同成本费用分配的原则不同。责任成本的分配原则是

"谁负责，谁承担"；而产品成本的分配原则是"谁受益，谁承担"。三是成本费用核算的前提不同。责任成本核算的前提是将成本费用区分为可控成本和不可控成本两大类；而产品成本核算的前提是将成本费用区分为生产成本和非生产成本两大类。四是核算的目的不同。责任成本核算的主要目的是为了落实责任，控制各责任中心的成本费用，并对其业绩进行评价；而产品成本核算的主要目的是为了产品定价和资产计价，控制各成本项目的水平，考核产品成本的业绩。

（3）明确费用中心费用的考核标准。确定费用中心的费用考核标准实际上是一件非常困难的工作。由于此类责任中心的投入和产品产出之间缺乏密切的关系，因此就不能采用标准成本中心的方法来确认其责任标准。费用中心的业绩常常涉及投入、工作质量和服务水平，而工作质量和服务水平的量化很困难，但它们却与费用支出关系密切，这正是费用中心与标准成本中心的区别之所在。标准成本中心可以以产品为基点明确其考核标准，如果其能以低于预算水平的实际成本生产出相同的产品，则说明该中心的成本业绩良好；而对于费用中心则不然，一个费用中心的支出如果低于预算，并不意味着其业绩就好，有时可能会表现为该中心的工作质量和服务水平低于计划的要求。

由于费用中心很难依据其工作质量和服务水平直接确定预算水平，实务中只能采用一些变通的方法来制定预算：一是人为将其与产出挂钩，并在同行业中保持较好的水平。例如，有的公司根据销售收入的一定百分比来制定研究开发费用的预算。尽管很难解释为什么研究开发费用与销售额具有某种因果关系，但此法还是使人们能够在同行业之间进行比较。二是采用零基预算。即详细分析支出的必要性及其取得的效果，确定预算标准。三是依据历史经验数据制定预算。这种方法虽然简单，但缺点也十分明显：管理人员为在将来获得较多的预算，可能会将不该花的钱也全部花掉，以获得宽松的预算。如果要合理制定预算，需要在考核预算完成时，请有经验的专业人员对该费用中心的工作质量和服务作出有根据的判断，只有这样才能说明费用的节约或超支是否合理。

（4）编制成本中心的责任报告。对成本中心的评价，应以责任成本为重点，以责任报告为依据。责任报告是指反映一定期间各责任中心责任预算执行情况的内部报告。编制责任报告时，应自下而上逐级编制，基本成本中心的责任报告最详细，随着层次的提高，责任报告的总括性越强。责任报告需要列示责任中心的责任成本实际数和预算数，并揭示实际脱离预算的差异额。如果是复合成本中心，相关责任成本报告形式如表 8－1 所示。

表8-1　　某成本中心的责任成本报告（×年×月）　　单位：元

项目	实际数	预算数	差异额
下属责任中心转来的责任成本①			
一工段 ……			
本成本中心的可控成本②			
间接人工			
……			
本成本中心的责任成本总计③=①+②			

依据责任成本报告，各成本中心根据例外管理原则，可以对主要差异进行分析，寻找原因，并采取措施解决问题。每年年末应依据事先制定的奖惩规定，奖励先进，惩罚落后，并进行总结分析，从而促使成本的不断改进。

2. 利润中心的业绩评价

由于利润中心既对收入负责，也对成本费用负责，如果用收入减去成本费用，那就是利润，因此利润中心承担的主要责任是利润，凡利润中心必须确保盈利。

（1）确定业绩评价指标。利润中心包括人为利润中心和自然利润中心，由于不同利润中心具有差异，对其考核的业绩指标也不同。

对于人为利润中心，由于责任中心人为形成，因此不需要对其分摊共同成本。在存在专属固定成本并对其承担责任的情况下，对其考核的业绩指标就是可控贡献毛益，其计算方式：可控贡献毛益=内部收入-变动成本-专属固定成本；如果没有专属固定成本，这意味着所有的固定成本都需要分摊，则此时的业绩考核指标应该是贡献毛益，按照销售收入减变动成本计算。

对于自然利润中心，由于此类责任中心形成的是真实的收入，且所有成本对于它们而言一般都是可控成本，因此对其考核的业绩指标就是税前利润，可以按照贡献式损益程序计算税前利润。如果此类责任中心存在不可控的固定成本，如事业部转入的成本，则其业绩指标是可控利润，其计算形式是：可控利润=销售收入-变动成本-可控固定成本。

综上，对利润中心的业绩考核指标是利润，但对于不同的利润中心，其利润的表现形式是不同的，总体来看，有贡献毛益、可控贡献毛益、可控利润和税前利润四种。需要特别强调的是，利润指标仅仅是不同利润中心的主要业绩考核指标，除此之外，利润中心还可以将收入、成本、质量等量化指标纳入其考核范畴，也可以将一些非量化指标，如安全、职工态度等纳入其考核范畴。

（2）编制利润报告。利润中心的责任报告围绕着利润指标编制，反映利润考核指标相关计算的实际数和预算数，并揭示差异。如果是一个自然利润中心且有不可控固定成本存在，其编制格式如表8-2所示，据此可以进行业绩分析及奖惩。

表8-2 某自然利润中心的业绩报告（×年×月） 单位：元

项目	实际数	预算数	差异额
销售收入① ××地区			
变动成本② ××车间 ××部门			
贡献毛益③=①-②			
可控固定成本④ ××车间 ××部门			
可控利润总额⑤=③-④			
不可控固定成本⑥			
税前利润⑦=⑤-⑥			

3. 投资中心的业绩评价

投资中心由于所处层次较高，不仅能控制成本、费用和收入，而且还能决定投资的去向，因此对其进行业绩评价时，必须关注投资效益。

（1）确定业绩考核指标。对此类责任中心进行业绩考核时，除考核利润外，还需要将其所实现的利润与资产占用水平相联系，计算投资利润率和剩余收益，并以此作为其主要的业绩考核指标。

第一，投资利润率（return on investment，ROI），又称投资报酬率，是指投资产生的利润与相应投资额的比值。该指标既可以用于某投资中心的投资利润率计算，也可以用于企业投给某投资中心特定投资项目的投资利润率计算，还可以用于企业整体的投资利润率计算。如果计算的是投资中心或企业整体的投资利润率，其投资额指的是他们控制并使用的总资产，可以用资产平均占用额或总资产表示，因此该指标也称为总资产报酬率；如果计算的是投资项目的投资利润率，可以直接以投资项目的投资支出额为依据计算。投资利润率的计算公式如下：

$$投资利润率 = \frac{利润}{资产占用额或投资额} \times 100\% \qquad 式8-1$$

严格地讲，为了确保式8－1中分子与分母的计算口径一致，资产占用额或投资额都应该是平均值，即资产平均占用额或投资平均额。以资产平均占用额为例，可以用：（期初资产＋期末资产）÷2表示，但简化计算中，可以直接以资产总额或投资总额做分母。另外式8－1分子中的利润常常采用的是息税前利润或税前利润。式8－1表明，投资中心或整个企业运用每一元资产对整体利润贡献的大小，或某项投资运用每一元资金产生的利润水平。投资利润率可以评价投资中心掌控资金的获利能力，该指标可以进一步分解，分解公式如下：

$$\begin{aligned}投资利润率 &= \frac{利润}{销售收入} \times \frac{销售收入}{资产占用额或投资} \times 100\% \\ &= \begin{matrix}销售\\利润率\end{matrix} \times \begin{matrix}资产或投资\\周转率\end{matrix} \qquad 式8-2\end{aligned}$$

从式8－2可以看出，提高投资利润率的途径不仅在于降低成本、增加盈利、降低经营资产或投资的平均占用，而且还在于提高资产或投资的周转速度以及销售的获利能力。

投资利润率指标最早由杜邦公司提出，该指标具有较强的综合性，以其评价投资中心的业绩具有的优点：一是投资利润率能反映投资中心的综合盈利能力。从投资利润率的分解公式可以看出，投资利润率由两个指标决定，其影响因素较多，它可以通过增收、降低成本、加速周转等多种手段来提高其获利能力。二是投资利润率具有横向可比性。投资利润率将各投资中心的投入与产出进行比较，剔除了因投资额不同而导致的利润差异的不可比因素，利用该指标可以对不同投资中心的投资业绩进行对比。三是投资利润率可以正确引导投资中心的经营管理行为。投资利润率可以反映投资中心运用资产并使资产增值的能力，如果投资中心资产运用不当，会增加资产或投资占用规模，也会降低利润。因此，以投资利润率作为评价和考核的尺度，将促使各投资中心盘活闲置资产，减少不合理资产占用，及时处理过时、变质、毁损资产等，这有助于企业的长期发展。

以投资利润率作为投资中心的业绩评价指标也存在一些缺陷，最显著的缺陷：如果以该指标作为选择投资项目的依据，可能会使某投资中心只顾本身利益而放弃对整个企业有利的投资项目，从而造成投资中心的局部利益偏离企业的整体利益，出现投资中心损害企业整体利益的投资决策行为现象。

【例8－1】假定某公司下设A和B两个投资中心，目前该公司的总资产报酬率为15%，A投资中心拥有资产10万元，税前利润为2万元；B投资中心拥有资产20

万元，税前利润为2.4万元。目前有一投资机会，如果公司投资该项目，预计需要投资15万元，项目寿命期内平均每年获得税前利润2.55万元。如果以投资利润率作评价指标。

要求：①分析该公司是否会接受此投资项目；②分析A投资中心是否会接受此投资项目；③分析B投资中心是否会接受此投资项目。

分析：依据所给资料，首先计算项目的投资利润率并站在公司角度进行分析。

$$\text{投资项目的投资利润率} = \frac{2.55}{15} \times 100\% = 17\%$$

首先，站在公司角度，由于投资项目的投资利润率大于该公司目前的总资产报酬率，因此该公司会接受此投资项目。

其次，站在A投资中心角度，计算该投资中心没有接受投资项目前的投资利润率和接受投资项目后的投资利润率，并进行分析：

$$\text{A投资中心目前的投资利润率} = \frac{2}{10} \times 100\% = 20\%$$

$$\text{A投资中心接受投资项目后的投资利润率} = \frac{2 + 2.55}{10 + 15} \times 100\% = 18.2\%$$

计算结果表明，由于A投资中心接受此投资项目后会降低其目前的投资利润率，使其由20%降低到18.2%，因此对于A投资中心而言，他不会接受此投资项目。

最后，站在B投资中心角度，计算该投资中心没有接受投资项目前的投资利润率和接受投资项目后的投资利润率，并进行分析：

$$\text{B投资中心的投资利润率} = \frac{2.4}{20} \times 100\% = 12\%$$

$$\text{B投资中心接受投资项目后的投资利润率} = \frac{2.4 + 2.55}{20 + 15} \times 100\% \approx 14.14\%$$

计算结果表明，由于B投资中心接受此投资项目后会使其投资利润率由12%提高到14.14%，因此对于B投资中心而言，他就会接受此投资项目。

从例8-1可以看出，如果该投资项目只能投给A投资中心，就会出现A投资中心拒绝投资的现象，实际上此项目对于公司整体来讲是有利的。显然如果以投资利润率作为投资中心进行投资决策的依据，该指标存在弊端，它可能会使某投资中心放弃不利于自身但有利于企业的投资项目，由此会损坏企业的整体利益。

第二，剩余收益是为了克服投资利润率的显著缺陷而出现的一个能够用于投资中心投资决策的评价指标。所谓剩余收益（residual income，RI）是指投资所获利润扣减按最低投资收益率计算的最低投资收益后的利润差额。这里的投资可能是投资中心或企业的资产占用额，或是投资项目的投资额。剩余收益的计算公式如下：

$$\text{剩余收益} = \text{资产或投资所获利润} - \text{资产或投资额} \times \text{企业要求的最低投资收益率} \qquad \text{式 8-3}$$

$$\text{剩余收益} = \text{资产或投资所获利润} - \text{资产或投资额} \times \text{企业要求的最低投资收益率} = \text{资产或投资额}\left(\text{投资利润率} - \text{企业要求的最低投资收益率}\right)$$

式 8-3 中的企业要求最低收益率常常指企业的加权平均资本成本，或是行业的平均投资收益率，也可以是企业各投资中心的加权平均投资收益率。由于资产或投资利润等于资产或投资利润率与资产或投资额的乘积，因此只要投资项目的收益率高于企业要求的最低收益率，就会给投资中心带来大于零的剩余收益，从而增加投资中心的利润，也会给企业带来利润，这样投资中心就会接受剩余收益大于零的投资项目。

剩余收益一方面可以用于对投资中心投资项目评价，它可以使投资中心的决策行为与企业总体目标保持一致，从而避免投资中心因只顾自身利益而忽视企业整体利益的本位主义投资决策行为发生；另一方面也可以作为评价投资中心的业绩指标，剩余收益增加，意味着投资中心的利润超过了规定的最低收益水平，增加了企业的价值。虽然该指标是一个绝对数指标，但比较不同投资中心的剩余收益是有意义的。剩余收益指标的不足在于，指标的确定不能依据报表数据直接计算，另外不同企业之间依据此对比无意义。

【例 8-2】沿用例 8-1 的资料。假定该公司的投资机会发生在 A 投资中心，并以 A、B 投资中心的加权平均投资利润率作为该公司要求的最低收益率。

要求：①计算投资项目的剩余收益；②计算 A 投资中心未上投资项目前的剩余收益以及拟投资后的剩余收益；③分析 A 投资中心是否会接受此项目。

分析：依据所给资料，计算该公司要求的最低收益率、投资项目的剩余收益和 A 投资中心的拟上投资项目前后的剩余收益。

$$\text{公司要求的最低收益率} = 20\% \times \frac{10}{30} + 12\% \times \frac{20}{30} \approx 14.67\%$$

$$\text{投资项目的剩余收益} = 2.55 - 15 \times 14.67\% = 0.3495(\text{万元})$$

$$\text{A 投资中心目前的剩余收益} = 2 - 10 \times 14.67\% = 0.533(\text{万元})$$

$$\begin{aligned}\text{A 投资中心以上投资项目后的剩余收益} &= (2 + 2.55) - (10 + 15) \times 14.67\% = 0.8825(\text{万元}) \\ &= 0.533 + 0.3495 = 0.8825(\text{万元})\end{aligned}$$

计算结果表明，该投资项目能为 A 投资中心带来 0.3495 万元的剩余收益，从而使 A 投资中心的剩余收益增加到 0.8825 万元，因此 A 投资中心会接受该投资项目，并且与企业的决策行为保持了一致。

比较上述计算结果可以看出，只要以上的投资项目按照企业要求的最低收益率计算的剩余收益大于零，说明投资项目的收益率会高于企业要求的最低收益率并为企业带来利润，此时也会增加相应投资中心的剩余收益，并使其利润增加。显然用剩余收益指标评价投资中心的投资行为较投资利润率指标要客观、公正。

（2）编制责任报告。投资中心的责任报告与其他责任报告相同，反映主要业绩考核指标的实际数、预算数以及相关的差异额。具体编制时，需要列示所属利润中心的利润及投资中心的资产，在此基础上计算投资利润率和剩余收益，有时也可以反映销售收入，并计算相关指标，其编制格式如表 8－3 所示。

表 8－3　　某投资中心责任报告（×年×月）　　单位：元，%

项目	实际数	预算数	差异额
销售收入①	2 872 500	3 184 713	(312 213)
A 子公司利润	354 500	300 000	54 500
B 子公司利润	220 000	200 000	20 000
利润总计②	574 500	500 000	74 500
资产平均占用额③	2 244 800	2 450 000	(205 200)
投资利润率④＝②/③	25.59	20.41	5.18
销售利润率⑤＝②/①	20	15.7	4.3
资产周转率⑥＝①/③	1.2796	1.3	(0.0204)
行业平均最低收益率⑦	17	15	2
剩余收益⑧＝②－③×⑦	192 884	132 500	60 384

依据责任报告可以对投资中心的投资利润率和剩余收益进行分析，分析投资利润率和剩余收益的影响因素以及较预算上升或下降的原因，并针对问题采取解决措施，在此基础上，依据规定的奖惩制度进行奖惩。

4. 收入中心的业绩评价

收入中心常常有费用发生，但其主要职责是对收入负责，然而产品如何组合会对企业的整体利益产生直接影响，因此不能对其业绩以销售收入单一指标一概而论。

（1）确定业绩考核指标。收入中心的表面意思是销售收入中心，该类中心应该对销售收入负责，实际上这是一个误区。从税前利润的计算来看，无论是采用传统式损益程序计算，还是采用贡献式损益程序计算，提高销售收入无疑会提高企业的盈利水平，但实际上销售收入受两个因素的作用，一个是销售量，另一个是产品售价。产品定价权在于企业，销售部门并没有定价权，这意味着销售部门是在产品价格既定的前提下负责销售收入。由此我们提出，销售部门对销售收入负责的观点是一个误区，正确的理解是销售部门应对产品的销售量负责。

如果以销售量为基点考核，由于每一种产品的贡献毛益率不同，多销售贡献毛益率低的产品所带来的利润远远低于多销售贡献毛益率高的产品所带来的利润。然而销售人员是不懂会计的，因此在下达销售部门的销售业绩目标时，企业应该按照销售收入的整体规划将销售量指标分解给该部门，当然不同产品的销售量目标组合应该与企业的实际相结合，并得到销售部门的认可。由于销售部门会发生费用，对于其可控费用，它们应该承担责任。另外，为了提高产品销售的质量，销售部门还应当承担产品销售回款的任务，销售人员不能只顾销售而不顾销售后的状况，因为过多的坏账损失会降低企业的资产价值和现金收入，从而导致企业整体的盈利水平降低。基于此，考核销售部门的主要指标是销售量、可控费用和销售回款率（即应收账款天数）。另外为了鼓励销售人员多销售对企业整体最有利的产品，企业应该制定较高的奖励制度，这样就可以促使销售部门的业绩与企业的整体利益保持一致。

（2）编制责任报告。收入中心的业绩报告应该按照业绩指标编制，反映不同业绩指标的实际数、预算数和差异额，据此可以反馈信息，并对销售人员进行奖惩。收入中心的责任报告具体编制格式如表 8－4 所示。

表 8－4　　某收入中心责任报告（×年×月）　　单位：元，%

项目	实际数	预算数	差异额
销售量（实物量）①			
A 产品			
……			
销售收入（元）②			
A 产品			
……			
可控费用③			
……			
销售净收入④ = ② - ③			
销售回款率（每月）⑤			
A 产品			
……			

8.3　内部转移价格

8.3.1　内部转移价格概述

内部转移价格发生在企业内部，它不对外，是实施内部业绩评价的条件之一。

1. 内部转移价格的影响、要求及作用

内部转移价格又称内部结算价格，是指企业内部各责任中心之间转移中间产品或提供劳务以及转移责任而采用的计价标准。

(1) 内部转移价格的影响及制定要求。企业制定的内部转移价格必定会涉及企业内部的买卖双方，买卖双方常常站在各自不同的角度具有不同的要求，买方希望以较低的价格购进，卖方则希望能够卖高价。实际上，内部转移价格不仅会影响买卖双方的利益，而且还会影响企业整体的利益，尤其是大型集团公司。大型集团公司常常可以通过内部转移价格的制定影响所得税，从而达到获得最多税后收益的目的。如跨国公司通过制定适当的内部转移价格，使更多的收入转移到低税率国家；更多的成本转移到高税率国家，从而实现少纳所得税的目的。

如果不考虑所得税，站在整个企业角度看，一方增加成本，另一方增加收入，同时增加，对利润的影响却恰好方向相反，但数额相等。因此，内部转移价格无论怎样变动，都不会改变企业的税前利润总额，所改变的只是企业内部各责任中心的收入或利润的分配份额。

由于内部买卖双方是一对利益的矛盾体，无论何种形式的内部转移价格都可能会使一方的利益增加，相应另一方的利益就可能降低，因此不存在最优的内部转移价格，只存在合理的内部转移价格，适宜的内部转移价格通常应该能够满足四点：一是能够为责任中心提供合理的业绩计价基础；二是有助于企业降低纳税总额，实现整体利益最大化；三是能够激励各责任中心做出与企业整体利益一致的科学决策；四是高层不应直接干涉分部具体的内部转移定价，但应给予适当指导和协调。

(2) 内部转移价格的作用。内部转移价格的作用主要表现在三方面：一是明确责任的依据。内部转移价格作为一种计量手段，可以确定转移产品的价值量。这些价值量既标志着提供产品的责任中心经济责任的完成，同时也标志着接受产品的责任中心应负经济责任的开始。因此，正确制定内部转移价格，可以合理地确定各责任中心应承担的经济责任，从而尽量避免提供产品的责任中心将其本身应承担的经济责任不恰当地转嫁给接受产品的责任中心。二是测定责任资源的依据。各责任中心在生产经营过程中需要占用一定数量的资金，企业可以根据内部转移价格确定一定时期内各责任中心的资金流入量和资金转出量，并可在此基础上根据资金周转的需求，合理确定各责任中心的资金占用量。三是考核责任业绩的依据。提供产品的责任中心可以根据提供产品的数量及内部转移价格计算本身的“收入”，并可以根据各种生产耗费的数量及内部转移价格计算本身的“支出”，将其“收入”和“支出”进行比较，就可以反映其生产经营成果的好坏，据以进行考核。而接受产品的责任单位按内部转移价格对转入产品进行计价结算，也可以剔除其他责任中心工作好坏对本中心经营效率的影响。因此，内部转移价格是考核各责任中心生产经营成果的重要依据。

2. 内部转移价格的用途及内部结算

内部转移价格的用途主要用于以下两方面：一是用于内部交易结算；二是用于内部责任结转。相关的结算是通过内部结算中心完成的。

（1）内部交易结算。内部交易结算是指在企业内部责任部门之间发生产品转移或提供劳务前提下，由接受产品或劳务服务的责任中心向提供产品或劳务服务的责任中心支付报酬而引起的一种结算行为。企业内部的各个生产责任单位经常发生类似于外部产品买卖形式的业务活动，一个生产责任中心向另一个生产责任中心提供产品或劳务服务，在这种情况下，就需要按照事先制定的内部转移价格进行交易结算，一方表现为实现内部收入，另一方表现为材料的购进成本。这类似于市场交易的买卖两极，可以起到与外部市场相似的作用。

责任中心作为卖方，即提供产品或劳务的一方，必须不断改善经营管理，提高质量，降低成本费用，否则高于外部市价的产品或劳务价格买方是不会接受的；责任中心的买方，即产品或劳务的接受一方，是在竞价后才形成的买入成本。从其自身而言，它也需要千方百计地降低自身的成本费用，提高产品或劳务的质量，争取获得更多的利润。因为从企业整体看，每一个生产责任中心都处于卖方的地位，产品都有可能会遭到买方的拒绝，此时的买方可能是企业的内部责任中心，也可能是企业的外部客户。

（2）内部责任结转。内部责任结转简称责任结转，是指在生产经营过程中，对于因不同原因造成的各种经济损失，由承担损失的责任中心从实际发生的责任中心进行损失结转的账务处理过程。生产经营过程中，由于有些损失的发生地点与承担责任的责任中心所在地有时不在同一地点，此时就应该通过内部转移价格将损失转给应承担责任的相应责任中心。如生产车间所耗原材料超过定额，其原因是由于采购部门采购的原材料质量不合格而造成的材料用量超标，在这种情况下，超定额成本责任应由采购部门承担，因此应将相应的成本从生产部门转给采购部门；再如后道工序加工时发现，前道工序转来的半成品是次品，由此造成的损失成本就应由后道工序以内部转移价格为基础转给前道工序。

（3）内部结算。企业的内部结算是通过建立内部结算中心实现的。内部结算中心以内部转移价格为依据，通过一定的内部结算方式，负责各责任中心之间的业务往来及责任结转，常常设在财务机构内。采用的内部结算方式主要有：内部支票结算方式、转账通知单方式和内部货币结算方式。

内部支票结算方式是指由付款方签发内部支票，收款方审核确认，并授权内部结算中心付款的一种内部结算方式。在这种方式下，财务部门首先为各责任中心核定资金及费用定额，之后分别为其开立存款户，将核定的定额资金和费用存到各开户单位的存款户上，发给他们统一的内部支票。当发生内部往来业务或责任需要结转时，如果数额达到规定的金额，则由付款部门向收款部门签发内部支票，收款部门经过审核无误后，将支票送存内部结算中心，内部结算中心据此进行转账划拨。这种结算方式通常适用于大宗业务的结算，由于买卖双方都需要确认，因此可以避免结算中的纠纷。

转账通知单方式是指由收款方提供产品或者劳务后，根据有关原始凭证签发转账通知单，据此通知内部结算中心将转账通知单转给付款单位并要求转账的一种内部结算方式。此种结算方式是由收款方单向发出指令，若有异议，需要交涉，因此一般适用于具有经常性的质量与价格较稳定的往来业务结算，如供水、供电等辅助生产车间提供的产品结算。

内部货币结算方式是指在企业内部发行只限于企业内部流通的货币，并据此结算的一种内部结算方式。内部货币的形式一般是资金本票、流通券、资金券等，可以以此直接支付给由于各责任中心内部业务往来及责任结转所需的资金。这种方式由于清点麻烦等问题，一般适用于小额零星往来业务或责任的内部结算。

3. 内部转移价格的制定原则

由于内部转移价格的制定会涉及各内部责任中心的切身利益，因此制定内部转移价格必须遵循一定的原则，主要原则如下。

（1）公平性原则。企业制定的内部转移价格，应当使提供产品的责任中心和接受产品的责任中心都认为公平合理，得到双方的认可。

（2）目标一致性原则。在制定内部转移价格时，既要考虑有关责任中心的利益，更要考虑企业的整体利益，并且应该尽量使两个方面的利益保持一致。

（3）激励性原则。建立内部业绩评价体系的目的，既不是分析考核、更不是核算记录，而是要激励企业的各个部门和员工，使其更加努力地工作，以实现企业的总体经营目标，因此制定内部转移价格作为实施内部业绩评价的一个重要手段，必须运用激励手段，以调动各责任中心的生产积极性。

8.3.2 内部转移价格的制定方法

制定内部转移价格的方法有很多，主要方法如下：标准成本为基础的定价法、市价为基础的定价法、机会成本为基础的定价法、协商转移定价法和双重转移定价法。

1. 标准成本为基础的定价法

（1）标准成本为基础定价法的内涵。标准成本为基础定价法是指根据企业制定的标准成本确定中间产品转移价格的一种内部定价方法。这里的标准成本既可以是标准变动成本，也可以是标准完全成本，还可以是标准完全成本加成，简称标准成本加成，由此形成标准变动成本法、标准完全成本法和标准成本加成法三种。当然，这里的标准成本应结合实际情况的变化而定期进行修订。

制定中间产品转移价格时，如果以成本为基础定价，作为定价基础的成本应当是标准成本而不是实际成本。因为如果以实际成本为基础定价，就可能会使卖方将任何差异或低效率全部转嫁给买方，通过加大成本来提高卖方的盈利，这不利于卖方重视成本控制。

（2）不同成本价对部门及公司业绩的影响。采用完全成本为基础定价时，管理者将其视为长期决策，要求补偿全部的成本。其优点在于，完全成本信息获得容易，以此定价不仅可以使卖方获得超过变动成本的贡献毛益，而且卖方与中间产品有关的开发、设计、售后服务成本等都可以得到补偿，从而能够鼓励卖方向企业内部转移产品或劳务。但是在集中程度比较高的企业，如果卖方部门的生产能力没有闲置已充分利用，而买方部门生产能力有剩余，以完全成本为基础制定转移价格，卖方则可能会拒绝产品转移决策，而选择对外销售，这有可能影响到公司整体利益的最大化。而当卖方存在剩余生产能力时，以变动成本为基础制定转移价格，可以鼓励买方部门从其内部采购中间产品，从而充分利用卖方的剩余生产能力，实现公司利益的最大化。

然而如果以成本作为转移价格，对于卖方是无真正利润可言的，这不利于评价利润中心的业绩，所以可以在成本基础上进行加成，以成本加成价作为转移价格。这需要确定一个加成百分比，常常以投资额为基础，按照一定的投资报酬率来计算应加成的利润。

【例8-3】某公司拥有多个生产部门，生产多种产品。其中A零件生产车间所生产的零件能够广泛用于各种部件的产品生产，由此可以全部将其各类产品转移给B部件生产车间。A零件车间的标准单位变动成本为12元/个，车间的标准年固定生产成本为100 000元，年计划生产能力为50 000个。该部门的投资额为1 000 000元，公司在同类投资上要求的投资报酬率为10%。B部件生产中需要追加标准单位变动成本25元/件，发生标准固定成本200 000元。B部件的年产销量为50 000件，市价为 60 元/件，需要用 50 000 个 A 部门生产的零件。

要求：①如果不设责任中心；计算公司的税前利润；②如果 A、B 为内部责任中心，分别以变动成本、完全成本和成本加成为基础作为内部转移价格计算部门业绩和公司业绩，并进行比较分析。

分析：依据所给资料。

第一种情况，假定该公司没有建立责任中心，此时预计公司实现的利润如表 8－5 所示。

表 8－5　　公司预计利润表　　单位：元

项目	金额
销售收入	60×50 000＝3 000 000
变动成本	（12＋25）×50 000＝1 850 000
贡献毛益	1 150 000
固定成本	100 000＋200 000＝300 000
税前利润	850 000

第二种情况，假定 A、B 为责任中心。若以变动成本作为内部转移价格，A 零件的内部转移价格为每个 12 元；若以完全成本作为内部转移价格，A 零件的内部转移价格为每个 14 元，转移价计算如下：

$$\text{内部转移价格}=12+\frac{100\ 000}{50\ 000}=14(\text{元/个})$$

若以成本加成作为内部转移价格，A 零件的内部转移价格为每个 16 元，转移价计算如下：

$$\text{内部转移价格}=12+\frac{100\ 000}{50\ 000}+\frac{1\ 000\ 000\times 10\%}{50\ 000}=16(\text{元/个})$$

如果采用不同形式的成本为基础定价，计算的部门贡献毛益、税前利润和公司整体的贡献毛益、税前利润如表 8－6 所示。

比较表 8－5 和表 8－6 可以看出：①不论以何种成本为基础制定内部转移价格，从公司总体看，其贡献毛益总额是不变的，均为 1 150 000 元，公司的税前利润总额也是不变的，均为 850 000 元。②内部转移价格采用的成本形式不同，影响的是责任中心的利润，实际上是将公司获得的总的贡献毛益和税前利润在不同部门之间进行了分配。③对于 A 零件生产部门，如果以变动成本为基础，则该部门毫无利润；如果以完全成本为基础，则该部门可以获得贡献毛益，但无税前利润；如果采用成本加成

表 8-6　　A、B 责任中心预计利润　　单位：元

项目	A 零件生产部门	B 部件生产部门	公司
以变动成本为转移价格			
销售收入	—	60×50 000=3 000 000	3 000 000
内部收入	12×50 000=600 000	—	600 000
变动成本	12×50 000=600 000	25×50 000=1 250 000	1 850 000
内部转移成本	—	12×50 000=600 000	-600 000
贡献毛益	0	23×50 000=1 150 000	1 150 000
固定成本	100 000	200 000	300 000
税前利润	-100 000	950 000	850 000
以完全成本为转移价格			
销售收入	—	60×50 000=3 000 000	3 000 000
内部收入	14×50 000=700 000	—	700 000
变动成本	12×50 000=600 000	25×50 000=1 250 000	1 850 000
内部转移成本	—	14×50 000=700 000	-700 000
贡献毛益	2×50 000=100 000	21×50 000=1 050 000	1 150 000
固定成本	100 000	200 000	300 000
税前利润	0	850 000	850 000
以成本加成为转移价格			
销售收入	—	60×50 000=3 000 000	3 000 000
内部收入	16×50 000=800 000	—	800 000
变动成本	12×50 000=600 000	25×50 000=1 250 000	1 850 000
内部转移成本	—	16×50 000=800 000	-800 000
贡献毛益	4×50 000=200 000	19×50 000=950 000	1 150 000
固定成本	100 000	200 000	300 000
税前利润	100 000	750 000	850 000

定价，则该部门可以获得一定的税前利润。显然，如果内部转移价格定得太低，为单位变动成本，A 零件生产部门就没有动力向 B 部门转移产品。如果 A 为利润中心或投资中心时，若以变动成本和完全成本对其进行业绩评价是不合理的。对于 B 部件生产部门，情况正好相反。如果以单位变动成本作为内部转移价格，其获得的利润最高；而如果以成本加成作为内部转移价格，该部门获得的利润较其他最少，因此如果内部转移价格定得太高，则 B 部件生产部门将会失去从 A 购买零件的动力，如果 B

拒绝购买，则可能会导致 A 的生产能力闲置，这可能不利于公司整体利益最大化。④当 A 零件在内部转移时，如果以完全成本作为内部转移价格，其转移成本也将被 B 视为生产部门的变动成本，则 B 生产部门的单位变动成本为 39 元（14 +25）；但从公司角度看，B 部件在决策时应考虑的变动成本应当是 37 元（12 +25），也就是说 B 部件的实际单位变动成本是 37 元。当 B 部门存在剩余生产能力时，只要外部的市场价格大于其单位变动成本，就可以接受。但是由于部门业绩报告中的单位变动成本高于其实际单位变动成本，所以有可能使 B 部门拒绝一些本应接受的订单，其根本原因在于，卖方部门的转移定价中包含了固定成本，而在成本加成价下，还包含了利润，这全部反映成为买方部门的单位变动成本，进而影响其作出有利于公司整体利益的决策。

（3）标准成本为基础定价法的适用范围。以成本为基础制定内部转移价格一般适用于三种情况：一是内部转移的产品缺乏外部市场；二是尽管有外部市场，但市场不完全，产品价格受到销售量的影响，变化较快，很难掌控；三是外部需求有限。从责任对象来看，如果是成本中心，以变动成本和完全成本制定内部转移价格是可以接受的，但如果是利润中心和投资中心，单纯的成本价会遭到提供产品或劳务部门的拒绝，因为无利可图，因此标准变动成本和标准完全成本通常适用于成本中心之间的产品或劳务转移的结算，而对于利润中心和投资中心可以采用成本加成定价。

2. 市价为基础的定价法

（1）市价为基础定价法的内涵。市价为基础定价法是指根据外部市场售价确定中间产品转移价格的一种内部定价方法。当责任中心相互提供产品或劳务时，有客观的市场价格可供参考，则可以利用市场价格作为内部转移价格。通常市场价格的取得方式有三种：一是根据同样或类似的中间产品报价确定；二是卖方部门将中间产品出售给外部顾客的价格；三是以竞争对手的价格来确定。但需要注意的是，企业以市价为基础制定的内部转移价格常常是对其调整后的折扣市价，因为外部售价中一般包括销售费、广告费和运输费等，而这些内容在内部转移价格中是不应包括的。另外当各责任中心不是独立核算分厂而是车间时，市价中包含的资源税、消费税等也是转移中间产品或提供劳务时不存在的。因此以市价为基础制定内部转移价格时，需要将其扣除，否则这些项目带来的好处将全部为产品提供方获得，这对于买方不公平。

（2）以市价为基础定价对部门及公司业绩的影响。在完全竞争市场条件下，以竞争性市场价格为基础制定转移价格，对于决策和业绩评价都是最有利的。所谓完全竞争市场是指存在同质产品，买卖双方无法影响市价，而只能接受由市场确定价格的情况。当以市价为内部转移价格时，部门业绩可以近似地反映部门对公司利润的实际贡献。也就是说，如果中间产品或劳务不在部门之间进行转移，买方部门将按市价从外部购买中间产品，而卖方部门则按市价销售中间产品，部门业绩将和独立经营的主体一样会得到相同业绩的反映。

【例 8－4】沿用例 8－3 所给资料，假定 A 零件的市场价格为 20 元/个。

要求：分析以每个 20 元作为内部转移价格是否合理。

分析：依据所给资料编制的预计利润表如表 8－7 所示。

表 8－7　　预计利润表（以市价为内部转移价格）　　单位：元

项目	A 零件生产部门	B 部件生产部门	公司
假定各责任部门产品全部对外销售			
销售收入	20×50 000＝1 000 000	60×50 000＝3 000 000	4 000 000
变动成本	12×50 000＝600 000	（25＋20）×50 000＝2 250 000	2 850 000
贡献毛益	8×50 000＝400 000	15×50 000＝750 000	1 150 000
假定 A 部门产品全部内部转移给 B 部门（A 售价为 20 元）			
销售收入	—	60×50 000＝3 000 000	4 000 000
内部收入	20×50 000＝1 000 000	—	
变动成本	12×50 000＝600 000	25×50 000＝1 250 000	1 850 000
转移成本		20×50 000＝1 000 000	－1 000 000
贡献毛益	8×50 000＝400 000	15×50 000＝750 000	1 150 000

从表 8－7 可以看出，如果买卖双方供需计划一致，无论 A 部门产品是对内销售，还是对外销售，如果以市场价格作为内部转移价格，对各责任部门的业绩以及企业总体业绩都不会产生影响，因此以市场售价为内部转移价格的形式是最合理的。

（3）市价基础定价法的优势。以市价为基础的转移定价，可以模拟市场竞争条件，其优点在于客观公允，并能对部门业绩作出合理的评价。由于市场价格是市场上所有买家和卖家通过价格机制投票所形成的均衡价格，所以除非企业在市场中拥有垄断性的地位，否则市价不受任何单个企业的影响。对于买方来讲，假如卖方不提供该产品或服务，那么买方只能从市场上以市场价格购买，此时市场价格刚好是买方的机会成本；对于卖方来讲，如果买方不购买该产品或服务，也可以很方便的以市场价格在市场上销售。这种方法使买卖双方的业绩都得到比较准确的反映，因此，当买卖双方的管理者都拥有自主采购权和销售权时，只要买方部门有需求，并且其边际成本低于市价，卖方部门就会为其生产并提供中间产品。除此之外，以市价为基础的转移定价有助于部门决策符合公司整体利益。如果买方部门按当前市价从内部采购中间产品不能获得长期利润，那么无论对于部门还是公司整体而言，最有利的决策是停止从内部购买中间产品，将卖方部门的产品向外部销售，这样可以使各个部门所做出的采购或购买决策符合公司的整体利益。

（4）市价基础定价法的适用范围。以市价为基础的转移定价法主要适用于高度分权式的企业，此类企业的内部单位实际上属于或可以视为独立的经营单位，单位经理拥有充分的经营决策自主权，他们对利润业绩负责，因此从责任对象来看，采用市价作为内部转移价格的一定是利润中心或投资中心，成本中心则不适用。从市场来看，以市价为基础的转移定价实施需要存在完全竞争的市场条件，即买卖双方都可以以市价获得。

以市价为基础定价为了确保企业的整体利益实现，采用此法一般应遵循两项规则：一是只要卖方部门的价格和外部价格一致，并且愿意在内部转移产品时，购买方就必须从内部采购；二是当卖方价格高于市价时，购买方才能从外部采购。

3. 机会成本为基础的定价法

（1）机会成本为基础定价法的内涵。机会成本为基础定价法是指根据中间产品或劳务的机会成本制定的标准成本确定中间产品转移价格的一种内部定价方法。在现实生产经营活动中，往往并不存在完全的竞争市场，原因表现在以下几方面：一是在集中度较高的行业中，中间产品的市场相当有限，如果企业不依靠自己的力量生产并转移中间产品，在临时需要时，很难从外部市场获得同类的中间产品；二是对于实施差异化生产战略的企业而言，可能根本不存在中间产品的外部市场；三是当企业在基础设施上做了大量投资时，除非外部市价接近企业的边际成本，否则，为了充分利用生产能力，企业只能在内部转移产品，而不允许中间产品从外部采购或向外部销售。在不存在完全竞争市场时，可以以机会成本为基础制定内部转移价格，内部转移价格定价的一般公式为：

内部转移价格 = 转移产品的增量成本 + 内部转移的机会成本　　式 8 - 4

（2）以机会成本为基础定价对部门及公司业绩的影响。以机会成本为基础定价需要视中间产品或劳务提供方的生产能力是否充分利用而区分为两种情况定价：一种情况是中间产品或劳务提供方的生产能力已经充分利用；另一种情况是未充分利用。

在第一种情况下，由于卖方的生产能力已经充分利用，如果买方从内部采购，则会失去提供方外部的销售收益，所失去的收益就是接受内部转移定价的机会成本。如果在此基础上再加上增量成本，此时制定的内部转移价格实际上就是中间产品或劳务的市场价格。在卖方生产能力已经充分利用的前提下，如果外部采购价与市场售价相同，此时应以市价作为转移价转移中间产品；如果外部采购价可能低于市场售价，此时买卖双方应按可能获得的市价销售各自的产品，只有这样才能使企业整体业绩最大化，而反映的部门业绩才公平合理。

在第二种情况下，由于卖方的生产能力未充分利用，存在剩余生产能力，如果买方从内部采购，则会增加提供方的收益，否则就会降低其收益，此时失去提供方外部销售的机会收益是零，因此机会成本就是零，内部转移价格就是增量成本。如果以增量成本或略高于增量成本的价格提供中间产品或劳务，不仅可以提高部门业绩也可以提高企业的整体业绩。

【例8-5】沿用例8-3的资料，假设有一供应商由于其生产能力利用不足，愿意以低于市价的较低价格向B部门供货，供货价是15元/个，供货量是50 000个。

要求：①假定A部门的生产能力已经充分利用，B部门要求以15元作为内部转移价格，分析这种要求是否合理？②假定A部门的生产能力为100 000个，市场只能接受50 000个，如果B部门外部采购或要求内部转移价是15元，是否合理？

分析：依据所给资料分别两种情况计算并分析。

在第一种情况下，当A部门的生产能力已经充分利用，如果将A部门产品转移给B部门产生的机会成本是8元/个（20－12），此时的内部转移价格应该是20元（12＋8）。如果B部门要求内部转移价格降至15元，则会使A部门业绩受到损失，但对公司整体业绩不产生影响。为了综合分析，分别计算按15元采购、按20元转移产品、按15元转移产品时的部门业绩和公司整体业绩，相关计算如表8－8所示。

表8－8　预计利润表（以机会成本为内部转移价格，无剩余能力）　单位：元

项目	A零件生产部门	B部件生产部门	公司
对外销售（零件外部采购，采购价15元）			
销售收入	20×50 000＝1 000 000	60×50 000＝3 000 000	4 000 000
变动成本	12×50 000＝600 000	（25＋15）×50000＝2 000 000	2 600 000
贡献毛益	8×50 000＝400 000	20×50 000＝1 000 000	1 400 000
内部转移（A售价为20元）			
销售收入	—	60×50 000＝3 000 000	3 000 000
转移收入	20×50 000＝1 000 000	—	1 000 000
变动成本	12×50 000＝600 000	25×50 000＝1 250 000	1 850 000
转移成本		20×50 000＝1 000 000	－1 000 000
贡献毛益	8×50 000＝400 000	15×50 000＝750 000	1 150 000

续表

项目	A零件生产部门	B部件生产部门	公司
内部转移（A售价为15元）			
销售收入	——	60×50 000=3 000 000	3 000 000
转移收入	15×50 000=750 000	——	750 000
变动成本	12×50 000=600 000	25×50 000=1 250 000	1 850 000
转移成本		15×50 000=750 000	-750 000
贡献毛益	3×50 000=150 000	20×50 000=1 000 000	1 150 000

从表8-8可以看出，在A部门生产能力充分利用，且产品有外部市场，B部门以低于市价采购条件下，A产品只有对外销售对公司整体利益才是有利的，公司的贡献毛益可以因此增加250 000元（5×50 000或1 400 000-1 150 000）。如果A部门坚持将内部转移价格保持在每个20元的水平，则B部门的利润将低于从外部供应商购买零件时的利润，因此B部门将选择从外部购买；而对于A部门，以市价对外销售和对内销售的业绩是一样的，如果降低内部转移价格按照15元转移产品，将会使其业绩降低250 000元，这对其是不合理的。综上，如果外部采购价低于市价，B部门若要求以15元进行外部采购是应该的，这不仅能提高部门利益，也可以提高公司的利益，但若要求以15元的内部转移价格进行内部采购，这种要求是不合理的，因为它会导致A部门业绩受损，同时公司整体业绩并不会由此而提升。

在第二种情况下，由于A部门的生产能力未充分利用，存在闲置生产能力50 000个，此时如果将A部门产品转移给B部门，将不会丧失A部门对外销售的机会，产生的机会成本就是0，所确定的内部转移价格就是12元，这意味着A部门应该调低内部转移价格，只有这样才会激励B部门向其采购，从而增加A部门的业绩，并使公司利益达到最大。为了综合分析，分别计算按15元采购、按12元转移产品、按15元转移产品时的部门业绩和公司整体业绩，如表8-9所示。

从表8-9可以看出，如果A部门存在闲置的生产能力，若B所需产品从外部购进时，则会使公司整体获得的贡献毛益降低150 000元（1 550 000-1 400 000）。但如果利用A的剩余生产能力生产，无论内部转移价格定为12元，还是定为15元，公司整体利益都会提高到1 550 000元；然而对于A部门来看，由于生产能力存在剩余，只要转移价格高于其单位变动成本，就能使该部门的贡献毛益增加，12元仅仅是制定内部转移价格的最低极限价，定价在12～15元都是可以的；而对于B部门，15元的内部转移价较12元的内部转移价格会使其贡献毛益降低，降低额是150 000元［(15-12)×50 000］。综上，如果B部门要求外部采购，这种要求不仅会损害部门利益，也会损害企业整体利益，必须坚决制止；如果B部门要求内部转移价是15元，这个价格A部门完全接受，因为该部门每个可以多获利3元，而且还不会损害公司整体利益，因此B提出的价格是合理。

表8－9　　预计利润表（以机会成本为内部转移价格，有剩余能力）　　单位：元

方案	A零件生产部门	B部件生产部门	公司
外部采购（采购价15元）			
销售收入	20×50 000＝1 000 000	60×50 000＝3 000 000	4 000 000
变动成本	12×50 000＝600 000	（25＋15）×50 000＝2 000 000	2 600 000
贡献毛益	8×50 000＝400 000	20×50 000＝1 000 000	1 400 000
内部采购（A售价为12元）			
销售收入	20×50 000＝1 000 000	60×50 000＝3 000 000	4 000 000
转移收入	12×50 000＝600 000		600 000
变动成本	12×100 000＝1 200 000	25×50 000＝1 250 000	2 450 000
转移成本		12×50 000＝600 000	－600 000
贡献毛益	8×50 000＋0＝400 000	23×50 000＝1 150 000	1 550 000
内部采购（A售价为15元）			
销售收入	20×50 000＝1 000 000	60×50 000＝3 000 000	4 000 000
转移收入	15×50 000＝750 000		750 000
变动成本	12×100 000＝1 200 000	25×50 000＝1 250 000	2 450 000
转移成本		15×50 000＝750 000	－750 000
贡献毛益	（8＋3）×50 000＝550 000	20×50 000＝1 000 000	1 550 000

（3）机会成本为基础定价法的适用范围。由于以机会成本为基础的价格制定需要区分两种情况，因此该法的适用范围就有两种情况：一是当中间产品或劳务提供方的生产能力已经充分利用时，可以采用市价作为其内部转移价格，这由此扩大了市价的适用范围，即从中间产品或劳务提供方的角度看，只要卖方的生产能力已经没有剩余，完全充分利用，则应采用市价转移产品；二是当中间产品或劳务提供方的生产能力存在剩余时，或市场容量有限时，可以采用单位变动成本作为内部转移价格，但单位变动成本是内部转移产品的最低极限价，内部转移价格可以以高于单位变动成本的价格确定。从责任对象来看，机会成本定价法适用于利润中心或投资中心。

4. 协商转移定价法

（1）协商转移定价法的内涵。协商转移定价法是指由买卖双方商定中间产品或劳务的转移价格的一种内部定价方法。有时市场价并不容易取得，例如市价变化太大、存在多个市价、不存在中间产品的市场，或者由于在内部转移时可以节省部分管理和销售成本，如果只按市价确定转移价格，由此而形成的节约将全部转为卖方部门的业绩，从而引起买方部门的不满等。此时可以由买卖双方进行协商，确定一个双方都可以接受的价格，这就是协商转移价格。

买卖双方商议的价格常常会低于市价，其最低极限价是单位变动成本，协商定价的高低仅仅会影响部门之间的业绩，但对公司的总体业绩不产生影响。

（2）协商转移定价法的适用范围。协商转移定价法适用于两种情况：一是中间产品的外部市场属于不完全竞争市场；二是中间产品提供方的生产能力有剩余。该定价方法可以使部门管理者像独立公司的经理那样进行讨价还价，从而保持各自的定价决策自主权，不过，协商确定的转移价格水平常常取决于经理的协商能力。如果买方部门存在着许多供应渠道，而卖方部门的销售渠道有限，则双方的讨价还价能力实际上是不均等的。因此协商的结果对买卖双方的业绩影响是不同的，哪个部门的协商能力强，则该部门的业绩就相对较高。这种定价方式可能会耗费部门经理较多的时间，甚至可能会导致部门之间的冲突，此时需要最高管理当局介入并协调。从责任对象来看，这种定价方法适用于利润中心和投资中心。

5. 双重转移定价法

（1）双重转移定价法的内涵。双重转移定价法是指买卖双方采用不同价格形式确定中间产品转移价格的一种内部定价方法。企业内部的买卖双方，具有共同的目标，即能够促使本部门的业绩最大化，然而他们的业绩在采用内部转移价格前提下，常常此增彼减，卖方总是愿意要求高价，如市价等，而买方与恰好相反，愿意要求低价，最好是单位变动成本。为了避免双方的争执，可以采用双重转移定价法。

（2）双重价格的制定对部门和公司业绩的影响。如果允许买卖双方以有利于本身的价格形式制定内部转移价格，对于卖方，则会采用市价、成本加成价等形式，而对于买方，则可能采取较低的市价或是该部门的单位变动成本等。这种区别定价方式，必定会由于买卖价格的不一致而产生差异，该差异对部门业绩不产生影响，应由会计部门负责调整并计入管理费用。

【例8-6】沿用例8-5资料，假定A部门的生产能力未充分利用，如果对于A部门提供的中间产品按每个零件16元价格出售，而对于B部门，则按外部供应商提出的价格15元确定零件的转移价格。

要求：比较外部采用和双重价下内部采购对部门业绩和公司业绩的影响。

分析：依据所给资料，计算不同采购形式下的部门业绩和公司业绩如表8-10所示。

表 8-10　　预计利润表（以双重价为内部转移价格）　　单位：元

方案	A 零件生产部门	B 部件生产部门	公司
外部采购（采购价 15 元）			
销售收入	20×50 000=1 000 000	60×50 000=3 000 000	4 000 000
变动成本	12×50 000=600 000	（20+15）×50 000=2 000 000	2 600 000
贡献毛益	8×50 000=400 000	20×50 000=1 000 000	1 400 000
内部转移（A 售价为 16 元，B 采购价为 15 元）			
销售收入	（20+16）×50 000=1 800 000	60×50 000=3 000 000	4 800 000
变动成本	12×100 000=1 200 000	25×50 000=1 250 000	2 450 000
转移成本		15×50 000=750 000	-750 000
利润差额调整			-50 000
贡献毛益	（8+4）×50 000=600 000	20×50 000=1 000 000	1 550 000

从表 8-10 可以看出，A 部门闲置的能力对内销售，使其贡献毛益增加 200 000 元［（16-12）×50 000］，使公司整体贡献毛益增加 150 000 元，这说明在 A 部门生产能力闲置的条件下，零件对内采购较对外采购更有利于公司整体利益最大化。但对于 B 部门而言，以 15 元的价格从外部采购和从内部采购，其业绩是一样的。比较表 8-9 和表 8-10 可以看出，采用双重价对内销售时，公司整体的贡献毛益没有改变，说明产生的内部转移价格差异 50 000 元对公司的总体业绩不产生影响。

（3）双重转移定价法的优缺点及适用范围。双重转移价格虽然可以满足供需双方的利益，并能激励各方生产经营的积极性和主动性。但应用此法也存在着一些不足，主要表现在：当多个部门之间相互转移产品时，价格标准过多，核算差异较为麻烦；另外这种体制不利于激励买方从外部寻求更有利的机会，因为双重定价一定能保证其有利润。

双重转移定价法主要适用于两种情况：一是中间产品或劳务有外部市场，供应方有剩余生产能力，且其单位变动成本低于市价；二是采用单一的内部转移价格不能达到激励各责任中心有效经营时，或单一的内部转移价格不能确保责任中心与企业经营目标达成一致时。从责任对象看，双重价格法适用于利润中心和投资中心。

需要特别说明的是，由于收入中心并不涉及中间产品的结转，它只对销售量承担责任，但与销售收入无关，所以作为责任中心，它与其他责任中心之间可能只有责任结算而不涉及产品或劳务的结算，因此收入中心采用的内部转移价格与成本中心一样，只能采用标准变动成本或标准完全成本，至于成本加成价、市价、协商价、双重价对其不适用。

8.4 基于战略的内部业绩评价

8.4.1 传统业绩评价指标的缺陷及战略评价方法

责任中心的建立使企业形成了纵横交叉的责任体系，它明确了企业内部业绩评价的对象，责任成本、利润、投资利润率、剩余收益等指标形成了不同责任中心的主要业绩考核指标，使业绩评价具有了实施的依据和标准。

1. 传统业绩评价指标的缺陷

传统业绩评价体系的缺陷主要体现在业绩评价指标上，其责任体系的构建上并不存在问题。传统业绩评价指标的缺陷主要表现在以下两点。

（1）只关注财务指标，不关注非财务指标。企业的经营业绩常常通过财务指标可以直接体现，但事实上，影响经营业绩的因素有很多，如市场份额、员工的满意度、服务质量等。而传统的业绩评价指标常常只有财务指标，对非财务指标一般忽略，即使有时考虑了非财务指标，如安全、产品质量等，指标的全面性也不够。因此总体来看，指标的考核具有片面性。

（2）只关注短期利益，不关注长期发展。财务指标具有短期性，财务业绩的考核，常常使责任中心的管理者出现短期行为，可能会放弃一些有利的投资机会；或放弃对员工的教育投资等，这不利于企业的长期发展。

2. 基于战略进行内部业绩评价的方法

战略的显著特征是具有全局观和长期发展观。从这个意义上看，传统业绩考核指标出现缺陷的根本原因在于没有站在战略的高度进行业绩评价。如果从战略的角度考虑业绩评价的指标设立，不仅要结合非财务指标设立，而且还需要结合企业的长期发展因素设立指标。当人们意识到传统评价指标的缺陷时，改进指标的方法随之出现，最有影响力的方法有两种，一种是经济增加值评价法，另一种是平衡计分卡评价法。

8.4.2 经济增加值评价法

经济增加值评价法是依据计算的经济增加值进行内部业绩评价的一种方法。这种方法的核心指标是经济增加值，依据该指标对各责任中心进行业绩奖惩。受中国政府的推动，这种方法将在中国逐渐推开并应用。

1. 经济增加值的内涵

经济增加值（economic value added，EVA），是指一定期间企业获得的税后净营业利润减去债务和股本成本后的余额。一般债务和股权的成本可以看成是企业要求的最低收益率，EVA 不是正常意义上的收益概念，它衡量的是超出企业要求的最低收益后的超额收益，只有在经营赚取的收益弥补其全部的资本代价后，才是企业真实的收益，这就是 EVA 的核心理念。由于超额收益归股东所有，因此超额收益体现的是企业为股东创造的真正价值。

经济增加值是在剩余收益基础上进行改良得到的，其原型是西方经济学中的经济收益或称经济利润。EVA 率先由美国的 Stern & Stewart 公司提出，1993 年 9 月 20 日美国《财富》杂志发表文章盛赞 EVA，将其称之为“当今最热门的财务指标”，自此将该指标及其评价方法推向全球。许多著名的跨国大公司，如 CocaCola、AT&T 等，也相继采用，并取得了显著的成效。

2. 经济增加值的计算

（1）经济增加值的计算公式。依据经济增加值的概念，可以按照以下公式进行计算：

$$\text{经济增加值(EVA)} = \frac{\text{税后净营}}{\text{业利润}} - \frac{\text{投入}}{\text{资本}} \times \frac{\text{加权平均}}{\text{资本成本}}$$

即 $EVA = NOPAT - Kw \times WACC$ 式 8－5

从式 8－5 可以看出，EVA 类似于剩余收益，但二者又有不同。EVA 的计算取决于 3 个变量：税后净营业利润、投入资本成本和加权平均资本成本。

（2）税后净营业利润的确定。税后净营业利润（net operating profit after tax，NOPAT）是指企业全部资本的税后投资收益。从理论上讲，其数额等于企业的销售收入减去除利息支出以外的包括所得税在内的全部经营成本和费用的净值。实际上，它是没有扣除利息支出、所得税后的全部经营净收益。该参数在实务中的计算是以会计利润（税后净利润）为基础对其进行相关调整求得的。调整的目的有两个：一是为了避免会计信息失真。因为传统的会计利润常常受到经营者的操纵，经营者常常为了业绩而粉饰利润；二是为了建立合理评价经营者业绩的基础。通过项目调整，一方面可以鼓励经营者重视企业的长期发展，另一方面可以去掉一些他不应承担或加入一些他应该承担的内容。根据 Stern & Stewart 的经验，这种调整达 160 项之多，但大多数公司实际的会计调整不会超过 15 项。这项调整内容主要包括研发费用、财务费用、营业外收支等。

研发费用是企业的一项长期投资，应列为资产项目。但计算会计利润时将其计入了期间费用，因此应该将其加入到资产中，同时资本总额也等额增加，然后再根据具体摊销年限进行摊销，摊销额列为当期费用；财务费用包括利息支出、利息收入、汇兑损益等，其中利息支出应在资本成本中核算，所以应将其加回到会计利润中，而利息收入和汇兑损益不属于经营收益，因此也应加回；同理，营业外收支，与生产经营活动无直接关系，因此对于营业外收入应扣减，而对于营业外支出应加回。

如果只考虑财务费用一项调整内容，税后净营业利润就等于净利润（会计利润）加财务费用。

（3）投入资本及加权平均资本成本的确定。投入资本（Kw）包括债务资本和股权资本，但不包括应付账款、应付票据和其他应付款等，它是企业的全部资产扣除商业信用后的净额。与税后净营业利润计算类似，实务中确定投入资本总额也需要对部分会计项目进行调整，以反映企业投入资本的真实信息，如扣减在建工程等，因为在建工程只能在未来为企业创造经营利润而不是当期，如果将其计入，则会降低当期的EVA，因此为了鼓励经营者投资的积极性并合理评价，应将其从资本总额中扣除。加权平均资本成本（WACC）是企业要求的最低报酬率，它可以以债务和股权为资本比重，计算其资本成本的加权平均值确定。

【例 8－7】假定某投资中心的有关资料为：投资中心占用的资金包括设备投资200 万元，厂房投资 550 万元。其资金来源包括权益资本 600 万元，负债资本 350 万元。假设权益资本的资本成本为 15%，负债资本的资本成本为 10%。当年该部门调整后的税后利润为 120 万元。

要求：计算该投资中心的 EVA。

分析：依据所给资料进行计算。

$$WACC = 15\% \times \frac{600}{600+350} + 10\% \times \frac{350}{600+350} \approx 13.18\%$$

$$EVA = 120 - (200+550) \times 13.18\% = 21.15\text{（万元）}$$

2009 年 12 月 28 日国务院国资委颁发《中央企业负责人经营业绩考核暂行办法》规定，并附有《经济增加值考核细则》，要求从 2010 年起，对所有国有企业的负责人利用 EVA 进行业绩评价，该办法明确了 EVA 指标的具体计算方式，是各企业实施EVA 的指南。

相关链接

EVA 的成效

可口可乐公司 1987 年正式引入 EVA 指标。该公司主要通过两个渠道增加公司的经济附加值：一方面集中资本于盈利能力较高的软饮料部门，逐步摒弃诸如意大利面食、速饮茶、塑料餐具等低回报率业务；另一方面通过适度增加负债规模以降低资本成本，成功地使平均资本成本由原来的 16% 下降到 12%。结果，自 1987 年开始可口可乐的 EVA 连续 6 年以平均每年 27% 的速度增长，该公司的股票价格也在同期上升了 300%，远远高于同期标准普尔指数 55% 的涨幅。

3. 经济增加值的适用范围

经济增加值既可以用于企业整体的业绩评价，也可以用于责任中心的业绩评价。从具体的责任中心来看，由于 EVA 的计算需要考虑税后净营业利润，这对评价对象提出的要求是，必须拥有独立的产出。而成本中心一般情况下是没有产出的，或者有产出但计量却相对困难，而收入中心虽然有产出，但并不对利润负责，这就决定了 EVA 评价方法不适用于成本中心和收入中心；而对于人为利润中心，该类中心考核的指标是贡献毛益而不是税前利润，因此 EVA 也不适用于该类中心；自然利润中心和投资中心能够符合 EVA 的计算要求，因此 EVA 完全适用于自然利润中心和投资中心。另外 EVA 还可以适用于独立的项目，这些项目常常具有独立的收入和成本费用，因此可以对项目利用 EVA 进行评价。

对于投资中心，传统的评价指标中有剩余收益，EVA 实际上是对剩余收益的改进，它较剩余收益更加科学，其科学性主要体现在项目的调整上，但其计算较剩余收益复杂，复杂性也体现在众多的调整项上。如果不考虑调整项、所得税和财务费用，EVA 实际上就是剩余收益。因此当企业决策应否投资某部门项目时，为了简化计算，可以直接用剩余收益计算，而当对项目的实际完成业绩进行评价时，为了合理评价项目经理的真实业绩，应该采用 EVA 进行计算并评价。

4. 经济增加值的优缺点

EVA 较会计利润具有显著的优点，其优点主要表现在三方面：一是考虑了股权的资本成本。人们常常从表面看问题，固有的观念是，股权资本是分红的依据，因此股权是没有成本代价的。实际上，股权不是“免费的午餐”，它有代价，且代价较债务成本要高，EVA 纠正了人们固有的传统观念。二是有助于股东财富最大化目标的实现。EVA 是一个为股东服务的指标，它的增加，会使股价上涨，意味着股东财富的增加。三是有助于企业长期发展。EVA 调整项目中，一个调整的基本原则是鼓励经营者投资，如进行项目投资、市场投资等，这些投资并不影响经营者的当期业绩，从而可以确保企业的长期发展。

EVA 的缺点也较为显著，一是指标的计算由于调整项目的众多而变得复杂和难以使人接受；二是 EVA 应该归属于财务指标，虽然该指标在一定程度上能够克服经营者的短期行为，但不能完全避免，如果经营者并不打算长期任职，EVA 可能起不到作用，而且会导致更严重的盈余管理或利润操纵行为。

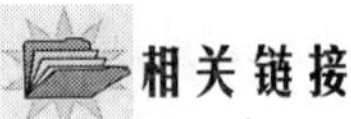相关链接

“银广夏陷阱”的反思

2000年，Stern Stewart财务顾问公司对中国上市公司进行了EVA排名，银广夏名列最具财富创造的上市公司的第14位。但2001年8月，《财经》杂志发表“银广夏陷阱”一文，曝光了银广夏虚构财务报表事件，人们对EVA的应用产生了怀疑。这主要是因为目前中国证券市场是一个发展中的市场，信息缺乏透明化、公司治理机制和相关制度不够完善，使EVA的计算会发生较大的偏差；EVA的计算也带有评价者的主观判断。

8.4.3 平衡计分卡评价法

平衡计分卡评价法是依据建立的平衡计分卡进行内部业绩评价的一种方法。这种方法将财务指标和非财务指标全部纳入其考核指标体系，通过确定不同维度的关键考核指标进行业绩评价，并进行奖惩。自平衡计分卡从西方传入到中国后，这种方法在中国企业得到了广泛的应用。

1. 平衡计分卡的内涵及适用范围

平衡计分卡（balanced score card，BSC）是指用一套与战略相关的多维度（perspective）的指标来综合评价企业业绩的指标体系。不同的评价对象都建有平衡计分卡，平衡计分卡中列示不同维度的相关指标，这些指标的选取都是在明确企业长短期战略目标后，为实现近期目标而确认不同维度的关键指标，对象不同，则考核指标可能不同。

进入20世纪90年代，西方企业业绩评价系统发生了巨大的变化，突破了单纯运用财务指标评价业绩的传统做法，并且将企业业绩评价与公司战略理论结合，形成了平衡计分卡。平衡计分卡是由美国哈佛商学院教授罗伯特·S·卡普兰和复兴全球战略集团总裁大卫·P·诺顿对10多家公司进行调查和研究之后于1992年提出的。平衡计分卡以企业的远景和战略为目标，以此为基点确定企业未来的驱动因素和评价指标。《哈佛商业评论》将其评为“过去80年中最具影响力的十大管理思想”。该种方法很快传入中国，并被很多企业所采用。

平衡计分卡的评价对象包括企业、内部各责任中心，甚至个人，因此平衡计分卡的适用范围十分广泛，不仅适用于企业单位，也适用于事业单位；不仅适用于企业整体的业绩评价，也适用于各责任中心的业绩评价。

2. 平衡计分卡的内容及指标设立

（1）平衡计分卡的内容。平衡计分卡从四个维度来考察企业的业绩：财务维度、

顾客维度、内部流程维度、学习和成长维度。其中财务维度是最终目标，顾客维度是关键，企业内部业务流程维度是基础，学习与成长维度是核心，而所有的这一切都必须围绕企业的发展战略这个中心。平衡计分卡的思想内容与战略之间的关系如图8－2所示。

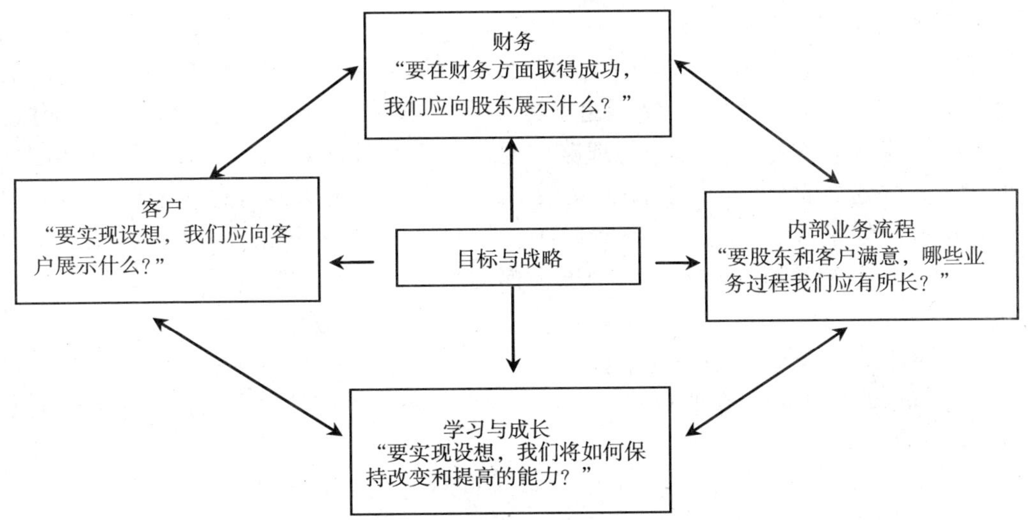

图8－2　平衡计分卡与企业战略的关系

图8－2说明，企业在其发展战略的指引下，只有不断地学习与成长，才能持续改善企业内部业务流程，更好地为企业的顾客服务，从而持续实现企业最终的财务目标。

（2）平衡计分卡的指标设立。围绕着平衡计分卡的四个维度，结合企业的战略和目标，可以选择并确定不同维度的评价指标。一般而言，财务维度解决“股东关心什么”的问题，表明企业的努力是否最终对企业的经济收益产生了积极的作用。股东的目标是使其财富最大化，与其目标相关的是财务指标，主要有净资产收益率、投资报酬率、经济增加值、收入、利润、应收账款周转率、销售增长率、成本差异率等。

顾客维度回答“顾客关心什么”的问题。顾客是企业的根本，利润的源泉，与其相关的是时间、质量、服务、成本等，常常可以用于顾客维度的评价指标主要有：客户满意度、市场占有率、按时交货率等。

内部业务流程维度解决“竞争优势是什么”的问题，它着眼于企业的核心竞争力。企业的核心竞争力来自于企业的经营、效率、产品质量等，因此与其相关指标主要有：生产周期、废品率、退货率、调整准备时间、安全事故发生频率、项目投标成功率等。

学习与成长维度解决“是否能继续提高并创造价值”的问题。这与员工的素质、企业的信息系统和创新能力相关，常常采用的指标主要有：新产品开发周期、员工培训时间、员工满意度、新产品价值等。

3. 平衡计分卡的实施步骤

实施平衡计分卡是一个系统工程，需要一定的时间和过程，实施程序：（1）明确企业的愿景。确定今后3～5年要达成的目标，准确描述企业在所处行业内的地位。（2）沟通与联系。在组织内部进行战略沟通，将战略目标转化为下属部门及员工个人的目标，并建立业绩评价与报酬的关系。（3）明确业务计划。将企业的战略计划与日常财务计划紧密结合起来，是企业的行动目标以及资源分配行为服从战略计划的要求。（4）反馈和学习。检查不同维度指标的是否达成，对偏离目标的行为进行及时调整。

4. 平衡计分卡与责任中心的结合

为了确保责任中心与企业目标的一致，需要将不同维度的财务指标分解到各个责任中心，甚至个人。

成本中心中的标准成本中心往往只对原材料的投入和加工过程的成本有决策权，而费用中心与其相同，也只有支出，没有收入。一般来讲主要是考核成本中心对预算的完成情况如何，具体的指标包括各种差异率，包括长期的差异、短期的差异等。

收入中心直接与客户打交道，主要负责收入，其业绩评价指标主要有：客户满意度、销售收入、应收账款周转天数、新客户增加率等。

利润中心既对成本负责又对收入负责，其业绩评价主要是对客户盈利能力进行分析，从中找出客户盈利能力提高和降低的原因，改善其对客户的服务方式、质量等，从而提高对客户的盈利能力，增加利润中心的总体利润。其具体指标可包括：市场占有率、客户满意度、员工创新能力、废品率、退货率、生产周期、应收账款周转率、新产品开发周期等。

投资中心除了要对成本和利润所有项目负责外，还对投入全部资产的使用拥有决策权。相应地，为投资中心配置的指标包括：总资产报酬率、销售增长率、员工满意率、员工培训时间、项目投标成功率、事故发生次数等。

通过指标分解，可以将企业四个维度战略与各责任中心联系起来。反过来说，各责任中心也可以在平衡计分卡的整个体系中找到自己应处的位置和应该实现的目标。

平衡计分卡的实施成效

美国化学银行实施平衡计分卡后，1998年比1993年的盈利增加20倍；英国电信运用平衡计分卡成功实施其全球扩张战略，从一家英国本土电信运营成为全球化组织；加拿大ATT公司1995年亏损3亿美金，实施平衡计分卡后，1998年客户增长了1倍；美国布朗工程公司1993年还处于亏损状态，实施平衡计分卡后，1996年其增长和盈利都跃至行业第一；美孚石油1993年盈利率行业倒数第一，实施平衡计分卡后，从1995年其盈利率连续四年保持行业第一；国际知名西尔斯零售公司（SEARS）1992年每年亏损30亿美金，实施平衡计分卡后，1999年被《财富杂志》评为全球最具创造力的零售公司；西门子（ICM）实施平衡计分卡后，2000年接到的订单比1999年增长93%，2001年行业排名从第七位上升至第二位，运营成本降低50%。

5. 平衡计分卡的优缺点

平衡计分卡打破传统评价模式，通过四个维度的指标建立形成业绩评价体系，这是一种全新的业绩评价方法。其显著优点：一是将业绩评价与企业的战略有机结合，有助于企业实现战略目标；二是将财务指标与非财务指标有机结合，使考核具有全面性；三是将短期指标与长期指标有机结合，有助于企业的长期发展；四是将结果指标与过程指标有机结合，有助于员工学习能力和核心竞争能力的培养。

然而，我们也应该看到，平衡计分卡虽然具有创新性，但其仍然存在一些缺陷：一是评价指标繁多。平衡计分卡涉及财务、顾客、内部业务流程、学习与成长四个绩效评价维度，而每个维度又会涉及多个指标，每一项都将是企业需要努力的目标和方向，而这些指标之间的协调和权衡会是一个难度较大的工作。由于“你所测评的就是你所得到的”，如果每个指标都成为被测评的目标，那么企业就会有许多目标需要同时去追求和实现。只要这些指标之间不是呈正相关关系，经理就会常常因为失去行为准则而茫然无措。二是评价指标体系不能确定最终得分。从理论上说，贯穿平衡计分卡的因果关系链很难做到真实可靠。平衡计分卡的创立者也认为：要想积累足够的数据以证明平衡计分卡各指标之间存在显著的相关关系和因果关系，可能需要很长时间，可能要几个月或几年，在短期内经理对战略影响的评价，不得不依靠主观的定性判断。即使人们明确了平衡计分卡中的因果关系链，也确定了各绩效指标间呈正相关关系，但企业最终成绩的确定也是一个问题。因为最终得分只有一个，如果这个得分是BSC中所有被测评指标的函数，我们就必须明确他们之间的函数关系式，特别是各指标的权重，而BSC并不能回答权重问题，这不可避免地要受到主观因素的影响。三是实施成本较高。平衡计分卡要求企业从四个维度制定发展战略，并为每个方面制定详细而明确的目标和指标。它们需要全体成员都参与，以便各个部门、每个人都有自己的平衡计分卡。因此，实施平衡计分卡需要企业支付较大的成本。

6. 平衡计分卡应用中应注意的问题

由于平衡计分卡具有显著的局限性，因此实施中应注意两个问题：一是指标选取具有灵活性。平衡计分卡仅仅为企业提供了一个进行业绩评价的框架，即明确了业绩评价的维度，但具体评价指标的选取以及指标权重的确定都必须结合实际灵活确定，没有固定的模式可供借鉴。二是指标需要动态调整。由于评价指标具有灵活性，因此所确定的评价指标不是一成不变的，这要求企业对评价指标应定期进行动态调整，更改其中的指标或权重，甚至对一些已经起不到激励作用的指标应去掉。例如，如果某公司应收账款周转天数已经达到了要求的效果并趋于稳定，其考核体系就应该减少该指标所占的权重，或者去掉这个指标。

本章小结

1. 内部业绩评价适应分权管理需要和行为科学理论要求，于20世纪20年代末产生，它等同于西方实施的责任会计。

2. 内部业绩评价的内容包括设置责任中心、制定责任预算、核算控制、编制责任报告、评价激励等。其实施程序：设置责任中心，明确权责范围；制定制度，统一规范；编制责任预算，确定考核目标；编制责任报告，进行反馈控制；分析评价，奖惩激励。

3. 内部业绩评价实施应遵循的原则主要有：责任主体原则；责、权、利相结合原则；目标一致原则；可控性原则；激励原则；及时反馈原则。

4. 责任中心包括成本中心、利润中心、投资中心和收入中心。成本中心又由标准成本中心和费用成本中心构成。标准成本中心可以细分为基本成本中心和复合成本中心。利润中心可以细分为自然利润中心和人为利润中心。投资中心的层次最高，成本中心和收入中心的层次最低。

5. 成本中心对成本负责，主要考核指标是责任成本。责任成本是指某责任中心的各项可控成本的合计值。凡可以预计、可以计量、可以施加影响、可以落实责任的成本就是可控成本，否则就是不可控成本。成本的可控与不可控不是绝对的，需要结合实际确定。责任成本与产品成本既有联系也有区别。对成本中心的业绩评价需要首先区分可控成本和不可控成本，然后确定责任成本，之后编制责任报告并奖惩。

6. 利润中心对收入和成本费用负责，人为利润中心的主要考核指标是贡献毛益或可控贡献毛益；自然利润中心的主要考核指标是税前利润或可控利润。

7. 投资中心对收入、成本费用和投资负责，其主要考核指标有投资利润率和剩余收益。剩余收益可以弥补投资利润率的缺陷，能够使部门利益与企业利益保持一致。

8. 收入中心对销售量和销售质量负责，其主要考核指标有销售量、可控费用和应收账款回款率（即应收账款天数）。

9. 不同的责任中心编制的责任报告形式是不同的，据此可以对其奖惩。

10. 内部转移价格的主要用途是：用于内部交易结算和内部责任结转。相关结算通过内部结算中心实现，结算方式主要有：内部支票结算、转账通知单和内部货币等。

11. 内部转移价格无论怎样变动，都不会改变企业的税前利润总额，所改变的只是企业内部各责任中心的收入或利润的分配份额。如果考虑所得税，对于较大规模的企业，一定程度上可以通过转移定价而合理避税。

12. 不存在最优的内部转移价格，只存在合理的内部转移价格，即适宜的内部转移价格。内部转移价格的作用主要是：它是明确责任的依据；它是测定责任资源的依据；它是考核责任业绩的依据。制定内部转移价格的原则主要有：公平性原则、目标一致性原则和激励性原则。

13. 制定内部转移价格的方法主要有：标准成本为基础的定价法、市价为基础的定价法、机会成本为基础的定价法、协商转移定价法和双重转移定价法。其中标准成本为基础的定价法又包括：标准变动成本、标准完全成本和标准成本加成定价法（简称成本加成定价法）三种。

14. 标准变动成本定价和标准完全成本定价适用于成本中心和收入中心；成本加成定价、市价、协商价和双重价适用于利润中心和投资中心。机会成本定价可以转化。当存在完全竞争的市场条件，或中间产品或劳务提供方的生产能力已经充分利用且可以完全对外销售时，此时应该采用市价作为内部转移价格；当中间产品或劳务提供方的生产能力未充分利用，或市场有限时，此时应该采用协商价、或成本加成价、或双重价。

15. 传统业绩评价指标的缺陷主要有：只关注财务指标，不关注非财务指标；只关注短期利益，不关注长期发展。出现缺陷的根本原因在于，没有站在战略的高度进行业绩评价。基于战略的最有影响力的业绩评价方法主要有经济增加值评价法和平衡计分卡评价法。

16. 经济增加值，简称EVA，是指一定期间企业获得的税后净营业利润减去债务和股本成本后的余额。它衡量的是超出企业要求的最低收益后的超额收益，是企业真实的收益。

17. 计算EVA时需要考虑三个变量：税后净营业利润、投入资本成本和加权平均资本成本。其中税后净营业利润建立在对会计利润调整的基础上，调整的目的一是为了避免会计信息失真，二是为了建立合理评价经营者业绩的基础。

18. 经济增加值既可以用于企业整体的业绩评价，也可以用于责任中心的业绩评价，但只适用于自然利润中心和投资中心的业绩评价，另外还适用于项目的业绩评价。利用 EVA 进行业绩评价既有优点，也有缺点，实施中应注意。

19. 平衡计分卡（BSC）是指用一套与战略相关的多维度的指标来综合评价企业业绩的指标体系。平衡计分卡不仅适用于企事业单位整体的业绩评价，也适用于责任中心的业绩评价。

20. 平衡计分卡的内容包括财务、顾客、内部流程、学习和成长四个维度。建立平衡计分卡需要从四个维度设立业绩评价指标，不同的维度，具有不同的评价指标。平衡计分卡的实施步骤：明确企业的愿景；沟通与联系；明确业务计划；反馈和学习。

21. 利用平衡计分卡进行业绩评价既有优点，也有缺点，实际应用中应注意的问题：指标选取具有灵活性；指标需要动态调整。

思 考 题

1. 内部业绩评价产生的原因是什么？如何实施内部业绩评价？

2. 内部业绩评价实施中应遵循什么原则？为什么？

3. 责任中心的种类有哪些？这些中心的权责范围是什么？层次如何？

4. 如何区分可控成本和不可控成本？

5. 不同责任中心的主要业绩评价指标是什么？

6. 责任成本与产品成本存在怎样的关系？

7. 以投资利润率作为业绩评价指标的优缺点是什么？如何克服该指标的缺点？

8. 如何制定较为合理的内部转移价格？

9. 制定内部转移价格对企业、对责任中心有何影响？

10. 内部转移价格的用途是什么？制定原则是什么？

11. 制定内部转移价格有哪些方法？这些方法的适用范围是怎样的？

12. 什么情况下用市价制定内部转移价格最合理？如果此时不采用市价会出现怎样的结果？

13. 什么是经济增加值？利用该指标评价业绩的优缺点是什么？

14. 如何计算经济增加值？

15. 请阅读《中央企业负责人经营业绩考核暂行办法》中的《经济增加值考核细则》，并指出经济增加值计算中要求的调整项有哪些？

16. 什么是平衡计分卡？其适用范围是什么？如何建立平衡计分卡？

17. 利用平衡计分卡进行业绩评价的优缺点是什么？实施中应注意哪些问题？

18. 利用经济增加值或平衡计分卡评价业绩，它们克服了传统业绩评价中的哪些不足？

参考文献

1. 吴大军主编、牛彦秀副主编：《管理会计》第二版，东北财经大学出版社，2010 年。

2. 林涛主编：《管理会计》第二版，厦门大学出版社，2011 年。

3. 孙茂竹、王艳茹主编：《成本管理会计》，东北财经大学出版社，2011 年。

4. 潘飞主编：《管理会计》第二版，上海财经大学出版社，2009 年。

5. 宋献中、胡玉明主编：《管理会计——战略与价值链分析》，北京大学出版社，2006 年。

6. 余绪缨、汪一凡主编：《管理会计》第三版，辽宁人民出版社，2009 年。

7. 温素彬主编：《管理会计——理论 · 模型 · 案例》，机械工业出版社，2008 年。

8. 胡玉明主编：《高级管理会计研究》，机械工业出版社，2008 年。

9. 潘飞、童卫华、文东华、程明主编：《基于价值管理的管理会计——案例研究》，清华大学出版社，2005 年。

10. 安东尼 · A · 阿特金森、罗伯特 · S · 卡普兰著，丁瑞玲等译：《管理会计》第 4 版，北京大学出版社，2006 年。

11. 查尔斯 · T · 亨格瑞（Charles T. Horngren）、斯利坎特 · M · 达塔尔（Srikant M. Datar）、乔治 · 福斯特（George Foster）等著，王立彦、刘应文、罗炜等译：《成本与管理会计》第 13 版，中国人民大学出版社，2010 年。

12. 雷 H. 加里森（Ray H. Garrison）、埃里克 W. 诺琳（Eric W. Noreen）、彼得 C. 布鲁尔（Peter C. Brewer）著，王满译：《管理会计》第 11 版，东北财经大学出版社，2010 年。

13. 查尔斯 · 亨格瑞、格里 · 森登、威廉姆 · 斯特尔顿等著：《管理会计教程》第 12 版，人民邮电出版社，2006 年。

14. ［美］埃里克 · 诺林（Eric W. Noreen）、彼得 · 布鲁尔（Peter C. Brewer）、雷 · 加里森（Ray H. Garrison）著：《经理人员管理会计》，中国人民大学出版社，2009。

15. 王斌主编：《公司预算管理研究》，中国财政经济出版社，2006 年。

16. 侯文龙、侯岩、何瑛主编：《现代全面预算管理》，经济管理出版社，2005 年。

17. 赵治钢著:《EVA 业绩考核理论与实务》，经济科学出版社，2009 年。

18. ［美］马克·格雷厄姆·布朗著，谢军容等译:《超越平衡计分卡——利用分析性指标提高商业智慧》，中国财政经济出版社，2010 年。

19. ［美］詹姆斯·A·布里姆森、约翰·安托斯著，许燕译:《作业成本预算》，经济科学出版社，2006 年。

20. ［美］加里·柯金斯著，谭丽丽译:《作业成本管理: 完全操作手册》，经济科学出版社，2006 年。

21. 于增彪改编: Don R. Hansen, Maryanne M. Mowen. Managerial Accounting. 7th edition. 高等教育出版社，2005 年

22. Michael L. Werner, Kumen H. Jones, Management Accounting, 立信会计出版社 2009。

23. Robert S. Kaplan, Advanced Management Accounting , 1998, Prentice Hall International; 3rd International edition

24. Colin Drury , Management and Cost Accounting, 2011, Cengage Lrng Business Press

25. Charles T. Horngren, Management Accounting , 1993, Prentice Hall Canada INC. , Scarborough, Ontario

26. Charles T. Horngren, Srikant M. Datar, George Foster , Cost Accounting Amanagerial Emphasis, 中国人民大学出版社 2011 年。

管理会计相关信息网站

1. 中国财务部：http：//www. mof. gov. cn/index. htm
2. 中国知网：http：//www. cnki. net/
3. 会计人：http：//www. ccppaa. com/
4. 深圳证券交易所：http：//www. sse. org. cn/
5. 北京国家会计学院：http：//www. nai. edu. cn/
6. 上海国家会计学院：http：//www. snai. edu. cn/
7. 厦门国家会计学院：http：//www. xnai. com. cn/
8. 财经网：http：//pula. financenet. gov
9. 财会时空网：http：//www. fahnet. com
10. 经济论坛：http：//sunjinhua. 363. net/index. htm
11. 中国会计视野：http：//www. esnai. com/
12. 会计之友：http：//kjzy. qikan. com/
13. 中国会计学会：http：//www. asc. net. cn/Pages/common/index1. aspx
14. 中华会计资讯：http：//www. kj86. com/
15. 中国会计师网：http：//www. e521. com/
16. 中国会计网：http：//www. canet. con. cn/
17. 中国会计信息网：http：//www. kj. netjs. cn/
18. 中华财会网：http：//www. caikuai. net/
19. 中国财会网：http：//www. chinese – fortune. com/
20. 新华会计网：http：//www. kj2100. com/
21. 注册会计师视窗：http：//www. snai. esnai. com/
22. 中国管理会计网：http：//www. cma – china. org/
23. 中国财经报网：http：//www. cfen. com. cn/
24. 经济学家（The Economist）：http：//www. economist. com
25. 金融时报（Financial Times）：http：//www. ft. com
26. 华尔街日报（The Wall Street Journal）：http：//www. wsj. com
27. 特许管理会计师公会（Chartered Institute of Management Accountants）
    http：//www. cimaglobal. com/
28. 美国注册管理会计师公会（Certified Management Accountant）http：//

www. cma - cgm. com/

29. 美国商业周刊（Business Week）：http：//www. businessweek. com
30. 美国时代周刊（Time）：http：//www. time. com
31. 美国会计学会（The American Accounting Association）http：//aaahq. org/
32. 特许公认会计师公会（The Association of Chartered Certified Accountants）http：//www. accaglobal. com/

《管理会计》

操作与习题手册

牛彦秀　编

经 济 科 学 出 版 社

说　明

管理会计作为会计的一个分支，有别于财务会计，它既提供内部会计信息，也履行管理职责，是企业管理不可缺少的一个组成部分，也是会计不可缺少的一个分支。该学科的理论性和实务性较强，因此要想掌握本学科的基本思想和方法应用，仅靠教材的学习是不够的，必须辅之以实际的演练。本书是现代远程教育系列教材《管理会计》的配套学习指导书，旨在帮助学习者巩固所学的知识，加深对管理会计基本理论和基本方法的理解，提高分析与思考的能力，掌握管理会计的操作技能。

本书与教材内容完全一致，各章设有单项选择题、多项选择题、判断题、计算题、案例及分析提示、练习题参考答案。其中前四种题型，既反映了各章的基本知识点，也突出了各章的重点和难点；各章所涉及的案例，既有真实案例，也有虚拟案例，每个案例都具有一定的难度和复杂性，是对综合知识的灵活应用，它能帮助学习者贯通前后所学的知识，发现不同知识内容的内在联系；另外，有些案例结果不唯一，所给案例分析提示仅供参考。特别指出的是，案例分析旨在提高学习者综合知识的实务操作能力，它不作为考试内容。本书的最后还附有模拟试题及参考答案，试题的答题时间为一个半小时，这是教材出版后管理会计考试将采用的试题形式。

本书由牛彦秀主编并总纂，各章初稿由牛彦秀所带研究生完成，周磊编写第 1 章，陈煜编写第 2 章，潘爽编写第 3 章，杨禄艳编写第 4 章，徐晋编写第 5 章的生产决策部分，胡晓燕编写第 5 章的定价决策部分，周强编写第 6 章，吉玖男编写第 7 章事前成本控制部分；东媛编写第 7 章事中和事后成本控制部分，张冬编写第 8 章。本书在编写中参阅了大量的文献，在此表示诚挚的谢意。

由于编写时间紧迫，文中难免有不妥及疏漏之处，恳请各位专家、同仁、读者批评指正。

编者

2012 年 6 月

目　　录

第一章　管理会计概述

一、练习题

（一）单项选择题

1. 下列各项中，不属于管理会计发展原因的是（　　）。
   A. 社会生产力的不断进步
   B. 加强内部管理的客观需求
   C. 管理理论的不断发展
   D. 政府要求设置以便满足企业日常管理的需要
2. 对于管理会计而言，主要控制的是（　　）。
   A. 收入　　B. 利润　　C. 成本费用　　D. 筹资管理
3. 管理会计的目标是（　　）。
   A. 节约成本费用　　B. 编制企业内部报告
   C. 企业价值最大化　　D. 确保企业经济活动的合规性
4. 管理会计发展阶段中，凭借直觉和经验进行分析管理的阶段是管理会计的（　　）。
   A. 萌芽阶段　　B. 形成阶段　　C. 发展阶段　　D. 成熟阶段
5. 在管理会计发展过程中，工作重心是规划与控制并重的阶段是（　　）。
   A. 萌芽阶段　　B. 形成阶段　　C. 发展阶段　　D. 成熟阶段
6. 20 世纪 60 年代至 80 年代中期，该时期属于管理会计的（　　）。
   A. 萌芽阶段　　B. 形成阶段　　C. 发展阶段　　D. 成熟阶段
7. 管理会计学科诞生的年限是在（　　）。
   A. 1922 年　　B. 1952 年　　C. 1962 年　　D. 1972 年
8. 管理会计进入稳定成熟阶段的起始时间是（　　）。
   A. 20 世纪初期　　B. 21 世纪初期　　C. 20 世纪 50 年代　　D. 20 世纪 80 年代
9. 管理会计概念立足于管理会计的（　　）。
   A. 根本属性　　B. 对象　　C. 目标　　D. 职能
10. 企业的经营活动及其价值运动是管理会计的（　　）。
    A. 总体对象　　B. 根本属性　　C. 职能　　D. 目标
11. 下列各项中，属于管理会计信息使用者的是（　　）。
    A. 投资者　　B. 债权人　　C. 管理者　　D. 政府
12. 管理会计具体对象涉及的内容有（　　）。
    A. 成本及历史的收入、费用和利润

B. 成本及未来的收入、费用和利润

C. 成本及未来的资产、负债和所有者权益

D. 成本及历史的资产、负债和所有者权益

13. 下列各项中，不属于管理会计主要特征的是（　　）。

A. 以成本为基础　　B. 侧重于日常经营管理

C. 规划与控制是关键　　D. 与企业目标保持一致

14. 下列各项中，不属于管理会计主要职能的是（　　）。

A. 核算内部成本　　B. 预测经济指标

C. 编制财务报表　　D. 参与日常经营决策

15. 管理会计与财务会计的最终目标是（　　）。

A. 提升企业利润　　B. 提升企业价值

C. 提升股东财富　　D. 资本增值

16. 管理会计与财务会计共同的理论基础是（　　）。

A. 受托责任　　B. 经管责任　　C. 代理责任　　D. 管理责任

17. 从管理会计产生至今，可以作为其工作重心的是（　　）。

A. 预测决策　　B. 规划与控制　　C. 内部业绩评价　　D. 内部核算

18. 下列各项中，不属于管理会计与财务会计区别的是（　　）。

A. 报告承担的法律责任不同　　B. 最终目标不同

C. 职能特征不同　　D. 制度约束不同

19. 下列各项中，能够正确描述管理会计与成本会计关系的是（　　）。

A. 成本会计为管理会计提供事后产品成本核算的信息

B. 管理会计为成本会计提供事后产品成本核算的信息

C. 成本会计为管理会计提供事前产品成本核算的信息

D. 管理会计为成本会计提供事前产品成本核算的信息

20. 管理会计产生的动因是（　　）。

A. 筹集资金　　B. 运用资金

C. 加强内部管理　　D. 加强过程控制

21. 合理规划，有效控制，及时提供有用的内部信息，这是管理会计的（　　）。

A. 内容　　B. 职能　　C. 工作重心　　D. 具体目标

22. 美国发布的《管理会计师的职业道德行为规范》中，要求管理会计师掌握的信息要有依据，真实可靠，不能听信传言。该要求体现了管理会计师职业道德中的（　　）。

A. 能力要求　　B. 保密性要求　　C. 客观性要求　　D. 公正性要求

（二）多项选择题

1. 管理会计从无到有、从小到大，其发展阶段包括（　　）。

A. 萌芽阶段　　B. 形成阶段　　C. 发展阶段

D. 成熟阶段　　E. 稳定阶段

2. 下列各项中，属于管理会计根本属性的有（　　）。

A. 管理会计属于企业管理的一个组成部分
B. 管理会计属于会计信息系统的一个子系统
C. 管理会计属于财务管理的一个组成部分
D. 管理会计以管理学为基础
E. 管理会计关注预测决策，兼顾规划与控制

3. 作为会计信息系统，管理会计应具有的功能是（　　）。
A. 核算功能　B. 预测决策功能　C. 规划功能
D. 控制功能　E. 报告功能

4. 下列各项中，属于管理会计特征的有（　　）。
A. 以成本为基础　B. 以收入为基础　C. 侧重于预算编制
D. 侧重于日常经营管理　E. 规划与控制是关键

5. 如果将“企业的经营活动及其价值运动”作为学科对象，它适用的学科有（　　）。
A. 财务会计　B. 管理会计　C. 成本会计
D. 财务管理　E. 财务分析

6. 企业的内部成本核算涉及的主要方法有（　　）。
A. 变动成本法　B. 作业成本法　C. 杜邦分析法
D. 平衡计分卡　E. EVA

7. 下列各项中，属于管理会计职能的有（　　）。
A. 预测经济指标　B. 参与日常经营决策　C. 编制预算
D. 核算内部成本　E. 编制内部报告

8. 管理会计的内容包括（　　）。
A. 管理基础与报告　B. 内部成本核算与报告　C. 规划与报告
D. 控制与报告　E. 编制财务预算

9. 管理会计规划与报告的具体内容包括（　　）。
A. 经营预测与报告　B. 日常决策与报告　C. 全面预算与报告
D. 企业的经营目标与报告　E. 成本计量与报告

10. 下列各项中，不属于管理会计任务的有（　　）。
A. 合理划分成本，搞好管理会计的基础工作
B. 进行内部成本核算，满足内部分析的需求
C. 定期编制财务报表
D. 采用多种方法全面控制，力求降低成本
E. 对企业会计信息系统安全性进行评价

11. 下列各项中，管理会计与财务会计的相同之处有（　　）。
A. 二者都是现代企业会计的一个分支
B. 二者的最终目标相同
C. 二者的核算基础资料相同
D. 二者的理论基础相同
E. 二者的功能相同

12. 下列各项中，管理会计与财务会计的区别有（　　）。
A. 工作主体不同　B. 服务对象不同　C. 职能特征不同
D. 制度约束不同　E. 信息特征不同
13. 下列各项中，管理会计与财务管理的相同之处有（　　）。
A. 总体目标相同
B. 均属于企业管理的一个组成部分
C. 具有相同的管理职能
D. 采用的分析方法相同
E. 工作主体相同
14. 下列各项中，属于管理会计与财务管理区别的有（　　）。
A. 核算职能的表现形式不同
B. 具体目标不同
C. 具体对象不同
D. 任务不同
E. 工作的内容不同
15. 现代企业会计包括（　　）。
A. 财务会计　B. 成本会计　C. 管理会计
D. 标准成本会计　E. 执行会计
16. CFO 的基本职责包括（　　）。
A. 审核内部和外部报告　B. 及时筹集资本　C. 进行风险管理
D. 合理纳税筹划　E. 协调各方面的利益关系
17. 管理会计编制的内部报告可以（　　）。
A. 按年编制　B. 按月编制　C. 按周编制
D. 按天编制　E. 按小时编制
18. 按照管理会计师职业道德的要求，管理会计师应该（　　）。
A. 掌握专业知识和法律知识
B. 不外露企业内部的一切信息
C. 不进行外部接触
D. 拒绝竞标客户的邀请
E. 不听信传言
19. 管理会计的具体对象涉及的会计要素有（　　）。
A. 资产　B. 负债　C. 收入
D. 费用　E. 利润
20. 从管理会计的信息特征来看，管理会计可以提供（　　）。
A. 过去、现在和未来三个时态的信息
B. 满足特定管理要求的部分信息
C. 连续的、综合的信息
D. 定量和定性的信息

E. 精确的信息

21. 管理会计属于（　　）。

A. 内部会计　　B. 经营型会计　　C. 报账型会计

D. 外部会计　　E. 管理型会计

22. 管理会计的工作主体可以是（　　）。

A. 企业　　B. 车间　　C. 部门

D. 个人　　E. 项目

（三）判断题

1. 因为存货属于日常生产经营管理之范畴，所以存货管理归属于管理会计。（　　）

2. 管理会计人员是企业的决策者。（　　）

3. 管理会计具有规划未来之功能，这种功能通过编制年度全面预算予以体现。（　　）

4. 管理会计编制的内部报告具有统一固定的格式。（　　）

5. 内部成本服务于企业的内部管理，必须和准则相结合。（　　）

6. 预测报告反映生产决策和定价决策的分析过程及结果。（　　）

7. 控制不是孤立进行的，它是一个过程，包括事前控制、事中控制和事后控制，其起点是战略分析与控制标准，终点是内部业绩评价。（　　）

8. 从信息的时效性看，财务会计可以提供涉及过去、现在和未来三个时态的信息，管理会计则不同，只能提供过去的信息。（　　）

9. 管理会计的内部报告编制期间具有灵活性，它不受会计期间的限制。（　　）

10. 管理会计所编制的内部报告有助于管理者的决策，需要承担法律责任。（　　）

11. 成本会计属于管理会计的一个组成部分。（　　）

12. 无论是管理会计还是财务管理，其总体目标与企业目标保持一致，都是不断提升企业价值，实现企业价值最大化。（　　）

13. 无论是管理会计还是财务管理，其工作主体都具有多层次性，既可以以整个企业为主体，也可以以内部责任单位和管理事项为主体。（　　）

14. 管理会计的具体对象是成本及未来动态的价值运动，涉及的会计要素有收入、费用和利润，另外还包括具有计量属性的成本。（　　）

15. 财务管理的具体对象是过去及未来静态的价值运动，涉及的会计要素有资产、负债和所有者权益，因此存货划归财务管理。（　　）

16. 实务中的管理会计机构设置具有灵活性，没有固定的模式可循。（　　）

17. 美国IMA发布的《管理会计师的职业道德行为规范》，从能力、保密性、公正性及客观性四个方面规范管理会计师的行为，并对道德冲突情况下所应采取的行动进行规范。（　　）

18. 英国管理会计师协会（CIMA）规定：当问题仅靠内部力量无法解决时，允许会计师聘请独立的执业机构来解决问题。（　　）

19. 在不同的企业中，CFO或总会计师的具体职责一定不同。（　　）

20. 控制是一个十分宽泛的概念，企业中几乎所有的活动都存在控制问题，但对于管理会计而言，主要控制的是经营风险。（　　）

二、案例及分析提示

【案例 1】 佳能的成功之道：日本与美国经营理念的统一①

2002 年，当日本 NEC、东芝等大公司亏损时，佳能的年营收入及净收入却双双成长，分别达到 239 亿美元与 14 亿美元，促成佳能成功的关键人物就是该公司的 CEO 御手洗，他把传统的日本企业经营理念与追求利润的美式管理风格有机地结合，才有了佳能公司当时的骄人成绩。

御手洗是 20 世纪 60 年代中期奉命调到美国佳能公司的，后来成为美国佳能的总裁。他与美国通用电气、运通等公司的高层主管常常讨论企业的经营策略、管理方法及这些经验是否适用于日本等，不断吸收这些美国企业领导人的建议。

御手洗在 1989 年返回东京，1995 年成为日本佳能的总裁，跃升为 CEO 后，他把美国的做法灌入了这家日本公司，但他并没有全部移植美式的做法，在适当的地方仍然保留原有的日式传统，他曾说："威尔许先生（美国通用电气公司前董事长）的管理风格无法在日本实行。"御手洗融合美日的管理，在公司对待员工的做法上展现无遗。公司抛弃日本只以年资论薪资的做法，代之以工作业绩为衡量标准。但是，他在日本坚持不裁员，提供员工终身职位的工作保障。御手洗相信，美国的工作者在工作流动性及机会上，都比日本工作者多，社会环境比较允许他们不断更换工作，而在日本，员工则比较像家人，他保留日式企业的做法，不遗弃员工。不仅如此，佳能还采取了"主人翁"制度，业绩优良的工人被称为"主人翁"，业绩最佳的被称为"超级主人翁"。拥有最高荣誉的工人在衣袖上佩戴"超级主人翁"的标志，御手洗则通过与"超级主人翁"合影以鼓舞员工的士气。

从御手洗掌舵之后，佳能的净收入成长了两倍之多，他大刀阔斧地删减支出，以强化公司的财务体系，这家原本旗下拥有赔钱子公司的棘手大企业，如今转变为现代化、高效率的组织。

佳能业绩成长的一条最重要的成功经验就是将原始的流水式作业线改为一个个独立的超小型组装工作室，这一点也许是世界许多企业所没有的。这一被佳能称做"chie 或智慧"的生产技术意味着佳能不是片面追求新的技术，而是采用最有效的方法。与以前相比，现在的生产设备更为轻便、更易拆装，能够很容易地被重新改装。御手洗从 1998 年开始这项改革，以"蜂巢式的单元小组"系统取代了传统的作业线。以组装影印机为例，公司不再采用冗长的作业线，而将每 6 名员工编为一个小组，在一个小工作室中合力制作一台影印机。这些员工蹲着组装包含 1 万个零件的影印机，他们需要的工具都在随手可得的地方，所有的工作都可在小工作室内完成。在这种系统下，6 位员工的生产力，等同于旧式生产线的 30 名员工。公司鼓励工人自己提出解决问题的方案。例如，工人自己设计座位，这样他们在生产影印机的过程中就能够保持像棒球接球手那样的姿势，在所有的操作时间都能处于富有效率的位置。他们还设计了斜袖以在拆卸零件时更为方便；一个工人为感光鼓配上保护盖，然后将感光鼓装入影印机内，以避免灰尘和光线对其造成损害等。改革的结果是手和双臂之间能够实现更为和谐的配合。佳能在日本的 29 个工厂，全都采用了这种"蜂巢式的单元小组"作业系统，这个系统帮助公司减少雇用 1 万名员工，这等同于 5 个工厂的人力，公司的生产力成长了 30%。

---

① 资料来源：刘晓获 2003 年 12 月 8 日发布于国研网。

御手洗特别重视公司利润，也是根植于他的美国经验。1966年，当他被外派到当时规模尚小的美国佳能时，负责公司的会计，曾经目睹公司的年营业收入达300万美元，但是净利润却只有6000美元的情况。那种没有利润、没有效率的做法，成为他日后尽力避免掉入的陷阱，他把经营的重心放在利润，而不是市场占有率。

御手洗刚回到日本时，公司有7个事业部处于亏损状态，其他没有赔钱的事业部则各自分头攻占海外市场。他果断结束表现不佳的事业部，例如，1995年时，公司的个人电脑部门损失达8500万美元，御手洗在上任3个月时，便决定关闭该部门。此外，公司还停止了生产中包括液晶显示器在内的赔钱产品。主管在发展新产品时，被要求必须从公司的现有资金着手，而非从银行贷款找钱。

过去，佳能有十几个主要的部门，各自独立运作，为了增加产品销售量，各部门往往不计任何代价。御手洗对其进行整合，强调所有事业部都是公司的一部分，将各部门合并缩编为只有影印机、印表机、相机和光学仪器四大部门，从而结束了各部门各自为政的时代，由此使得佳能的负债大幅减少。御手洗曾在接受《商业周刊》专访时说："随着佳能不断成长，主管忘了财务和效率，我教导他们，如果没有利润，公司什么都得不到。"对于亏损连连的日本大公司，他的建议是"他们必须改革，把重点放在利润上，并且开始更注意股东。"

御手洗在推行改革过程中，也重视凝聚小组共识。例如，当他希望工厂能够改革采用小组式的制造系统时，他花了几个星期的时间，与持质疑态度的高层主管们，辩论这种做法的利弊。此外，他利用公司每天早上7点45分召开的非正式董事会，会上刺激主管讨论公司的走向。每天中午他还另外召开午餐会议，与高层主管会谈；每个月要和800名中层主管会面一次。御手洗这种个人与小组兼有的作风，同样也是美日风格共同影响的结果。

请思考：（1）佳能总裁御手洗具备怎样的知识体系？他在管理中运用了哪些管理会计的知识？（2）有人说"管理会计本身是一种思维和理念"①，你是否赞成这种观点？

分析提示

（1）佳能总裁御手洗不仅精通财务会计、管理会计，而且精通财务管理，因为他曾经担任过会计负责人，说明他已经掌握了会计相关的所有知识。御手洗在管理中灵活地运用了管理会计的管理方法，主要表现在以下几方面：一是贯彻以人为本的管理思想，关注调动职工的积极性；二是改变生产组织方式，致力于消除无用的作业，提高生产效率；三是合理整合，建立责任体系；四是制定业绩标准，有效激励。

（2）赞成。从理论上看，管理会计阐述的是一套方法体系，从实务上看，管理会计没有统一模式可循，必须结合企业实际，其应用具有灵活性，因此管理中，更多的是管理思维或理念的灵活应用，由此导致实务中的管理方法可以多种多样，但都是管理会计思想或理念的体现。

【案例2】　凯利公司的会计工作②

凯利公司是一家纸制品生产公司，主要生产各种复印纸、包装纸等，每一类纸张又有许多规格，如A4、B5等，包装纸又可区分为普通包装纸和专用包装纸。

---

① 胡玉明：高级管理会计（第二版），厦门大学出版社，2005，P268.

② 郭晓梅：管理会计［M］，北京师范大学出版社，2006.

以前由于竞争不激烈，公司的成本会计系统只按大类计算成本，业绩报告分别反映复印纸和包装纸的业绩。从上年开始，镇里开设了一家新的包装纸特惠公司，生产凯利公司所生产的包装纸中的普通纸系列产品。由于其报价低于凯利公司，所以凯利公司的一些普通包装纸业务开始流失。

面对此情此景，凯利公司的领导坐不住了，责令会计人员立刻提供详细的业绩分析报告。会计人员经过一番努力，调整了包装纸的成本计算体系，终于拿出了反映各规格包装纸利润率的业绩报告。原来的业绩报告表明，包装纸的平均利润率达到了40%，重新分析后却发现，其中普通包装纸的利润率为50%，而专用包装纸几乎不赚钱。于是凯利公司决定，将包装纸生产部门划分为两个责任中心：普通包装纸责任中心和专用包装纸责任中心。对于普通包装纸，采取了降价措施，同时要求会计人员密切关注竞争对手的业绩信息，每周提供一次报告，以便及时根据特惠公司的财务业绩、定价策略和市场渗透情况作出反馈；而对于专用包装纸，则要求管理会计人员提供相应的建议，以便帮助监督和控制其成本，以提高该部门产品利润率。会计人员明显感到，身上的责任重了，迫切需要掌握新的会计技能来适应管理者的新要求。

请思考：（1）你认为案例中所涉及的工作属于财务会计工作还是管理会计工作？你的划分依据是什么？（2）案例中涉及的管理会计工作都有哪些？成本会计工作可以独立吗？

分析提示

（1）案例中涉及的工作属于管理会计工作，因为财务会计是以对外会计报告为核心的会计确认、计量、记录、报告会计；而管理会计是以加强企业内部管理为核心的核算、预测、日常决策、成本控制、业绩评价、内部报告等管理活动和会计信息系统。本案例所涉及的工作都是内部管理工作，因此属于管理会计范畴。

（2）案例中涉及的管理会计工作有：准确的成本核算体系、合理的内部业绩报告、利润业绩分析、产品品种决策、责任中心的建立、定价策略的制定、成本控制等。成本会计工作主要包括成本核算和差异分析等，这些工作依据企业规模的大小，既可以设立独立的部门，也可以与其他管理会计工作，如分析等合设为一个部门，但无论成本会计工作是否独立，从理论上讲，它都属于管理会计的组成部分之一。

【案例3】 曼尼·卡森的选择

曼尼·卡森是威克曼公司财务主管，注册管理会计师。他获准为公司的会计部门购置新的电脑和软件。资本投资分析的结果显示净现值为100 000美元。然而，对电脑和软件的购置及安装成本的最初估计，只是一种暂时的估计，没有任何正式的报价单。现在，曼尼手头有两份正式的报价单：一种报价能使净现值达到或超过最初预测的净现值；另一种报价下的净现值则会比原先的预计值低50 000美元。第二种报价提供的电脑系统，会导致初始成本和运转成本都提高。

正常情况下，曼尼会毫不犹豫地接受第一种报价，但托德·道宁提供的第二种报价的公司老板是曼尼的一位密友。曼尼打电话向托德解释了情况，给他提供了改变报价的机会，以便获得这项合同。下面是他们之间的对话：

托德：曼尼，听着，按原先的报价争取到这份合同，对我今天的成功非常关键。有了这些收入，我就可以得到进行技术革新和扩大经营所需的贷款。如果我贷不到款，以后的经营将困难重重。贷款条件对公司财务状况的要求非常苛刻，如果降低报价，有可能失去机会。

曼尼：如果再失去这个合同，情况会更糟，是不是？

托德：是的。我有一个建议。如果你把合同给我，我就有条件增加人员。我知道您的儿子正在找工作，我会付给他很高的工资，给他提供一个美好前程。另外，我答应送您和您的太太到夏威夷去度假，那可是我们以前谈到过的好去处。

曼尼：好，您说到点子上了。我儿子找工作四处碰壁，他要供养妻子和三个孩子。我太太厌倦了和他们在一起。我和她早就想去度假了。我担心拒绝另一报价方，会出什么乱子。毕竟，他们的公司设在其他州。

托德：其他州？嗨，你有太多理由拒绝他们。看看我们州现在的经济状况，把生意给其他州的人去做，简直是犯罪。这可是关系到包括你儿子在内的好些人的决定。

请思考：（1）曼尼可以打电话给托德吗？如果曼尼同意接受低报价，不妥之处表现在哪些方面？（2）你认为曼尼正确的做法是什么？

分析提示

（1）曼尼不应该打电话给托德，因为这种行为不符合注册管理会计师职业道德准则的要求。如果曼尼接受低报价，不妥之处有以下三点：一是触犯了美国管理会计师职业道德标准的相关规定；二是有可能使该公司的长期投资决策失误，并损害公司的长期利益，遏制公司的发展；三是此事若被上司知道后，等待曼尼的将是炒鱿鱼和个人职业操守的丧失。在美国这样一个讲究诚信的社会，曼尼的前途将会黯淡。

（2）竞标讲求客观、公正、公平竞争，两家公司报价需要在无任何外部因素的影响下竞争才能比较出孰优孰劣，公司才能做出选择。曼尼由于和托德是好友，为了规避职业道德风险，他应该主动提出要求回避，以避免可能出现的麻烦。

三、练习题参考答案

（一）单项选择题

1. D　2. C　3. C　4. A　5. B　6. C　7. D　8. B
9. A　10. A　11. C　12. B　13. D　14. C　15. B　16. A
17. B　18. B　19. A　20. C　21. D　22. C

（二）多项选择题

1. ABCD　2. AB　3. AE　4. ADE　5. ABD　6. AB
7. ABCDE　8. ABCD　9. ABC　10. CE　11. ABCD　12. ABCDE
13. ABCDE　14. ABCDE　15. AC　16. ABCDE　17. ABCDE　18. ABDE
19. CDE　20. ABD　21. ABCDE　22. ABCDE

（三）判断题

1. √　2. ×　3. √　4. ×　5. ×　6. ×　7. √
8. ×　9. √　10. ×　11. √　12. √　13. √　14. √
15. √　16. √　17. √　18. √　19. ×　20. ×

第二章　成本性态分析

一、练习题

（一）单项选择题

1. 成本按经济用途分类，可以分为（　　）。

A. 生产成本与非生产成本　　B. 产品成本与期间成本

C. 相关成本与无关成本　　D. 可控成本与不可控成本

2. 成本区分为产品成本和期间成本两类的目的是（　　）。

A. 满足所需信息需求　　B. 核算当期损益

C. 加强内部管理　　D. 正确地进行日常决策

3. 如果成本区分为固定成本、变动成本与混合成本三类，其分类标志是（　　）。

A. 成本的可控性　　B. 与特定对象的关系

C. 成本产生的原因　　D. 成本性态

4. 房屋及机器设备的折旧费通常属于（　　）。

A. 变动成本　　B. 混合成本　　C. 固定成本　　D. 产品成本

5. 当业务量变动时，单位固定成本将（　　）。

A. 成正比例变动　　B. 成反比例变动　　C. 固定不变　　D. 降低

6. 下列各项中，属于酌量性固定成本的是（　　）。

A. 一定期间内预计支付的广告费　　B. 厂房设备的租金

C. 支付销售人员的佣金　　D. 机械设备维修费

7. 下列各项中，一定是变动成本的是（　　）。

A. 企业化验员的基本工资　　B. 产品开发费

C. 车间工人的计件工资　　D. 厂房的折旧费

8. 如果按照会计记录中所列示的各项费用，逐一按费用性质进行确认，直接判定 a 和 b 并建立成本性态分析模型，这种方法是（　　）。

A. 技术测定法　　B. 个别确认法　　C. 高低点法　　D. 散布图法

9. 成本总额与业务量之间的依存关系是（　　）。

A. 成本分类　　B. 成本的可追溯性　　C. 成本性态　　D. 成本的相关性

10. 某企业一年中产量最高月份的产量为 50 件，混合成本是 800 元，产量最低月份的产量为 35 件，混合成本为 500 元，则混合成本中的单位变动成本为（　　）。

A. 50 元　　B. 35 元　　C. 20 元　　D. 15 元

11. 某产品的贡献毛益率为 40%，单位变动成本为 36 元，则该产品的单价为（　　）。

A. 50 元　　B. 90 元　　C. 60 元　　D. 72 元

12. 某产品的变动成本率为 40%，单位变动成本为 36 元，则该产品的单价为（　　）。

A. 50 元　　B. 90 元　　C. 60 元　　D. 72 元

13. 贡献毛益率与变动成本率二者之间的关系是（　　）。

A. 变动成本率越高，则贡献毛益率也越高　　B. 变动成本率高，则贡献毛益率低

C. 二者没有关系　　D. 变动成本率是贡献毛益率的倒数

14. 某企业只生产一种产品，单价 6 元，单位变动生产成本 4 元，单位销售和管理变动成本为 0.5 元，销售量为 500 件，则该产品的贡献毛益为（　　）。

A. 650 元　　B. 750 元　　C. 850 元　　D. 950 元

15. 某企业只生产一种产品，该产品售价为 50 元，经过成本性态分析，建立的总成本性态分析模型为 $y = 10\,000 + 20x$，则该产品的单位贡献毛益为（　　）。

A. 30 元　　B. 40 元　　C. 50 元　　D. 60 元

16. 约束性固定成本又称为（　　）。

A. 制约性固定成本　　B. 约定能力成本

C. 维护性固定成本　　D. 经营能力成本

17. 管理人员工资属于（　　）。

A. 变动成本　　B. 混合成本

C. 约束性固定成本　　D. 酌量性固定成本

18. 从数学的角度看，较为精确的成本性态分析方法是（　　）。

A. 技术测定法　　B. 个别确认法

C. 高低点法　　D. 一元回归直线法

19. 利用一元回归直线法进行成本性态分析时，要求相关系数（　　）。

A. 为 -1　　B. 为 0　　C. 趋近于 +1　　D. 等于 1

（二）多项选择题

1. 下列项目中，属于固定成本的有（　　）。

A. 房屋设备租赁费

B. 按使用年限法计提的固定资产折旧费

C. 财产保险费

D. 销售费用中的销售佣金

E. 电话费

2. 下列各项中，属于变动成本的有（　　）。

A. 生产成本中与产量成正比例变化的原材料

B. 按工作量法计提的折旧费

C. 机器设备维修费

D. 管理人员工资

E. 直接人工

3. 下列各项中，属于生产成本项目的有（　　）。

A. 直接材料　　B. 直接人工　　C. 变动性制造费用
D. 固定性制造费用　　E. 管理费用

4. 进行成本性态分析时，可以采用的方法有（　　）。
A. 技术测定法　　B. 个别确认法　　C. 高低点法
D. 一元回归直线法　　E. 直接分析法

5. 混合成本的种类有（　　）。
A. 阶梯式混合成本　　B. 标准式混合成本　　C. 延期式混合成本
D. 曲线式混合成本　　E. 低坡式混合成本

6. 成本按可盘性进行分类可以分为（　　）。
A. 产品成本　　B. 生产成本　　C. 期间成本
D. 非生产成本　　E. 直接成本

7. 下列成本概念中，可以划归管理会计范畴的成本概念有（　　）。
A. 标准成本　　B. 产品成本　　C. 不可控成本
D. 相关成本　　E. 质量成本

8. 管理会计中涉及的成本总额概念包括（　　）。
A. 生产成本　　B. 管理费用　　C. 财务费用
D. 非生产成本　　E. 营业外支出

9. 下列各项中，可以作为业务量表现形式的有（　　）。
A. 生产量　　B. 销售量　　C. 销售收入
D. 机器小时　　E. 产品成本

10. 下列各项中，计算结果等于贡献毛益率的有（　　）。
A. $\frac{\text{贡献毛益}}{\text{销售收入}} \times 100\%$　　B. $\frac{\text{单位贡献毛益}}{\text{单价}} \times 100\%$　　C. 1 – 变动成本率
D. $\frac{\text{单位贡献毛益}}{\text{销售收入}} \times 100\%$　　E. 1 – 固定成本率

11. 固定成本和变动成本的概念受到相关范围的制约，属于相关范围的影响因素有（　　）。
A. 业务量的特定变动范围　　B. 成本的特定变动范围　　C. 期间的特定变动范围
D. 利润的特定变动范围　　E. 贡献毛益的特定变动范围

12. 下列各项中，属于酌量性固定成本的有（　　）。
A. 计提的厂房折旧费　　B. 支付的保险费　　C. 新产品开发费
D. 广告费　　E. 职工培训费

13. 降低变动成本时，可以采取的措施有（　　）。
A. 降低广告费　　B. 降低单位材料的消耗　　C. 降低单位工时耗费
D. 降低单位变动成本　　E. 降低变动成本总额

14. 下列各项中，在相关范围内，属于变动成本特点的有（　　）。
A. 单位变动成本与销量成正比例变动
B. 单位变动成本不随销量的变动而变动
C. 变动成本总额与销量成正比例变动
D. 变动成本总额不随销量的变动而变动

E. 单位变动成本与销量成反比例变动

15. 成本性态分类中之所以出现混合成本，是因为采用了双重分类标志，它们是（　　）。

A. 是否变动　　B. 是否正比例变动　　C. 是否反比例变动

D. 是否不变　　E. 是否有规律变动

16. 成本性态分析的基本假设有（　　）。

A. 相关范围假设　　B. 成本性态假设　　C. 经济用途假设

D. 一元线性假设　　E. 内部管理假设

（三）判断题

1. 管理会计中的成本是指企业在生产经营过程中以货币表现的、为达到特定目的已经发生或可能发生的各种经济资源的耗费。（　　）

2. 成本按其与特定对象之间的关系进行分类，可以分为产品成本和期间成本。（　　）

3. 成本性态分类与成本性态分析的结果是不一致的，成本性态分析以成本性态分类为基础。（　　）

4. 成本按经济用途分类是管理会计最基本的成本分类方法。（　　）

5. 无论是技术性变动成本还是酌量性变动成本，都是针对成本的单位额产生原因而言，因此降低变动成本应降低产品的单位变动成本。（　　）

6. 酌量性固定成本不是越低越好，在不影响战略目标实现的条件下，才可以降低其总额。（　　）

7. 固定成本是指其总额不随业务量发生任何数额变化的那部分成本。（　　）

8. 进行总成本或混合成本总额性态分析时，只能直接分析其总额并建立总成本性态分析模型。（　　）

9. 高低点法、散布图法和一元回归直线法属于成本性态分析的定性方法。（　　）

10. 企业内部管理中需要将全部成本包括混合成本在内区分为生产成本和非生产成本两部分。（　　）

11. 无论采用哪种方法进行成本性态分析，都需要首先确定出 a 和 b，然后列示出总成本或某项成本的成本性态分析模型。（　　）

12. 成本与业务量之间的关系不是一成不变的，实务中企业建立的成本性态分析模型不能照搬照抄。（　　）

13. 变动成本只是在相关范围内才能与业务量成完全的线性关系，超出了相关范围，变动成本与业务量之间成一种非线性关系。（　　）

14. 散布图法是根据目测画一条直线，它的计算结果不如高低点法精确。（　　）

15. 由于固定成本和变动成本的划分受相关范围的作用，导致成本性态分析结果具有稳定性之特点。（　　）

（四）计算题

【计算题1】某工厂1～6月份机器设备的使用情况和维修费用如表2－1所示。

表 2－1 维修费资料

月份	1	2	3	4	5	6
业务量（机时）	5 800	4 800	6 300	5 200	7 000	6 600
维修费用（元）	18 000	15 600	19 000	16 500	20 000	19 400

要求：利用高低点法建立维修费的成本性态分析模型。

【计算题2】某企业本年混合成本总额资料如表 2－2 所示。

表 2－2 产量与混合成本资料

季度	产量（件）	混合成本（元）
1	100	20 000
2	150	26 000
3	110	21 500
4	130	23 700

要求：（1）用高低点法确定混合成本中的固定成本和单位变动成本；（2）假定下年计划产量为 500 件，预测下年的混合成本总额。

【计算题3】某企业本年 1～12 月中的最高产量与最低产量的相关资料如表 2－3 所示。

表 2－3 高低点资料

项目	最高点（10 月）	最低点（3 月）
产量（件）	75 000	50 000
生产总成本（元）	176 250	142 500

表 2－3 中的生产总成本包括变动成本、固定成本和混合成本三类。该企业的会计部门曾对最低点产量为 50 000 件时的生产总成本作了分析，其各类成本的组成情况如下：变动成本总额为 50 000元、固定成本总额为 60 000 元、混合成本总额为 32 500 元。

要求：（1）采用高低点法建立混合成本的成本性态分析模型；（2）若明年 1 月份的产量为 65 000 件，预测其生产总成本。

【计算题4】某企业的设备维修费属于混合成本，资料如表 2－4 所示。

表 2-4　　资　料

月　份	业务量（机时）	设备维修费（元）
1	9	300
2	8	250
3	9	290
4	10	310
5	12	340
6	14	400
7	11	320
8	11	330
9	13	350
10	8	260
11	6	200
12	7	220

要求：(1) 利用高低点法分解设备维修费；(2) 利用一元回归直线法分解设备维修费，并预测明年 1 月份机器工作小时为 15 小时时的设备维修费。

【计算题5】某企业只生产一种产品，该产品本期贡献毛益为 60 000 元，本期销售收入为 100 000，单位变动成本为 36 元。

要求：计算该产品的单价。

【计算题6】某企业只生产一种产品，单价 80 元，单位变动成本 50 元，固定成本 30 000 元，2009 年销售量为 1 500 件。该企业计划 2010 年增加投资进行设备改造，当年增加固定成本 10 000 元，但可使单位变动成本降低 20%，准备单价降低 10%，可使销售量增长 20%。

要求：计算该企业 2010 年可实现的利润。

【计算题7】某公司本年度发生变动成本 20 000 元，贡献毛益率为 60%，销售利润率为 20%。

要求：计算本年度的利润。

【计算题8】某单位下设甲、乙、丙、丁四个分厂，这四个分厂分别在上年中的生产和销售情况如表 2-5 所示。假定每个工厂产销平衡，同时都只产销一种产品。

表 2-5　　资　料　　单位：元

分厂	销量	销售收入	变动成本	单位贡献毛益	固定成本	利润（亏损）
甲分厂		50 000		4	10 000	10 000
乙分厂	8 000		40 000	3		9 000
丙分厂	3 000	45 000			18 000	(3 000)
丁分厂	9 000	81 000	45 000		20 000	

要求：将有关数据填入表中空白处。

【计算题9】某企业生产和销售一种产品，单价为10元，单位变动成本为6元，全月固定成本为3 000元，每月销售2 000件。为了增加利润，有两个方案可供选择：第一个方案：降低售价0.5元，销量可望增加35%；第二个方案：不降低售价而增加广告费500元，销量可增加20%。

要求：比较两种方案，并做出选择。

二、案例及分析提示

【案例1】 某化工企业的成本性态分析

大连某化工厂是一家大型企业。该企业为了进行本量利分析，拟对成本进行性态分析。他们首先以第五车间为试点。该车间主要生产环氧丙锭和丙乙醇产品。按成本与产量变动的依存关系，他们把工资费用、附加费、折旧费和大修理费等列作固定费用（约占总成本的10%），把原材料、辅助材料、染料等生产费用其他要素作为变动费用（约占总成本的65%），同时把水电费、蒸汽费、制造费用、管理费用（除折旧以外列作混合成本）（约占总成本的25%）。

按照某年1~5月的资料，总成本、变动成本、固定成本、混合成本和产量如表2－6所示。其中混合成本构成如表2－7所示。

表2－6 **成本资料** 单位：万元

月份	总成本	变动成本	固定成本	混合成本	产量（吨）
1	58.633	36.363	5.94	16.33	430.48
2	57.764	36.454	5.97	15.34	428.49
3	55.744	36.454	5.86	13.43	411.20
4	63.319	40.189	6.21	16.92	474.33
5	61.656	40.016	6.54	15.19	462.17
合计	297.116	189.476	30.43	77.21	2206.67

表2－7 **混合成本资料** 单位：万元

月份	修理	扣下脚料	动力	水费	管理费	制造费	ΣY
1	33 179.51	－15 926.75	85 560.82	19 837.16	35 680	4 995	16.33
2	26 286.10	－15 502.55	86 292.62	25 879.73	24 938	5 472	15.34
3	8 169.31	－2 682.75	80 272.87	16 221.10	26 599	5 395	13.46
4	12 540.31	－5 803.45	81 802.80	26 936.17	47 815	5 943	16.92
5	33 782.25	－26 372.50	83 819.45	24 962.00	30 234	6 429	15.19

会计人员采用高低点法对混合成本进行分解，结果是：$b=0.0553$；$a=-0.01$。

会计人员利用回归直线法分解，结果为：$b=0.0321$；$a=1.28$

根据 $y=a+bx$ 模型，经验算，1～5 月各月固定成本与预计数 1.28 万元相差很远。

1 月份：$a=16.33-0.0321\times430.48=2.512$

2 月份：$a=15.43-0.0321\times428.49=1.585$

3 月份：$a=13.43-0.0321\times411.20=0.230$

4 月份：$a=16.92-0.0321\times474.33=1.694$

5 月份：$a=15.19-0.0321\times462..17=0.354$

会计人员感到困惑不解，不知问题出在哪里。

请思考：（1）以上分析有什么不妥之处？（2）应该采用什么方法来划分变动成本和固定成本？

分析提示

（1）分析中存在两个明显的问题：一是从混合成本的结构来看，有些明显的非线性项目，如修理费，对于非线性费用应单独考虑；另外下脚料不属于混合成本，该项费用也应单独考虑。如果高低点法中加入这两项就会导致此方法不适用。二是采用回归分析前，应通过计算相关系数进行线性检验，相关系数较低时，该方法不适用。

（2）建议采用的方式：一是用直接分析法直接分析各成本项目并确定其成本属性，在此分析基础上，扣下脚料。这种方法虽然分析粗糙，但可行。二是如果要采用一元回归直线法，应查明不规则变动的原因，剔除各种不正常因素，如非线性因素，按照调整后的数字进行成本性态分析。

【案例 2】　　铸造企业的成本性态分析

甲公司是一个铸造企业，每件产品的销售价格为 1 500 元，每件产品耗用直接材料 600 元，耗用直接人工 100 元，对于耗用的制造费用公司采用直接分析法确定成本性态。公司采用直接分析法认为，管理人员工资、福利费、广告费、房地产租赁费、保险费、水费、利息、折旧等基本上与业务量无关，视为固定成本，合计为 20 万元/月。

制造费用中剩下的燃料成本、电力成本、维修成本等与典型的两种成本性态差别较大，不便归入固定成本或变动成本。对于这些混合成本，分别采用技术测定法、契约确定法和高低点法进行分析并确定一般模型，然后按比例分配。其中：（1）燃料成本。燃料用于铸造工段的熔炉，具体分为点火和熔化铁水两项操作，点火中耗用木柴和焦炭，熔化铁水中耗用焦炭。假设企业按照最佳的操作方法进行生产，每次点火要使用木柴 0.1 吨、焦炭 1.5 吨，熔化 1 吨铁水要使用焦炭 0.15 吨，铸造每件产品需要铁水 0.01 吨；每个工作日点火一次，全月工作 22 天，木柴每吨价格为 10 000 元，焦炭每吨价格为 18 000 元。（2）电力成本。具体分为照明用电和设备运转用电两项。按供电局规定，某企业的变压器维持费为 50 000 元/月，每度电费 1.6 元，用电额度每月 20 000 度，超额用电按正常电费的 1.5 倍计价。正常情况下，每件产品平均用电 2 度，照明用电每月 2 000 度。（3）上年各月的维修成本数据如表 2－8 所示。

表 2 - 8 资 料

月份	产量（件）	实际成本（元）	月份	产量（件）	实际成本（元）
1	12 000	54 000	7	7 000	43 200
2	13 000	54 600	8	8 000	46 800
3	11 500	50 400	9	9 500	45 000
4	10 500	52 200	10	11 100	53 400
5	9 000	49 200	11	12 500	57 000
6	7 900	43 800	12	14 000	55 800

请思考：（1）燃料、电力和维修成本的成本性态分析模型是怎样的？（2）如果本月的产量为 8 000 件，固定性制造费用以及单位变动生产成本的数额是多少？

分析提示

（1）燃料、电力和维修成本的成本性态分析模型确定如下：

▲燃料成本：

点火成本中的固定成本：$a=(0.1\times10\ 000+1.5\times18\ 000)\times22=616\ 000$（元）

点火成本中的单位变动成本：$b=0.01\times0.15\times18\ 000=27$（元）

燃料成本性态分析模型为：$y=616\ 000+27x$

▲电力成本：

维持费用 = 50 000（元）

额度内最大产量 = $(20\ 000-2\ 000)\div2=9\ 000$（件）

9 000 件以内的成本性态分析模型：$y=53\ 200+3.2x$

9 000 件以上的成本性态分析模型：$y=38\ 800+4.8x$

▲维修成本：

$$b=\frac{55\ 800-43\ 200}{14\ 000-7\ 000}=1.8\text{（元）}$$

$$a=55\ 800-1.8\times14\ 000=30\ 600\text{（元）}$$

维修成本的成本性态分析模型：$y=30\ 600+1.8x$

（2）固定性制造费用 = 899 800（元）

单位变动生产成本 = 732（元）

三、练习题参考答案

（一）单项选择题

1. A　2. B　3. D　4. C　5. B　6. A　7. C

8. B　9. C　10. C　11. C　12. B　13. B　14. B

15. A　16. D　17. C　18. D　19. C

（二）多项选择题

1. ABC　2. ABE　3. ABCD　4. ABCDE　5. ABCDE　6. AC
7. ABCDE　8. ABCD　9. ABCDE　10. ABCDE　11. AC　12. CDE
13. BCD　14. BC　15. AB　16. AD

（三）判断题

1. √　2. ×　3. √　4. ×　5. √
6. √　7. ×　8. ×　9. ×　10. ×
11. √　12. √　13. √　14. ×　15. ×

（四）计算题

【计算题1】

$b = \frac{20\ 000 - 15\ 600}{7\ 000 - 4\ 800} = 2$（元）

$a = 20\ 000 - 2 \times 7\ 000 = 6\ 000$（元）

$y = 6\ 000 + 2x$

【计算题2】

（1）$b = \frac{26\ 000 - 20\ 000}{150 - 100} = 120$（元）

$a = 20\ 000 - 120 \times 100 = 8\ 000$（元）

$y = 8\ 000 + 120x$

每季度混合成本中有固定成本 8 000 元，单位变动成本 120 元。

（2）$y = 4 \times 8\ 000 + 120 \times 500 = 92\ 000$（元）

【计算题3】

（1）首先计算最高点 10 月份生产总成本中的各项成本：

因为 3 月份的变动成本总额为 50 000 元，产量为 50 000 件，则单位变动成本为：

$b = 50\ 000 \div 50\ 000 = 1$（元）

10 月份的直接变动成本：$bx = 75\ 000 \times 1 = 75\ 000$（元）

根据固定成本总额不变的特点，10 月份的直接固定成本与 3 月份相同：$a = 60\ 000$ 元，则：

10 月份的混合成本 $= 176\ 250 - 75\ 000 - 60\ 000 = 41\ 250$（元）

然后根据高低点相应的混合成本进行混合成本性态分析：

混合成本中的单位变动成本：$b = \frac{41\ 250 - 32\ 500}{75\ 000 - 50\ 000} = 0.35$（元）

混合成本中的固定成本：$a = 32\ 500 - 0.35 \times 50\ 000 = 15\ 000$（元）

混合成本性态分析模型为：$y = 15\ 000 + 0.35x$

（2）变动成本 $= 65\ 000 \times 1 = 65\ 000$（元）

固定成本 =60 000（元）

混合成本 =15 000 +0. 35 ×65 000 =37 750（元）

生产总成本 =65 000 +60 000 +37 750 =162 750（元）

【计算题4】

（1）$b=\frac{400-200}{14-6}=25$（元）

$a=200-25\times6=50$（元）

$y=50+25x$

（2）首先编表 2 -9 如下：

表 2 -9 单元：元

月份	业务量 x	设备维修费	xy	x^2
1	9	300	2 700	81
2	8	250	2 000	64
3	9	290	2 610	81
4	10	310	3 100	100
5	12	340	4 080	144
6	14	400	5 600	196
7	11	320	3 520	121
8	11	330	3 630	121
9	13	350	4 550	169
10	8	260	2 080	64
11	6	200	1 200	36
12	7	220	1 540	49
合计	118	3 570	36 610	1 226

根据表 2 -9 得到以下数据：

$N=12$；$\sum_{x}=118$；$\sum_{y}=3\ 570$；$\sum_{xy}=36\ 610$；$\sum_{x^2}=12\ 26$

则：$b=\frac{12\times36\ 610-118\times3\ 570}{12\times1\ 226-118^2}=22.92$（元）

$a=\frac{3\ 570-22.92\times118}{12}=72.12$（元）

$y=72.12+22.92x$

【计算题5】

贡献毛益率 $=\frac{60\ 000}{100\ 000}\times100\%=60\%$

变动成本率 = 1 - 60% = 40%

单价 = 36 ÷ 40% = 90（元）

【计算题6】

变动后的单价 = 80 ×（1 - 10%）= 72（元）

变动后的销量 = 1 500 ×（1 + 20%）= 1 800（件）

变动后的单位变动成本 = 50 ×（1 - 20%）= 40（元）

变动后的固定成本 = 30 000 + 10 000 = 40 000（元）

2010 年可实现的利润 = 72 × 1 800 - 40 × 1 800 - 40 000 = 17 600（元）

【计算题7】

本年销售收入 = $\frac{20\ 000}{1-60\%}$ = 50 000（元）

本年度利润 = 50 000 × 20% = 10 000（元）

【计算题8】

表 2 - 10 单元：元

分厂	销量	销售收入	变动成本	单位贡献毛益	固定成本	利润（亏损）
甲分厂	5 000	50 000	30 000	4	10 000	10 000
乙分厂	8 000	64 000	40 000	3	15 000	9 000
丙分厂	3 000	45 000	30 000	5	18 000	(3 000)
丁分厂	9 000	81 000	45 000	4	20 000	16 000

【计算题9】

第一方案：单价 = 10 - 0.5 = 9.5（元）

销量 = 2 000 ×（1 + 35%）= 2 700（件）

利润 =（9.5 - 6）× 2 700 - 3 000 = 6 450（元）

第二方案：固定成本 = 3 000 + 500 = 3 500（元）

销量 = 2 000 ×（1 + 20%）= 2 400（件）

利润 =（10 - 6）× 2 400 - 3 500 = 6 100（元）

因为方案一的利润较高，所以选择方案一。

第三章　成本核算及损益确定

一、练习题

（一）单项选择题

1. 在管理会计的发展过程中，变动成本法最初被称为（　　）。

A. 吸收成本法　　B. 归纳成本法　　C. 直接成本法　　D. 边际成本法

2. 下列各项中，能构成变动成本法产品成本内容的是（　　）。

A. 变动成本　　B. 固定成本　　C. 生产成本　　D. 变动生产成本

3. 下列项目中，不能列入变动成本法销售成本中的是（　　）。

A. 直接材料　　B. 直接人工

C. 固定性制造费用　　D. 变动性制造费用

4. 在变动成本法的利润表中，固定性制造费用应计入（　　）。

A. 非生产成本　　B. 期间成本　　C. 产品成本　　D. 直接成本

5. 管理会计主张的日常成本与损益核算的方法是（　　）。

A. 标准成本法　　B. 完全成本法　　C. 制造成本法　　D. 变动成本法

6. 变动成本法与完全成本法共同的期间成本是（　　）。

A. 固定性制造费用　　B. 非生产成本　　C. 生产成本　　D. 变动性制造费用

7. 如果本期销售量比上期增加，则可断定按变动成本法计算的本期营业利润（　　）。

A. 一定等于上期　　B. 应当大于上期

C. 应当小于上期　　D. 可能等于上期

8. 从产品成本的角度看，属于变动成本法和完全成本法共同产品成本构成内容的是（　　）。

A. 变动成本　　B. 固定性制造费用

C. 变动生产成本　　D. 固定成本

9. 在其他条件相同的情况下，变动成本法下计算的单位产品成本比完全成本法下计算的单位产品成本（　　）。

A. 相同　　B. 大　　C. 小　　D. 无法确定

10. 在前后期产量和成本水平均不变的条件下，若本期完全成本法下计算的利润小于变动成本法下计算的利润，则意味着（　　）。

A. 本期生产量大于本期销售量　　B. 本期生产量等于本期销售量

C. 期末存货量大于期初存货量　　D. 期末存货量小于期初存货量

11. 如果完全成本法期末存货吸收的固定性制造费用大于期初存货释放的固定性制造费用，则两种方法计算的营业利润的差额（　　）。

A. 一定等于零 B. 可能等于零 C. 一定大于零 D. 一定小于零

12. 如果某期按变动成本法计算的营业利润为 5 000 元，该期产量为 2 000 件，销售量为 1 000 件，期初存货为零，固定性制造费用总额为 2 000 元，则按完全成本法计算的营业利润为（ ）。

A. 0 B. 1 000 元 C. 5 000 D. 6 000 元

13. 企业生产经营过程中各项独立并相互联系的活动是指（ ）。

A. 作业链 B. 价值链 C. 作业 D. 作业管理

14. 下列各项中，应当作为建立作业链出发点的是（ ）。

A. 分析产品需求 B. 分析顾客价值 C. 分析利润 D. 分析订单

15. 凡成本动因必须与成本的发生具有（ ）。

A. 依赖性 B. 可靠性 C. 相关性 D. 及时性

16. 下列各项中，能够反映作业量与资源耗费之间因果关系的是（ ）。

A. 资源动因 B. 作业动因 C. 产品动因 D. 成本动因

17. 由同质的成本动因组成的成本费用是指（ ）。

A. 作业 B. 作业链 C. 成本库 D. 成本管理

18. 凡作业动因随单位产品数量变动而成正比例变动的作业称为（ ）。

A. 单位层作业 B. 批量层作业 C. 产品层作业 D. 公司层作业

19. 下列各项中，属于较难确定作业动因的是（ ）。

A. 单位层作业 B. 批量层作业 C. 产品层作业 D. 公司层作业

20. 作业成本法下，成本性态指的是（ ）。

A. 成本动因与成本之间的依存关系 B. 成本与业务量之间的关系

C. 成本与生产之间的关系 D. 成本与作业之间的关系

（二）多项选择题

1. 在变动成本法下，产品成本包括（ ）。

A. 变动销售及管理费用 B. 固定性制造费用 C. 变动制造费用

D. 直接材料 E. 直接人工

2. 在变动成本法下，期间成本包括（ ）。

A. 固定性制造费用 B. 间接材料费 C. 间接人工费

D. 变动销售及管理费用 E. 固定销售及管理费用

3. 变动成本法以一些基本假设为前提，这些假设有（ ）。

A. 成本性态分析假设 B. 相关范围假设 C. 一元线性假设

D. 总成本范围假设 E. 利润范围假设

4. 关于变动成本法，下列说法正确的有（ ）。

A. 贡献毛益是其中间盈利指标

B. 销售毛利是其中间盈利指标

C. 如果有存货，存货成本较完全成本法要低

D. 固定成本全部计入了期间成本

E. 与业务量成正比例变化的变动成本全部计入了产品成本

5. 变动成本法与完全成本法的共同之处主要表现为（　　）。

A. 都以成本区分为生产成本和非生产成本两类为前提

B. 都以成本区分为固定成本和变动成本两类为前提

C. 都属于日常成本核算方法

D. 都属于日常损益确定方法

E. 都属于日常决策方法

6. 变动成本下影响税前利润的因素有（　　）。

A. 销售量　　B. 售价　　C. 变动生产成本

D. 固定性制造费用　　E. 非生产成本

7. 下列项目中，与可能导致完全成本法和变动成本法确定的分期损益出现差异完全无关的因素有（　　）。

A. 直接材料　　B. 管理费用　　C. 财务费用

D. 销售费用　　E. 固定性制造费用

8. 如果某期依据完全成本法与变动成本法计算的营业利润差额不为零，则意味着该期（　　）。

A. 完全成本法下期末存货与期初存货中的固定性制造费用出现了差异

B. 两种成本法计入当期利润表的固定性制造费用水平出现了差异

C. 两种成本法计入当期的变动生产成本水平出现了差异

D. 两种成本法的非生产成本水平出现了差异

E. 两种成本法的营业利润水平出现了差异

9. 如果前后期的单价及成本水平不变，在对完全成本法与变动成本法下各期损益的比较中，下列各项结论正确的有（　　）。

A. 当产销相对平衡时，则前者利润一定等于后者利润

B. 当产销绝对平衡时，则前者利润一定等于后者利润

C. 当产量小于销量时，则后者利润一定小于前者利润

D. 当产量小于销量时，则后者利润一定大于前者利润

E. 无期初存货时，则前者利润大于后者利润

10. 在变动成本法下，能够与单位变动生产成本保持一致的是（　　）。

A. 期初单位存货成本　　B. 期末单位存货成本　　C. 本期单位产品成本

D. 本期单位非生产成本　　E. 本期单位生产成本

11. 下列各项中，属于变动成本法优点的有（　　）。

A. 便于分清部门的责任，实施成本控制

B. 易于为管理部门所理解和掌握

C. 符合传统的成本概念

D. 简化了产品成本的计算

E. 有利于长期决策

12. 变动成本法所提供的信息对强化企业管理有积极作用，主要表现为（　　）。

A. 加强成本管理　　B. 促进以销定产　　C. 调动企业增产的积极性

D. 简化成本计算　　E. 满足对外报告的需要

13. 成本动因按其在作业成本中体现的分配性质不同，可以分为（ ）。
A. 资源动因 B. 作业动因 C. 产品动因
D. 需求动因 E. 价格动因
14. 下列各项中，属于批量层作业的有（ ）。
A. 机器调整 B. 产品设计 C. 生产加工
D. 产品检验 E. 订单处理
15. 作业成本法产生的环境背景有（ ）。
A. 社会生产力的提高 B. 顾客多样化的产品需求 C. 制造费用比重急剧增长
D. 直接人工比重急剧增长 E. 直接材料比重急剧增长
16. 下列各项中，属于公司层作业的有（ ）。
A. 产品设计 B. 产品介绍 C. 人事管理
D. 一般管理 E. 机器调整
17. 作业成本法与完全成本法的区别表现为（ ）。
A. 成本计算的理论依据不同
B. 成本计算的对象不同
C. 间接费用的分配标准不同
D. 产品成本计算结果不同
E. 提供信息对于决策的影响不同
18. 作业成本法下的成本性态分析要求依据成本动因，将全部成本区分为（ ）。
A. 短期变动成本 B. 长期变动成本 C. 综合变动成本
D. 短期固定成本 E. 长期固定成本
19. 下列各项中，能够准确描述长期变动成本显著特征的有（ ）。
A. 作业消耗量的变动与成本的变动在时间上不同步
B. 成本的变动在时间上与业务量的变动同步
C. 成本动因与业务量无关
D. 变动所需时间较短
E. 变动所需时间较长
20. 如果将作业的类别与成本性态分析相结合，下列说法中正确的是（ ）。
A. 单位层作业属于短期变动成本
B. 批量层作业属于长期变动成本
C. 产品层作业属于长期变动成本
D. 公司层作业属于综合变动成本
E. 以上说法都正确

（三）判断题

1. 按照变动成本法的解释，期间成本中只包括固定成本。 （ ）
2. 在完全成本法与变动成本法的利润计算中，营业利润可以直接等同于税前利润。 （ ）
3. 当存货量不为零时，按变动成本法确定的存货成本必然小丁完全成本法下的存货成本。 （ ）

4. 在相关范围内，不论各期产量是否相等，只要销售量相等，则按完全成本法计算的各期税前利润必然相等。 ( )

5. 在确定产品成本时，完全成本法要考虑所有的成本，而变动成本法只考虑变动成本。 ( )

6. 变动生产成本即使在贡献毛益前被扣除，但它的性质仍然属于期间成本。 ( )

7. 如果从一个较长时期来看，编制分期利润表出现利润差额的现象只有可能性而没有必然性。 ( )

8. 当产销绝对平衡时，按变动成本法确定的存货成本必然等于完全成本法下的存货成本。 ( )

9. 无论是变动成本法还是完全成本法，它们对非生产成本都作为期间成本处理，必须在发生的当期全额记入利润表，所不同的是计入利润表补偿的顺序上有差别。 ( )

10. 固定性制造费用即固定生产成本，它是导致两法出现利润差额的唯一影响因素，也是根本原因。 ( )

11. 变动成本法所提供的信息与长期投资决策和长期定价决策有关。 ( )

12. 变动成本法能够反映生产部门降低产品成本的实际业绩，并促使企业重视市场，以销定产。 ( )

13. 作业成本法建立在完全成本法的基础上，探求产品成本计算的精确性。 ( )

14. 成本库归集的成本常常是作业中心的成本，因此很多人将作业中心与成本库等同看待。 ( )

15. 作业成本法是指以作业为中间桥梁，以作业动因作为间接费用的归集对象。 ( )

16. 作业成本法的理论依据是：产品消耗资源，产品消耗作业。 ( )

17. 成本动因与成本的发生具有相关性，但成本动因本身不具有可计量性。 ( )

18. 产品层作业与正在生产的产品产量相关。 ( )

19. 作业成本法下的产品成本计算较完全成本法下的计算要复杂得多，但计算结果相对精确。 ( )

20. 盈利能力分析下的作业成本核算具有两个特点：一是分析对象具有灵活性；二是成本核算范畴已经拓展到期间成本。 ( )

（四）计算题

【计算题1】某公司从事单一产品生产，连续三年销售量均为1 000件，而三年的产量分别为1 000件、1 200件和800件。单位产品售价为200元，管理费用与销售费用均为固定成本，两项费用各年总额均为50 000元，单位产品变动生产成本为90元，固定性制造费用为20 000元。第一年的期初存货量为零。

要求：（1）分别采用变动成本法和完全成本法计算第一年的税前利润；（2）不用计算，直接判断第二年和第三年按变动成本法确定的税前利润；（3）按照利润差额简算法分别计算第二年和第三年两种成本法的利润差额；（4）不用编利润表，计算第二年和第三年完全成本法下的税前利润。

【计算题2】某企业只产销一种产品，其有关资料如下：生产量为2 000件，销售量为1 800件，期初存货为零；贡献边际率为60%；原材料为6 000元，计件工资为4 000元，其他变动性制造费用每件0.4元，固定性制造费用总额为2 000元，变动性销售与管理费用每件0.2元，固定性销售与管理费用总额为300元。

要求：（1）计算产品的售价；（2）按两种方法计算单位产品成本；（3）按两种成本法编制利润表；（4）说明两种成本法计算利润不等的原因。

【计算题3】某企业本期有关资料如下：单位直接材料成本10元，单位直接人工成本5元，单位变动性制造费用7元，固定性制造费用总额4 000元，单位变动性销售与管理费用4元，固定性销售与管理费用1 000元。期初存货量为零，本期生产量1 000件，销售量600件，单位售价40元。

要求：分别按两种成本法计算下列指标：（1）计算单位产品成本；（2）计算期间成本；（3）计算销货成本；（4）计算营业利润。

【计算题4】某公司连续两年的产销量、成本和售价等资料如表3－1所示。

表3－1　　产销量、成本和售价资料

项目	第一年	第二年
生产量（件）	8 000	10 000
销售量（件）	8 000	6 000
单位变动生产成本（元/件）	15	15
固定性制造费用（元）	40 000	40 000
固定性销售管理成本（元）	10 000	10 000
单价（元）	40	40

该公司按变动成本法计算的营业利润第一年为150 000元，第二年为100 000元，存货采用先进先出法计价。

要求：利用利润差额简算法计算完全成本法的各年营业利润。

【计算题5】某制造厂生产A、B两种产品，2004年1月份的有关成本资料如表3－2所示。

表3－2　　资　　料

产品名称	产量（件）	单位产品机时（小时）	直接材料单位成本（元）	直接人工单位成本（元）
A	100	2	50	40
B	200	4	80	30

该厂每月制造费用总额为50 000元，与制造费用相关的作业中心有4个，各作业中心的成本

及作业动因情况如表 3－3 所示。

表 3－3　　　　作业中心相关资料

作业名称	成本动因	作业成本（元）	作业动因数		合计
			A 产品	B 产品	
质量检验（次）	检验次数（份）	4 000	5	15	20
订单处理	生产订单份数	4 000	30	10	40
机器运行（机时）	机器小时数	40 000	200	800	1 000
设备调整准备（次）	调整准备次数	2 000	6	4	10

要求：（1）用作业成本法计算 A、B 两种产品的单位成本；（2）以机器小时作为制造费用的分配标准，采用传统成本计算法计算 A、B 两种产品的单位成本；（3）根据上述计算结果，对作业成本法进行评价。

【计算题 6】某企业的甲部门生产 A、B 两种产品，每年能提供总工时 50 000 小时，其中 A 产品耗用 10 000 小时，B 产品耗用 40 000 小时。该车间 2010 年的制造成本资料如表 3－4 所示。

表 3－4　　　　资　　料　　　　单位：元

项目	产品 A	产品 B
直接材料	25	15
直接人工（2 小时 ×5 元/小时）	10	10
年制造费用	875 000	

作业成本法下计算所需的资料如表 3－5 所示。

表 3－5　　　　相关资料　　　　单位：元

成本动因	追踪成本	成本动因数			分配率	A 分配	B 分配
		A 耗用	B 耗用	合计			
机器调整次数	230 000	3 000	2 000	5 000	46	138 000	92 000
质量检验次数	160 000	5 000	3 000	8 000	20	100 000	60 000
生产订单数	81 000	200	400	600	135	27 000	54 000
直接工时	404 000	10 000	40 000	50 000	8.08	80 800	323 200
合计	875 000					345 800	529 200
生产量						5 000	20 000
单位产品制造费用						69.16	26.46

A 产品和 B 产品所需要的直接工时相等，都是 2 小时，但 A 产品的工艺比较复杂，设计中的机器调整、质量检验多，批量小，订单多。而 B 产品工艺比较简单，批量大。

顾客愿意为技术含量高的产品付出较高的价格，而愿意为技术含量低的产品付出的价格则低。A 产品当前的市场价格为 120 元，而 B 产品的价格为 65 元，竞争对手提出的报价是 60 元。

要求：(1) 分别传统方法和作业成本法计算 A、B 产品的单位产品成本；(2) 分别传统方法和作业成本法计算 A、B 产品的盈利能力。

二、案例及分析提示

【案例 1】 蓝山工艺制品有限公司的业绩考核①

蓝山工艺制品有限公司自成立并从事工艺品加工销售以来，一向以“重质量，守信誉”为目标，在同行中经营效果及管理较好。近期，公司决定实行全员责任制，寻求更佳的效益。企业根据三年来的实际成本资料，制定了较详细的费用控制方法：材料消耗实行定额管理，成品耗用优质木材，单件定额 6 元；工人工资实行计件工资，计件单价 3 元；在制作过程中需要专用刻刀，每件工艺品限领一把，单价 1.3 元；劳保手套每生产 10 件工艺品领用一副，单价 1 元。计划每月固定资产计提折旧额为 8 200 元，发生推销办公费 800 元，保险费 500 元，仓库租赁费 500 元，每月计划产量 5 000 件。

车间根据当月订单组织生产工艺品 2 500 件，车间负责人李杰充分调动生产工人的积极性，改善加工工艺，严把质量关，杜绝了废品，最终使材料消耗的每件 6 元降到每件 4.5 元，领用专用刻刀 2 400 把，共 3 120 元，领用劳保手套 250 副，共 250 元。但是在业绩考核中，李杰却没有完成任务，李杰的情绪由此低落，这严重挫伤了他的工作积极性。财务负责人了解情况后，召集有关成本考核人员寻求原因，并拟采取进一步行动。

请思考：(1) 对车间负责人李杰应该确定的考核指标是什么指标？(2) 如果采用完全成本法确定考核指标，李杰是否完成任务？(3) 如果采用变动成本法确定考核指标，李杰是否完成任务？(4) 根据原因，该企业应采取怎样的措施？

分析提示

(1) 由于固定成本属于车间负责人李杰的不可控成本，因此对其的考核指标应该是产品的变动生产成本部分。

(2) 如果采用完全成本法考核，单位定额成本与单位实际成本的计算如表 3－6 所示。

表 3－6 **完全成本法的计算结果** 单位：元

定额成本		实际成本	
直接材料费用	30 000 (6 × 5 000)	直接材料费用	11 250 (4.5 × 2 500)
直接人工费用	15 000 (3 × 5 000)	直接人工费用	7 500 (3 × 2 500)
制造费用	17 000	制造费用	13 370

① 吴大军、牛彦秀：管理会计习题与案例［M］，大连，东北财经大学出版社，2006：50－51，在原案例的基础上有改动．

续表

定额成本		实际成本	
其中：工具	6 500（1.3×5 000）	其中：工具	3 120（1.3×2 400）
劳保用品	500（1×5 000/10）	劳保用品	250（1×2 500/10）
办公费用	800	办公费用	800
折旧费用	8 200	折旧费用	8 200
保险费用	500	保险费用	500
租赁费用	500	租赁费用	500
定额总成本	62 000	实际总成本	32 120
定额单位成本	12.4	实际单位成本	12.85

表3－6的计算结果表明，实际单位成本12.85元大于定额单位成本12.4元，而实际总成本32 120元大于按实际产量2 500件计算出来的定额成本31 000元（12.4×2 500），因此如果采用完全成本法考核，李杰没有完成责任任务。

（3）如果采用变动成本法考核，首先将费用划分为固定性费用和变动性费用，固定性费用属于李杰的不可控费用，因此考核中不考虑。只有变动性生产费用才是李杰能够控制的，因此确定其为李杰的责任成本。单位定额成本和单位实际成本的计算结果如表3－7所示。

表3－7　　变动成本法的计算结果　　单位：元

定额成本		实际成本	
直接材料费用	30 000（6×5 000）	直接材料费用	11 250（4.5×2 500）
直接人工费用	15 000（3×5 000）	直接人工费用	7 500（3×2 500）
变动性制造费用	7 000	变动性制造费用	3 370
其中：工具	6 500（1.3×5 000）	其中：工具	3 120（1.3×2 400）
劳保用品	500（1×5 000/10）	劳保用品	250（1×2 500/10）
定额总成本	52 000	实际总成本	22 120
定额单位成本	10.4	实际单位成本	8.85

表7的计算结果表明，实际单位成本8.85小于定额单位成本10.4元，相应实际总成本22 120元小于按实际产量2 500件计算出的定额成本26 000元（10.4×2 500），实际成本比责任成本降低了3 880元（26 000－22 120），因此李杰完成了责任任务。

（4）考核结果之所以不反映实际，是因为该企业按完成成本法进行考核，以此考核会扭曲成本降低的事实，而采用变动成本法考核就符合事实，因此该企业应该采取的措施是：改变责任考核指标，并以此奖惩车间主任。

【案例2】远红公司专门生产金属部件以满足顾客的需求，采购部门和生产部门的相关资料如下：

（1）采购部门本月发生总成本45 000元，实际编制采购订单200张，实际发生直接材料

800 000元，采购部门中的成本包括薪金和工资 33 000 元，其他成本 12 000 元。

（2）有 3 个采购员与供应商联系处理采购订单，每张订单的处理方式相同，与采购金额无关，采购员每人每月可获得 4 000 元。

（3）有 5 位收料员，具体工作包括核实采购订单、卸货、拆包和验收到货，经调查收料员大概有 20% 的时间花在核实采购订单上，80% 的时间花在与金额有关的事项上，收料员每人每月的工资是 3 000 元。

（4）采购部门主管每月的薪金是 6 000 元。

（5）采购部门的其他成本与使用面积有关，采购订单处理作业大约占部门使用面积的 15%，收料作业大约占部门使用面积的 85%。

（6）通过调查了解到：采购订单的数量是分配编制采购订单作业成本最合适的分配基础，收料业务包括两个重要的阶段：①核实采购订单；②卸货、拆包和验收材料。核实采购订单的作业成本的分配基础是采购订单的数量；卸货、拆包和验收材料最合适的分配基础是采购订单的金额。另外，采购部门的其他成本与核实采购订单无关。

（7）设备部门和成品部门属于生产部门，设备部门的活动包括设备准备和加工产品；成品部门的活动包括抛光产品和包装产品。

请思考：（1）分析该公司可以划分为几项作业？应该建立几个作业中心？（2）计算采购部门各作业中心的作业成本。

分析提示

（1）作业可以划分为以下几项：处理采购订单、核实采购订单、卸货、拆包、验收到货、设备准备、加工产品、抛光产品、包装产品，共 9 项作业。建立的作业中心有：处理采购订单、核实采购订单、卸货拆包和验收到货、设备准备、加工产品、抛光产品、包装产品，共 7 个作业中心。

（2）处理采购订单作业中心成本 $=4\,000\times3+12\,000\times15\%+6\,000\times3/8=16\,050$（元）

核实采购订单作业中心成本 $=3\,000\times5\times20\%+6\,000\times20\%\times5/8=3\,750$（元）

卸货拆包和验收到货作业中心成本 $=3\,000\times5\times80\%+12\,000\times85\%+6\,000\times80\%\times5/8=25\,200$（元）

【案例 3】　　青岛 TN 工艺品有限公司作业成本法的实施①

1. 企业背景及问题的提出

青岛 TN 工艺品有限公司（以下简称 TN 工艺品）制造加工非贵金属工艺品，主要产品是镀金的非贵金属人造首饰，如项链、耳环、手镯等，产品全部出口，主要出口美国、欧洲等。TN 工艺品的生产经营特点：全部采取订单式生产，每个月生产平均 200 多个订单，订单的交货期短，对国外客户作贴牌生产（OEM）。国外主要客户采用网上竞价方式选择卖家，要求企业对外报价，数家中国加工厂参加网上竞标，产品同质性强，主要依靠价格竞争，要求成本越来越低，国内企业对客户的议价能力弱。

最近三年，TN 工艺品年平均出口额在 3 000 万美元，生产量增大，每天都有多个订单同时进

① 江树镜：作业成本法在订单式生产企业的应用研究——以 TN 工艺品为例［D］，山东大学硕士学位论文，2010（05）：47.

行。生产费用很难在不同订单之间划分清楚，即使人工费也属于间接费用。间接费用占全部成本费用的比率很高，达50%以上，传统的间接费用平均分摊的方法造成的误差越来越大，而客户又要求成本越来越低，在客观上要求企业精确核算成本并降低成本。

国外客户从2008年开始根据网上竞价结果选择报价低的前三位，只有进前三的才有资格通过样品竞争获得不同数量的订单。每个订单的产品不一样，因此没有历史成本可以依据，企业往往陷于要么不能及时报价，要么匆匆忙忙报价但是不准确，有时报价太高，接不到订单，有时报价太低，没有利润。海外营业部经常为了报价问题要求财务部、样品设计开发部加班，但是问题并没有解决。

为了扩大产能，发挥产业链分工协作的优势，TN工艺品尝试将部分加工业务外包。但是外包加工费多少合适，双方都没有准确地核算数据，加工费的单价双方都不满意。因此加工厂没有积极性，TN工艺品也不敢将大量的业务外包。

订单式生产，产品种类多样化。每个月进行的订单平均超过200个，各个订单的产品不一样，工艺也不一样，如有的需要镀金、有的不需要镀金，传统的间接费用平均分摊的方法使所有的订单都平均分配到了镀金费用。有的订单批量大、有的订单批量小，传统的成本方法不能反映不同规模订单的真实成本，公司强烈要求改进成本核算工作。

2. 作业成本法在企业的实际运用

TN工艺品实施作业成本法主要包括以下几个步骤：

第一步，确认作业和作业动因。该公司共建立11个作业中心，确认的作业、作业中心以及作业动因如表3－8所示。

表3－8　　TN公司的主要作业和作业动因

作业中心	作业	作业动因
设计	设计	成功订单的设计工时
接订单	接订单	接订单的数量
采购	采购	采购的批次
铸件	铸件	铸件的重量
穿圈/拆圈	穿圈/拆圈	穿/拆圈的铸件的个数
	穿圈/拆圈	穿/拆圈的铸件的个数
镀金	镀金	铸件镀金的面积
点胶	点胶	点胶的仿宝石的个数
组装	组装	工时
包装	包装	工时
检验	检验	检验产品的数量
出口	出口	出口的批次
支持性作业	支持性作业	订单的产值

第二步，根据资源动因将资源归集到作业成本库。成本核算中，凡能够直接归属订单的资源直接计入订单成本，作业成本中心只归集间接费用。例如折旧费按面积分给不同的作业；电费机器用电费按机器工时计算；照明用电按照工人的工时计算；出口运输费和出口通关费直接计入订单成本。相关间接费用的分配如表 3－9 所示。

表 3－9　　间接费用归集到作业成本库　　单位：元

项目	设计	接订单	采购	…	点胶	出口
折旧费	379 696	138 905	129 212	…	451 085	30 408
福利费	13 891	6 816	8 743	…		14 174
办公费	2 100	1 900	876	…		
…	…	…	…	…	…	…
合计	461 895	167 832	211 441	…	451 085	99 107

第三步，统计各订单作业成本动因量，并计算作业成本动因分配率。各订单作业成本动因量的统计结果如表 3－10 所示。根据归集的作业中心成本和统计的作业动因量，计算的作业成本动因分配率如表 3－11 所示。

表 3－10　　各订单作业成本动因量表　　单位：元

作业	设计	接订单	采购	…	点胶	出口
作业动因	工时	订单数量	采购批次	…	宝石个数	订单数量
9 081 013	52	1	11	…	164 697	1
9 091 026	46	1	9	…	134 586	1
…	…	…	…	…	…	…
9 091 046	46	1	8	…	29 134	1
9 091 052	51	1	9	…	559 185	1
…	…	…	…	…	…	…
动因总量	15 126	127	1 087	…	13 836 967	130
未利用能力	1 210	140 793	812 201	…	726 011	23

表 3－11　　作业成本动因分配率

作业	设计	接订单	采购	…	点胶	出口
作业成本（元）	461 895	167 832	211 441	…	451 085	99 107
作业动因	工时	订单数量	采购批次	…	宝石个数	订单数量
动因总量	15 126	127	1 087	…	13 836 967	130
作业成本分配率	30.54	1 321.51	194.52	…	0.0326	762.36

第四步，计算各订单的间接成本。根据订单的成本动因率可以计算各订单的间接成本，如表3－12所示。

表3－12 **各订单间接成本** 单位：元

项目	设计	接订单	采购	…	点胶	出口	合计
订单	工时	订单数量	采购批次	…	宝石个数	订单数量	
9 091 013	1 588	1 322	2 140	…	5 369	762	123 171
9 091 026	1 405	1 322	1751	…	4 388	762	158 437
…	…	…	…	…		…	…
9 091 046	1 405	1 322	1 556	…	950	762	23 689
9 091 052	1 558	1 322	1 751	…	18 229	762	206 909
…	…	…	…	…		…	…
合计	28 582	27 752	31 512	…		16 010	1 317 913
未利用能力	29 484	30 395	21 981	…		17 534	234 415

第五步，计算各订单的成本。考虑订单的直接成本和间接成本，可以确定订单的总成本，如表3－13所示。

表3－13 **各订单成本结构** 单位：元

订单	间接成本合计	直接成本			成本合计
		直接材料	出口费用	重检费	
9 091 013	123 171	119 555	51 303	0	294 029
9 091 026	158 437	131 023	29 232	0	318 692
…	…	…	…	…	…
9 091 046	23 689	11 176	6 295	661	41 821
9 091 052	206 909	157 741	6 117	1 748	372 488
…	…	…	…	…	…
合计	1 317 913	1 000 599	233 014	12 449	2 563 975

3. 计算结果比较

将传统成本法与作业成本法的计算结果进行比较，比较结果如表3－14所示。

表 3-14　　各订单两种不同方法的单位成本比较　　单位：元

订单	传统方法		作业成本单位成本	增减额	增减百分比
	总成本	单位成本			
9 091 013	308 515	8.96	8.54	-0.42	-4.7%
9 091 026	338 108	25.05	23.59	-1.46	-5.83%
…	…	…	…	…	…
9 091 046	28 841	2.43	3.41	0.98	40.36%
9 091 052	406 988	8.31	7.71	-0.6	-7.27%
…	…	…	…	…	…
合计	2 582 085	7.12	7.12	0	0

计算发现，产量大订单的单位成本比传统核算方法下的单位成本下降，例如 9091052 订单的单位成本下降了 7.27%，其主要原因是该订单批量大，单位设计费用和加工费用少；而产量小的订单则计算的单位成本比传统方法核算的单位成本提高，例如 9091046 订单的单位产品成本提高了 40.36%，主要原因是批量小，单位产品分摊的设计费和加工费比较高。

4. 作业成本核算在报价中的应用

该企业对外报价包括订单产品报价和外包加工费报价两类。

对外订单产品报价，采用标准成本核算并与信息系统结合，首先由研发部制作样品，记录该样品消耗的各作业标准数量和各种材料的标准数量（包含材料的合理消耗率）。然后财务部根据标准作业成本库中的标准作业动因费率和材料标准单价，计算出作业和材料的标准成本，再加上设计费、出口通关费、出口运费等直接归属订单的费用，可以计算出该订单的成本。订单标准成本计算公式如下：

订单标准成本 = 标准材料成本 + 标准人工成本 + 标准加工费成本 + 直接费用

= 材料标准消耗数量 × 材料标准单价 + 人工标准消耗数量 × 单位标准工资

+ 外包消耗标准作业数量 × 标准作业单价 + 直接费用

最后销售部根据成本信息，加上毛利，可以及时准确对外订单报价。以订单 9102010 为例，利用标准成本对外产品报价如表 3-15 所示。

表 3-15　　标准作业成本对外标价　　单位：元

序号	成本名称	单位产品作业/材料数量	单价	单位产品作业/材料金额	订单作业/材料数量	订单成本
1	设计费	1	325.38	325.38	1	325.38
2	锡块材料	1	0.05	0.05	62 000	3 100
…	…	…	…	…	…	…
19	成本合计					536 210.94
20	单位成本					8.65
21	15% 毛利					1.3
22	对外报价					9.95

加工费对外报价，必须根据标准作业成本库，通过制作样品，开发部联同财务部一起设定各个产品的标准作业数量和标准作业动因费率。生产部外发加工时，不得超过该订单的标准作业数量和标准单价。如果因为返工或者临时追加造成超过标准，对超过部分实行例外管理，必须经过总经理签字同意。外包加工费的标准成本公式如下：

外包加工费标准成本 = 外包加工费实际消耗作业数量 × 加工费标准作业单价

请思考：（1）TN 工艺品公司实施作业成本法的动因是什么？（2）TN 工艺品公司采用作业成本法为什么可行？（3）TN 工艺品公司各项作业的层次？（4）作业成本法为什么较传统成本法核算结果准确？

分析提示

（1）一是间接费用占全部成本费用的比率提高，客观上要求企业精确核算成本和降低成本；二是对外报价不及时、不准确；三是传统成本计算方法不准确，管理上要求改进成本核算。

（2）该公司实施作业成本法之所以可行是因为：一是 TN 工艺品有规范的企业管理基础；二是 TN 工艺品有良好的信息系统基础，采用的是标准成本核算；三是 TN 工艺品有进行成本核算方法改进的强烈意愿。

（3）单位层作业有：铸件、穿圈/拆圈、镀金、点胶、组装；批量层作业有：接订单、采购、检验、出口；产品层作业一项是设计；公司层作业一项是支持性作业。

（4）传统成本法下，企业各项间接性的成本以直接工时或机器小时等单一标准分配到各产品中去，以此分配对于像青岛 TN 工艺品有限公司这类原材料、作业和订单数量繁多、差异又大的企业而言，常常高估产量高、复杂程度低产品的成本，而对于产量低、复杂程度高的产品成本则常常低估，由此造成成本核算的不准确。与此相反，作业成本法按照成本动因分配作业成本，把企业的生产活动看成是由一系列作业所组成的集合，它通过不同的成本动因将产品订单与实际所使用的作业联系在一起，而作业又与所消耗的资源相联系，每完成一项作业都要消耗掉一定的资源，所归集的作业成本依据多个成本动因进行分配，其分配的相关性较单一动因的相关性要强，因此计算结果较传统方法更加接近实际成本状况，进而能够提供较为准确的成本信息，使企业的成本报价及时而合理。

三、练习题参考答案

（一）单项选择题

1. C	2. D	3. C	4. B	5. D	6. B	7. B
8. C	9. C	10. D	11. C	12. D	13. C	14. B
15. C	16. A	17. C	18. A	19. D	20. A	

（二）多项选择题

1. CDE	2. ADE	3. ABCD	4. ACD	5. ACD
6. ABCDE	7. ABCD	8. ABE	9. BE	10. ABC
11. ABD	12. ABD	13. AB	14. ADE	15. ABC
16. CD	17. ABCDE	18. ABC	19. ACE	20. ABCDE

（三）判断题

1. ×	2. √	3. √	4. ×	5. ×
6. ×	7. √	8. √	9. √	10. ×
11. ×	12. √	13. √	14. √	15. ×
16. ×	17. ×	18. ×	19. √	20. √

（四）计算题

【计算题1】

（1）变动成本法和完全成本法第一年的税前利润计算如下：

变动成本法下的税前利润＝营业收入－变动成本－固定成本＝贡献边际－（固定性制造费用＋固定管理费用＋销售费用）＝200×1 000－90×1 000－（20 000＋50 000）＝4 000（元）

完全成本法下的税前利润＝营业收入－营业成本－营业费用＝营业收入－（期初存货成本＋本期生产成本－期末存货成本）－期末存货成本＝200 000－（0＋110 000－0）－50 000＝4 000（元）

（2）因为第二年和第三年的销售量与第一年相等，所以这两年按变动成本法计算的营业利润都应当等于40 000元。

（3）各年的期末存货量分别为：

第一年的期末存货量＝0＋1 000－1 000＝0

第二年的期末存货量＝0＋1 200－1 000＝200（件）

第三年的期末存货量＝200＋800－1 000＝0

各年的期初存货量分别为：

第一年的期初存货量＝0

第二年的期初存货量＝0

第三年的期初存货量＝200（件）

两种成本法第二年的税前利润差额 $=\frac{20\ 000}{1\ 200}\times 200-0=3\ 333$（元）

两种成本法第三年的税前利润差额＝0－3 333＝－3 333（元）

（4）根据变动成本法的税前利润和利润差额，可以计算出完全成本法下的税前利润：

完全成本法第二年的税前利润＝40 000＋3 333＝43 333（元）

完全成本法第三年的税前利润＝40 000－3 333＝36 667（元）

【计算题2】

（1）单位变动成本 $=\frac{6\ 000+4\ 000}{2\ 000}+0.4+0.2=5.6$（元/件）

单价 $=\frac{5.6}{1-60\%}=14$（元/件）

（2）完全成本法下的单位产品成本 $=\frac{6\ 000+4\ 000}{2\ 000}+0.4+\frac{2\ 000}{2\ 000}=6.4$（元/件）

$$变动成本法下的单位产品成本=\frac{6\ 000+4\ 000}{2\ 000}+0.4=5.4（元/件）$$

（3）依题意，编制的利润表如表3－16：

表3－16 **利润表** 单位：元

完全成本法		变动成本法	
营业收入	25 200	营业收入	25 200
减：营业成本		减：变动成本	
期初存货成本	0	变动生产成本	9 720
本期生产成本	12 800	变动性销售及管理费用	360
期末存货成本	1 280	变动成本合计	10 080
营业成本合计	11 520	贡献毛益	15 120
营业毛利	13 680	减：固定成本	
减：		固定性制造费用	2 000
固定销售及管理费用	660	固定销售及管理费用	300
		固定成本合计	2 300
营业利润	13 020	营业利润	12 820

（4）因为完全成本法的期末存货中包含固定生产成本200元$\left(\frac{2\ 000}{2\ 000}\times200\right)$，其计入当期利润表的固定生产成本就比变动成本法计入当期利润表的固定生产成本少200元，故完全成本法的营业利润比变动成本法的营业利润多200元。

【计算题3】

（1）变动成本法下的单位产品成本＝10＋5＋7＝22（元）

完全成本法下的单位产品成本＝22＋4 000÷1 000＝26（元）

（2）变动成本法下的期间成本＝4 000＋1 000＋600×4＝7400（元）

完全成本法下的期间成本＝1 000＋600×4＝3 400（元）

（3）变动成本法下的销货成本＝22×600＝13 200（元）

完全成本法下的销货成本＝26×600＝15 600（元）

（4）变动成本法下的营业利润＝40×600－（22＋4）×600－（4 000＋1 000）＝3 400（元）

完全成本法下的营业利润＝40×600－26×600－3 400＝5 000（元）

【计算题4】

第一年的产销量绝对平衡，两种方法计算确定的营业利润相等，即广义营业利润差额等于零，则：

完全成本法下的营业利润＝变动成本法下的营业利润＝150 000（元）

第二年期初存货为零，产量大于销量，有期末存货时，广义营业利润大于零，则简算法下的营业利润差额：

$$营业利润差额 = \frac{40\ 000}{10\ 000} \times 4\ 000 - 0 = 16\ 000（元）$$

完全成本法下的营业利润 = 100 000 + 16 000 = 116 000（元）

【计算题5】

（1）作业成本法下，首先根据作业成本动因分配各作业中心的成本，作业成本分配计算如表3－17：

表3－17 **作业成本分配表** 单位：元

作业中心	作业动因数			作业成本	分配率	分配作业成本	
	A产品	B产品	合计			A产品	B产品
质量检验	5次	15次	20次	4 000	200	1 000	3 000
订单处理	30份	10份	40份	4 000	100	3 000	1 000
机器运行	200小时	800小时	1 000小时	40 000	40	8 000	32 000
设备调整准备	6次	4次	10次	2 000	200	1 200	800
合计	－	－	－	50 000		13 200	36 800

然后分别计算A、B两种产品的单位产品成本：

$$A产品单位产品成本 = 40 + 50 + \frac{13\ 200}{100} = 222（元/件）$$

$$B产品单位产品成本 = 30 + 80 + \frac{36\ 800}{200} = 294（元/件）$$

（2）在完全成本法下：

首先以机器小时为标准分配制造费用：

制造费用分配率 = 50 000 ÷ 1 000 = 50（元/小时）

A产品分摊的制造费用 = 200 × 50 = 10 000（元）

B产品分摊的制造费用 = 800 × 50 = 40 000（元）

然后分别计算A、B两种产品的单位产品成本：

$$A产品的单位产品成本 = 40 + 50 + \frac{10\ 000}{100} = 190（元/件）$$

$$B产品的单位产品成本 = 30 + 80 + \frac{40\ 000}{200} = 310（元/件）$$

（3）作业成本法通过对生产经营情况和成本的发生情况的分析，合理地确定作业并建立作业中心，使得按作业归集的成本更具有同质性。这样，不同的作业成本可采用不同的动因进行分配，费用分配与分配标准之间更具有因果关系，成本核算的结果因此也更为准确。

【计算题6】

（1）传统成本法下，制造费用按耗用工时分配：

分配率 = 875 000/（10 000 + 40 000）= 17.5（元）

A 产品应分配的制造费用 = 17.5 × 10 000 = 175 000（元）

B 产品应分配的制造费用 = 17.5 × 40 000 = 700 000（元）

A 产品的单位制造费用 = 175 000/5 000 = 35（元）

B 产品的单位制造费用 = 700 000/20 000 = 35（元）

所以：A 产品的单位产品成本 = 25 + 10 + 35 = 70（元）

B 产品的单位产品成本 = 15 + 10 + 35 = 60（元）

作业成本法：

A 产品的单位产品成本 = 25 + 10 + 69.16 = 104.16（元）

B 产品的单位产品成本 = 15 + 10 + 26.46 = 51.46（元）

（2）盈利能力即利润，传统成本法下的利润计算如下：

A 产品的利润 =（120 − 70）× 5 000 = 50 × 5 000 = 250 000（元）

B 产品的利润 =（65 − 60）× 20 000 = 5 × 20 000 = 100 000（元）

作业成本法下：

A 产品的利润 =（120 − 104.16）× 5 000 = 15.84 × 5 000 = 79 200（元）

B 产品的利润 =（65 − 51.46）× 20 000 = 13.54 × 20 000 = 270 800（元）

第四章　经营预测分析

一、练习题

（一）单项选择题

1. 在企业经营预测系统中，处于先导地位的是（　　）。

A. 资金预测　B. 销售预测　C. 利润预测　D. 成本预测

2. 如果经营预测分析中假定，企业过去和现在存在的某种发展趋势将会延续下去，过去和现在发展的条件同样适用于未来，并将未来视为历史的自然延续，此类预测方法属于（　　）。

A. 趋势预测分析法　B. 因果预测分析法　C. 因素分析预测法　D. 直接分析法

3. 一般而言，如果产品处于萌芽期，可以采用的经营预测方法是（　　）。

A. 趋势预测分析法　B. 因果预测分析法　C. 判断分析法　D. 平均法

4. 通过函询方式，在各专家互不通气的情况下，向若干经济专家分别征求意见的预测方法是（　　）。

A. 专家函询法　B. 专家小组法

C. 专家个人意见集合法　D. 特尔菲法

5. 利用产品寿命周期法预测销售量，应首先根据产品销售增长率来判断产品所处的寿命周期阶段。如果一个产品处于成熟期，其销售增长率可能是（　　）。

A. 15%　B. 6%　C. −2%　D. 20%

6. 如果经营预测中一视同仁地看待 n 期内的各期销售量对未来预测期销售量的影响，这种预测方法是（　　）。

A. 算术平均法　B. 移动平均法

C. 修正的一元回归直线法　D. 加权平均法

7. 如果利用修正的一元直线回归法预测销售量，这种方法属于（　　）。

A. 判断分析法　B. 因果预测分析法

C. 产品寿命周期分析法　D. 趋势预测分析法

8. 如果销售量预测中考虑了预测期中远近期对未来销售量的不同影响，此时预测销售量采用的方法是（　　）。

A. 移动平均法　B. 算术平均法　C. 加权平均法　D. 趋势平均法

9. 如果某企业通过调查发现，甲产品的销售量与当地居民人均月收入有关，此时可以采用的预测方法是（　　）。

A. 修正的一元回归直线法　B. 趋势预测分析法

C. 一元直线回归法　D. 平滑指数法

10. 在采用平滑指数法进行销量预测时，当对近期或销售量波动较大前提下的销售量进行预测时，应采用（　　）。

A. 固定的平滑指数　B. 较大的平滑指数　C. 较小的平滑指数　D. 任意的平滑指数

11. 预测目标利润时，可以采用的预测公式是（　　）。

A. 销售收入－变动成本－固定成本　B. 销售收入－销售成本－非生产成本

C. 选定的销售利润率×销售收入　D. 贡献毛益－固定成本

12. 目标利润一经确定，就要纳入预算系统中的（　　）。

A. 编制体系　B. 执行体系　C. 指导体系　D. 控制体系

13. 从指标的性质来看，保本点是一个（　　）。

A. 反指标，越小对企业越有利　B. 反指标，越大对企业越有利

C. 正指标，越小对企业越有利　D. 正指标，越大对企业越有利

14. 下列各项中，只适用于多产品条件下目标利润预测方法的是（　　）。

A. 比率预测法　B. 加权平均法　C. 综合利润率法　D. 总体比率预测法

15. 完全成本法下计算保本点时，分子中的固定成本应等于（　　）。

A. 当期的固定成本

B. 期初固定成本＋本期固定成本－期末固定成本

C. 期初固定成本＋本期固定成本

D. 期初固定成本－期末固定成本

16. 作业成本法下保本量的计算公式是（　　）。

A. $\frac{\text{批量层作业成本}+\text{产品层作业成本}+\text{公司层作业成本}}{\text{单价}-\text{单位变动成本}}$

B. $\frac{\text{批量层作业成本}+\text{产品层作业成本}}{\text{单价}-\text{单位变动成本}}$

C. $\frac{\text{长期变动成本}}{\text{单价}-\text{单位变动成本}}$

D. $\frac{\text{综合固定成本}}{\text{单价}-\text{单位变动成本}}$

17. 在固定成本和各产品的贡献毛益率不变的前提下，企业要想降低综合保本额，可以采取的措施是（　　）。

A. 努力降低贡献毛益率水平较高产品的销售比重

B. 努力提高贡献毛益率水平较高产品的销售比重

C. 努力提高贡献毛益率水平较低产品的销售比重

D. 提高产品的售价

18. 在本量利分析图中，如果变动成本线位于图的最下方，则该图是（　　）。

A. 贡献式本量利分析图　B. 传统式本量利分析图

C. 利量式本量利分析图　D. 金额式本量利分析图

19. 不是所有的企业都可以采用联合单位法预测保本额的，联合单位法适合于（　　）。

A. 销售波动较大的企业预测

B. 销售比重稳定的企业预测

C. 实物量产出比稳定的联产品生产企业预测

D. 产品贡献毛益率信息较容易获得的企业预测

20. 多产品条件下，如果能够采用主要品种法预测保本额，其主要产品的判断标志是（　　）。

A. 贡献毛益总额　B. 销售收入总额　C. 固定成本总额　D. 变动成本总额

21. 安全边际的绝对量指标说明企业距保本还有多大的距离，该距离（　　）。

A. 越大越好　B. 越小越好　C. 根据具体情况而定　D. 无法确定

22. 关于保本作业率的表述，下列正确的是（　　）。

A. 当保本作业率为 1 时，企业恰好处于保本状态

B. 当保本作业率大于 1 时，意味着企业处于盈利状态

C. 当保本作业率低于 1 时，意味着企业处于亏损状态

D. 以上表述都正确

23. 保本作业率与安全边际率都是检验企业经营是否安全的指标，二者之和（　　）。

A. 等于 1　B. 大于 1　C. 小于 1　D. 不能确定

24. 假定某企业生产 A 与 B 两种产品，预计两种产品的销售收入总额为 60 000 元，同行业先进的销售利润率为 40%。如果目标利润无需修正，则该企业的目标成本总额为（　　）。

A. 24 000 元　B. 36 000 元　C. 20 000 元　D. 50 000 元

25. 某企业采用的初始目标成本预测方法中，如果没有考虑竞争对手的成本水平，同时对于企业所处行业的成本地位反映不充分，这种预测方法是（　　）。

A. 倒推预测法　B. 选择预测法　C. 比率预测法　D. 综合预测法

26. 如果企业要测算可能实现的成本水平，以便确定能否实现目标利润，可以采用的预测方法是（　　）。

A. 倒推预测法　B. 选择预测法　C. 历史资料分析法　D. 经验数据法

27. 如果计算的是单价利润灵敏度指标，意味着单价的变动率是（　　）。

A. +1%　B. −1%　C. +10%　D. −10%

28. 目前甲产品的销售量是 1 000 件，保本量是 300 件，产品的单价是 10 元，单位变动成本是 4 元，则该产品的安全边际率是（　　）。

A. 40%　B. 60%　C. 70%　D. 30%

29. 由于偶发因素的影响，某企业本期停产，则该企业的最大亏损额是（　　）。

A. 销售收入　B. 变动成本　C. 贡献毛益　D. 固定成本

30. 联合概率是因素特定组合情况下各因素概率的乘积，其合计值（　　）。

A. 等于 1　B. 大于 1　C. 小于 1　D. 不确定

（二）多项选择题

1. 经营预测的内容主要包括（　　）。

A. 销售预测　B. 利润预测　C. 成本预测

D. 资金需求量预测　E. 库存预测

2. 下列各项中，属于经营预测分析特点的有（　　）。

A. 科学性　B. 近似性　C. 可修正性

D. 时间性　　E. 空间性

3. 下列预测方法中，属于因果预测分析法的有（　　）。

A. 本量利分析法　　B. 投入产出法　　C. 回归分析法

D. 平滑指数法　　E. 趋势平均法

4. 对于销售量的预测可以从定性和定量两方面进行预测。从定性的角度看，常常采用的预测分析方法有（　　）。

A. 判断分析法　　B. 产品寿命周期分析法　　C. 回归分析法

D. 趋势预测分析法　　E. 因果预测分析法

5. 关于平滑指数法，下列各项中，说法正确的有（　　）。

A. 平滑指数法属于趋势预测分析法的一种

B. 平滑指数法属于平均法的一种

C. 平滑指数法属于加权平均法的一种

D. 平滑指数具有修匀实际数所包含的偶然因素对预测值影响的作用

E. 平滑指数的取值范围是 0 ~ 1

6. 利用产品寿命周期分析法预测销售量的关键是正确判断产品所处的寿命周期阶段，关于阶段判断，下列说法中正确的有（　　）。

A. 萌芽期增长率不稳定　　B. 成长期增长率最大　　C. 成熟期增长率稳定

D. 衰退期增长率等于零　　E. 衰退期增长率小于零

7. 下列方法中，属于趋势预测分析法的有（　　）。

A. 本量利分析法　　B. 平均法　　C. 一元回归直线法

D. 平滑指数法　　E. 修正的一元回归直线法

8. 如果采用专家判断法预测销售量，专家判断法中的“专家”指的是（　　）。

A. 本企业或同行企业的高级领导人

B. 推销员

C. 销售部门经理

D. 其他外界专家

E. 顾客

9. 企业盈利条件下，下列说法正确的有（　　）。

A. 单价的利润灵敏度指标一定最大

B. 单位变动成本的利润灵敏度指标最小

C. $S_2 + S_3 = S_1$

D. $S_3 + S_4 = 1\%$

E. $S_3 > S_4$

10. 下列预测指标中，属于正指标，越大对企业越有利的指标有（　　）。

A. 保本点　　B. 保利点　　C. 安全边际率

D. 保本作业率　　E. 加权平均贡献毛益率

11. 如果要采用因果预测法预测销售量，需要根据企业的实际情况建立因果预测模型，这些模型有（　　）。

A. 经验模型　　B. 自创模型　　C. 专家模型
D. 理论模型　　E. 其他模型

12. 如果采用加权平均法预测销售量，所选择的权数可以是（　　）。
A. 自然数　　B. 小数　　C. 百分比
D. 资金比重　　E. 销售比重

13. 测算利润并非一蹴而就，它需要在企业内部各单位之间反复平衡，并得到全体职工的认可，一般涉及的预测步骤有（　　）。
A. 测算初始目标利润
B. 进行保本、保利分析
C. 预测未来可能实现的利润水平
D. 进行因素综合变动的试算平衡
E. 修正目标利润并纳入预算

14. 企业预测目标利润时不能主观臆断，预测中应坚持的原则有（　　）。
A. 可行性原则　　B. 客观性原则　　C. 严肃性原则
D. 指导性原则　　E. 主观性原则

15. 比率预测法和总体比率预测法都可以预测目标利润，但二者具有明显的不同，主要表现在（　　）。
A. 建立的预测基点不同　　B. 适用范围不同　　C. 理论依据不同
D. 应用的前提条件不同　　E. 对存货的影响不同

16. 如果某产品刚好保本，此时意味着该产品的（　　）。
A. 利润为零　　B. 收支相等　　C. 贡献毛益 = 固定成本
D. 安全边际率 = 0　　E. 保本作业率 = 1

17. 实务中预测综合保本额的方法主要有（　　）。
A. 加权平均贡献毛益率法　　B. 联合单位法　　C. 分段累计法
D. 分算法　　E. 主要品种法

18. 在采用加权平均贡献毛益率法进行多产品条件下的保本分析时，影响综合保本额的因素有（　　）。
A. 固定成本　　B. 各产品的销售比重　　C. 各产品的贡献毛益率
D. 各产品的单位利润　　E. 加权平均贡献毛益率

19. 下列预测多产品保本额或保利额方法中，计算结果一定相等的方法是（　　）。
A. 加权平均贡献毛益率法　　B. 联合单位法　　C. 分段累计法
D. 分算法　　E. 主要品种法

20. 下列计算公式中，能够预测利润可能实现水平的计算公式有（　　）。
A. 销售收入总额 × 加权平均贡献毛益率 - 固定成本总额
B. 安全边际量 × 单位贡献毛益
C. 安全边际额 × 贡献毛益率
D. 销售收入 × 安全边际率 × 贡献毛益率
E. 销售收入 - 变动成本 - 固定成本

21. 关于本量利分析图，下列说法正确的有（　　）。

A. 本量利分析图可以确定保本点

B. 本量利分析图可以确定安全边际率和保本作业率

C. 本量利分析图可以确定安全边际量或安全边际额

D. 本量利分析图可以揭示利润区和盈利区

E. 实物量为横轴时的本量利分析图中的利润线斜率是单位贡献毛益

22. 下列各项中，能够使保本点或保利点发生变动的影响因素有（　　）。

A. 单价　　B. 固定成本　　C. 销售量

D. 单位变动成本　　E. 单位固定成本

23. 利润敏感性分析中，制约利润变动的影响因素有（　　）。

A. 销售量　　B. 单位固定成本　　C. 固定成本

D. 单位变动成本　　E. 单价

24. 进行利润敏感性分析时以一些假定为前提，它们是（　　）。

A. 四因素假定　　B. 因素单独变动假定　　C. 变动1%假定

D. 利润增长假定　　E. 利润稳定假定

25. 如果销售量的利润灵敏度为4%，下列说法正确的有（　　）。

A. 销售量此时增长1%

B. 销售量此时降低1%

C. 销售量增长1%时的利润增长率是4%

D. 销售量降低1%时的利润增长率是4%

E. 固定成本的利润灵敏度是3%

26. 因素变动分析既可以用于成本预测，也可以用于利润预测，它包括的内容有（　　）。

A. 采取措施后的综合因素变动试算平衡

B. 采取措施后的单一因素变动试算平衡

C. 因素变动影响程度分析

D. 因素的不确定性分析

E. 因素的确定性分析

27. 在其他因素不变的情况下，如果要确保目标利润的实现，可以采取的单项措施有（　　）。

A. 降低单位变动成本　　B. 降低固定成本　　C. 增加销售量

D. 提高单价　　E. 降低单价

28. 如果影响利润的因素未来具有不确定性，在已知概率的条件下，可以采用的利润预测方法有（　　）。

A. 历史数据预测法　　B. 经验法　　C. 期望值分析法

D. 联合概率分析法　　E. 趋势分析法

（三）判断题

1. 经营预测的结果由于不会与未来的实际发生存在差异，因此预测结果具有准确性。（　　）

2. 定性预测分析法与定量预测分析法在实际应用中相互排斥，相互补充。（　　）

3. 保本点是指在单价和成本水平确定的情况下，企业刚好保本，没有盈利时的销售量。（　　）

4. 经营预测中采用的判断分析法一般适用于不具备完整可靠的历史资料，无法进行定量分析的企业采用。（　　）

5. 平滑指数取值越小，则近期实际数对预测结果的影响就越小。（　　）

6. 修正的回归直线法利用修正的时间线性回归分析模型预测未来销售量，修正时间 t 时，应 $\sum_t \neq 0$。（　　）

7. 比较而言，销售量预测中的移动平均法比趋势平均法更加复杂。（　　）

8. 目标利润依据特定的方法确定后，对利润的可能实现水平预测具有制约作用。（　　）

9. 如果采用总体比率预测法预测目标利润，在确定预测期的总体目标利润比率时必须建立在上期实际利润率按预计比重调整结果的基础上。（　　）

10. 在多产品条件下，只能确定它们的总保本额，但不能确定它们的总保本量。（　　）

11. 在多产品条件下，加权平均贡献毛益率法下的综合保本额 = 固定成本/贡献毛益率。（　　）

12. 联合单位法中的联合单位是指多种产品按照实际实物量比例构成的一组产品。（　　）

13. 如果采用分段累计法计算综合保本额，其计算结果因人而异，因此这种方法在实务中的实用性不强。（　　）

14. 目标利润经过了反复的测算和验证，经过调整后才最终确定，确定以后，可以随意更改。（　　）

15. 如果采用比率预测法预测目标利润，所选择的利润率指标应该体现目标利润的可行性，不能太高，也不能太低，经过努力应该可以达到。（　　）

16. 实务工作中，预测目标利润时，可以将比率预测法与总体比率预测法结合应用。（　　）

17. 多产品条件下进行保本分析时，采用的联合单位法和主要品种法不需要分配固定成本，但分算法需要分配。（　　）

18. 多产品条件下进行保本分析的所有方法都适用于保利分析。（　　）

19. 企业预测初始目标成本时，可以采用倒推预测法和选择预测法两种进行预测，这两种方法只能选择其一，不能同时应用。（　　）

20. 本量利分析图中，如果以销售额代表横轴，利润线的斜率是贡献毛益率。（　　）

21. 保本作业率又称为“危险率”，该指标也可以反映企业经营的安全程度，但它是一个正指标，越大说明企业经营越安全。（　　）

22. 当销售量增长时，保本点不变，但利润三角区的面积会扩大。（　　）

23. 利润灵敏度指标的排列顺序取决于各个因素的变动幅度大小。（　　）

24. 如果某因素的利润灵敏度指标高于另一因素的利润灵敏度指标，则这两个因素的变动幅度不同。（　　）

26. 在保本点不变的条件下，如果销售超过保本点一个单位的业务量，即可获得一个单位贡献毛益的盈利。（　　）

27. 进行利润敏感性分析，旨在区分因素对利润影响的灵敏度。对敏感性高的因素，企业应当给予更多的关注；而对于敏感性低的因素则不必理睬。（　　）

28. 计算利润灵敏度时会受到中间变量大小的影响，由于不同因素的中间变量不相等，因此计

算的各因素的利润灵敏度指标不可能相等。（ ）

（四）计算题

【计算题1】假定2010年大发公司对其生产的某产品销售情况进行调查。该产品已试销1年，截至年底在本市已拥有60 000个用户，本市共有居民3 000 000户。据悉2011年外地从本市订货该产品10 000台，本市从外地订货该类产品6 000台。假定该产品寿命周期的试销期为1～4年，产品普及率为1%～8%，该企业的市场占有率为30%。

要求：按产品寿命周期分析法预测该企业2011年的销售量。

【计算题2】假定某企业生产一种产品，2010年1～12月份的销售量资料如表4－1所示。

表4－1　销售量资料　单位：件

月份	1	2	3	4	5	6	7	8	9	10	11	12
销量（Q_t）	100	120	110	105	110	115	120	118	120	116	118	120

要求：（1）假定移动期为5，采用移动平均法预测2011年1月份的销售量；（2）以自然数为权数，采用全部加权平均法预测2011年1月的销售量；（3）以饱和权数为权数，假定移动期为3，采用移动加权平均法预测2011年1月的销售量。

【计算题3】沿用［计算题2］的销售量资料。假定2010年1月份销售量的预测值与实际值相等，为100吨；平滑指数取0.3。

要求：完成表4－2。

表4－2　平滑指数法预测

月份t	销售量观测值Q_t	平滑指数α	前期实际销售量Q_{t-1}	1－平滑指数$(1-\alpha)$	前期预测销售量$\overline{Q}_{t-1}$	预测销售量$\overline{Q}_t$
1	100	－	－	－	－	100
2	120	0.3	100	0.7		
3	110	0.3	120	0.7		
4	105	0.3	110	0.7		
5	110	0.3	105	0.7		
6	115	0.3	110	0.7		
7	120	0.3	115	0.7		
8	118	0.3	120	0.7		
9	120	0.3	118	0.7		
10	116	0.3	120	0.7		
11	118	0.3	116	0.7		
12	120	0.3	118	0.7		
2011年1月		0.3	120	0.7		

【计算题4】宏伟公司为一家高级水杯制造企业，产品售价为150元，单位变动成本为60元，固定成本为300 000元，2010年实现销售30 000个。该企业通过调查获悉，同行业的资金利润率为30%，认为本企业也应该达到。预计2011年企业再资金占用额为15 000 000元。

要求：(1) 计算初始目标利润较上年的增长率；(2) 预测实现目标利润时的销售收入；(3) 如果下期销售量增加10%，计算安全边际量；(4) 计算单位变动成本的利润灵敏度。

【计算题5】达茂企业生产甲、乙、丙三种产品，2010年三种产品的销售利润率分别为12%、10%、15%。2011年董事会要求销售利润率总体增长3%，预计三种产品的销售收入分别为50万元、30万元、20万元。

要求：(1) 如果企业要求各产品的目标销售利润率随企业总体目标销售利润率同比例增减变动，预测各产品的目标利润；(2) 如果企业不要求各产品的目标销售利润率随企业总体目标销售利润率同比例增减变动，三种产品的目标销售利润率预计分别为14%、10%、17%，分析总体目标利润规划是否可行？

【计算题6】某企业只生产一种产品，该产品的单价为20元，贡献边际率为25%，固定生产成本为20 000元，固定非生产成本为10 000元，销售量为10 000件。如果下年的目标利润定为40 000元。

要求：(1) 计算单位变动成本；(2) 计算保本额；(3) 计算实现目标利润时的业务量；(4) 计算目标销售额下的安全边际额和安全边际率。

【计算题7】达达公司为一家汽车零件制造企业，主要生产A、B两种零件，有关资料如表4-3所示。

表4-3 资 料 单位：元

产品	销售量（件）	单价	单位变动成本	贡献毛益率	固定成本
A零件	20 000	20	12	40%	
B零件	10 000	40	16	60%	
合计	–	–	–	–	300 000

要求：(1) 计算企业的综合保本额和各零部件的保本额、保本量；(2) 计算企业的利润总额。

【计算题8】某企业只生产一种产品，本年该产品获得销售收入140 000元，税前利润10 000元，产品的贡献边际率为25%，销售量为20 000件。

要求：(1) 计算该产品本年的贡献边际总额和固定成本总额；(2) 计算销售量的利润灵敏度和固定成本的利润灵敏度；(3) 计算销售量增长10%时的利润增长率；(4) 计算目标利润增长8%时的固定成本变动值。

【计算题9】假定某企业的单价、单位变动成本与固定成本均为非确定因素，这些因素未来可能达到的水平及相关的概率情况如表4－4所示。假定2011年的目标利润为20 000元。

表4－4　　因素及概率的相关资料　　单位：元

因素 / 可能状况	单价		单位变动成本		固定成本	
	水平	概率	水平	概率	水平	概率
1	20	0.5	15	0.2	16 000	0.2
2	18	0.5	16	0.8	15 000	0.5
3					14 000	0.3

要求：(1) 计算期望的保利销售量；(2) 计算预计销售量为15 000件时的期望利润额。

二、案例及分析提示

【案例】　　美格家用电器的销售量预测

美格家用电器厂引进国外先进技术试制一批室内的清洁吸尘器。这种产品在当地还没有销售记录。于是企业决定聘请专家多人采用匿名方式预测该项新产品明年投放市场后可能达到的销售量。

在预测前，企业首先对产品的样式、特点和性能用途及可能的售价连同其他地区和国外市场的销售情况做了详细介绍，同时发给每人一张书面意见表，让各人进行判断，经过三次反馈，得到的销售预测资料如表4－5所示。

表4－5　　不同专家的销售量预测　　单位：台

专家姓名	第一次预测			第二次预测			第三次预测		
	最低	可能	最高	最低	可能	最高	最低	可能	最高
A	2 100	7 000	11 900	3 300	7 000	11 900	3 600	8 000	12 800
B	1 500	5 000	9 100	2 100	5 500	9 800	2 700	6 000	12 000
C	2 700	6 500	11 900	3 300	7 500	11 900	3 300	7 000	12 000
D	4 200	8 500	20 000	3 900	7 000	15 300	3 300	5 000	20 000
E	900	2 500	5 600	1 500	4 500	7 700	2 100	5 500	10 400
F	2 000	4 500	9 800	1 800	5 000	10 500	2 100	5 500	10 400
G	1 500	3 000	5 600	1 200	3 500	11 300	2 700	4 500	9 600
H	1 900	3 500	6 800	2 400	4 500	9 100	2 400	4 500	10 400
I	2 100	4 500	13 800	2 100	5 000	15 100	2 100	8 000	10 400
平均数	2 100	5 000	10 500	2 400	5 500	11 400	2 700	6 000	12 000

该企业的销售人员对如何预测其销售量产生两种不同意见：第一种认为，对上述资料加以整理，并预测最低销售量、可能销售量和最高销售量条件下的概率分别为0.2、0.5、0.3。认为在预测概率的基础上，只要结合概率将专家预测判断数加以平均即可；第二种认为，应排除专家预测中的各种最大和最小因素后，才能加以平均，平均时无需考虑其余各种情况的概率因素。

在销量预测的基础上，该企业预计每台售价为3 000元，产品的单位变动制造成本为1 200元，单位变动销售费为300元，单位变动管理费为300元，固定成本总额为400万元。

请思考：（1）上述两种销售量预测方案，哪种最合理并说明理由？具体预测的销售量应为多少？（2）预测该企业可能实现的利润以及产品的保本量？（3）依据目前的预测数据，计算美格电器的安全边际量？你认为该企业新产品的安全程度如何？

分析提示

（1）比较而言，第一种意见较第二种意见更加合理。因为未来的因素具有不确定性，在采用特尔菲法预测销售的基础上，结合概率判断将更为准确，故采用第一种意见。具体预测的销售量为：

最终的销售预测值 $=2\ 700\times0.2+6\ 000\times0.5+12\ 000\times0.3=7\ 140$（台）

（2）美格公司可能实现的利润为：

利润 $=7\ 140\times(3\ 000-1\ 200-300-300)-4\ 000\ 000=4\ 568\ 000$（元）

美格电器该产品的保本量 $=\dfrac{4\ 000\ 000}{3\ 000-1\ 200-300-300}=3\ 333$（台）

（3）依据目前的预测数据，计算的美格电器新产品的安全边际量和安全边际率分别为：

安全边际量 $=7\ 140-3\ 333=3\ 807$（台）

安全边际率 $=\dfrac{3\ 807}{7\ 140}\times100\%\approx53.32\%$

按照一般的判断标准，因为该企业的安全边际率超过了40%，所以该新产品的经营十分安全。

三、练习题参考答案

（一）单项选择题

1. B	2. A	3. C	4. D	5. B
6. A	7. D	8. C	9. A	10. B
11. C	12. B	13. A	14. D	15. B
16. A	17. C	18. A	19. C	20. A
21. A	22. A	23. A	24. B	25. A
26. C	27. A	28. C	29. D	30. A

（二）多项选择题

1. ABCD	2. ABC	3. ABC	4. AB	5. ABCD
6. ABCE	7. BDE	8. ABCD	9. ACE	10. CE
11. AB	12. ABC	13. ABCDE	14. ABCD	15. AB
16. ABCDE	17. ABCDE	18. ABCE	19. AB	20. ABCDE

21. ACDE　22. ABD　23. ACDE　24. ABCD　25. ACE
26. ACD　27. ABCD　28. CD

（三）判断题

1. ×　2. ×　3. ×　4. √　5. √
6. ×　7. ×　8. √　9. √　10. √
11. ×　12. √　13. √　14. ×　15. √
16. √　17. √　18. √　19. ×　20. √
21. ×　22. √　23. ×　24. ×　25. √
26. √　27. ×　28. ×

（四）计算题

【计算题1】

依题所给资料进行计算：

$$\text{本市平均每年需要量} = 3\,000\,000 \times \left(8\% - \frac{60\,000}{3\,000\,000} \times 100\%\right) \div (4-1) = 60\,000\text{（台）}$$

$$\text{2011年本企业预测销量} = \left(\text{本市平均每年需要量} + \text{本期外地需要量} - \text{本期外地供给量}\right) \times \text{本企业市场占有率}$$

$$= (60\,000 + 10\,000 - 6\,000) \times 40\%$$

$$= 25\,600\text{（台）}$$

【计算题2】

（1）2011年1月的预测销售量（$\overline{Q}_1$）$= \frac{118+120+116+118+120}{5} \approx 118$（件）

（2）如果以自然数为权数，全部加权平均法下：

$$\sum (Q_t \cdot W_t) = 100\times1 + 120\times2 + 110\times3 + 105\times4 + 110\times5 + 115\times6 + 120\times7 + 118\times8 + 120\times9 + 116\times10 + 118\times11 + 120\times12 = 9\,092\text{(件)}$$

$$\sum W_t = 1+2+3+4+5+6+7+8+9+10+11+12 = 78\text{(件)}$$

2011年1月的预测销售量（$\overline{Q}_1$）$= \frac{9\,092}{78} \approx 117$（件）

（3）如果以饱和权数为权数，移动加权平均法下：

令 $W_1 = 0.2$，$W_2 = 0.3$，$W_3 = 0.5$

2011年1月的预测销售量（$\overline{Q}_1$）$= 116\times0.2 + 118\times0.3 + 120\times0.5 \approx 119$（件）

【计算题3】

依据所给资料编制的平滑指数法预测如表4－6：

表 4-6　　平滑指数法预测　　单位：件

月份 t	销售量观测值 Q_t	平滑指数 α	前期实际销售量 Q_{t-1}	1-平滑指数 $(1-\alpha)$	前期预测销售量 $\overline{Q}_{t-1}$	预测销售量 Q_t
1	100	-	-	-	-	100
2	120	0.3	100	0.7	100	100
3	110	0.3	120	0.7	100	106
4	105	0.3	110	0.7	106	107.20
5	110	0.3	105	0.7	107.20	106.54
6	115	0.3	110	0.7	106.54	107.58
7	120	0.3	115	0.7	107.58	109.81
8	118	0.3	120	0.7	109.81	112.87
9	120	0.3	118	0.7	112.87	114.41
10	116	0.3	120	0.7	114.41	116.09
11	118	0.3	116	0.7	116.09	116.06
12	120	0.3	118	0.7	116.06	116.64
2011 年 1 月		0.3	120	0.7	116.64	117.65

表中计算结果表明：2011 年 1 月份的预测销售量约为 118 件。

【计算题 4】

（1）2010 年的实际利润 =（150-60）×30 000-300 000=2 400 000（元）

2011 年提出的初始目标利润 =20%×15 000 000=3 000 000（元）

$$\text{初始目标利润较上年的增长率} = \frac{3\ 000\ 000 - 2\ 400\ 000}{2\ 400\ 000} \times 100\% = 25\%$$

（2）$$\text{实现目标利润时的销售量} = \frac{3\ 000\ 000 + 300\ 000}{150 - 60} \approx 36\ 667\text{（个）}$$

实现目标利润时的销售额 =36 667×150=5 500 050（元）

（3）$$\text{保本销售量} = \frac{300\ 000}{150 - 60} \approx 333\text{（个）}$$

当销售量上升 10% 时的安全边际量 =30 000×（1+10%）-333=32 667（个）

（4）$$\text{单位变动成本的利润灵敏度} = \frac{60 \times 30\ 000}{2\ 400\ 000} \times 1\% = 0.75\%$$

【计算题 5】

（1）2011 年 A、B、C 三种产品的预计销售比重分别为 50%、30%、20%，第一步，按此比重调整基期销售利润率，则：

$$\text{按预计比重确定 2010 年的加权平均销售利润率} = 12\% \times 50\% + 10\% \times 30\% + 15\% \times 20\% = 12\%$$

第二步，计算 2011 年的总体目标销售利润率：

$$总体目标销售利润率_{2011} = 12\% + 2\% = 14\%$$

第三步，计算 2011 年的总体目标利润率预计完成百分比：

$$总体目标利润率预计完成百分比_{2011} = = \frac{14\%}{12\%} \times 100\% \approx 116.67\%$$

第四步，确定 2011 年各产品的目标利润率和利润额：

2011 年 A 产品的目标利润率 = 12% ×116.67% = 14%

2011 年 B 产品的目标利润率 = 10% ×116.67% = 11.67%

2011 年 C 产品的目标利润率 = 15% ×116.67% = 17.50%

2011 年 A 产品的目标利润 = 50 ×14% = 7（万元）

2011 年 B 产品的目标利润 = 30 ×11.67% = 3.5（万元）

2011 年 C 产品的目标利润 = 20 ×17.50% = 3.5（万元）

（2）首先依据三种产品的目标利润率测算应达到的总体目标利润率：

总体利润水平 = 14% ×50% + 10% ×30% + 17% ×20% = 13.4%

然后将 13.4% 与企业总体要求达到的目标销售利润率水平 14% 进行比较：

因为 13.4% < 14%

所以企业规划的总体目标利润不具有实现的可能性，说明所定目标利润率不合理。

【计算题 6】

（1）单位变动成本 = 20 ×（1 - 25%） = 15（元）

（2）$保本额 = \frac{30\ 000}{25\%} = 120\ 000$（元）

（3）$保利量 = \frac{30\ 000 + 40\ 000}{20 \times 25\%} = 14\ 000$（单位）

$保利额 = \frac{30\ 000 + 40\ 000}{25\%} = 280\ 000$（元）

（4）目标销售额下的安全边际额 = 280 000 - 120 000 = 160 000（元）

$目标销售额下的安全边际率 = \frac{160\ 000}{280\ 000} \times 100\% \approx 57.14\%$

【计算题 7】

（1）A 零件销售收入 = 20 000 ×20 = 400 000（元）

B 零件销售收入 = 10 000 ×40 = 400 000（元）

$A零件销售比重 = \frac{400\ 000}{400\ 000 + 400\ 000} \times 100\% = 50\%$

$B零件产售比重 = \frac{400\ 000}{400\ 000 + 400\ 000} \times 100\% = 50\%$

加权平均贡献毛益率 = 40% ×50% + 60% ×50% = 50%

$综合保本额 = \frac{300\ 000}{50\%} = 600\ 000$（元）

A零件保本额 $=600\ 000\times50\%=300\ 000$（元）

B零件保本额 $=600\ 000\times50\%=300\ 000$（元）

A零件保本量 $=\dfrac{300\ 000}{20}=15\ 000$（件）

B零件保本量 $=\dfrac{300\ 000}{40}=7\ 500$（件）

（2）企业的利润总额 $=(800\ 000-600\ 000)\times50\%=100\ 000$（元）

【计算题8】

（1）贡献边际总额 $=140\ 000\times25\%=35\ 000$（元）

固定成本 $=35\ 000-10\ 000=25\ 000$（元）

（2）销售量的利润灵敏度 $=\dfrac{35\ 000}{10\ 000}\times1\%=3.5\%$

固定成本的利润灵敏度 $=\dfrac{25\ 000}{10\ 000}\times1\%=2.5\%$

或 $=3.5\%-1=2.5\%$

（3）利润增长率 $=(-1)^{1+3}\times(+10)\times3.5\%=+35\%$

（4）实现目标利润增长率的固定成本变动率 $=(-1)^{1+4}\times\dfrac{8\%}{2.5\%}\times1\%=-3.2\%$

固定成本降低额 $=25\ 000\times(-3.2\%)=-800$（元）

【计算题9】

（1）单价的期望值 $=20\times0.5+18\times0.5=19$（元）

单位变动成本的期望值 $=15\times0.2+16\times0.8=15.8$（元）

固定成本的期望值 $=16\ 000\times0.2+15\ 000\times0.5+14\ 000\times0.3=14\ 900$（元）

期望的保利销售量 $=\dfrac{14\ 900+20\ 000}{19-15.8}\approx10\ 906$（件）

（2）当销售量为15 000件时的期望利润额：

期望利润额 $=(19-15.8)\times15\ 000-14\ 900=33\ 100$（元）

第五章　经营决策分析

一、练习题

（一）单项选择题

1. 下列各项中，不属于短期决策分析内容的是（　　）。

A. 短期价格决策　　B. 生产决策　　C. 长期投资决策　　D. 长期价格决策

2. 如果是风险型决策分析，要求必须具备的条件是（　　）。

A. 有备选方案即可

B. 备选方案中所涉及的因素是确定的

C. 备选方案中所涉及的因素是不确定的

D. 备选方案中所涉及的因素不确定，且已知概率

3. 下列各项中，属于经营决策分析特殊原则的是（　　）。

A. 最优化原则　　B. 相关性原则　　C. 科学性原则　　D. 合法性原则

4. 公司治理前提下，必须在财务提供的分析数据基础上，集体讨论并作出决定，绝不能高层领导个人说了算，该种思想体现了决策分析的（　　）。

A. 最优化原则　　B. 民主性原则　　C. 科学性原则　　D. 合法性原则

5. 重置成本的对立概念是（　　）。

A. 历史成本　　B. 沉没成本　　C. 专属成本　　D. 机会成本

6. 下列各项中，一定是无关成本的是（　　）。

A. 生产能力转移成本　　B. 联合成本

C. 追加固定成本　　D. 追加变动成本

7. 如果某企业存在实亏产品，此时该产品的（　　）。

A. 销售收入等于变动成本　　B. 销售收入低于固定成本

C. 销售收入低于变动成本　　D. 销售收入高于变动成本

8. 将决策分析区分为短期决策与长期决策所依据的分类标志是（　　）。

A. 决策的重要程度　　B. 决策条件的肯定程度

C. 决策规划的时间长短　　D. 决策解决的问题

9. 单一方案决策又称为（　　）。

A. 接受或拒绝方案决策　　B. 互斥方案决策

C. 排队方案决策　　D. 组合方案决策

10. 是否接受低价追加订货决策的类型属于（　　）。

A. 是否生产决策　　B. 生产什么决策　　C. 怎样生产决策　　D. 定价决策

11. 在零部件自制或外购的决策中，如果零部件的需用量尚不确定，应当采用的决策方式是（　　）。

A. 相关损益分析法　　B. 差别损益分析法
C. 相关成本分析法　　D. 成本无差别点法

12. 在新产品开发决策中，如果不追加专属成本，且生产经营能力不确定时，决策应采用的指标是（　　）。

A. 单位贡献毛益　　B. 单位资源贡献毛益
C. 贡献毛益总额　　D. 利润总额

13. 一个企业如果存在亏损产品，亏损产品是否停产取决于（　　）。

A. 亏损产品是否为主要产品　　B. 企业是否有剩余生产能力
C. 亏损产品能否提供贡献毛益　　D. 亏损产品能否提供销售毛利

14. 如果是短期经营决策，不应该包括的决策内容是（　　）。

A. 经济进货批量决策　　B. 生产设备选择决策
C. 生产何种新产品的决策　　D. 固定资产更新决策

15. 在零部件自制与外购决策中，若成本无差别点业务量为 5 000 件，该公司预计生产量为 6 000件，则应选择（　　）。

A. 自制　　B. 外购
C. 自制与外购都行　　D. 自制与外购之外的方式

16. 某企业 3 年前用 6 万元购买了一台专用机床，目前拟进行是自制还是外购决策，如果外购，该专用机床将承揽零星加工业务，专用机床的 6 万元是决策的（　　）。

A. 相关成本　　B. 沉没成本　　C. 差量成本　　D. 机会成本

17. 如果要解决具有线性关系的产品生产安排问题，可以采用的决策方法是（　　）。

A. 差别损益分析法　　B. 相关损益分析法
C. 线性规划法　　D. 边际分析法

18. 在企业剩余生产能力无法转移的条件下，如果某客户出价低于产品的单位产品成本，此时接受低价追加订货的前提条件是，客户出价（　　）。

A. 高于单位产品成本　　B. 高于单位变动生产成本
C. 高于单位变动成本　　D. 高于单位固定成本

19. 如果确定的是最优生产批量，要求（　　）。

A. 相关的调整准备成本与储存成本之和最低
B. 相关的调整准备成本与储存成本之和最高
C. 相关的订货成本与储存成本之和最低
D. 相关的订货成本与储存成本之和最高

20. 半成品深加工决策中，考虑的相关成本是（　　）。

A. 半成品固定成本　　B. 半成品变动成本
C. 继续生产半成品的加工成本　　D. 继续生产半成品的可分成本

21. 企业接受临时订单的价格底线是（　　）。

A. 单位成本　　B. 完全成本　　C. 变动成本　　D. 相关成本

22. 若要确定产品的最优价格，必须满足产品的（　　）。

A. 边际收入等于边际成本　　B. 边际收入大于边际成本

C. 边际收入小于边际成本　　D. 边际贡献等于固定成本

23. 在完全成本加成定价中，按照一定的加成率计算利润加成额，进而确定产品价格，所使用的加成率为（　　）。

A. 成本毛利率　　B. 成本营业贡献毛益率

C. 销售毛利率　　D. 营业贡献毛益率

24. 在变动成本加成定价法下，成本加成率的计算公式为（　　）。

A. $\frac{\text{非生产成本}+\text{利润}}{\text{非生产成本}}\times 100\%$

B. $\frac{\text{固定成本}+\text{利润}}{\text{变动生产成本}}\times 100\%$

C. $\frac{\text{变动非生产成本}+\text{固定成本}+\text{利润}}{\text{变动生产成本}}\times 100\%$

D. $\frac{\text{变动非生产成本}+\text{利润}}{\text{变动生产成本}}\times 100\%$

25. 实际工作中，企业常常采用的定价方法是（　　）。

A. 相关利润率定价法　　B. 成本加成定价法

C. 边际定价法　　D. 撇油定价法

26. 采用成本加成定价法和成本与相关利润率定价法所确定的价格是该产品的（　　）。

A. 最合理的价格　　B. 最易为市场所接受的价格

C. 价格下限值　　D. 价格上限值

27. 如果某产品的边际收入等于边际成本，则此时该产品的（　　）。

A. 税前利润最高　　B. 销售收入最大

C. 固定成本总额最低　　D. 变动成本总额最低

28. 新产品定价策略中，如果以低价先占有一定市场份额的定价方法是（　　）。

A. 撇油定价法　　B. 边际定价法　　C. 渗透定价法　　D. 成本加成定价法

29. 某零件的售价为 12 元，单位变动成本为 7 元，发生的固定成本总额为 1 600 元，目前月销售量为 1 200 件，若将价格调低为 11 元，则该零件的利润无差别点销售量为（　　）。

A. 1 300　　B. 1 400　　C. 1 500　　D. 1 600

30. 下列方法中，不能用于调价决策的方法是（　　）。

A. 利润增量法　　B. 成本加成法　　C. 价格弹性法　　D. 边际分析法

31. 某产品的价格提高 20%，同时需求量会降低 30%，则对于该产品可以采取的定价策略是（　　）。

A. 适当调高价格，保持较高利润　　B. 调低价格，薄利多销

C. 保持价格水平不变　　D. 以相同幅度调高调低价格均可

32. 如果以作业为基础定价，成本加成定价法下的加成率一定是（　　）。

A. 成本贡献毛益率　　B. 成本营业贡献毛益率

C. 成本变动率　　D. 成本毛利率

33. 如果是风险型生产决策，采用的决策方法是（　　）。

A. 大中取大分析法　　B. 小中取大分析法

C. 期望值分析法　　D. 折中决策分析法

34. 在非确定型生产决策分析中，如果决策者对未来持乐观态度，此时可以采用的决策分析方法是（　　）。

A. 大中取大分析法　　B. 小中取大分析法

C. 大中取小分析法　　D. 折中决策分析法

35. 在定价决策中，对于那些同类竞争产品差异性较大、不易仿制的产品最好采用（　　）。

A. 撇油定价法　　B. 边际定价法　　C. 渗透定价法　　D. 成本加成定价法

（二）多项选择题

1. 下列各项中，属于生产决策内容的有（　　）。

A. 最优售价组合决策

B. 产品组合决策

C. 是否转产或增产某种产品的决策

D. 亏损产品的决策

E. 新产品开发的品种决策

2. 经营决策分析中应遵循的一般原则有（　　）。

A. 最优化原则　　B. 逻辑性原则　　C. 科学性原则

D. 民主性原则　　E. 合法性原则

3. 下列各项中，属于相关成本的有（　　）。

A. 沉没成本　　B. 重置成本　　C. 专属成本

D. 机会成本　　E. 增量成本

4. 下列各项中，属于无关成本的有（　　）。

A. 历史成本　　B. 沉没成本　　C. 共同成本

D. 可延缓成本　　E. 已计提的设备折旧费

5. 与相关性原则关联的特定决策分析方法有（　　）。

A. 相关成本分析法　　B. 相关损益分析法　　C. 差别损益分析法

D. 贡献毛益总额分析法　　E. 单位资源贡献毛益分析法

6. 不受相关性原则制约的经营决策方法有（　　）。

A. 相关成本分析法　　B. 线性规划法　　C. 边际分析法

D. 利润无差别点法　　E. 总额分析法

7. 生产品种决策分析解决的是生产哪种产品的决策问题，主要包括的决策内容有（　　）。

A. 是否转产其他产品的品种决策分析

B. 新产品开发的品种决策分析

C. 最优生产批量决策分析

D. 多项约束条件制约下的两种产品数量安排决策分析

E. 一项约束条件制约下的生产安排决策分析

8. 当亏损产品的剩余生产能力无法转移时，亏损产品不应停产的条件有（　　）。

A. 该亏损产品的变动成本率大于1
B. 该亏损产品的变动成本率小于1
C. 该亏损产品的贡献毛益率大于零
D. 该亏损产品的单位贡献毛益率大于零
E. 该亏损产品的贡献毛益率大于零

9. 由经营决策分析的特殊原则所决定，决策分析中主要考虑的因素有（　　）。

A. 相关业务量　　B. 相关收入　　C. 相关成本
D. 总成本　　E. 总收入

10. 在亏损产品决策分析中，可能涉及的相关成本有（　　）。

A. 增量成本　　B. 边际成本　　C. 机会成本
D. 重置成本　　E. 专属成本

11. 在是否接受低价追加订货决策分析中，可以采用的决策分析方法有（　　）。

A. 相关损益分析法　　B. 差别损益分析法　　C. 总额分析法
D. 相关成本分析法　　E. 利润无差别点法

12. 如果要进行生产安排决策，可以采用的生产决策分析方法有（　　）。

A. 单位资源贡献毛益分析法　　B. 贡献毛益总额分析法　　C. 差别损益分析法
D. 线性规划分析法　　E. 成本无差别点分析法

13. 最优生产批量决策分析中的相关成本有（　　）。

A. 直接材料成本　　B. 订货成本　　C. 储存成本
D. 调整准备成本　　E. 生产成本

14. 如果要对零部件自制与外购进行决策，可能采用的决策分析方法有（　　）。

A. 差别损益分析法　　B. 相关损益分析法　　C. 相关成本分析法
D. 成本无差别点法　　E. 直接判断

15. 关于总额分析法，下列说法正确的有（　　）。

A. 不需要区分相关成本和无关成本　　B. 需要扣除无关成本
C. 以利润或成本总额为决策指标　　D. 不需要区分相关收入和无关收入
E. 所有的收入、成本都考虑

16. 产品定价决策分析中，需要考虑的因素有（　　）。

A. 成本　　B. 产量　　C. 投资收益
D. 供需情况　　E. 市场竞争情况

17. 关于短期价格决策，下列说法正确的有（　　）。

A. 客户对价格十分敏感
B. 客户出价常常高于单位产品成本
C. 决策时需要区分相关成本和无关成本
D. 可以依据单位额进行决策
E. 相关成本是企业接受临时订单的价格底线

18. 短期价格决策与生产决策中的是否接受低价追加订货决策十分相似，但二者采用的决策分析方法不同，二者的共同之处在于（ ）。

A. 都是临时订单决策　B. 都是长期订单决策　C. 订货的数量都已经确定

D. 订货的数量都不确定　E. 都需要区分相关成本和无关成本

19. 关于长期价格决策，下列说法正确的有（ ）。

A. 所涉及的订单属于长期合作订单　B. 客户出价一般不会太低

C. 客户出价常常高于单位产品成本　D. 定价需要考虑所有的成本

E. 客户出价常常高于单位变动生产成本

20. 成本加成定价法下考虑补偿的成本有（ ）。

A. 直接材料　B. 直接人工　C. 变动性制造费用

D. 固定性制造费用　E. 期间成本

21. 如果要确定产品的售价，可以采用的产品定价方法有（ ）。

A. 成本加成定价法　B. 边际分析法　C. 撇油定价法

D. 渗透定价法　E. 利润无差别点法

22. 常被用于新产品定价的方法有（ ）。

A. 渗透定价法　B. 利润无差别点法　C. 撇油定价法

D. 成本加成定价法　E. 利润增量法

23. 产品调价决策时，若要调价必须满足（ ）。

A. 调价后预计可实现的销售量大于利润无差别点销售量

B. 价格弹性大于 1

C. 价格弹性小于 1

D. 边际收入大于边际成本

E. 边际收入小于边际成本

24. 某种商品的价格弹性大，则满足（ ）。

A. 价格弹性的绝对值大于 1

B. 价格弹性的绝对值小于 1

C. 价格下降的幅度会低于需求增长的幅度

D. 价格下降会促使需求大大提高，适用于薄利多销的策略

E. 价格下降对需求量影响不大，应该适当提高价格

25. 下列各项中，属于长期价格决策方法的有（ ）。

A. 利润无差别点法

B. 成本加成定价法

C. 成本与相关利润率定价法

D. 边际分析法

E. 渗透定价法

26. 产品调整决策分析中，可以采用的调价决策分析方法有（ ）。

A. 利润无差别点法　B. 利润增量法　C. 价格弹性法

D. 边际分析法　E. 撇油定价法

27. 下列各项中，关于边际分析法说法正确的有（ ）。

A. 这种方法既可以用于降价分析，也可以用于提价分析
B. 边际利润大于零时应该降价
C. 边际利润小于零时应该降价
D. 边际利润为零时意味着再降价无意义
E. 对于离散型函数，如果不存在边际利润等于零这一点，则无法选择最优售价

28. 以作业为基础进行生产决策分析时，可以采用的决策分析方法有（　　）。
A. 相关成本分析法　　B. 成本无差别点法　　C. 相关损益分析法
D. 利润无差别点分析法　　E. 总额分析法

29. 如果是不确定型生产决策，可以采用的生产决策分析方法有（　　）。
A. 期望值分析法　　B. 大中取大分析法　　C. 小中取大分析法
D. 大中取小分析法　　E. 折中决策分析法

30. 如果以作业为基础定价，成本加成定价法下考虑的成本有（　　）。
A. 单位层作业成本　　B. 批量层作业成本　　C. 公司层作业成本
D. 产品层作业成本　　E. 非生产成本

（三）判断题

1. 经营决策分析必须在定量计算的基础上，同时进行定性分析并进行综合决策，只有这样，才能使决策结果正确。（　　）

2. 决策分析贯穿于企业生产经营活动的始终，管理会计人员为领导的瞬间决定提供数据支撑，是高层领导决策的基础。（　　）

3. 是否接受低价追加订货的决策中应该考虑固定成本。（　　）

4. 新产品开发的品种决策分析需要区分相关成本和无关成本。（　　）

5. 零部件自制与外购的决策分析中应该同时考虑相关成本和固定成本。（　　）

6. 伴随决策方案发生的变动成本，是该方案的专属成本，决策时必须考虑。（　　）

7. 由于不可避免成本是管理当局决策行动无法改变的成本，所以决策分析时必须考虑。（　　）

8. 凡是亏损产品都应该停止生产。（　　）

9. 机器设备的折旧，有时是决策分析的相关成本，有时又是无关成本。（　　）

10. 在两个备选方案决策中，只要其中一个方案的单位贡献毛益比另一个大，该方案就是最优方案。（　　）

11. 采用单位贡献边际毛益分析法与贡献毛益总额分析法分析的指标不同，得出的结论也不同。（　　）

12. 如果一项资产只能实现某一职能而不能用于实现其他职能时，就不会产生机会成本。（　　）

13. 由于外购零件而使得剩余生产能力出租获得的租金收入，应作为自制方案的机会成本考虑。（　　）

14. 一般而言，生产工艺越先进，其单位变动成本越高，固定成本越低。（　　）

15. 追求最大利润就意味着追求最高价格。（　　）

16. 凡固定成本都是无关成本，凡变动成本都是相关成本。（ ）

17. 利润无差别点法和边际分析法既适用于生产决策，也适用于定价决策。（ ）

18. 在产品的定价决策中，成本是影响价格的唯一因素。（ ）

19. 如果产品具有差异化，企业常常会定高价，这种价格与产品成本的高低没有直接联系。（ ）

20. 企业在利用剩余生产能力接受短期价格决策中，只要订单的报价大于变动成本就可以接受。（ ）

21. 成本加成定价法容易让人产生成本越高、利润越高的误解。（ ）

22. 当边际收入等于边际成本，边际利润等于零时，产品销售利润达到极大值，此时售价即为最优售价。（ ）

23. 边际分析法仅适用于分析产品应否降价而不适用于分析产品应否提价。（ ）

24. 凡客户出价高于单位变动成本就应该接受。（ ）

25. 企业利用成本加成定价法进行价格决策时所使用的加成率是根据历史数据计算得来的。（ ）

26. 利润增量法进行调价决策不适用于调价后成本发生变化的情况。（ ）

27. 如果调价后的预计销售量大于利润无差别点销售量，此时应该进行调价。（ ）

28. 渗透定价法可以用于新产品定价，它是一种先高后低的定价策略。（ ）

29. 对于价格需求弹性大的商品，应采用薄利多销的策略，以增加产品的利润。（ ）

30. 以市场需求为基础定价法虽然计算结果较为精确，但由于相关数据取得困难，所以实务中企业多采用成本加成法定价。（ ）

31. 加入作业因素进行生产决策后，作业会影响决策方案的固定成本，并改变采用的决策方法。（ ）

32. 大中取小分析法是指在几种不确定的随机事件中，选择最大后悔值中的最小值的方案作为中选方案的一种决策方法。（ ）

（四）计算题

【计算题1】某企业生产A、B、C三种产品，年度会计决算结果：A产品盈利75 000元、B产品盈利19 000元、C产品亏损60 000元。相关资料如表5－1所示，表5－1中的固定成本按变动成本总额分配。

表5－1 资 料 单位：元

项 目	产品A	产品B	产品C	合 计
销售量	1 000	1 200	1 800	
单位售价	900	700	500	
单位变动成本	700	580	450	
单位贡献毛益	200	120	50	
贡献毛益总额	200 000	144 000	90 000	434 000
固定成本	126 927	126 201	146 872	400 000
利润	73 073	17 799	－56 872	34 000

要求：(1) 如果停止生产亏损产品，计算企业的利润总额；(2) 做出C产品是否停产的决策并分析原因；(3) 如果C产品的生产能力可以对外出租，预计全年可获得租金收入10 000元，C产品应否停产？

【计算题2】某厂生产A产品，所需的甲零件由一车间生产，明年共需生产甲零件18 000个，如果外购每个进价60元。如果一车间生产，每个零件发生直接材料费30元，直接人工费20元，变动制造费用8元，固定制造费用6元，合计64元。

要求：(1) 如果车间设备如不接受自制，也不作其他安排，做出零件是自制还是外购的决策；(2) 如果车间设备不接受自制，闲置能力可以承揽零星加工业务，预计获得收入80 000元，发生变动成本30 000元，固定制造费用照样发生，做出零件是自制还是外购的决策。

【计算题3】某企业原来生产的半成品对外销售，现根据生产能力和市场需要，计划将半成品进一步加工为A产成品后对外销售，另外继续加工需要向银行借款购买设备，新设备的年折旧费为30 000元，当年需支付利息22 500元，其他资料如表5－2所示。

表5－2　　资　料　　单位：元

项　目	半成品	A产成品
单价	60	100
单位产品成本：	42	78
单位变动成本	30	62
单位固定成本	12	16
销售数量	20 000	18 000

表5－2产成品中的单位固定成本是生产过程中按销售收入比例分摊的固定成本，不包括新购设备的折旧费。

要求：利用差别损益分析对企业计划作出决策。

【计算题4】某企业生产甲、乙、丙三种联产品，年产量分别为2 500千克、1 500千克、1 000千克。全年共发生500 000元的联合成本，每种联产品分配的联合成本分别是225 000元、135 000元、140 000元。其中甲联产品可以直接出售，也可以深加工为丁产品再出售，每深加工1千克的甲产品需额外追加可分成本40元。甲联产品与丁产品的投入产出比例为1:0.9。如果企业额外支付30 000元租金租入一台设备，可以将甲产品全部深加工为丁产品。甲、乙、丙、丁四种产品的单价分别是160元、190元、135元、250元。

要求：完成表5－3。

表 5-3　　差别损益分析　　单位：元

方案 / 项目	深加工为丁产品	直接出售甲	差异额
相关收入 相关成本			
差别损益			
决策：			

【计算题 5】某企业制造甲产品，年设计能力为 10 000 件，销售单价为 68 元，相关成本数据如下：直接材料 20 元；直接人工 16 元；制造费用 20 元，其中变动性制造费用 8 元；固定性制造费用 12 元，单位成本合计 56 元。该企业每年有 35% 的剩余生产能力未被利用。几种不相关的情况：一是现有一用户提出订货 3 000 件，每件出价 47 元，剩余生产能力无法转移；二是现有一用户提出订货 5 000 件，每件出价 56 元，接受订货需要临时租入设备，租金为 38 000 元，若不接受订货可将剩余生产能力承揽零星加工业务，预计获得贡献毛益 1 300 元。

要求：（1）对情况一直接做出决策；（2）对情况二，计算差别收入、差别成本和差别损益并做出决策。

【计算题 6】某公司生产 A、B、C 三种产品，目前三种产品每月已接订单数量分别为：200 件、100 件、80 件。每季度可以利用的最大工时是 2 000 小时，三种产品每月最高产能分别是：300 件、200 件、150 件。该企业认为每种产品的产能利用率可以达到 85%，预计产品有销路。三种产品的相关资料如表 5-4 所示。

表 5-4　　资　料　　单位：元，小时

产品 / 项目	A	B	C
售价	50	60	80
单位直接材料	10	12	20
单位直接人工	14	8	15
单位变动性制造费用	5	11	10
单位固定性制造费用	6	10	12
单位产品利润	15	19	23
单位产品工时	2	5	10

要求：确定每种产品的生产量。

【计算题 7】某企业投资 1 200 万元生产甲产品，根据市场调查，甲产品预计每年销售 50 万件，甲产品单位成本有关资料表 5－5 所示。该企业期望的投资报酬率为 25%。

表 5－5　　甲产品单位成本资料　　单位：元

项　　目	金　　额
直接材料	18
直接人工	12
变动制造费用	9
固定制造费用	21
变动销售及管理费用	6
固定销售及管理费用	3
单位成本合计	69

要求：(1) 利用完全成本加成定价法确定甲产品的售价；(2) 利用变动成本加成定价法确定甲产品的售价。

【计算题 8】 某企业甲产品的预计销售量、成本资料如表 5－6 所示。

表 5－6　　甲产品相关资料　　单位：元

单　　价	预计销售量（件）	单位变动成本	固定成本总额
15	100	5	800
14	120	5	800
13	140	5	800
12	160	5	800
11	180	6	800
10	200	6	800
9	220	6	800
8	240	6	800

要求：确定最优价格。

【计算题 9】 某企业生产一种 A 产品，目前单位产品售价 300 元，可销售 600 件，A 产品的单位变动成本为 150 元，每年发生固定成本 30 000 元，该企业年最大生产能力为 800 件。A 产品的价格每变动 1% 可使销售量变动 3%，当产量超过企业最大生产能力时，扩大的产量在 150 件内将增加固定成本 15%。

要求：就三种不同情况，单价降低 6%；单价提高 6%；单价降低 12% 利用利润无差别点法做出应否调价的决策。

【**计算题10**】某公司准备开发一种新产品。根据市场调查，提出三种不同的生产方案，每种方案都面临三种市场状况，有关各种状况下的贡献毛益总额资料如表5－7所示。

表5－7　　贡献毛益资料　　单位：元

方案	最好	最有可能	最坏
方案一	54 000	42 000	30 400
方案二	70 000	40 000	34 000
方案三	82 000	38 000	26 000

要求：(1) 直接采用大中取大法和小中取大法进行判断决策；(2) 采用大中取小法以及折中法（$\alpha=0.6$）做出决策。

二、案例及分析提示

【**案例1**】　　南阳公司生产的新产品

由于市场变化，南阳公司准备投产一种新产品：D或E。限于生产能力制约，该公司只能生产两种新产品中的一种。D产品和E产品的相关资料如表5－8所示，南阳公司的固定成本是18 000元。

表9　　资　　料

项目＼产品	D	E
产销量（件）	200	1 000
单价（元）	40	15
单位变动成本（元）	20.5	9

南阳公司最终决定生产E产品，按销售收入比例分摊固定成本之后，E产品的单位固定成本为2元。该公司在生产E产品一段时间后，发现九州公司也在生产E产品，由于九州公司的规模较大，生产工艺先进，E产品的售价仅为10元。

请思考：(1) 南阳公司决定生产E产品是否正确？(2) 对于E产品，南阳公司应该自制还是向九州公司采购？(3) 南阳公司应该如何定价？

分析提示

(1) 开发新产品不需要考虑固定成本，因为固定成本属于沉没成本。由于相关成本只有变动成本，因此可以直接比较二者的贡献毛益：

D产品贡献毛益 $=40\times200-20.5\times200=3\ 900$（元）

E产品贡献毛益 $=15\times1\ 000-9\times1\ 000=6\ 000$（元）

由于E的贡献毛益高于D，所以应该投产新产品E，显然该公司的决策是正确的，这样可以使企业多获利2 100元（6 000 - 3 900）。

（2）自制发生的单位固定成本2元与决策无关，不考虑，相关成本只有变动成本。由于没有其他相关成本，只要直接比较自制与外购的单位相关成本即可决策。因为自制的单位变动生产成本为9元<外购的单价（10元），所以E产品应该自制。

（3）由于E产品为新产品，无论是否生产固定成本均发生，因此为击败竞争对手，该公司出价可以低于10元，但不能低于9元。

【案例2】 旺角牛排老板的难题

旺角牛排是市中心一家以其独特的牛排饭出名的餐馆，该餐馆只供应牛排套餐，并有各种不同的样式，以适应不同的口味。旺角牛排初始投资为40 000元，据市场调查及行业经验预计每天业务量水平为4 000份。正常每份旺角牛排饭的成本资料如表5 - 9所示。

表5 - 9 **1份旺角牛排饭的成本资料** 单位：元

项　目	金　额
直接材料费	6
直接人工费	4
变动制造费用	3
固定制造费用	3
变动管理费用	2
固定管理费用	2

旺角牛排老板要求的投资报酬率为15%，旺角牛排饭每天最大的生产能力是4 500份。

最近，旺角牛排收到了一份外资企业的订单，该订单要求按每天每份15元提供1 000份，必须全部送到，否则拒绝订货。

请思考：（1）如果采用完全成本加成法定价，牛排的价格是多少？（2）如果采用变动成本加成法定价，牛排价格与完全成本加成法所定价格是否相等？（3）旺角牛排是否应该接受这份订单？（4）若接受这份订单应该具备什么条件？

分析提示

（1）采用完全成本法计算：

单位生产成本 = 6 + 4 + 3 + 3 = 16（元）

单位非生产成本 = 2 + 2 = 4（元）

$$成本毛利率 = \frac{4\ 000 \times 4 + 40\ 000 \times 15\%}{4\ 000 \times 16} \times 100\% = 34.38\%$$

产品售价 = 16 ×（1 + 34.38%）= 21.5（元）

（2）如果采用变动成本加成法定价，所定价格应该与完全成本加成法定价结果一致，因为补偿的成本和利润相同。计算如下：

单位变动生产成本 =6 +4 +3 =13（元）

单位变动非生产成本 =2（元）

固定成本 =4 000 ×（3 +2）=20 000（万元）

$$成本营业贡献毛益率 = \frac{4\ 000 \times 2 + 20\ 000 + 40\ 000 \times 15\%}{4\ 000 \times 13} \times 100\% = 64.77\%$$

产品售价 =13 ×（1 +64.77%）=21.5（元）

（3）如果接受1 000份订单，会减少正常业务量500份。

由于该业务量的减少而造成的损失为：500 ×（21.5 –13）=4 250（元）

而1 000份订单产生的贡献毛益为：1 000 ×（15 –13）=2 000（元）

由于接受1 000份特殊订单产生的贡献毛益小于因减少正常业务量所产生的机会成本4 250元，所以不能接受该特殊订单，否则企业将损失2 250元（4 250 –2 000）。

（4）如果要接受此订单，至少要保证订单的贡献毛益能够弥补正常减产的损失。

三、练习题参考答案

（一）单项选择题

1. C	2. D	3. B	4. B	5. A	6. B	7. C
8. C	9. A	10. A	11. D	12. B	13. C	14. D
15. A	16. B	17. C	18. B	19. A	20. C	21. D
22. A	23. A	24. C	25. B	26. D	27. A	28. C
29. C	30. B	31. B	32. D	33. C	34. A	35. A

（二）多项选择题

1. BCDE	2. ACDE	3. BCDE	4. ABCDE	5. ABCDE	6. BCDE
7. AB	8. BCDE	9. ABC	10. ACE	11. ABC	12. AD
13. CD	14. CDE	15. ACDE	16. ABCDE	17. ACDE	18. ACE
19. ABCD	20. ABCDE	21. ABCD	22. AC	23. ABD	24. ACD
25. BCDE	26. ABCD	27. ABD	28. ABCDE	29. BCDE	30. ABCDE

（三）判断题

1. √	2. √	3. ×	4. √	5. ×	6. ×	7. ×	8. ×
9. √	10. ×	11. ×	12. √	13. √	14. ×	15. ×	16. ×
17. √	18. ×	19. √	20. ×	21. √	22. √	23. ×	24. ×
25. ×	26. √	27. √	28. ×	29. √	30. √	31. ×	32. √

（四）计算题

【计算题1】

（1）假设停止生产C产品，企业的利润总额计算如表5 –10所示：

表 5－10 **利润总额** 单位：元

项　目	产品 A	产品 B	合　计
销售收入	900 000	840 000	1 740 000
变动成本	700 000	696 000	1 396 000
边际贡献总额	200 000	144 000	344 000
固定成本	200 573	199 427	400 000
利润	－573	－55 427	－56 000

（2）由于停产 C 产品，会使企业整体利润由 34 000 元，变成亏损 56 000 元，所以不应该停止 C 产品的生产。这是因为固定成本属于沉没成本，无论是否生产 C 产品，它都将发生，产品 C 虽然亏损，但仍能获得贡献毛益总额 90 000 元，这样可以弥补部分固定成本，从而使企业获利；否则停产，固定成本照样发生，由此导致贡献毛益总额降低，从而导致企业亏损。

（3）C 产品对外出租获得的租金收入 10 000 元，为继续生产亏损产品的机会成本，因为 C 产品的贡献毛益为 90 000 元，高于机会成本，所以应继续生产亏损产品。

【计算题 2】

（1）固定成本属于沉没成本，不考虑。

自制零件的相关单位成本＝30＋20＋8＝58（元）

因为自制零件的相关单位成本＜外购零件下的采购价

所以应该自制零件，这样可以多获利润 36 000 元，计算如下：

（60－58）×18 000＝36 000（元）

（2）固定成本属于沉没成本，不考虑，所获零星加工业务贡献毛益属于自制零件的机会成本。

自制零件的相关成本＝58×18 000＋（80 000－30 000）＝1 094 000（元）

外购相关成本＝60×18 000＝1 080 000（元）

因为自制零件的相关成本＞外购零件下的采购成本，所以应该外购零件，这样可以多获利润 14 000 元。

【计算题 3】

发生的半成品成本以及产成品分摊的固定成本属于沉没成本，不考虑。据此编制的差别损益分析表如表 5－11 所示：

表 5－11 **差别损益分析表** 单位：元

方案 项目	加工为 A 产成品	直接出售半成品	差异额
相关收入	18 000×100＝1 800 000	20 000×60＝1 200 000	600 000
相关成本	412 500	0	412 500
其中：追加成本	（78－42－16）×18 000＝360 000	0	
专属成本	30 000＋22 500＝52 500	0	
差别损益			＋187 500

因为差别损益 >0，所以应该采用企业计划，将半成品继续加工为 A 产成品后再出售。

【计算题 4】

表 5 - 12　差别损益分析　单位：元

项目＼方案	深加工为丁产品	直接出售甲	差异额
相关收入	2 500 ×0. 9 ×250 =562 500	2 500 ×160 =400 000	162 500
相关成本	2 500 ×40 +30 000 =130 000	0	130 000
差别损益			32 500

决策：因为差别损益大于零，所以应该深加工甲为丁，这样可多获利 32 500 元。

【计算题 5】

（1）固定性制造费用属于无关成本。相关成本只有单位变动生产成本，为 44 元（20 +16 +8），因为追加订货的单价 47 元 > 单位变动生产成本，所以应该接受追加订货，这样可以使企业利润增加 9 000 元［(47 -44)　×3 000］。

（2）差别收入 =5 000 ×56 -0 = +280 000（元）

差别成本 =5 000 ×44 +1 300 +38 000 -0 = +259 300（元）

差别损益 =280 000 -259 300 = +20 700（元）

因为差别损益 >0，所以应该接受订货。

【计算题 6】

依据所给资料计算每种产品的单位贡献毛益及每小时的贡献毛益如表 5 - 13 所示：

表 5 - 13　贡献毛益

项目＼产品	A	B	C
单位贡献毛益	21	29	35
单位产品工时	2	5	10
小时贡献毛益	10. 5	5. 8	3. 5

根据小时贡献毛益，确定的生产安排顺序是：A、B、C。

已接订单所需时间 =200 ×2 +100 ×5 +80 ×10 =1 700（小时）

剩余生产工时 =2 000 -1 700 =300（小时）

A 可以再安排的生产数量 =300 ×85% -200 =55（件）

B 可以再安排的生产数量 =（300 -55 ×2）÷5 =38（件）

A、B、C三种产品的生产量分别为255件、138件、80件。

【计算题7】

（1）采用完全成本法计算：

单位生产成本 = 18 + 12 + 9 + 21 = 60（元）

非生产成本 = 50 ×（6 + 3）= 450（万元）

$$成本毛利率 = \frac{450 + 1\ 200 \times 25\%}{50 \times 60} \times 100\% = 25\%$$

产品售价 = 60 ×（1 + 25%）= 75（元）

（2）采用变动成本法计算：

单位变动生产成本 = 18 + 12 + 9 = 39（元）

单位变动非生产成本 = 6（元）

固定成本 = 50 ×（21 + 3）= 1 200（万元）

$$成本营业贡献毛益率 = \frac{6 \times 50 + 1\ 200 + 1\ 200 \times 25\%}{50 \times 36} \times 100\% \approx 92.31\%$$

产品售价 = 39 ×（1 + 92.31%）≈ 75（元）

【计算题8】采用边际利润分析法进行分析，相应指标计算表5－14如下：

表5－14　　边际利润分析　　单位：元

单价	预计销售量	销售收入	边际收入	固定成本	变动成本	总成本	边际成本	边际利润	利润
15	100	1 500	－	800	500	1 300	－	－	200
14	120	1 680	180	800	600	1 400	100	80	280
13	140	1 820	140	800	700	1 500	100	40	320
12	160	1 920	100	800	800	1 600	100	0	320
11	180	1 980	60	800	1 080	1 880	280	－220	100
10	200	2 000	20	800	1 200	2 000	120	－100	0
9	220	1 980	－20	800	1 320	2 120	120	－140	－140
8	240	1 920	－60	800	1 440	2 240	120	－180	－320

计算结果表明，当单价为12元时，边际成本等于边际收入，边际利润为零，此时利润最大，则单价12元为最优售价。

【计算题9】

（1）单价降低6%，销售量提高18%（6×3%），则：

预计销售量 = 600 ×（1 + 18%）= 708（件）

调价前利润 =（300 － 150）× 600 － 30 000 = 60 000（元）

拟调单位产品售价 = 300 × （1 − 6%） = 282（元）

利润无差别点销售量（x_0） $= \frac{30\ 000 + 60\ 000}{282 - 150} \approx 682$（件）

因为预计销售量 708 件大于利润无差别点销售量，且不超过最大生产能力 800 件，所以调价方案可行。

（2）单价提高 6%，可使销售量下降 18%（6 × 3%），则：

预计销售量 = 600 × （1 − 18%） = 492（件）

拟调售价 = 300 × （1 + 6%） = 318（元）

利润无差别点销售量（x_0） $= \frac{30\ 000 + 60\ 000}{318 - 150} \approx 536$（件）

因为预计销售量为 492 件，小于利润无差别点销售量，所以调价方案不可行。

（3）单价降低 12%，可使销售量提高 36%（12 × 3%），则：

预计销售量 = 600 × （1 + 36%） = 816（件）

拟调售价 = 300 × （1 − 12%） = 264（元）

预计销售量超过企业最大生产能力，若要扩大生产，需追加固定成本：

追加固定成本 = 30 000 × 15% = 4 500（元）

利润无差别点销售量（x_0） $= \frac{30\ 000 + 4\ 500 + 60\ 000}{264 - 150} \approx 829$（件）

因为预计销售量 816 件小于利润无差别点销售量，所以调价方案不可行。

【计算题 10】

（1）如果采用大中取大法决策，应从最好的市场中选择收益值最大的方案，应该是方案三；如果采用小中取大法决策，应从最坏的市场中选择收益值最大的方案，应该是方案二。

（2）采用大中取小法，编制后悔值分析表 5 − 15：

表 5 − 15 **后悔值分析** 单位：元

方案	最好	最有可能	最坏	最大后悔值
方案一	82 000 − 54 000 = 28 000	0	34 000 − 30 400 = 3 600	28 000
方案二	82 000 − 70 000 = 12 000	42 000 − 40 000 = 2 000	0	12 000
方案三	0	42 000 − 38 000 = 4 000	34 000 − 26 000 = 8 000	8 000

比较后悔值，选择最小的，应该选择方案三。

如果采用折中分析法，$\alpha = 0.6$，则有：

方案一的预期收益 = 54 000 × 0.6 + 30 400 × （1 − 0.6） = 44 560（元）

方案二的预期收益 = 70 000 × 0.6 + 34 000 × （1 − 0.6） = 55 600（元）

方案三的预期收益 = 82 000 × 0.6 + 26 000 × （1 − 0.6） = 59 600（元）

预期收益最大值为 59 600，因此应选择方案三。

第六章　全面预算管理与全面预算

一、练习题

（一）单项选择题

1. 全面预算管理体系的实施主体是（　　）。
   A. 预算管理的内容体系　　B. 预算管理的制度体系
   C. 预算管理的组织体系　　D. 预算管理的基础体系
2. 下列各项中，能够适应多种业务量水平并能克服固定预算方法缺点的预算方法是（　　）。
   A. 弹性预算方法　　B. 增量预算方法
   C. 零基预算方法　　D. 滚动预算方法
3. 以预算期内正常的、可实现的某一业务量水平为唯一基础来编制预算的方法称为（　　）。
   A. 零基预算　　B. 定期预算　　C. 固定预算　　D. 滚动预算
4. 下列预算中，与生产预算编制没有直接联系的预算是（　　）。
   A. 直接材料采购预算　　B. 变动性制造费用预算
   C. 销售及管理费用预算　　D. 直接人工预算
5. 全面预算的预算期通常为（　　）。
   A. 1 年　　B. 1 个月　　C. 半年　　D. 1 季度
6. 编制全面预算的起点是（　　）。
   A. 产品成本预算　　B. 生产预算　　C. 销售费用预算　　D. 销售预算
7. 下列各项中，不属于预算管理办公室职责的是（　　）。
   A. 起草制定预算管理制度　　B. 下达年度预算编制的总体要求
   C. 预算汇总与审核　　D. 解决预算执行中的冲突
8. 下列各项中，不属于全面预算管理内容体系的是（　　）。
   A. 预测经济指标　　B. 编制预算　　C. 制定定额　　D. 预算评价与考核
9. 关于滚动预算，下列说法错误的是（　　）。
   A. 滚动预算可以克服定期预算的缺陷
   B. 滚动预算也称为永续预算或连续预算
   C. 滚动预算的预算期要与会计年度挂钩
   D. 滚动预算可以保证预算的连续性和完整性
10. 关于零基预算，下列说法中错误的是（　　）。
   A. 零基预算是为区别传统增量预算而设计的一种预算
   B. 零基预算有可能使不必要的开支合理化

C. 零基预算不论基期费用为多少，一切均从零开始编制预算

D. 零基预算，需要逐项审议各种费用支出是否必要合理

11. 拥有发达的 ERP 信息系统，且文化基础深厚，职工素质较高，管理理念和技术水平比较先进的大型企业集团最适合采用（　　）。

A. 集权式预算编制模式　　B. 分权式预算编制模式

C. 适度分权式预算编制模式　　D. 适度集权式预算编制模式

12. 某企业编制第四季度的直接材料消耗与采购预算，预计期初材料存货量为 500 千克，季度生产需用量为 2 700 千克，期末存货量为 300 千克，材料采购单价为 20 元。若材料采购货款有 60% 当期付清，另外 40% 在下季度付清，则该企业预计资产负债表年末“应付账款”项目预算数为（　　）。

A. 20 000 元　　B. 25 000 元　　C. 30 000 元　　D. 35 000 元

13. 全面预算管理的前提是进行（　　）。

A. 战略规划　　B. 市场预测　　C. 销售预算　　D. 预测决策

14. 企业全面预算体系的终结为（　　）。

A. 现金预算　　B. 销售预算　　C. 预计财务报表　　D. 资本支出预算

15. 下列各项中，现金预算不反映的是（　　）。

A. 期初现金余额　　B. 产销量情况　　C. 现金收支情况　　D. 现金筹措情况

16. 下列预算编制方法中，仅仅适用于成本费用预算编制的是（　　）。

A. 定期预算　　B. 零基预算　　C. 固定预算　　D. 滚动预算

17. 全面预算管理的最高权力机构是（　　）。

A. 预算管理委员会　　B. 预算管理办公室

C. 董事会　　D. 股东大会

18. 下列各种预算方法中，使预算期和会计年度分离的是（　　）。

A. 增量预算　　B. 零基预算　　C. 弹性预算　　D. 滚动预算

19. 星海公司预计 2011 年第三、第四季度产品销售量分别为 220 件、350 件，单价分别为 2 元、2.5 元，各季度销售收现率为 60%，其余部分下季度收回，则星海公司第四季度现金收入为（　　）。

A. 437.5 元　　B. 440 元　　C. 875 元　　D. 701 元

20. 从编制顺序来看，财务费用预算位于（　　）。

A. 预计利润表后编制　　B. 管理费用预算后编制

C. 销售量预算后编制　　D. 现金预算后编制

（二）多项选择题

1. 根据西方的观点，全面预算包括（　　）。

A. 业务预算　　B. 专门决策预算　　C. 财务预算

D. 筹资预算　　E. 投资预算

2. 全面预算的作用包括（　　）。

A. 明确方向　　B. 协调工作　　C. 活动控制

D. 考核业绩　　E. 制订计划

3. 全面预算管理的特征主要包括（　　）。

A. 定量性　　B. 全员性　　C. 综合性

D. 机制性　　E. 战略性

4. 全面预算管理的实施体系包括（　　）。

A. 预算管理的内容体系　　B. 预算管理的制度体系　　C. 预算管理的组织体系

D. 预算管理的基础体系　　E. 预算管理的执行体系

5. 现金预算的编制基础有（　　）。

A. 生产预算　　B. 直接材料预算　　C. 直接人工预算

D. 制造费用预算　　E. 销售预算

6. 在编制预计资产负债表时，下列计算公式正确的有（　　）。

A. 期末应收账款 = 本期销售额 ×（1 − 本期收现率）

B. 期末应付账款 = 本期采购额 ×（1 − 本期付现率）

C. 期末现金余额 = 库存现金 + 银行存款

D. 期末未分配利润 = 期初未分配利润 + 本期利润 − 本期股利

E. $\frac{\text{某种产品}}{\text{预计生产量}} = \frac{\text{预　计}}{\text{销售量}} + \frac{\text{预计期末}}{\text{存 货 量}} - \frac{\text{预计期初}}{\text{存 货 量}}$

7. 现金预算是各相关现金收支预算的汇总，通常可进一步细分为（　　）。

A. 现金净额预算　　B. 财务费用预算　　C. 现金收入预算

D. 现金的筹集与应用预算　　E. 利润分配预算

8. 传统的全面预算编制方法包括（　　）。

A. 固定预算　　B. 增量预算　　C. 全面预算

D. 定期预算　　E. 弹性预算

9. 财务预算包括的内容有（　　）。

A. 现金预算　　B. 财务费用预算　　C. 预计资产负债表

D. 筹资预算　　E. 预计利润表

10. 可以在销售预算编制完成后编制的预算有（　　）。

A. 生产预算　　B. 投资预算　　C. 管理费用预算

D. 销售费用预算　　E. 财务费用预算

11. 集权式预算编制模式的基本步骤有（　　）。

A. 制定预算目标　　B. 综合平衡预算　　C. 审批并执行预算

D. 编制全面预算　　E. 考核预算

12. 按照中国财政部的相关规定，资本预算内容包括（　　）。

A. 固定资产投资预算　　B. 权益性资本投资预算　　C. 长期借款预算

D. 短期借款预算　　E. 债券投资预算

13. 全面预算管理的基础体系是确保预算管理各项内容顺利进行的保障性工作，这些工作主要包括（　　）。

A. 标准化工作　　B. 定额工作　　C. 计量工作

D. 教育工作　　E. 考核工作

14. 现金筹集与运用预算中采用的筹资方式有（　　）。

A. 发行股票　　B. 发行债券　　C. 发行短期融资券
D. 短期银行借款　　E. 长期银行借款

15. 下列预算中，以生产预算为编制基础的是（　　）。
A. 直接材料预算　　B. 变动制造费用预算　　C. 销售费用预算
D. 直接人工预算　　E. 现金流量预算

16. 编制生产预算时，影响“预计生产量”的因素有（　　）。
A. 生产需用量　　B. 预计期末存货量　　C. 期初存货量
D. 预计销售量　　E. 前期销售量

17. 下列各项预算中，属于业务预算内容的有（　　）。
A. 财务预算　　B. 现金预算　　C. 期末存货预算
D. 财务费用预算　　E. 产品成本预算

18. 按照财政部的相关规定，编制筹资预算时应考虑（　　）。
A. 短期借款额　　B. 长期借款额　　C. 发行债券的数额
D. 发行股票的数额　　E. 股票的发行费用

19. 定期预算的显著缺陷是（　　）。
A. 预算缺乏灵活性　　B. 预算缺乏连续不断性　　C. 可能使预算考核流于形式
D. 可能会制约企业的发展　　E. 可能人为忽视必要的支出

20. 从实用的角度看，弹性预算主要用于编制（　　）。
A. 弹性成本预算　　B. 弹性费用预算　　C. 弹性生产预算
D. 弹性利润预算　　E. 弹性销售预算

（三）判断题

1. 销售预算以实物量为计量单位编制，它是全面预算编制的起点。（　　）

2. 财务预算以价值量形式总括反映经营活动和资本支出的结果，它被称为总预算，这符合实际。（　　）

3. 预计财务报表的编制程序是先编制预计资产负债表，然后再编制预计利润表。（　　）

4. 中国也有专门决策预算，该预算是在资本预算和筹资预算编制前就出现的预算。（　　）

5. 全面预算仅仅处于全面预算管理的预算编制地位，是全面预算管理不可缺少的一个关键环节。（　　）

6. 编制制造费用预算应该区分为变动性制造费用预算和固定性制造费用预算两部分，预算的结果可以直接作为编制现金预算的基础数额。（　　）

7. 弹性预算能够克服增量预算的缺陷，它可以编制费用预算。（　　）

8. 全面预算管理也可以称为财务预算管理，财务预算管理是围绕着财务预算而展开的一系列管理活动的总称。（　　）

9. 弹性预算所选择的业务量变动区间可以结合企业实际极有可能出现的变动范围确定，在其范围内，固定成本和单位变动成本也可以变化。（　　）

10. 滚动预算的起止日期一直保持在 1 月到 12 月的会计年度内。（　　）

11. 零基预算需要区分每一项费用的性质，对每项费用排序并安排资金。（　　）

12. 预算编制涉及企业每一个部门、每一个岗位，它需要企业每一个部门和每一位员工的参与和支持。（ ）

13. 现金预算属于短期预算，它可以按周或天编制。（ ）

14. 为了提高预算的精确度并简化预算的编制工作量，实务中，可以将逐月滚动预算与逐季滚动预算结合应用。（ ）

15. 计划和预算密不可分，计划指导预算，预算服务于计划。（ ）

16. 由于全面预算是对未来一个年度预算的定量反映，从编制角度需要有一个时间提前量，一般要在下一个年度到来之前的3个月甚至更长时间就着手编制。（ ）

17. 企业的预算管理办公室常常设在财务部内，因此全面预算管理的各项工作都应由财务人员完成。（ ）

18. 适度分权式预算编制模式下，预算编制的时间较集权式模式要长，比较缺乏效率。（ ）

19. 全面预算管理的内容主要限于能以货币计量的经济事项。（ ）

20. 弹性预算、零基预算和滚动预算较传统预算方法具有先进性，这些方法较为完善，没有缺点。（ ）

（四）计算题

【计算题1】某企业现着手编制20×8年7月的现金收支预算。预计20×8年7月初现金余额为8 000元；月初应收账款5 000元，预计月内可收回70%；本月销货40 000元，预计月内收款比例为60%；本月采购材料10 000元，预计月内付款70%；月初应付账款余额5 000元需在月内全部付清；月内以现金支付工资8 400元；本月制造费用等间接费用付现15 000元；其他经营性现金支出1 000元；购买设备支付现金10 000元。企业现金不足时，可向银行借款，借款金额为1 000元的倍数；现金多余时可购买有价证券。按照库存现金的规定，月末现金余额不低于5 000元。

要求：（1）计算经营现金收入；（2）计算经营现金支出；（3）计算现金余缺；（4）确定银行借款额；（5）确定现金月末余额。

【计算题2】星海公司预计20×9年度各季度的销售量分别为2 500件、2 750件、3 500件、2 800件，产品销售单价均为20元/件，若销售当季度收回货款60%，次季度收款35%，第三季度收款5%，预算年度期初应收账款金额为22 000元，其中包括上年度第三季度销售的应收账款4 000元，第四季度销售的应收账款20 000元。

要求：编制该年度的销售预算，并确定年末应收账款余额（将销售收入与销售收现预算以及应收账款余额合并在一张表中反映）。

【计算题3】某公司生产甲产品，第一季度至第四季度的预计销售量分别为1 000件、850件、950件、750件，生产每件甲产品需要2千克A材料。公司的政策是各季度末的产成品存货数量等于下一季度销售量的10%，各季度末的材料存量等于下一季度生产需要量的20%。期初产成品和材料存量均为零，年末产成品存货量和材料存货量根据本年第一季度的销售量和材料生产需用量的相关比例确定。

要求：确定每季度的材料采购量。

【计算题4】某公司年末预计的销售收入与当年销售收入相同，均为240万元，全年销售额均衡。相关信息如下：（1）最低现金余额为10万元；（2）销售额的平均收现期为60天；（3）存货一年周转8次；（4）应付账款为一个月的购买金额；（5）生产和非生产费用总计60万元；（6）明年末固定资产净值为50万元；（7）长期负债为30万元，明年偿还7.5万元；（8）目前账面未分配利润为40万元；（9）实收资本20万元；（10）销售成本为销售额的60%；（11）销售成本中的50%为外购原材料成本；（12）企业所得税为30%。

要求：采用完全成本法编制预计利润表和预计年末资产负债表。

二、案例及分析提示

【案例】 宏祥机械制造有限公司的全面预算

宏祥机械制造有限公司成立于2004年，注册资本800 000元，是一家以加工定制备件为主业的小型机械加工企业，增值税为一般纳税人。凭着质优价廉的产品和良好的信誉，宏祥公司深得几家大型机械制造商的青睐。2011年底，宏祥公司接到了一单大生意，2012年全年为公司的一位老客户——某大型机械制造商生产4 600件某种专用备件。宏祥公司的经理估计，如果接下这份订单，公司将再无剩余生产能力生产其他产品。

根据合同规定，该专用备件的价格是每件1 200元（不含税），宏祥公司需按季度向客户交货，四个季度的供货量分别为800件、1 100件、1 500件和1 200件。合同规定的付款方式为：各季度的货款应在当季支付60%，其余40%在下季付讫。目前，该客户尚欠宏祥公司50万元货款，预计将在2012年第一季度付清。

为保证供货的连续性，宏祥公司预计预算期内各季度的期末产品库存量应达到下期销售量的20%。公司年初产品库存量为200件，总成本230 800元，同时，根据与客户的长期合作关系来看，公司预算年末的产品库存量也应维持和年初相一致的水平。

宏祥公司生产该备件主要使用一种合金材料。根据以往的加工经验，平均每件产品需用料5千克。这种合金材料一直由公司以每千克200元（不含税）的价格跟一位长期合作的供应商订购，并且双方约定，购货款在购货当季和下季各付一半。目前，宏祥公司尚欠该供应商货款400 000元，预计将在2012年第一季度付清。公司为保证生产的连续性，规定预算期内各期末的材料库存量应达到下期生产需要量的10%，同时规定各年末的预计材料库存应维持在600千克左右。

该公司生产一件备件大约需要7个工时，依据公司与工人签订的劳动合同规定，每工时需要支付工人工资10元。另外公司下年度可能会发生以下几项制造费用：辅助材料与水电费为变动费用，每工时的开支额分别是3元和2元；车间管理人员工资和设备折旧费为固定费用，估计每季度的开支总额分别为10 000元和15 250元；设备维护费为混合成本，每季度要进行一次基本维护，费用大约为15 000元，日常维护费用则与开工时数有关，估计每工时的维护费约为2元。

预计2012年度公司的销售费用只有运输费一项，按照与运输公司的合同约定，每季度支付

13 000元运费；管理费用包括管理人员工资、办公费和房租三项，均属于固定成本，每季开支额分别为6 000元、4 000元和10 000元。

该公司的财务部门根据公司的经营特点和现金流转状况，确定公司的最佳现金持有量是10 000元。当预计现金收支净额不足10 000元时，通过变现有价证券及申请短期银行借款来补足；预计现金收支净额超过10 000元时，超出部分用于归还借款和购入有价证券。宏祥公司估计，2012年初公司大约会有23 000元左右的有价证券储备。此外，公司已和银行商定了为期1年的信贷额度，公司随时可按6%的年利率向银行借款，借款为1 000元的整数倍。其他资料如下：(1) 公司自成立以来折旧费用保持不变，均为每季度15 250元。(2) 2012年度，公司的一台专用机床必须在一季度更新，预计需要支出购置及安装等费用共计130 000元。(3) 公司2012年流通环节只缴纳增值税，各季度实现销售时用现金完税；城市维护建设税税率为7%，教育费附加税率为3%。计算结果保留整数。(4) 公司将在2012年初向股东派发2011年度的应付现金股利20 000元。(5) 公司每个季度末预缴所得税款5 600元；公司要求的盈利额不低于30 000元。(6) 公司的借款发生在每季度初，每季末可随时还款，利息还款时支付。

请思考：(1) 该公司应该如何决策？(2) 该公司应该如何编制预计利润表？

分析提示

(1) 该公司应该编制利润预算，通过计算盈利额是否高于30 000元进行决策，如果利润高于30 000元，就接受此订单，否则就拒绝该订单。

(2) 该公司在编制预计利润表前，需要依次编制销售收入及销售现金预算、生产预算、直接材料采购支出现金预算、直接人工预算、制造费用预算、产品成本预算、各项流转税费预算、现金预算。相关的预算如表6-1~表6-9所示。

表6-1　　销售收入及销售现金预算　　单位：元

项　目	第一季度	第二季度	第三季度	第四季度	全　年
销量（件）	800	1 100	1 500	1 200	4 600
预计单价	1 200	1 200	1 200	1 200	4 800
销售收入	960 000	1 320 000	1 800 000	1 440 000	5 520 000
增值税	163 200	224 400	306 000	244 800	938 400
含税收入	1 123 200	1 544 400	2 106 000	1 684 800	6 458 400
预计销售现金收入					
期初应收账款	500 000				500 000
第1季度	673 920	449 280			1 123 200
第2季度		926 640	617 760		1 544 400
第3季度			1 263 600	842 400	2 106 000
第4季度				1 010 880	1 010 880
合计	1 173 920	1 375 920	1 881 360	1 853 280	6 284 480

表 6-2　　年度生产预算　　单位：件

项　　目	第一季度	第二季度	第三季度	第四季度	全　　年
销售量	800	1 100	1 500	1 200	4 600
加：预计期末产品存货	220	300	240	200	200
减：预计期初产品存货	200	220	300	240	200
预计产量	820	1 180	1 440	1 160	4 600

表 6-3　　直接材料采购支出现金预算　　单位：元

项　　目	第一季度	第二季度	第三季度	第四季度	全　　年
预计产量（件）	820	1 180	1 440	1 160	4 600
单位产品材料用量（千克）	5	5	5	5	5
生产需用量（千克）	4 100	5 900	7 200	5 800	23 000
加：预计期末材料存货（千克）	590	720	580	600	600
减：预计期初材料存货（千克）	600	590	720	580	600
预计材料采购量（千克）	4 090	6 030	7 060	5 820	23 000
材料单价	200	200	200	200	200
预计采购金额	818 000	1 206 000	1 412 000	1 164 000	4 600 000
增值税	139 060	205 020	240 040	197 880	782 000
预计含税采购金额	957 060	1 411 020	1 652 040	1 361 880	5 382 000
预计现金支出					
期初应付账款	400 000				400 000
第一季度	478 530	478 530			957 060
第二季度		705 510	705 510		1 411 020
第三季度			826 020	826 020	1 652 040
第四季度				680 940	680 940
合计	878 530	1 184 040	1 531 530	1 506 960	5 101 060

表 6-4　　直接人工预算

项　　目	第一季度	第二季度	第三季度	第四季度	全　　年
预计产量（件）	820	1 180	1 440	1 160	4 600
单位产品工时（小时）	7	7	7	7	7
人工总工时（小时）	5 740	8 260	10 080	8 120	32 200
每小时人工成本（元）	10	10	10	10	10
人工总成本（元）	57 400	82 600	100 800	81 200	322 000

表 6-5　　**制造费用预算**　　单位：元

项　　目	第一季度	第二季度	第三季度	第四季度	全　　年
变动制造费用					
人工总工时	5 740	8 260	10 080	8 120	32 200
辅助材料（3 元/工时）	17 220	24 780	30 240	24 360	96 600
水电费（2 元/工时）	11 480	16 520	20 160	16 240	64 400
设备维护费（2 元/工时）	11 480	16 520	20 160	16 240	64 400
合计	40 180	57 820	70 560	56 840	225 400
固定制造费用					
管理人员工资	10 000	10 000	10 000	10 000	40 000
设备折旧费	15 250	15 250	15 250	15 250	61 000
设备维护费	15 000	15 000	15 000	15 000	60 000
合计	40 250	40 250	40 250	40 250	161 000
预计现金支出					
变动性制造费用	40 180	57 820	70 560	56 840	225 400
固定性制造费用	40 250	40 250	40 250	40 250	161 000
减：折旧费	15 250	15 250	15 250	15 250	61 000
现金支出	65 180	82 820	95 560	81 840	325 400

表 6-6　　**产品成本预算**　　单位：元

项　　目	单　　价	单位消耗	单位成本	总 成 本
产量：4600 件				
直接材料	200	5	1 000	4 600 000
直接人工	10	7	70	322 000
变动性制造费用	7	7	49	225 400
固定性制造费用	5	7	35	161 000
合计			1 154	5 308 400
预计产品成本总额				5 308 400
加：产成品期初余额				230 800
减：产成品期末余额				230 800
预计销售成本总额				342 683

表 6－7 **流转税费预算** 单位：元

项 目	第一季度	第二季度	第三季度	第四季度	全 年
增值税销项税额	163 200	224 400	306 000	244 800	938 400
增值税进项税额	139 060	205 020	240 040	197 880	782 000
应缴增值税	24 140	19 380	65 960	46 920	156 400
城建税	1 690	1 357	4 617	3 284	10 948
教育费附加	724	581	1 979	1 408	4 692
营业税金及附加	2 414	1 938	6 596	4 692	15 640
税费现金支出合计	26 554	21 318	72 556	51 612	172 040

表 6－8 **现金预算** 单位：元

项 目	第一季度	第二季度	第三季度	第四季度	全 年
期初现金余额	10 000	10 656	10 198	11 012	10 000
加：销售现金收入	1 173 920	1 375 920	1 881 360	1 853 280	6 284 480
减：现金支出					
材料采购	878 530	1 184 040	1 531 530	1 506 960	5 101 060
直接人工	57 400	82 600	100 800	81 200	322 000
制造费用	65 180	82 820	95 560	81 840	325 400
销售及管理费用	33 000	33 000	33 000	33 000	132 000
流转税费	26 554	21 318	72 556	51 612	172 040
所得税	5 600	5 600	5 600	5 600	22 400
购置设备	130 000				130 000
分配利润	20 000				20 000
支出合计	1 216 264	1 409 378	1 839 046	1 760 212	6 224 900
现金收支净额	－32 344	－22 802	52 512	104 080	69 580
现金筹集和运用					
出售有价证券	23 000				23 000
购入有价证券				80 000	80 000
申请银行借款	20 000	33 000			53 000
归还银行借款			40 000	13 000	53 000
短期借款利息			1 500	585	2 085
期末现金余额	10 656	10 198	11 012	10 495	10 495

表 6-9　　　　预计利润　　　　单位：元

项　　目	金　　额	资料来源
销售收入	5 520 000	销售预算
销售成本	5 308 400	产品成本预算
销售毛利	211 600	
营业税金及附加	15 640	流转费用预算
销售及管理费用	132 000	销售及管理费用预算
利息费用	2 085	现金预算
利润总额	61 875	
所得税	22 400	现金预算
净利润	39 475	

三、练习题参考答案

（一）单项选择题

1. C　2. A　3. C　4. C　5. A
6. D　7. D　8. C　9. C　10. B
11. B　12. A　13. A　14. C　15. B
16. B　17. A　18. D　19. D　20. D

（二）多项选择题

1. ABC　2. ABCD　3. ABCDE　4. ABCD　5. BCDE
6. ABDE　7. AD　8. ABD　9. ACDE　10. ACD
11. ACD　12. ABE　13. ABCD　14. CD　15. ABD
16. BCD　17. CDE　18. ACE　19. ABCD　20. ABD

（三）判断题

1. ×　2. ×　3. ×　4. √　5. √
6. ×　7. ×　8. ×　9. √　10. ×
11. ×　12. √　13. √　14. √　15. √
16. √　17. ×　18. √　19. ×　20. ×

（四）计算题

【计算题1】

（1）经营现金收入 = 5 000 × 70% + 40 000 × 60% = 27 500（元）

（2）经营现金支出 = 10 000 × 70% + 5 000 + 8 400 + 15 000 + 1 000 = 36 400（元）

（3）现金余缺 = 8 000 + 27 500 − （36 400 + 10 000） = −10 900（元）

（4）银行借款额 = 5 000 + 11 000 = 16 000（元）

（5）现金月末余额 = 16 000 − 10 900 = 5 100（元）

【计算题2】

编制的销售预算以及确定的年末应收账款余额如表6－10所示：

表6－10 **销售预算** 单位：元

项　目	第一季度	第二季度	第三季度	第四季度
预计销售量（件）	2 500	2 750	3 500	2 800
销售单价（元/件）	20	20	20	20
预计销售金额	50 000	55 000	70 000	56 000
本年期初应收账款	21 500	2 500		
第一季度销售收现	30 000	17 500	2 500	
第二季度销售收现		33 000	19 250	2 750
第三季度销售收现			42 000	24 500
第四季度销售收现				33 600
销售现金收入合计	51 500	53 000	63 750	60 850
期末应收账款				25 900

注：21 500 = 20 000/40% × 35% + 4 000

2 500 = 20 000/40% × 5%

25 900 = 70 000 × 5% + 56 000 × 40%

【计算题3】

确定的每季度材料采购量如表6－11所示：

表6－11

项　目	第一季度	第二季度	第三季度	第四季度
销售量（件）	1 000	850	950	750
加：期末存货量（件）	85	95	75	10
减：期初存货量（件）	0	85	95	75
生产量（件）	1 085	860	930	685
生产需用材料数量（千克）	2 170	1 720	1 860	1 370
加：期末材料存货量（千克）	344	372	274	434
减：期初材料存货量（千克）	0	344	372	274
材料采购量（千克）	2 514	1 748	1 762	1 530

【计算题4】

表6－12 **预计利润** 单位：万元

项　　目	金　　额
销售收入	240
销售成本	144
销售毛利	96
生产及非生产费用	60
税前利润	36
所得税	10.8
净利润	25.2

表6－12 **预计资产负债** 单位：万元

项　　目	金　　额	项　　目	金　　额
现金	10	银行借款	4.3
应收账款	40	应付账款	6
存货	18	长期负债	22.5
固定资产净值	50	实收资本	20
		未分配利润	65.2
资产合计	118	负债及所有者权益合计	118

第七章　成 本 控 制

一、练习题

（一）单项选择题

1. 广义成本控制的对象是（　　）。

　A. 产品生产阶段的成本　　B. 产品投产前的成本

　C. 产品完成后的成本　　D. 企业价值链

2. 产业价值链分析的指标是（　　）。

　A. 每股收益　　B. 市盈率

　C. 投资收益率　　D. 投资回收期

3. 著名的“鲸鱼曲线”展示的法则是（　　）。

　A. 企业 60% 的利润往往只是 40% 的客户所创造

　B. 企业 70% 的利润往往只是 30% 的客户所创造

　C. 企业 80% 的利润往往只是 20% 的客户所创造

　D. 企业 90% 的利润往往只是 10% 的客户所创造

4. 以企业的内部和外部价值链为基础而展开的相关价值分析指的是（　　）。

　A. 事中成本控制　　B. 事前成本控制　　C. 价值链分析　　D. 竞争能力分析

5. 运用比率预测法计算产品设计阶段的单位目标成本的计算公式为（　　）。

　A. 产品价格 ×（1 − 营业税金及附加）/（1 − 成本利润率）

　B. 产品价格 ×（1 − 营业税金及附加）/（1 + 成本利润率）

　C. 产品价格 +（1 − 营业税金及附加）/（1 + 成本利润率）

　D. 产品价格 ×（1 − 成本利润率）/（1 + 营业税金及附加）

6. 产品设计阶段方案完成后，运用概算法计算的产品设计成本的计算公式为（　　）。

　A. 原材料成本/（1 + 类似产品工资、制造费用所占比重）

　B. 原材料成本 ×（1 − 类似产品工资、制造费用所占比重）

　C. 原材料成本 ×（1 + 类似产品工资、制造费用所占比重）

　D. 原材料成本/（1 − 类似产品工资、制造费用所占比重）

7. 与目标成本管理内容十分相似的是（　　）。

　A. 责任成本管理　　B. 预算管理　　C. 标准成本管理　　D. 成本企划

8. 战略成本控制常常决定企业各项（　　）。

　A. 共同固定成本水平的高低　　B. 各项固定成本水平的高低

　C. 共同变动成本水平的高低　　D. 各项变动成本水平的高低

9. 成本按其与被控制对象的关系为标志可划分为（　　）。

A. 绝对成本控制和相对成本控制　　B. 直接成本控制与间接成本控制

C. 技术成本控制和管理成本控制　　D. 前馈成本控制和反馈成本控制

10. 对产品投产前实施成本控制较生产过程中的成本控制更加重要，因为在生产开始之前，约束成本占（　　）。

A. 10%或20%　　B. 60%或70%　　C. 50%或60%　　D. 80%或85%

11. 竞争对手价值链分析也称为（　　）。

A. 企业价值链分析　　B. 纵向价值链分析

C. 综合价值链分析　　D. 横向价值链分析

12. 价值工程分析的核心就是对产品进行（　　）。

A. 功能分析　　B. 工程分析　　C. 价值分析　　D. 成本分析

13. 在企业日常经营决策中，贡献毛益率高的企业应该选择（　　）。

A. 降低产品价格　　B. 提高产品价格　　C. 降低产品成本　　D. 降低产品销售量

14. 根据设计方案的技术定额来直接测算新产品或改造老产品设计成本的一种预测方法是（　　）。

A. 比率预测法　　B. 直接测算法　　C. 概算法　　D. 分析法

15. 每一元产品成本能够获得的产品功能是指（　　）。

A. 成本系数　　B. 质量系数　　C. 功能系数　　D. 价值系数

16. 战略决策会影响产品的（　　）。

A. 成本结构　　B. 售价　　C. 销售量　　C. 总成本水平

17. 与企业基础经济结构有关的成本驱动因素称为（　　）。

A. 执行性成本动因　　B. 结构性成本动因

C. 资源成本动因　　D. 作业成本动因

18. 依据成本利润率来测算单位产品目标成本的一种预测方法是（　　）。

A. 变动成本法　　B. 倒推预测法　　C. 比率预测法　　D. 选择预测法

19. 工厂布局属于（　　）。

A. 资源成本动因的影响因素　　B. 作业成本动因的影响因素

C. 执行性成本动因的影响因素　　D. 结构性成本动因的影响因素

20. 以下表述的情况中，应当作为成本改进目标的是（　　）。

A. 价值系数等于1　　B. 价值系数大于1　　C. 价值系数小于1　　D. 无法判断

21. 现实的标准成本也称为（　　）。

A. 基本标准成本　　B. 理想标准成本

C. 预期可达标准成本　　D. 历史标准成本

22. 成本差异分析中应遵循的原则是（　　）。

A. 民主原则　　B. 责权利相结合原则

C. 合法原则　　D. 例外管理原则

23. 标准成本控制的对象是（　　）。

A. 作业　　B. 总成本　　C. 产品　　D. 总费用

24. 变动性制造费用的价格差异即变动性制造费用的（ ）。

A. 效率差异 B. 耗费差异 C. 预算差异 D. 能力差异

25. 以现有的生产经营条件处于合理状态使用前提下而确定的一种成本目标称为（ ）。

A. 历史标准成本 B. 理想标准成本 C. 现实标准成本 D. 稳定标准成本

26. 标准成本控制体系的起点是（ ）。

A. 制定标准成本 B. 进行战略规划 C. 分析差异 D. 成本核算

27. 标准成本差异核算中，将混合差异计入了（ ）。

A. 数量差异 B. 价格差异 C. 生产能力利用差异 D. 预算差异

28. 传统质量成本观下，最佳质量成本是指预防成本、鉴定成本、内部损失成本和外部损失成本之和最低时的（ ）。

A. 废品率 B. 合格品率 C. 成本率 D. 费用率

29. 质量赔偿费属于质量的（ ）。

A. 预防成本 B. 鉴定成本 C. 内部损失成本 D. 外部损失成本

30. 目前在质量成本控制目标确定过程中，可以采用的最先进的管理方法是（ ）。

A. 零缺陷管理法 B. 6σ 管理法

C. 全面质量成本管理法 D. 最佳质量控制法

31. 健全质量模式力求消除（ ）。

A. 内部质量损失成本 B. 外部质量损失成本

C. 隐性质量损失成本 D. 质量预防成本

32. 在适时制管理系统中，降低采购费用的有效途径是（ ）。

A. 减少订货数量 B. 与供应商结为战略联盟

C. 减少订货次数 D. 减少储存量

33. 如果企业采用了适时制控制法，可以大大地降低（ ）。

A. 储存成本 B. 缺货成本 C. 采购成本 D. 生产成本

34. 材料的最低库存标准指的是（ ）。

A. 再订货点 B. 经济采购批量 C. 经济生产批量 D. 保险储备量

35. 在质量改进计划中，再加工成本属于（ ）。

A. 内部损失成本 B. 外部损失成本 C. 预防成本 D. 鉴定成本

36. 企业对于划分出的 A 类存货，应（ ）。

A. 重点控制 B. 一般控制 C. 简单控制 D. 简化控制

37. 在质量成本报告中不包括的成本是（ ）。

A. 返修费用 B. 供应商质量评估费用

C. 机会成本 D. 职工质量培训费用

38. 降低产品成本最有效的途径是（ ）。

A. 进行差异分析 B. 消除非增值作业

C. 进行成本项目分析 D. 区分增值作业与非增值作业

39. 作业成本控制的目的是（ ）。

A. 不断优化和改进价值链 B. 提升企业价值

C. 不断优化和改进作业链　　D. 实现零存货

40. 下列各项中，属于增值作业的是（　　）。

A. 生产中的加工活动　　B. 生产中的运送活动

C. 生产中的储存活动　　D. 生产中的整理活动

（二）多项选择题

1. 事前成本控制方式即生产前的成本控制方式，主要包括的内容有（　　）。

A. 战略成本控制　　B. 设计阶段目标成本控制　　C. 全面预算控制

D. 标准成本控制　　E. 质量成本控制

2. 如果要应对低成本所带来的风险，企业应尽量做到（　　）。

A. 坚持降低成本不能降低质量的最低降价底线

B. 设置竞争者进入的障碍

C. 抵御购买者的讨价还价行为

D. 抵御供应商的提价行为

E. 树立相对于替代品的竞争优势

3. 成本控制具有的特点有（　　）。

A. 全员性　　B. 全面性　　C. 连续性

D. 系统性　　E. 灵活性

4. 成本控制中应遵循的原则有（　　）。

A. 及时反馈原则　　B. 责权利相结合原则　　C. 因地制宜原则

D. 成本效益原则　　E. 谨慎性原则

5. 成本按其控制手段，可以分为（　　）。

A. 绝对成本控制　　B. 相对成本控制　　C. 技术成本控制

D. 管理成本控制　　E. 事前成本控制

6. 一个企业要进行战略分析，分析的内容主要有（　　）。

A. 价值链分析　　B. 竞争能力分析　　C. 战略成本动因分析

D. 是否实施低成本战略决策　　E. 产品成本分析

7. 战略成本控制涉及的内容主要有（　　）。

A. 战略分析　　B. 战略决策　　C. 战略规划

D. 战略定位　　E. 战略评价

8. 下列各项中，属于价值链分析对象的有（　　）。

A. 企业的上游　　B. 企业的下游　　C. 企业的作业

D. 企业所处的产业　　E. 企业的竞争对手

9. 成本控制中的战略决策内容包括（　　）。

A. 是否实施低成本的战略决策　　B. 是否实施差异化的战略决策

C. 是否实施集聚一点的战略决策　　D. 日常经营决策

E. 生产方式决策

10. 分析企业的竞争能力，包括的内容主要有（　　）。

A. 对比内部资源
B. 分析进入者的障碍
C. 分析供应商的讨价还价能力
D. 分析替代产品的威胁
E. 分析退出的障碍

11. 企业内部价值链分析包括（　　）。
A. 企业整体价值链分析
B. 内部业务单元价值链分析
C. 竞争对手价值链分析
D. 业务单元内部价值链分析
E. 产业价值链分析

12. 进行竞争对手价值链分析，常常可以选择的比较分析参考有（　　）。
A. 产品的价格与数量
B. 技术与开发
C. 成本
D. 采购与销售
E. 服务

13. 下列各项中，属于执行性成本动因的影响因素有（　　）。
A. 员工的参与感
B. 全面质量管理
C. 生产能力模式
D. 技术
E. 规模

14. 产品生命周期成本控制观强调成本控制的角度有（　　）。
A. 生产者角度的成本控制
B. 供给者角度的成本控制
C. 客户角度的成本控制
D. 消费者角度的成本控制
E. 需求者角度的成本控制

15. 结构性成本动因与执行性成本动因的不同主要表现在（　　）。
A. 二者出现的先后顺序不同
B. 二者影响的层面不同
C. 二者的影响程度要求不同
D. 二者的计量属性不同
E. 二者的作用结果不同

16. 战略成本动因与战术成本动因有很多相同之处，其共同点主要表现为（　　）。
A. 都具有隐蔽性
B. 都可以降低成本
C. 都有助于企业的长期发展
D. 都是企业生产前采取措施
E. 都考虑相同的因素

17. 战略成本动因与战术成本动因的区别主要有（　　）。
A. 发生的时点不同
B. 表现的计量性不同
C. 起因不同
D. 作用结果不同
E. 成本控制的范围不同

18. 产品设计阶段目标成本的预测方法有（　　）。
A. 倒推预测法
B. 直接测算法
C. 比率预测法
D. 选择预测法
E. 概算法

19. 一般而言，贡献毛益率高的企业应该选择的策略有（　　）。
A. 降低成本
B. 提高成本
C. 降低产品价格
D. 增加产品价格
E. 增加销售

20. 产品设计阶段可以采用的设计目标成本分解方法有（　　）。
A. 按成本项目占比分解
B. 按功能评价系数分解
C. 按制造过程分解
D. 按各零部件的成本占比分解
E. 按因素分解

21. 标准成本控制的作用有（　　）。

A. 有利于避免生产中的损失和浪费　　B. 有利于正确地进行业绩评价
C. 有利于产品价格决策　　D. 有利于简化成本核算
E. 有利于确认责任的归属

22. 标准成本控制较实际成本核算的优势主要表现为（　　）。
A. 可以避免前后车间实际成本核算中的等待问题
B. 可以反映前后车间的内部责任结转问题
C. 可以通过揭示差异控制生产过程中的浪费
D. 可以反映成本核算的精确性
E. 可以控制产品质量

23. 制定直接材料用量标准时，应从工程技术部门取得产品的技术文件提供的制造单位产品所需要的各种原材料消耗量，包括构成产品实体的（　　）。
A. 原材料必要消耗量　　B. 原材料正常损耗量　　C. 原材料计划消耗量
D. 原材料的浪费量　　E. 原材料的实际消耗量

24. 成本差异分析中应贯彻例外管理原则，确定例外的标志有（　　）。
A. 重要性　　B. 一贯性　　C. 可控性
D. 特殊性　　E. 可比性

25. 下列成本项目中，成本差异分析中可以区分为数量差异和价格差异的成本项目有（　　）。
A. 直接材料　　B. 直接人工　　C. 变动性制造费用
D. 固定性制造费用　　E. 管理费用

26. 质量成本是全面质量管理的重要内容之一，它的内容构成有（　　）。
A. 预防成本　　B. 鉴定成本　　C. 内部损失成本
D. 外部损失成本　　E. 外部质量保证成本

27. 下列各项中，属于质量成本控制特征的有（　　）。
A. 全员性　　B. 全过程性　　C. 全面性
D. 重要性　　E. 一致性

28. 下列各项中，属于存货定量控制方法的有（　　）。
A. 因素控制法　　B. ABC 分类法　　C. 适时制控制法
D. 经济采购批量控制法　　E. 定期采购控制法

29. 适时制控制法对传统存货控制体系的变革主要表现的方面有（　　）。
A. 改变了订货方式　　B. 改变了投料方式　　C. 改变了仓库设置方式
D. 改变了储存方式　　E. 改变了管理方式

30. 质量成本的日常控制内容包括（　　）。
A. 建立质量成本责任控制体系　　B. 进行过程控制
C. 编制质量成本差异分析报告　　D. 进行质量成本构成分析
E. 进行质量成本效益分析

31. 每批订货陆续到货条件下，计算经济采购批量需要考虑的相关成本有（　　）。
A. 变动性订货成本　　B. 固定性订货成本　　C. 变动性储存成本
D. 固定性储存成本　　E. 直接材料

32. 作业成本控制是作业成本管理的一个组成部分，主要涉及的内容有（ ）。

A. 进行作业价值分析　B. 分析作业预算执行的结果　C. 进行事后分析
D. 进行事前分析　E. 全方位采取措施改善企业的生产经营

33. 作业成本控制适用的范围有（ ）。

A. 制造业　B. 房地产业　C. 金融机构
D. 科研机构　E. 非营利单位

34. 作业成本控制较传统成本控制的区别有（ ）。

A. 理论依据不同　B. 控制对象不同　C. 控制性质不同
D. 分析的内容不同　E. 分析的基础不同

35. 企业要优化作业链，可以从多个环节入手并采取措施，可优化并采取措施的环节有（ ）。

A. 产品设计　B. 生产布局　C. 生产组织
D. 质量　E. 员工

（三）判断题

1. 成本控制是成本管理的核心环节，是管理会计中必不可少的重要环节。（ ）

2. 广义的成本控制不仅关注生产过程的成本控制，而且关注产品投产前和生产结束后的成本控制。（ ）

3. 虽然成本控制的种类多种多样，但能够围绕着成本控制对象而形成全方位成本控制体系的最基本的成本控制分类标志是基于成本控制手段的划分。（ ）

4. 事后成本控制旨在总结经验，发现问题并采取改进的措施。（ ）

5. 企业降低成本必须从成本形成的生产过程入手，将成本控制的重心由产品生产过程中的控制转移到产品投产前的事前成本控制上。（ ）

6. 内部业务单元价值链分析以及业务单元内部价值链分析不涉及对供应商和销售商的分析。（ ）

7. 从定性的角度看，企业对供应商价值链分析与对客户价值链分析的分析原理不同。（ ）

8. 企业的竞争能力分析又称SWOT分析，旨在确定企业的优势和劣势，同时发现机会，辨别可能存在的威胁，以此判断企业所处行业的竞争强度。（ ）

9. “鲸鱼曲线”分析结果表明，企业应该尽可能满足客户的需求并且多多益善。（ ）

10. 战略成本动因分析旨在分析不同战略可能对成本要素产生的影响，进而对成本项目可能产生的影响。（ ）

11. 成本控制不只是生产部门的直接责任，也是管理层的直接责任。（ ）

12. 服务是指产品销售后直至产品寿命周期终了整个过程所提供的服务。（ ）

13. 结构性成本动因的影响因素之一是经验，经验是指企业的经验积累，即企业内部经验的积累。（ ）

14. 执行性成本动因影响的是企业效率，其程度越高越好。

15. 战术成本动因难以计量，而战略成本动因可以计量。（ ）

16. 从成本分解的科学性来讲，按零部件成本所占比重分解的目标成本体现了产品功能与成本的关系，因而更具有科学性。（ ）

17. 结构性成本动因决定产品的生产或组织形式，与直接的生产过程无关。 ( )

18. 实务中结合战略分析进行日常生产决策没有统一的模式可循，但分析中考虑的因素基本相同。 ( )

19. 产品设计阶段目标成本的估算方法与产品设计成本的估算方法相同。

20. 全面质量管理认为应从质量和成本两个层面来定位企业的质量策略，在追求成本降低的同时确保产品的质量和用户的利益。 ( )

21. 标准成本控制体系有明显的优势，所有企业都可以采用。 ( )

22. 标准成本和预算成本本质上是一致的。 ( )

23. 标准成本一经制定就不应该再进行修订。 ( )

24. 在制定各成本项目的标准成本时，都需要分别确定其价格标准和用量标准。 ( )

25. 标准成本是应当发生的单位产品成本的目标。 ( )

26. 成本差异是发现问题的信号，无论是不利差异还是有利差异，都有可能成为成本差异分析的对象。 ( )

27. 标准成本控制体系只能与完全成本法结合，不能与变动成本法结合。 ( )

28. 质量成本是指因没有达到质量标准而发生的一切损失成本。 ( )

29. 质量鉴定成本的投入可以一定程度上降低损失成本的再发生。 ( )

30. 在实际工作中，存货越多越好。 ( )

31. 现代质量成本观要求实现零缺陷。 ( )

32. 无论是否采用作业成本法，每一个企业都可以从作业角度进行控制。 ( )

33. 区分增值作业与非增值作业是进行作业动因价值分析的内容之一。 ( )

34. 增值作业企业必须保持，不能消除，否则会降低企业的价值。 ( )

35. 适时倡导零存货和零缺陷，零缺陷状态下的质量成本为零。 ( )

36. 缺货成本的存在会改变经济采购批量的基本模型。 ( )

37. 6σ 管理法的战略目标制定最终会通过 σ 的水平体现，σ 值越大，表示企业的缺陷或错误就越多。 ( )

38. 适时制下的投料方式是按需投放的。 ( )

39. 作业成本控制关注成本动因和作业链，从资源动因、作业动因、成本项目、作业链的优化等角度进行价值分析。 ( )

40. 如果依据机器调整次数和机器调整成本计算的相关系数接近于 1，说明机器调整次数作为分配机器调整准备成本的作业动因是合理的。 ( )

（四）计算题

【计算题 1】 某企业准备开发新产品 A，经市场调研确定该产品的目标售价为 1 000 元，成本利润率为 35%，按照规定企业需要缴纳的营业税金及附加税率为 10%。如果该产品投产后，预计每件发生原材料成本 500 元，经过调研可知，生产类似该产品的直接工资、制造费用两个成本项目所占比重分别为 8%、12%。

要求：分析该新产品是否可以直接投入生产？

【计算题2】某公司生产甲产品有以下三种方案可供选择，这三个方案分别从可靠性、生产复杂性、操作方便、保养难易和安全性等五个方面对其进行功能评分，其评分结果如表7-1所示。

表7-1 功能评分

方　案	可靠性	生产复杂性	操作方便	保养难易	安全性
方案一	8	7	9	6	9
方案二	9	6	10	9	8
方案三	6	9	7	5	7

三个方案估算的单位成本分别为100元、130元、90元。

要求：运用价值工程分析法选择最佳方案。

【计算题3】某公司生产甲、乙两种产品，两种产品的销售收入均为130万元，产品的销售成本均为90万元，但是成本结构不同，有关资料如表7-2所示。假定两种产品的销售量都增长10%，或两种产品的固定成本都降低5万元。

表7-2 两种产品的成本结构 单位：万元

项　目	甲产品	乙产品
销售收入	130	130
单位变动成本	82	60
固定成本	8	30
税前利润	40	40
贡献毛益率	37%	54%

要求：编表计算分别采取两种措施后的两个产品的利润及利润变动率，并对计算结果进行分析。

【计算题4】某公司生产的新产品乙目前的设计成本为2 000元，目标售价定为2 250元，销售税金及附加为售价的10%，目标利润率定为10%。A、B、C、D、E、F六种零件采用分析法确定的设计成本分别为320元、310元、300元、450元、200元、420元，采用价值工程分析法对这些零件进行的功能评分结果如表7-3所示。

表 7－3　　乙产品各零件的功能评分

零件名称	A	B	C	D	E	F	得分累计
A	×	1	1	0	1	0	3
B	0	×	1	0	1	1	3
C	0	0	×	0	1	1	2
D	1	1	1	×	0	0	3
E	0	0	0	1	×	0	1
F	0	1	1	0	0	×	2
合计							14

要求：确定成本的降低对象及其成本降低额。

【计算题5】某公司生产甲产品耗用 A、B 两种材料，资料如表 7－4 所示。

表 7－4　　资　　料

项　　目	预计正常用量（千克/件）	预计损耗量（千克/件）	预计购买价格（元/千克）	预计采购费用（元/千克）
A 材料	2. 5	0. 5	5	1
B 材料	3	1	6	2

要求：计算甲产品直接材料的标准成本。

【计算题6】某公司实际生产甲产品 7 000 件，预计生产量为 6 900 件。实际耗用 A 材料 36 800 千克，A 材料的实际单价为 1. 9 元/千克，A 材料的标准单耗为 5 千克/件，标准单价为 2 元/千克。

要求：计算甲产品的直接材料成本差异。

【计算题7】某公司实际生产甲产品 7 000 件，实际发生工时 3 750 小时，实际发生变动性制造费用 4 700 元。甲产品的标准工时为 0. 5 小时/件，标准变动性制造费用分配率为 1. 2 元/小时。

要求：计算变动性制造费用的成本差异。

【计算题8】某企业本月份固定性制造费用预算总额为 50 000 元。生产 C 产品的每件标准工时为 4 小时，月生产能力为 2 500 件，预计应完成机器工时 10 000 小时。本月实际生产 C 产品 2 400 件，实际耗用 9 640 机器小时，实际发生固定性制造费用为 49 500 元。

要求：用两差异法和三差异法计算固定性制造费用的有关成本差异。

【计算题9】某企业生产甲产品，其标准成本的相关资料如下：单件产品耗用 A 材料 10 千克，每千克的标准单价为 3 元；耗用 B 材料 8 千克，每千克标准单价为 5 元；单位产品的标准工时为 3 小时，标准工资率为 12 元/小时；标准变动性制造费用率为 8 元/小时；标准固定性制造费用率为

12 元/小时。假定本期实际产量为 1 300 件，发生实际工时 4 100 小时，直接人工总差异为 +3 220 元，属于超支差。

要求：（1）计算甲产品的单位标准成本；（2）计算实际发生的直接人工；（3）计算直接人工的效率差异；（4）计算直接人工的工资率差异。

【计算题 10】 某制造公司全年需用甲材料 40 000 千克，按经验数据估算的每次订货的变动性订货成本为 25 元，单位材料年平均变动性储存成本为 8 元。

要求：（1）计算经济采购批量、最低的相关总成本和全年经济订货次数；（2）如果供货方规定：当一次采购量小于或等于 400 千克时，单价为 11 元，采购批量大于 400 千克小于 10 000 千克时，单价为 10 元；采购批量等于或大于 10 000 千克时，单价为 9.5 元。计算此时的经济采购批量以及全年最低的相关总成本；（3）如果企业允许出现缺货，因采取补救措施而发生的单位缺货年均成本的经验数据为 24.8 元。计算此时的经济采购批量以及全年最低的相关总成本；（4）如果企业订货陆续到货，每日到货量为 198 千克。计算此时的每日耗用量、经济采购批量以及全年最低的相关总成本。

【计算题 11】 某企业生产使用的 B 材料全年需用量为 8 000 件，材料的单位成本为 10 元，每次订货成本为 100 元，单位材料年均储存成本为 10 元，交货期为 5 天，保险日数为 1 天，平均每天耗用量为 12 件。

要求：（1）计算定量采购方式下的每次采购量及再订货点；（2）当 B 材料的实际库存储备分别达到 80 件和 72 件时，判断企业应否马上组织采购。

二、案例及分析提示

【案例 1】 A 型涂料配方的选择决策

海天公司计划开发一种 A 型涂料，公司设计人员经过几个月的攻关，终于设计出一个生产 A 型涂料的甲配方。公司通过市场调查，发现 A 型涂料具有竞争性的市场价格为 0.5 元/千克，公司设计阶段的目标利润为 0.25 元/千克。这个信息反馈给设计部门，设计人员对 A 型涂料现有的甲配方进行认真研究，结合开展价值工程，发现现有的甲配方使 A 型涂料耐高温性能过剩，而悬浮稳定性却略显不足。设计人员在保证 A 型涂料必要功能的前提下，改进配方，设计出新的乙配方。甲、乙配方的具体情况如表 7－5 所示。

表 7－5　甲、乙配方相关资料

甲配方			乙配方		
原料	所占比重（%）	单价（元/千克）	原料	所占比重（%）	单价（元/千克）
清铅粉	35	0.45	清铅粉	15	0.45
黑铅粉	45	0.18	黑铅粉	80	0.18
粘土	14	0.05	膨润土	5	0.09
糖浆	6	1.00			

请思考：（1）A 型涂料的目标成本是多少？（2）A 型涂料能否正式投产？应采用哪种配方？

分析提示

（1）A 型涂料的目标成本为 0.25 元/千克（0.5 - 0.25）。

（2）甲配方每千克涂料的成本 = 0.45 × 35% + 0.18 × 45% + 0.05 × 14% + 1 × 6% = 0.3055（元）

乙配方每千克涂料的成本 = 0.45 × 15% + 0.18 × 80% + 0.09 × 5% = 0.216（元）

由于甲、乙两种配方的成本都低于市场价，可以为公司创造利润，因此 A 型涂料可以正式投产。另外只有乙配方的单位产品成本低于设计阶段的目标成本，因此应按照乙配方生产 A 型涂料。

【案例 2】 康师傅的自制与外购决策

1992 年，当康师傅开始上碗面生产线时，并不自己生产面碗，而是向当时全国仅有的北京一家方便面专用碗生产公司订购。不料在既定送货日，没有等到面碗，等来的却是该公司将面碗拿去卖给康师傅的头号竞争对手“统一”的消息。尽管如此，康师傅仍不得不继续向该公司订货，结果在供货数量和供货日期上没保障，导致生产时断时续。为了摆脱受制于供应商的困境，康师傅索性成立了自己的面碗工厂。

1994 年康师傅开始上袋装方便面的时候，遇到的问题则是：供应商制作周期长，产能有限，无法满足康师傅产品更新快、产量大而对包装材料的需求。为了解决问题，康师傅选择成立自己的包材印刷公司。在方便面调味包和菜包的供应方面，康师傅经过千挑万选，并对供应商提供辅导，最终才在国内选中七八家还算合格的脱水蔬菜供应商。但是，质量不稳定的状况一直没有彻底改善。最后，为了保证质量，康师傅成立了自己的脱水蔬菜生产制造基地。

1998 年以前，康师傅的物流实行外包，一年招标一次。但是，承运商为节省成本，超量摆放，导致消费者拿到的方便面破碎。此外，第三方在配送的准时和仓储的先进先出方面都很难达到康师傅的要求，最终，康师傅成立了独立的物流公司，将业务改为自己完成。尽管在有的省份，这样做的成本甚至比外包的还要高，但是，由于产品的新鲜度、完整度得到保证，服务品质有了极大的提升。

进入 21 世纪以后，国内包装行业迅速发展，而且拥有一些国际知名包装企业。此时，康师傅自己的包装公司与外部包装商相比，其在质量、技术、成本、时效方面的优势开始不明显了。首先，质量控制方面，由于是自己生产，当出现质量问题时，不能像对待外部供应商那样严格执行退货标准。其次，1998 年，康师傅因资金问题转让部分股权，主业开始萎缩，配套厂开始因产能过剩而接受外部订单，配套事业部的贡献额小，影响了康师傅的总体投资报酬率。

请思考：（1）康师傅在原料自制或外购决策中是否一直考虑成本因素？（2）进入 21 世纪后，康师傅应该如何决策？（3）在自制与外购决策中，仅仅依据传统的决策方法是否可行？

分析提示

（1）康师傅在原料自制或外购决策中并没有单纯考虑成本因素，而更多的是从战略角度进行决策。一是当考虑面碗是自制还是外购时，由于竞争对手加入原料的争夺，导致供应商不能准时按要求供货，因此最终选择自制；二是当上袋装方便面时，所需包装袋由于供应商产能有限，无法满足其数量需求时，选择自制包装袋；另外为了解决质量问题，建立了自己的脱水蔬菜生产制造基地；三是在物流管理中，为了解决低成本导致的声誉受损、配送的准时性等问题，建立了自己的物流公司，这样虽然成本提高，但服务及品质却明显提高。

（2）进入21世纪后，由于包装行业发展，外部包装商在质量、技术、成本、时效等方面较康师傅具有明显优势，此时康师傅不应再坚持自制，应该选择外购。

（3）在自制与外购决策中，仅仅依据传统的相关成本分析法和成本无差别点分析法是不行的，因为自制与外购决策常常涉及的不仅仅是成本问题，单纯依据成本的高低决策可能会由于其他问题的出现而导致利润降低。从该案例可以看到，康师傅在自制与外购的决策中更关注成本之外的其他因素，如供应商的可靠性、产品的质量、竞争对手的竞争能力等，因此在自制与外购的实务决策中，应该从战略角度结合价值链分析、竞争能力分析、环境分析等进行综合决策。

【案例3】 红星家具厂的成本差异分析

红星家具厂几年来一直采用标准成本制度核算并控制成本，由于其生产成本较低，因而在市场竞争中处于有利地位，其经济效益较好，加之产品质量较高，售后服务好，所以形成了知名品牌。该企业生产Y家具的标准成本单见表7－6。

表7－6 **Y标准成本单** 单位：元，件

项　目	价格标准	数量标准	金　额
直接材料	10	38	380
直接工资	20	5	100
变动性制造费用	20	6	120
固定性制造费用	20	10	200
标准成本	—	—	800

该企业某月预算产量1 000件，变动性制造费用预算总额为120 000元，固定性制造费用预算总额为200 000元。本期实际产量1 100件，直接材料消耗量为13 200千克，单价33.5元；实际生产总工时21 000小时，实际支付工资103 000元；实际发生固定性制造费用为190 000元，变动性制造费用为110 000元。该企业采用两差异法核算固定性制造费用差异。

请思考：（1）企业需要计算哪些总差异和分差异，其计算结果是多少？（2）依据计算结果，你对该企业拟提出怎样的建议？

分析提示

（1）总差异包括直接材料总差异、直接人工总差异、变动性制造费用总差异和固定性制造费用总差异。分差异有直接材料的数量差异和价格差异；直接人工的工资率差异和人工效率差异；变动性制造费用的耗费差异和变动制造费用效率差异；固定制造费用的耗费差异和能量差异。相关的计算结果如下：

直接材料总差异＝13 200×33.5－1 100×380＝＋24 200（元）

直接材料价格差异＝（33.5－10）×13 200＝＋310 200（元）

直接材料数量差异＝（13 200－1 100×38）×10＝－286 000（元）

直接人工成本差异＝103 000－1 100×20×5＝－7 000（元）

直接人工工资率差异＝（103 000/21 000－20）×21 000＝－317 000（元）

直接人工效率差异 = （21 000 - 1 100 ×5） ×20 = +310 000（元）

变动制造费用总差异 = 110 000 - 1 100 ×20 ×6 = -22 000（元）

变动制造费用耗费差异 = （110 000/21 000 - 20） ×21 000 = -310 000（元）

变动制造费用效率差异 = （21 000 - 1 100 ×6） ×20 = +288 000（元）

固定制造费用总差异 = 190 000 - 1 100 ×20 ×10 = -30 000（元）

固定制造费用耗费差异 = 190 000 - 1 000 ×20 ×10 = -10 000（元）

固定制造费用能量差异 = （10 000 - 1 100 ×10） ×20 = -20 000（元）

（2）根据上述计算结果提出建议：一是由于材料实际价格高于标准价格，使材料成本上升了310 200 元；另外由于材料的实际用量低于标准用量使材料成本降低了 286 000 元，二者相抵后使直接材料成本上升 24 200 元。基于此，企业应该关注采购过程，应该选取价格较低、运费较低、质量较好的材料供应商，从而达到降低材料成本的目的。二是由于实际工资率低于标准工资率，使直接人工成本下降了 317 000 元，但实际工时高于标准工时，使直接人工成本上升了 310 000 元，两者相抵后，直接人工最终降低 7 000 元，为不利差异。基于此，建议企业在保持较低工资率水平的同时，应该提高生产效率，降低生产耗用工时。三是由于变动制造费用实际分配率低于变动制造费用标准分配率，使变动制造费用下降了 310 000 元，但变动制造费用实际工时高于标准工时，使得变动制造费用上升 288 000 元，两者相抵后，变动制造费用最终下降 22 000 元，为有利差异。从变动性制造费用反映的仍然是工时利用效率问题，因此企业必须采取措施，提高工时的利用率。四是由于实际固定制造费用较预算数低，从而使固定制造费用节约 10 000 元，这说明该企业固定性制造费用控制方式得当，效果好；另外固定性制造费用由于实际产量高于标准产量，从而使单位产品分担的固定性制造费用降低而出现能量节约差异 20 000 元，实际产量较预算的变动率为 10%，从这一比率来看，企业应适度加强制定预算的准确性。

【案例 4】 SJ 公司的标准成本控制体系

SJ 公司 1996 年在深交所上市，是目前中国最大的机床制造商，该公司于 2008 年 6 月集团内部所辖 17 家分公司、子公司成功上线 Oracle 管理软件，成本模块选择中确定为标准成本。SJ 公司 ERP 环境下的标准成本控制体系由标准 BOM 制定、成本差异的计算、成本差异分摊及实际产品成本计算三项内容构成。

1. 标准 BOE 的制定

BOM 即物料清单，标准 BOM 是该公司生产前制定的一个产品完整的、结构化的零部件组成清单。该清单包括产品所需每个零件或部件的物料编码、计量单位、数量等。具体的标准 BOM 分三个层次反映，第一层区分直接材料、加工成本、外协成本和制造费用四个成本项目列示。以该公司的 GMB2040 产品为例，GMB2040 标准 BOM 的第一层项目如表 7 - 7 所示。

表 7 - 7　　GMB2040 标准 BOM（第一层）　　单位：万元

名　称	材料成本	加工成本	外协成本	制造费用	合　计
金额	105. 65	6. 15	5. 12	6. 32	123. 24

标准 BOM 的第二层要求对材料按类别进行分解，各单位根据产品所需的零部件自行分类并列

示，另外还要求分解加工成本，将加工成本分解为人工成本和设备折旧两项内容，外协成本、制造费用不再继续分解。GMB2040 标准 BOM 第二层中，直接材料分为机床外观、主轴箱部件、床身工作台、数控系统等 22 类，具体项目的分解如表 7－8 所示。

表 7－8　　GMB2040 标准 BOM（第二层）　　单位：万元

部别说明	成本	部别说明	成本	部别说明	成本
机床外观	0.06	气动系统	0.48	主轴箱拖动	1.97
附件	0.92	液压系统	1.52	主轴箱平衡部件	0.44
主轴箱部件	8.82	冷却系统	1.72	拖线机构	6.14
滑鞍拖动部件	2.03	床身及工作台	21.55	外走线	0.20
横梁导轨防护部件	1.00	床身导轨防护	2.22	立柱横梁部件	9.80
润滑系统	0.27	工作台拖动	3.94	机床电气	0.50
制冷系统	2.02	防护间散件	3.03	包装件	3.69
材料成本小计	105.65			系统	33.33
加工成本小计	6.15	人工成本	4.46	设备折旧	1.69
外协成本	5.12				
制造费用	6.32				
合计	123.24				

标准 BOM 的第三层是对类别材料更进一步的分解，该层需要按各种材料列示，并根据材料的去年市场平均价格及资源消耗量制定单位标准材料成本。GMB2040 标准 BOM 第三层的机床外观共需 14 种材料，各项材料如表 7－9 所示。

表 7－9　　GMB2040 标准 BOM（第三层）　　单位：元

序号	部别说明	物料	说明	数量	单位材料成本	合计
1	机床外观	40900400029	ZQ94－1////安全标牌	1	11.54	11.54
2	机床外观	40900400032	ZQ94－4////安全标牌	2	4.44	8.88
…	机床外观	…	……	…	…	…
14	机床外观	3GMB301001000903	GMB2040//00903//坐标标牌	1	7.69	7.69
合计	机床外观				470.32	599.51

标准 BOE 中的加工成本、外协成本和制造费用按照技术人员提供的工艺路线确定。工艺路线主要说明：工序号、工作描述、所使用的工作中心、各项工作的时间定额（如准备时间、加工时间、传送时间等）、外协工序的时间和费用、可供替代的工作中心、主要的工艺装备编码等，该工艺路线是发放生产订单和调整工序的依据。以 GMB2040 产品所需 GMB1225//12305//压杆加工为

例，该压杆的加工经过8道工序，工艺路线设计及相关的数据如表7－10所示。

表7－10　GMB1225//12305//压杆工艺路线　单位：元

项　目	1工序	2工序	3工序	4工序	5工序	6工序	7工序	8工序
工序号	10	10	20	20	30	40	50	50
部门	2601	2601	2601	2601	2601	1201	2602	2602
工序说明	车	车	铣	铣	钳	淬火C42	磨	磨
资源	2611	26011600	2613	26013500	26012201	10700606	2615	26026100
基准	物料	物料	物料	物料	物料	物料	物料	物料
单位	hr	hr	hr	hr	hr	pcs	hr	hr
资源用量①	0.57	0.57	0.17	0.17	0.08	2.30	0.33	0.33
人工费率②	13.10		17.82		9.50		13.28	
设备费率③		1.20		1.43				3.55
外协费率④						1.00		
制造费率⑤		40.78		40.78				40.78
人工成本⑥=①×②	7.42	0.00	2.97	0.00	0.79	0.00	4.43	0.00
设备成本⑦=①×③	0.00	0.68	0.00	0.24	0.00	0.00	0.00	1.18
外协成本⑧=①×④	0.00	0.00	0.00	0.00	0.00	2.30	0.00	0.00
制造费用⑨=①×⑤	0.00	23.11	0.00	6.80	0.00	0.00	0.00	13.59
合计⑩=⑥+⑦+⑧+⑨	7.42	23.78	2.97	7.03	0.79	2.30	4.43	14.78

2. 成本差异的计算

SJ公司ERP系统中的成本差异主要分为采购价格差异、生产成本差异两大类。每月末系统会自动显示各类差异。

（1）采购价格差异反映供应过程中，从提出采购至收到发票期间的价格差异。具体包括购买价格差异和发票价格差异两种。从标准BOM的制定可以看出，该公司ERP系统中预先设定了每种物料的标准价格，这个价格每年都会在年初时根据上一年此种物料的平均价格进行测算并录入系统。当接到采购计划时，采购部门先要向供货商进行询价、比价，确定购买价格后向供应商发出采购需求，此时，将该物料实际采购价格录入系统中，系统会根据此物料的标准成本与实际采购时的价格自动生成材料购买价格差异。当原材料大幅降价时，各单位的采购部会根据市场价格适时调整原购买物料的价格并与供应商谈判，谈判成功后，供应商将按重新确定的价格给公司开具增值税专用发票，增值税专用发票价格与原录入的采购价格必定产生差异，此时系统就会自动生成发票价格与录入时的价格差异。一定期间末，该公司购买原材料的实际价格实际上是该种材料的标准成本价格与采购价格差的合计值，即：原材料实际价格＝材料标准成本价格＋材料购买价格差＋发票价格差。

（2）生产成本差异反映产品生产过程中，从生产领用材料至产成品入库期间的各类成本差异。包括用料数量差异、工费差异、废品差异、库存盘点差异和成本更新差异五类。用料数量差异是指产品在生产过程中生产工人实际领用物料与标准BOM中产品所需物料消耗在数量方面形成的成本差异。此类差异需要按材料明细逐一列示。工费差异是指人工成本、设备折旧、制造费用的实际发生金额与标准 BOM 中的标准数额之间形成的差异。这些差异可以细分为人工成本、设备折旧、制造费用三项反映，但不区分资源用量差异与资源费率（人工费率、设备费率、制造费率）差异列示。废品差异是指因人为因素造成的质量不过关而形成的成本差异。生产过程中，废品的出现源于两类，一类是由于人为因素造成，另一类是由于购进的原材料本身产品质量不过关而造成。SJ 公司为了控制供应商的供货质量，实行废品买回制度，即在产品生产过程中，如果发现造成产品废品的原因系原材料供货质量问题，将根据零件实际加工后价格卖给供应商，此种产品不在 ERP 系统中的废品差异中核算，而是直接冲减原材料；对于人为因素造成的废品，如由于人工操作不当或工艺、设计不合理导致的，质量部门在调查确认的同时，将在 ERP 系统中进行记录，差异自动生成。库存盘点差异是指每月末由于库存盘盈所形成的成本差异。SJ 公司要求下属各单位每月末的最后一天对原材料、在制品、自制半成品、产成品进行盘点，相关部门需要逐项与 ERP 系统进行比对，如果出现盘亏做损失处理，如果盘盈则在系统中逐条录入信息，由此形成库存盘点成本差异。成本更新差异是指年度内由于重新维护标准 BOM 而形成的成本差异。通常标准 BOM 在每年年初根据上一年产品的实际成本及原材料价格等因素进行维护，年度内不再变动；订单式产品在合同签订时，便会根据客户需求制定标准 BOM，年度内也不变动。但如果经营过程中，原材料价格波动较大或工艺路线改进等，该公司允许对标准 BOM 及时维护，由此会形成在制品和产成品的成本更新差异。

3. 成本差异的分摊及单台实际产品成本的计算

ERP 系统下，该公司的原材料、生产成本、产成品、主营业务成本科目均按标准成本核算，期末计算单台完工产品实际成本时，成本核算人员需在系统外借助于 Excel 进行核算。当产品销售时，系统自动按照销售收入比重分摊差异，从而反映产品的实际主营业务成本。按照事务所的规定，为了防止企业借助成本差异调整利润，采购及生产过程中发生的六类成本差异无需在在产品和产成品之间进行分摊，均由完工产品承担。计算单台产品实际成本时，SJ 公司对各类成本差异分摊标准没有统一规定，下属企业及事业部可以结合产品特点自行确定分配标准并进行分配。有些企业按照耗用材料的标准成本所占比例分配采购价格差异、用量差异等，按照耗用标准工时比例分配工费差异；有些企业的成本差异分摊非常简单，全部按照标准成本所占比例进行分摊。单台产品实际成本 = 产品标准成本 ± 成本差异。如果以类别方式分摊差异，差异分配的相关计算公式如下：

$$\begin{matrix}\text{材料价格差异、用量}\\\text{差异、成本更新差异、}\\\text{盘点差异、废品差异}\end{matrix} = \frac{\text{单台产品材料标准成本}}{\text{产品材料标准成本总额}} \times \begin{matrix}\text{产品相关成}\\\text{本差异总额}\end{matrix}$$

$$\text{工费差异} = \frac{\text{单台产品标准工时}}{\text{产品标准总工时}} \times (\text{折旧、加工费和制造费用成本差异总额})$$

请思考：（1）你认为 SJ 公司标准成本控制体系中标准 BOM 的实质是什么？与理论中看到的有何不同？（2）你认为 SJ 公司标准成本控制体系可能存在怎样的问题？应该采取怎样的对策？

分析提示

（1）SJ 公司标准成本控制体系中的标准 BOM 实质上是某产品的标准成本单。它与理论中的不同主要表现在成本项目的设置上，该公司的成本项目设置为：材料成本、加工成本、外协成本和制造费用，没有单独设置直接人工成本项目，在加工成本中包括了人工成本和折旧费。

（2）SJ 公司标准成本控制体系可能存在的问题有几点：一是采购价格差异细分为购买价格差异和发票价格差异两种，这种细分没有必要；二是该公司期末计算单台完工产品实际成本时，成本核算人员需在系统外借助于Excel进行核算，产品实际成本的计算与软件脱节；三是产品工费差约占产品标准成本的17%，对如此之大的成本差异统一按一个分配率进行分配可能使产品成本的计算结果不精确。

应采取的对策：一是Oracle软件本身存在欠缺，需要改进，该软件应该增加产品实际成本核算功能；二是该公司计算的购买价格差异是为了对采购价格实施控制，发票价格差异是为了对物料的运转环节实施控制。如果采购价格差异不细分实际上同样可以起到控制采购价格的作用，而对于物料运转环节的控制，完全没有必要通过差异的揭示来控制。因此建议将两个差异合并，只计算发票价格与标准价格之间形成的价格差异。当采购人员采购时，在系统中确认采购行为，这样就可以控制物料的运转情况；三是分配工费时不应统一标准，应该结合实际灵活确定。

三、练习题参考答案

（一）单项选择题

1. D　2. C　3. C　4. C　5. B　6. D　7. D
8. A　9. B　10. D　11. D　12. A　13. A　14. B
15. D　16. A　17. B　18. C　19. C　20. C　21. C
22. D　23. C　24. B　25. C　26. A　27. B　28. B
29. D　30. B　31. C　32. B　33. A　34. A　35. A
36. A　37. C　38. B　39. C　40. A

（二）多项选择题

1. ABC　2. ABCDE　3. ABCDE　4. ABCD　5. AB
6. ABC　7. AB　8. ABCDE　9. ADE　10. ABCDE
11. ABD　12. ABCDE　13. ABC　14. AD　15. ABC
16. ABC　17. ABC　18. ACD　19. CE　20. ABCD
21. ABCD　22. AC　23. AB　24. ABCD　25. ABC
26. ABCDE　27. ABC　28. DE　29. ABC　30. ABCDE
31. AC　32. ABE　33. ABCDE　34. ABCDE　35. ABCDE

（三）判断题

1. √　2. √　3. ×　4. √　5. ×
6. √　7. ×　8. √　9. ×　10. ×
11. √　12. √　13. ×　14. √　15. ×
16. ×　17. √　18. √　19. ×　20. ×
21. ×　22. ×　23. ×　24. √　25. √
26. √　27. ×　28. ×　29. √　30. ×
31. √　32. √　33. ×　34. √　35. ×
36. √　37. ×　38. √　39. ×　40. √

（四）计算题

【计算题1】

A产品的目标成本 =1 000×（1－10%）/（1+35%）≈666.67（元）

A产品的设计成本 =500/（1－8%－12%）=625（元）

因为A产品的设计成本低于目标成本，所以可以直接投入生产。

【计算题2】

▲计算三个不同方案的功能总分：

方案一功能总分 =8+7+9+6+9=39（分）

方案二功能总分 =9+6+10+9+8=42（分）

方案三功能总分 =6+9+7+5+7=34（分）

▲计算三个不同方案的功能系数：

方案一功能系数 =39/（39+42+34）≈0.3391

方案二功能系数 =42/（39+42+34）≈0.3652

方案三功能系数 =34/（39+42+34）≈0.2957

▲计算三个不同方案的成本系数：

方案一成本系数 =100/（130+90+100）≈0.3125

方案二成本系数 =90/（130+90+100）≈0.4063

方案三成本系数 =130/（130+90+100）≈0.2812

▲计算三个不同方案的价值系数：

方案一价值系数 =0.339/0.3125≈1.085

方案二价值系数 =0.365/0.4063≈0.899

方案三价值系数 =0.296/0.2812≈1.051

计算结果表明，方案二的价值系数小于1，说明该方案的产品功能低但成本高，不能采用；而方案一和方案三的价值系数都超过了1，比较而言，方案一的价值系数最高，说明该方案的功能高但成本最低，因此方案一最优，应该选择方案一。

【计算题3】

依据所给资料编制的增加销售量10%后的两种不同产品的利润及利润变动率如表7－11所示。

表7－11　增加销售量后的利润及利润变动率　单位：万元

项　目	A产品	B产品
销售收入	143	143
单位变动成本	90	66
固定成本	8	30
税前利润	45	47
利润变动率	12.5%	17.5%

依据所给资料编制的降低固定成本5万元后的两种不同产品的利润及利润变动率如表7－12所示。

表7－12　　降低固定成本后的利润及利润变动率　　单位：万元

项　目	A产品	B产品
销售收入	130	130
单位变动成本	82	60
固定成本	3	25
税前利润	45	45
利润变动率	12.5%	12.5%

上述计算结果表明，乙产品的贡献毛益率较高为54%，采取增加销售量后的利润变动率较降低固定成本后的利润变动率要高，而甲产品两种措施采取后的利润变动率相同。因此，对于贡献毛益率较高的乙产品，采取增加销售量的方式对企业的盈利更加有利；而对于甲产品，两种措施都可以。

【计算题4】

乙产品的单位目标成本＝2 250×（1－10%－10%）＝1 800（元）

根据零件功能评分计算六种零件的功能系数，依据功能系数分解产品目标成本，并计算各种零件的成本降低额，计算结果如表7－13所示。

表7－13　　乙产品价值分析　　单位：元

零件名称	功能系数	设计成本	目标成本	成本降低额
A	0.2143	320	385.74	－65.74
B	0.2143	310	385.74	－75.74
C	0.1429	300	257.22	42.78
D	0.2143	450	385.74	64.26
E	0.0713	200	128.34	71.66
F	0.1429	420	257.22	162.78
合计	1	2 000	1 800	200

计算结果表明，零件C、D、E、F四种零件是成本改进的对象，成本需要分别降低42.78元、64.26元、71.66元、162.78元。

【计算题5】

直接材料用量标准：A材料用量标准＝2.5＋0.5＝3（千克/件）

B材料用量标准＝3＋1＝4（千克/件）

直接材料价格标准：A 材料价格标准 =5 +1 =6（元/千克）

B 材料价格标准 =6 +2 =8（元/千克）

甲产品直接材料的标准成本 =3 ×6 +4 ×8 =50（元/千克）

【计算题6】

直接材料实际成本 =36 800 ×1.9 =69 920（元）

直接材料标准成本 =7 000 ×5 ×2 =70 000（元）

直接材料成本总差异 =69 920 －70 000 = －80（元）

直接材料用量差异 =（36 800 －7 000 ×5）×2 = +3 600（元）

直接材料价格差异 =36 800 ×（1.9 －2）= －3 680（元）

【计算题7】

实际变动性制造费用分配率 =4 700/3 750≈1.2533（元/小时）

变动性制造费用标准成本 =7 000 ×0.5 ×1.2 =4 200（元）

变动性制造费用总差异 =4 700 －4 200 = +500（元）

变动性制造费用效率差异 =（3 750 －7 000 ×0.5）×1.2 = +300（元）

变动性制造费用耗费差异 =3 750 ×（1.2533 －1.2）= +200（元）

【计算题8】

两差异法：

预算差异 =49 500 －50 000 = －500（元）

能量差异 =50 000/10 000 ×（10 000 －2 400 ×4）= +2 000（元）

总差异 = －500 +2 000 = +1 500（元）

三因素法：

耗费差异 =49 500 －50 000 = －500（元）

效率差异 =50 000/10 000 ×（9 640 －2 400 ×4）= +200（元）

生产能力利用差异 =50 000/10 000 ×（10 000 －9 640）= +1 800（元）

总差异 = －500 +200 +1 800 = +1 500（元）

【计算题9】

（1）材料标准成本 =10 ×3 +8 ×5 =70（元）

工资标准成本 =3 ×12 =36（元）

变动性制造费用标准成本 =8 ×3 =24（元）

固定性制造费用标准成本 =12 ×3 =36（元）

甲产品的标准成本 =70 +36 +24 +36 =166（元）

（2）实际发生的直接人工 =36 ×1 300 +3 220 =50 020（元）

（3）直接人工的效率差异 =12 ×4 100 －12 ×3 ×1 300 =2 400（元）

（4）直接人工的工资率差异 =50 020 －12 ×4 100 =820（元）

【计算题10】

（1）$Q^* = \sqrt{\frac{2 \times 25 \times 40\ 000}{8}} = 500$（千克）

$TC^* = \sqrt{2 \times 25 \times 40\ 000 \times 8} = 4\ 000$（元）

$N^* = \frac{40\ 000}{500} = 8$（次）

（2）基本模型条件下，经济采购批量为500千克，适用的价格为10元，此时的存货成本：

$TC_{500} = 25 \times \frac{40\ 000}{500} + 8 \times \frac{500}{2} + 10 \times 40\ 000 = 404\ 000$（元）

依题意：当Q＝400千克时，单价＝11元；当Q＝10 000千克时，单价＝9.5元，则：

$TC_{400} = 25 \times \frac{40\ 000}{400} + 8 \times \frac{400}{2} + 11 \times 40\ 000 = 444\ 100$（元）

$TC_{10\ 000} = 25 \times \frac{40\ 000}{10\ 000} + 8 \times \frac{10\ 000}{2} + 9.5 \times 40\ 000 = 420\ 100$（元）

由于404 000元最低，所以经济批量应为500件，此时最低的相关总成本为404 000元。

（3）$Q^* = \sqrt{\frac{2 \times 25 \times 40\ 000}{8}} \times \sqrt{\frac{8 + 24.8}{24.8}} = 500 \times 1.15 = 575$（千克）

$TC^* = \sqrt{2 \times 25 \times 40\ 000 \times 8} \times \sqrt{\frac{24.8}{8 + 24.8}} = 4\ 000 \times 0.8695 \approx 3\ 478$（元）

（4）$Q^* = \sqrt{\frac{2 \times 25 \times 40\ 000}{8}} \times \sqrt{\frac{198}{198 - 110}} = 500 \times 1.5 = 750$（千克）

$TC^* = \sqrt{2 \times 25 \times 40\ 000 \times 8} \times \sqrt{\frac{198 - 110}{198}} = 4\ 000 \times 0.6667 \approx 2\ 667$（元）

【计算题11】

（1）$Q^* = \sqrt{\frac{2 \times 8\ 000 \times 100}{10}} = 400$（件）

$R = 12 \times (5 + 1) = 72$（件）

（2）当B材料的实际库存是80件时，80＞R，所以不需要组织采购；当实际库存量是72件时，实际库存＝R，所以应该马上组织采购，采购400件。

第八章　内部业绩评价

一、练习题

（一）单项选择题

1. 内部业绩评价产生于（　　）。

A. 20 世纪初　　B. 19 世纪末　　C. 20 世纪 20 年代　　D. 20 世纪 50 年代

2. 企业最高层次的责任中心是（　　）。

A. 标准成本中心　　B. 利润中心　　C. 投资中心　　D. 收入中心

3. 既发生成本或费用，也能产生收入，但是不拥有生产经营权的责任中心是（　　）。

A. 标准成本中心　　B. 收入中心　　C. 利润中心　　D. 投资中心

4. 内部业绩评价的等同概念是（　　）。

A. 业绩评价　　B. 业绩激励　　C. 责任中心　　D. 责任会计

5. 企业集团中的事业部通常是（　　）。

A. 成本中心　　B. 利润中心　　C. 投资中心　　D. 收入中心

6. 某投资中心本年投资额为 20 000 元，投资利润为 5 000 元，剩余收益为 2 000 元，则企业要求的最低投资收益率为（　　）。

A. 25%　　B. 10%　　C. 15%　　D. 40%

7. 下列各项中，可以作为利润中心的是（　　）。

A. 分公司　　B. 销售部门　　C. 班组　　D. 运输部门

8. 如果以市场价格为基础确定内部转移价格，转移产品的单位变动生产成本为 40 元/件，单位固定成本为 5 元/件，市场价格为 60 元/件，如果向外销售，需要另外支付销售费用 3 元/件，则其内部转移价格为（　　）。

A. 60　　B. 40　　C. 45　　D. 57

9. 当卖方提供的价格与市场价格一致且愿意对内销售时，买方（　　）。

A. 需要重新商定价格　　B. 可以拒绝购买

C. 可以购买也可不购买　　D. 不得拒绝购买

10. 成本中心的考核指标是（　　）。

A. 产品成本　　B. 期间成本　　C. 制造成本　　D. 责任成本

11. EVA 的计算公式是（　　）。

A. 税后净营业利润 − 投入资本 × 加权平均资本成本　　B. 净利润 − 投入资本 × 加权平均资本成本

C. 税后净营业利润 − 投入资本 × 债务资本成本　　D. 净利润 − 投入资本 × 债务资本成本

12. 协商确定内部转移价格时，此时的最低极限价为（　　）。

A. 单位变动成本　　B. 市场价格

C. 生产成本　　D. 市价减去必要的销售费用

13. 内部转移定价中，不能作为内部转移定价的是（　　）。

A. 协商价格　　B. 实际成本

C. 标准成本加成法　　D. 标准变动成本

14. 当产品提供方的生产能力已经充分利用时，应采用的内部转移价格形式是（　　）。

A. 双重转移价格　　B. 市价

C. 标准成本加成　　D. 协商价格

15. 投资中心的评价指标中，既能反映该中心的投入产出关系，又能使其决策行为与企业总体目标保持一致的指标是（　　）。

A. 投资回收期　　B. 投资利润率　　C. 税前利润　　D. 剩余收益

16. 从责任成本的角度看，装配车间所组装的外购件属于该责任中心的（　　）。

A. 可控成本　　B. 直接成本　　C. 不可控成本　　D. 间接成本

17. 一定时期，如果将所有生产责任中心的成本相加与所有产品成本相加，二者的合计值（　　）。

A. 不相等　　B. 相等　　C. 前者小于后者　　D. 前者大于后者

18. 下列各项中，不属于收入中心考核指标的是（　　）。

A. 销售收入　　B. 销售量　　C. 可控销售费用　　D. 销售回款率

19. 某自然利润中心，某期获得销售收入为100 000元，已销产品的变动成本费用为60 000元，可控固定费用为10 000元，不可控制造费用8 000元，事业部转入管理费用5 000元，则对该责任中心考核的利润为（　　）。

A. 17 000元　　B. 22 000元　　C. 25 000元　　D. 30 000元

20. 如果某企业基于平衡计分卡设立的业绩考核指标有员工满意度，该指标属于平衡计分卡中的（　　）。

A. 财务维度　　B. 内部业务流程维度

C. 学习与成长维度　　D. 顾客维度

（二）多项选择题

1. 下列各项中，属于内部业绩评价原则的有（　　）。

A. 责任主体原则　　B. 及时反馈原则　　C. 可控性原则

D. 目标一致原则　　E. 责、权、利相结合原则

2. 下列各项中，可以作为责任中心的有（　　）。

A. 科室　　B. 班组　　C. 机器设备

D. 工序　　E. 子公司

3. 所发生的成本或费用与生产实物产品直接相关的成本中心是（　　）。

A. 费用中心　　B. 酌量性成本中心　　C. 技术性成本中心

D. 基本成本中心　　E. 标准成本中心

4. 成本中心可以采用的内部转移价格形式有（　　）。
A. 市价　B. 协商价　C. 标准完全成本
D. 标准变动成本　E. 成本加成价
5. 利润中心可以采用的内部转移价格形式有（　　）。
A. 机会成本基础价　B. 协商价　C. 标准完全成本
D. 标准变动成本　E. 成本加成价
6. 内部业绩评价产生的原因是（　　）。
A. 适应分权管理的需要产生
B. 适应集权管理的需要产生
C. 适应企业发展的需要产生
D. 适应行为科学理论的要求产生
E. 适应标准化管理的要求产生
7. 下列各项中，可以作为利润中心的业绩考核指标有（　　）。
A. 收入　B. 质量　C. 职工态度
D. 贡献毛益　E. 安全
8. 内部业绩评价包括的内容有（　　）。
A. 设置责任中心　B. 制定责任预算　C. 核算控制
D. 编制责任报告　E. 评价激励
9. 制定内部转移价格应遵循的原则有（　　）。
A. 公平性原则　B. 激励性原则　C. 可控性原则
D. 责任主体原则　E. 目标一致性原则
10. 投资中心的主要考核指标是（　　）。
A. 剩余收益　B. 销售毛利　C. 投资利润率
D. 营业利润　E. 贡献毛益
11. 通常可控成本必须同时符合的条件是（　　）。
A. 可以预计　B. 可以计量　C. 可以施加影响
D. 可以落实责任　E. 可以规避
12. 通常可以以经济增加值作为业绩考核指标的有（　　）。
A. 自然利润中心　B. 人为利润中心　C. 成本中心
D. 投资中心　E. 投资项目
13. 影响剩余收益的因素有（　　）。
A. 部门资产　B. 资本成本　C. 投资利润
D. 股利支付　E. 利润留存
14. 责任成本和产品成本的区别主要表现在（　　）。
A. 成本费用归集的对象　B. 成本费用核算的前提　C. 核算的目的
D. 成本费用分配的对象　E. 共同成本费用的分配原则
15. 下列各项中，可以作为利润中心的有（　　）。
A. 车间　B. 班组　C. 分公司

D. 个人　　E. 分店

16. 计算责任成本时，需要将成本区分为（　　）。

A. 期间成本　　B. 可避免成本　　C. 产品成本

D. 可控成本　　E. 不可控成本

17. 内部转移价格的类型主要有（　　）。

A. 实际成本为基础的定价法　　B. 市价为基础的定价法

C. 机会成本为基础的定价法　　D. 双重转移定价法

E. 协商转移定价法

18. 实务中计算 EVA 时，所采用的税后净营业利润是在会计利润的基础上调整得来的，需要调整的项目有（　　）。

A. 利息支出　　B. 研发费用　　C. 营业外收入

D. 营业外支出　　E. 营业税金及附加

19. 平衡计分卡建立的对象有（　　）。

A. 企业整体　　B. 个人　　C. 车间

D. 利润中心　　E. 收入中心

20. 平衡计分卡的优点主要有（　　）。

A. 将业绩评价与企业的战略有机结合

B. 将财务指标与非财务指标有机结合

C. 将短期指标与长期指标有机结合

D. 将结果指标与过程指标有机结合

E. 将业绩评价与业绩激励有机结合

（三）判断题

1. 企业中的各级组织，不管处于哪一层次，不管权力的大小，都可以设立成本中心。（　　）

2. 责任成本是该责任中心的各项直接成本的合计值。（　　）

3. 只要某个项目能使个别投资中心的投资利润率提高，就可以使整个企业的投资利润率提高。（　　）

4. 一般来说，只要某个项目的投资收益率高于企业要求的最低收益率，就会出现正的剩余收益，投资中心就会接受此项目。（　　）

5. 责任成本的成本费用分配原则是谁受益谁承担。（　　）

6. 凡直接成本属于可控成本，间接成本属于不可控成本。（　　）

7. 如果某责任中心可以作为利润中心考核，那么它也一定可以作为成本中心考核。（　　）

8. 从责任中心体系来看，利润中心与收入中心处于同等地位，成本中心和作业中心处于同等地位。（　　）

9. 对于企业来说几乎所有的成本都是可控成本，不存在不可控成本。（　　）

10. 一般大多数生产形式的复合成本中心都可以转化为人为利润中心。（　　）

11. 考核费用中心业绩时，应结合其工作质量和服务进行评价，若该中心的费用支出低于预算，则说明其业绩比较好。（　　）

12. 对于人为利润中心，不需要对其分摊共同成本，因此该责任中心的考核指标可能是贡献毛益或可控贡献毛益。（　）

13. 投资利润率是利润与相应投资额的比值，这里的投资额既可以指企业的资金平均占用额或总资金，也可以指项目投资额。（　）

14. 内部转移价格无论怎样变动，都不会改变企业的净利润，所改变的只是企业内部各责任中心的收入或利润的分配份额。（　）

15. 如果某投资中心计算的剩余收益应该接受某一项目，则按投资利润率计算，也必然会接受该项目。（　）

16. 以市价为基础的转移定价客观公允，能够反映部门对公司利润的实际贡献，凡有市价可以获得就可以采用。（　）

17. 经济增加值有助于股东财富最大化目标的实现，但它是一个财务指标，因此经营者的短期行为不能完全避免。（　）

18. EVA 是一定期间企业获得的税后净营业利润减去债务和股本成本后的余额，体现的是企业为股东创造的真正价值。（　）

19. 建立平衡计分卡应从财务、顾客、内部业务流程、学习与成长四个维度设立评价指标，指标一旦设定，不能改变。（　）

20. 机会成本为基础制定内部转移价格的公式是：内部转移价格 = 转移产品的增量成本 + 内部转移的机会成本。（　）

（四）计算题

【计算题 1】假设某公司旗下有 A、B 两个投资中心，目前 A 投资中心的税前利润为 60 万元，营运资产为 300 万元；B 投资中心的税前利润为 64 万元，营运资产为 400 万元。公司现有一投资项目，投资额为 100 万元，可获利 18 万元，两个投资中心均可投资该项目，公司目前整体投资利润率是该公司要求的最低收益率。

要求（结果保留两位小数）：（1）分别计算接受投资前后两个投资中心和公司整体的投资利润率，若以该指标作为考核指标，它们会接受该项目吗？（2）分别计算接受投资前后两个投资中心和公司整体的剩余收益，若以该指标作为考核指标，它们会接受该项目吗？

【计算题 2】某投资中心某年的平均经营净资产为 1 000 万元，全年销售收入为 800 万元，变动成本率为 70%，可控固定成本为 60 万元，不可控固定成本为 50 万元，企业管理费用为 30 万元。

要求：（1）计算经营资产周转率、销售利润率和投资利润率；（2）假定公司计划将投资报酬率提高两个百分点，计算平均经营净资产、销售收入、变动成本率、可控固定成本的变动率（假设某一项指标发生变动时其他指标不变）。

【计算题 3】某公司主营一种产品 A，下设甲、乙两个生产部门，甲部门生产的零件是乙部门 A 产品的配件。甲部门年计划生产能力为 30 000 个，零件的标准单位变动成本为 20 元/个，部门的标准年固定生产成本为 150 000 元。该部门的投资额为 1 500 000 元，公司在同类投资上要求的投资报酬率为10%。乙部门在生产A产品过程中需要追加标准单位变动成本15元/件，发生标准固定成本250 000元。A产品的年产销量为15 000件，市价为120元/件，需要用30 000个甲部门生产的零件。

要求：(1) 如果不设责任中心，计算公司的贡献毛益和税前利润；(2) 如果甲、乙生产部门为两个内部责任中心，分别以变动成本、完全成本和成本加成为基础作为内部转移价格，计算内部转移价格并确定部门业绩和公司业绩；(3) 若甲部门的最大产量为30 000个，全部可以在外部市场上找到销路，市价为45元/件，另外需要发生销售费用5元/件，且该部门没有剩余生产能力。若此时乙部门要求按照变动成本作为内部转移价格，甲是否接受？它会接受怎样的价格？

【计算题4】 某投资中心总资产为700万元，其中，厂房投资400万元，机器设备投资200万元，在建工程投资100万元。资金来源包括负债资本300万元，权益资本400万元，假设权益资本成本为13%，负债资本成本为10%。另外该投资中心的机器设备和厂房投资均由长期负债和权益资本解决，当年经调整后的税后利润为100万元。

要求：计算该投资中心的EVA。

二、案例及分析提示

【案例1】 ABC集团公司的组织体系与责任会计

ABC公司为某集团公司，主要经营产品为空调和冰箱，旗下拥有两个分公司：ABC空调公司和ABC冰箱公司。公司具体的组织结构图如图8-1所示。

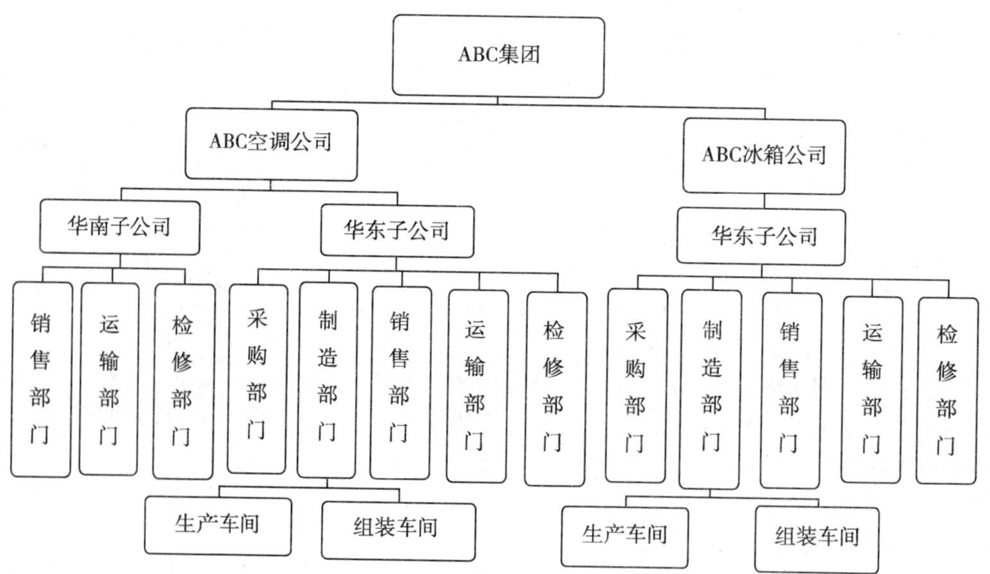

图8-1 ABC公司的组织结构图

空调公司下设华南子公司和华东子公司，华南子公司通过从华东子公司或者集团外部其他公司购入空调然后销售，华东子公司可以独立的生产和对内或者对外销售空调。空调公司和冰箱公司各自拥有独立的生产经营权和投资决策权，其负责的子公司仅对生产和销售负责。公司具体部门的职责分别是：采购部门主要负责从市场购入生产所需要的材料、物资等。制造部门设有生产和组装两个车间，生产车间负责空调零部件的生产、加工，组装车间负责将零部件组装成空调整机。销售部门主要批发零售本公司生产的产品，同时代销其他厂商的产品。运输部门主要负责公司采购物资和对内、对外销售的运输业务。检修部门主要负责本公司生产设备的日常维护、空调出厂前的质量检验、所售空调的售后服务工作，同时也承接其他品牌空调的维修和保养工作。

请思考：（1）ABC公司应设立哪些责任中心？（2）ABC空调公司最优的内部转移价格应该是什么价格形式？为什么？（3）假设ABC空调公司下设的华中子公司每个月要向华南子公司提供某型号的空调5 000台，该种空调的标准单位变动成本为2 000元，标准单位固定成本为900元，若华东子公司将空调对外出售还需要支付销售费用100元/件，该产品的市场价格为4 000元。确定各种可能采用价格形式下的内部转移价格？（4）假定ABC集团现有一个投资项目，投资额为600万元，预期可获得部门贡献毛益108万元，该项目可由ABC空调公司投资也可以由ABC冰箱公司投资，ABC集团的资本成本为17.43%，这也是公司要求的最低收益率。现阶段，ABC空调公司的部门税前利润为400万元，营业资产为2 000万元，ABC冰箱公司的部门税前利润为210万元，营业资产为1 500万元。当集团分别以投资利润率和剩余收益为考核指标时会出现怎样的情况？

分析提示

（1）ABC空调公司和ABC冰箱公司属于投资中心；三个子公司为利润中心，其中ABC空调公司旗下的华东子公司即对外销售又对内销售，所以既是自然利润中心又是人为利润中心，其他子公司为自然利润中心；销售部门属于收入中心；采购部门、运输部门、制造部门、检修部门、生产车间、组装车间属于成本中心。其中采购部门、制造部门、生产车间、组装车间为标准成本中心；运输部门和检修部门中发生部分计入产品成本，部分成本计入期间成本，所以既是标准成本中心又是费用成本中心。

（2）ABC空调公司最优的内部转移价格形式应该采用市价，因为华东子公司的产品既可对外销售又可对内销售，而华南子公司既可以从公司内部购买产品又可以从外部购买，可见，该公司的产品存在一个完全竞争的市场，所以应该采用市价为基础的定价法。

（3）可能采用的价格形式有：市价、协商价、双重价、成本基础价，不同价格形式下的内部转移价格计算如下：市场价格为3 900元（4 000 - 100）；协商价格应该在2 000 ~ 3 900元；双重价格的卖方价格为3 900元，买方价格为2 000元；标准变动成本价格为2 000元；标准完全成本价格为2 900元（2 000 + 900）。

（4）以投资利润率为考核指标进行计算并分析如下：

$$该投资项目的投资利润率 = \frac{108}{600} \times 100\% = 18\%$$

站在公司角度，由于18%大于该公司目前的总资产报酬率，因此该公司会接受此项目。

如果站在 ABC 空调公司角度：

$$ABC 空调公司目前的投资利润率 = \frac{400}{2\ 000} \times 100\% = 20\%$$

$$ABC 空调公司接受投资项目后的投资利润率 = \frac{400+108}{2\ 000+600} \times 100\% = 19.54\%$$

所以若以投资利润率为评价指标，ABC 空调公司不会接受该项目。

如果站在 ABC 冰箱公司角度：

$$ABC 冰箱公司目前的投资利润率 = \frac{210}{1\ 500} \times 100\% = 14\%$$

$$ABC 冰箱公司接受投资项目后的投资利润率 = \frac{210+108}{1\ 500+600} \times 100\% = 15.14\%$$

所以若以投资利润率为评价指标，ABC 冰箱公司会接受该项目。

可见，当公司以投资利润率作为投资中心评价指标时，空调公司会放弃对公司整体有利但对自己无利的项目。

以剩余收益作为评价指标计算并分析如下：

投资项目的剩余收益 $= 108 - 600 \times 17.43\% = 3.42$（元）

ABC 空调公司目前的剩余收益 $= 400 - 2\ 000 \times 17.43\% = 51.4$（元）

ABC 空调公司接受投资后的剩余收益为：

剩余收益 $= (400+108) - (2\ 000+600) \times 17.43\% = 54.82$（元）

ABC 冰箱公司目前的剩余收益 $= 210 - 1\ 500 \times 17.42\% = -51.4$（元）

ABC 冰箱公司接受投资后的剩余收益：

剩余收益 $= (210+108) - (1\ 500+600) \times 17.43\% = -48.03$（元）

所以，当以剩余收益为考核指标的时候，无论是空调公司还是冰箱公司的剩余收益都在增长，因此都会接受该项目。

【案例 2】 EVA 综合计分卡在浙江沙玛电子有限公司的实践

浙江沙玛电子有限公司成立于 1995 年，是一家中等规模的家族企业，主要产品为烤炉定时器、园林定时器机芯、煤气定时器、水流时间控制器等。随着公司的发展壮大，该公司现有业绩评价体系的缺陷日益暴露，公司决定综合应用 EVA 和平衡计分卡，并建立起了 EVA 综合计分卡评价体系。

1. 原业绩评价体系

该公司原评价体系由 3 个维度 9 个指标构成。即生产管理维度：综合产品合格率、设备故障率、人均工作量；销售管理维度：销售毛利率、销售增长率、销售费用率；财务管理维度：净利润、净资产收益率、成本费用率。

2. 构建的 EVA 综合计分卡评价体系

该公司主要从财务维度、顾客维度、内部业务流程维度、学习与成长维度和家族因素维度来构建业绩评价体系，其指标体系如表 8－1 所示：

表 8-1　　浙江沙玛公司 EVA 综合计分卡指标体系

<table>
<tr><td rowspan="12">财务方面</td><td rowspan="2">财务效益</td><td>EVA</td><td rowspan="12">非财务方面</td><td rowspan="3">顾客方面</td><td>顾客满意度</td></tr>
<tr><td>EVA 资本收益率</td><td>顾客保持率</td></tr>
<tr><td rowspan="3">偿债能力</td><td>流动比率</td><td>相对市场份额</td></tr>
<tr><td>资产负债率</td><td rowspan="3">内部业务流程</td><td>产品合格率</td></tr>
<tr><td>利息保障倍数</td><td>产品生产效率</td></tr>
<tr><td rowspan="4">资产管理</td><td>应收账款周转率</td><td>售后服务及时率</td></tr>
<tr><td>存货周转率</td><td rowspan="3">学习与提高</td><td>研究开发费用率</td></tr>
<tr><td>流动资产周转率</td><td>研究开发成功率</td></tr>
<tr><td>总资产周转率</td><td>技术人员比例</td></tr>
<tr><td rowspan="3">发展能力</td><td>营业收入增长率</td><td rowspan="3">家族因素层面</td><td>“家长”管理创新能力</td></tr>
<tr><td>总资产周转率</td><td>家族成员交流程度</td></tr>
<tr><td>EVA 增长率</td><td>家族成员特殊感</td></tr>
</table>

该公司建立的评价指标体系中，与 EVA 有关的指标权重系数相对较高。公司领导层通过分析讨论，决定通过 1 ~ 9 分的打分法，利用层次分析法确定各指标权重系数，如表 2 所示：

表 8-2　　浙江沙玛公司 EVA 综合计分卡指标权重　　单位：%

<table>
<tr><th>层次一</th><th>权重</th><th>层次二</th><th>权重</th><th>层次三</th><th>权重</th><th>综合权重</th></tr>
<tr><td rowspan="12">财务层面</td><td rowspan="12">39%</td><td rowspan="2">财务效益</td><td rowspan="2">56</td><td>EVA</td><td>25</td><td>5.46</td></tr>
<tr><td>EVA 资本收益率</td><td>75</td><td>16.38</td></tr>
<tr><td rowspan="3">偿债能力</td><td rowspan="3">12</td><td>流动比率</td><td>27</td><td>1.26</td></tr>
<tr><td>资产负债率</td><td>30</td><td>1.4</td></tr>
<tr><td>利息保障倍数</td><td>43</td><td>2.02</td></tr>
<tr><td rowspan="4">资产管理能力</td><td rowspan="4">10</td><td>应收账款周转率</td><td>17</td><td>0.65</td></tr>
<tr><td>存货周转率</td><td>17</td><td>0.65</td></tr>
<tr><td>流动资产周转率</td><td>33</td><td>1.3</td></tr>
<tr><td>总资产周转率</td><td>33</td><td>1.3</td></tr>
<tr><td rowspan="3">发展能力</td><td rowspan="3">22</td><td>营业收入增长率</td><td>30</td><td>2.57</td></tr>
<tr><td>资产增长率</td><td>30</td><td>2.57</td></tr>
<tr><td>EVA 增长率</td><td>40</td><td>3.44</td></tr>
</table>

续表

层次一	权重	层次二	权重	层次三	权重	综合权重
顾客方面	14.5%			顾客满意度	35	5.07
				顾客保持率	25	3.63
				相对市场份额	40	5.8
内部业务流程	22%			产品合格率	40	8.8
				产品生产效率	35	7.7
				售后服务及时率	25	5.5
学习与提高	14.5%			研究开发费用率	40	5.8
				研究开发成功率	25	3.63
				技术人员比例	35	5.07
家族因素层面	10%			“家长”管理创新能力	50	5
				家族成员交流程度	30	3
				家族成员特殊感	20	2

根据以上指标，该公司结合主要竞争对手（该行业中业绩较好的公司）的数据，采用对比分析法，计算的浙江沙玛公司综合业绩得分如表 8－3 所示。

表 8－3　　浙江沙玛公司综合业绩得分　　单位:%，分

指标名称	参照值	满分	2008 年		2009 年	
			指标值	得分	指标值	得分
一、财务维度		39		8.07		8.31
1. 财务效益		21.84		0		0
EVA	>0	5.46	<0	0	<0	0
EVA 资本收益率	>0	16.38	<0	0	<0	0
2. 偿债能力		4.68		2.4		2.39
流动比率	2.35	1.26	3.09	1.26	2.53	1.26
资产负债率	35	1.4	53.80	0.9	55.90	0.88
利息保障倍数	12.14	2.02	1.43	0.24	1.53	0.25
3. 资产管理能力		3.9		1.74		1.81
应收账款周转率	9.24	0.65	4.48	0.32	5.28	0.37
存货周转率	8.3	0.65	2.55	0.20	2.38	0.17
流动资产周转率	4.2	1.3	1.24	0.38	1.34	0.41
总资产周转率	1.4	1.3	0.91	0.84	0.93	0.86

续表

指标名称	参照值	满分	2008 年		2009 年	
			指标值	得分	指标值	得分
4. 发展能力		8.58		3.93		4.11
营业收入增长率	15.2	2.57	8.04	1.36	9.09	1.54
资产增长率	6.12	2.57	6.32	2.57	6.47	2.57
EVA 增长率	>0	3.44	<0	0	<0	0
二、非财务维度		61		51.55		50.31
1. 顾客层面		14.5		12.3		12.81
顾客满意度	80	5.07	88	5.07	85	5.07
顾客保持率	90	3.63	87%	3.51	84	3.40
相对市场份额	18.7	5.8	12	3.72	14	4.34
2. 内部业务流程		22		21.74		21
产品合格率	92	8.8	94	8.8	96	8.8
产品生产效率	90	7.7	87	7.44	80	6.83
售后服务及时率	94	5.5	96	5.5	92	5.37
3. 学习与提高		14.5		8.31		7.3
研究开发费用率	5	5.8	1.32	1.53	1.21	1.4
员工离职率	15	3.63	20	2.72	24	2.27
技术人员比例	35	5.07	28	4.06	25	3.63
4. 家族因素层面		10		9.2		9.2
家长管理创新	70	3	70	3	70	3
家族成员交流	80	5	75	4.7	75	4.7
家族成员特殊感	10	2	10	2	10	2
总得分		100		59.62		58.62

资料来源：辛金国、洪波：《EVA 综合计分卡在浙江沙玛电子有限公司的实践》，财务与会计（理财版），2011（9）.

请思考：（1）该公司的原业绩评价体系有什么缺点？（2）将 EVA 与平衡计分卡有效结合的关键是什么？（3）从表 8-3 你看到该公司的业绩如何？

分析提示

（1）该公司的原业绩评价体系主要缺点有两点：一是过于关注细节，没有体现企业的总体战略日标。该指标体系关注的重点是企业的日常运营过程，没有一个中心和导向作用的指标，很难反映出企业未来几年的发展目标和战略规划，因此不能起到促使企业战略目标实现的作用；二是指标体系维度过少，不能反映企业的方方面面。该指标体系没有覆盖研发能力、顾客、员工等方面的指标，使得管理层无法了解企业全局。指标体系没有涉及研究开发方面的指标，这样不利于产品创新与改进，从而削弱了产品的竞争力；没有涉及员工方面的指标，不重视人才的培养，容易造成人才培养的断链或人才流失；没有涉及对顾客的关注，易造成市场和重要顾客的丧失。除此之外，由于家族企业具有其特殊性，该指标体系缺少对家族因素的考虑，从而导致了其分析与考核的准确性大大降低。

（2）该公司将 EVA 与平衡计分卡进行有效结合的关键在于，将 EVA 作为该业绩评价体系的核心指标，并结合企业的具体情况进行具体分析，确定合适的维度，并给各个指标授予适当的权重，从而能够确保 EVA 目标的顺利实现。

（3）由表 3 可知，2008 年和 2009 年该公司的综合评价得分分别为 59. 62 分和 58. 62 分，均在 60 分以下，说明该公司与当地同行业的优秀公司相比还有一定的差距，在行业中只能处于中下游水平。该公司近两年的 EVA 值都为负，说明公司的收益远远低于股东要求的最低报酬率，这为该公司敲响了警钟，该公司应该从其他对比缺陷值角度采取措施改进。

三、练习题参考答案

（一）单项选择题

1. A	2. C	3. B	4. D	5. C
6. C	7. A	8. D	9. D	10. D
11. A	12. A	13. B	14. B	15. D
16. C	17. B	18. A	19. D	20. C

（二）多项选择题

1. ABCDE	2. ABCDE	3. CE	4. CD	5. ABCDE
6. AD	7. ABCDE	8. ABCDE	9. ABE	10. AC
11. ABCD	12. ADE	13. ABC	14. ABCD	15. ACE
16. DE	17. BCDE	18. ABCD	19. ABCDE	20. ABCD

（三）判断题

1. √	2. ×	3. ×	4. √	5. ×
6. ×	7. √	8. ×	9. √	10. √
11. ×	12. √	13. √	14. ×	15. ×
16. ×	17. √	18. √	19. ×	20. √

（四）计算题

【计算题 1】

（1）投资利润率。

▲投资前：

$$A\text{投资中心投资利润率} = \frac{60}{300} \times 100\% = 20\%$$

B 投资中心投资利润率 = $\frac{64}{400} \times 100\% = 16\%$

公司整体投资利润率 = $\frac{60+64}{300+400} \times 100\% \approx 17.71\%$

▲投资后：

A 投资中心投资利润率 = $\frac{60+18}{300+100} \times 100\% \approx 19.5\%$

B 投资中心投资利润率 = $\frac{64+18}{400+100} \times 100\% \approx 16.4\%$

公司整体投资利润率 = $\frac{60+64+18}{300+400+100} \times 100\% \approx 17.75\%$

接受投资后，A 投资中心的投资利润率下降，所以 A 会拒绝该项投资；而 B 投资中心的投资利润率上升，因此 B 会接受该项投资；从公司整体投资利润率来看，上升，因此从公司整体的角度看，投资项目是有利可图的。

（2）剩余收益。

▲投资前：

A 投资中心剩余收益 = 60 − 300 × 17.71% = 6.87（万元）

B 投资中心剩余收益 = 64 − 400 × 17.71% = −6.84（万元）

公司剩余收益 =（60 + 64）−（300 + 400）× 17.71% = 0.03（万元）

▲投资后：

A 投资中心剩余收益 = 60 + 18 − 400 × 17.71% = 7.16（万元）

B 投资中心剩余收益 = 64 + 18 − 500 × 17.71% = −6.55（万元）

公司剩余收益 =（60 + 64 + 18）−（300 + 400 + 100）× 17.71% = 0.32（万元）

接受投资后，两个投资中心和公司整体的剩余收益都有所上升，所以两个部门都会接受该项投资。

【计算题 2】

（1）经营资产周转率 = 800/1 000 = 0.8（次）

销售利润率 = $\frac{800 - 800 \times 70\% - 60 - 50 - 30}{800} \times 100\% = 12.5\%$

投资利润率 = 0.8 × 12.5% = 10%

或 = 100/1 000 × 100% = 10%

（2）提高后的投资利润率为 12%

▲当平均经营净资产变动时：

平均净经营资产 =（800 × 30% − 60 − 50 − 30）/12% = 833.33（万元）

所以平均净经营资产下降 16.67%。

▲当收入变动时：

利润 = 投资利润率 × 投资额 = 12% × 1 000 = 120（万元）

收入 =（120 + 30 + 60 + 50）/（1 − 70%）= 866.67（万元）

所以收入上升 8.33%。

▲当变动成本率变动时：

变动成本率 =1 － （120 +30 +60 +50）/800 =67.5%

所以变动成本率下降3.57%。

▲当可控固定成本变动时：

可控固定成本 =800 × （1 −70%） −120 −50 −30 =40（万元）

所以可控固定成本下降33.33%。

【计算题3】

（1）贡献毛益 = 销售收入 − 变动成本 =15 000 ×120 −15 000 ×15 −30 000 ×20 =975 000（元）

税前利润 =975 000 −250 000 −150 000 =575 000（元）

（2）以变动成本为内部转移价格：内部转移价格 =20（元/个）

以完全成本为内部转移价格，内部转移价格 $=20+\dfrac{150\ 000}{30\ 000}=25$（元/个）

以成本加成作为内部转移价格：

内部转移价格 $=20+\dfrac{150\ 000}{30\ 000}+\dfrac{1\ 500\ 000\times 10\%}{30\ 000}=30$（元/个）

此时部门业绩和公司业绩如表8 −4所示。

表8 −4　　部门与公司业绩　　单位：元

项　目	甲部门	乙部门	公　司
1. 以变动成本为转移价格			
销售收入	—	120 ×15 000 =1 800 000	1 800 000
内部收入	20 ×30 000 =600 000	—	600 000
变动成本	20 ×30 000 =600 000	15 ×15 000 =225 000	225 000
内部转移成本	—	20 ×30 000 =600 000	−600 000
贡献毛益	0	975 000	975 000
固定成本	150 000	250 000	400 000
税前利润	−150 000	725 000	575 000
2. 以完全成本为转移价格			
销售收入	—	120 ×15 000 =1 800 000	1 800 000
内部收入	25 ×30 000 =750 000	—	750 000
变动成本	20 ×30 000 =600 000	15 ×15 000 =225 000	825 000
内部转移成本	—	25 ×30 000 =750 000	−750 000
贡献毛益	5 ×30 000 =150 000	825 000	975 000
固定成本	150 000	250 000	400 000
税前利润	0	575 000	575 000

续表

项　目	甲部门	乙部门	公　司
3. 以成本加成为转移价格			
销售收入	—	120 × 15 000 = 1 800 000	1 800 000
内部收入	30 × 30 000 = 900 000	—	900 000
变动成本	20 × 30 000 = 600 000	15 × 15 000 = 225 000	825 000
内部转移成本	—	30 × 30 000 = 900 000	−900 000
贡献毛益	10 × 30 000 = 3 000 000	675 000	975 000
固定成本	150 000	250 000	400 000
税前利润	150 000	425 000	575 000

（3）如果以变动成本为内部转移价格，甲部门会拒绝内部销售。甲会接受的价格形式有两种：市价和双重价。如果采用市价，应减去相关的销售费用，则内部转移价格为 40 元（45 − 5）；如果采用双重价格，甲的计价基础是 40 元，而乙的计价基础是变动成本 20 元。

【计算题 4】

$$\text{加权平均资本成本} = 13\% \times \frac{400}{200+400} + 10\% \times \frac{200}{200+400} = 12\%$$

$$EVA = 100 - (400+200) \times 12\% = 28 \text{（万元）}$$

管理会计模拟试题一

一、单项选择题（下列每小题的备选答案中，只有一个符合题意的正确答案，多选、错选、不选均不得分。本题共10个小题，每小题2分，共20分）

1. 合理规划与控制，为管理当局提供与决策相关的内部信息，这是管理会计的（　　）。

A. 总体目标　B. 具体目标　C. 总体目的　D. 具体目的

2. 下列各项中，与传统财务会计概念相对立而存在的是（　　）。

A. 现代会计　B. 企业会计　C. 管理会计　D. 成本会计

3. 下列各项中，属于固定成本的是（　　）。

A. 材料费　B. 管理人员工资　C. 计件工资　D. 燃料费

4. 如果完全成本法下的税前利润等于变动成本下的税前利润，则此时（　　）。

A. 生产量大于销售量　B. 生产量小于销售量

C. 产销绝对平衡　D. 产销相对平衡

5. 企业生产经营过程中各项独立并相互联系的最基本的活动指的是（　　）。

A. 作业　B. 资源　C. 作业中心　D. 作业动因

6. 某企业只生产一种产品，单价5元，销量100件，变动成本率为30%，则贡献边际为（　　）元。

A. 150　B. 450　C. 250　D. 350

7. 下列各项中，属于生产决策相关成本的是（　　）。

A. 沉没成本　B. 已计提的设备折旧费

C. 联合成本中的变动成本　D. 相关变动成本

8. 一定期间企业围绕着预算而开展的一系列管理活动的总称称为（　　）。

A. 全面预算管理　B. 全面预算　C. 预算规划　D. 预算控制

9. 选择厂址属于（　　）。

A. 资源成本动因　B. 作业成本动因　C. 结构性成本动因　D. 执行性成本动因

10. 下列各项中，应作为成本中心控制和考核内容的是（　　）。

A. 责任成本　B. 产品成本　C. 直接成本　D. 变动成本

二、多项选择题（下列每小题的备选答案中，有两个或两个以上符合题意的正确答案，多选、少选、错选、不选均不得分。本题共9个小题，每小题2分，共18分）

1. 管理会计具有的特征有（　　）。

A. 以成本为基础　B. 以管理为基础　C. 侧重于日常经营管理

D. 侧重于投资管理　E. 规划与控制是关键

2. 成本按其性态为标志进行成本分类，其结果有（　　）。

A. 变动成本　B. 直接成本　C. 固定成本

D. 混合成本　E. 间接成本

3. 可以作为企业进行内部成本核算并确定损益的方法有（　　）。

A. 变动成本法　B. 固定成本法　C. 标准成本法

D. 作业成本法　E. 定额成本法

4. 如果某种产品刚好保本，则意味该种产品的（　　）。

A. 收入等于成本　B. 收支相等　C. 利润为零

D. 安全边际率为零　E. 保本作业率为 1

5. 预测销售量的方法有（　　）。

A. 判断分析法　B. 产品寿命周期分析法　C. 修正的一元直线回归法

D. 一元直线回归法　E. 算术平均法

6. 亏损产品决策中，可能涉及的相关成本有（　　）。

A. 增量成本　B. 重置成本　C. 可分成本

D. 机会成本　E. 专属成本

7. 下列各项中，属于全面预算管理内容的有（　　）。

A. 预算考核　B. 预算控制　C. 预算执行

D. 预算调整　E. 预算编制

8. 产品设计阶段目标成本的确定方法有（　　）。

A. 倒推预测法　B. 选择预测法　C. 比率预测法

D. 直接分析法　E. 概算法

9. 考核收入中心业绩的主要指标有（　　）。

A. 税前利润　B. 销售量　C. 销售收入

D. 销售回款率　E. 剩余收益

三、判断题（正确的填“√”；错误的填“×”。本题共 10 小题，每小题 1 分，共 10 分）

1. 管理会计需要进行内部成本核算，并编制内部成本核算报告。（　　）

2. 成本会计属于管理会计的一个重要组成部分。（　　）

3. 成本性态分析与成本性态分类的结果相同。（　　）

4. 保本点是一个反指标，越小对企业越有利。（　　）

5. 在经营决策分析中，采用总额分析法与采用相关损益分析法所得结论相同。（　　）

6. 全面预算管理不同于财务预算管理。（　　）

7. 在标准成本控制系统中，混合成本差异单独列示。（　　）

8. 战略成本动因影响产品的成本项目。（　　）

9. 滚动预算能够克服增量预算的缺陷。（　　）

10. 如果中间产品的提供方有剩余生产能力，此时不能采用市价作为中间产品的内部转移价格。（　　）

四、简答题（本题共 2 小题，每小题 6 分，共 12 分）

1. 简述管理会计与财务会计的区别。

2. 简述全面预算管理中的预算管理基础体系。

五、计算题（要求计算项目列出计算过程；计算结果应列出计量单位；计算结果如出现小数的，均保留小数点后两位小数。本题共3小题，每小题8分，共24分）

1. 某企业只产销一种产品，有关资料如下：生产量为2 000件，销售量为1 800件，期初存货量为零；发生的直接材料为6 000元，直接工资为4 000元，变动性制造费用为每件0.4元，固定性制造费用总额为2 000元，变动性销售与管理费用每件0.2元，固定性销售与管理费用总额为300元，产品售价为15元。

要求：(1) 计算单位变动成本；(2) 计算完全成本法下的单位产品成本；(3) 计算变动成本法下的单位产品成本；(4) 计算变动成本法下的利润。

2. 某企业生产和销售甲、乙两种产品，产品的单价分别为2元和10元，贡献边际率分别是20%和10%，全年固定成本为45 000元。假设全年甲、乙两种产品预计分别销售50 000件和30 000件。

要求：(1) 计算加权平均贡献边际率；(2) 计算该企业的综合保本额；(3) 计算该企业的安全边际额；(4) 预计该企业的利润总额。

3. 某集团公司下设A、B两个投资中心。A投资中心投资额为200万元，投资利润率为15%；B中心的投资利润率为17%，剩余收益为8万元；集团公司要求的平均投资利润率为12%。集团公司拟决定追加投资100万元，若投向B投资中心，每年增加利润15万元。

要求：(1) 计算追加投资前A投资中心的剩余收益；(2) 计算追加投资前B投资中心的投资额；(3) 计算追加投资前集团公司的投资利润率；(4) 计算B投资中心接受追加投资后的投资利润率和剩余收益。

六、综合题（要求计算项目列出计算过程；计算结果应列出计量单位；计算结果如出现小数的，均保留小数点后两位小数；本题共1小题，共16分）

某企业采用高低点法对甲产品的生产成本进行成本性态分析，在已知的1～6月的历史资料中，确定的最高点在6月份，产量为28件，生产成本为8 200元；最低点在2月份，产量为16件，生产成本为5 200元。如果该企业7月份预计甲产品的产量为25件，销售量为20件，期初存货量为0，产品售价为400元，固定非生产成本为200元，单位变动非生产成本为20元。变动成本法下的利润1 200元。

要求：(1) 确定生产成本的成本性态分析模型；(2) 预测7月份甲产品的生产总成本；(3) 计算7月份的固定成本总额和单位变动成本；(4) 计算7月份甲产品的变动成本率；(5) 计算7月份完全成本法下的单位产品成本和利润；(6) 分析完全成本法与变动成本法出现利润差额的原因。

管理会计模拟试题二

一、单项选择题（下列每小题的备选答案中，只有一个符合题意的正确答案，多选、错选、不选均不得分。本题共 10 个小题，每小题 2 分，共 20 分）

1. 管理会计属于（　　）。

A. 经营型会计　　B. 报账型会计　　C. 执行型会计　　D. 决策型会计

2. 标志着管理会计学科诞生的年限是（　　）。

A. 1922 年　　B. 1920 年　　C. 1952 年　　D. 1972 年

3. 在历史资料分析法中，高低点法中的“高低”是指（　　）。

A. 最高或最低的成本或业务量　　B. 最高或最低的业务量

C. 最高或最低的成本　　D. 最高或最低的期限

4. 变动成本法下的单位产品成本是（　　）。

A. 单位变动成本　　B. 单位变动生产成本　　C. 单位生产成本　　D. 单位非生产成本

5. 下列各项中，属于批量层作业动因的是（　　）。

A. 生产量　　B. 销售量　　C. 产品设计机时　　D. 订单份数

6. 下列因素中，其变动能够导致保利点降低的是（　　）。

A. 提高固定成本　　B. 降低单位变动成本　　C. 降低单价　　D. 提高目标利润

7. 如果生产决策中的业务量未知，可以选择的决策方法是（　　）。

A. 贡献边际总额分析法　　B. 单位资源贡献边际分析法

C. 差别损益分析法　　D. 相关损益分析法

8. 标准成本控制体系控制成本关注（　　）。

A. 成本项目　　B. 成本费用　　C. 产品寿命周期　　D. 产品设计成本

9. 财务费用预算属于（　　）。

A. 业务预算的内容　　B. 筹资预算的内容　　C. 投资预算的内容　　D. 财务预算的内容

10. 如果责任中心考核指标中有剩余收益，则该中心是（　　）。

A. 成本中心　　B. 利润中心　　C. 投资中心　　D. 收入中心

二、多项选择题（下列每小题的备选答案中，有两个或两个以上符合题意的正确答案，多选、少选、错选、不选均不得分。本题共 9 个小题，每小题 2 分，共 18 分）

1. 管理会计与财务会计的相同点主要有（　　）。

A. 产生动因相同　　B. 最终目标相同　　C. 核算基础资料相同

D. 理论基础相同　　E. 对象相同

2. 下列各项中，属于变动成本的有（　　）。

A. 投入的原材料　　B. 计件工资　　C. 计时工资

D. 广告费　　E. 工作量法折旧费

3. 变动成本法与完全成本法共同的期间成本有（　　）。

A. 直接材料　　B. 变动性制造费用　　C. 固定性制造费用
D. 管理费用　　E. 销售费用

4. 下列各项中，属于经营预测分析特点的有（　　）。
A. 科学性　　B. 近似性　　C. 准确性
D. 可修正性　　E. 可比性

5. 调价决策中可以采用的方法有（　　）。
A. 成本加成法　　B. 利润无差别点法　　C. 利润增量法
D. 价格弹性法　　E. 边际分析法

6. 下列各项中，属于财务预算内容的有（　　）。
A. 现金预算　　B. 筹资预算　　C. 预计利润表
D. 预计资产负债表　　E. 生产预算

7. 如果对固定性制造费用成本差异采用三差异法进行分解，可以分解为（　　）。
A. 能量差异　　B. 生产能力利用差异　　C. 费用差异
D. 效率差异　　E. 耗费差异

8. 下列各项中，应纳入成本全过程控制内容的有（　　）。
A. 产品设计阶段　　B. 试制阶段　　C. 生产阶段
D. 销售阶段　　E. 售后服务阶段

9. 具有战略性的企业内部业绩评价方法有（　　）。
A. 责任会计　　B. EVA 评价法　　C. 平衡计分卡评价法
D. 适时生产系统　　E. 作业成本管理

三、判断题（正确的填“√”；错误的填“×”。本题共 10 小题，每小题 1 分，共 10 分）

1. 按照管理会计师职业道德的相关规定，管理会计师无论在任何时候都不能接受他人的邀请。（　　）

2. 管理会计较为灵活，在很大程度上，不受会计准则的制约。（　　）

3. 导致两种方法分期利润出现差额的根本原因，就在于它们对固定性制造费用的处理采取了不同的方式。（　　）

4. 确定目标利润时，可以采用的目标利润预测公式有：销售收入－变动成本－固定成本。（　　）

5. 利润灵敏度指标的排列顺序可以按照各指标的中间变量大小排序。（　　）

6. 完全成本法下如果采用成本加成法制定产品价格，所采用的成本加成率是成本贡献率。（　　）

7. 全面预算管理采用量化形式规划未来，从而使日后的考核具有刚性。（　　）

8. 从预算的编制顺序来看，财务费用预算是在现金预算之后编制的。（　　）

9. 现代质量观和传统质量观相同，都要求实现零缺陷。（　　）

10. 各成本中心的可控成本之和构成了该成本中心的责任成本。（　　）

四、简答题（本题共 2 小题，每小题 6 分，共 12 分）

1. 简述战略成本动因与战术成本动因的关系。

2. 简述作业成本法的实施程序。

五、计算题（要求计算项目列出计算过程；计算结果应列出计量单位；计算结果如出现小数的，均保留小数点后两位小数。本题共3小题，每小题8分，共24分）

1. 某企业只生产单一产品甲，销售量为5 000件，销售利润率为30%，安全边际率为60%，固定成本为20 000元，该产品的单价为20元。

要求：(1) 计算贡献边际率 (2) 计算保本点；(3) 计算保本作业率；(4) 计算安全边际量。

2. 某企业连续两年的产销量、成本资料如下表所示。

资　料　　　　单位：元

项　目	第一年	第二年
生产量（件）	8 000	10 000
销售量（件）	8 000	6 000
单位产品变动成本（元）	15	15
固定性制造费用（元）	40 000	40 000
推销和管理成本（元）	10 000	10 000

若第一年的期初存货量为0，该企业按变动成本法计算的营业利润第一年为150 000元，第二年为100 000元，存货按先进先出法计价。

要求：(1) 计算第一年完全成本法下的利润；(2) 用利润差额简算法计算第二年两法利润差额以及完全成本法下的利润；(3) 如果第三年的销售量是6 000件，按变动成本法计算第三年的利润。

3. 某企业生产甲产品需要使用一种直接材料A，本期生产甲产品1 000件，销售800件，单位甲产品实际耗用A材料8千克，A材料的实际价格为400元/千克。假设A材料标准价格为380元/千克，单位甲产品标准用量为10千克。

要求：(1) 计算甲产品实际耗用的材料成本；(2) 计算A材料的价格差异；(3) 计算A材料的数量差异；(4) 计算A材料的成本差异。

六、综合题（要求计算项目列出计算过程；计算结果应列出计量单位；计算结果如出现小数的，均保留小数点后两位小数；本题共1小题，共16分）

某企业可生产半成品5 000件，如果直接出售，单价为20元，其单位成本资料如下：单位材料为8元，单位工资为4元，单位变动性制造费用为3元，单位固定性制造费用为2元，合计为17元。现该企业还可以利用剩余生产能力对半成品继续加工后再出售，这样单价可以提高到27元，但生产1件产成品，每件需追加工资3元、变动性制造费用1元、分配固定性制造费用1.5元。决策中有以下三种情况：

情况一：若该企业的剩余生产能力足以将半成品全部加工为产成品；如果半成品直接出售，剩余生产能力可以承揽零星加工业务，预计获得贡献边际 1 000 元；

情况二：若该企业要将半成品全部加工为产成品，需租入一台设备，年租金为 25 000 元；

情况三：若半成品与产成品的投入产出比为 2:1。

要求：(1) 判断上述三种情况是否存在共同的无关成本，如果有，是多少？(2) 分别计算三种不同情况的差别损益并进行决策。(3) 分析上述三种情况决策中涉及了哪些相关成本概念？

模拟试题一答案

一、单项选择题

1. B　2. C　3. B　4. C　5. A
6. D　7. D　8. A　9. C　10. A

二、多项选择题

1. ACE　2. ACD　3. AD　4. ABCDE　5. ABCDE
6. ADE　7. ABDE　8. ABC　9. BD

三、判断题

1. √　2. √　3. ×　4. √　5. √
6. ×　7. ×　8. ×　9. ×　10. √

四、简答题

1. 答：

管理会计与财务会计的区别主要表现在几点：（1）工作主体不同；（2）服务对象不同；（3）职能特征不同；（4）制度约束不同；（5）信息特征不同；（6）报告期间不同；（7）报告承担的法律责任不同；（8）报告的格式不同。

2. 答：

全面预算管理中的预算管理基础体系是确保预算管理各项内容顺利进行的基础保障工作，这些工作主要包括：标准化工作、定额工作、计量工作、教育工作等。

标准化工作是组织企业专业化生产的重要手段。它要求制定标准，主要指制定技术标准。

定额工作是企业进行经济核算的前提条件。它要求采用科学的方法制定定额，包括：劳动定额、物资定额、设备定额、流动资金定额、管理费用定额等。

计量工作是确保原始记录准确的必备前提条件。该项工作要求从原材料、燃料等物资进入，一直到产品加工出售，在供、产、销各个环节上都要设置准确可靠的计量器具和计量制度，建立计量管理机构，配备专业人员进行检测。

教育工作是对全体职工的观念和培训所从事的活动。该项工作要求对全体员工和中层干部进行宣传和教育，使其认识到预算管理的重要性、合理性和实施的必要性等。

五、计算题

1. 解：

（1）单位变动成本 = （6 000 +4 000）/2 000 +0.4 +0.2 =5.6（元/件）

（2）完全成本法下的单位产品成本 = （6 000 +4 000）/ 2 000 +0.4 +2 0002 000 =6.4（元/件）

（3）变动成本法下的单位产品成本 =（6 000 + 4 000）/2 000 + 0.4 = 5.4（元/件）

（4）变动成本法下的利润 = 15 × 1 800 − 5.6 × 1 800 − 2 000 − 300 = 14 620（元）

2. 解：

（1）加权平均边际贡献率 =（2 × 50 000 × 20% + 10 × 30 000 × 10%）/（50 000 × 2 + 30 000 × 10）= 0.125

（2）综合保本额 = 45 000/0.125 = 360 000（元）

（3）安全边际额 =（50 000 × 2 + 30 000 × 10）− 360 000 = 40 000（元）

（4）预计利润总额 = 400 000 × 0.125 − 45 000 = 5 000（元）

3. 解：

（1）A 投资中心的剩余收益 = 200 ×（15% − 12%）= 6（万元）

（2）B 投资中心的投资额 = 8/（17% − 12%）= 160（万元）

（3）集团公司的投资利润率 =（200 × 15% + 160 × 17%）/（200 + 160）= 15.89%

（4）B 投资中心的投资利润率 =（160 × 17% + 15）/（160 + 100）= 16.23%

B 投资中心的剩余收益 =（160 × 17% + 15）−（160 + 100）× 12% = 11（万元）

六、综合题

解：

（1）$b_{生产} = \dfrac{8\ 200 - 5\ 200}{28 - 16} = \dfrac{3\ 000}{12} = 250$（元/件）

$a_{生产} = 5\ 200 - 250 \times 16 = 1\ 200$（元）

$y_{生产} = 1\ 200 + 250x$

（2）7 月份的生产总成本 = 1 200 + 250 × 25 = 7 450（元）

（3）固定成本总额 = 1 200 + 200 = 1 400（元）

单位变动成本 = 250 + 20 = 270（元）

（4）变动成本率 = 270/400 × 100% = 67.5%

（5）完全成本法下的单位产品成本 $= 250 + \dfrac{1\ 200}{25} = 298$（元）

完全成本法下的利润 = 400 × 20 −（0 + 298 × 25 − 298 × 5）−（200 + 20 × 20）= 1 440（元）

（6）$a_{末} = (25 - 20) \times \dfrac{1\ 200}{25} = 240$（元）

$a_{初} = 0$

之所以完全成本法较变动成本法的利润高出 240 元（1 440 − 1 200），是因为完全成本法下期末存货吸收固定性制造费用 240 元，而期初存货释放的固定性制造费用是零，前者高于后者 240 元，因此完全成本法较变动成本法的利润会高出 240 元。

模拟试题二答案

一、单项选择题

1. A	2. C	3. B	4. B	5. D
6. B	7. B	8. A	9. A	10. C

二、多项选择题

1. BCD	2. ABE	3. DE	4. ABD	5. BCDE
6. ACD	7. BDE	8. ABCDE	9. BC	

三、判断题

1. ×	2. √	3. ×	4. ×	5. √
6. ×	7. √	8. √	9. ×	10. √

四、简答题

1. 答：

战略成本动因与战术成本动因的相同点主要表现在以下几方面：

（1）都具有隐蔽性；

（2）都可以降低成本；

（3）都有助于企业的长期发展。

战略成本动因与战术成本动因的区别主要表现在以下几点：

（1）发生的时点不同；

（2）表现的计量性不同；

（3）起因不同。

2. 答：

作业成本法的实施程序如下：

（1）划分作业并建立作业中心；

（2）区分直接成本和间接成本；

（3）确认并计量作业中心的各类资源耗费；

（4）归集作业成本；

（5）计算作业成本分配率；

（6）确定产品成本。

五、计算题

1. 解：

（1）贡献边际率＝30%/60%＝50%

（2）保本销售额＝20 000/50%＝40 000（元）

保本销售量＝40 000/20＝2 000（件）

（3）保本作业率＝1－60%＝40%

（4）安全边际量＝5 000×60%＝3 000（件）

2. 解：

（1）因为产销绝对平衡，所以：完全成本法下的利润＝变动成本法下的利润＝150 000（元）

（2）两法利润差额＝4000×40 000/10 000－0＝16 000（元）

完全成本法下利润＝100 000＋16 000＝116 000（元）

（3）因为第三年销售量＝第二年销售量，所以变动成本法下第三年的营业利润＝100 000（元）

3. 解：

（1）甲产品实际耗用材料成本＝1 000×8×400＝3 200 000（元）

（2）A材料的价格差异＝（400－380）×1 000×8＝160 000（元）

（3）A材料的数量差异＝380×（1 000×8－1 000×10）＝－760 000（元）

（4）A材料的成本差异＝160 000＋（－760 000）＝－600 000（元）

或＝1 000×（8×400－10×380）＝－600 000（元）

六、综合题

解：（1）存在共同的无关成本，共同的无关成本是半成品成本和分配的固定性制造费用＝17＋1.5＝18.5（元）

（2）第一种情况下：

差别收入＝27×5 000－20×5 000＝35 000（元）

差别成本＝（4×5 000＋1 000）－0＝21 000（元）

差别损益＝35 000－21 000＝14 000（元）

因为差别损益大于零，所以应继续加工，这样可多获利14 000元

第二种情况下：

差别收入＝27×5 000－20×5 000＝35 000（元）

差别成本＝（4×5 000＋25 000）－0＝45 000（元）

差别损益＝35 000－45 000＝－10 000（元）

因为差别损益小于零，所以直接出售，这样可多获利10 000元

第三种情况下：

差别收入＝27×2 500－20×5 000＝－32 500（元）

差别成本＝4×2 500－0＝10 000（元）

差别损益＝－32 500－10 000＝－425 000（元）

因为差别损益小于零，所以应直接出售，这样可多获利42 500元

（3）三种情况涉及的相关成本概念有：加工成本、机会成本和专属成本。